ロシア語会話・文法

クセーニヤ　フェドレンコ
ユーラシアセンター共編

ベスト社

まえがき

【地理・気候・風土】

　ロシアは西はバルト海から，東は太平洋岸に至る地域に及ぶ，人口が1億4300万で日本の約46倍の面積を有する世界最大の国です．中西部をウラル山脈が南北に走り，それが大きくヨーロッパロシアとシベリアに分けています．ウラル山脈の西側にはロシア平原があり，東側はエニセイ川とレナ川を境にして西シベリア低地(平原)，中央シベリア高原，極東の山脈地帯に分かれています．ロシア平原を「ロシアの母」と呼ばれるボルガ川が南流してカスピ海に注ぎ，シベリアではオビ川，エニセイ川，レナ川などの長大な川が北進して北極海に注いでいます．気候的には，大部分が冷温帯の大陸性気候で一般に寒さがきびしい．首都モスクワの7月の平均気温は18℃で1月の平均気温は－11℃です．

【民族・宗教・言語】

　ロシアは160以上の民族から成る多民族国家で，ロシア人が81.0%，タタール系3.9%，ウクライナ系1.4%，バシキール系1.2%，チュワシ系1.1%の民族構成になっています．宗教的にはロシア正教の信者が一番多くて，他にイスラム教，仏教，カトリックなどがあります．言語としては，ロシア語が公用語で，各共和国では民族語と併用になっています．

【略史】

　スラブ人の祖先は現在のウクライナのあたりに固まって住んでいたと推定されています．7世紀になってアバール人の帝国が崩壊してからスラブ人は東西南北に移動を開始しました．東方に移動した東スラブ族は8世紀までドニエプル川の流域に定着して部族共同体を形成しました．9世紀後半に東スラブ族を統合して初のスラブ国家であるキエフ公国が建国されました．その王であるウラジミール大公は988年にビザンチンからキリスト教(ギリシア正教)を受け入れて国教に定めました．

　1241年にモンゴルの侵入によってキエフ公国は滅亡し，約250年間その支配下におかれることになりました(タタールのくびき)．その後東スラブ族はロシア人，ウクライナ人，ベラルーシ人に分かれて独自の発展を始め，現在の東スラブ諸民族の原型が形成されました．

　キエフ公国の滅亡後東北に寄ったロシア人は13世紀にモスクワ公国を建て小国としてモンゴルに服属していましたが，勢力を強めてロシアの中心的な存在となり，1480年にモスクワ大公イワン三世がモンゴル軍を破り独立を達成しました．

　1547年にイワン四世(雷帝)は自らをツァー(皇帝)と称して専制政治を確立し，ここにロシア帝国が成立しました．この時代コサックによるシベリアや中央アジアへの進出が開始され，約1世紀の間にシベリアや中央アジアのほとんどがロシア帝国領となりました．

　この後動乱の時代を経て1613年にロマノフ朝が成立しました．82年に即位したピョートル大帝は西欧文化を取り入れて西欧化に努め，ロシアを強大な国家に育て上げました．この時代にギリシア正教が国教となり，またネバ川河口にサンクトペテルブルグを建設して首都がモスクワからここに移されました．

　18世紀にエカテリーナ二世は西欧の制度や文物を貪欲に取り入れるとともに，絶対主義王政を強固に発展させました．しかし，他方，ロシアは西欧の産業革命とブルジョア民主主義革命の波から取り残され，国内には大土地所有制度と多数の農奴が残されたままで近代化とは程遠いものでした．1856年のクリミア戦争(オスマ

ントルコ，英国，フランスとロシアの間でのトルコ領内での列強同士の権益をめぐる争いから起こった戦争)で西欧列強に敗れたアレクサンドル二世は社会改革の必要性にめざめて急きょ農奴解放を行いましたが，時すでに遅しでその後ロシアでは経済と社会の停滞が続いて民衆は生活苦と圧制に苦しむことになりました．

　日露戦争が行われていたさなかの1905年にサンクトペテルブルクの王宮前で生活苦に抗議するために集まった民衆が皇帝の軍隊に虐殺された血の日曜日事件をきっかけにして革命運動は高まり，17年にロシア革命が勃発して帝政は廃止されました．

　17年のロシア革命後レーニンの指導により共産主義政権が誕生し，22年にはウクライナなどの参加によりソ連邦の樹立が宣言されました．その後，レーニン(17～22年)，スターリン(22～53年)，フルシチョフ(53～64年)，ブレジネフ(64～82年)等の指導者によって社会主義国の建設が進められましたが，官僚主義のはびこり，生産力の低下による物不足の常態化などによって社会は停滞しました．85年に登場したゴルバチョフはグラスノシチ(情報公開)とペレストロイカ(改革)路線で民主化と政治体制改革を推進しました．彼は市場経済制と大統領制を導入し，エリツィンの提唱した，ソ連邦に代わる旧ソ連邦構成国同士のゆるやかな結合をもととした独立国家共同体(CIS)の創設に伴い大統領を辞任し，91年にソ連邦は解体・消滅しました．その後，エリツィン(91～99年)，第一次プーチン政権(2000～2008年)，メドベージェフ(2008～2012年)，第二次プーチン政権(2012～)と大統領が替わり，現在に至っています．

【本書の特長】

　語学書は会話書と文法書に分類されます．会話書はその場で役に立っても時期が過ぎたら内容が忘れ去られて頭に残ることはありません．一方，文法書は，日本人の英語学習が示すように，文法理論は理解していてもそれを応用するすべを知らないために現地では役に立たずやはり時が過ぎたらきれいさっぱり忘れ去られてしまいます．従って，理想的な語学書は会話と文法が同時に学べる本です．現地で体験した会話内容を文法理論の面から補強することによって，会話内容も文法理論も頭の中にしっかり定着することができます．このような趣旨のもとに本書は会話編と文法編の二部構成にして，会話と文法が同時に学習できるように会話の一つ一つに文法に関する注が施されています．また，会話編は旅行者だけでなく当地に長期間滞在される方も使えるように編集されています．ロシア語，日本語の双方に振り仮名が振ってあって相互に意志の疎通ができるように工夫されています．

　ロシア語では名詞・形容詞の格変化や動詞の活用変化の際に性，数，格，法などに応じて複雑な語尾交替をします．しかし，先人の学者の努力によってロシア語の文法体系はよく整理されていて文法学習の面でそれほど苦労することはありません．学習の障害となり学習者を悩ませる最大の問題は，複雑な語尾交替と連動した複雑な音変化の理解と発音の習得です．これがロシア語習得の成否を握っているといっても過言ではありません．この複雑な音変化は決してやみくもに生じたわけではなくロシア語の歴史的な発達の過程で音声学の法則に則って生じたものです．しかし，この複雑な音変化を歴史的に論じた学習書は残念ながら日本にはほとんどありません．そこで本書では音声学の観点からこの複雑な音変化がどうして生じたのかを初学者にも分かるように遠い過去にまでさかのぼって図を使って詳しく説明しています．本書を使用することによって読者の皆様のロシア語に対する理解が格段に増すものと確信しております．

　　　極東連邦大学(ウラジオストク)　クセーニヤ　フェドレンコ(Ксения Федоренко)
　　　ユーラシアセンター

目 次

まえがき･････････････････････････････････p.3
アジアとロシアの地図･･････････････････････7
アルファベット･･････････････････････････････8
発音上の注意･･････････････････････････････10
§1. あいさつ Приве́тсвия･････････････････21
§2. 呼びかけ Обраще́ние ････････････････23
§3. 出会い Встре́ча ････････････････････24
§4. 紹介 Представле́ние ･･････････････････25
§5. 旅の会話 Разгово́р в пути́ ･･･････････26
§6. 職業 Профе́ссия ･･････････････････････34
§7. 家族 Семья́ ･････････････････････････29
§8. 感謝 Благода́рность ･･･････････････････31
§9. お祝い Поздравле́ние ･････････････････32
§10. 謝罪 Извине́ние ･･････････････････････33
§11. 言語 Язы́к ･･･････････････････････････34
§12. 宗教 Рели́гия ････････････････････････36
§13. 文化の違い Культу́рные разли́чия ････38
§14. 空港で В аэропо́рте ････････････････39
§15. 両替 Разме́н ････････････････････････45
§16. 切符 Биле́ты ････････････････････････47
§17. 列車 По́езд ･･････････････････････････49
§18. 地下鉄 Метро́ ･･･････････････････････51
§19. バス Авто́бус ･･･････････････････････52
§20. タクシー Такси́ ･･････････････････････54
§21. 車 Автомоби́ль ･･･････････････････････56
§22. 自転車 Велосипе́д ･････････････････63
§23. 船 Кора́бль ･･････････････････････････64
§24. 街の散策 Прогу́лка по го́роду ････････66
§25. 宿 Жильё ･･･････････････････････････69
§26. 民家への宿泊 Посто́й в ча́стном до́ме ･79
§27. アパートを借りる Съём кварти́ры ････80
§28. 観光 Тури́зм ････････････････････････83
§29. 世界遺産 Па́мятники всеми́рного насле́дия ･86
§30. レストラン Рестора́н ･･･････････････87
§31. ファーストフード Фастфуд ･･･････････101
§32. 家庭の食材 Проду́кты для да́ма ･････103
§33. バーで В ба́ре ････････････････････107
§34. 店 Магази́н ････････････････････････109
§35. 買物 Поку́пки ･･････････････････････110
§36. デパート Универма́г ･･････････････115
§37. 書店で В кни́жном магази́не ･････････116
§38. 衣料品店で В магази́не оде́жды ･････119
§39. 靴店で В обувно́м магази́не ･････････116
§40. キオスクで В кио́ске ････････････････126
§41. 理髪店/美容院で В парикма́херской ･････127
§42. エステティックサロンで В сало́не красоты́ ･129
§43. 音楽とDVD Му́зыка и DVD ･･･････････130
§44. 写真店で В фотоателье́ ･･････････････131

§45. みやげ物店で　В сувени́рной ла́вке ········· 133
§46. 電話　Телефо́н ················· 135
§47. 携帯電話　Моби́льный телефо́н ········· 139
§48. インターネット　Интерне́т ············ 140
§49. オンライン　Online ··············· 143
§50. ソーシャルメディア　Социа́льные се́ти ····· 144
§51. 郵便局　По́чта ················· 145
§52. ビジネス　Би́знес ················ 147
§53. 誘い　Приглаше́ние ·············· 150
§54. ロマンス　Рома́н ················ 152
§55. 待合わせ　Встре́ча ··············· 154
§56. 趣味　Хо́бби ·················· 155
§57. 音楽　Му́зыка ·················· 158
§58. 劇場　Теа́тр ··················· 159
§59. 映画　Кино́ ··················· 161
§60. 美術館　Галере́я ················· 163
§61. スポーツ　Спорт ················ 166
§62. ビーチ, プール　Пляж, бассе́йн ········· 171
§63. スキー　Лы́жный спорт ············ 172
§64. ハイキング　Похо́д ··············· 174
§65. 自然　Приро́да ················· 177
§66. 植物相と動物相　Фло́ра и фа́уна ········ 178
§67. 天気　Пого́да ·················· 179
§68. 政治　Поли́тика ················ 181
§69. 社会問題　Обще́ственные вопро́сы ······· 182
§70. 環境　Окружа́ющая среда́ ··········· 184
§71. 病院を探す　И́щем больни́цу ·········· 186
§72. 病気と診察　Боле́зни и осмо́тр больно́го ···· 188
§73. 婦人科　Гинеко́гия ··············· 197
§74. 歯医者で　У зу́бного врача́ ··········· 198
§75. 薬局　Апте́ка ·················· 199
§76. 人体　Те́ло ··················· 201
§77. 数　Ци́фры ··················· 203
§78. 時の表現　Вре́мя ················ 205
§79. 時刻　Часы́ ··················· 210
§80. 緊急事態　Чрезвыча́йная ситуа́ция ······· 212
§81. 警察　Поли́ция ················· 214
ロシア語基礎文法 ····················· 218
　　名詞 ························· 219
　　代名詞 ························ 247
　　形容詞 ························ 256
　　数詞 ························· 263
　　動詞 ························· 271
　　副詞 ························· 311
　　接続詞 ························ 311
　　疑問文 ························ 315
　　無主語文 ······················· 316
日本語—ロシア語語彙集 ················· 319
文法索引 ·························· 355

ロシアの地図

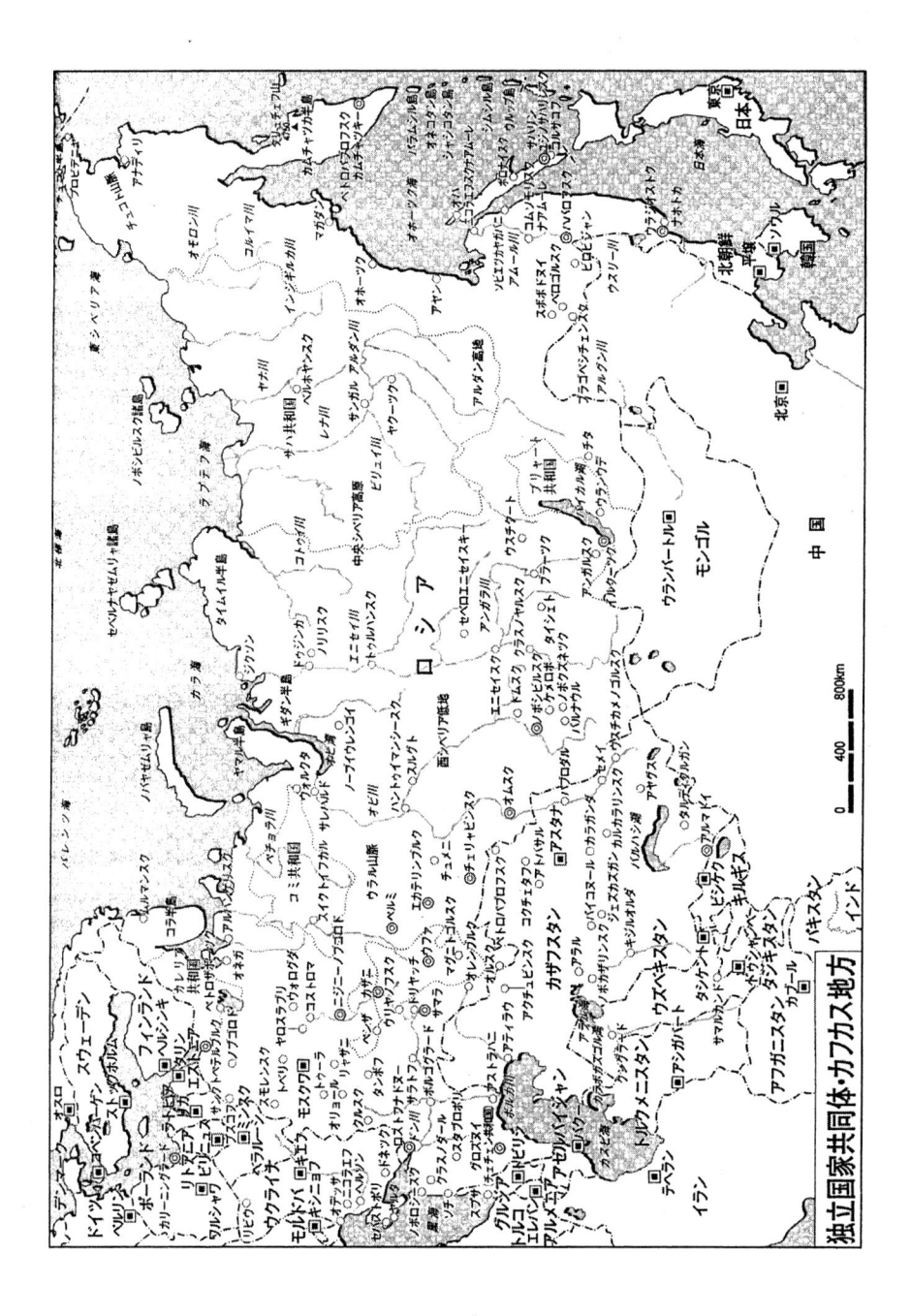

アルファベット (録音マーク ♪8)

大	小	記号	発音方法	発音例
А	а	[a]*	語頭のaとアクセントのあるaははっきりア[a]	а [ア] しかし
		([ə])	アクセントのないaは半開きのあいまいなア[ə]	кабан [カバーン] 猪
Б	б	[b]	バ行の子音	бог [ボフ] 神
		([p])	語末及び無声子音の前では無声化してプ п[p](→13p.)	клуб [クループ] クラブ
В	в	[v]	上歯で下唇を軽くかみヴ, 英語のvにあたる.	вода [ヴァダー] 水
		([f])	語末及び無声子音の前では無声化してフ ф[f]	гнев [グニェフ] 怒り
				вчера [フチェラ] 昨日
Г	г	[g]	ガ行の子音	газ [ガス] ガス
		([k])	語末及び無声子音の前では無声化してク[k]	друг [ドルーク] 友
Д	д	[d]	ダ行の子音	да [ダ] はい
		([t])	語末及び無声子音の前では無声化してトゥ т[t]	сад [サート] 庭
Е	е	[je]	アクセントがあれば二重母音のイェ[je], アクセントのない語頭・語中ではイ[jɪ 厳密にはイィ], アクセントのない語末ではエ[jɪ イェ]に近く発音される(→15p.)	если [イェースリ] もし,
		([jɪ])		еда [イダー] 食事,
				море [モーリェ] 海
Ё	ё	[jo]	ヨの音	ёлка [ヨールカ] トウヒ
Ж	ж	[ʒ]	ш [ʃ]の有声音で舌先を上あごにつけずにジ, 初め舌先を上あごにつける日本語のジ[ʤ]とは違う	жар [ジャル] 熱
		([ʃ])	語末及び無声子音の前では無声化してシ ш [ʃ]	нож [ノーシ] ナイフ
З	з	[z]	舌先を上歯茎につけずにズ, с [s]の有声音で英語のzにあたる. 日本語のズ дз [ʣ] とは違う	зима [ジマー] 冬
				глаз [グラース] 目
		([s])	語末及び無声子音の前では無声化してス с [s]	резка [リェースカ] 切断
И	и	[i]	日本語のイに近い	ива [イーヴァ] 柳
Й	й	[j]	半母音のイ, ヤ[ja]行のjの音	чей [チェイ] 誰の
К	к	[k]	奥舌面と軟口蓋の後部で止めた息を破裂させて出す無声軟口蓋破裂音. 日本語のカ行の子音	кино [キノー] 映画
Л	л	[l]	舌先を上歯茎につけたままル. 英語のlにあたる	лето [リェータ] 夏
М	м	[m]	マ行の子音	мама [マーマ] ママ
Н	н	[n]	舌先を上歯茎につけたままヌ, ナ行の子音	небо [ニェーバ] 空
О	о	[o]	アクセントがあればオ, アクセントがなければア[ə]かあいまい母音のア[ə] (→14p.)	око [ókə オーカ] 眼
		([ə])		голова [gəlavá ガラヴァー] 頭
П	п	[p]	パ行の子音	поле [ホーリェ] 野原

アルファベット

Р	р	[r]	舌先をふるわせてル	рыба [ルィーバ] 魚
С	с	[s]	サ行の子音	соль [ソリ] 塩
Т	т	[t]	タ行の子音	том [トム] 巻
У	у	[u]	唇を丸めてウ，英語のウに近い	утка [ウートカ] カモ
Ф	ф	[f]	上歯で下唇を軽くかみフ，英語の f に近い	факт [ファクトゥ] 事実
Х	х	[x]	クの口構えで奥舌を軟口蓋に近づけて軟らかくフと息を通す無声軟口蓋摩擦音．ドイツ語の Bach [bax]「バッハ」の x の音．日本語ハ行音とは違う**	хата [ハータ] 農家
Ц	ц	[ts]	ツの子音（破擦音）	царь [ツァーリ] 皇帝
Ч	ч	[tʃʲ]	チャ行の子音	час [チャース] 時
Ш	ш	[ʃ]	シャ行の子音に近いが，日本語より舌が奥寄りで舌の後部が持ち上がる	шея [シェーヤ] 首
Щ	щ	[ʃʲʃʲ]	ш に短い「ィ」の音色を加え，長めに発音する音．「しちゃった」を速く言う「シチ/シシ」の子音	щи [シチー] スープ
Ъ	ъ	分離符 ["]	ъ 自体に音はなく，子音と軟母音 я, е, ё, ю の間に書かれて，両者を区切って（分離して）発音し，子音が硬音であることを示す．	съезд [ス・イェスト] 大会（с で一旦区切る）
Ы	ы	[ɨ]	口を半開きにし，舌を奥に引いてイと言ったときのイとウの中間の音でウィと表記される．語頭には出ない	сын [スィン] 息子
Ь	ь	軟音符 [ʲ/ʲ]	前の子音を半母音の短いィ を加えた軟子音に変える働きをする **	конь [コニ] 馬
Э	э	[e]	日本語のエに近い	эра [エーラ] 紀元
Ю	ю	[ju]	日本語のユに近い	брюки [ブリューキ] ズボン
Я	я	[ja] ([jɪ]) ([jə])	日本語のヤに近い．アクセントがあればはっきりヤー [já]，アクセントのない語頭・語中ではイ [jɪ]，アクセントのない語末ではあいまいなヤ [jə] (→15p.)	я [já ヤー] 私 Япония [jɪpónjə イポーニャ] 日本

* 上段の[a]が普通の読み方で，()で囲んだ下段の([ə])が音声環境が変わった場合の読み方．
** к の口の構えで，軟口蓋で息を止めてから破裂させる(к の場合)ことはなく，やわらかくフと息を通すと х の音が出る．なお，日本語のハ行の音は両声帯の間に調音される声門摩擦音である．
*** 軟子音は口蓋化音とも呼ばれ，前の子音の調音と中舌を硬口蓋に向けて盛り上げること(これを口蓋化という)を同時に行うとこの音が出る．「ティッシュ」のティの子音がこれに近い．口蓋化された子音を軟子音，口蓋化されない普通の子音を硬子音と呼んで区別する．軟子音は軟音符の ь [ʲ/ʲ] で表わされる．
\# 破擦音の дж [dʒ] は2字で1音を表す．дж [dʒ] は日本語のジ(ヂ)にあたる．з の音とは厳密には違うことに注意．尚，破擦音とは弱い破裂の直後に摩擦音が続く音のことを言う．例：джин [dʒin ジン] ジン

1. 発音上の注意

1.1. ロシア語の音声体系

〈調音点(音の調音される位置)〉

		唇音		歯・歯茎音		前口蓋音		硬口蓋音		軟口蓋音	
調音法	声の有無	無声	有声	無声	有声	無声	有声	無声	有声	無声	有声
子音 閉鎖音	硬子音	p (п)	b (б)	t (т)	d (д)					k (к)	g (г)
	軟子音	p'	b'	t'	d'					k'	g'
鼻音	硬子音		m (м)		n (н)						
	軟子音		m'		n'						
側音	硬子音				l (л)						
	軟子音				l'						
ふるえ音	硬子音				r (р)						
	軟子音				r'						
摩擦音	硬子音	f (ф)	v (в)	s (с)	z (з)	ʃ (ш)	ʒ (ж)			x (х)	ɣ
	軟子音	f'	v'	s'	z'	ʃʃ' (щ)	ʒ'ʒ' (зж)			x'	(ɣ')
破擦音	硬子音			ts (ц)	(dz)	(tʃ)	(dʒ)				
	軟子音					tʃ' (ч)	(dʒ')				
半母音(軟子音) 二重母音								j (й) → 二重母音 e [je], ё [jo], ю [ju], я [ja]			
母音 狭母音 半広母音 広母音						口の開き ∧∨		前舌 i (и) e (э)	中舌 i (ы)	奥舌 u (у) o (о) a (а)	

前←〈舌の位置〉→奥

上の図は口の中を横から見て，それぞれの音が調音されるときの舌の位置と調音の仕方を図表化したものです．これらはロシア語の音韻変化を理解するうえでの一助になります．以下の人の音声器官の図を参考にすればより理解しやすくなります．

(1) 音声器官

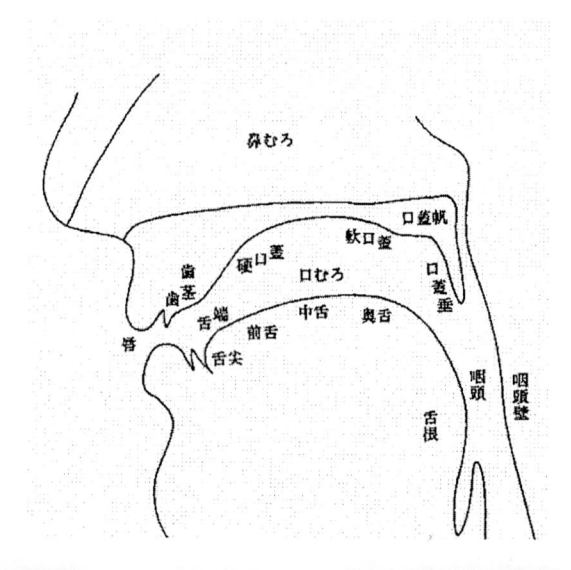

(2) 調音点(артикуля́ция)　　　　　　　　　　　📼 (♪11)

　スペースの関係上大ざっぱになりましたが，舌と音声器官が接近し又は触れ合いその間を呼気が通ることによって空気が振動してそれぞれの音が発せられる位置(調音点)を下の図に書き込んでみました．

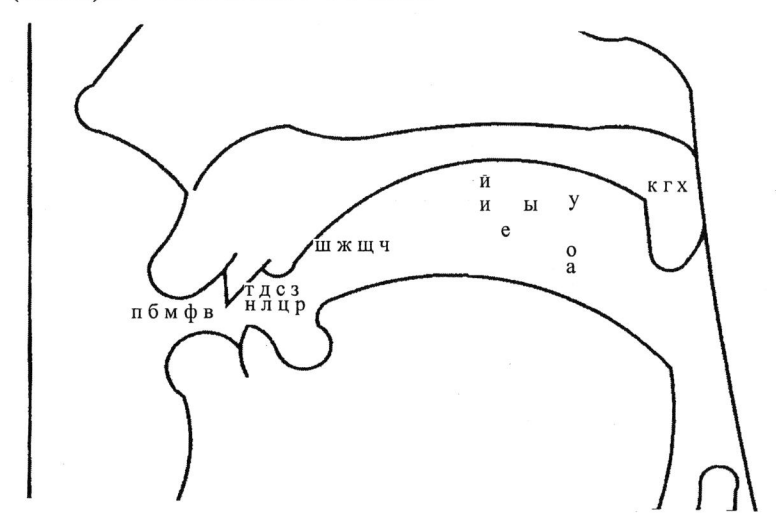

1. 2.　軟音と硬音

　ロシア人を含む東スラブ民族は母音(調音器官の妨害なしで作られる音)であれ子音(調音器官の妨害で作られる音)であれすべての音を，イの音色を含む音を軟らかいと感じて軟音(мя́гкий　звук)，イの音色を含まない音は硬いと感じて硬音(твёрдый　звук)と呼んで，大きく軟音(軟母音，軟子音) / 硬音(硬母音，硬子音)の2種類に分類しています．この軟音，硬音の区別が語の意味や語尾変化の型を決定します．

（1）母音(гла́сный звук)

　母音は以下のように硬母音と軟母音の2つの系列に分類されます．軟母音は1個の母音から成る и [i イ] と，それぞれペアを成す硬母音の前に短い半母音[j ィ] を加えた я [ja ヤ]，е [je ィエ]，ё [jo ョ]，ю [ju ュ]の二重母音から成っていて，硬母音は舌の位置に関しては и の後部にあります．

| 硬母音 | а [a] | э [e] | ы [i] | о [o] | у [u] |
| 軟母音 | я [ja] | е [je] | и [i] | ё [jo] | ю [ju] |

この中で ы と и は他の対と違って音声的に硬軟の対応を成しているとは言えないが，ы [i ウィ/イゥ]はイの音色を多少含んでいて и に近い音なので，対応するものと認識されています．それでは，軟母音を調音する際に，実際に舌がどのような動きをするのかを次ページの図で見てみましょう．図に示したように，軟母音を発音する際には，口蓋の高い所 (й=j) から後部に向けて舌が移動します．このように舌が高い j [й, ь]の位置から後部に移動するか (e, ю, ё, я) 又は移動せずに高い位置にとどまって発せられる音 и (i) のことを軟母音と言います．どちらもイの音色を含んでいます．一方，イの音色を含まずつまりイ以外の調音点で単独に発せられる音のことを硬母音と言います．硬母

音は ы, у が高い位置に, また о, а, э が低い位置にあり, そしてすべての硬母音が и, й の後部にあります. このように, 舌が й, и の位置にあることが軟らかい響きの軟母音を作り出し, 舌が й, и の後部にあることが硬い響きの硬母音を作り出していることがわかります.

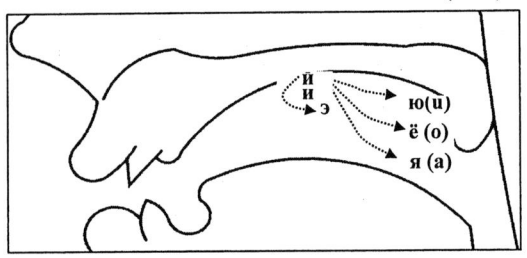

ю(u)
ё(o)
я(a)

(2) 子音(согла́сный звук)

ロシア語の子音文字は, 初めから й の音色を含む軟子音の ч [tʃ], щ [ʃʃ] を除いて, 一般に硬子音を表しますが, これに軟母音(я [ja], е [je], и [i], ё [jo], ю [ju])か軟音符(ь['])がつくと軟子音になります. 軟子音と硬子音の違いは, 軟子音が硬子音に短い[ɪ](j 又は , で表記される)の音色を加えた音であるのに対して, 硬子音は短い[ɪ]を加えない単音であることです. つまり, 元の硬子音を[ɪ]の口の構えで発音するとそれに対応する軟子音の音が出ます. 具体的に調音器官の動きを [t] / [t'] を例にとって下の図で確かめてみると, [ɪ]の口の構えで軟子音を発音する際には, 元の硬子音を調音する際の口の構えをとりながらそれと同時に中舌面が口蓋に向かって盛り上がっています. この中舌面の盛り上がりが軟子音の正体で, どの軟子音にもこの盛り上がりが見られます. なお, ロシア語ではほとんどの子音に硬子音と軟子音の対立が見られます.

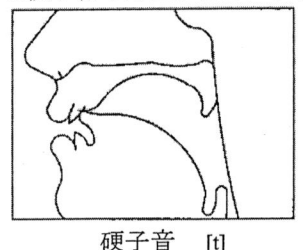

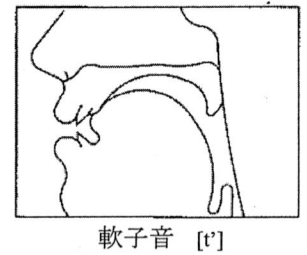

硬子音 [t]　　　　　　　　　　　軟子音 [t']

硬子音	ла́ска 親切 [láska ラースカ]	пэр 貴族 [per ペール]	ты 君 [tï トィ]	ло́дка ボート [lótka ロートカ]	ку́бок カップ [kúbək クーバク]
軟子音	ля́сы しみ [l'jási リャースィ]	пе́сня 歌 [p'jésn'ə ピェースニャ]	тип 型 [t'ip チープ]	лёд 氷 [l'jót リョート]	кюве́т 側溝 [kjuv'jét キュヴィェート]

※ ч [tʃ], щ [ʃʃ] は常に й の音色を含む軟子音として発音され, 対応の硬子音がありません. 従って, ч, щ の後に軟音符の ь が付いても付かなくても発音は同じで変わりません.

ночь [ノーチ] 夜, ключ [クリューチ] 鍵, борщ [ボールシシ] ボルシチ, вещь [ヴィェーシ] 品物

ш, ж, ц *は常に硬子音として発音され, 対応の軟子音がありません. 従って, ш, ж, ц の後に軟母音の и, е, ё が付いても, 発音は対応の硬母音の ы, э, о になります. 又, ш, ж, ц は硬子音なので軟母音の я, ю がつくことはありません. 例えば, ду́ши [dúʃï ドゥーシィ] 魂(元の形は дух), шёлк [ʃólk ショールク] 絹, жена́ [dʒïná ジナー] 妻(印欧基語 gena), цена́ [tsïná ツィナー] 値段

* 歴史的にみると, 共通スラブ語の時期(BC10〜AD10世紀)に軟口蓋音 x, g, k が i, e の前で一旦軟化してその後硬化して ш, ж, ц になった([k] → [tʃ'] → [ʃʃ] → [ʃʃ]ш), [g] → [dʒ'] → [dʒ]ж), [k] → [ts'] → [ts]ц). 一度軟化して語幹音が変化しているために音韻論上の理由で再び軟化することはなかった. 対応の軟子音がない理由はこれからきている(再び軟化したら語幹音が又変化して元の語幹音がたどれなくなるから; 例えば([k] → 軟化[ts'] → 硬化[ts]ц → 再軟化[ts + i → tʃ']. 例: 印欧基語 kĕna →露 цена́ → чина?).

2. アクセント(ударе́ние) (♪13)

　ロシア語のアクセントは，日本語のように単語内に高低をつけて発音する高低アクセントではなく，英語のように単語内の母音に強弱をつけて発音する強弱アクセントに分類されます．アクセントの置かれる位置は単語ごとに違っていて，アクセントのある母音ははっきりと強く，そして少し長めに発音されます．逆に，アクセントのない母音は弱く，短く発音されるのでしばしばその弱い母音が変化します｛例：хорошо́「よろしい」(文字通りの発音は [xoroʃó ホロショー](誤) → [xaraʃó ハラショー](正)｝．

3. 有声子音と無声子音(зво́нкий согла́сный и глухо́й согла́сный)

　ロシア語の子音は声帯の振動(声)を伴うか否かによって有声子音(濁音)と無声子音(清音)の2種類に分けられます．上下ペアになっているものは調音の仕方が同じものです．そして，一定の条件の下で図で示したように上下の音が交替します．

無声子音	п	ф	т	с	ш	к	ц	ч	х	щ			
音の交替	↑	↑	↑↓	↑↓	↑	↑↓							
有声子音	б	в	д	з	ж	г					м	н	л	р

4. 同化(ассимиля́ция)

　近隣の音と同類の音に変化することを同化と言いますが，ロシア語の場合は二つの音が連続しているとき，前の音が後の音の影響を受けて後の音に近い音に変化する(逆行同化)のが一般的です．ロシア語の同化には以下のものがあります．

(1) 有声子音の無声化(оглуше́ние согла́сных)

　前章の表の中で上下ペアになっている有声子音は，語末及び無声子音の前では対応の無声子音になります．文字は変わりません．

有声子音→	無声子音	例
б [b] →	п [p]	клуб [クループ] クラブ，о́бщество [オープシストヴァ] 社会
в [v] →	ф [f]	лев [リェーフ] ライオン，встре́ча [フストリェーチャ] 会見
д [d] →	т [t]	сад [サート] 庭，ло́дка [ロートカ] ボート
з [z] →	с [s]	газ [ガース] ガス，ре́зка [リェースカ] 切断
ж [dʒ] →	ш [ʃ]	нож [ノーシ] ナイフ，ло́жка [ローシカ] スプーン
г [g] →	к [k]	друг [ドルーク] 友，бе́гство [ビェークストヴァ] 敗走

(2) 無声子音の有声化(озвонче́ние согла́сных)

無声子音 к, т, с は в[v]を除く有声子音の前で対応の有声子音 г, д, з になります．

無声子音 →	有声子音	例
к [k] →	г [g]	рюкза́к [rjugzák リュグザーク] リュックサック
т [t] →	д [d]	футбо́л [fudból フドボール] サッカー
с [s] →	з [z]	сда́ча [zdáʧa ズダーチャ] つり銭

　この現象は，ひとまとまりに発音される二つの語(たとえば前置詞と名詞)の間でも起こります．

в кино́ [フキノー] 映画館で，из карма́нов [イスカルマーナフ] ポケットから，с декабря́ [ズヂカブリャー] 12月から

※ в [v] の前では有声化しません．

свобо́да [svabóda スヴァボータ] 自由

※ 前の子音を口蓋化する働きをする軟音符 ь は固有の音を持たず，前の語の一部とみなされているので，これのついた子音は同化に影響を与えません．(♪14)

мо́рко́вь [マルコーフィ] 人参，мазь [マーシ] 軟膏，ре́дька [レェーチカ] 大根，про́сьба [プロージヴァ] 依頼

(3) 歯擦音の同化

歯擦音が連続すると，с / з ＋ ш → [ʃʃ]，с / з ＋ ж → [ʒʒ]，с ＋ ч → [ʃʃ]，з ＋ ч → [ʃʃ]，ж ＋ ч → [ʃʃ] のような同化を起こします．

歯擦音 +	歯擦音 →	歯擦音 +	歯擦音	例
с [s]	ш [ʃ]	ш [ʃ]	ш [ʃ]	сши́ла [ʃʃíla シシーラ] 彼女は縫った
з [z]	ш [ʃ]	ж [ʒ]	ш [ʃ]	замёрзший [zamjórʃʃij ザミョールシシィ] ひどく凍える
с [s]	ж [ʒ]	ж [ʒ]	ж [ʒ]	сжечь [ʒʒjétʃ ジジェーチ] 焼く
з [z]	ж [ʒ]	ж [ʒ]	ж [ʒ]	по́зже [póʒʒjə ポージジェ] 後で
с [z]	ч [tʃ]	щ [ʃʃ]		счёт [ʃʃót (シ)ショート] 計算
з [z]	ч [tʃ]	щ [ʃʃ]		без че́тверти [bjiʃʃétv'ırti ビシチェートヴィルチ] 15分前
ж [ʒ]	ч [tʃ]	щ [ʃʃ]		мужчи́на [muʃʃína ムッシーナ] 男性

5. アクセントのない母音の発音

前章(→ 13p.)で述べたように，アクセントのない母音は弱く，短く発音されるのでしばしばその弱い母音が以下のように変化します．但し，文字は変わりません．

(1) **а, о**

アクセントのない а, о の発音は同じになります．単語のアクセントの直前と語頭にある а, о は [a]，アクセントから2音節以上離れると а, о は中舌あいまい母音の[ə](英語の b<u>u</u>t の音)と発音されます．《下の она́ のアクセントの直前の о は次にくる а に調和して舌を下げて а 音に変わります．又すべての語頭の о 音は出だしの音なので若干のアクセントがつき а になります．次ページの図の①》．

она́ [aná アナー] 彼女，авторýчка [aftarútʃka アフタルーチカ] 万年筆，самолёт [səmaljót サマリョート] 飛行機，голова́ [gəlavá ガラヴァー] 頭

※ アクセントの直前にある ча, ща の音節の母音 а はイとエの中間の音[ɪ エ/イ(どちらで表記しても構いませんが本書ではイと表記しています)]になります《 ч [tʃ(')]，щ [ʃʃ]は初めから й [j]の音色を含む軟子音なので а [a]は й [j]に引かれて[ɪ]になります．次ページの図の②》．

часы́ [tʃɪsí チスィー] 時計，щади́ть [ʃʃɪdít' シチーチ] 大事にする，щаве́ль [ʃʃɪvjél' シヴィェーリ] スイバ(植物)

(2) **я** 　　　　　　　　　　　　　　　　　　　　　　📼 (♪15)

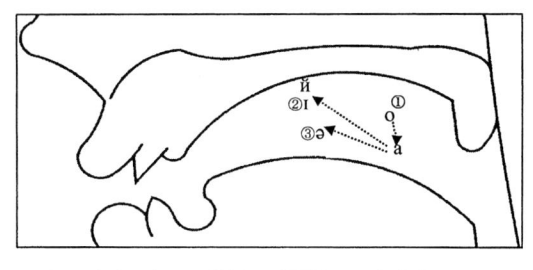

я [ja ヤ]は，アクセントのない語末では中舌母音を含むあいまいな[jə ヤ]，その他の位置では前舌母音を含むあいまいな[jɪ イェ(本書ではイ)]になります《尻切れトンボにならないように語末では若干のアクセントが保たれるので口が半開きの ə になり，アクセントのない他の位置では狭い ɪ になります．このようにアクセントの有無が口の開きに関係してきます．アクセントがあれば開きが大きくなって調音点も下がり，なければ開きが小さくなって調音点も上がります．図の③》．

Япо́ния [jɪpónnjə イポーニャ] 日本, **де́вять** [d'jév'ɪt' ヂェーヴィチ] 9, **язы́к** [jɪzík イズィーク] 言語

(3) **e**

e はアクセントがあればはっきり二重母音の[je イェ]と発音します．アクセントのない語頭及び語中ではあいまいな jɪ イェ/ イィ(日本人にはイと聞こえるので本書ではイと表記，je の音とは厳密には違う)《jɪ は厳密には半母音の j とイとエの中間の音 ɪ (イ/ェ)から成る二重母音のイェという音ですが表記が煩雑になるので本書ではイと表記しています》，アクセントのない語中の子音の後ではその子音を口蓋化して['ɪ イ]《子音の後では jɪ の j が子音に移って消え単母音のイだけが残ります》，アクセントのない語末の子音の後ではその子音を口蓋化して['ɪ ェ](語末では若干のアクセントが保たれ口が少し開いてイ よりは ェ に近く聞こえる)または[jə ヤ]と発音します．一部の語では語末の -ие は я と同様にあいまいな [jə ヤ]になります．

не́бо [n'jébə ニェーバ] 空, **еда́** [jɪdá イダー] 食事, **среда́** [sr'ɪdá スリダー] 水曜日, **писа́тель** [pisát'ɪl' ピサーチリ] 作家, **мо́ре** [mór'ɪ モーリェ] 海, **опозда́ние** [apazdánjə アパズダーニャ] 遅れ, **прибы́тие** [pribítiɪ プリブィーチェ] 到着

※ 外来語の中の e はアクセントがあってもなくても e [e エ]と発音されることが多い．

при́нтер [prínter プリーンテル] プリンター, **те́ннис** [ténis テーニス] テニス

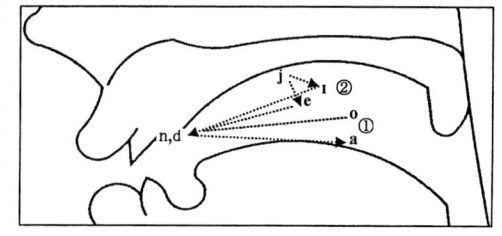

それでは **она́** [aná] ①と **еда́** [jɪdá] ②を例にとって音声学の視点から上記のような音変化が起こる理由を考察してみましょう．右図の点線は舌の動きを表していますが，文字通り **она́** [oná], **еда́** [jedá]と発音した場合はどちらも舌の上下運動を伴い，引力の負荷がある分だけ調音に余計なエネルギーを費やすことになります．ところが，**она́** [aná], **еда́** [jɪdá] と発音した場合は舌がなだらかな水平運動をするので引力の負荷がない分楽にかつスムーズに発音することができます．この調音器官の省力化の動きが音変化の正体です．

6. その他の特殊な発音　　　　　　　　　　　　　　(♪16)

(1) 子音が3個以上続く場合は1個読まない文字が出てきます。

вств → ств： здра́вствуйте [zdrástvujtʲɪ] ズ(ド)ラーストヴィチェ 今日は
стн / здн → сн / зн： ме́стный [mʲjésnij] ミェースヌィ 地元の
　　　　　　　　　　　проездно́й [prajɪznój] プラィズノーィ 定期乗車券
стл → сл： Сча́стливо! [ʃʃaslíva] シャスリーヴァ お幸せに!

(2) 二重子音

語末の二重子音は一般に単子音として発音されます。

　кла́сс [klás クラース] クラス

語中の二重子音は単語によって単子音の場合と二重子音の場合があります。

　грамма́тика [gramátika グラマーチカ] 文法,　су́мма [súmma スーッマ] 合計

(3) г

1) 代名詞や生格語尾などでは г [g]が в [v]と発音されます。

　всего́ [fsʲɪvó フシヴォー] 全部で,　но́вого [nóvəvə ノーヴァヴァ] 新しい

2) т, ч, к の前では г は [x]と発音されます。《破裂音や破擦音が連続すると発音しにくいので、前の破裂音 г [g]が摩擦音の[x]に変わったわけです》

　лёгкий [lʲjóxkij リョーフキィ] 軽い,　мя́гкое [mʲjáxkəjɪ ミャーフカエ] やわらかい

(4) ч

т や н の前の ч は[ʃ]と発音されることがあります。《これは、一瞬息を止めて音を発する破擦音の ч の後にやはり一瞬息を止めて音を発する破裂音の т や鼻音の н が来ると両者で息を止めあって発音しにくいので、初めの ч を息があまりじゃまされずにスーと流れる摩擦音に変えて全体の音の流れをスムーズにして発音しやすくしたことによります》

　что [ʃtó シト] 何,　　　　　　　　коне́чно [kanʲjéʃnə カニェーシナ] もちろん

(5) 再帰動詞 ся の発音

再帰動詞の語末の -ться, -тся は[tsə ツァ]と発音されます

　учи́ться [uʧitsə ウチーッツァ] 学ぶ(不定形),　у́чится [úʧitsə ウーチッツァ] 彼は学ぶ

(6) тс, дс は[ts ツ]と発音されます。

　де́тский [djétskʲij チェーツキィ] 子供の
　городско́й [gəratskój ガラツコーィ] 市の

7. 音の交替

すでに述べたように、近隣の音と同類の音に変化することを同化と言います。これより前の章では、同化によって音が変化しても綴りは変わらない例をあげてきましたが、語形変化や派生語形成などの際に同化によって語幹の綴りが変わることを音の交替(чередова́ние)と言います。ロシア語の音の交替には以下のものがあります。

(1) 軟口蓋音の歯音化, 前口蓋音化

一部の例外を除いて一般に、軟口蓋音 к, х, г は、ある条件の下で後に母音が続くとき調音点が前方に移動して、歯音の ц, с, з に(歯音化)、または前口蓋音の ч, ш, ж に(前口蓋音化)交替します。

発音上の注意　17

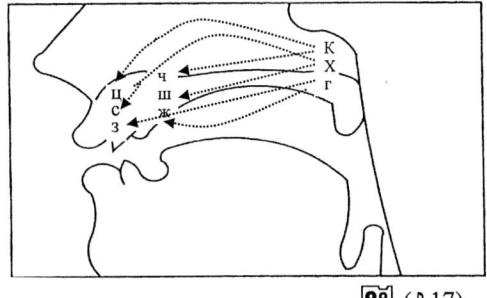

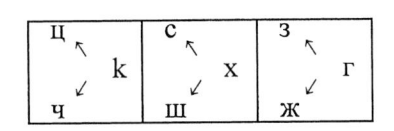

例）(♪17)

k	→	ц	кли́кать 叫ぶ → восклица́ние 叫び
k	→	ч	кли́кать 叫ぶ → клич 叫び声
г	→	з	друг 友人 → друзья́ 友人たち
г	→	ж	кни́га 本 → кни́жный 本の
х	→	с	тряхну́ть 揺り動かす(完了体) → трясти́ (不完了体)
х	→	ш	у́хо 耳 → у́ши 両耳

(2) その他の前口蓋音化

д	→	ж	молодо́й 若い → моло́же より若い
з	→	ж	прибли́зить 近づける → приближе́ние 接近
д	→	жд	роди́ть 生む → рожде́ние 誕生
т	→	ч	круто́й けわしい → кру́че よりけわしい
ц	→	ч	лицо́ 顔 → ли́чный 個人の
т	→	щ	свет 光 → освеще́ние 照明
с	→	ш	высо́кий 高い → вы́ше より高い
ск	→	щ	иска́ть さがす → ищу́ 私はさがす
ст	→	щ	просто́й 単純な → про́ще より単純な

(3) л の語中添加

　唇音 (п, б, в, м) + й の音連続は，両音の調音点が大きく離れていて発音しにくいために，発音しやすくするためにその中間にわたり音的な子音 l が挿入されます．これを語中添加 (epenthesis) といいます．日本語の「イタリア」→「イタリヤ」(itari-j-a)のjもその一種です．他の言語の例：ラテン語 camera「部屋」→ フランス語 čamra → cham<u>b</u>re → 英語 chamber「大部屋」)

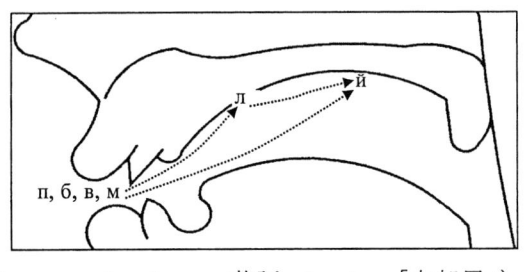

п → пл	купи́ть [kupít' クピーチ] 買う → куплю́ [kupl-j-ú クプリュー] 私は買う
б → бл	люби́ть [ljubít' リュビーチ] 愛する → люблю́ [ljubl-j-ú リュブリュー] 私は愛する
в → вл	дешёвый [d'ɪʃóvɨj ヂショーヴィ] 安い → деше́вле [d'ɪʃévl'ɪ ヂシェーヴリ] より安い
м → мл	дрема́ть [dr'ɪmát' ドリマーチ] まどろむ → дремлю́ [dr'ɪml'jú ドリムリュー] 私はまどろむ

8. 出没母音 (♪18)

名詞・形容詞が語形変化するときや，前置詞の後に名詞が続くときに，本来なかった母音が現れ（挿入され）たり，脱落したりすることがあります．これを出没母音 (бе́лые гла́сные) と言います．

1) 語形変化の出没母音

 пода́рок 贈り物 → пода́рка 贈り物の
 ло́дка ボート → ло́док 多くのボートの（複数生格）
 изве́стный 有名な → изве́стен （短語尾男性形）
 звать 呼ぶ → зову́ 私は呼ぶ

2) 前置詞・名詞間の出没母音（子音が重なる場合に子音の衝突を避けるために母音が入る）

 к вам あなたのところへ → ко мне 私のところに
 в понеде́льник 月曜日に → во вто́рник 火曜日に

9. 綴り字の規則

外来語など一部の例外を除いて，一般に軟口蓋音 г, к, х と前口蓋音 ж, ч, ш, щ の後に ы, ю, я を書くことができません．語形変化などの際にはそれぞれの対応の文字 и, у, а を書きます．

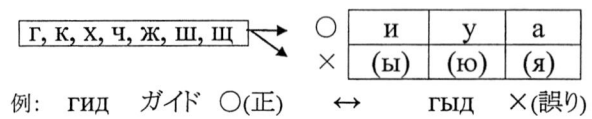

г, к, х, ч, ж, ш, щ	○	и	у	а
	×	(ы)	(ю)	(я)

例： гид ガイド ○(正) ↔ гыд ×(誤り)

10. イントネーション

ロシア語では，文中で一番重要な語のアクセントのある部分を他の語より高い調子で強く長く発音し，重要でない語は低い調子で弱く発音します．これをイントネーションと言います．アクセントが単語内の一部を強弱をつけて発音することに対して，イントネーションとは文中で重要度に応じて一部の語を他より相対的に高い調子で強く長くあるいは低い調子で弱く短く発音することを意味しています．イントネーションは文の種類に応じて次のように分類できます．

(1) 疑問詞のある疑問文では，疑問詞のアクセントのある部分（母音）を高く長く強く読んで文末は下げます．英語のように文末は上がりません．

 Что э́то？ これは何ですか．

(2) 平叙文では全体として平らなイントネーションで文末で下がります．

 Э́то журна́л． これは雑誌です．

(3) 疑問詞のない疑問文では，聞きたい語のアクセントのある部分でイントネーションを急上昇させて後は下げます．

 Э́то журна́л？ これは雑誌ですか．

(4) 感嘆文では，初めからイントネーションを急上昇させて，そのままの調子で文末まで続き，最後に下がります．

 Како́й хоро́ший журна́л！ なんとすばらしい雑誌なんだろう！

11. ロシア文字による五十音の表記

あ ア a	い イ и	う ウ у	え エ э	お オ о						あー ā (ー)	いー ӣ	うー ӯ долгий	えー э̄ гласный	おー ō звук
か カ ka	き キ ки	く ク ку	け ケ кэ	こ コ ко	が ガ га	ぎ ギ ги	ぐ グ гу	げ ゲ гэ	ご ゴ го	きゃ キャ кя	きゅ キュ кю	きょ キョ кё	ぎゃ ギャ гя	ぎゅ ギュ гю	ぎょ ギョ гё
さ サ са	し シ си	す ス су	せ セ сэ	そ ソ со	ざ ザ дза	じ ジ дзи	ず ズ дзу	ぜ ゼ дзэ	ぞ ゾ дзо	しゃ シャ ся	しゅ シュ сю	しょ ショ сё	じゃ ジャ дзя	じゅ ジュ дзю	じょ ジョ дзё
た タ та	ち チ ти	つ ツ цу	て テ тэ	と ト то	だ ダ да	ぢ ヂ дзи	づ ヅ дзу	で デ дэ	ど ド до	ちゃ チャ тя	ちゅ チュ тю	ちょ チョ тё	ぢゃ ヂャ дзя	ぢゅ ヂュ дзю	ぢょ ヂョ дзё
な ナ на	に ニ ни	ぬ ヌ ну	ね ネ нэ	の ノ но						にゃ ニャ ня	にゅ ニュ ню	にょ ニョ нё			
は ハ ха	ひ ヒ хи	ふ フ фу	へ ヘ хэ	ほ ホ хо	ば バ ба	び ビ би	ぶ ブ бу	べ ベ бэ	ぼ ボ бо	ひゃ ヒャ хя	ひゅ ヒュ хю	ひょ ヒョ хё	びゃ ビャ бя	びゅ ビュ бю	びょ ビョ бё
					ヴァ ва	ヴィ ви	ヴ ву	ヴェ вэ	ヴォ во	ファ фа	フィ фи	フォ фо			
					ぱ パ па	ぴ ピ пи	ぷ プ пу	ぺ ペ пэ	ぽ ポ по				ぴゃ ピャ пя	ぴゅ ピュ пю	ぴょ ピョ пё
ま マ ма	み ミ ми	む ム му	め メ мэ	も モ мо						みゃ ミャ мя	みゅ ミュ мю	みょ ミョ мё			
や ヤ я		ゆ ユ ю		よ ヨ ё,йо											
ら ラ ра	り リ ри	る ル ру	れ レ рэ	ろ ロ ро						りゃ リャ ря	りゅ リュ рю	りょ リョ рё		わ ワ ва	ん Н н

12. 符号

本書では以下の符号を用いています

´	アクセント(ロシア語についたフリ仮名で━を含む音節にアクセントがある)
《 》	項目の内容に関連した補足，及び解説
...	なになに，だれだれ
<	変化，又は派生
φ	語尾なし
🔊	録音あり
♣	同一語幹名詞の女性形．その際/の前が男性形
cf.	参考
+	① 前置詞・動詞で格などを要求する　② 単語の成分
*	① 図表の中の注記　② 仮構形(推定した形)
#	図表の内容に関連した注記，及び解説

13. 注の使用上の注意

① 本書では以下の略語を用いています.

1	1人称	形	形容詞
2	2人称	短	形容詞短語尾形
3	3人称	定	定変化形
男	男性形(名詞や形容詞の)	不定	不定変化形
女	女性形	比	比較級
中	中性形	副	副詞
単	単数形	代	代名詞
複	複数形	接	接続詞
主	主格	現	現在形(動詞の)
生	生格	不	不完了体
与	与格	完	完了体
対	対格	受過	受動形動詞過去
造	造格	敬	敬語形(2人称複数形)
前	前置格	間	間投詞

例: 現1単 ＝ 現在形1人称単数形

② 名詞は最初に変化しない部分(語幹)と変化する部分(語尾)を ǀ で区切った(ふだんはつかない)単数主格形(辞書の見出し語)を掲げ, その後に丸かっこ内に本文に出てくる形, 角かっこ内に文法上の性, 単語の意味, 本文に出てくる形の文法的な説明の順で記しています.

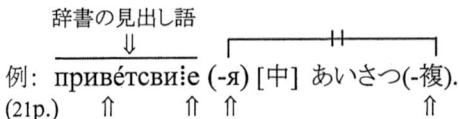

例: приве́тсвиǀе (-я) [中] あいさつ(-複).
(21p.)
語幹　語尾　本文の形　本文の形の文法的な説明《приве́тсвия は приве́тсвие の複数形》

③ 形容詞は最初に語幹と語尾を ǀ で区切った単数主格形を掲げ, その後は名詞と同様, 本文に出てくる形, 単語の意味, 本文に出てくる形の文法的な説明の順で記しています.

例: простǀо́й (-ы́е) [形] 簡単な(-複).
語幹　語尾　本文の形　本文の形の文法的な説明《просты́е は просто́й の複数形》

④ 受動過去分詞も形容詞と同じような表示をしていますが, 最後に元の動詞をのせています.

例: впи́саннǀый (-ы) [受過] 記載された(-複短) ＜ впи́сать [完] 記載する.
　　　　　　　　　　　　　　　　　　　　　　(元の動詞)
語幹　語尾　本文の形　本文の形の文法的な説明《впи́санны は впи́санн-ый の複数短語尾形》

§1. あいさつ
Приветсвия
プリヴィエーツヴィヤ

(♪ 21)

〖基本表現〗 　　　　　　　　　〖простые фразы〗
кихон хё̄гэн 　　　　　　　　　プラストィーエ　フラーズィ

1) はい. 　　　　　　　　　　　Да.
　 Хай 　　　　　　　　　　　　ダ

2) いいえ. 　　　　　　　　　　Нет.
　 Ииэ 　　　　　　　　　　　　ニェート

3) (どうも)ありがとう. 　　　　Спасибо (большое).
　 (Дōмо) аригатō. 　　　　　　　スパシーバ　　バリショーエ

4) どういたしまして. 　　　　　Пожалуйста.
　 Dō итасимаситэ. 　　　　　　パジャールスタ

5) どうぞ. 　　　　　　　　　　Пожалуйста.
　 Dōдзо. 　　　　　　　　　　　パジャールスタ

6) いや, もう結構です. 　　　　Спасибо, довольно.
　 Ия, mō кэккō дэсу. 　　　　　スパシーバ　　ダヴォーリナ

7) ちょっとすみません. 　　　　Извините, пожалуйста.
　 Тётто сумимасэн. 　　　　　　イズヴィニーチェ　パジャールスタ

8) すみません, 通してください. 　Разрешите пройти.
　 Сумимасэн, тōситэ кудасай. 　ラズリシーチェ　　プライチー

9) ごめんなさい, すみません. 　Виноват.
　 Гомэннасай, сумимасэн. 　　　ヴィナヴァート

10) 理解できません, 私はロシア語が分 　Не понимаю, я не понимаю
　 かりません. 　　　　　　　　ニ　パニマーユ　ヤー ニ パニマーユ
　 Рикай дэкимасэн, ватаси ва росиаго 　русский.
　 га вакаримасэн. 　　　　　　ルースキィ

11) ちょっと待ってください. 　　Одну минуту, пожалуйста.
　 Тётто маттэ кудасай. 　　　　アドゥヌー　ミヌートゥ　パジャールスタ

注. приветсви:е (-я) [中] あいさつ(-複). прост:ой (-ые) [形] 簡単な, 基本的な(-複). фраз:а (-ы)[女] 言い回し(-複). 7) извините [命] < извинить [完] 許す. 8) разрешите [命] ...させてください(+ 不定形) < разрешить [完] 許す. пройти [完] 通りすぎる. 10) понимать [不] 理解する. 11) одну минуту [対] ちょっと < одна минута [女] 一瞬.

〚あいさつ〛
аисацу

〚приветсвия〛
プリヴィエーツヴィヤ

1) こんにちは！
   Коннитива!
   Здравствуйте!
   ストラーストヴィチェ

2) やあ！, じゃあね！
   Яа!　Жāнэ!
   Привет!
   プリヴィエート

3) おはよう.
   Охаē.
   Доброе утро!
   ドーブラエ　ウートラ

4) こんにちは.
   Коннитива!
   Добрый день!
   ドーブルイ　チェーニ

5) こんばんは.
   Конбанва.
   Добрый вечер!
   ドーブルイ　ヴィエーチル

6) おやすみなさい.
   Оясуминасаи.
   Спокойной ночи!
   スパコーイナイ　ノーチ

7) ご機嫌いかがですか.
   Гокигэн икагадэсу ка?
   Как ваше здоровье?
   カーク　ヴァーシェ　ズダローヴィエ

8) 調子はどうですか.
   Тёси ва дōдэсу ка?
   Как дела?
   カーク　チラー

9) ありがとう, いいです.
   Аригатō, ии дэсу.
   Спасибо, хорошо.
   スパシーバ　ハラショー

10) なにもかもうまくいっています.
    Нанимокамо умаку иттэ имасу.
    Всё в порядке.
    フショー　フ　パリャートケ

11) まあまあです.
    Маамаа дэсу.
    Так себе.
    ターク　シビェー

12) それで, あなたは.
    Сорэдэ, аната ва?
    А у вас?
    ア　ウ　ヴァース

13) さようなら！ / またね！
    Саēнара!　/　Матанэ!
    До свидания! / Пока!
    ダスヴィダーニヤ　パカー

2) 会った時・別れる時の気軽なあいさつ. 3) добр¦ый (-ое) よい(-中). утро [中] 朝. 4) день [男] 日. 5) вечер [男] 晩. 6) спокойн¦ый (-ой) 穏かな(-女生). ночь (-и) [女] 夜 (-生). 7) здоровье [中] 健康(状態). 8) как いかが. дел¦о (-а) [中] ものごと(-複). 10) всё なにもかも. в порядке 順調に <поряд¦ок (-ке) [男] 順調(- 前). 13) до ... まで(+ 生). свидан¦ие (-я) [中] 会うこと(-生). * 本書では区切りが分かりやすいように発音を離して書いていますが, 実際はすべての前置詞が後に続く名詞と間を置かずに一続きに発音されます: у вас　ウヴァース.　До свидания　ダスヴィダーニャ.

§2. 呼びかけ
Обраще́ние
アブラシェーニエ

(♪ 23)

1) そこの若い人！　　　　　Молодо́й челове́к!
   Соконо вакай хито!　　マラドーイ　チラヴィエーク

2) お嬢さん！　　　　　　　Де́вушка!
   Ожōсан!　　　　　　　　ヂェーヴシカ

3) 安倍様 / 首相閣下！　　　Господи́н Абэ / премье́р-мини́стр!
   Абэ сама / Сюсё какка!　ガスパヂーン　アベ　プリミエール　ミニーストル

4) 社長！　　　　　　　　　Господи́н президе́нт!
   Сятё!　　　　　　　　　ガスパヂーン　プリジヂェーント

5) 安倍夫人！　　　　　　　Госпожа́ Абэ!
   Абэ фудзин!　　　　　　ガスパジャー　アベ

6) セルゲイ イワノヴィチさん！ Серге́й Ива́нович! / Серёжа!
   / セルゲイちゃん！　　　　セルゲーイ　イヴァーナヴィチ　セリョージャ
   Серге́й Ива́нович сан!
   / Серёжа тян!

7) みなさん, おい君たち（若い人 Ребя́та!
   に対して）！　　　　　　　リビャータ
   Минасан, ои кимитати!

8) すみません, 赤の広場はどこ Извини́те, где нахо́дится
   ですか.　　　　　　　　　イズヴィニーチェ　グヂェー　ナホーヂッツァ
   Сумимасэн, ака но хироба ва Кра́сная пло́щадь?
   дока дэсу ка?　　　　　　クラースナヤ　プローシャチ

9) 恐れ入りますが, ブラックコー Бу́дьте добры́, два чёрных ко́фе.
   ヒーを二つお願いします.　ブーチェ　ドーブルィ　ドヴァ　チョールヌィフ　コーフェ
   Осорэиримасу га, буракку
   кōхии о футацу онэгай симасу.

1) ロシア人同士で年齢に関係なく見知らぬ男性に対する呼びかけ. 2) де́вушка [女] お嬢さん(同じく年齢に関係なく見知らぬ女性に対する呼びかけ). 3) господи́н [男] 紳士(苗字, 肩書きの前に用いる敬称で外国人に対してのみ使用). премье́р(-мини́стр) [男] 首相. 4) президе́нт [男] 社長. 5) госпожа́ [女] ...令嬢, ...夫人, ...女史(女性の姓名の前に用いる敬称で外国人に対してのみ使用). 6) 顔見知りでは「名前＋父称」で呼ぶのが礼儀にかなった呼び方ですが, 親しくなると愛称(ласка́тельное и́мя)で呼びます. この例では名前 Серге́й の愛称形が Серёжа になります. なお, 父称は父親の名前に -ович (子供)をつけて作ります, Серге́й Ива́н-ович は「イワンの子供のセルゲイ」という意味です. 7) ребя́та [複] 若者たち, 仲間たち；みなさん！ 8) извини́те すみません(質問の前に置く). 8) находи́ться [不] ある. 9) бу́дьте добры́ 恐れいりますが(丁寧な依頼の表現). два 二つの. чёрный (-ых) 黒い(-生). ко́фе [男] コーヒー(不変).

#ロシア語についたフリ仮名で長母音を表すーを含む音節にアクセント(´)がある(例: ко́фе コーフェ).

§3. 出会い
Встре́ча
フストリェーチャ (♪ 24)

1) はじめまして.　　　　　　　　　　Рад(а) познако́миться.
　 Хадзимэмаситэ.　　　　　　　　　ラート (ラーダ♣) パズナコーミッツァ

2) お元気ですか.　　　　　　　　　　Как дела́?
　 Огэнки дэсу ка?　　　　　　　　　カーク ヂラー

3) ありがとう, 元気です.　　　　　　Спаси́бо, хорошо́.
　 Аригато̄, гэнки дэсу.　　　　　　スパシーバ ハラショー

4) 私は太郎といいます, 姓は佐藤で　 Меня́ зову́т Таро, а фами́ля
　 す.　　　　　　　　　　　　　　　ミニャー ザヴート タロ ア ファミーリャ
　 Ватаси ва Таро̄ то иимасу. Сэи ва　Сато.
　 Сато̄ дэсу.　　　　　　　　　　　サト

5) あなたのお名前は何といいますか.　Как вас зову́т?
　 Аната но о намаэ ва нан то иимасу ка? カーク ヴァース ザヴート

6) 私はセルゲイ・イワーノヴィチです.　Меня́ зову́т Серге́й Ива́нович!
　 Ватаси ва Сергей Иванович дэсу.　ミニャー ザヴート セルゲイ イワーノヴィチ

7) どちらからいらっしゃいましたか.　Отку́да вы прие́хали?
　 Дотира кара ирассяимасита ка?　　アトクーダ ヴィ プリイェーハリ

8) 日本から来ました.　　　　　　　　Я из Япо́нии.
　 Нихон кара кимасита.　　　　　　　ヤ イズ イポーニイ

9) お目にかかれてうれしいです.　　　Рад(а) вас ви́деть.
　 Омэни какарэтэ урэсии дэсу.　　　ラート(ラーダ♣) ヴァース ヴィーヂチ

10) お知りあいになれてうれしいです.　Рад(а) с ва́ми познако́миться.
　　Осириаини нарэтэ урэсии дэсу.　　ラート (ラーダ♣) ス ヴァーミ パズナコーミッツァ

11) こちらこそ.　　　　　　　　　　　Взаи́мно.
　　Котира косо.　　　　　　　　　　　ヴザイームナ

12) どうぞよろしく.　　　　　　　　　Прия́тно познако́миться.
　　До̄дзо ёросику.　　　　　　　　　　プリヤートナ パズナコーミッツァ

---

1) рад(а) уре́шии. познако́миться [完] 知り合う. 2) дела́ [複主] < де́ло [中] ものごと. 4) меня́ 私を. зову́т 彼らが呼ぶ《不定人称文→318p》< зва́ть [不] 呼ぶ. а [接] それで. фами́лия [女] 姓. 7) отку́да どちらから. прие́хать [完] 来る. Япо́ни́я, -и [女] 日本(-生). 9) ви́деть [不] 会う《不定形文→ 317p》. 10) с ...と(+造). 11) взаи́мно お互いさま. 12) прия́тно познако́миться お目にかかれて光栄です, どうぞよろしく.

§4. 紹介
Представление
プリッタヴリェーニェ

🎧 (♪ 25)

1) ご紹介します.
   Госёкаи симасу.
   Познако́мьтесь, пожа́луйста.
   パズナコーミチシ　　パジャールスタ

2) 友人の小野さんを紹介します.
   Ю̄дзин но Оно сан о сёкаи симасу.
   Разреши́те предста́вить вам моего́ дру́га господи́на Оно.
   ラズリシーチェ　プリッタヴィチ　ヴァーム　マエヴォー　ドルーガ　ガスパチーナ　オノ

3) こちらは ... です.
   Котира ва ... дэсу.
   Э́то ...
   エータ

   伊藤さん（男）
   Ито̄ сан (отоко)
   господи́н Ито
   ガスパチーン　イトー

   加藤さん（女）
   Като̄ сан (онна)
   госпожа́ Като
   ガスポージャ　カトー

   私の友人
   ватаси но ю̄дзин
   мой друг / моя́ подру́га
   モイ　ドゥルーグ　マヤー　パドルーガ

   私の同僚
   ватаси но до̄рё̄
   мой колле́га / моя́ колле́га
   モイ　カリェーガ　マヤー　カリェーガ

   私の夫 / 妻
   ватаси но отто / цума
   мой муж / моя́ жена́
   モーイ　ムーシ　マヤー　ジナー

4) お会いできてうれしいです.
   Оаи дэкитэ урэсии дэсу.
   О́чень прия́тно ви́деть вас.
   オーチニ　プリヤートナ　ヴィーチチ　ヴァース

5) 私こそお会いできてうれしいです.
   Ватаси косо оаи дэкитэ урэсии дэсу.
   Мне то́же прия́тно познако́миться с ва́ми.
   ムニェー　トージェ　プリヤートナ　パズナコーミッツァ　ス　ヴァーミ

6) どちらにお住まいですか.
   Дотира ни осумаи дэсу ка?
   Где вы живёте?
   グヂェー　ヴィ　ジヴョーチェ

7) 東京に住んでいます.
   То̄кё̄ ни сундэ имасу.
   Я живу́ в То́кио.
   ヤ　ジヴー　フ　トーキョ

1) познако́мьтесь [命] < познако́миться [完] 知り合う. 2) разреши́те [命] < разреши́ть [完] 許す. предста́вить [完] 紹介する(+対). вам あなたに. моего́ дру́га 私の友人を[対] < друг [男] 友人. господи́н [男] ...さん(男性の苗字につける敬称) < [旧] 領主, 紳士. 3) госпожа́ [女] ...さん(女性の苗字につける敬称) < [旧] 女領主, 淑女. подру́га [女] 女友達. колле́га [男/女] 同僚. муж [男] 夫. жена́ [女] 妻. 4) прия́тн:ый (-о) うれし:い(-無人述). ви́деть [不] 会う(+対). вас あなたに. 5) то́же もまた, こそ. 6) жить [不] 住む.

§5. 旅の会話
Разгово́р в пути́
ラズ゛カ゛ヴ゛ォール フ プチー (♪ 26)

1) 私はここには…で来ました。 Я здесь …
   Ватаси ва кокони ва … дэ киамасита. ヤ ズ゛チェーシ

   出張 / 休暇 / 留学 в командиро́вке / в о́тпуске / учу́сь
   сюттё̄ / кю̄ка / рю̄гаку フ カマンチ゛ローフキ ヴ゛ォートプスキ ウチューシ

2) いつこちらに来られたのですか。 Когда́ вы сюда́ прие́хали?
   Ицу котирани корарэтанодэсу ка? カグ゛ダ ヴ゛ィ シュダー プリイェーハリ

3) 一昨日 / 一週間前です。 Позавчера́ / Неде́лю наза́д.
   Ототои / Иссю̄кан маэ дэсу. パザフチラー ネチェーリュ ナザ゛ート

4) 私はここには…間滞在しています。 Я здесь на …
   Ватаси ва коко ни ва … кан ヤ ズ゛チェーシ ナ
   таидзаи ситэ имасу.
   1日 / 1週間 / 1月 день / неде́лю / ме́сяц
   итинити / иссю̄кан / хитоцуки チェーニ ニチェーリュ ミェーシツ

5) どなたとご一緒ですか。 С кем вы?
   Доната то гоиссё̄ дэсу ка? ス キェーム ヴ゛ィ

6) 一人です。 Я оди́н / одна́.
   Хитори дэсу. ヤ アチ゛ーン アド゛ナー ♣

7) …と一緒です。 Я с …
   …то иссё̄ дэсу. ヤ ス

   友人 / 友人たち дру́гом / друзья́ми
   ю̄дзин / ю̄дзинтати ドルーガ゛ム ドルジ゛ャーミ

   ボーイフレンド/ガールフレンド мои́м па́рнем / мое́й де́вушкой
   бо̄йфурэндо / га̄руфурэндо マイーム パールニェム マイェーイ チェーヴ゛シカイ ♣

8) ここは気に入りましたか。 Вам здесь понра́вилось?
   Коко ва кини иримасита ка? ヴ゛ァーム ズ゛チェーシ パヌラーヴ゛ィラシ

9) はい、とても気に入りました。 Да, о́чень понра́вилось.
   Хаи, тотэмо кини иримасита. ダー オーチニ パヌラーヴ゛ィラシ

---

1) здесь ここに(現在形の「います」は省略される)。 в …で(+前；副詞句を形成する。 英語の in, on に当る)。 командиро́вк:а (-е) [女] 出張 (-前)。 о́тпуск (-е) [男] 休暇(-前)。 учу́сь 私は学んでいます < учи́ться [不] 学ぶ。 2) когда́ いつ。 сюда́ ここに。 прие́хали あなたが来られた (敬語) < прие́хать [完] (乗物で)来る。 3) неде́лю [対] < неде́ля [女] 週。 наза́д 前に。 4) на …の予定で(+対)。 5) с …といっしょに(+造)。 кем < кто 誰。 па́ренъ (-нем) [男] 男友達 (-造)。 де́вушк:а (-ой) [女] 女友達 (-造)。 8) вам あなたにとって。 понра́вилось 気に入った(無人称文で動詞が中性形をとる) < понра́виться [完] 気に入る。 понра́вился 私は気に入りました。

§6. 職業
Профе́ссия
プラフィエーシヤ

(♪ 27)

1) どんな仕事をされていますか. Кем вы рабо́таете?
   Донна сигого о сарэтэ имасу ка? キィェーム ヴィ ラボータイチェ

2) あなたのご職業は何ですか. Кто вы по профе́ссии?
   Аната но госёкугё ва нан дэсу ка? クトー ヴィ ポ プラフィエーシイ

3) 私は ... です. Я ...
   Ватаси ва ... дэсу. ヤ

    会計士   бухга́лтер 男
    каикэиси   ブガールチル

    ビジネスマン   бизнесме́н 男
    бидзинэсуман   ビズネスメーン

    シェフ   шеф-по́вар 男
    шэфу   シェフ ポーヴァル

    医師   врач 男
    иси   ヴラーチ

    技師   инжене́р 男
    гиси   インジニェール

    ジャーナリスト   журнали́ст / журнали́стка
    дзянарисуто   ジュルナリースト 男 ジュルナリーストカ 女 ♣

    機械工（整備工）   меха́ник 男
    кикаико̄ сэйбико̄   ミハーニク

    看護師   медсестра́ 女
    кангоси   ミトシストラー

    牧師   свяще́нник 男
    бокуси   スヴィシェー(ン)ニク

    教師   учи́тель / учи́тельница
    кёси   ウチーチリ 男 ウチーチリニツァ 女 ♣

    主婦   домохозя́йка 女
    сюфу   ダマハジャーィカ

1) кем [造] < кто （職業に対して）何. рабо́таете [2 単現] < рабо́тать [不] ...として働く(+造). 2) по ... に関して(+与). профе́ссiя (-и) [女] 職業(-与).

職業

学生	студе́нт 男 / студе́нтка 女
гакусэи	ストゥチェーント　ストゥチェーントカ ♣

大学院生	аспира́нт 男 / аспира́нтка 女
даигакуинсэи	アスピラーント　アスピラーントカ ♣

1) 私は ... です。　　Я ...
　　Ватаси ва ... дэсу.　ヤ

年金生活者	на пе́нсии
нэнкин сэикацуся	ナ ピェーンシイ

自営業者	име́ю свой со́бственный би́знес
дзиэи гёся	イミェーユ スヴォーイ ソープストヴィ(ン)ヌイ* ビーズネス

失業者	безрабо́тный / безрабо́тная
сицугёся	ビズラボートヌイ　ビズラボートナヤ ♣

2) 私は...の仕事をしています。　Я рабо́таю ...
　　Ватаси ва ... но сигото о ситэ　ヤ ラボータユ
　　имасу.

公務員	на госуда́рственной слу́жбе
кōмуин	ナ ガスダールストヴィンナイ スルージベ

保健	в здравоохране́нии
хокэн	ウ ズドラヴァアフラニェーニイ

マーケティング	в марке́тинге
mākэтингу	ウ マルケーチンゲ

会社員	на фи́рме
каисяин	ナ フィールメ

3) 何を勉強していますか。　Что вы изуча́ете?
　　Нани о бэнкё ситэ имасу ка?　シトー ヴィ イズチャーイチェ

4) 私は...を勉強しています。　Я изуча́ю ...
　　Ватаси ва ... о бэнкё ситэ имасу.ヤ イズチャーユ

人文科学	гуманита́рные нау́ки
дзинбун кагаку	グマニタールヌイエ ナウーキ

ロシア語	ру́сский язы́к
росиа го	ルースキィ イズィーク

自然科学	есте́ственные нау́ки
сидзэн кагаку	イスチェーストヴィ(ン)ヌイエ ナウーキ

1) на пе́нсии 年金生活をしている ＜ на ...の身で(+前). пе́нси:я (-и) [女] 年金(-前). име́ть [不] 持つ. свой 自身の. со́бственный 個人の. * нн の子音連続は口語ではほとんど単音の н[n]として発音する. би́знес [男] ビジネス. 2) госуда́рственн:ый (-ой)国家の(-前). слу́жб:а (-е)[女] 職務 (-前). в...の仕事をして(+前). здравоохране́ни:е (-и) [中] 保健(-前). марке́тинг (-е) [男] マーケティング(-前). фи́рм:а (-е)[女] 会社(-前). изуча́ть [不] 勉強する(+対). гуманита́рные нау́ки [複対] 人文科学 ＜ гуманита́рн:ый (-ая) 人文系の + нау́ка [女] 科学. есте́ственн:ый (-ая) 自然の(-女).

§ 7. 家族
Семья́
シミヤー

(♪ 29)

1) あなたには ... がいますか.　У вас есть ...?
　 Аната ни ва ... га имасу ка?　ウ ヴァース イェースチ

2) 私には ... がいます.　У меня́ есть ...
　 Ванаси ни ва ... га имасу.　ウ ミニャー イェースチ

　　兄弟 / 姉妹　　　　брат / сестра́
　　кёдай / симаи　　ブラート シストラー ♣

　　子供　　дети
　　кодомо　チェーチ

　　息子 / 娘　　　　сын / до́чка
　　мусуко / мусумэ　スィーン ドーチカ ♣

　　孫 / 孫娘　　　внук / вну́чка
　　маго / магомусумэ　ヴヌーク ヴヌーチカ ♣

　　祖父 / 祖母　　　де́душка / ба́бушка
　　софу / собо　　チェードゥシカ バーブシカ ♣

　　夫 / 妻　　　муж / жена́
　　отто / цума　ムーシュ ジナー ♣

3) ご結婚されていますか.　Вы жена́ты? / Вы за́мужем?
　 Гокэккон сарэтэ имасу ка?　ヴィ ジナートィ ヴィ ザームジェム ♣

4) 私は ...　Я ...
　 Ватаси ва ...　ヤ

　　結婚しています.　　　жена́т / за́мужем
　　кэккон ситэ имасу.　ジナート ザームジェム ♣

　　別居しています.　　не живу́ с жено́й / му́жем
　　бэккё ситэ имасу.　ニ ジヴー スジノーイ ムージェム ♣

　　離婚しています.　　в разво́де
　　рикон ситэ имасу.　ヴ ラズヴォーチェ

　　独身です.　　　хо́лост / не за́мужем
　　докусин дэсу.　ホーラスト ニ ザームジェム ♣

1) у ...のところに(+生). вас あなた. есть いる. 2) де́ти [複] 子供. 3) жена́тый (-ы) 妻のある(-短語尾男敬語形). за́мужем (女が)嫁いでいる(述語副詞). 4) жена́т 妻のある(-短語尾男性形). жить [不] 住む. с ...といっしょに(+造). жени́а (-о́й) [女] 妻(-造). муж (-ем) [男] 夫(-造). разво́д (-е) [男] 離婚(-前). холосто́й (-ф) 独身の(-男).

家族

1) 私は長男 (長女) です.
   Ватаси ва ... тёнан (тёдзё) дэсу.
   Я ста́рший сын / ста́ршая дочь.

2) 一人っ子です.
   Хиторикко дэсу.
   Я оди́н ребёнок в семье́.

3) どなたとお住まいですか.
   Доната то осумаидэсу ка?
   С кем вы живёте?

4) 両親と住んでいます.
   Рёин то сундэ имасу.
   Я живу́ вме́сте с роди́телями.

5) 一人暮しです.
   Хитори гураси дэсу.
   Я живу́ оди́н / одна́.

6) ご両親はお元気ですか.
   Горёин ва огэнкидэсу ка?
   Как пожива́ют ва́ши роди́тели?

7) はい, 彼らは元気です.
   Хаи, карэра ва гэнки дэсу.
   У них всё хорошо́.

8) ご主人はどんな仕事をされていますか.
   Госюдзин ва донна сигото о сарэтэ имасу ка?
   Чем занима́ется ваш муж?

9) 会社員です.
   Каисяин дэсу.
   Он слу́жащий компа́нии.

関連単語

父 / 母 тити/хаха	оте́ц 男 / мать 女	伯母, 叔母 / 伯父, 叔父 оба / одзи	тётя 女 / дя́дя 男
兄 ани	ста́рший брат 男	いとこ итоко	двою́родный брат / двою́родная сестра́ 男 女
姉 анэ	ста́ршая сестра́ 女		
弟 ото́то	мла́дший брат 男	甥 / 姪 ои / мэи	племя́нник / племя́нница 男 女
妹 имо́то	мла́дшая сестра́ 女	婿 / 嫁 муко / ёмэ	зять 男 / неве́стка 女
夫婦 фу́фу	супру́ги 複		

1) ста́рший (-ая) 年長の. сын [男] 息子. дочь [女] 娘. ребёнок [男] 子供. семья́ (-е́) [女] 家族(-前). 4) вме́сте いっしょに. роди́тели (-ями)[複] 両親(-複造). 5) оди́н [男·副], одна́ [女·副] 一人で. 6) как ива́рь. пожива́ть [不] 暮らす. 8) занима́ться [不] 仕事する(+造). 9) слу́жащий [男] 勤め人. компа́ния (-и) [女] 会社 (-生). ста́рший 年上の. мла́дший 年下の. двою́родный いとこの.

§8. 感謝
Благода́рность
ブラガダールナスチ

(♪ 31)

1) （どうも）ありがとう.　　　　　　　　(Большо́е) Спаси́бо.
　　(Дōмо) аригатō.　　　　　　　　　 バリショーエ　スパシーバ

2) 贈り物をありがとう.　　　　　　　　Спаси́бо за пода́рок.
　　Окуримоно о аригатō.　　　　　　 スパシーバ ザ パダーラク

3) 大切にします.　　　　　　　　　　 Я бу́ду бере́чь его́.
　　Таисэцу ни симасу.　　　　　　　　ヤ ブードゥ ビリェーチ イヴォー

4) それは私にはとても重宝なものです.　 Он мне о́чень пригоди́тся.
　　Сорэва ватасинива тотэмо тēхō на моно дэсу. オン ムニェー オーチニ プリガヂーッツァ

5) 招待して頂いてありがとうございます.　Спаси́бо вам за приглаше́ние.
　　Сётаи ситэ итадаитэ аригатō годзаимасу. スパシーバ ヴァーム ザ プリグラシェーニエ

6) 助言をありがとうございます.　　　　Спаси́бо за сове́т.
　　Дзёгэн о аригатō годзаимасу.　　　 スパシーバ ザ サヴィェート

7) ご苦労さまです.　　　　　　　　　 Спаси́бо за ваш труд.
　　Гокурō сама дэсу.　　　　　　　　 スパシーバ ザ ヴァーシ トルート

8) ごちそうさまでした.　　　　　　　　Спаси́бо за угоще́ние.
　　Готисōсама дэсита.　　　　　　　　スパシーバ ザ ウガシェーニエ

9) どれもとてもおいしかったです.　　　 Всё бы́ло о́чень вку́сно.
　　Дорэмо тотэмо оисикатта дэсу.　　　フショー ブィーラ オーチニ フクースナ

10) どういたしまして.　　　　　　　　 Пожа́луйста.
　　 Дō итасимаситэ.　　　　　　　　　パジャールスタ

11) お礼にはおよびません.　　　　　　　Не сто́ит благода́рности.
　　 Орэи нива оёбимасэн.　　　　　　　ニ ストーイト ブラガダールナスチ

12) たいしたことないですよ.　　　　　　Не за что.
　　 Таисита кото наидэсуё.　　　　　　 ニ ザ シト

13) 気に入っていただいてうれしいです. Я рад(а), что вам понра́вилось.
　　 Кини иттэ итадаитэ урэсии дэсу.　　ヤ ラート(ダ) ♣ シト ヴァーム パヌラーヴィラシ

---

1) спаси́бо ありがとう. 2) за ...のために(+対). пода́рок [男] 贈り物. 3) бу́ду つもりだ(未来形). бере́чь [不] 大切にする(+対). 4) пригоди́ться [完] 役に立つ. 5) приглаше́ние [中] 招待. 6) сове́т [男] 助言. 7) труд [男] 苦労. 8) угоще́ние [中] ごちそう. 9) вку́сн[ый (-о) おいしい(-短語尾中). 11) сто́ить [不] 値する. благода́рность (-и) [女] 感謝(-否定生格). понра́вилось 気に入った(無人称文で述語は中性形をとる. 主体は与格にする) < понра́виться [完] 気に入る.

§ 9. お祝い
Поздравле́ние
パズドラヴリェーニエ

1) おめでとう！ Поздравля́ю!
   Омэдэтō! パズドラヴリャーユ

2) お祝い申し上げます。 Мои́ поздравле́ния.
   Оиваи мōсиагэмасу. マイー パズドラヴリェーニヤ

3) お誕生日おめでとう。 Поздравля́ю вас с днём рожде́ния.
   Отандзёби омэдэтō. パズドラヴリャーユ ヴァース ズ ドニョーム ラジチェーニャ

4) 合格おめでとう。 Поздравля́ю вас с успе́шной сда́чей экза́мена.
   Гōкаку омэдэтō. パズドラヴリャーユ ヴァース ス ウスピェーシナイ ズダーチェイ エグザーミナ

5) 大学入学おめでとう。 Поздравля́ю вас с поступле́нием в университе́т.
   Даигаку ню̄гаку омэдэтō. パズドラヴリャーユ ヴァース ス パストゥプリェーニエム ウ ウニヴィルシチェート

6) ご結婚おめでとう。 Поздравля́ю вас с днём сва́дьбы.
   Гоккэккон омэдэтō. パズドラヴリャーユ ヴァース ズ ドニョーム スワーチブィ

7) ご出産おめでとう。 Поздравля́ю вас с новорождённым.
   Госю̄ссан омэдэтō. パズドラヴリャーユ ヴァース ス ナヴァラジチョーンヌィム

8) 退院おめでとう。 Поздравля́ю вас с вы́пиской.
   Таиин омэдэтō. パズドラヴリャーユ ヴァース スヴィーピスカイ

9) 就職おめでとう。 Поздравля́ю вас с устро́йством на рабо́ту.
   Сю̄соку омэдэтō. パズドラヴリャーユ ヴァース ス ストローイストヴァム ナ ラボートゥ

10) 明けましておめでとう。 С Но́вым го́дом.
    Акэмаситэ омэдэтō. ス ノーヴィム ゴーダム

11) おみごと！ Вот и хорошо́.
    Омигото! ヴォート イ ハラショー

12) すばらしい！ Здо́рово!
    Субарасии! ズドーラヴァ

1) поздравля́ю私は祝う< поздравля́ть [不] 祝う. 2) мои́ 私の(複). поздравле́ни꞉е (-я) [中] 祝い(-複). 3) с [前]...に対して(+造). днём [造] < день [男] 日. рожде́ни꞉е (-я) [中] 誕生(-生). успе́шн꞉ый (-ой) 見事な(-造). сда́ч꞉а (-ей) [女] 合格(-造). экза́мен (-а) [女] 試験(-生). 5) поступле́ние (-м) [中] 入学. университе́т [男] 大学. 6) сва́дьб꞉а (-ы) [女] 結婚式(-生). 7) новорождённы꞉й (-м) [形] 新生児の(-造). 8) вы́писк꞉а (-ой) [男] 退院(-造). 9) устро́йство (-м) [中] 就職(-造). на ...への(+対). рабо́т꞉а (-у) [女] 仕事(-対). 10) но́выйм го́дом [造] < но́вый год [男] 新年.

§ 10. 謝罪
Извине́ние
イズヴィニェーニエ

(♪ 33)

1) すみません. — Извини́те.
   Сумимасэн. イズヴィニーチェ

2) ごめんなさい. — Винова́т(а).
   Гомэннасаи. ヴィナヴァート(♣)

3) これは私が悪かった. — Э́то моя́ вина́.
   Корэва ватасига варукатта. エータ マヤ ヴィナー

4) お許しください. — Прости́те меня́, пожа́луйста.
   Оюруси кудасаи. プラスチーチェ ミニャー パジャールスタ

5) 私がまちがっていました. — Я был(а́) не прав(а́).
   Ватаси га матигаттэ имасита. ヤ ブィル♣ ニ プラフ(プラヴァー♣)

6) 遅れてすみません. — Извини́те за опозда́ние.
   Окурэтэ сумимасэн. イズヴィニーチェ ザ アパズダーニェ

7) おじゃまをしてすみません. — Прости́те за то, что я помеша́л(а).
   Одзяма о ситэ сумимасэн. プラスチーチェ ザ ト シト ヤ パミシャール ♣

8) 大丈夫です. — Ничего́.
   Даидзё̄бу дэсу. ニチヴォー

9) どういたしまして. — Ничего́, э́то быва́ет.
   До̄ итасимаситэ. ニチヴォー エータ ブィヴァーエト

10) たいしたことないです. — Ничего́, ничего́.
    Таисита кото наидэсу. ニチヴォー ニチヴォー

11) なんでもないことです. — Ничего́ стра́шного.
    Нандэмо наи кото дэсу. ニチヴォー ストラーシナヴァ

12) お気になさらないでください. — Не пережива́йте.
    Окини насаранаидэ кудасаи. ニ ピリジヴァーイチェ

---

1) извини́те [命] 許してください < извини́ть [完] 許す. 2) винова́тый (-φ, -а) 責任のある(短語尾). 3) вина́ [女] 罪. 4) прости́ть [完] 許す. 5) пра́вый (-φ, -á) 正しい(短語尾). 6) опозда́ние [中] 遅れ. 7) то 先行詞. что 関係代名詞. помеша́ть [完] じゃまする. 文字通りは「私がじゃましたことをお許しください」. 9) э́то быва́ет これはよくあることだ. быва́ть [不] よくある. 11) ничего́ なにも...ない. стра́шн|ый (-ого) こわい, 恐ろしい(-否定生格). 12) пережива́ть [不] 気にする.

§ 11. 言語
Язык
イズィーク (♪ 34)

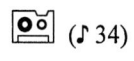

1) ロシア語（日本語）がわかりますか。 Вы зна́ете ру́сский (япо́нский) язы́к?
   Росиа го (Нихон го) га вакаримасу ка?
   ヴィ ズナーイチェ ルースキィ (イポーンスキィ) イズィーク

2) 私の言ってることがわかりますか。 Вы понима́ете меня́?
   Ватаси но иттэ иру кото га вакаримасу ка?
   ヴィー パニマーイチェ ミニャー

3) おっしゃることがわかりません。 Я не понима́ю, что вы говори́те.
   Оссяру кото га вакаримасэн.
   ヤ ニ パニマーユ シト ヴィ ガヴァリーチェ

4) 少しだけわかります。 То́лько немно́го понима́ю.
   Сукоси дакэ вакаримасу.
   トーリカ ニムノーガ パニマーユ

5) 英語ならわかります。 Англи́йский язы́к я зна́ю.
   Эиго нара вакаримасу.
   アングリースキィ イズィーク ヤ ズナーユ

6) ロシア語（日本語）を話せますか。 Вы говори́те по-ру́сски (по-япо́нски)?
   Росиа го (Нихон го) о ханасэмасу ка?
   ヴィ ガヴァリーチェ パルースキ (パイポーンスキ)

7) はい, 少し話せます。 Да, немно́го говорю́.
   Хаи, сукоси ханасэмасу.
   ダー ニムノーガ ガヴァリュー

8) いいえ, 話せません。 Нет, не говорю́.
   Ииэ, ханасэмасэн.
   ニェート ニ ガヴァリュー

9) 話せませんが, 少しは理解できます。 Не говорю́, но немно́го понима́ю.
   Ханасэмасэн га, сукосива рикаи дэкимасу.
   ニ ガヴァリュー ノ ニムノーガ パニマーユ

10) ゆっくり話してもらえばわかります。 Е́сли вы бу́дете говори́ть поме́дленнее, мне бу́дет поня́тно.
    Юккури ханаситэ мораэба вакаримасу.
    イェースリ ヴィ ブーヂェチェ ガヴァリーチ パミェードリンニエ ムニェー ブーヂト パニヤートナ

1) знать [不] (知識として) 知っている, わかる。 2) понима́ть [不] 理解する, わかる(+対). меня́ 私を。 3) что [接] こと。 говори́ть [不] 話す。 4) то́лько だけ。 немно́го 少し。 6) по-ру́сски ロシア語で。 по-япо́нски 日本語で。 10) е́сли もしも(仮定法)。 бу́дете (2人称), бу́дет (無人称) 未来形。 ме́дленнее [比] < ме́дленный ゆっくりした。 поня́тн䮗ый (-о) よくわかる, 理解できる(-短語尾中 = 無人述).

言語　35

1) どなたが日本語を話しますか.　Кто́-нибудь говори́т по-япо́нски?
   Доната га нихонго о ханасимасу ка?　クトーニブチ　ガヴァリート　パイポーンスキ

2) 何ですって.　Что-что?
   Нандэсуттэ?　シトシト

3) すみません.　Прости́те?
   Сумимасэн.　プラスチーチェ

4) おっしゃることがわかりません.　Я не понима́ю, что вы говори́те.
   Оссяру кото га вакаримасэн.　ヤ ニ パニマーユ シト ヴィ ガヴァリーチェ

5) «пуп»は何を意味しますか.　Что обознача́ет сло́во «пуп»?
   «пуп» ва нани о ими симасу ка?　シト アバズナチャーエト スローヴァ プープ

6) «今日は»をロシア語では何と言いますか.　Как бу́дет «конничива» по-ру́сски?
   «Коннитива» о росиа го дэва нан то иимасу ка?　カク ブーチェト コンニチワ パルースキ

7) «Пу́тин»という語はどのように綴りますか.　Как пи́шется «Пу́тин»?
   «Пу́тин» то ю го ва доно ёни цудзуримасу ка?　カク ピーシェツァ プーチン

8) この語はどのように発音しますか.　Как э́то произно́сится?
   Коно го ва доно ёни хацуон симасу ка?　カク エータ プライズナシーッツァ

9) これはどういう意味ですか.　Что э́то означа́ет?
   Корэва до̄ ю ими дэсу ка?　シト エータ アズナチャーエト

10) これを翻訳してください.　Переведи́те мне э́то, пожа́луйста.
    Корэ о хоняку ситэ кудасаи.　ピリヴィチーチェ ムニェー エータ パジャールスタ

11) くりかえしてしてください.　Повтори́те, пожа́луйста.
    Курикаэситэ кудасаи.　パフタリーチェ パジャールスタ

12) もっとゆっくり話してしてください.　Говори́те поме́дленнее, пожа́луйста.
    Мотто юккури ханаситэ кудасаи.　ガヴァリーチェ パミェードリンニェ パジャールスタ

13) 書き留めてください.　Запиши́те, пожа́луйста.
    Какитомэтэ кудасаи.　ザピシーチェ パジャールスタ

---

1) кто́-нибудь (誰でもよい)誰か. 4) понима́ть [完] 理解する. 5) обознача́ть [不] 表す, 意味する. 6) бу́дет [未来形] < быть なる. 7) пи́шется [3単現] < писа́ться [不] 綴られる. 8) произноси́ться [不] 発音される. 9) означа́ть [不] 意味する. 10) переведи́те [命] < перевести́ [完] 翻訳する. 11) повтори́ть [完] くりかえす. 12) поме́дленнее [比] < ме́дленно ゆっくりと. 13) запиши́те [命] < записа́ть [完] 書き留める.

§ 12. 宗教
Рели́гия
リリーギャ

(♪ 36)

1) あなたはどの宗教を信じていますか． Кака́я ва́ша рели́гия?
   Аната ва доно сю̄кё о синдзитэ имасу ка? カカーヤ ヴァーシャ リリーギャ

2) あなたは信心深いですか． Вы ве́рующий / ве́рующая?
   Аната ва синдзин букаи дэсу ка? ヴィ ヴィエールユシィ ヴィエールユシャヤ ♣

3) 私は信心深くありません． Я неве́рующий / неве́рующая
   Ватаси ва синдзин букаку аримасэн． ヤ ニヴィエールユシィ / ニヴィエールユシャヤ ♣

4) 私は…教徒です． Я …
   Ватаси ва … кё̄то дэсу． ヤ

    無神論者 атеи́ст 男
    мусин рондзя アチィースト

    不可知論者 агно́стик 男
    фукати рондзя アグノースチク

    仏教徒 будди́ст / будди́стка ♣
    буккё̄то ブチースト 男 ブチースカ 女

    カトリック教徒 като́лик / католи́чка ♣
    каторикку кё̄то カトーリク 男 カトリーチカ 女

    キリスト教徒 христиа́нин / христиа́нка ♣
    кирисуто кё̄то フリスチアーニン 男 フリスチアーンカ 女

    ユダヤ教徒 евре́й / евре́йка ♣
    юдая кё̄то エヴリェーイ 男 エヴリェーイカ 女

    イスラム教徒 мусульма́нин / мусульма́нка ♣
    исураму кё̄то ムスリマーニン 男 ムスリマーンカ 女

    正教徒 правосла́вный / правосла́вная
    сэи кё̄то プラヴァスラーヴヌイ 男 プラヴァスラーヴナヤ 女

5) 私は…を信じています（いません）． Я (не) ве́рю в …
   Ватаси ва … о синдзитэ имасу (имасэн)． ヤ ニ ヴィエーリュ ヴ

    占星術 астроло́гию
    сэнсэидзюцу アストローギュ

1) кака́я [女] < како́й [男] до. рели́гия [女] 宗教． 2) ве́рующ:ий (-ая) 信心深い (-女)． 3) неве́рующий 信心深くない． 5) ве́рить [女] 信じる(+対)． астроло́ги:я (-ю) [女] 占星術(-対)．

宗教

運命	судьбу́
унмэи	スチブー

神	Бо́га
ками	ボーガ

奇跡	чудеса́
кисэки	チュヂサー

1) ここで...できますか.   Мо́жно здесь ...?
   Кокодэ ... дэкимасу ка?   モージナ スヂェーシ

ミサに出席する	ходи́ть к Обе́дне
миса ни сюссэки суру	ハヂーチ ク アビェードニ

礼拝式に出る	ходи́ть на церко́вную слу́жбу
рэихаи сики ни дэру	ハヂーチ ナ ツィルコーヴヌユ スルージブ

礼拝する	моли́ться
рэихаи суру	マリーッツァ

懺悔する	ка́яться
дзангэ суру	カーヤッツァ

拝む(主にキリスト教以外の神を)	поклоня́ться
огаму	パクラニャーッツァ

関連単語

カトリック	католици́зм 男	教会	це́рковь 女
каторикку	カタリツィーズム	кёкаи	ツェールカフィ
プロテスタント	протестанти́зм 男	司祭	свяще́нник 男
пуротэсутант	プラチスタンチーズム	сисаи	スヴィシェーンニク
イスラム教	исла́м 男	イコン	ико́на 女
исураму кё̄	イスラーム	икон	イコーナ
仏教	будди́зм 男	聖書	библи́я 女
буккē	ブッヂーズム	сэисё	ビブリーヤ
ユダヤ教	иудаи́зм 男	洗礼	креще́ние 中
юдаякē	イウダイーズム	сэнрэи	クリシェーニエ
ロシア正教	ру́сское правосла́вие	祝福	благослове́ние 中
росиа сэикē	ルースカエ プラヴァスラーヴィエ 中	сюкуфуку	ブラガスラヴィエーニエ 中

судьб́а (-у) [女] 運命(-対). Бог [男] 神. чудеса́ [複] < чу́до [中] 奇跡. 1) мо́жно
できる. ходи́ть [不] 行って来る, 出席する. к ...に(+与). Обе́дня (-е) [女] 聖体礼儀,
ミサ (-与). на ...に(+対)《対格は移動の方向を表す》. церко́вн̄ый (-ую, -ая) 教会の
(-女対, -女主). слу́жба (-у) [女] 勤行, 礼拝式(-対). моли́ться [不] 礼拝する.
ка́яться [不] 懺悔する. поклоня́ться [不] 拝む. правосла́вие [中] 正教.

§13. 文化の違い
Культу́рные разли́чия
クリトゥールヌイ　　　ラズリーチャ　　　(♪ 38)

1) これは地方的な習慣ですか, それとも民族的な習慣ですか.
   Корэ ва тихо̄тэкина сю̄кан дэсу ка, сорэтомо миндзоку-тэкина сю̄кан дэсу ка?
   Э́то ме́стный и́ли наро́дный обы́чай?
   エータ　ミースヌイ　イーリ　ナロードヌイ　アブィーチャイ

2) 私は悪気はありませんでした.
   Ватаси ва варуги ва аримасэндэсита.
   Я не хоте́л(а) сде́лать что-то не так.
   ヤ ニ ハチェール ♣ ズヂェーラチ シタ ニ タク

3) 私はあなたの気分を害したくはありません.
   Ватаси ва анатано кибун о гаиситакува аримасэн.
   Я не хочу́ вас обижа́ть.
   ヤ ニ ハチュー ヴァース アビジャーチ

4) すみません, 私はこれに慣れていませんでした.
   Сумимасэн, ватаси ва корэни нарэтэ имасэндэсита.
   Я не привы́к / привы́кла к э́тому.
   ヤ ニ プリヴィーク　プリヴィークラ ♣ ケータム

5) 私は参加するつもりはありません.
   Ватаси ва санка суру цумори ва аримасэн.
   Я предпочита́ю не уча́ствовать.
   ヤ プリトパチターユ ニ ウチャーストヴァヴァチ

6) 私はそれをやってみます.
   Ватаси ва сорэ о яттэ мимасу.
   Я попро́бую!
   ヤ パプロ́ーブユ

7) すみません, これは私の信仰/私の宗教の教義に反します.
   Сумимасэн, корэ ва ватаси но синко̄ / ватаси но сю̄кё̄ ни хансимасу.
   Извини́те, но э́то не по мои́м ве́рованиям / вероуче́ниям мое́й рели́гии.
   イズヴィニーチェ ノ エータ ニ パ マイーム ヴィーラヴァニヤム ヴィラウチェーニヤム マイェーイ レリーギイ

культу́рн|ый (-ые) 文化の(-複). разли́чи|е (-я) [中] 違い(-複). 1) ме́стный 地方的な. наро́дный 民族的な. обы́чай [男] 習慣. 2) хоте́ть [不] 望む. сде́лать [完] する. что-то 何か. 3) обижа́ть [不] 気分を害する. 4) привы́к [過去・男] / привы́кла [過去・女] < привы́кнуть [完] 慣れる. к ...に(+与). э́тому これに. 5) предпочита́ть [不] 選ぶ, 好む. уча́ствовать [不] 参加する. 6) попро́бую [1単現] < попро́бовать [完] やってみる. 7) по ...に従って(+与). ве́рованиям [複与] < ве́рование [中] 信仰. вероуче́ниям [複与] < вероуче́ние [中] 教義. рели́гии [生] < рели́гия [女] 宗教.

§ 14. 空港で
В аэропо́рте
ヴァエラポールチェ

【空港まで】　　　　　　　　　　【до аэропо́рта】
кӯко̄ мадэ　　　　　　　　　　ダ　アエラポールタ

1) 空港はどこにありますか.　　Где аэропо́рт?
   Кӯко̄ ва доко ни аримасу ка?　グヂェー　アエラポールト

2) 空港までタクシー代はいくらですか.　Ско́лько сто́ит такси́ в аэропо́рт?
   Кӯко̄ мадэ такусӣ даи ва икура дэсу ка?　スコーリカ　ストーイト　タクシー　ヴァエラポールト

3) シェレメチェヴォ空港までお願いします.　В аэропо́рт Шереме́тьево, пожа́луйста.
   Шереметьево кӯко̄ мадэ онэгаи симасу.　ヴァエラポールト　シェレミェーチェヴァ　パジャールスタ

4) どの航空会社を利用しますか.　Ре́йсом како́й авиакомпа́нии вы лети́те?
   Доно ко̄кӯ гаися о риё̄ симасу ка?　リェーイサム　カコーイ　アヴィアカムパーニイ　ヴィ　リチーチェ

5) アエロフロート航空を利用します.　Я лечу́ самолётом авиакомпа́нии Аэрофло́т.
   Аэрофло́т ко̄кӯ о риё̄ симасу.　ヤ　リチュー　サマリョータム　アヴィアカムパーニイ　アエラフロート

6) 私達の便は3時に離陸します.　Мой рейс отправля́ется в три часа́.
   Ванаситати но бин ва сандзи ни ририку симасу.　モイ　リェーイス　アトプラヴリャーエッツァ　フ　トリ　チサー

7) 国内線ですか国際線ですか.　Вну́тренний и́ли междунаро́дный?
   Кокунаи сэн дэсу ка, кокусаи сэн дэсу ка?　ヴヌートリンニイ　イーリ　ミジドゥナロードヌイ

8) ターミナルはどこですか.　Како́й термина́л?
   Та̄минару ва доко дэсу ка?　カコーイ　テルミナール

9) 私は急いでいます.　Я спешу́.
   Ватаси ва исоидэ имасу.　ヤ　スピシュー

10) 別の道を行って頂けませんか.　Вы мо́жете пое́хать други́м путём?
    Бэцу но мити о иттэ итадакэмасэн ка?　ヴィ　モージチェ　パイェーハチ　ドルギーム　プチョーム

11) もっと速く走って頂けませんか.　Не могли́ бы вы е́хать быстре́е?
    Мотто хаяку хаситтэ итадакэмасэн ка?　ニ　マグリー　ブィ　ヴィ　イェーハチ　ブィストリェーエ

в ...で(+前;内部空間). аэропо́рт [男] 空港. 2) ско́лько いくら. сто́ит [3単現]< сто́ить [不] 値段がする. в ...へ(+対;内部空間への移動). 4) рейс (-ом) [男] 便(-造). авиакомпа́ния (-и) [女] 航空会社(-生). лете́ть [不・定] 飛ぶ. 文字通りは「あなたはどの航空会社の便で飛びますか」. 5) самолёт (-ом) [男] 飛行機(-造). 6) отправля́ться [不] 出発する. час (-а́) [男] 時(-生). 7) вну́тренний 国内の. междунаро́дный 国際間の. 9) спеши́ть [不] 急ぐ. 10) мо́жете [2複現] < мочь [不] できる. пое́хать [完] (車で)行く《具体的な1回きりの動作には完了体を使用. ここでは1回きり行く動作を表すので完了体. 次の 10) と比較せよ》. друго́й (-и́м) 別の(-造). путь (-ём) [男] 道(-造). 11) 仮定法《не могли́ бы ...》...して頂けませんか. е́хать [不] (車で)行く, 走る《持続的・反復的動作には不完了体を使用. ここでは行く過程を問題にしているので不完了体》. быстре́е [比] < бы́стро 速く.

空港で

【チェックイン】 【регистрáция】
チェックイン リギストラーツィヤ

1) チェックインは何時に始まりますか. Во скóлько начинáется регистрáция?
   Чэккуин ва нандзи ни хадзмаримасу ка? ヴァ スコーリカ ナチナーエッツァ リギストラーツィヤ

2) チェックインはどこですか. Где регистрáция?
   Чэккуин ва доко дэсу ка? グヂェー リギストラーツィヤ

3) 私の名前は佐藤太郎です. Меня́ зовýт Таро Сато.
   Ватаси но намаэ ва Сатō Тарō дэсу. ミニャー ザヴート タロー サトー

4) 私はモスクワに行きます. Я лечý в Москвý.
   Ватаси ва Москва ни икимасу. ヤ リチュー ヴ マスクヴー

5) モスクワにはいつ着きますか. Когдá мы бýдем в Москвé?
   Москва нива ицу цукимасу ка? カグダー ムィ ブーヂェム ヴ マスクヴィエー

6) チケットを見せてください. Ваш билéт, пожáлуйста.
   Тикэтто о мисэтэ кудасаи. ヴァーシ ビレート パジャールスタ

7) 窓側/通路側の席をお願いします. Я бы хотéл(а) мéсто у окнá / прохóда.
   Мадо гава / Цӯро гава но сэки о онэгаи симасу. ヤ ブィ ハチェール ミェースタ ウ アクナー プラホーダ

8) 私たちの飛行機は何便ですか. Какóй нóмер рéйса нáшего самолёта?
   Ватаси тати но хикōки ва нан бин дэсу ка? カコーイ ノーミル リェーイサ ナーシヴァ サマリョータ

9) 007便です. Рейс нóмер 007.
   Дзэро дзэро нана бин дэсу. リェーイス ノーミル ノリ ノリ シェーミ

10) いつ離陸 / 到着しますか. Во скóлько мы вылетáем / прилетáем?
    Ицу ририку / tōтяку симасу ка? ヴァ スコーリカ ムィー ヴィリターエム プリリターエム

11) 007便は遅れていますか. Рейс нóмер 007 задéрживается?
    Дзэро дзэро нана бин ва окурэтэ имасу ка? リェーイス ノーミル ノリ ノリ シェーミ ザヂェールジヴァエッツァ

12) どれだけ遅れますか. На скóлько задéрживается?
    Дорэдакэ окурэмасу ка? ナ スコーリカ ザヂェールジヴァエッツァ

1) во скóлько 何時に. начинáться [不] 始まる. регистрáция [女] チェックイン. 3) зовýт 人々が呼ぶ(不定人称文) < звать [不] 呼ぶ. 5) бýдем 私たちはいるだろう(быть の未来形). 7) бы хотéл(а) 仮定法(бы +過去形). мéсто [中] 席. у ...のそばに(+生). окнó (-á) [中] 窓(-生). прохóд (-а) [男] 通路(-生). 8) нóмер [男] 番号. рейс (-а) [男] 便(-生). нáшего [生] 私達の. самолёт (-а) [男] 飛行機(-生). 10) вылетáть (-ем) [不] 飛び立つ, 離陸する(-1複現). прилетáть [不] 飛んで来る, 到着する. 11) задéрживаться [不] 遅れる.

空港で

1) 荷物の手続きはどこですか. Где оформление багажа?
   Нимоцу но тэцудзуки ва доко дэсу ка?

2) 重量がオーバーしています. У вас перевес багажа.
   Дзюрё га ōбā ситэ имасу.

3) 機内持ち込み荷物としては大きすぎます. Этот слишком большой для ручной клади.
   Кинаи мотикоми нимоцу то ситэва ōкисуги масу.

4) ポケットの中身を見せて下さい. Выньте всё из карманов.
   Поккэтто но накамi о мисэтэ кудасаи.

5) 靴をぬいでください. Снимите обувь.
   Куцу о нуидэ кудасаи.

6) 免税品はどこで売ってますか. Где товары без пошлины.
   Мэндзэихин ва докодэ уттэ масу ка?

7) 搭乗の案内がありましたか. Объявлена посадка?
   Тōдзё но аннаи га аримасита ка?

8) 007便の搭乗を開始します. Производится посадка на рейс 007.
   Дзэро дзэро нана бин но тōдзё о каиси симасу.

9) 007便には何番ゲートから搭乗しますか. У какого выхода посадка на рейс 007?
   Дзэро дзэро нана бин нива нанбан гэто кара тōдзё симасу ка?

10) 5番ゲートです. У выхода номер пять.
    Гобан гэто дэсу.

11) 搭乗券を見せてください. Ваш посадочный талон, пожалуйста.
    Тōдзё кэн о мисэтэ кудасаи.

12) 私は気分が悪い. Мне плохо.
    Ватаси ва кибун га варуи.

13) 飛行機はこれから着陸します. Самолёт идёт на посадку.
    Хикōки ва корэкара тякурику симасу.

14) ベルトを締めて下さい.禁煙です Застегнуть ремни. Не курить.
    Бэруто о симэтэ кудасаи. Кинъэи дэсу.

15) 飛行機から降りてもいいです. Можно выходить из самолёта.
    Хикōки кара оритэмо иидэсу.

1) оформление [中] 手続きを整えること. багаж [男] 荷物. 2) перевес [男] 重量オーバー. 3) слишком あまりに. большой 大きい. для ...にしては(+生). ручн:ой (-ой) 手に持てる[-女生]. клад:ь (-и) [女] 荷物(-女生) < ручная кладь [女主] 機内持ち込み荷物. 4) выньте [命] < выпуть [完] 取り出す. из ...から(+生). карман (-ов) [男] ポケット(-複生). 5) снимать [不] ぬぐ. обувь [女] 靴. 6) товар (-ы) [男] 品物(-複). без ...のない(+生). пошлин:а (-ы) [女] 関税(-生). 7) объявлен:ный (-а) [受過] 案内された(-女) < объявить [完] 案内する, アナウンスする. посадка [女] 乗車; 着陸. 8) производиться [不] 行われる. 9) у ...のところで(+生). выход (-а) [男] ゲート(-生). 11) посадочный 搭乗の. талон [男] 券. 12) плох:ой (-о) 気の悪い(-無人述). 13) идти на посадку [不] 着陸態勢に入る. 14) застегнуть [完] 締める(+対)《不定形文→317р.》. ремни [複対] < ремень [男] ベルト. курить [不] 喫煙する. 15) выходить [不] 外へ出る.

空港で

【税関で】 **【на тамо́жне】**
дзэикан дэ タモージネ

1) パスポートを見せてください. Ваш па́спорт, пожа́луйста.
　Пасупо̄то о мисэтэ кудасаи. ヴァーシ パースポルト パジャールスタ

2) どちらからいらっしゃいましたか. Отку́да вы прилете́ли?
　Дотиракара ирассяимасита ка? アトクーダ ヴィ プリリチェーリ

3) 日本から来ました. Из Япо́нии.
　Нихон кара кимасита. イズ イポーニイ

4) ただ通過するだけです. Я прое́здом.
　Тада цӯка суру дакэ дэсу. ヤ プライェーズダム

5) ベラルーシを通ってリトアニア Я е́ду в Литву́ че́рез Белару́сь.
　に行きます. ヤ イェードゥ ヴ リトヴー チェーリズ ビラルーシ
　Белару́сь о то̄ттэ Литоаниа
　ни икимасу.

6) ご訪問の目的は何ですか. Цель Ва́шего визи́та?
　Гохо̄мон но мокутэки ва нандэсу ка? ツィエーリ ヴァーシヴォ ヴィジータ

7) 私はここに留学(ビジネス, 休 Я здесь учу́сь (по би́знесу,
　暇)で来ました. ヤ ズヂェーシ ウチューシ パ ビーズネス
　Ватаси ва кокони рю̄гаку в о́тпуск).
　(бидзинэсу, кю̄ка) дэ кимасита. ヴォートプスク

8) ここにはどれだけ滞在なさい Ско́лько вы пробу́дете здесь?
　ますか. スコーリカ ヴィ プラブーヂチェ ズヂェーシ
　Кокони ва дорэдакэ таидзаи
　насаимасу ка?

9) 私はここに10日(2ヶ月)間滞 Я на де́сять дней (два ме́сяца).
　在します. ヤ ナ ヂェーシャチ ドニェイ ドヴァ ミェーシツァ
　Ватаси ва кокони то̄ка
　(никагэцу) кан таидзаи симасу.

10) どこに宿泊しますか. Где вы останови́лись?
　Доко ни сюкухаку симасу ка? グヂェー ヴィ アスタナヴィーリシ

11) コスモスホテルに宿泊します. Я остана́вливаюсь в гости́нице
　Космас хотэру ни сюкухаку симасу. Ко́смос.
　 ヤ アスタナーヴリヴァユシ ヴ ガスチーニツェ コースモス

12) どなたとご一緒ですか. С кем вы прие́хали?
　Доната то гоиссё дэсу ка? ス キェム ヴィ プリイェーハリ

на ...で(+前; 静止位置を表す). тамо́жнія (-е) [女] 税関(-前) . 2) прилете́ть [完] 飛ん
でくる. 3) Япо́ніія (-и) [女] 日本(-生). 4) прое́здом [副] トランジットで. 5) е́ду
私は行く < е́хать [不] 乗って行く. в ...へ(+対; 移動を表す). Литві́а (-у́) [女] リトアニ
ア(-対). че́рез ...を通って(+対). Белару́сь [女] ベラルーシ. цель [女] 目的. визи́т
(-а) [男] 訪問(-生). 7) учу́сь 私は学んでいます. по ...のために(+与). би́знес (-у)
[男] ビジネス(-与). о́тпуск [男] 休暇. 8) пробы́ть [完] 滞在する. 9) дней [複生] <
день [男] 日. ме́сяца [単生] < ме́сяц [男] 月. 10) останови́ться [完] 宿泊する. 11)
остана́вливаться [不] 宿泊する, 泊まる. в ...の中に(+前; 内部位置). Ко́смос [男] コス
モスホテル. 12) прие́хать [完] 乗物で来る.

空港で

1) 子供と一緒です.
   Кодомо то иссё дэсу.
   Я с детьми.
   ヤ ス チェミー

2) ビザが必要ですか.
   Виза га хицуё дэсу ка?
   Нужна ли виза?
   ヌジナー リ ヴィーザ

3) ビザはどこで取得できますか.
   Виза ва доко дэ сютоку дэкимасу ка?
   Где регистрировать визу?
   グヂェー リギストリーラヴァチ ヴィーズ

4) 何か申告する物はお持ちですか.
   Наника синкоку суру моно ва омоти дэсу ка?
   Есть ли у Вас вещи, подлежащие декларированию?
   イェースチ リ ウ ヴァース ヴィェーシ パドリジャーシエ ヂクラリーラヴァニユ

5) 申告する物ははありません.
   Синкоку суру моно ва аримасэн.
   Мне нечего декларировать.
   ムニェー ニェーチヴォ ヂクラリーラヴァチ

6) 申告する物を持っています.
   Синкоку суру моно о моттэ имасу.
   Мне нужно что-то задекларировать.
   ムニェー ヌージナ シト ザヂクラリーラヴァチ

7) これを申告しないといけませんか.
   Корэ о синкоку синаи то икэмасэн ка?
   Это нужно декларировать?
   エータ ヌージナ ヂクラリーラヴァチ

8) このバッグをあけてください.
   Коно баггу о акэтэ кудасаи.
   Откройте эту сумку.
   アトクローイチェ エートゥ スームク

9) すべて私物です.
   Субэтэ сибуцу дэсу.
   У меня только личные вещи.
   ウ ミニャー トーリカ リーチヌィエ ヴィェーシ

10) これに関税を払わないといけません.
    Корэни кандзэи о хараванаи то икэмасэн.
    Вам надо оплатить пошлину.
    ヴァーム ナーダ アプラチーチ ポーシリヌ

11) それを申告しなければいけないことを知りませんでした.
    Сорэ о синкоку синакэрэба икэнаи кото о сиримасэндэсита.
    Я не знал / знала, что это нужно декларировать.
    ヤ ニ ズナール ズナーラ ♣ シト エータ ヌージナ ヂクラリーラヴァチ

12) オーケーです. お通り下さい.
    Ōкэ дэсу. Отōри кудасаи.
    Ладно, проходите.
    ラードナ プラハヂーチェ

---

1) дéт:и (-ьми́) [複] 子供(-造). 2) впи́санный (-ы) [受過]記載された(-複短語尾) < вписáть [完] 記載する. 3) ну́жн:ый (-á) 必要な(女). 4) регистри́ровать [不] 登録する(不定形文). 5) вéщи [複主] < вéщь [女] 持ち物. подлежáщ:ий (-ие) [能現] 従うべき(-複) < подлежáть [不] 従う(+与). декларировáни:е (-ю) [中] 申告(-与). 6) нéчего [代]...すべきものがない(不定形と共に用いる). декларировáть [不・完] 申告する. 8) ну́жно [無人述] 必要だ. 9) откры́ть [完] あける(+対). сýмк:а (-у) [女] バッグ(-対). 10) ли́чн:ый (-ые) 個人的な(-複主). вéщ:ь (-и) [女] 物品(-複主). пóльзовани:е (-я) [中] 使用, 私用(-生). 11) нáдо [無人述] ならぬ. оплати́ть [完] 払う(+対). пóшлин:а (-у) [女] 関税(-対). 13) проходи́те [命] < пройти́ [完] 通り過ぎる.

空港で

【手荷物】 　　　　　【багаж】
テニモツ 　　　　　　バガーシ

1) ...はどこですか.　Где...?
　　... ва докодэсу ка?　グチェー

　手荷物カート　　　багажные　тележки
　テニモツ カト　　　バガージヌィエ　チリェーシキ

　手荷物預かり所　　　камеры　хранения
　テニモツ アズカリセ　カーミルィ　フラニェーニヤ

　手荷物引渡し所　　　выдача　багажа
　テニモツ ヒキワタシジェ　ヴィーダチャ　バガジャー

2) 私の手荷物が紛失しました / 盗まれました.　У меня пропал / украли багаж.
　ワタシ ノ テニモツ ガ フンシツ シマシタ / ヌスマレマシタ.　ウ ミニャー プラパール ウクラーリ バガーシ

3) 私のトランクが破損しました.　Мне повредили чемодан.
　ワタシ ノ トランク ガ ハソン シマシタ.　ムニェー パヴリヂーリ チマダーン

4) 出口(タクシー乗り場)はどこですか.　Где выход (такси)?
　デグチ (タクシ ノリバ) ва доко дэсу ка?　グチェー ヴィーハト タクシー

5) 町までバス(電車, 地下鉄)はありますか.　Есть автобус (поезд, метро) в город?
　マチ マデ バス (デンシャ, チカテツ) ва аримасу ка?　イェースチ アフトーブス ポーイスト ミトロー ヴ ゴーラト

関連単語

到着 トーチャク	ПРИБЫТИЕ プリブィーチエ 田	国際線 コクサイセン	МЕЖДУНАРОДНЫЕ РЕЙСЫ ミジドゥナロードヌィエ リェーイスィ 閣
出発 シュッパツ	ОТПРАВЛЕНИЕ アトプラヴリェーニヤ 田	税関検査 ゼイカン ケンサ	ТАМОЖЕННЫЙ КОНТРОЛЬ タモージェンヌィ カントローリ 園
搭乗ゲート トージョウ ゲート	ВЫХОД НА ПОСАДКУ ヴィーハト ナ パサートク 園	免税品 メンゼイヒン	ТОВАРЫ БЕЗ ПОШЛИНЫ タヴァールィ ビス ポーシリヌィ 閣
旅券審査 リョケン シンサ	ПАСПОРТНЫЙ КОНТРОЛЬ パースパルトヌィ カントローリ 園	チェックインカウンター チェッキン カウンタ	РЕГИСТРАЦИОННАЯ СТОЙКА レギストラツィオーンナヤ ストーイカ 園
検疫 ケンエキ	КАРАНТИН カランチーン 園	自動チェックイン ジドウ チェッキン	РЕГИСТРАЦИЯ ЭЛЕКТРОННЫХ БИЛЕТОВ レギストラーツィヤ エリクトローンヌィフ ビリェータフ
移住 イジュウ	ИММИГРАЦИЯ イミグラーツィヤ 因	手荷物引渡所 テニモツ ヒキワタシジョ	ВЫДАЧА БАГАЖА ヴィーダチャ バガージャ 因
国内線 コクナイセン	ВНУТРЕННИЕ РЕЙСЫ ヴヌートリンニエ リェーイスィ 閣		

1) багажный (-ые) 手荷物の(-複). тележк:а (-и) [女] カート(-複). камер:а (-ы) [女] 室(-複). хранени:е (-я)[中] 保管(-生). выдача 引渡し(所). 2) пропал [過去形] < пропасть [完] 紛失する. украли [過去複数形] 誰かが盗んだ(不定人称文) < украсть [完] 盗む. 3) повредили [過去複数形] < повредить [完] こわす. чемодан [男] トランク. 5) в ...へ (+対; 移動). полин:а (-ы) [女] 関税(-複). стойка [女]カウンター. регистрация [女] 登録. электронн:ый (-ых) 電子の(-複生). билет (-ов) [男] 切符(-複生).

§15. 両替
Размéн
ラズミェーン

(♪ 45)

1) ...はどこにありますか.
...ва доко ни аримасу ка?

Где...?
グヂェー

両替所
рёгаэдзё

обмéнный пýнкт 男
アブミェーンヌイ プーンクト

銀行
гинкō

банк 男
バーンク

ATM
ōтēэм

банкомáт 男
バンカマート

2) 銀行は何時に開きますか（閉じますか）.
Гинкō ва нандзи ни хираки масу ка (тодзимасу ка)?

Во скóлько открывáется / закрывáется банк?
ヴァ スコーリカ アトクルィヴァーエツァ ザクルィヴァーエツァ バーンク

3) 私は...したい.
Ватаси ва ... ситаи.

Я бы хотéл / хотéла ...
ヤ ヴィ ハチェール ハチェーラ ♣

トラベラーズチェックを現金化
торабэрāдзу чэкку о гэнкинка

разменя́ть дорóжный чек
ラズミニャーチ ダロージヌイ チェーク

クレジットカードから現金を引きおとす
курэдзитто кāдо кара гэнкин о хикиотосу

снять дéньги с кредúтной кáрточки
スニャーチ チェーニギ ス クリヂートナイ カールタチキ

預金をおろす
ёкин о оросу

снять дéньги
スニャーチ チェーニギ

両替する
рёгаэ суру

поменя́ть дéньги
パミニャーチ チェーニギ

4) ここで外貨を両替できますか.
Коко дэ гаика о рёгаэ дэкимасу ка?

Мóжно обменя́ть валю́ту здесь?
モージナ アブミニャーチ ヴァリュートゥ ズヂェーシ

5) ドル / ユーロ / 円をルーブルに両替したい.
Дору / юро / эн о рӯбуру ни рёгаэ ситаи.

Я хотéл / хотéла бы обменя́ть дóллары / éвро / éны на рубли́.
ヤ ハチェール ハチェーラ ♣ ブィ アブミニャーチ ドーラルィ イェーヴロ イェーヌィ ナルブリー

1) обмéнный 両替の. пýнкт [男] 所. 2) в(о) ...に《連続子音の前では子音の衝突を避けるために間に о が入る》. открывáться [不] あく. закрывáться [不] とじる. 3) бы хотéл / хотéла ...したい (仮定法). разменя́ть [完] 現金化する. дорóжный чек [男] トラベラーズチェック. поменя́ть [完] 両替する, 交換する. кредúтная кáрточка [女] クレジットカード. снять [完] おろす. 4) валю́т:а (-у) [女] 外貨(-対). 5) обменя́ть [完] 両替する.

両替

1) 手数料はいくらですか.
テスūрē ва икурадэсу ка?
Сколько процентов комиссионный сбор?

2) 為替レートはいくらですか.
Кавасэ рēто ва икурадэсу ка?
Какой курс?

3) トラベラーズチェックをなくしました.
Торабэрāдзу чэкку о накусимасита.
Я потерял / потеряла дорожные чеки.

4) 銀行カードをなくしました.
Гинкō кādо о накусимасита.
Я потерял / потеряла свою карточку.

5) クレジットカードを盗まれました.
Курэдзитто кādо о нусумарэмасита.
У меня украли кредитные карточки.

6) 銀行カードが働きません.
Гинкō кādо га хатаракимасэн.
Моя карточка не работает.

関連単語

カードを挿入してください
кādо о сōню̄ ситэ кудасаи
ВСТАВЬТЕ КАРТУ　《大文字表記は標示の類》

キャンセル
кянсэру
ОТМЕНИТЬ

クリア
куриа
ОЧИСТИТЬ

挿入口
сōню̄гути
ВВОД

暗証番号
ансē бангō
ПИН-КОД / цифровой код

当座勘定から引きおとす
тōдза кандзē кара хикиотосу
СНИМАТЬ С ТЕКУЩЕГО СЧЁТА

預金口座から引きおとす
ёкин кōдза кара хикиотосу
СНИМАТЬ СО СБЕРЕГАТЕЛЬНОГО СЧЁТА

レシート
рэсито
ЧЕК

1) процент (-ов) [男] 比率(-複生). комиссионный 委託の. сбор [男] 手数料. 2) курс [男] 為替レート. 3) потерять [完] 失う(+対). дорожные чеки [複対] < дорожный чек [男] トラベラーズチェック. 4) кáртoчкa (-у) [女] 銀行カード(-対). 6) работать [不] 機能する. вставить [完] 挿入する(+対). кáртia (-у) [女] カード(-対). отменить [完] 取り消す. очистить [完] クリアする. текущего счёта [生] < текущий счёт [男] 当座勘定. с(о) ...から. сберегательный 預金の. счёт [男] 預金口座.

§16. 切符
Биле́ты
ビリェートィ

(♪ 47)

1) どこで切符を買えますか.　Где мо́жно купи́ть биле́т?
   Доко дэ киппу о каэмасу ка?　グヂェー モージナ クピーチ ビリェート

2) モスクワ行きの最終列車(始発　Когда́ после́дний по́езд
   のバス)はいつですか.　カグダー パスリェードニィ ポーイスト
   Москва ики но саисю̄ рэсся　(пе́рвый авто́бус) в Москву́?
   (сихацу но басу) ва ицу дэсу ка?　ピェールヴィイ アフトーブス ウ マスクヴー

3) 乗車時間はどれぐらいですか.　Ско́лько вре́мени уйдёт на доро́гу?
   Дзёся дзикан ва дорэ гураи дэсу ка?　スコーリカ ヴリェーミニ ウィチョート ナ ダローグ

4) これは直通ですか.　Э́то прямо́й рейс?
   Корэ ва тёкуцӯ дэсу ка?　エータ プリャモーイ リェーイス

5) 改札はいつですか.　Во ско́лько начина́ется регистра́ция?
   Каисацу ва ицу дэсу ка?　ヴァ スコーリカ ナチナーエッツァ リギストラーツィヤ

6) ...切符をください.　Биле́т ...
   ... киппу о кудасаи.　ビリェート

　　ノーヴォガラト行きの　　на Но́вгород
　　Но́вгород ики но　　ナ ノーウ゛ガラト

　　一等の　　в пе́рвом кла́ссе
　　иттō но　　フ ピェールヴァム クラーッシェ

　　二等の　　во второ́м кла́ссе
　　нитō но　　ヴァ フタローム クラーッシェ

　　小児用の　　для дете́й
　　сёни ё но　　ドリャ ヂェチェーイ

　　学生用の　　для студе́нтов
　　гакусэи ё но　　ドリャ ストゥヂェーンタフ

　　片道の　　в оди́н коне́ц
　　катамити но　　ウ アヂーン カニェーツ

　　往復の　　в о́ба конца́
　　ōфуку но　　ウ オーバ カンツァー

　　今日の / 明日の　　на сего́дня / за́втра
　　кё̄ но　асу но　　ナ シヴォードニャ ザーフトラ

1) купи́ть [完] 買う(+対). 2) после́дний 最終の. пе́рвый 始発の. в ...の方へ(対;移動を表す). Москва́ (-ý) [女] モスクワ(+対). 3) вре́мени [生] < вре́мя [中] 時間. уйти́ [完] かかる. на ...に対して(+対). доро́га (-у) [女] 旅(-対). 4) прямо́й 直通の. 5) начина́ться [不] 始まる. регистра́ция [女] 改札. 6) на ...行きの(+対). в ...の(+前;状態を表す).　пе́рвый (-ом) 一番の(-男前). класс (-е) [男] 等級(-前). [男] 二等. для ...のための(+生). дете́й [複生] < де́ти [複] 子供. в ...の方へ(対;移動を表す). оди́н коне́ц [男] 片道. о́ба конца́ [単生] 往復. на ...に(+前).

切符

1) ...をお願いします. Я бы хотел(а) ...
   ... о онэгаи симасу ヤ ブィ ハチェール

   通路側の席 место у прохода
   цӯро гава но сэки ミェースタ ウ プラホーダ

   窓側の席 место у окна
   мадо гава но сэки ミェースタ ウ アクナー

   禁煙席 место в салоне для некурящих
   кинэн сэки ミェースタ フ サローニ ドリャ ニクリャーシフ

   喫煙席 место в салоне для курящих
   кицуэн сэки ミェースタ フ サローニ ドリャ クリャーシフ

2) いくらですか. Сколько стоит?
   Икура дэсу ка? スコーリカ ストーイト

3) 子供(学生, 高齢者)の割引はありますか. Есть скидки для детей (студентов, пенсионеров)?
   Кодомо (Гакусэи, кӯрэися) но варибики ва аримасу ка? イェースチ スキートキ ドリャ チチェーイ ストゥチェーンタフ ペンシャニェーラフ

4) 列車内(バス内)で切符を買えますか. Я могу купить билет в автобусе / поезде?
   Рэсся наи (Басу наи) дэ киппу о каэмасу ка? ヤ マグー クピーチ ビリェート ウ アフトーブシ / ポーイズチェ

5) 切符を取り消(変更, 確認)したい. Я бы хотел(а) отменить (поменять, подтвердить) билет (бронь).
   Киппу о торикэ (хэнкō, какунин) ситаи. ヤ ブィ ハチェール アトミニーチ パミニャーチ パトヴィルヂーチ ビリェート ブローニ

6) 満席です. Все места проданы.
   Мансэки дэсу. フシェー ミスター プローダヌィ

関連単語

乗客の皆さん！ Внимание! 切符売場 билетная касса
дзёкяку но минасан! ヴニマーニェ киппу уриба ビリェートナヤ カッサ
クーポン綴り книжка талонов 切符販売機 кассовый автомат
кӯпон цудзури クニーシカ タローナフ киппу ханбаики カッサヴィイ アフタマート

1) место [中] 席. у ...のそばの(+生). проход, -а [男] 通路(-生). окн;ю (-á) [中] 窓(-生). в ...の中に(+前). салóн, -е [男] 室(-前). для ...のための(+生). (не)курящих [複生] < (не)курящий [男] (非)喫煙者. 3) скидк;а (-и) [女] 割引(-複生). для ...のための(+生). дет;и (-ей) [複] 子供(-複生). студент, -ов [男] 学生(-複生). пенсионер, -ов [男] 年金生活者(-複生). 4) в ...で(+前; 静止位置). 5) отменить [完] 取り消す(+対). поменять [完] 変更する(+対). подтвердить [完] 確認する(+対). бронь [女] 予約(俗語). 6) прода́нн;ый (-ы) [受過] 売り切れた(-複短語尾) < продать [完] 売る. внимание [中] 注目. книжка [女] 綴り. талон (-ов) [男] クーポン(-複生). кассовый 切符売場の.

§17. 列車
Поезд
ポーイスト

1) 切符売場（手荷物預かり所）はどこですか.
   Киппу уриба (Тэнимоцу адзукарисё) ва доко дэсу ка?
   Где билéтные кáссы (кáмеры хранéния)?

2) 列車時刻表をもらえますか.
   Рэсся дзикоку хё о мораэмасу ка?
   Мóжно расписáние?

3) ドモデドヴォまで電車で何時間かかりますか.
   Домодéдово мадэ дэнся дэ нандзикан какаримасу ка?
   Скóлько врéмени идёт электрúчка до Домодéдово?

4) スパルタク行きは何番線ですか.
   Спартак ики ва нанбан сэн дэсу ка?
   Какáя лúния идёт в Спартáк?

5) それはソルンツヴォに停車しますか.
   Сорэ ва Сóлнцево ни тэйся симасу ка?
   Пóезд останáвливается в Сóлнцево?

6) シベリア鉄道はどのプラットフォームですか.
   Сибэриа тэцудō ва доно пуратто фōму дэсу ка?
   Транссибúрский с какóй платфóрмы?

7) これは...ですか.
   Корэ ва ... дэсу ка?
   Э́то ...?

   直通
   тёкуцӯ
   прямóй пóезд 男

   急行
   кю̄кō
   экспрéсс 男

   旅客列車
   рёкаку рэсся
   пассажúрский пóезд 男

   (郊外)電車
   (кōгай) дэнся
   электрúчка 女

8) 乗り換えしないといけませんか.
   Норикаэ синаи то икэмасэн ка?
   Мне нýжно дéлать пересáдку?

9) リャザンで乗り換えないといけません.
   Рязань дэ норикаэнаито икэмасэн.
   Вам нáдо дéлать пересáдку в Рязáни.

1) билéтные кáссы [複] < билéтная кáсса [女] 切符売場. кáмерːа (-ы) [女] 室(-複). хранéниːе (-я) [中] 保管(-生). 2) расписáние [中] 時刻表. 3) идтú [不] かかる; 行く. электрúчка [女] 電車. 4) лúния [女] 路線. в ...へ(対;移動). 5) останáвливаться [不] 止まる. 6) транссибúрский [男]シベリア鉄道. с ...から(+生). платфóрмːа (-ы)[女]プラットホーム(-生).7) прямóй 直通の. пассажúрский 旅客の.8)пересáдкːа (-у)[女]乗換え(-対).

列車

1) オムスクまで往復(片道)切符を一枚ください.
   Омск мадэ ōфуку (катамити) киппу о итимаи кудасаи.
   Один билет до Омска туда и обратно (в одну сторону), пожалуйста.
   アヂーン ビリェート ダ オームスカ トゥダー イ アブラートナ ヴ アドヌー ストーラヌ パジャールスタ

2) この列車を予約したいのです.
   Коно рэсся о ёяку ситаи но дэсу.
   Я хочу забронировать билет на этот поезд.
   ヤ ハチュー ザブラニーラヴァチ ビリェート ナ エータト ポーイスト

3) 禁煙車にしてください.
   Кинэн сэки ни ситэ кудасаи.
   Билет в вагон для некурящих, пожалуйста.
   ビリェート ヴ ヴァゴーン ドリャ ニクリャーシフ パジャールスタ

4) 皆さんご乗車願います.
   Минасан годзёся нэгаимасу.
   Посадка заканчивается!
   パサートカ ザカーンチヴァエッツァ

5) ...はどれですか.
   ... ва дорэдэсу ка?
   Где ...?
   グヂェー

   1(2)等車
   иттō (нитō) ся
   люкс (купе)
   リュクス クペー

   食堂車
   сёкудō ся
   вагон-ресторан
   ヴァゴーンリスタラーン

6) この席は予約済みですか.
   Коно сэки ва ёяку дзуми дэсу ка?
   Это место занято?
   エータ ミェースタ ザーニャタ

7) ここは私の席だと思いますが.
   Коко ва ватаси но сэки дато омоимасу га.
   Мне кажется, это моё место.
   ムニェー カージェッツァ エータ マヨー ミェースタ

8) 窓をあけて(閉めて)いただけませんか.
   Мадо о акэтэ (симэтэ) итадакэмасэн ка?
   Откройте / Закройте, пожалуйста, окно.
   アトクローイチェ ザクローイチェ パジャールスタ アクノー

関連単語

切符の予約 キッぷ но ёяку	заказ билетов ザカース ビリェータフ 圏	待合室 матиаисицу	зал ожидания ザール アジダーニヤ 圏
キャンセル кянсэру	отмена アトミェーナ 因	行き先 икисаки	место назначения ミェースタ ナズナチェーニヤ 田
払い戻し хараимодоси	возрат денег ヴァズラート チェーニク 圏	定期券 тэикикэн	проездной プライズドノーイ 圏
夜行列車 якō рэсся	ночной поезд ナチノーイ ポーイスト 圏	予約(座席などの) ёяку	броня, бронь ブローニャ ブローニ (俗語) 因

1) до ...мадэ (+生). туда и обратно 往復の. в одну сторону 片道の < в ...への(+対; 移動の方向) + однā (-ý) 一方の(-対) + сторонā (-ý) [女] 方向(-対). 2) забронировать [完] предварительно заказать (+対). на ...のための(+対). 3) в ... のための(+対). некурящих [複対] 非喫煙者. 4) посадка [女] 乗車. заканчиваться [不] 終わる. 5) люкс [男] 特等室, 一等. купе [中] コンパートメント. 6) занятый (-о) 予約済みの(-短語尾中). 7) кажется [3単現] < казаться [不] 思われる《無人称文》. 8) открыть [完] あける(+対). закрыть [不] しめる(+対). денег [生] < деньги [複] お金. ожидание (-я) [中] 待つこと(-生). назначение [中] 目的.

§18. 地下鉄
Метро́
ミトロー

1) ここから中心街へはどんな乗物で行けますか.
   Коко кара тю̄син гаи э ва донна норимоно дэ икэмасу ка?
   Как отсю́да прое́хать в центр?
   カーク アトシューダ プライェーハチ フツェーントル

2) そこへは地下鉄で行けますか.
   Сого э ва тикатэцу дэ икэмасу ка?
   Мо́жно прое́хать туда́ на метро́?
   モージナ プライェーハチ トゥダー ナ ミトロー

3) 地下鉄の駅はどこですか.
   Тикатэцу но эки ва доко дэсу ка?
   Где ста́нция метро́?
   グヂェー スターンツィヤ ミトロー

4) 1(10)回券をください.
   И (дзю)ккаи кэн о кудасаи.
   Да́йте мне ра́зовый биле́т (биле́т на 10 пое́здок).
   ダーイチェ ムニェー ラーザヴイ ビリェート ビリェート ナ ヂェーシチ パイェーズダク

5) この路線はモスクワ行きですか.
   Коно росэн ва Москва мадэ икимасу ка?
   Э́та ли́ния метро́ в сто́рону Москвы́?
   エータ リーニヤ ミトロー フ スタローヌ マスクヴィー

6) いいえ, 乗換が必要です.
   Ииэ, норикаэ га хицуё̄ дэсу.
   Нет. Вам ну́жно пересе́сть.
   ニェット ヴァム ヌージナ ピリシェースチ

7) どこで乗り換えるのですか.
   Доко дэ норикаэрунодэсу ка?
   Где ну́жно сде́лать переса́дку?
   グヂェー ヌージナ ズヂェーラチ ピリサートク

8) 二つめの駅で乗り換えます.
   Футацумэ но эки дэ норикаэмасу.
   Че́рез одну́ остано́вку.
   チェーリズ アドヌー アスタノーフク

9) クールスカヤ駅で乗り換えます.
   Ку́рская эки дэ норикаэмасу.
   На ста́нции Ку́рская.
   ナ スターンツィイ クールスカヤ

関連単語

切符売場 キッпу уриба	ка́сса 囡 カーッサ	プラットフォーム пуратто фо̄му	платфо́рма 囡 プラットフォールマ
改札 каисацу	турнике́т 男 トゥルニキュート	出口 дэгути	вы́ход 男 ヴィーハト
エスカレーター эскарэ̄тā	эскала́тор 男 エスカラータル	地下鉄路線図 тикатэцу росэндзу	схе́ма ли́ний метро́ シェーマ リーニイ ミトロー 囲

1) отсю́да ここから. прое́хать [完] 乗物で行く. центр [男] 中心街. 2) на ...に乗って(+対). метро́ [中] 地下鉄(不変化). 4) ра́зовый 1回きりの. на ...のための. пое́здк|а (-ок) [女] 乗車(-複生). 5) ли́ния [女] 路線. в ...への(+対). сторо́н|а (-у)[女] 方面(-対). 6) пересе́сть [完] 乗り換える. 7) переса́дк|а (-у) [女] 乗り換え(-対). 8) че́рез ...を過ぎて(+対). одн|а́ (-у́) 一つの(-対). остано́вк|а (-у) [女] 地下鉄の駅(-対). схе́ма [女] 図.

§ 19. バス
Автобус
アフトーブス

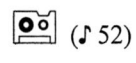

(♪ 52)

1) バスターミナル(停留所)はどこですか. Где автовокзал (остановка)?
   Басу тāминару (Тэирю́дзё) ва доко дэсу ка?

2) バスに...はついていますか. В автобусе ... есть?
   Васу ни ... ва цуитэ имасу ка?

   エアコン кондиционер [男]
   эакон

   暖房 отопление [中]
   данбō

   毛布 плед [男]
   мōфу

   衛生パック гигиенический пакет [男]
   эисэи паккў

   トイレ туалет [男]
   тоирэ

3) バスはどのぐらいの頻度で来ますか. Как часто ходят автобусы?
   Васу ва доно гураи но хиндо дэ кимасу ка?

4) このバスは駅に行きますか. Этот автобус идёт на вокзал?
   Коно басу ва эки ни икимасу ка?

5) このバスは市の中心街を通りますか. Этот автобус идёт через центр города?
   Коно басу ва си но тю̄сингаи о тōримасу ка?

6) ノヴォゴロド行きのバスはどれですか. Какой автобус идёт в Новгород?
   Но́вгород ики но басу ва дорэ дэсу ка?

7) このバスは"モスクワホテル"のそばに停車しますか. Этот автобус останавливается около гостиницы "Москва"?
   Коно басу ва Москва хотэру но соба ни тэися симасу ка?

8) 何時に発車しますか. Когда отправляется автобус?
   Нандзи ни хасся симасу ка?

---

1) автовокзал [男] バスターミナル. остановка [女] 停留所. 2) в ...の中に(+前;停止した内部空間). 3) как часто どのぐらいの頻度で. ходить [不完·不定] 行き来する《一定方向への反復的動作, 往復; ↔ идти [不完·定] 一定方向へ一回行く》. автобус (-ы) [男] バス (-複). 5) через ...を通って(+対;移動を表す). 7) останавливаться [不] 止まる. около ...のそばに(+生). гостиница, -ы [女] ホテル(-生). 8) отправляться [不] 出発する.

バス

1) どこでバスの切符を買えますか.
   Доко дэ басу но киппу о каэмасу ка?
   Где я могу́ купи́ть биле́т на авто́бус?
   グヂェー ヤ マグー クピーチ ビリェート ナ アフトーブス

2) 料金はいくらですか.
   Рёкин ва икура дэсу ка?
   Ско́лько сто́ит биле́т?
   スコーリカ ストーイト ビリェート

3) 回数券にパンチを入れてください.
   Каисӯ кэн ни панти о ирэтэ кудасаи.
   Пробе́йте тало́н.
   プラビェーイチェ タローン

4) 次の停留所はどこですか.
   Цугино тэирюдзё ва доко дэсу ка?
   Кака́я сле́дующая остано́вка?
   カカーヤ スリェードゥユシャヤ アスタノーフカ

5) いつ降りたらいいか教えて下さい.
   Ицу оритара иика осиэтэ кудасаи.
   Вы ска́жете мне, где выходи́ть?
   ヴィ スカージェチェ ムニェー グヂェー ヴィハヂーチ

6) マガダンに近づいたら知らせて下さい.
   Магадан ни тикадзуитара осиэтэ кудасаи.
   Предупреди́те, пожа́луйста, когда́ мы бу́дем подъезжа́ть к Магада́ну.
   プリドゥプリヂーチェ パジャールスタ カグダー ムィ ブーヂェム パドイチャーチ ク マガダーヌー

7) ここは何という停留所ですか.
   Коко ва нан то ю̄ тэирюдзё дэсу ка?
   Кака́я э́то остано́вка?
   カカーヤ エータ アスタノーフカ

8) ここで止めて下さい.
   Коко дэ томэтэ кудасаи.
   Останови́те здесь, пожа́луйста!
   アスタナヴィーチェ ズヂェーシ パジャールスタ

9) 通してください，今降ります.
   Тōситэ кудасаи, има оримасу.
   Разреши́те пройти́, я сейча́с выхожу́.
   ラズリシーチェ プライチー ヤ シチャース ヴィハジュー

関連単語

市営バス	городско́й авто́бус	リムジンバス	авто́бус до аэропо́рта
シエイ バス	ガラツコーイ アフトーブス 圏	リムジン バス	アフトーブス ダ アエラポールタ 圏
路線バス	ре́йсовый авто́бус	都市間バス	междугоро́дний авто́бус
ロセン バス	リェーイサヴィ アフトーブス 圏	トシカン バス	ミェージドゥガロードニィ アフトーブス
観光バス	туристи́ческий авто́бус	乗合いタクシー	маршру́тное такси́ 田
カンコー バス	トゥリスチーチスキィ アフトーブス	ノリアイ タクシー	マルシルートナエ タクシー
直行バス	авто́бус-экспре́сс	高速バス	авто́бус да́льнего сле́дования
テッコー バス	アフトーブス エクスプリェース 圏	コーソク バス	アフトーブス ダーリニヴォ スリェーダヴァニャ 圏

1) мочь [不] できる. купи́ть [完] 買う. на ...のための(+対；目的). 3) проби́ть (-е́йте) [完] パンチを入れる(-命). 4) сле́дующий (-ая) 次の(-女). 5) сказа́ть [完] 言う. выходи́ть [不] 降りる. 6) предупреди́ть (-е) [完] 知らせる(-命). подъезжа́ть [不] 近づく《不完了体の未来形 → 291р.》. к ...へ(+与). 9) разреши́ть [完] 許す. пройти́ [完] 通る. городско́й 市営の. до ...までの(+生). аэропо́рт (-а) [男] 空港(-生). ре́йсовый 定期運行の. туристи́ческий 観光の. маршру́тный (-ое) 路線の(-中). такси́ [中] タクシー. да́льний (-его) 遠距離の(-生). сле́дование (-я) [中] 運行(-生).

§ 20. タクシー
Такси
タクシー

(♪ 54)

1) 私は…タクシーが必要です．
Ватаси ва … такуси га хицуё̄ дэсу．

Мне ну́жно такси́ …
ムニェー ヌージ゙ナ タクシー

午前9時に
годзэн кудзи ни

в де́вять часо́в утра́
ヴ チェーヴィチ チソーフ ウトラー

今
има

сейча́с
シチャース

明日
асу

за́втра
ザーフトラ

2) どこでタクシーを拾うことができますか．
Доко дэ такуси о хироу кото га дэкимасу ка?

Где мо́жно взять такси́?
グチェー モージ゙ナ ヴジャーチ タクシー

3) タクシー乗り場はどこですか．
Такуси нориба ва доко дэсу ка?

Где стоя́нка такси́?
グチェー スタヤーンカ タクシー

4) タクシーはあいていますか．
Такуси ва аитэ имасу ка?

Свобо́дно?
スヴァボードナ

5) どちらまでですか．
Дотира мадэ дэсу ка?

Куда́ вам?
クダー ヴァム

6) …までお願いします．
… мадэ онэгаи симасу．

Пожа́луйста, отвези́те меня́ …
パジャールスタ アトヴィジ゙ーチェ ミニャー

この住所
коно дзю̄сё

по э́тому а́дресу
パ エータム アードリス

空港
кӯкō

в аэропо́рт
ヴ アエラポールト

駅
эки

на вокза́л
ナ ヴァグザール

7) アブラームツェヴァまでいくらですか．
Абра́мцево мадэ икура дэсу ка?

Ско́лько сто́ит дое́хать до Абра́мцево?
スコーリカ ストーイト ダイェーハチ ダ アブラームツェヴァ

---

1) такси́ [中] タクシー． де́вять час-о́в 9時(5以上の数の後にくる名詞は複数生格になる)． у́тр:о (-á) [中] 朝(-生). 2) взять [完] 拾．4) свобо́дно あいている．5) куда́ どちらへ．вам あなたにとって．6) отвези́те [命] < отвези́ [完] 運び届ける．по …の方向に(+与)．э́тому [与] この．а́дрес (-у) [男] 住所(-与)．в …の中へ(+対;内部空間への移動)．на …の中へ(+対;特定の名詞の内部空間への移動)．7) дое́хать [完] 乗って行く．

タクシー

1) そこまで何分かかりますか.
   Соко мадэ наппун какаримасу ка?
   Сколько времени понадобится, чтобы туда доехать?
   スコーリカ ヴリェーミニ パナーダビッツァ シトーヴィ トゥダー ダイェーハチ

2) メーターを立ててください.
   Мэ̄та̄ о татэтэ кудасаи.
   Включите счётчик, пожалуйста!
   フクリュチーチェ ショーッチク パジャールスタ

3) 私は遅れています.
   Ватаси ва окурэтэ имасу.
   Я опаздываю.
   ヤ アパーズドゥヴァユ

4) 急いでもらえませんか.
   Исоидэ мораэмасэн ка?
   Не могли бы вы ехать быстрее?
   ニ マグリー ブィ ヴィ イェーハチ ブィストリェーエ

5) まっすぐ行ってください.
   Массугу иттэ кудасаи.
   Поезжайте прямо.
   パイズジャーイチェ プリャーマ

6) 右(左)に曲がってください.
   Миги (Хидари) ни магаттэ кудасаи.
   Поверните направо [налево].
   パヴィルニーチェ ナプラーヴォ ナリェーヴァ

7) 着きました.
   Цукимасита.
   Приехали.
   プリイェーハリ

8) ここで止まってください.
   Кокодэ томаттэ кудасаи.
   Остановите здесь, пожалуйста.
   アスタナヴィーチェ ズヂェーシ パジャールスタ

9) ここで待ってください.
   Кокодэ маттэ кудасаи.
   Подождите здесь.
   パダジヂーチェ ズヂェーシ

10) おいくらですか.
    Оикура дэсу ка?
    Сколько с меня?
    スコーリカ ス ミニャー

11) 100ルーブルです.
    Хяку рӯбуру дэсу.
    Сто рублей.
    スト ルブリェーイ

12) あなたは50ルーブルと言ったでしょう.
    Аната ва годзю̄ рӯбуру то иттадэсё̄.
    Вы сказали пятьдесят рублей.
    ヴィ スカザーリ ピッチシャート ルブリェーイ

13) おつりは取っておいてください.
    Оцури ва тоттэ оитэ кудасаи.
    Оставьте сдачу.
    アスターヴィチェ ズダーチュ

14) 領収書をください.
    Рё̄сю̄сё о кудасаи.
    Можно чек, пожалуйста.
    モージナ チェク パジャールスタ

---

1) врéмя (-ени) [中] 時間(-生). понáдобиться [完] かかる. чтóбы ...するために. доéхать [完] 乗って行く, 着く. 2) включи́ть [完] 始動させる. счётчик [男] メーター. 3) опáздывать [不] 遅れる. 4) не могли́ бы ...してもらえませんか. éхать [不] 乗物で行く. быстрéе [比] より速く < бы́стро 速く. 5) поезжáйте [命] < поéхать [完] 車で行く. прямо まっすぐ. 6) поверни́те [命] < поверну́ть [完] 曲がる. 7) приéхать [完] 乗物で着く. 8) останови́те [命] < останови́ть [完] 止まる. 9) подожди́те [命] < подождáть [完] 待つ. 10) с ...にとって(+生). 12) рубль (-éй) [男] ルーブル(-複生). 13) остáвьте [命] < остáвить [完] 取っておく(+対). сдáча (-у) [女] お釣り(-対).

§21. 車
Автомобиль
アフタマビーリ

(♪ 56)

【レンタカー】 　　**【прока́тная маши́на】**
　レンタカー　　　　　　プラカートナヤ　マシーナ

1) どこで車を借りられますか.　Где мо́жно взять маши́ну напрока́т?
　ドコデ クルマ オ カリラレマス カ?　グヂェー モージナ ヴジャーチ マシーヌ ナプラカート

2) ...を借りたい.　Я хоте́л(а) бы взять напрока́т...
　...オ カリタイ.　ヤ ハチェール ♣ ブィ ヴジャーチ ナプラカート

　　2 / 4ドアの車　　двух / четырёх две́рную маши́ну
　　ツゥ フォ ドア ノ クルマ　　ドゥフ チトィリョーフ ドゥヴィエールヌユ マシーヌ

　　4WD の車　　маши́ну с по́лным приво́дом
　　ヨン ダブル デー ノ クルマ　　マシーヌ ス ポールヌィム プリヴォーダム

　　オートマチックの車　　маши́ну с автомати́ческой
　　オートマチック ノ クルマ　　　　трансми́ссией / автома́т
　　　　　　　　　　　　マシーヌ ス アフタマチーチスカイ トランスミーシエィ/アフタマート

　　マニュアル車　　маши́ну с ручны́м переключе́нием
　　マニュアルシャ　　　　переда́ч / коро́бка
　　　　　　　　　　マシーヌ ス ルチヌィーム ピリクリュチェーニエム ピリダーチ
　　　　　　　　　　　　　　　　　　　　　　　　　　　　/ カロープカ

　　エアコンつきの車　　маши́ну с кондиционе́ром
　　エアコン ツキ ノ クルマ　　マシーヌ ス カンヂツィアニェーラム

　　運転手つきの車　　маши́ну с шофёром
　　ウンテンシュ ツキ ノ クルマ　　マシーヌ ス ショフョーラム

　　チャイルドシート　　де́тское сиде́нье
　　チャイルド シート　　チェーツカエ シヂェーニエ

3) ...はいくらですか.　Ско́лько...?
　... ワ イクラ デス カ?　スコーリカ

　　一日 / 1週間あたり　　в день / неде́лю
　　イチニチ / イッシュウカン アタリ　　ヴ ヂェーニ ニヂェーリュ

прока́тн:ый (-ая) レンタルの. 1) взять [完] 借りる(+対). напрока́т 賃貸で. 2) двух [対] < два / две 2の. четырёх [対] < четы́ре 4の. две́рн:ой (-ую) ドアの(-女対). маши́н:а (-у) [女] 車(-対). с ...を持つ(+造). по́лн:ый (-ым) 完全な(-男造). приво́д (-ом) [男] ギア(-造). автомати́ческ:ий (-ой) 自動の(-女造). трансми́сси:я (-ей) [女] 変速装置, トランスミッション(-造). ручн:о́й (-ы́м) 手動の(-中造). переключе́ние (-м) [中] 切替え(-造). переда́ч [複生] < переда́ча [女] ギア. кондиционе́р (-ом) [男] エアコン(-造). шофёр (-ом) [男] 運転手(-造). де́тск:ий (-ое) 子供用の(-中対). сиде́нье [中] シート. 3) 修飾する数詞が1の場合は普通省略し, 名詞だけを単数で表す. неде́лю [対] < неде́ля [女] 週.

車　　　　　　　　　　　　　　　　57

キロメートルあたり　　　　за　километр
киромэ̄тору атари　　　　ザ　キラミェ̄トル

走行距離無制限で　　　　за　неограниченный　пробе́г
со̄ко̄ кёри мусэигэн дэ　　ザ　ニアグラニーチンヌイ　プラビェーク

保険つきで　　　　　　　со　страхо́вкой
хокэн цуки дэ　　　　　　サ　ストラホーフカイ

1) それに保険料は含まれていますか.　　Сюда́　вхо́дит　страхо́вка?
　Сорэни хокэн рё̄ ва фукумарэтэ имасу ка?　シュダー　フホーヂト　ストラホーフカ

2) 休日割引はありますか.　　Есть осо́бый тари́ф по выходны́м?
　Кю̄дзицу варибики ва аримасу ка?　イェースチ アソーブイ タリーフ パ ヴィハドヌィーム

3) 国際免許証はお持ちですか.　　У Вас есть международное водительское удостовере́ние?
　Кокусаи мэнкёсё̄ ва омоти дэсу ка?　ウ ヴァース イェースチ ミジドゥナロードナエ ヴァヂーチリスカエ ウダスタヴィリェーニエ

4) パスポートを見せてください.　　Ваш па́спорт, пожа́луйста.
　Пасупо̄то о мисэтэ кудасаи.　ヴァーシ パースパルト パジャールスタ

5) 保険はお望みですか.　　Вам нужна́ страхо́вка?
　Хокэн ва онодзоми дэсу ка?　ヴァー ヌジナー ストラホーフカ

6) ...の保証金が必要です.　　Необходи́мо внести́ зало́г ...
　... но хосё̄кин га хицуё̄ дэсу.　ニアプハヂーマ ウニスチー ザローク

7) ここにサインしてください.　　Распиши́тесь здесь.
　Коко ни саин ситэ кудасаи.　ラスピシーチェシ ズヂェーシ

8) 道路地図はありますか.　　У вас есть ка́рта доро́г?
　До̄ро тидзу ва аримасу ка?　ウ ヴァース イェースチ カールタ ダローク

9) 日本語で書かれた交通規則書はありますか.　　Есть пра́вила доро́жного движе́ния на япо́нском?
　Нихонго дэ какарэта ко̄цӯ кисокусё ва аримасу ка?　イェースチ プラーヴィラ ダロージナヴァ ドヴィジェーニヤ ナ イポーンスカム

за ...に対して(+対; 交換, 代償). за неограниченный 無制限の. пробе́г [男] 走行. страхо́вк:а (-ой) [女] 保険(-造). 1) сюда́ ここへ. входить [不] 含まれる. 2) осо́бый 特別の. тари́ф [男] 料金表. по ...のための(+与). выходн:о́й (-ым) [男] 休日(-複与). 3) международн:ый (-ое) 国際の(-中). води́тельск:ий (-ое) 運転手の(-中). удостовере́ние [中] 免許証. 6) необходи́мо 必要な. внести́ [完] 預ける. зало́г [男] 保証金. 7) расписа́ться [完] サインする. 8) ка́рта [女] 地図. доро́г [複生] < доро́га [女] 道路. 9) пра́вил:о (-а) [中] 規則(書)(-複). доро́жн:ый (-ого) 道路の(-中生). движе́ни:е (-я) [中] 交通(-生). на ...で(+前). япо́нск:ий (-ом) [男] 日本語(-前).

車

【路上で】 **[на доро́ге]**
родзё̄ дэ ナ　ダローギ

1) 制限速度は何キロですか．ー Како́е ограниче́ние ско́рости?
   Сэигэн сокудо ва нан киро дэсу ка'　カコーエ　アグラニチェーニエ　スコーラスチ

2) これはクールスクに通じる道ですか．ー Э́та доро́га ведёт в Курск?
   Корэва Курск ни цӯдзиру мити дэсу ка?　エータ　ダローガ　ヴィチョート　フ　クールスク

3) ここからクールスクまでは遠いですか．ー Далеко́ до Ку́рска отсю́да?
   Коко кара Курск мадэ ва тōи дэсу ка?　ダリコー　ダ　クールスカ　アトシューダ

4) ペトロフカ通りはどこですか．ー Где у́лица Петро́вка?
   Петро́вка до̄ри ва доко дэсу ка?　グヂェー　ウーリツァ　ピトローフカ

5) 地図で指し示して頂けませんか．ー Мо́жете показа́ть мне на ка́рте?
   Тидзу дэ сасисимэситэ итадакэмасэн ка?　モージチェ　パカザーチ　ムニェー　ナ　カールチェ

6) 私は道に迷いました．ー Я заблуди́лся / заблуди́лась．
   Ватаси ва мити ни маёимасита．　ヤ　ザブルヂールシャ　ザブルヂーラシ ♣

【駐車】 **【стоя́нка】**
тю̄ся スタヤーンカ

7) 最寄の屋根つき駐車場はどこにありますか．ー Здесь ря́дом есть кры́тая стоя́нка / автостоя́нка?
   Моёри но янэцуки тю̄сядзё̄ ва доко ни аримасу ка?　ズヂェーシ　リャーダム　イェースチ　クルィータヤ　スタヤーンカ　アフタスタヤーンカ

8) ここに(どれだけ)駐車できますか．ー (На ско́лько) Здесь мо́жно поста́вить маши́ну?
   Коко ни (дорэдакэ) тю̄ся дэкимасу ка?　ナ　スコーリカ　ズヂェーシ　モージナ　パスターヴィチ　マシーヌ

9) 有料ですか．ー Пла́тная?
   Ю̄рё̄ дэсу ка?　プラートナヤ

10) 1時間(1日，1晩)当たりいくらですか．ー Ско́лько в час (в день, за ночь)?
    Итидзикан (Итинити, Хитобан) атари икура дэсу ка?　スコーリカ　フ　チャース　ヴ　ヂェーニ　ザ　ノーチ

---

1) ограниче́ние [中] 制限. ско́рость (-и) [女] 速度(-生). 2) вести́ [不] 通じる. 3) далёк:ий (-о́) 遠い(-短語尾中)《無人述；遠隔を表す場合は主語が省略される》. отсю́да ここから. 5) показа́ть [完] 指し示す. на ...上で(+前；静止位置). ка́рт:а (-е) [女] 地図(-前). 6) заблуди́ться [完] 道に迷う. 7) здесь ря́дом この近くに. кры́тый (-ая) 屋根つきの(-女). (авто)стоя́нка [女] 駐車(場). 8) поста́вить [完] 置く, 駐車する(+対). пла́тный (-ая) [形] 有料の(-女). 10) в ...につき(+対). час [男] 時間. день [男] 日. за ...で(+対). ночь [女] 夜.

車

【給油所】
кююдзё
サプラーフカ

【Запра́вка】

1) 給油所はどこにありますか.
   Кююдзё ва доко ни аримасу ка?
   Где запра́вка?
   グヂェー ザプラーフカ

2) ここはセルフサービス方式ですか.
   Коко ва сэруфу сābису хōсики дэсу ка?
   Здесь самообслу́живание?
   ズヂェーシ サーマアプスルージヴァニエ

3) 満タンにしてください.
   Мантан ни ситэ кудасаи.
   Запо́лните бак, пожа́луйста.
   ザポールニチェ バーク パジャールスタ

4) 15リットルお願いします.
   Дзюго риттору онэгаи симасу.
   Пятна́дцать ли́тров, пожа́луйста.
   ピトナーツァチ リートラフ パジャールスタ

5) オイル (タイヤ圧, 冷却水) をチェックしてもらえませんか.
   Оиру (Таияацу, Рэикякусуи) о чэкку ситэ мораэмасэн ка?
   Прове́рьте, пожалуйста, ма́сло (давле́ние колёс, охлажда́ющую жи́дкость).
   プラヴィェーリチェ パジャールスタ マースラ ダヴリェーニエ カリョース アフラジダーユシュユ ジートコシチ

6) 現金 (クレジットカード) で払います.
   Гэнкин (Курэдзитто кādо) дэ хараимасу.
   Я заплачу́ нали́чными / креди́тной ка́рточкой.
   ヤ ザプラチュー ナリーチヌィミ クリヂートナイ カールタチカイ

関連単語

ガソリン гасорин	бензи́н ビンジーン	男
オクタン価 окутанка	окта́новое число́ アクターナヴァエ チスロー	中
LPガス эрупī гасу	СУГ (сжи́женный газ) ジージンヌイ ガース	男
スーパーガソリン сyапā гасорин	бензи́н но́мер 98 ビンジーン ノーミル チェヴャノースタ ヴォーシミ	男
レギュラーガソリン рэгюрā гасорин	бензи́н но́мер 92 ビンジーン ノーミル チェヴャノースタ ドヴァー	男
無鉛ガソリン муэн гасорин	очи́щенный бензи́н アチーシンヌイ ビンジーン	男
ジーゼル油 дзīдзэрую	ди́зельное то́пливо チーзリナェ トープリヴァ	中

1) запра́вка [女] 給油(所). 2) самообслу́живание [中] セルフサービス. 3) запо́лнить [完] 満タンにする(+対). бак [男] タンク. 4) литр (-ов) [男] リットル(-複生). 5) прове́рить [完] チェックする(+対). ма́сло [中] オイル. давле́ние [中] 圧力. колёс [複生] < колесо́ [中] タイヤ. охлажда́ющая (-ую) жи́дкость [女] 冷却水(-対). 6) заплати́ть [完] 払う. нали́чн¦ые (-ыми) [複] 現金(-複造). по ...с(+前; 手段). креди́тная ка́рточка [女] クレジットカード. окта́нов¦ый (-ое) オクタンの(-中). очи́щенный 精製された, 無鉛の. ди́зельн¦ый (-ое) ジーゼルの(-中). то́пливо [中] 燃料.

車

【故障，事故】 コショー ジコ

【Непола́дка, ава́рия】 ニパラートカ アヴァーリヤ

1) 車がクールスクで故障しました。
Курума га Курск дэ косё симасита.
Маши́на слома́лась в Ку́рске.
マシーナ スラマーラシ フ クールスケ

2) バイクが5km離れた所で故障しました。
Баику га го киро ханарэта токоро дэ косё симасита.
Мотоци́кл слома́лся в пяти́ киломе́трах отсю́да.
マタツィークル スラマールシャ フ ピチー キラミェートラフ アトシューダ

3) 事故を起こしました。
Дзико о окосимасита.
Я попа́л(а) в ава́рию.
ヤ パパール(ラ)♣ ヴ アヴァーリユ

4) 救急車(警察)を呼んで下さい。
Кю́кю́ся (Кэисацу) о ёндэ кудасаи.
Вы́зовите ско́рую по́мощь / поли́цию.
ヴィーザヴィチェ スコールユ ポーマシ パリーツィユ

5) 自動車修理工が必要です。
Дзидо́ся сю́рико́ га хицуё дэсу.
Мне ну́жен автомеха́ник.
ムニェー ヌージェン アフタミハーニク

6) 車が動きません。
Курума га угокимасэн.
Маши́на не заво́дится.
マシーナ ニ ザヴォーヂッツァ

7) タイヤがパンクしました。
Таия га панку симасита.
У меня́ ло́пнула ши́на.
ウ ミニャー ロープヌラ シーナ

8) 鍵をなくしました。
Каго о накусимасита.
Я потеря́л / потеря́ла ключи́ от маши́ны.
ヤ パチリャール パチリャーラ♣ クリュチー アト マシーヌィ

9) 鍵を車の中に置き忘れました。
Каги о курума но накани васурэмасита.
Я закры́л / закры́ла ключи́ в маши́не.
ヤ ザクルィール/ザクルィーラ♣ クリュチー ヴ マシーニ

10) ガス欠です。
Гасукэцу дэсу.
У меня́ ко́нчился бензи́н.
ウ ミニャー コーンチルシャ ビンジーン

11) (今日) 修理してもらえませんか。
(Кё) сю́ри ситэ мораэмасэн ка?
Вы смо́жете почини́ть (сего́дня)?
ヴィ スモージチェ パチニーチ シヴォートニャ

12) いつできますか。
Ицу дэкимасу ка?
Когда́ маши́на бу́дет гото́ва?
カグダー マシーナ ブーヂェト ガトーヴァ

13) いくらかかりますか。
Икура какаримасу ка?
Ско́лько э́то бу́дет сто́ить?
スコーリカ エータ ブーヂェト ストーイチ

---

1) слома́ться [不] 故障する. 2) отсю́да ここから. 3) попа́сть [完] 被る, 遭う(+対). ава́рия (-ю) [女] 事故(-対). 4) вы́звать [完] 呼ぶ(+対). ско́рую по́мощь [対] <ско́рая по́мощь [女] 救急車. поли́ция (-ю) [女] 警察(-対).《数年前から「警察」の呼び名がミリ́ция から поли́ция に統一されました》. 5) автомеха́ник [男] 自動車修理工. 6) заводи́ться [不] 始動する. 7) ло́пнуть [完] パンクする. ши́на [女] タイヤ. 8) потеря́ть [完] 失う(+対). ключ (-и) [男] 鍵(-複). от ...の(+生；部分). маши́на (-ы) [女] 車(-生). 9) ко́нчиться [完] 尽きる. 11) сде́лать [完] する. 12) гото́вый (-а) できた(-短語尾女).

関連単語

自動車部品 じどうしゃぶひん	автозапча́сти 囡 アフタザプチャースチ	運転免許証 うんてん めんきょしょう	води́тельские права́ 囡 ヴァヂーチリスキエ　プラヴァー
アクセル あくせる	акселера́тор 男 アクシリラータル	点火プラグ てんか ぷらぐ	свеча́ зажига́ния 囡 スヴィチャー　ザジガーニヤ
ブレーキ ぶれーき	то́рмоз 男 トールマス	排気管 はいきかん	выхлопна́я труба́ 囡 ヴィフラプナーヤ　トルバー
ボンネット ぼんねっと	капо́т 男 カポート	排気ガス はいき がす	отрабо́танный газ 男 アトラボータンヌイ　ガース
ラジエーター らじえーたー	радиа́тор 男 ラヂアータル	ギア ぎあ	зу́бчатая переда́ча 囡 ズープチャタヤ　ピリダーチャ
ハンドル はんどる	руль 男 ルーリ	方向指示器 ほうこう しじき	указа́тель поворо́та 男 ウカザーチリ　パヴァロータ
タイヤチューブ たいや ちゅーぶ	ка́мера 囡 カーミラ	シート しーと	сиде́ние автомоби́ля 中 シヂェーニエ　アフタマビーリャ
クラッチ くらっち	сцепна́я му́фта 囡 スツィプナーヤ　ムーフタ	パーキングメーター ぱーきんぐ めーたー	стоя́ночный счётчик 男 スタヤーナチヌイ　シショーッチク
ブレーキ ぶれーき	то́рмоз 男 トールマス	シートベルト しーとべると	реме́нь безопа́сности 男 リミェーニ　ビザパースナスチ
クラクション くらくしょん	гудо́к 男 グドーク	カーナビ かーなび	навигацио́нная систе́ма 囡 ナヴィガツィオーンナヤ シスチェーマ
ボンネット ぼんねっと	капо́т 男 カポート	トランク とらんく	бага́жник 男 バガージニク

【道路標識】 【Доро́жные зна́ки】
どうろ ひょうしき　ダロージヌィエ　スナーキ

止まれ とまれ	СТОЙ ストーイ	出口 でぐち	ВЫЕЗД ヴィーエスト
注意 ちゅうい	ВНИМАНИЕ ヴニマーニエ	追越し禁止 おいこし きんし	ОБГОН ЗАПРЕЩЁН アブゴーン　ザプリショーン
入口 いりぐち	ВЪЕЗД ヴィエスト	一方通行 いっぽう つうこう	ОДНОСТОРОННЕЕ ДВИЖЕНИЕ アドナスタローンニェエ　ドヴィジェーニエ

сцепно́й 連結用の. му́фта [女] クラッチ. води́тельск:ий (-ие) 運転手の(-複). пра́в:о (-а́) [中] 免許(-複). свеча́ [女] プラグ. зажига́ни:е, -я [中] 点火(-生). выхлопн:о́й (-а́я) 排気用の(-女). труба́ [女] 管. отрабо́танный 使用済みの, 排気の. зубча́т:ый (-ая) 歯車の(-女). переда́ча [女] ギア. указа́тель [男] 指示器. поворо́т (-а) [男] 方向(-生). сиде́ние [中] 座席. стоя́ночный 駐車の. счётчик [男] メーター. доро́жн:ый (-ые) 道路の(-複). знак (-и) [男] 標識(-複). обго́н [男] 追い越し. запреще́н 禁止の. въезд [男] 乗り入れ. односторо́нн:ий (-ее) 一方向だけの(-中). движе́ние [中] 通行.

車

行き止まり икидомари	ПРОЕЗДА НЕТ プライェースダ ニェート	進入禁止 синню кинси	ВЪЕЗД ЗАПРЕЩЁН ヴイェースト ザプリショーン
迂回路 укаиро	ОБЪЕЗД アブイェースト	駐車禁止 тюся кинси	СТОЯНКА ЗАПРЕЩЕНА スタヤーンカ ザプリシナー
徐行 дзокō	ТИХИЙ ХОД チーヒィ ホート	カーブ危険 кābу кикэн	ОПАСНЫЙ ПОВОРОТ アパースヌイ パヴァロート
危険だ кикэн да	ОПАСНО アパースナ	横断歩道 ōдан ходō	ПЕШЕХОДНЫЙ ПЕРЕХОД ピシホードヌイ ピリホート
通行止め цўкōдомэ	ПРОЕЗД ЗАКРЫТ プライェースト ザクルィート	制限速度 сэигэн сокудо	ОГРАНИЧЕНИЕ СКОРОСТИ アグラニチェーニエ スコーラスチ
道を譲れ мити о юдзурэ	УСТУПИ ДОРОГУ ウストゥピー ダローグ	工事 kōдзитō	ВПЕРЕДИ ВЕДУТСЯ РАБОТЫ フピリヂー ヴィドゥーッツァ ラボートィ
		電車に注意 дэнся ни тюи	БЕРЕГИСЬ ТРАМВАЯ! ビリギーシ トラムバーヤ

フロントガラス — ветрово́е стекло́

バッテリー — аккумуля́тор

エンジン — дви́гатель

ヘッドライト — фа́ра

タイヤ — шина́

прое́зд (-а) [男] 乗り入れ(-生). ти́хий ゆっくりとした. ход [男] 運転. опа́сн:ый (-о) 危険な(-無人述). уступи́ть [完] 譲る. доро́г:а (-у) [女] 道(-対). сто́янка [女] 駐車. поворо́т [男] カーブ. пешехо́дный 渡るための. перехо́д [男] 渡る場所. ограниче́ние [中] 制限. ско́рост:и (-и) [女] 速度(-生). впереди́ 前方で. веду́тся [3複現] < вести́сь [不] 行われる. рабо́т:а (-ы) [女] 工事(-複). береги́сь [命] < бере́чься [不] 注意する(+生). трамва́:й (-я) [男] 電車(-生). ветро́в:ой (-о́е) 風防の(-中). стекло́ [中] ガラス.

§ 22. 自転車
Велосипе́д
ヴィラシピェート

1) ...の自転車がほしい.
   ... но дзитэнся га хосии.
   Я бы хоте́л(а) ... велосипе́д.
   ヤ ブィ ハチェール ヴィラシピェート

   マウンテンバイク
   маунтэн баику
   го́рный
   ゴールヌイ

   レース用自転車
   рэ̄су ёо дзитэнся
   спорти́вный
   スパルチーヴヌイ

   中古
   тю̄ко
   поде́ржанный
   パチェールジャンヌイ

2) 私は...したい.
   Ватаси ва ... ситаи.
   Я бы хоте́л(а) ...
   ヤ ブィ ハチェール

   自転車を買う
   дзитэнся о кау
   купи́ть велосипе́д
   クピーチ ヴィラシピェート

   自転車を借りる
   дзитэнся о кариру
   взять велосипе́д на прока́т
   ウジャーチ ヴィラシピェート ナ プラカート

3) 1時間 / 1日いくらですか.
   Итидзикан / Итинити икурадэсу ка?
   Ско́лько сто́ит в час / су́тки?
   スコーリカ ストーイト フ チャース スートキ

4) ヘルメットをかぶらないといけませんか.
   Хэрумэтто о кабуранаито икэмасэн ка?
   Ну́жно надева́ть шлем?
   ヌージナ ナヂヴァーチ シリェーム

5) サイクリングコースはありますか.
   Саикурингу ко̄су ва аримасу ка?
   Велодоро́жки есть?
   ヴィラダローシキ イェースチ

6) サイクリングマップはありますか.
   Саикурингу маппу ва аримасу ка
   Есть ка́рта велодоро́жек?
   イェースチ カールタ ヴィラダロージク

7) パンクしました.
   Панку симасита.
   У меня́ ло́пнула ши́на.
   ウ ミニャー ローブヌラ シーナ

8) どこで修理できますか.
   Докодэ сю̄ри дэкимасу ка?
   Где мо́жно почини́ть велосипе́д?
   グヂェー モージナ パチニーチ ヴィラシピェート

1) го́рный 山用の. спорти́вный スポーツ用の. поде́ржанный 中古の. 2) на прока́т 賃貸で. 3) в час 1時間で. в су́тки 1日で < су́тки [複] 1日. 4) ну́жно 必要な(無人述). надева́ть [不] かぶる. шлем [男] ヘルメット. 5) велодоро́жкıа (-и) [女] サイクリングコース(-複). 6) велодоро́жек [複生] < велодоро́жка [女] サイクリングコース. 7) ло́пнуть [完] パンクする. ши́на [女] タイヤ. 8) почини́ть [完] 修理する(+対).

§ 23. 船
Корабль
コラーブリ

(♪ 64)

1) サンクトペテルブルグ行きの水中翼船はありますか.
   Санкт-Петербу́рг ики но суитю̄ ёкусэн ва аримасу ка?
   Есть коме́та до Санкт-Петербу́рга?
   イェースチ カミェータ ダ サンクトペテルブールガ

2) ボルガ川のクルージングを申し込みたい.
   Во́лга гава но курӯдзингу о мо̄сикомитаи.
   Я бы хоте́л(а) заказа́ть круи́з по Во́лге.
   ヤ ブィ ハチェール ザカザーチ クルイース パ ヴォールゲ

3) 私たちのフェリーはどの桟橋から出ますか.
   Ватаситати но фэри ва доно санбаси кара дэмасу ка?
   От како́го прича́ла отхо́дит наш паро́м?
   アト カコーヴァ プリチャーラ アトホーヂト ナーシ パローム

4) いつ乗船が始まりますか.
   Ицу дзō̄сэн га хадзимаримасу ка?
   Когда́ начнётся поса́дка?
   カグダー ナチニョーツァ バサートカ

5) 救命胴着はありますか.
   Кю̄мэй дōи ва аримасу ка?
   Есть спаса́тельные жиле́ты?
   イェースチ スパサーチリヌィエ ジリェートィ

6) 甲板へはどう行きますか.
   Канпан эва дō икимасу ка?
   Как пройти́ на па́лубу?
   カーク プライチー ナ パールブゥ

7) サロンはどこですか.
   Сарон ва доко дэсу ка?
   Где сало́н?
   グヂェー サローン

8) トイレへどう行きますか.
   Тоирэ э дō икимасу ка?
   Как пройти́ в туале́т?
   カーク プライチー フ トゥアリェート

9) 今日の水面はどうですか.
   Кё̄ но суимэн ва дō дэсу ка?
   Кака́я сего́дня вода́?
   カカーヤ シヴォードニャ ヴァダー

10) これは何という島 (浜辺) ですか.
    Корэва нан то ю̄ сима (хамабэ) дэсу ка?
    Что э́то за о́стров / пляж?
    シト エータ ザ オーストラフ プリャーシ

11) この港はなんといいますか.
    Коно минато ва нан то иимасу ка?
    Как называ́ется э́тот порт?
    カーク ナズィヴァーエッツァ エータト ポールト

---

1) коме́та [女] 水中翼船. до ...までの(+生). Санкт-Петербу́рг [男] サンクトペテルブルグ(旧称レニングラード). 2) заказа́ть [完] 申し込む. круи́з [男] クルージング. по ...沿いの(+与). Во́лга (-е) [女] ボルガ川(-与). 3) от ...から(+生). прича́л (-а) [男] 桟橋(-生). отходи́ть [不] 出発する. паро́м [男] フェリー. 3単語] < начаться [完] 始まる. поса́дка [女] 乗船. 5) спаса́тельн\ый (-ые) 救助用の(-複). жиле́т (-ы) [男] 胴着(-複). 6) пройти́ [完] ちょっと行く. на ...の上へ(+対; 表面への移動). па́луб\а (-у) [女] 甲板(-対). 8) в ...の中へ(+対; 閉じた空間への移動). 10) что это за どういう, 何という. о́стров [男] 島. пляж [男] 浜辺. 11) называ́ться [不] 呼ばれる. порт [男] 港.

船

1) 私は吐気がする。
   ワタシ ワ ハキケ ガ スル。
   Меня́ тошни́т.
   ミニャー タシニート

2) 船医を呼んでください。
   センイ オ ヨンデ クダサイ。
   Пригласи́те врача́.
   プリグラシーチェ ヴラチャー

3) いつ下船できますか。
   イツ ゲセン デキマス カ?
   Когда́ мо́жно сойти́?
   カグダー モージナ サイチー

関連単語

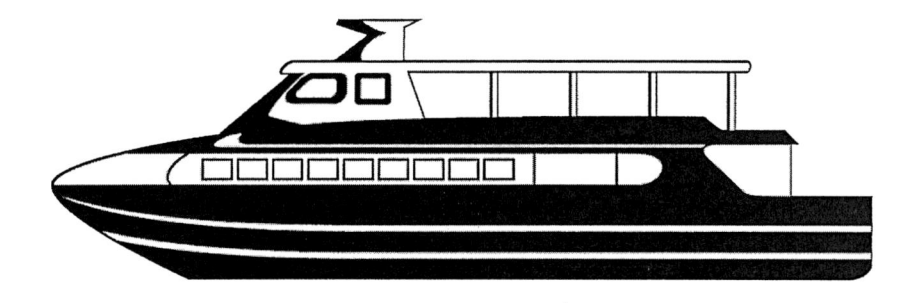

汽船 キセン	парохо́д 男 パラホート	タンカー タンカー	та́нкер 男 ターンケル
キャビン キャビン	каю́та 女 カユータ	モーターボート モータ ボート	мотобо́т 男 マタボート
船長 センチョー	капита́н 男 カピターン	救命ボート キューメイ ボート	спаса́тельная ло́дка 女 スパサーチリナヤ ロートカ
フェリー フェリ	паро́м 男 パローム	救命胴着 キューメイ ドウイ	спаса́тельный жиле́т 男 スパサーチリヌイ ジリェート
海賊 カイゾク	пира́т 男 ピラート	水中翼船 スイチュー ヨクセン	раке́та / коме́та 女 ラキェータ カミェータ(ロシアの)
ヨット ヨット	я́хта 女 ヤーフタ	川船停留所 カワブネ テイリュージョ	речно́й вокза́л 男 リチノーイ ヴァグザール
はしけ ハシケ	ли́хтер 男 リーフテル	カーデッキ カーデッキ	(автомоби́льная) па́луба 女 アフタマビーリナヤ パールバ

1) тошни́т [3単現] < тошни́ть [不] 吐き気がする《誰にでも当てはまる生理現象は動詞を3人称単数形にして主体は与格にして控えめに表す》。 2) пригласи́ть [完] 呼ぶ《+ 対/生(活動体)》. врач (-а́) [男] 医者(-対). 3) мо́жно できる《無人称文》. сойти́ [完] おりる. спаса́тельный (-ая) 救命の(-女). ло́дка [女] ボート. речно́й 川の. автомоби́льный (-ая) 車の(-女). па́луба [女] デッキ.

§ 24. 街の散策
Прогу́лка по го́роду
ブラグールカ　パゴーラトゥ　(♪ 66)

1) どこに（このあたりに）...はありますか.　Где (здесь) ...?
　Доно ни (Коно атарини) ... ва аримасу ка?　グヂェー ズヂェーシ

　　旅行案内所　　туристи́ческое бюро́
　　рёко̄ аннаидзё　　トゥリスチーチスカエ　ビューロー

　　市場　　ры́нок
　　итиба　　ルィーナク

2) そこへはどのようにして行けますか.　Как туда́ попа́сть?
　Соко э ва доноёни ситэ икэмасу ка?　カーク トゥダー パパースチ

3) 道順を知っていますか.　Вы зна́ете доро́гу?
　Мити дзюн о ситтэ имасу ка?　ヴィ ズナーイチェ ダロ̄ーグ

4) 近い／遠いですか.　Бли́зко / Далеко́?
　Тикаи / Тōи дэсу ка?　ブリースカ ダリコー

5) ここから歩いて行けますか.　Мо́жно дойти́ пешко́м.
　Коко кара аруитэ икэмасу ка?　モージナ ダイチー ピシコーム

6) それは...ある　Это ...
　Сорэва ... ару　エータ

　　角に　　на углу́
　　кадо ни　　ナ ウグルー

　　この先に　　пря́мо
　　коно саки ни　　プリャーマ

　　こちら（あちら）側に　　с э́той / той стороны́
　　котира (атира) гава ни　　ス エータイ トイ スタラヌィー

　　ここ（そこ）に　　здесь / там
　　коко (соко) ни　　ズヂェーシ タム

прогу́лка [女] 散策. по ...じゅうを[+与; 運動の行われる空間を表す]. го́род (-у) [男] 街 (-у). 1) туристи́ческий (-ое) 旅行の (-中). бюро́ [中] 事務所. 2) попа́сть [完] 探して行く, 行き当たる. 3) доро́гɪа (-у) [女] 道筋 (-対). 4) бли́зкɪий (-о) 近い[短語尾中性形 = 無人称述語] (= It is near.). далеко́ 遠い(無人述) < далёкий. 5) дойти́ [完] 行き着く, 行く. пешко́м 歩いて. 6) 現在形の「ある」は省略される. на углу́ 角に < у́гол [男] 角. с ...側に (+生). э́той こちらの. той あちら. сторонɪа́ (-ы́) [女] 側 (-生).

街の散策

1) ...曲がってください.　　　　　　Поверни́те ...
   ... магаттэ кудасаи.　　　　　　パヴィルニーチェ

   角を　　　　　　　　　　　　　　за́ у́гол
   кадо о　　　　　　　　　　　　　ザ ウーガル

   左に / 右に　　　　　　　　　　нале́во / напра́во
   хидари ни / миги ни　　　　　　ナリェーヴォ　ナプラーヴァ

   信号を　　　　　　　　　　　　　на светофо́ре
   сингō о　　　　　　　　　　　　　ナ スヴィタフォーリ

2) それは...にある.　　　　　　　Э́то ...
   Сорэ ва ... ни ару.　　　　　　エータ

   ...の後ろに　　　　　　　　　　за ...
   ... но усиро ни　　　　　　　　ザ

   ...の前に　　　　　　　　　　　пе́ред ...
   ... но маэ ни　　　　　　　　　ピェーリト

   ...の近くに　　　　　　　　　　о́коло ...
   ... но тикаку ни　　　　　　　オーカラ

   ...の隣に　　　　　　　　　　　ря́дом с ...
   ... но тонари ни　　　　　　　リャーダム ス

   ...の反対側に　　　　　　　　　напро́тив ...
   ... но хантаи гава ни　　　　ナプローチフ

3) これは何という通りですか.　　Что э́то за у́лица?
   Корэ ва нан то ю̄ тōри дэсу ка?　シト エータ ザ ウーリツァ

4) 地図上で指し示してください.　Покажи́те мне, пожа́луйста на ка́рте.
   Тидзу дзё̄ дэ сасисимэситэ кудасаи.　パカジーチェ ムニェー パジャールスタ ナ カールチェ

5) 住所はどうですか.　　　　　　Како́й а́дрес?
   Дзю̄сё ва дō дэсу ка?　　　　カコーイ アードリス

6) 住所は次の通りです.　　　　　А́дрес сле́дующий.
   Дзю̄сё ва цуги но тōри дэсу.　アードリス スリェードゥユシィ

7) 住所　　　　　　　　　　　　　а́дрес
   дзю̄сё　　　　　　　　　　　　アードリス

ロシア　　　　　　　　　　　　　Росси́я
モスクワ市, 〒 117334　　　　　　г. Москва́ 117334
ネクラソフ通り　　　　　　　　　ул. Некра́сова
33団地2号棟15号室　　　　　　　д. 33, корп. 2, кв. 15
М.И. パヴロヴ　　　　　　　　　ПАВЛО́ВУ М.И.

1) поверну́ть [完]曲がる. за ...の向こうへ(+対). на ...で(+前). светофо́р (-е) [男] 信号(-前). 3) что это за 何という. 4) показа́ть [完] 指し示す. ка́рt:a (-е) [女] 地図(-前; 静止位置). 7) г. = го́род 市. ул. = у́лица 通り. д. = дом 団地. корп. = ко́рпус 棟. кв. = кварти́ра フラット, 号室.

関連単語

並木道 namikimiti	бульва́р (бул.) ブリヴァール 男	路地 rodзi	переу́лок (пер.) ピリウーラク 男
町 mati	го́род (г.) ゴーラト 男	広場 hiroba	пло́щадь (пл.) プローシャチ 女
団地 danti	дом (д.) ドーム 男	大通り ōdōri	проспе́кт (пр.) プラスピェークト 男
道 miti	доро́га (дор.) ダローガ 女	区 ku	райо́н (р./р-н) ライオーン 男
村 mura	дере́вня (дер.) チリェーウニャ 女	通り tōri	у́лица (ул.) ウーリツァ 女
号室 gōsitu	кварти́ра (кв.) クヴァルチーラ 女	方角 hōgaku	направле́ние ナプラヴリェーニエ 中
号棟 gōtō	ко́рпус (корп.) コールプス 男	東/西/南/北 higasi / nisi / minami / kita	восто́к / за́пад ヴァストーク ザーパト юг / се́вер ユーク シェーヴィル 男

светфор 信号

магазин 店

переход 横断歩道

афтобус バス

перекрёсток 交差点

угол 角

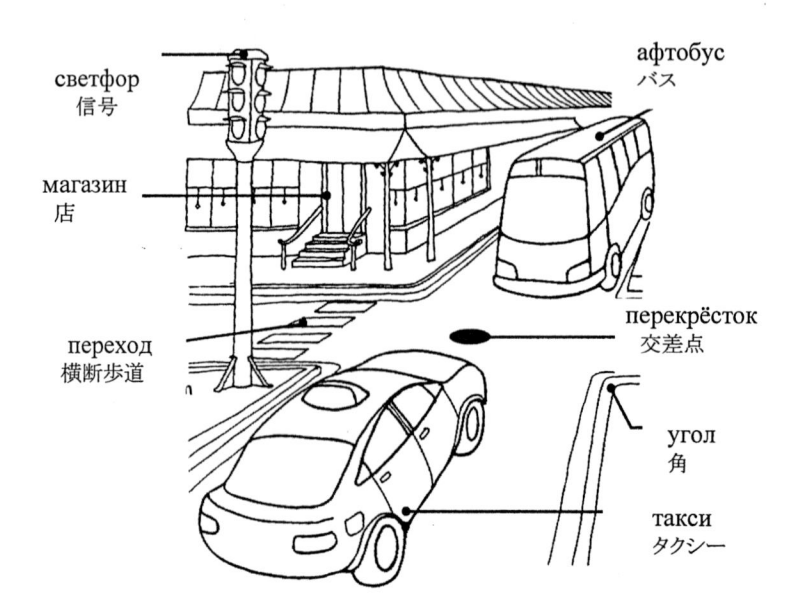

такси タクシー

§25. 宿
Жильё
ジリョー

(♪ 69)

【宿を探す】 — 【в по́исках жилья́】
ядо о сагасу — フ ポーイスカフ ジリヤー

1) ...はどこにありますか. — Где ...?
   ...ва доко ни аримасу ка? — グヂェー

   ホテル — гости́ница
   хотэру — ガスチーニツァ

   ペンション — пансиона́т
   пэнсён — パンシァナート

   ユースホステル — хо́стел
   юсу хосутэру — ホーステル

   モーテル — моте́ль
   мōтэру — マチェーリ

   ツーリスト基地 — турба́за
   тӯрист кити — トゥルバーザ

   キャンプ場 — ке́мпинг
   кямпудзē — ケンピンク

2) どこか...の所を紹介してもらえませんか. — Вы мо́жете порекомендова́ть
   Докока ... но токоро о сēкаи ситэ — ヴィ モージェチェ パリカミンダヴァーチ
   мораэмасэн ка? — что́-нибудь ...?
   — シトー ニブチ

   安い — дешёвое
   ясуи — ヂショーヴァエ

   豪華な — роско́шное
   гōка на — ラスコーシナエ

   ロマンチックな — романти́чное
   романтикку на — ラマンチーチナエ

в ...を探して(+前). по́иск (-ах) [男] 探索(-複前). жильё (-я) [中] 宿(-生). турба́за [女] ツーリスト基地《行楽地における宿泊・娯楽サービス施設》. 2) порекомендова́ть [完] 紹介する. что́-нибудь [不代] 何か, どこか《中性扱い》. дешёв|ый (-ое) 安い(-中対). роско́шн|ый (-ое) 豪華な(-中対). романти́чн|ый (-ое) ロマンチックな(-中対).

1)	町の中心部（駅）に近いホテルがいいです。 Мати но тю̄синбу (эки) ни тикаи хотэру га иӣдэсу.	Мне нужна́ гости́ница недалеко́ от це́нтра го́рода (ста́нции). ムニェー ヌジナー ガスチーニツァ ニダリコー アト ツェーントラ ゴーラダ スタンツイイ
2)	どこで部屋を借りることができますか。 Докодэ хэя о кариру кото га дэкимасу ка?	Где мо́жно снять ко́мнату? グヂェー モージナ スニャーチ コームナトゥ
3)	そこにはどうして行けますか。 Соко нива до̄ситэ икэмасу ка?	Как туда́ добра́ться? カーク トゥダー ダブラーッツァ
4)	住所を書いて頂けませんか。 Дзю̄сё о каитэ итадакэмасэн ка?	Вы не могли́ бы написа́ть мне а́дрес? ヴィ ニ マグリー ブィ ナピサーチ ムニェー アードリス

【予約】
ёяку

【брони́рование】
ブラニーラヴァニエ

5)	部屋を予約したいのですが。 Хэя о ёяку ситаинодэсуга.	Я бы хоте́л заброни́ровать но́мер ヤ ブィ ハチェール ザブラニーラヴァチ ノーミル
6)	こちらには…の部屋がありますか。 Котира нива ... но хэя га аримасу ка?	У вас есть ...? ウ ヴァース イェースチ

シングル
сингуру

одноме́стный но́мер
アドナミェースヌイ ノーミル

ツイン
цуин

двухме́стный но́мер
ドヴフミェースヌイ ノーミル

ダブル
дабуру

но́мер с двуспа́льной крова́тью
ノーミル ズドヴスパーリナイ クラヴァーチュ

バス付き
басу цуки

с ва́нной
ス ヴァーンナイ

エアコン付き
эакон цуки

с кондиционе́ром
ス カンヂツィアニェーラム

1) нужна́ 必要な. гости́ница [女] ホテル. недалеко́ 近い. от ...から(+生). це́нтр (-а) [男] 中心部(-生). го́род (-а) [男] 町(-生). ста́нция (-и) [女] 駅(-生). 2) снять [完] 借りる(+対). ко́мнатa (-у) [女] 部屋(-対). 3) добра́ться [完] たどり着く《不定形文→317p》. 4) написа́ть [完] 書く. 5) заброни́ровать [完] 予約する. но́мер [男] 部屋. 6) одноме́стный 一人用の. двухме́стный 二人用の. с ...つきの(+造). двуспа́льный (-ой) 二人で寝るための(-女造). крова́ть (-ю) [女] ベッド(-造). двуспа́льная крова́ть [女] ダブルベッド. ва́нниa (-ой) [女] バス(-造). кондиционе́р (-ом) [男] エアコン(-造).

宿

1) 何泊のご予定ですか.
Нанпаку но гоётэй дэсу ка?
Сколько дней вы пробудете?
スコーリカ ドニェイ ヴィ プラヴーチチェ

2) 3日を予定しています.
Микка о ётэи ситэ имасу.
Я пробуду три дня.
ヤ プラヴードゥ トリ ドニャー

3) 何人様ですか.
Наннин сама дэсу ка?
Сколько человек?
スコーリカ チラヴィエーク

4) 私は予約しています.
Ватаси ва ёяку ситэ имасу.
Я бронировал(а) номер.
ヤ ブラニーラヴァル ♣ ノーミル

5) いつご予約されましたか.
Ицу гоёяку сарэмаситака?
Когда вы бронировали номер?
カグダー ヴィ ブラニーラヴァリ ノーミル

6) 一週間前に東京の旅行会社を通じて予約しました.
Иссюкан маэ ни тōкё̄ но рёкō гаися о цūдзитэ ёяку симасита.
Номер забронирован через туристическую компанию в Токио неделю назад.
ノーミル ザブラニーラヴァン チェーリス トゥリスチーチスクユ カムパーニュ フ トーキオ ニヂェーリュ ナザート

7) これが予約確認書です.
Корэга ёяку какунинсё̄ дэсу.
Вот моя бронь.
ヴォート マヤ ブローニ

8) 名前は佐藤太郎です.
Намаэ ва Сатō Тарō дэсу.
Меня зовут Таро Сато.
ミニャー ザヴート タロー サトー

【チェックイン】
чэкку ин
【регистрация】
リギストラーツィヤ

9) 空き部屋はありますか.
Аки бэя ва аримасу ка?
У вас есть свободные номера?
ウ ヴァース イェースチ スヴァボードヌィエ ナミラー

10) 満室です.
Мансицу дэсу.
Всё занято.
フショー ザーニャタ

11) 一泊/一週間/二人でいくらですか.
Иппаку / Иссюкан / Футари дэ икура дэсу ка?
Сколько стоит за ночь / неделю / двоих?
スコーリカ ストーイト ザ ノーチ / ニヂェーリュ / ドヴァイーフ

1) дней [複生] < день [男] 日. пробудете [現2複] あなたは滞在するつもりか《完了体の現在形は未来を表す》< пробыть [完] 滞在する. 2) три дня [単生]《2～4 + 単生》< день. 3) человек ...人《員数の単位》. 4) бронировать [不] 予約する. 6) забронированный (-н) [受過] 予約された(-短語尾男) < забронировать [完] 予約する. через ...を通じて(+対). туристический (-ую) 旅行の(-女対). компания (-ю) [女] 会社(-対). неделю [対]《時点は対格で表す》< неделя [女] 週. назад 前に. 7) бронь, -ь [女] 予約確認書 (-俗語). 8) зовут [現3複] 人々が呼ぶ《不定人称文》< звать [中] 呼ぶ. 9) свободный (-ые) 空いている(-複). номер (-а́) [男] 部屋(-複). 10) занятый (-о) ふさがっている(-短語尾). 11) за ...で(+対; 代償). двоих 二人《集合数詞》.

宿

1) 価格に朝食代 / 消費税は含まれていますか.
   Какаку ни тёсёкудаи / сёхидзэи ва фукумарэтэ имасу ка?
   В стóимость вхóдит зáвтрак / НДС (налóг на добáвленную стóимость)?
   フ ストーイマスチ フホーヂト ザーフトラク
   エヌデエス ナロ－ク ナ ダバーウリンヌユ ストーイマスチ

2) 値段が高すぎます.
   Нэдан га такасугимасу.
   Дóрого.
   ドーラガ

3) もっと安いところはありませんか.
   Мотто ясуи токоро ва аримасэн ка?
   Есть чтó-нибýдь подешéвле?
   イェースチ シトーニブーチ パヂシェーヴレ

4) ホテルに...はありますか.
   Хотэру ни ... ва аримасу ка?
   В гостúнице есть...?
   ヴ ガスチーニツェ イェースチ

   コンピューター
   компю̄тā
   компьютер 男
   カムピューテル

   (ワイヤレス)インターネットサービス
   (ваиярэсу) интāнэтто сāбису
   (беспроводнóй) интернéт 男
   ビスプラヴァドノーイ インテルネート

   ルームサービス
   рӯму сāбису
   обслýживание номерóв 中
   アプスルージヴァニエ ナミローフ

   スポーツジム
   супōцу дзиму
   спортзáл 男
   スパルトザール

5) 部屋を見れますか.
   Хэя о мирэмасу ка?
   Мóжно посмотрéть нóмер?
   モージナ パスマトリェーチ ノーミル

6) 他の部屋はありますか.
   Хока но хэя ва аримасу ка?
   У вас есть другúе номерá?
   ウ ヴァース イェースチ ドルギーエ ナミラー

7) この部屋にします.
   Коно хэя ни симасу.
   Я остановлю́сь в э́том нóмере.
   ヤ アスタナヴリューシ ヴエータム ノーミレ

8) パスポートをお願いします.
   Пасупōто о онэгаи симасу.
   Ваш пáспорт, пожáлуйста.
   ヴァーシ パースパルト パジャールスタ

9) 用紙に記入してください.
   Ёси ни киню̄ ситэ кудасаи.
   Заполните бланк.
   ザポールニチェ ブランク

1) стóимость [女] 価格. вхóдит [3単現] < входúть [不] 含まれる. зáвтрак [男] 朝食. НДС (налóг на добáвленную стóимость) [男] 消費税. 2) дóрого 高い(-女). 3) подешéвле もっと安い. 4) гостúница (-е) [女] ホテル(-前). беспроводнóй ワイヤレスの. обслýживание [中] サービス. нóмер (-óв) [男] ルーム(-複生). 5) посмотрéть [完] (ちょっと)見る. 6) другóй (-úе) 他の(-複). 7) остановúться [完] 決める. 9) заполнúть, -е [完] 記入する(-命). бланк [男] 用紙.

宿

1) 前金を払わないといけませんか. Нужно вносить предоплату?
   Маэкин о хараванаи то икэмасэн ка? ヌージナ ウナシーチ プリダプラートゥ

2) ...で払えますか. Можно расплатиться ...?
   ... дэ хараэмасу ка? モージナ ラスプラチーッツァ

   クレジットカード кредитной карточкой
   курэдзитто кādo クリチートナイ カールタチカイ

   デビットカード дебитной карточкой
   дэбитто кādo チビートナイ カールタチカイ

   トラベラーズチェック дорожным чеком
   торабэрāдзу чэкку ダロージヌィム チェーカム

3) 手荷物を部屋まで運んでください. Отнесите, пожалуйста, мои
   Тэнимоцу о хэя мадэ хакондэ アトニシーチェ パジャールスタ モイ
   кудасаи. вещи в номер.
   ヴィェーシ ヴ ノーミル

4) はい, チップです. Вот вам чаевые.
   Хаи, типпу дэсу. ヴォート ヴァム チャイヴィーエ

【依頼と質問】 【просьбы и вопросы】
ираи то сицумон プロージブィ イ ヴァプロースィ

5) 朝食は何時から何時までですか. Когда у вас завтрак?
   Тēсёку ва нандзи кара нандзи мадэ дэсука? カグダー ウ ヴァース ザーフトラク

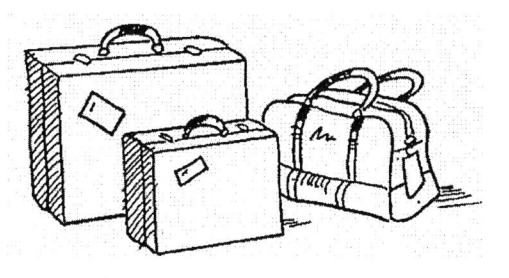

6) レストランはどこですか. Скажите, где ресторан?
   Рэсторан ва доко дэсу ка? スカジーチェ グチェー リスタラーン

---

1) вносить [不] 払い込む. предоплату 支払い前に. вперёд あらかじめ. 2) расплатиться [完] 清算する(+造). кредитнiая (-ой) карточкiа (-ой) [女] クレジットカード(-造). дебитная карточка [女] デビットカード. дорожнiый (-ым) чек (-ом) [男] トラベラーズチェック(-造). 3) отнести [完] 運び届ける(+対). вещи [複] 荷物. в ...へ(+対; 移動). 4) чаевые [複] チップ. просьбiа (-ы) [女] 依頼(-複). вопрос (-ы) [男] 質問(-複).

1) お湯は一日中使えますか．　Горя́чую во́ду мо́жно испо́льзовать
　　Оюу ва итинитидзю цукаэмасу ка?　ガリャーチュユ　ヴォードゥ　モージナ　イスポーリザヴァチ
　　　　　　　　　　　　　　　круглосу́точно?
　　　　　　　　　　　　　　　クルグラスータチナ

2) …はありますか．　У вас есть …?
　　… ва аримасу ка?　ウ ヴァース イェースチ

　　エレベーター　　　　лифт　　［男］
　　эрэбэ̄та̄　　　　　　リフト

　　クリーニングサービス　пра́чечная　［女］
　　кури́нингу са̄бису　　プラーチチナヤ

　　掲示板　　　　　　　доска́ (для) объявле́ний　［女］
　　кэидзибан　　　　　　ダスカー　ドリャ　アブヤウリェーニィ

　　金庫　　　　　　　　сейф　［男］
　　кинко　　　　　　　　シェイフ

　　衛星放送テレビ　　　спу́тниковое телеви́дение　［中］
　　эисэи хо̄со̄ тэрэби　　スプートニカヴァエ　チリヴィーヂニエ

　　プール　　　　　　　бассе́йн　［男］
　　пӯру　　　　　　　　バシェーイン

3) …を使えますか．　Мо́жно воспо́льзоваться …?
　　… о цукаэмасу ка?　モージナ　ヴァスポーリザヴァッツァ

　　電話　　　телефо́ном
　　дэнва　　　チリフォーナム

　　洗濯室　　пра́чечной
　　сэнтакусицу　プラーチチナイ

　　台所　　　ку́хней
　　даидокоро　クーフニイ

4) 私を7時に起こしてください．　Разбуди́те меня́, пожа́луйста, в
　　Ватаси о ситидзи ни окоситэ　ラズブヂーチェ　ミニヤー　パジャールスタ　フ
　　кудасаи．　　　　　　　　　семь часо́в．
　　　　　　　　　　　　　　　シェーミ　チソーフ

1) горя́чıий (-ую) 熱い(-女). во́ду [対] < вода́ [女] 水. круглосу́точно まる一日中. 2) пра́чечная [女] 洗濯室, ランドリー. доска́ [女] 板. объявле́ниıе (-й) [中] 掲示(-複生). спу́тниковıый (-ое) 衛星の(-中). телеви́дение [中] 放送(テレビ). 3) воспо́льзоваться [完] 使う(+造). телефо́н (-ом) [男] 電話(-造). пра́чечнıая (-ой) [女] 洗濯室(-造). ку́хнıя (-ей) [女] 台所(-造). 4) разбуди́тıь (-е) [完] 起こす(-命).

宿　　　　　　　　　　　　　　　　75

1) 貴重品を預かってもらえませんか．
Китёхин о адзукаттэ мораэмасэн ка?
Мо́жно отда́ть на хране́ние це́нные ве́щи?
モージナ　アッダーチ　ナ　フラニェーニエ　ツェーンヌィエ　ヴィエーシ

2) ここで両替できますか
Кокодэ рёгаэ дэкимасу ка?
Здесь мо́жно поменя́ть де́ньги?
ズヂェーシ　モージナ　パミニャーチ　ヂェーニギ

3) ...をいただけますか．
... о итадакэмасу ка?
Да́йте, пожа́луйста ...
ダーイチェ　パジャールスタ

予備の毛布
ёби но мо̄фу
ещё одея́ло
イショー　アヂヤーラ

電球
дэнкю̄
ла́мпочку
ラームパチク

レシート
рэсӣто
квита́нцию
クヴィターンツィユ

部屋の鍵
хэя но каги
ключ от моего́ но́мера
クリューチ　アト　マイヴォー　ノーミラ

4) 部屋に鍵を置き忘れました．
Хэя ни каги о окивасурэмасита.
Я забы́л(а) ключ в но́мере.
ヤ　ザブィール♣　クリューチ　ヴ　ノーミリ

5) 鍵をなくしました．
Каги о накусимасита.
Я потеря́л(а) ключ.
ヤ　パチリャール♣　クリューチ

6) 鍵をください．
Каги о кудасаи.
Да́йте мне ключ от но́мера.
ダーイチェ　ムニェー　クリューチ　アト　ノーミラ

7) これをクリーニングに出して下さい．
Корэ о курӣнингу ни даситэ кудасаи.
Мо́жно сдать э́то в химчи́стку?
モージナ　ズダーチ　エータ　フ　ヒムチーストク

8) 私宛にメッセージはありますか．
Ватаси атэни мэссӯдзи ва аримасу ка?
Для меня́ есть сообще́ния?
ドゥリヤ　ミニャー　イェースチ　サアプシェーニヤ

1) отда́ть [完] 預ける(+対). на ...のために(+対). хране́ние [中] 保管. це́нн|ый (-ые) 貴な(-複). ве́щи [複] 品物. 2) поменя́ть [完] 両替する(+対). де́ньги [複] お金《口語では[ヂェーニキ]と発音されます》. 3) дать [完] くれる(+対). ещё さらに. одея́ло [中] 毛布. ла́мпочк|а (-у) [女] 電球(-対). квита́нци|я (-ю) [女] レシート(-対). ключ [男] 鍵. от ...の(+生; 部分, 所属). моего́ 私の(生). но́мер (-а) [男] 部屋(-生). 4) забы́ть [完] 忘れる. в ...に(+前; 静止位置). но́мер (-е) 部屋(-前). 5) потеря́ть [完] なくする. 7) сдать [完] 渡す. в ...に(+対; 移動). химчи́стк|а (-у) [女] ドライクリーニング(+対). сдачь в химчи́стку クリーニングに出す. 8) сообще́ни|е (-я) [中] メッセージ(-複主).

【ドアのノック】
доа но нокку

【стук в дверь】
ｽﾄｩーｸ ｳﾞ ﾄﾞｳﾞｨｪーﾘ

1) どなたですか．
Доната дэсу ка?

Кто там?
ｸﾄ ﾀｰﾑ

2) ちょっとお待ちください．
Тётто омати кудасаи.

Одну́ мину́ту!
ｱﾄﾞﾇー ﾐﾇｰﾄｩ

3) お入りください．
Охаири кудасаи.

Заходи́те!
ｻﾞﾊﾁﾞーﾁｪ

4) 後でお出でください．
Атодэ оидэ кудасаи.

Приходи́те попо́зже, пожа́луйста.
ﾌﾟﾘﾊﾁﾞーﾁｪ ﾊﾟﾎﾟーｯｼﾞｪ ﾊﾟｼﾞｬｰﾙｽﾀ

5) 着替え中です．
Кигаэтю̄ дэсу.

Я переодева́юсь!
ﾔ ﾋﾟﾘｱﾁﾞｳﾞｧーﾕｼ

【苦情】
кудзё̄

【жа́лобы】
ｼﾞｬーﾗﾌﾞｨ

6) 部屋の中は…
Хэя но нака ва …

В ко́мнате о́чень …
ﾌ ｺｰﾑﾅﾁｪ ｵｰﾁﾆ

寒すぎます
саму сугимасу

хо́лодно
ﾎｰﾗﾄﾞﾅ

暗すぎます
кура сугимасу

темно́
ﾁﾑﾉー

うるさすぎます
уруса сугимасу

шу́мно
ｼｭｰﾑﾅ

狭すぎます
сэма сугимасу

те́сно
ﾁｪｰｽﾅ

стук [男] ノック．в …への, を(+対；手の移動を伴うので対格). дверь [女] ドア. 1) кто 誰. там そこにいるのは. 2) одну́ мину́ту ![対] ちょっと(お待ちください)! < мину́та [女] 寸時. 3) заходи́ть [完] 進む, 入る. 4) приходи́ть [不] 来る. попо́зже 少し後で. 5) переодева́ться [不] 着替える. жа́лоб:а (-ы) [女] 苦情(-複). 6) в …の中で(+前；静止した内部空間の状態を表すので前置格). ко́мнат:а (-е) [女] 部屋(-前). хо́лодно [無人述] (= It is cold.) < холо́дный 寒い《自然現象, 寒暖, 明暗, 状態などは形容詞の短語尾中性形もしくは述語副詞で表され, 文の主語は示されない(英語では形式主語 It を立てる). この述語を無人称述語と言い, それを用いた文を無人称文と言う》. тёмн:ый (-о́) 暗い(-無人述). шу́мн:ый (-о) うるさい(-無人述). те́сн:ый (-о) 狭い(-無人述).

宿

1) ...が故障しています。 ... не рабо́тает.
　　... га косё̄ ситэ имасу　　ニ　ラボ̄ータエト

　　エアコン　　　　　　Кондиционе́р
　　　эакон　　　　　　カンチ゛ツィアニェール

　　暖房　　　　　　　　Отопле́ние
　　　данбō　　　　　　アタプ゜リェーニエ

　　トイレ　　　　　　　Туале́т
　　　тоирэ　　　　　　トゥアリエート

　　シャワー　　　　　　Душ
　　　сявā　　　　　　 ト゛ゥーシ

　　テレビ　　　　　　　Телеви́зор
　　　тэрэби　　　　　　チリヴィーザル

2) 部屋を替えてもらえますか。 Да́йте мне, пожа́луйста, друго́й
　　Хэя о каэтэ мораэмасу ка?　ダーイチェ ムニェー　パジャールスタ　ド゛ルゴ̄ーイ
　　　　　　　　　　　　　　　　но́мер.
　　　　　　　　　　　　　　　　ノーミル

【チェックアウト】　　　　【вы́писка из гости́ницы】
　　чэккуауто　　　　　　ヴィーピスカ　イス゛　ガスチーニツィ

3) いつ部屋をあけないといけませんか. Когда́ ну́жно освободи́ть но́мер?
　　Ицу хэя о акэнаито икэмасэн ка?　カグ゛ダー ヌージナ アスヴァバチーチ ノーミル

4) 私は今出ます。　　　　　Я сейча́с уезжа́ю.
　　Ватаси ва има дэмасу.　ヤ シチャース ウイズ゛ジャーユ

5) 私たちは今出ます。　　　Мы сейча́с уезжа́ем.
　　Ватаситати ва има дэмасу.　ムィ シチャース ウイズ゛ジャーエム

6) 会計をお願いします。　　Пригото́вьте счёт, пожа́луйста.
　　Каикэи о онэгаи симасу.　プリガトーヴィチェ ショート パジャールスタ

1) рабо́тать [不] 作動する。 2) 文字通りは「私に他の部屋をお願いします」。 вы́писка [女] 出ること。 из ...から(+生)。 гости́ниц:а (-ы) [女] ホテル(-Ьス)。 3) освободи́ть [完] あける。
4) уезжа́ть [不] 出発する。 6) пригото́вить [完] 用意する。 счёт [男] 勘定書き。

1) 会計に間違いがあります。 Меня́ обсчита́ли.
Каикэи ни матигаи га аримасу. ミニャー アプシチターリ

2) パスポート(貴重品，保証金) Да́йте, пожа́луйста мой па́спорт (мои́
を返していただけますか。 ダーイチェ パジャールスタ モイ パースパルト マイー
Пасупо̄то (Китё̄хин, Хосё̄кин) це́нности, мой ава́нс).
о каэситэ итадакэмасу ка? ツェーンナスチ モイ アヴァーンス

3) タクシーを(10時に)呼んで Закажи́те, пожа́луйста, такси́ (на
もらえますか。 ザカジーチェ パジャールスタ タクシー ナ
Такуси́ о (дзю̄ дзи ни) 10 часо́в).
ёндэ мораэмасу ка? チェーシチ チソーフ

4) ここに荷物を置いておくこと Здесь мо́жно оставля́ть бага́ж?
ができますか。 ズヂェーシ モージナ アスタヴリャーチ バガーシ
Кокони нимоцу о оитэ
окукото га дэкимасу ка?

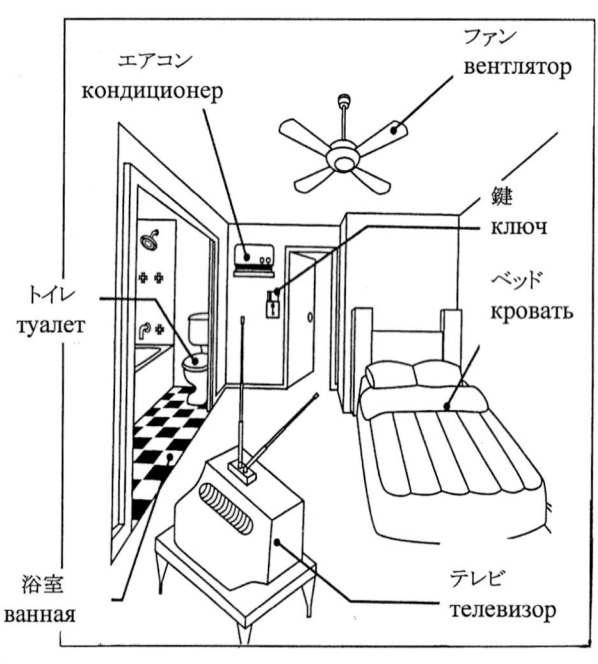

エアコン / кондиционер
ファン / вентлятор
鍵 / ключ
ベッド / кровать
トイレ / туалет
浴室 / ванная
テレビ / телевизор
部屋 номер

1) меня́ 私を．обсчита́ли 彼らがまちがえた《不定人称文》< обсчита́ть [完] 勘定をまちがえる(+対). 2) мой [男] 私の．мои [複] 私の．це́нности [複] 貴重品．3) заказа́ть [完] 呼ぶ．4) оставля́ть [不] 置いておく(+対).

§26. 民家への宿泊
Постой в частном доме
パストーイ フ チャースナム ドーメ

(♪ 79)

1) お宅にしばらく泊まることができますか.
Отаку ни сибараку томару кото га дэкимасу ка?
Можно пожить у вас?
モージ゛ナ　パジ゛ーチ　ウ　ヴァース

2) 私は…を持っています.
Ватаси ва … о моттэ имасу.
У меня есть …
ウ　ミニャー　イェースチ

    マットレス
    матторэсу
    матрац
    マトラーツ

    寝袋
    нэбукуро
    спальный мешок
    スパーリヌイ　ミショーク

3) 何かお手伝いさせてください.
Наника отэцудаи сасэтэ кудасаи.
Разрешите вам помочь!
ラズ゛リシーチェ　ヴァーム　パモーチ

4) 私に…をさせてください.
Ватаси ни … о сасэтэ кудасаи.
Разрешите мне …
ラズ゛リシーチェ　ムニェー

    買物をする
    каимоно о суру
    сделать покупки
    ズ゛チェーラチ　パクープキ

    食卓を片づける
    сёкутаку о катадзукэру
    убрать со стола
    ウブラーチ　サ　スタラー

    食器を洗う
    сёкки о арау
    помыть посуду
    パムィーチ　パスウートゥ

    テーブルにクロスを掛ける
    тэбуру ни куросу о какэру
    накрыть на стол
    ナクルィーチ　ナ　ストール

    ごみを出す
    гоми о дасу
    вынести мусор
    ヴィーニスチ　ムーサル

5) ご親切にして頂いてありがとうございました.
Госинсэцу ни ситэ итадаитэ аригатō годзаимасита.
Огромное спасибо за ваше гостеприимство.
アグロームナエ　スパシーバ　ザ　ヴァーシェ　ガスチプリイームストヴァ

постой [男] 宿泊. в …с0м(+前). частном доме [前] < частный дом [男] 民家(-前). 1) пожить [完] しばらく泊まる. 2) спальный 眠るための. мешок [男] 袋. 3) разрешите [完]…させてください. вам あなたに. помочь [完] 手伝う. 4) покупк:а (-и) [女] 買物(-複). убрать [完] 片づける. убрать со стола 食事の後片付けをする. помыть [完] 洗う(+対). посуда (-у) [女] 食器(-対). накрыть [完] 掛ける. стол [男] テーブル. вынести [完] 運び出す(+対). мусор [男] ごみ. 5) огромн:ый (-ое) 大いなる(-中). спасибо [中] 感謝. за …に対して(+対). гостеприимство [中] 歓待.

§ 27. アパートを借りる
Съём квартиры
スヨーム クヴァルチールィ (♪ 80)

1) こちらでは…を賃貸していますか.
   Котира дэва … о тинтаи ситэ имасу ка?
   У вас сдаётся …?
   ウ ヴァース スダヨーッツァ

   アパート
   апа̄то
   квартира [ж]
   クヴァルチーラ

   別荘
   бэссō
   дача [ж]
   ダーチャ

   家
   иэ
   дом [м]
   ドーム

   部屋
   хэя
   комната [ж]
   コームナタ

   農家
   нōка
   изба [ж]
   イズバー

2) 私はアパート / 部屋を予約しました.
   Ватаси ва апа̄то / хэя о ёяку симасита.
   Я бронировал(а) квартиру / комнату.
   ヤ ブラニーラヴァル クヴァルチール / コームナトゥ

3) 佐藤太郎と申します.
   Сатō Тарō то мōсимасу.
   Меня зовут Таро Сато.
   ミニャー ザヴート タロー サトー

4) 鍵 / 電子キーをいただけますか.
   Каги / Дэнси кӣ о итадакэмасу ка?
   Можно получить ключ / электронный ключ?
   モージナ パルチーチ クリューチ エリクトローンヌイ クリューチ

5) …はありますか.
   … ва аримасу ка?
   Есть …?
   イェースチ

   食器
   сёкки
   посуда [ж]
   パスーダ

   枕
   макура
   подушки [複]
   パドゥーシキ

   シーツ
   сӣцу
   простыни [複]
   プロースティニ

съём [男] 借りること < снять [完] 借りる. 1) сдаться [不] 賃貸用である. 2) бронировать [完] 予約する. 4) получить [完] 受け取る(+対). электронный 電子の. 5) подушкa (-и) [女] 枕(-複). простыня (-и) [女] シーツ(-複).

アパートを借りる　　　　　　　　　81

1) いつ / どこにごみを出したらいいの　Когда́ / Куда́ выноси́ть
　　ですか。　　　　　　　　　　　　　カグダー　　クダー　　ヴィナシーチ
　　Ицу / Доко ни гоми о даситара　му́сор?
　　ииноо дэсу ка?　　　　　　　　　ムーサル

2) …はどのように使ったらいいのですか。 Как рабо́тает…?
　　… ва доно ёни цукаттара иино дэсу ка?　カク　ラボータエト

　　エアコン　　　　　　　　　　　　кондиционе́р　　　　　　男
　　эакон　　　　　　　　　　　　　カンヂツィアニェール

　　食器洗い機　　　　　　　　　　　посудомо́ечная маши́на
　　сёкки араики　　　　　　　　　パスダモーイチナヤ　　マシーナ　女

　　ヒーター　　　　　　　　　　　　обогрева́тель　　　　　　男
　　хӣтā　　　　　　　　　　　　　アバグリヴァーチリ

　　電子レンジ　　　　　　　　　　　микроволно́вка　　　　　女
　　дэнси рэндзи　　　　　　　　　ミクラヴァルノーフカ

　　冷蔵庫　　　　　　　　　　　　　холоди́льник　　　　　　男
　　рэидзōко　　　　　　　　　　　ハラヂーリニク

　　オーブン　　　　　　　　　　　　духо́вка　　　　　　　　　女
　　ōбун　　　　　　　　　　　　　ドゥホーフカ

　　洗濯機　　　　　　　　　　　　　стира́льная маши́на　　　女
　　сэнтакуки　　　　　　　　　　スチラーリナヤ　　マシーナ

3) 私は…が必要です。　　　　　　　Мне ну́жно…
　　Ватаси ва … га хицуё̄ дэсу.　　ムニェー　ヌージナ

　　アダプター　　　　　　　　　　　ада́птер　　　　　　　　　男
　　адаптā　　　　　　　　　　　　アダープテル

　　ほうき　　　　　　　　　　　　　метла́　　　　　　　　　　女
　　хōки　　　　　　　　　　　　　ミトラー

　　洗剤　　　　　　　　　　　　　　мо́ющие сре́дства　　　　複
　　сэндзаи　　　　　　　　　　　モーユシエ　スリェーツトヴァ

　　ごみ袋　　　　　　　　　　　　　мешки́ для му́сора　　　　複
　　гомибукуро　　　　　　　　　　ミシキー　ドリャ　ムーサラ

1) выноси́ть [不] 運び出す, 出す. 2) рабо́тать [不] 動く. посудомо́ечнїый (-ая) 食器の(-女). обогрева́тель [男] 暖房装置, ヒーター. стира́льный 洗濯用の. 3) мо́ющїий (-ие) 洗浄能力をもつ(-複). сре́дства [複] 薬剤. меши́ок (-ки́)[男]袋(-複).

関連単語

家 дом

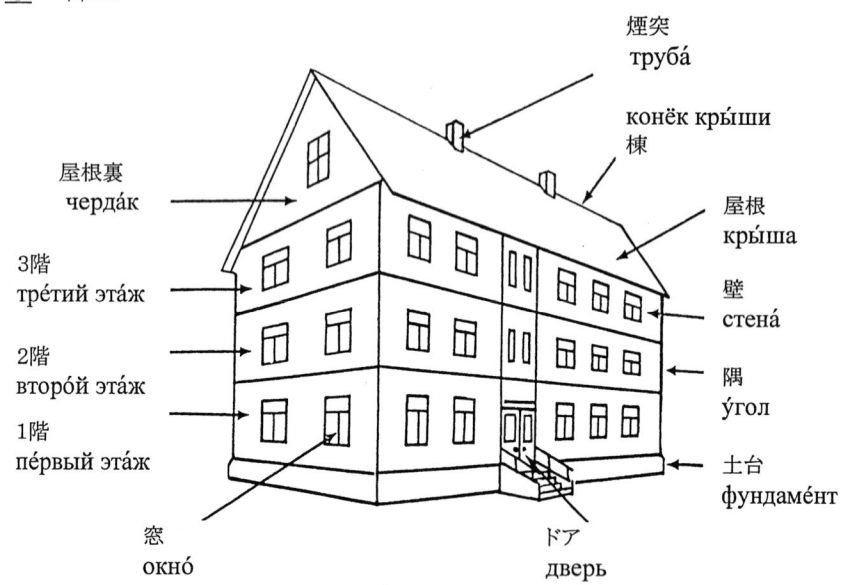

- 煙突 труба́
- конёк кры́ши 棟
- 屋根裏 черда́к
- 3階 тре́тий эта́ж
- 2階 второ́й эта́ж
- 1階 пе́рвый эта́ж
- 屋根 кры́ша
- 壁 стена́
- 隅 у́гол
- 土台 фунда́ме́нт
- 窓 окно́
- ドア дверь

部屋 ко́мната

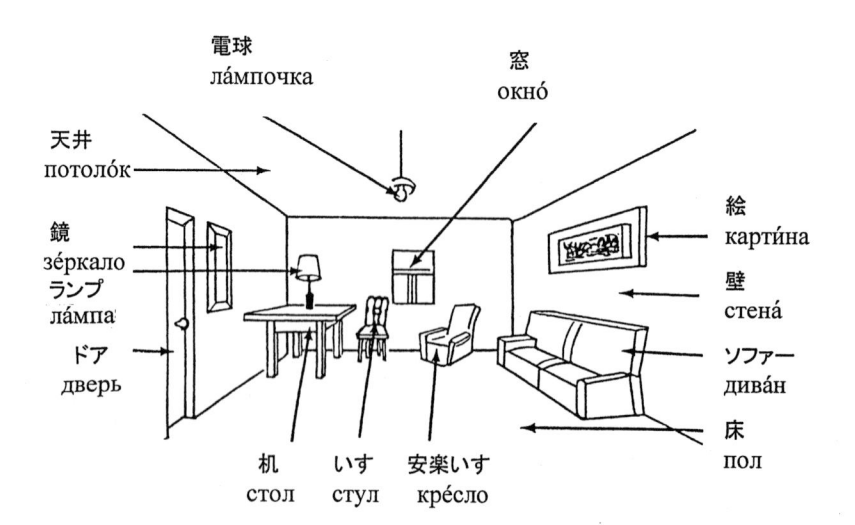

- 電球 ла́мпочка
- 窓 окно́
- 天井 потоло́к
- 鏡 зе́ркало
- ランプ ла́мпа
- ドア дверь
- 絵 карти́на
- 壁 стена́
- ソファー дива́н
- 床 пол
- 机 стол
- いす стул
- 安楽いす кре́сло

83

§28. 観光
Туризм
トゥリーズム

(♪ 83)

【観光案内所】 канко аннаидзё

【турбюро】 トゥールビュラ

1) 観光案内所はどこにありますか.
Канкō аннаидзё ва доко ни аримасу ка?
Где турбюро?
グヂェー トゥールビュラ

2) 観光名所はどこですか.
Канкō мэисё ва доко дэсу ка?
Какие главные достопримечательности?
カキーエ グラーブヌィエ ダスタプリミチャーチリナスチ

3) ...名所に関する情報はありますか.
... мэисё ни кансуру дзёхō ва аримасука?
У вас есть информация о ... достопримечательностях?
ウ ヴァース イェースチ インファルマーツィヤ ア ダスタプリミチャーチリナスチャフ

文化的な
бунка тэки на
культурных
クリトゥールヌィフ

歴史的な
рэкиси тэки на
исторических
イスタリーチスキフ

宗教上の
сюкё̄ дзё̄ но
религиозных
リリギオーズヌィフ

ソビエト時代の
собиэто дзидаи но
советских
サヴィエーツキフ

4) 日本語で行うツアーはありますか.
Нихон го дэ оконау цуā ва аримасу ка?
Есть экскурсии на японском?
イェースチ エクスクールシイ ナ イポーンスカム

5) 私は...が必要です.
Ватаси ва ... га хицуё дэсу.
Я бы хотел(а) ...
ヤ ブィ ハチェール ♣

ガイドブック（日本語の）
гаидо букку (нихон го но)
путеводитель (на японском языке)
プチヴァチーチリ ナ イポーンスカム イズィキェー

ガイド
гаидо
гида
ギーダ

（市内）地図
(синаи) тидзу
карту (города)
カールトゥ ゴーラダ

---

2) какие [複] どのような. главный (-ые) 主要な(-複). достопримечательность (-и) [女] 名所(-複). 3) информация [女] 情報. о ...に関する(+前). достопримечательностях [女複前] 名所. культурный (-ых) 文化的な(-女複前). исторический (-их) 歴史的な(-女複前). религиозный (-ых) 宗教上の(-女複前). советский (-их) ソビエト時代の(-女複前). 4) экскурсия (-и) [女] ツアー(-複). на ...語による(+前). 5) путеводитель [男] ガイドブック. гид (-а) [男] 旅行ガイド(-対). карта (-у) [女] 地図(-対). город [男] 市.

観光

【ツアー】
цуā

【экску́рсия】
エクスクールシヤ

1) ツアー（遊覧船ツアー）を勧めて頂けませんか．
Цуā (Ю̄рансэн цуā) о сусумэтэ итадакэмасэн ка.
Вы мо́жете порекомендова́ть экску́рсию (во́дную экску́рсию)?
ヴィ　モージェチェ　パリカミンダヴァーチ　エクスクールシユ　ヴォードヌユ　エクスクールシユ

2) 料金に食事（交通費）は含まれていますか．
Рё̄кин ни сё̄кудзи (кō цӯхи) ва фукумарэтэ имасу ка.
Цена́ включа́ет обе́д (тра́нспорт)?
ツィナー　フクリュチャーエト　アビェ̄ート　トラーンスパルト

3) 入場券はいくらですか．
Ню̄дзё̄кэн ва икура дэсу ка.
Ско́лько сто́ит входно́й биле́т?
スコーリカ　ストーイト　フハドノーイ　ビリェート

4) 小児（団体，学生）割引はありますか．
Сё̄ни (Дантаи, Гакусэи) варибики ва аримасу ка.
Есть ски́дка для дете́й (групп, студе́нтов)?
イェースチ　スキートカ　ドリャ　チチェーイ　グルップ　ストゥヂェーンタフ

5) ツアーの所要時間はどれ位ですか．
Цуā но сёё̄ дзикан ва дорэ гураи дэсу ка.
Как до́лго продолжа́ется экску́рсия?
カク　ドールガ　プラダルジャーエッツァ　エクスクールシヤ

6) 何時に出発しますか．
Нандзи ни сюппацу симасу ка.
Во ско́лько отправля́емся?
ヴァ　スコーリカ　アトプラヴリャーエムシャ

7) 何時に帰りますか．
Нандзи ни каэримасу ка.
Во ско́лько возвраща́емся?
ヴァ　スコーリカ　ヴァズヴラシャーエムシャ

8) 私たちは教会を見てみたい．
Ватаситати ва кё̄каи о митэ митаи.
Нам хоте́лось бы посмотре́ть це́рковь.
ナム　ハチェーラシ　ブィ　パスマトリェーチ　ツェールカフィ

---

1) порекомендова́ть [完] 勧める(+対). во́дн:ая (-ую) экску́рси:я (-ю) [女] 遊覧船ツアー(-対). 2) включа́ть [完] 含む(+対). обе́д [男] 食事. тра́нспорт [男] 交通(費). 3) входно́й 入場の. 4) ски́дка [女] 割引. для ...のための(+生). дете́й [複生] < де́ти [複] 子供たち. групп [複生] < гру́ппа [女] 団体. 5) до́лго 長く. продолжа́ться [不] 続く. 6) отправля́ться [不] 出発する. 7) возвраща́ться [不] 帰る. 8) хоте́лось бы [仮定法；無人称動詞]《動詞が中性形をとるということは裏に不特定多数の主体「誰もが」が想定されていることを表すが文の形式的な主体は示されない（英語では one, it で表す）．しかし実質的な主体は与格 нам「私たちによって」によって示される．これは無人称動詞(述語)を強調するために用いられる手法である》< хоте́ться [不] 望む(+不定形). це́рковь [女] 教会.

観光

1) ...するためにここで停車できますか.
   ... суру тамэни кокодэ тэйся дэкимасу ка?

   Можно здесь остановиться, чтобы ... ?

   写真をとる
   сясин о тору
   пофотографировать

   みやげものを買う
   миягэмоно о кау
   купить сувениры

   トイレに行く
   тоирэ ни ику
   сходить в туалет

2) 私はグループからはぐれました.
   Ватаси ва гурӯпу кара хагурэмасита.
   Я потерял(а) свою группу.

3) 博物館は何時に開き / 閉じますか.
   Хакубуцукан ва нандзи ни хираки / тодзимасу ка?
   Когда открывается /закрывается музей ?

4) ここで写真をとれますか.
   Кокодэ сясин о торэмасу ка?
   Здесь можно фотографировать?

5) 写真撮影は禁止です.
   Сясин сацуэи ва кинси дэсу.
   Фотографировать запрещено.

6) 私の写真をとってください.
   Ватаси но сясин о тоттэ кудасаи.
   Сфотографируйте меня, пожалуйста.

7) ここを押すだけです.
   Коко о осу дакэ дэсу.
   Нажмите здесь и всё.

8) あなたの写真をとってもいいですか.
   Аната но сясин о тоттэмо иидэсу ка?
   Можно сфотографировать вас?

---

1) остановиться [完] 止まる. чтобы ...するために(+不定形). купить [不] 買う(+対). сувенир (-ы) [男] みやげもの(-複). сходить [完] 行ってくる. 2) потерять [完] 見失う(+対). группа (-ы) [女] グループ(-対). 5) запрещено [短語尾] < запрещённый [受過] 禁止された < запретить [完] 禁止する. 6) сфотографировать [完] 写真をとる(+対). 7) нажмите [命] < нажать [完] 押す. и всё これで全部だ.

§ 29. 世界遺産
Па́мятники всеми́рного насле́дия
パーミャトニキ　フシミールナヴァ　ナスリェーヂヤ

1) ロシアの世界遺産はどこですか.
Росиа но сэкаи исан ва доко дэсу ка?
Где в росси́и нахо́дятся па́мятники всеми́рного насле́дия?
グヂェー ヴ ラシーイ ナホーヂッツァ パーミャトニキ フシミールナヴァ ナスリェーヂヤ

2) それは…です.
Сорэ ва … дэсу.
Э́то …
エータ

3) モスクワのクレムリンと赤の広場
Москва но курэмурин то ака но хироба
Моско́вский Кремль и Кра́сная пло́щадь
マスコーフスキィ クリェームリ イ クラースナヤ プローシャチ

4) ノヴォデヴィチ修道院のアンサンブル
Новодевич сюудооин но ансанбуру
Новоде́вичий монасты́рь
ナヴァヂェーヴィチィ マナストィーリ

5) コローメンスコエのヴォズメセニエ教会
Коломенское но Водзмэсэниэ кёкаи
Музе́й-запове́дник "Коло́менское"
ムジェーイ ザパヴィェードニク カローミンスカエ

6) セルギエフ・パサードのトロイツェ・セルギエフ大修道院の建築群
Сэругиэф-посаадо но Троице-Сершиева даисюдбин но кэнтикугун
Тро́ице-Се́ргиева ла́вра
トローイツェ シェールギイヴァ ラーヴラ

7) ウラジミールとスーズダリの白亜の建造物群
Владимир то Суздаль но хакуа но кэндзббуцу гун
Белока́менные па́мятники Влади́мира и Су́здаля
ベラカーミンヌエ パーミャトニキ ヴラヂーミライ スーズダリャ

8) ヤロスラヴリ歴史地区
Ярославль рэкиси тику
Яросла́вль
ヤラスラーヴリ

9) サンクトペテルブルク歴史地区と関連する建造物群
Санкт-Петербург рэкиси тику то канрэн суру кэндзббуцу гун
Истори́ческий центр Санкт-Петербу́рга и при́город
イスターリーチスキィ ツェーントル サーンクトピチルブールガ イ プリーガラト

10) ノヴゴロドの歴史的建造物群とその周辺地区
Новгород но рэкиситэки кэндзббуцу гун то соно сюхэн тику
Истори́ческий центр Вели́кого Но́вгорода и окре́стные па́мятники
イスターリーチスキィ ツェーントル ヴィリーカヴァ ノーヴガラダ イ アクリェースヌィエ パーミャトニキ

11) キジの木造教会
Кижи но мокудзō кёкаи
Пого́ст Ки́жи
パゴースト キージ

па́мятник (-и) [男] 史跡(-複). всеми́рн|ый (-ого) 世界の(-生). насле́ди|е (-я) [中] 遺産(-生). 1) Росси́|я (-и) [女] ロシア(-前). 4) 1542年に建てられた女子修道院. 5) музе́й-запове́дник [男] 野外文化博物館. 1532年に建築. 6) ла́вра [女] 大修道院. 13世紀半ばに聖セルギウスが建てた. 7) 11~17世にかけて建てられた. белока́менн|ый (-ые) 白い石造りの(-複). スパソ・プレオブラジェーンスキー修道院や預言者イリヤー教会がある. 9) при́город [男] 近郊. サンクトペテルブルクは1703年にピョートル大帝が築いた帝政ロシアの首都で多くの歴史的建造物がある. 10) ソフィア大聖堂やヤロスラフ宮廷跡などがある. окре́стн|ый (-ые) 周辺の(-複主). 11) プレオブラジェーンスカヤ教会, ポクロフスカヤ教会, ラザロ復活教会がある.

§ 30. レストラン
Ресторáн
リスタラーン

(♪ 87)

【レストランを探す】　　　　【где　найти́　рестора́н】
рэсуторан о сагасу　　　　グチェー　ナイチー　リスタラーン

1) ものすごくおなかがすきました.　Я　умира́ю　с　го́лоду!
　モノスゴクオナカガスキマシタ.　ヤ　ウミラーユ　ス　ゴーラドゥ
　Моносугоку онака га сукимасита.

2) ロシア料理を食べてみたい.　Я хочу́ попро́бовать ру́сскую ку́хню
　Росия рє̆ри о табэтэ митаи.　ヤ　ハチュー　パプローバヴァチ　ルースクユ　クーフニュ

3) キャビアに目がありません.　Я　обожа́ю　чёрную　икру́.
　Кябиа ни мэ га аримасэн.　ヤ　アバジャーユ　チョールヌユ　イクルー

4) この近くにロシア民族料理店/　Здесь побли́зости есть традицио́-
　日本料理店がありますか.　　ズチェーシ パブリーザスチ イェースチ トラヂツィオーンヌイ
　Коно тикаку ни росиаминдзоку рє̆ри　нный ру́ский / япо́нский рестора́н?
　тэн / нихон рє̆ри тэн га аримасу ка?　ルースキィ　イポーンスキィ　リスタラーン

5) ...を勧めて頂けますか.　Вы　мо́жете　порекомендова́ть ...?
　... о сусумэтэ итадакэмас ка?　ヴィ　モージェチェ　パリカミンダヴァーチ

　レストラン　　　　　　　рестора́н
　рэсуторан　　　　　　　リスタラーン

　(大衆)食堂　　　　　　　столо́вую
　таисю̄ сёкудō　　　　　　スタローヴユ

　カフェ　　　　　　　　　кафе́
　кафэ　　　　　　　　　　カフェー

　スナック　　　　　　　закус́очную
　сунакку　　　　　　　ザクーサチヌユ

　焼肉店　　　　　　　шашлы́чную
　якиникутэн　　　　　シャシルィーチヌユ

　寿司店　　　　　　　су́ши　бар
　суситэн　　　　　　スーシ　バール

　中央アジアレストラン　сре́днеазиа́тский　рестора́н
　тю̄ō адзиа рэсуторан　　スリェードニアジアーツキィ　リスタラーン

　インドレストラン　инди́йский　рестора́н
　индо рэсуторан　　インヂースキィ　リスタラーン

найти́ [完] 探し出す(+対). 1) умира́ть [不] 死にそうだ. с ...から(+生). го́лод (-у) [男] 空腹(-生). 2) попро́бовать [完] 食べてみる(+対). ру́сск:ая (-ую) ку́хн:я (-ю) [女] ロシア料理(-対). 3) обожа́ть [不] 大好きである(+対). чёрн:ая (-ую) икр:а́ (-ý) [女](黒)キャビア(-対). 4) побли́зости 近くに. традицио́нный 伝統的な. 5) порекомендова́ть [完] 勧める(+対). столо́в:ая (-ую) [女] 大衆食堂(-対). закус́очн:ая (-ую) [女] スナック(-対). шашлы́чн:ая (-ую)[女]焼肉店(-対). сре́днеазиа́тский 中央アジアの.инди́йский インドの.

レストラン

【予約】 　　　　　　　　　【зака́з】
ёяку 　　　　　　　　　　ザカース

1) おたくでは予約が必要ですか. У вас ну́жно де́лать зака́з зара́нее?
　Отакудэва ёяку га хицуё̄ дэсу ка? ウ ヴァース ヌージナ チェーラチ ザカース ザラーニェエ

2) おたくの店は何時に開き(しまり)ますか. Когда́ открыва́ется / закрыва́ется ваш рестора́н?
　Отаку но мисэ ва нандзи ни хираки (симари) масу ка? カグダー アトクルィヴァーэッツァ ザクルィヴァーэッツァ ヴァーシ リスタラーン

3) ...に席を予約したいのですが. Я бы хоте́л(а) заказа́ть сто́лик на ...
　...ни сэки о ёяку ситаи но дэсу га. ヤ ブィ ハチェール ザカザーチ ストーリク ナ

　今日の夜7時 сего́дня на семь часо́в ве́чера
　кё̄ но ёру ситидзи シヴォードニャ ナ シェーミ チソーフ ヴィエーチラ

　明日の夜8時 за́втра на во́семь часо́в ве́чера
　асу но ёру хатидзи ザーフトラ ナ ヴォーシミ チソーフ ヴィエーチラ

4) 私の名前で予約してください. Прими́те зака́з на моё и́мя.
　Ватаси но намаэ дэ ёяку ситэ кудасаи. プリミーチэ ザカース ナ マヨー イーミャ

5) 佐藤太郎と申します. Меня́ зову́т Таро Сато.
　Сатō Тарō то мōсимасу. ミニャー ザヴート タロー サトー

6) 何人様ですか. Ско́лько вас?
　Наннин сама дэсу ка? スコーリカ ヴァース

7) 二人用の席をお願いします. Сто́лик на двои́х, пожа́луйста.
　Футари ё̄ но сэки о онэгаи симасу. ストーリク ナ ドヴァイーフ パジャールスタ

8) 喫煙席ですか, 禁煙席ですか. Для куря́щих и́ли некуря́щих?
　Кицуэнсэки дэсу ка, кинэн сэки дэсу ка? ドリャ クリャーシフ イーリ ニクリャーシフ

9) 禁煙席をお願いします. Места́ для некуря́щих, пожа́луйста.
　Кинэн сэки о онэгаи симасу. ミスタ― ドリャ ニクリャーシフ パジャールスタ

1) де́лать [不] する. зара́нее あらかじめ. 3) заказа́ть [完] 予約する. сто́лик [男] テーブル. 4) прими́те [命] < приня́ть [完] 受けつける. на ...の名義で(+対). и́мя [中] 名前. 7) на ...人用の(+対=生). двои́х [対=生] < дво́е 二人(集合数詞). 8) для ...のための(+生). куря́щий (-х) [男] 喫煙者(-複生). некуря́щий (-х) [男]非喫煙者(-複生). 9) места́ [女]席.

【レストランで】 【В рестора́не】
рэсутораん дэ ウ リスタラーニ

1) まだ食事ができますか. **Ку́хня откры́та?**
   Мада сёкудзи га дэкимасу ка? クーフニャ アトクルィータ

2) 何人様ですか. **Ско́лько вас?**
   Наннин сама дэсу ка? スコーリカ ヴァース

3) 5人ですが, 入れますか. **Нас пя́теро. Мо́жно?**
   Гонин дэсу га, хаирэмасу ка? ナス ピヤーチラ モージナ

4) テーブルは空いていますか. **У вас есть свобо́дный сто́лик?**
   Тэ̄буру ва аитэ имасу ка? ウ ヴァース イェースチ スヴァボードヌイ ストーリク

5) 申し訳ありません, 満席です. **Извини́те, свобо́дных мест нет.**
   Мо̄сивакэ аримасэн, мансэки イズヴィーニチェ スヴォボードヌイフ ミェースト ニェート
   дэсу.

6) 席が空くまで待ちます. **Мы подождём, когда́ освободи́тся**
   Сэки га акумадэ матимасу. ムイ パダジチョーム カグダー アスヴァバチーツァ
   сто́лик.
   ストーリク

7) どれだけ待ちますか. **Как до́лго ждать?**
   Дорэдакэ матимасу ка? カク ドールガ ジダーチ

8) 相席でもいいですか. **Вас устро́ит е́сли вы бу́дете**
   Аисэки дэмо иидэсу ка? ヴァース ウストローイト イェスリ ヴィ ブーヂチェ
   за сто́ликом не одни́?
   ザ ストーリカム ニ アドニー

9) 相席でもかまいません. **Ничего́ стра́шного, нас устро́ит.**
   Аисэки дэмо камаимасэн. ニチヴォー ストラーシナヴァ ナス ウストローイト

10) どこにお座りになりたいですか. **Куда́ вы хоти́те сесть?**
    Доко ни осувари ни наритаи дэсу ка' クダー ヴィ ハチーチェ シェースチ

11) 窓際の席をお願いします. **Мы бы хоте́ли сесть у окна́.**
    Мадо гива но сэки о онэгаи симасу. ムイ ブィ ハチェーリ シェースチ ウ アクナー

1) в ...で. рестора́н (-е) [男] レストラン(-前). ку́хня [女] 台所. откры́тый (-а) 開いている(-短語尾女). 3) пя́теро 5人(集合数詞). 5) свобо́дный (-ых) 空いている(-複生). мест [複生] < ме́сто [中] 席《否定生格》. 6) подожда́ть [完] しばらく待つ. когда ...する時まで. освободи́ться [完] 空く. 7) ждать [不] 待つ《不定形文; 主体は不特定多数「だれでも」》. 8) устро́ит [3単現]《無人称文》< устро́ить [完] かまわない, よろしい. за ...に向かってすわって(+造). сто́лик [男] テーブル. не одни́ 一人ではない. 文字通りは「一人ではない席にすわってもかまわないか」. 9) ничего́ 全然ない《否定生格》. стра́шный (-ого) いやな(-生). 10) сесть [完] すわる. 11) у ...のそばに(+生). окно́ (-а́) [中] 窓(-生).

レストラン

1) 予約されていますか. У вас зака́зан сто́лик?
   Ёяку сарэтэ имасу ка? ウ　ヴァース　ザ・カーザン　ストーリク

2) 予約しています. У меня́ зака́зан сто́лик.
   Ёяку ситэ имасу. ウ　ミニャー　ザ・カーザン　ストーリク

3) 佐藤太郎と申します. Меня́ зову́т Таро Сато.
   Сато Таро то мосимасу. ミニャー　ザ・ブート　タロー　サトー

4) こちらへどうぞ. Проходи́те сюда́.
   Котира э додзо. プラハヂーチェ　シュダー

【注文】 【зака́з】
тюмон ザ・カース

5) ウエーター / ウエートレスさん！ Официа́нт! / Де́вушка!
   Уэта / Уэторэсу сан! アフィツィアーント　ヂェーヴシカ

6) メニューをお願いします. Меню́, пожа́луйста.
   Мэню о онэгаи симасу. ミニュー　パジャールスタ

7) 日本語のメニューはありますか. У вас есть меню́ на япо́нском?
   Нихон го но мэню ва аримасу ка? ウ　ヴァース　イェースチ　ミニュー　ナ　イポーンスカム

8) 定食のメニューはありますか. У вас есть ко́мплексное меню́?
   Тэйсёку но мэню ва аримасу ка? ウ　ヴァース　イェースチ　コームプリクスナエ　ミニュー

9) 酒のメニューを見せてください. Мо́жно посмотре́ть ка́рту ба́ра?
   Сакэ но мэню о мисэтэ кудасаи. モージナ　パスマトリェーチ　カールトゥ　バーラ

10) あなたは何を食べたいですか. Что вы жела́ете?
    Аната ва нани о табэтаи дэсу ка? シト　ヴィ　ジラーイチェ

11) 野菜たっぷりの料理を食べたい. Хочу́ пое́сть побо́льше овоще́й.
    Ясаи таппури но рёри о табэтаи. ハチュー　パイェースチ　パボーリシェ　アヴァシェーイ

1) зака́за:нный (-н) [受過] 予約されている(-短語尾男). 4) проходи́ть [不] 通る，来る. сюда́　こちらへ. 5) де́вушка [女] 娘；店員に対する呼びかけ. 7) на …語で(+前). 8) ко́мплексн:ый (-ое) 複合の，定食の(-中). меню́ [中] メニュー. 9) посмотре́ть [完] ちょっと見る(+対). ка́рт:а (-у) [女] メニュー(-対). бар (-а) [男] バー, 酒(-生). 10) жела́ть [不] 望む. 11) пое́сть [完] 食べる. побо́льше　もう少し多い. овоще́й [複生]《部分を表す不定数量形容詞によって修飾される名詞は生格をとる → 228р.》< о́вощи [複] 野菜.

レストラン

1) おいしい豚肉料理が食べたい。 Я хочу́ съесть вку́сное блю́до из
   Оисии бутанику рёри га свини́ны.
   табэтаи.

2) あまりしょっぱく(辛く)ないのが Не о́чень солёное (о́строе),
   いいです。 пожа́луйста.
   Амари сёппаку (караку) наи
   но га иидэсу.

3) ご注文の用意ができましたか。 Бу́дете зака́зывать?
   Гтю̄мон но ёи га дэкимасита
   ка?

4) 注文の用意ができました。 Мы гото́вы сде́лать зака́з.
   Тю̄мон но ёи га дэкимасита。

5) 何を勧めてくださいますか。 Что вы рекоменду́ете?
   Нани о сусумэтэ кудасаимасу ка?

6) すぐにできる料理はどれですか。 Како́е блю́до бу́дет гото́во бы́стро?
   Сугуни дэкиру рёри ва дорэ
   дэсу ка?

7) これはどんな料理ですか。 Како́е э́то блю́до?
   Корэва донна рёри дэсу ка?

8) これは何という料理ですか。 Как э́то называ́ется?
   Корэва нанто ю̄ рёри дэсу ка?

9) この料理には何が入っていま Что вхо́дит в э́то блю́до?
   すか。
   Коно рёри нива нани га хаиттэ имасука?

10) これは辛いですか。 Э́то о́строе?
    Корэва караи дэсу ка?

11) パンは無料ですか。 Хлеб беспла́тно?
    Пан ва мурē дэсу ка?

---

1) съесть [完] 食べる(+対). вку́сн:ый (-ое) おいしい(-中対). блю́до [中対] 料理. из ...で作った(+生；材料を表す). свини́н:а (-ы) [女] 豚肉(-生). 2) о́чень あまり. солён:ый (-ое) しょっぱい(-中対). о́стр:ый (-ое) 辛い(-中対). 3) бу́дете ...だろう. зака́зывать [不] 注文する《быть + 不完了体不定形》で合成未来を形成する. 4) гото́в:ый (-ы) 用意のできた(-短語尾複). 6) бу́дет ...だろう. гото́в:ый (-о) 用意のできた(-短語尾中). бы́стро はやく. 8) называ́ться [不] 呼ばれる. 9) входи́ть [不] 含む. 11) беспла́тн:ый (-о) 無料の(-短語尾中).

レストラン

1) あれと同じものをください。　Я возьму́ то же са́мое.
　　Арэ то онадзи моно о кудасаи.　ヤ バジムー ト ジェ サーマエ

2) これとこれをください。　Принеси́те мне э́то и э́то.
　　Корэ то корэ о кудасаи.　プリニーシーチェ ムニェー エータ イ エータ

3) 黒パン, ボルシチ, ビフテキ, ウオッカをください。　Принеси́те, пожа́луйста, чёрного хле́ба, борщ, бифте́кс, во́дку.
　　Коропан, борщ, бифутэки, уокка о кудасаи.　プリニーシーチェ パジャールスタ チョールナヴァ フリェーヴァ ボールシシ ビフシテークス ヴォートク

4) たんと召し上がれ！　Прия́тного аппети́та!
　　Тан то мэсиагарэ!　プリヤートナヴァ アピチータ

【テーブルで】　【за столо́м】
　　тэ̄буру дэ　ザ スタローム

5) この料理はとてもおいしい。　Э́то блю́до о́чень вку́сное.
　　Коно рё̄ри ва тотэмо оисии.　エータ ブリューダ オーチニ フクースナエ

6) これをもう一皿ください。　Ещё одну́ по́рцию, пожалуйста.
　　Корэ о мō хитосара кудасаи.　イショー アドヌー ポールツィユ パジャールスタ

7) 何かデザートはありますか。　Что у вас есть на десе́рт?
　　Наника дэдзāто ва аримасу ка?　シトー ウ ヴァース イェースチ ナ ヂシェールト

8) 地元の料理をとても気に入りました。　Мне о́чень нра́вится ме́стная ку́хня.
　　Дзимото но рё̄ри о тотэмо кини иримасита.　ムニェー オーチニ ヌラーヴィッツァ ミエースナヤ クーフニャ

9) 満腹です。　Я нае́лся / нае́лась.
　　Манпуку дэсу.　ヤ ナイェールシャ ナイェーラシ ♣

10) シェフによろしく！　Спаси́бо по́вару!
　　Шэфу ни ёросику!　スパシーバ ポーヴァル

11) これを持ち帰れますか。　Мо́жно э́то заверну́ть с собо́й?
　　Корэ о мотикаэрэмасу ка?　モージュナ エータ ザヴィルヌーチ ス サボーイ

1) возьму́ [1 单現] < взять [完] もらう(+対). то же са́мое [中] < тот же са́мый あれと同じもの. 2) принести́ [完] 持ってくる(+対). 3) чёрн1ый (-ого) хлеб (-а)[男] 黒パン(-生).《一定の形を持たないパンは物質名詞とみなされ，数えるときもパンという全体の概念の一塊りつまり部分として見るので動詞の目的語として対格の位置にあるものは生格をとる．それ以外は一定の形をもつ普通名詞とみなされるので対格をとる》. борщ [男・対] ボルシチ. бифте́кс [男・対] ビフテキ. во́дк1а (-у) [女] ウオッカ(-生). 4) прия́тн1ый (-ого) 快い(-生). аппети́т (-а) [男] 食欲(-生). за ...についている, ...で(+造). стол (-ом) [男] テーブル(-造). 5) вку́сн1ый (-ое) おいしい(-中). 6) по́рци1я (-ю) [女] 一人前(-対). 7) на ...として(+対). десе́рт [男] デザート. 8) нра́виться [完] 気に入る. ме́стн1ый (-ая) 地元の(-女). ку́хня [女] 料理. 9) нае́сться [完] 満腹する. 10) по́вар (-у) [男] シェフ(-与). 11) заверну́ть [完] 包む. с собо́й 身につけて, 自分で.

レストラン

【調理法】【способ приготовле́ния】
тёрихō　スポーサプ　プリガタヴリェーニヤ

1) ...してください.　..., пожа́луйста.
　... ситэ кудасаи.　パジャールスタ

　　たっぷりの油であげる　　Си́льно жа́реное
　　таппури но абура дэ агэру　シーリナ　ジャーリナエ

　　グリルで焼く　　В гри́ле
　　гуриру дэ яку　ヴ グリーレ

　　よく焼く　　Хорошо́ прожа́ренное
　　ёку яку　ハラショー　プラジャーリンナエ

　　生焼けにする　　Поджа́ренное
　　намаякэ ни суру　パッジャーリンナエ

　　生煮えにする　　Сыро́е
　　наманиэ ни суру　スィローエ

　　蒸す　　На пару́
　　мусу　ナ パルー

2) ...を入れてください.　Мо́жно мне с ...
　... о ирэтэ кудасаи.　モージナ ムニェー ス

　　チーズ / 酢 / 油　　сы́ром / у́ксусом / ма́слом
　　тӣдзу / су / абура　スィーラム　ウークスサム　マースラム

3) ...を入れないでください.　Мо́жно мне без ...
　... о ирэнаидэ кудасаи.　モージナ ムニェー ビス

　　ニンニク / 油 / ソース　　чеснока́ / ма́сла / со́уса
　　нинники / абура / сōсу　チスナカー　マースラ　ソーウサ

спо́соб [男] 方法. приготовле́ние (-я) [中] 調理(-生). си́льно しっかり. жа́рен:ый (-ое) [受過] 揚げられた(-中) < жа́рить [不] 揚げる《主語の示されない無人称文では無人称述語が中性形をとる》. в ...の状態である(+前). гри́ль (-е) [男] グリル(-前). прожа́ренн:ый (-ое) [受過] 焼きあげられた(-中) < прожа́рить [完] 焼きあげる. поджа́ренн:ый (-ое) [受過] 軽く焼かれた(-中) < поджа́рить [完] 軽く焼く. сыро́й (-о́е) 生煮えの(-中). на пару́ 蒸して < пар [男] 蒸気. 2) с ...を入れた(+造). сыр (-ом) [男] チーズ(-造). у́ксус (-ом) [男] 酢(-造). ма́сло (-м) [中] 油(-造). 3) без ...なしの(+生). чесно́к (-á) [男] ニンニク(-生). ма́сл:о (-а) [中] 油(-生). со́ус (-а) [男] ソース(-生).

【苦情】
кудзё̄

【жа́лобы】
ジャーラブィ

1) 注文した料理がまだきていません．
   Тю̄мон сита рё̄ри га мада китэ имасэн．
   Мой зака́з ещё не принесли́．
   モイ　ザカース　イショー　ニ　プリニスリー

2) 私たちはもう待てません．
   Ватаситати ва мō матэмасэн．
   Мы не мо́жем бо́льше ждать．
   ムィー　ニ　モージェム　ボーリシェ　ジダーチ

3) はやく持ってきてください．
   Хаяку моттэ китэ кудасаи．
   Принеси́те побыстре́е．
   プリニシーチェ　パブィストリェーエ

4) 私はこれを注文していません．
   Ватаси ва корэо тю̄мон ситэ имасэн．
   Э́то не то, что я зака́зывал(а)．
   エータ　ニ　タ　シト　ヤ　ザカーズィヴァル♣

5) 私はサラダをたのみました．
   Ватаси ва сарада о таномимасита．
   Я проси́л(а) сала́т．
   ヤ　プラシール♣　サラート

6) これは食べれません．
   Корэ ва табэрэмасэн．
   Э́то невозмо́жно есть．
   エータ　ニヴァズモージナ　イェースチ

7) これはあまりにも…です．
   Корэ ва амаринимо … дэсу．
   Э́то о́чень …
   エータ　オーチニ

　　冷たい　／　熱い
　　цумэтаи　／　ацуи
　　холо́дное　／　горя́чее
　　ハロードナエ　　　ガリャーチェエ

　　しょっぱい　／　辛い
　　сёппаи　／　караи
　　солёное　／　о́строе
　　サリョーナエ　　　オーストラエ

　　固い　／　やわらかい
　　катаи　／　яваракаи
　　жёсткое　／　мя́гкое
　　ジョーストカエ　　ミャーフカエ

8) これはきれい／新鮮ではありません．
   Корэ ва кирэи / синсэн дэва аримасэн．
   Э́то гря́зное / несве́жее．
   エータ　グリャーズナエ　ニスヴェージェエ

9) コックさんを呼んでください．
   Кокку сан о ёндэ кудасаи．
   Позови́те, пожа́луйста, по́вара．
   パザヴィーチェ　パジャールスタ　ポーヴァラ

жало́бi̯а (-ы) [ж] 苦情(-複)． 1) зака́з [м] 注文． принесли́ [3複過去]《不定人称文》< принести́ [完] 持ってくる(+対)． 2) мочь [不] できる. бо́льше もう． ждать [不] 待つ． 3) побыстре́е もっとはやく． 4) то, что 関係代名詞． зака́зывать [完] 注文する． 5) проси́ть [不] たのむ． 6) невозмо́жн|ый (-о) 不可能だ(-短語尾)《+不定形》． есть [不] 食べる． 7) холо́дн|ый (-ое) 冷たい(-中)． горя́ч|ий (-ее) 熱い(-中)． солён|ый (-ое) しょっぱい(-中)． о́стр|ый (-ое) 辛い(-中)． жёстк|ий (-ое) 固い(-中)． мя́гк|ий (-ое) やわらかい(-中)． 8) гря́зн|ый (-ое) きたない(-中)． несве́ж|ий (-ее) 新鮮でない(-中)． 9) позва́ть [完] 呼ぶ(+対)． по́вар (-а) [м] シェフ(-対=生)．

	【勘定】	【счёт】
	кандзё̄	ショート
1)	お勘定をお願いします。	Счёт, пожа́луйста.
	Окандзё̄ о онэгаи симасу.	ショート パジャールスタ
2)	まとめて払います。	Всё вме́сте.
	Матомэтэ хараимасу.	フショー ヴミェースチェ
3)	私がおごります。	Я угоща́ю.
	Ватаси га огоримасу.	ヤ ウガシャーユ
4)	別々に払います。	Мы бу́дем плати́ть отде́льно.
	Бэцубэцу ни хараимасу.	ムィ ブーヂェム プラチーチ アッヂェーリナ
5)	割り勘にしましょう。	Дава́йте запла́тим по́ровну.
	Варикан ни симасё̄.	ダヴァーイチェ ザプラーチム ポーラヴヌ
6)	私の分はいくらですか。	Ско́лько с меня́?
	Ватаси но бун ва икурадэсу ка?	スコーリカ ス ミニャー
7)	サービス料(チップ)は含まれていますか。	Счёт включа́ет обслу́живание / чаевы́е?
	Са̄бисурё̄ (Типпу) ва фукумарэтэ имасу ка?	ショート フクリュチャーエト アプスルージヴァニエ / チャイヴィーエ
8)	料金が間違っています。	В счёте оши́бка.
	Рё̄кин га матигаттэ имасу.	フ ショーチェ アシープカ
9)	一体これは何の料金ですか。	А э́то за что?
	Иттаи корэва нан но рё̄кин дэсу ка?	ア エータ ザ シト
10)	私はこれを注文していません。	Я э́то не зака́зывал(а).
	Ватаси ва корэ о тю̄мон ситэ имасэн.	ヤ エータ ニ ザカーズィヴァル ♣
11)	クレジットカードで払えますか。	Мо́жно оплати́ть креди́тной ка́рточкой?
	Курэдзитто ка̄до дэ хараэмасу ка?	モージナ アプラチーチ クリヂートナイ カールタチカイ
12)	明細受取書 / レシートを頂けますか。	Мо́жно дета́льный счёт / чек?
	Мэисаи укэторисё̄ / Рэсӣто о итадакэмасу ка?	モージナ ヂターリヌイ ショート チェク
13)	ごちそうさまでした。	Всё бы́ло о́чень вку́сно.
	Готисо̄сама дэсита.	フショー ブィーラ オーチニ フクースナ

2) всё вме́сте 全部いっしょに(払います). 3) угоща́ть [不] おご́る. 4) бу́дем 私たちは...するだろう(合成未来). плати́ть [不] 払う. отде́льно 別々に. 5) дава́йте ...しましょう (+1人称複数形). 5) заплати́ть [完] 払う. по́ровну 割り勘で. 6) с ...からは(+生). 7) счёт [男] 勘定. включа́ть [不] 含む(+対). обслу́живание [中] サービス(料). чаевы́е [複] チップ. 8) оши́бка [女] 間違い. 9) а 一体(疑問の強め). за ...のために(+対 ; 代償). 11) креди́тн:ая (-ой) ка́рточк:а (-ой) [女] クレジットカード(+造). 12) дета́льный 詳しい. 13) вку́сн:ый (-о) おいしい(-短語尾中). 文字通りは「どれもとてもおいしかった」.

関連単語

【メニュー】 **【меню́】**
メニュウ　　　ミニュー

【朝食】 **【за́втрак】**
тёсёку　　　ザーフトラク

パン	хлеб 男	卵焼き,目玉焼き	яи́чница 女
パン	フリェープ	タマゴヤキ メダマヤキ	イーチニツァ
黒パン	чёрный хлеб	スクランブルエッグ	яи́чница-болту́нья
クロパン	チョールヌイ フリェープ 男	スクランブル エッグ	イーチニツァ バルトゥーニヤ 女
白パン	бу́лочка 女	ハムエッグ	яи́чница с ветчино́й
シロパン	ブーラチカ	ハム エッグ	イーチニツァ ス ヴィトチノーイ 女
トースト	тост 男	フルーツジュース	фрукто́вый сок 男
トースト	トースト	フルーツ ヅュース	フルクトーウイ ソーク
マーガリン	маргари́н 男	グレープフルーツジュース	грейпфру́товый сок
マーガリン	マルガリーン	グレープ フルーツ ヅュース	グレイプフルータウイ ソーク 男
ジャム	джем 男	オレンジジュース	апельси́новый сок
ジャム	ジェーム	オレンジ ヅュース	アピリシーナウイ ソーク 男
ハチミツ	мёд 男	ヨーグルト	йо́гурт 男
ハチミツ	ミョート	ヨーグルト	ヨーグルト
ゆで卵	варёное яйцо́	オートミール	овся́нка 女
ユデタマゴ	ヴァリョーナエ イイツォー 中	オートミール	アフシャーンカ

【サラダ】 **【сала́ты】**
サラダ　　　サラートゥイ

サラダ	сала́т ... 男	トマトサラダ	из помидо́ров
サラダ	サラート	トマト サラダ	イス パミドーラフ
ポテトサラダ	из карто́феля	ラディッシュサラダ	из реди́са
ポテト サラダ	イス カルトーフィリャ	ラディッシュ サラダ	イス リヂーサ
キャベツサラダ	из капу́сты	ビネグレット(野菜・	винегре́т 男
キャベツ サラダ	イス カプーストゥイ	卵・肉に酢をかけた)	ヴィニグリェート
		ビネグレット	
キュウリサラダ	из огурцо́в	オリヴィエ(野菜・ハム・	оливье́ 中
キュウリ サラダ	イザグルツォーフ	卵のマヨネーズあえ)	アリヴィエー

яи́чница [女] 卵焼き. болту́нья [女] 炒り卵. с ...入りの (+造). ветчина́ (-о́й) [女] ハム (-造). фрукто́вый フルーツの. варёный (-ое) ゆでた (-中). из ... で作った (+生). карто́фель (-я) [男] ポテト (-生). капу́ста (-ы) [女] キャベツ (-生). огурцо́в [複生] < огуре́ц [男] キュウリ. помидо́р (-ов) [男] トマト (-複生). реди́с (-а) [男] ラディッシュ (-生).

レストラン

【前菜】　【заку́ски】
ぜんさい　ザクースキ

キャビア　キャビア	чёрная икра́　チョールナヤ　イクラー 囡	ロールキャベツ　ро̄ру кябэцу	голубцы́　ガルプツィー 圐
イクラ　いくら	кра́сная икра́　クラースナヤ　イクラー 囡	キノコのマリネ　киноко но маринэ	грибы́ марино́ванные　グリブィー　マリノーヴァンヌィエ 圐
ハム　はむ	ветчина́　ヴィチナー 囡	サーモンのマリネ　са̄мон но маринэ	марино́ванный лосо́сь　マリノーヴァンヌィ　ラソーシ 圐
ペースト　ペースト	пашт́ет　パシチェート 圐	ニシンの塩漬け　нисин но сиодзукэ	солёная сельдь　サリョーナヤ　シェーリチ 囡
ソーセージ　со̄сэ̄дзи	колбаса́　カルバサー 囡	ピクルス　пикурусу	марино́ванные огурцы́　マリノーヴァンヌィエ　アグルツィー 圐
小エビ　коэби	креве́тки　クリヴィエートキ 圐	肉の取り合わせ　нику но ториавасэ	ассорти́ мясно́е　アサルチー　ミャスノーエ 圐
チョウザメの肉　тэ̄дзамэ но нику	осетри́на　アシトリーナ 囡	魚の取り合わせ　сакана но ториавасэ	ассорти́ ры́бное　アサルチー　ルィーブナエ 圐

【スープ】　【суп (пе́рвое блю́до)】
сӯпу　スープ　ピェールヴァエ　ブリュータ

マッシュルームスープ　массю̄румӯ сӯпу	грибно́й суп　グリブノーイ　スープ 圐	ボルシチ(ビート, 各種野菜と牛肉のスープ)　борщ	борщ　ボールシ 圐
チキンスープ　тикин сӯпу	суп из ку́рицы　スープ　イス　クーリツィ	サリャンカ(香辛料のきいた魚, 肉スープ)　соля́нка	соля́нка　サリャーンカ 囡
エンドウスープ　эндо̄ сӯпу	горо́ховый суп　ガローハヴィ　スープ	シチー(キャベツなどのさっぱりしたスープ)　щи	щи　シー 圐
ポテトスープ　потэто сӯпу	карто́фельный суп　カルトーフィリヌィ　スープ	シュルパー(米, 野菜, 羊肉のスープ)　шурпа́	шурпа́　シュルパー 囡
ウハー(白身の魚と野菜のスープ)　уха̄	уха́　ウハー 囡	ハラチェーツ(冷製スープ)　холодец	холоде́ц　ハラチェーツ 圐
ハルチョー(カフカス料理で羊肉のスープ)　харчо̄	харчо́　ハルチョー 甲	アクローシカ(クワス, 野菜, 肉の冷製スープ)　окро́шка	окро́шка　アクローシカ 囡

чёрн:ый (-ая) 黒い(-女). икра́ [女] 魚卵. кра́сн:ый (-ая) 赤い(-女). креве́тк:а (-и) [女] 小エビ(-複). гриб (-ы) [男] キノコ, マッシュルーム(-複). марино́ванный マリネード漬けの. лосо́сь [男] サーモン. солён:ый (-ая) 塩漬けにした(-女). сельдь [女] ニシン. о́вощи [複] 野菜. ассорти́ [中] 詰合せ. мясн:о́й (-о́е) 肉の(-中). ры́бн:ый (-ое) 魚の(-中). грибно́й キノコ入りの. ку́риц:а (-ы) [女] チキン(-生). горо́ховый エンドウ入りの.

レストラン

【メインディッシュ】　【второе блюдо】
　メイン ディッシュ　　　　フタローエ　ブリューダ

ペリメニ（水餃子） пельмени	пельме́ни ピリミェーニ 閥	サケのソテー сакэ но сотэ̄	сте́йк из лосо́ся 男 ステイク イズ ラソーシャ
羊肉の串焼き хицудзинику но кусияки	шашлы́к シャシルィーク 男	キエフ風カツレツ киэфу фӯ кацутэцу	котле́та по-ки́евски カトリェータ　パキーエフスキ 女
アズー（細切れ牛 肉のソースかけ） азу́	азу́ 中 アズー	牛肉の蒸し煮 гю̄нику но мусини	тушёная говя́дина トゥショーナヤ　ガヴィャーチナ 女
ジャルコーエ（野菜、 肉の煮込み） жарко́е	жарко́е ジャルコーエ 中	チョウザメの蒸し煮 тӭдзамэ но мусини	осетри́на парова́я アシトリーナ　パラヴァーヤ 女
		若鶏の押え焼き вакадори но осаэяки	цыплёнок табака́ 男 ツィプリョーナク　タバカー
ガルショーク（クリー ム入りキノコ・肉など の壺煮） горшо́к	горшо́к ガルショーク 男	ビーフストロガノフ бефстро́ганов	бефстро́ганов 男 ビフストローガナフ
ビーフステーキ бӣфусутэ̄ки	бифште́кс ビフシテークス 男	スズキのバター焼き судзуки но батā яки	суда́к жа́реный в те́сте 男 スダーク ジャーリヌイ フ チェースチ

【デザート】　【десе́рт】
　デザート　　　　　ヂェシェールト

アイスクリーム аисукурӣму	моро́женое マロージナエ 中	コンポート（果物の砂糖煮） компо́т	компо́т 男 カムポート
ケーキ кэ̄ки	пиро́жное 中 ピロージナエ	キセーリ（果物をピュレ状 にした飲み物）кисе́ль	кисе́ль 男 キシェーリ
ホイップクリーム хоиппу курӣму	руле́т 男 ルリェート	ラムケーキ（ラム酒に浸し た円錐形のケーキ） рамукэ̄ки	ро́мовая ба́ба ローマヴァヤ　バーバ 女
チーズケーキ тӣдзу кэ̄ки	ватру́шка 女 ヴァトルーシカ	ケフィール（発酵牛乳） кефир	кефи́р 男 キフィール
凝乳 гиню̄	простоква́ша プラスタクヴァーシャ 女	リンゴ入りホットケーキ ринго ири хотто кэ̄ки	ола́дьи с я́блоками 中 アラーヂイ ス ヤーブラカミ

сте́йк [男] ソテー. из ...で作った(+生). лосо́сь (-я) [男] サケ(-生). котле́та [女] カツレツ. тушён̇ый (-ая) とろ火で蒸し煮にした(-女). говя́дина [女] 牛肉. осетри́на [女] チョウザメ の肉. паров-о́й (-а́я) 蒸し煮にした(-女). цыплёнок [男] 若鶏. табака́ [女] 若鶏の押え焼 き. суда́к [男] スズキ. жа́реный 焼いた. те́стːо (-е) [中] 生地(-前). ро́мовːый (-ая) 円錐形の(-女). ба́ба [女] 菓子パン. ола́дьːя (-и) [女] ホットケーキ(-複). с ...入りの(+造). я́блокːо (-ами) [中] リンゴ(-複造).

レストラン

【酒】 さけ	【спиртны́е напи́тки】 スピ ルトヌィーエ ナピートキ		
コニャック コニャック	коня́к 男 カニャーク	ラム酒 ラムシュ	ром 男 ローム
シャンパン シャンパン	шампа́нское シャムパーンスカエ 中	シェリー酒 シェリー シュ	хе́рес 男 ヒェーリス
カクテル カクテル	кокте́йль 男 カクテーイリ	...ワイン ...ワイン	...вино́ 中 ヴィノー
ジン ジン	джин 男 ジーン	デザートワイン デザート ワイン	десе́ртное ヂシェールトナエ
ウオッカ ウオッカ	во́дка 女 ヴォートカ	辛口ワイン カラクチ ワイン	сухо́е スホーエ
ウイスキー ウイスキー	ви́ски 中 ヴィースキ	赤ワイン アカ ワイン	кра́сное クラースナエ
リキュール リキュール	ликёр 男 リキョール	ロゼワイン ロゼ ワイン	ро́зовое ローザヴァエ
...ビール ...ビール	...пи́во 中 ピーヴァ	テーブルワイン テーブル ワイン	столо́вое スタローヴァエ
樽詰め(生)ビール タルヅメ(ナマ)ビール	бочково́е バチカヴォーエ	甘口ワイン アマクチ ワイン	сла́дкое スラートカエ
ラガービール ラガー ビール	све́тлое スヴィエートラエ	白ワイン シロ ワイン	бе́лое ビェーラエ
ライトビール ライト ビール	лёгкое リョーフカエ	発泡酒 ハッポウシュ	шипу́чие シプーチエ
黒ビール クロ ビール	тёмное チョームナエ	グルジアワイン グルジア ワイン	грузи́нское グルジーンスカエ

【ソフトドリンク】 ソフト ドリンク	【безалкого́льные напи́тки】 ビザルカゴーリヌィエ ナピートキ		
レモネード レモネード	лимона́д 男 リマナート	アップルジュース アップル ジュース	я́блочный сок ヤーブラチヌイ ソーク
ミルク ミルク	молоко́ 中 マラコー	オレンジジュース オレンジ ジュース	апельси́новый сок アピリシーナヴイ ソーク
ジュース ジュース	сок 男 ソーク	ミネラルウオーター ミネラル ウオータ	минера́льная вода́ ミニラーリナヤ ヴァダー 女

спиртно́й アルコール性の. напи́ток [男] 飲料. бочково́й (-ое) 樽の(-中). све́тлый (-ое) 明るい(-中). лёгкий (-ое) 軽い(-中). тёмный (-ое) 黒っぽい(-中). десе́ртный (-ое) デザートの(-中). сухо́й (-о́е) 辛口の(-中). кра́сный (-ое) 赤い(-中). ро́зовый (-ое) ピンクの(-中). столо́вый (-ое) テーブルの(-中). сла́дкий (-ое) 甘口の(-中). бе́лый (-ое)白い(-中). шипу́чий (-ие)発泡性の(-中). грузи́нский (-ое)グルジアの(-中). я́блочный リンゴの. апельси́новый オレンジの. минера́льный(-ая)ミネラルの(-女).

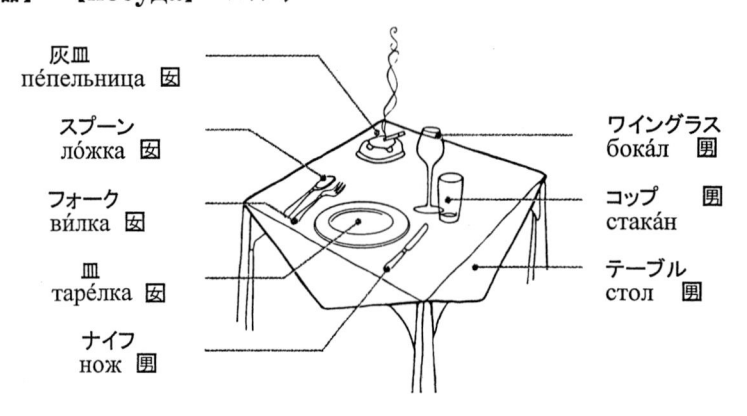

水	вода 囡	ハーブティー	чай из трав 男
ミヅ	ヴァダー	ハーブティー	チャイ イス トラーフ
炭酸水	газированная вода	緑茶	зелёный чай 男
タンサン スイ	ガジローヴァンナヤ ヴァダー	リョクチャ	ジリョーヌイ チャイ
炭酸なしミネラルウォーター	негазированная вода	コーヒー	кофе 男
タンサン ナシ ミネラル ウォーター	ニガジローヴァンナヤ ヴァダー	コーヒー	コーフェ
	минэралу уōтā	ブラックコーヒー	чёрный кофе
クヴァース(ライ麦と麦芽で作る飲料) квас	квас 男 クヴァース	ブラック コーヒー	チョールヌイ コーフェ
		アイスコーヒー	кофе со льдом
		アイス コーヒー	コーフェ サ リドーム
モルス(木の実のジュース) морс	морс 男 モルス	ミルクコーヒー	кофе с молоком
		ミルク コーヒー	コーフェ ス マラコーム
紅茶	чай 男	ミルクシェーキ	молочный коктейль
コウチャ	チャイ	ミルク シェーキ	マローチヌイ カクテーイリ

【調味料】 【приправа】
テーミレ プリプラーヴァ

塩	соль 囡	酢	уксус 男
シオ	ソーリ	ス	ウークスス
コショウ	перец 男	カラシ	горчица 囡
コショー	ピェーリツ	カラシ	ガルチーツァ
しょうゆ	соевый соус 男	唐辛子	красный перец 男
ショーユ	ソーイヴイ ソーウス	トウガラシ	クラースヌイ ピェーリツ
砂糖	сахар 男	ごま油	кунжутное масло
サトウ	サーハル	ゴマ アブラ	クンジュートナエ マースラ 中

【食器】 【посуда】 パスーダ

- 灰皿 пепельница 囡
- スプーン ложка 囡
- フォーク вилка 囡
- 皿 тарелка 囡
- ナイフ нож 男
- ワイングラス бокал 男
- コップ стакан 男
- テーブル стол 男

§ 31. ファーストフード
Фастфуд
ファストフト

(♪ 101)

1) いらっしゃいませ.　　　　Здра́вствуйте.
　　Ирассяимасэ.　　　　　ズドラーストヴィチェ

2) 何をお望みですか.　　　　Что вы хоти́те?
　　Нани о онодзомидэсу ка?　シト ヴィ ハチーチェ

3) セットメニューはありますか.　У вас есть ко́мплексный обе́д?
　　Сэтто мэню̄ ва аримасу ка?　ウ ヴァース イェースチ コームプリクスヌイ アビェート

4) はい, あります.　　　　Да, есть.
　　Хаи, аримасу.　　　　ダー イェースチ

5) こちらでお召し上がりですか.　Вы бу́дете есть здесь?
　　Котирадэ омэсиагаридэсу ка?　ヴィ ブーヂェチェ イェースチ ズヂェーシ

6) はい, ここで食べます.　　Да, здесь.
　　Хаи, кокодэ табэмасу.　ダー ズヂェーシ

7) いいえ, 持ち帰ります.　　Нет. Я возьму́ с собо́й.
　　Ииэ, мотикаэримасу.　ニェト ヤ ヴァジムー ス サボーイ

関連単語

【ファーストフード店】　　【бистро́】
фа̄суто фӯдо тэн　　　　ビストロー

クレープ店	бли́нная	パイ店	пирожко́вая
курэ̄пу тэн	ブリーンナヤ	паи тэн	ピラシコーバヤ

オープンサンド店	бутербро́дная	ピロシキ店	чебуре́чная
ōпунсандо тэн	ブチルブロードナヤ	пиросики тэн	チブリェーチナヤ

餃子店	пельме́нная	軽食堂	заку́сочная
гё̄дза тэн	ピリミェーンナヤ	кэи сёкудō	ザクーサチナヤ

焼肉店	шашлы́чная	屋台, 露店	ларёк
якинику тэн	シャシルィーチナヤ	ятаи ротэн	ラリョーク

3) ко́мплексный 総合的な, セットの. обе́д [男] 料理. 5) есть [単現] < быть ある. 5) ем [1単現] < есть [不] 食べる. здесь ここで. 7) возьму́ [1単現] < взять [完] 持ち帰る.

【ファーストフード】 【фастфуд】
fāsuto fūdo　ファストフト

日本語	ロシア語		日本語	ロシア語	
ハンバーガー ханбāгā	гáмбургер ガームブルゲル	男	羊の串焼肉 хицудзи но кусиякинику	шашлы́к シャシルィーク	男
ピロシキ(具入り揚げ・焼き饅頭) пиросики	пирожки́ ピラシキー	複	ソーセージ сōсēдзи	соси́ски サシースキ	複
シャウルマ(ドネルケバブ) шаýрма	шаурмá シャウルマー	女	サラダ сарада	салáт サラート	男
ハチャプリ(チーズ入りパン) хачапýри	хачапу́ри ハチャプーリ	複	付け合せ цукэавасэ	гарни́р ガルニール	男
スロイカ(薄焼きロールパン) слóйка	слóйка スロイカ	女	コーラ кōла	кока-кóла コカコーラ	女
			ジュース дзюсу	сок ソーク	男
フライドポテト фураидо потэто	картóфель-фри カルトーフィリ フリー		紅茶 kōча	чай チャーイ	男
カルトーシカ(ポテトのホイル焼き) картóшка	картóшка カルトーシカ	女	コーヒー кōхи	кóфе コーフェ	男
			カプチーノ капутино	капучи́но カプチーノ	中
クレープ курэпу	блин ブリン	男	カフェラテ кафэлатэ	лáтте ラーテ	中
オープンサンド(薄いパンに具材をのせた) ōпунсандо	бутербрóд ブチルブロート	男	アメリカン амэрикан	америкáно アメリカーナ	中
水餃子 суигēдза	пельмéни ピリミェーニ	複	エスプレッソ эспрэссо	эспрéссо エスプレーソ	中
パイ паи	пирóг ピローク	男	ウィンナーコーヒー уиннā кōхи	вéнский кóфе ヴェーンスキィ コーフェ	
ピザ пиза	пи́цца ピッツァ	女	ホットチョコレート хотто чоколēто	горя́чий шоколáд ガリャーチィ シャカラート	男
ホットドッグ хот-дог	хот-дог ホットドク	男	ミルクシェーキ мируку шēки	молóчный коктéйль マローチヌィ カクテーリ	男
肉入りピロシキ никуири пиросики	чебурéк チブリェーク	男			

пирожóк [男] ピロシキ. картóфель [男] ポテト. фри 揚げた. картóшка [女] ポテト. соси́ска [女] ウインナーソーセージ. вéнский ウイーンの. кóфе [男] コーヒー.

§ 32. 家庭の食材
Проду́кты для до́ма
プラドゥークトィ　ドリャ　ドーマ

(♪ 103)

1) 御用をお伺いいたしましょうか.　Вам помо́чь?
   Гоё о укагаи итасимасё ка?　ヴァーム　パモーチ

2) 何をお望みですか.　Что вы хоти́те?
   Нани о онодзомидэсу ка?　シト　ヴィ　ハチーチェ

3) ...はどこで売っていますか.　Где продаю́т ...?
   ... ва докодэ уттэ имасу ка?　グヂェー　プラダユート

 パン　　　　　　　　хлеб
 пан　　　　　　　　フリェープ

 ミルク　　　　　　　молоко́
 мируку　　　　　　マラコー

 乾燥果物　　　　　　сухофру́кты
 канс̄окудамоно　　　スハフルークトィ

 魚　　　　　　　　　ры́бу
 сакана　　　　　　　ルィーブ

 冷凍食品　　　　　　заморо́женные проду́кты
 рэйтоо сёкухин　　　ザマロージェンヌエ　プラドゥークトィ

 野菜と果物　　　　　о́вощи и фру́кты
 ясаи то кудамоно　　オーヴァシ　イ　フルークトィ

 肉　　　　　　　　　мя́со
 нику　　　　　　　　ミャーサ

4) 地元の特産物は何ですか.　Что типи́чно ме́стное?
   Дзимото но токусанбуцу ва нан дэсу ка?　シト　チピーチナ　ミェースナエ

5) あれは何ですか.　Что э́то?
   Арэва нан дэсу ка?　シト　エータ

6) それを味見させてもらえますか.　Да́йте мне попро́бовать!
   Сорэ о адзими сасэтэ мораэмасу ка?　ダーイチェ　ムニェー　パプローバヴァチ

проду́кт (-ы) [男] 材料, 食材; 食品(-複). для ...ための(+生). до́м (-а) [男] 家庭(-生). собо́й 自分で(作る). 1) помо́чь [完] 手伝う. 2) хоте́ть [不] 望む. 3) продаю́т 彼らが売る《不定人称文では主語が省略される》< продава́ть [不] 売る(+対). ры́б:а (-у) [女] 魚(-対). заморо́женн:ый (-ые) 冷凍した(-複). о́вощ (-и) [男] 野菜-複). фру́кт (-ы) [男] 果物(-複). 4) типи́чн:ый (-о) 典型的な(-中). ме́стн:ый (-ое) 地元の(-中). 6) да́йте ...させてください < дать [完] させる. мне 私に. попро́бовать [完] 味見する.

家庭の食材

1) チーズ1キロいくらですか.   Ско́лько сто́ит кило́ сы́ра?
   Тӣдзу ити киро икурадэсу ка?   スコーリカ ストーイト キロー スィーラ

2) ...をください.   Да́йте ...
   ... о кудасаи.   ダーイチェ

    10個   деся́ток
    дзюкко   ヂシャータク

    200グラム   две́сти грамм
    нихяку гураму   ドヴィエースチ グラーム

    半キロ / 2キロ   по́лкило / два кило́
    хан киро / ни киро   ポールキロ ドヴァ キロー

    1びん   буты́лку
    хито бин   ブトィールク

    1缶   ба́нку
    хито кан   バーンク

    1パック   паке́т
    хито パкку   パキェート

    1個 / 3個   кусо́к / три куска́
    икко / санко   クソーク トリ クスカー

    1切れ / 6切れ   ло́мтик / шесть ло́мтиков
    хитокирэ / роккирэ   ロームチク シェースチ ロームチカフ

    (ほんの)少し   (то́лько) немно́го
    (хонно) сукоси   トーリカ ニムノーガ

    もっと   ещё
    мотто   イショー

    あれ / これ   то / э́то
    арэ / корэ   ト エータ

1) сыр (-а) [男] チーズ(-生). 2) буты́лкːa (-у) [女] びん(-対). ба́нкːa (-у) [女] かん(-対). паке́т [男] パック; 包み; 袋. куска́ [生] < кусо́к [男] 1個. ло́мтик [男] 1切れ.

家庭の食材

1) もっと少なく / Меньше.
   мотто сукунаку

2) もう少し多く / Ещё немного.
   mō сукоси ōку

3) 十分です. / Достаточно.
   Дзюбун дэсу.

4) より安いもの / 他のはありますか. / У вас есть что-нибудь подешевле / другое?
   Ёри ясуи моно / Хока но ва аримасука?

5) 他に何かお望みですか. / Что-нибудь ещё?
   Хокани наника онодзоми дэсу ка?

6) ありません. / Нет.
   Аримасэн.

7) 買い物袋をください. / Дайте, пожалуйста, пакет.
   Каимонобукуро о кудасаи.

8) 買い物袋は必要ありません. / Пакет не нужен.
   Каимонобукуро ва хицуё аримасэн.

関連単語

【食材】 **【продукты】**
сёкудзаи

〖肉類〗 〖виды мяса〗
никуруи

牛肉 гюнику	говядина 因	マトン матон	баранина 因
子牛肉 коусинику	телятина 因	ガチョウ гатё̈	гусятина 因
豚肉 бутанику	свинина 因	チーズ тйдзу	сыр 男
鶏肉 торинику	курятина 因	卵 тамаго	яйцо 田

2) ещё сарани, моу. немного 少し. 3) достаточн|ый (-о) 十分な(-短語尾中)《無人称文》. 4) что-нибудь 何か. подешевле もう少し安い. друг|ой (-ие) 他の(-複). 6) нету ない《無人述》. 8) нужен [短語尾] < нужный 必要な. мясн|ой (-ые) 肉の (-複). продукт (-ы) [男] 製品(-複).

家庭の食材

〖魚介類〗 **мо́репроду́кты** 閥
ゲーカイルイ モーリプラト ゥークトィ

日本語	ロシア語		日本語	ロシア語	
サケ さけ	кета́ キター	囡	タコ たこ	осьмино́г アシミノーク	男
チョウザメ ちょうざめ	осетри́на アシトリーナ	囡	ニシン にしん	се́льдь シェーリチ	囡
タラ たら	треска́ トリスカー	囡	ニジマス にじます	ра́дужная форе́ль ラードゥジナヤ ファリェーリ	囡
マグロ まぐろ	туне́ц トゥニェーツ	男	カニ かに	краб クラープ	男
イカ いか	кальма́р カリマール	男	エビ えび	креве́тка クリヴェートカ	囡

〖野菜・果物〗 〖о́вощи и фру́кты〗
やさい・くだもの オーヴァシ イ フルークトィ

日本語	ロシア語		日本語	ロシア語	
ジャガイモ じゃがいも	карто́фель カルトーフィリ	男	セロリ せろり	сельдере́й シリヂリェーイ	男
キャベツ きゃべつ	капу́ста カプースタ	囡	トウモロコシ とうもろこし	кукуру́за ククルーザ	囡
アスパラガス あすぱらがす	спа́ржа スパールジャ	囡	レタス れたす	лату́к ラトゥーク	男
人参 にんじん	морко́вь マルコーフィ	囡	リンゴ りんご	я́блоко ヤーブラカ	中
トマト とまと	помидо́р パミドール	男	サクランボ さくらんぼ	ви́шня ヴィーシニャ	囡
カボチャ かぼちゃ	ты́ква トィークヴァ	囡	洋ナシ ようなし	гру́ша グルーシャ	囡
ピーマン ぴーまん	сла́дкий пе́рец スラートキィ ピェーリツ	男	グレープフルーツ ぐれーぷふるーつ	гре́йпфрут グリェーイプフルト	男
タマネギ たまねぎ	ре́пчатый лук リェープチャトゥイ ルーク	男	ブドウ ぶどう	виногра́д ヴィナグラート	男
キュウリ きゅうり	огуре́ц アグリェーツ	男	オレンジ おれんじ	апельси́н アピリシーン	男
ナス なす	баклажа́н バクラジャーン	男	バナナ ばなな	бана́н バナーン	男
ディル でぃる	укро́п ウクロープ	男	メロン めろん	ды́ня ドィーニャ	囡
ビーツ びーつ	свёкла スヴョークラ	囡	桃 もも	пе́рсик ピェールシク	男
キノコ きのこ	грибы́ グリブィー	閥	イチゴ いちご	клубни́ка クルブニーカ	囡

ра́дужн:ый (-ая) 虹色の(-女). форе́ль [女] ニジマス. сла́дкий 甘い. пе́рец [男] 唐辛子. репча́тый カブの形をした. лук [男] ネギ.

§ 33. バーで
В баре
ヴ バーリェ

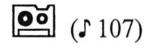

(♪ 107)

1) 私にバー(パブ、ビヤホール)を勧めて頂けませんか.
   Ватаси ни ба̄ (пабу, бияхо̄ру) о сусумэтэ итадакэмасэн ка?
   Вы мо́жете порекомендова́ть бар (тра́ктир, пивну́ю)?

2) ここでは誰が給仕していますか.
   Кокодэва дарэга кю̄дзи ситэ имасу ка?
   Кто здесь подаёт?

3) 次は私です.
   Цуги ва ватаси дэсу.
   Я сле́дующий / сле́дующая. ♣

4) ウオッカをください.
   Уокка о кудасаи.
   Во́дку, пожа́луйста.

5) 私にも同じものをください.
   Ватаси нимо онадзи моно о кудасаи.
   Повтори́те.

6) 氷はいりません.
   Ко̄ри ва иримасэн.
   Бе́зо льда.

7) 乾杯しましょう！
   Канпаи симасё̄!
   Дава́йте вы́пьем!

8) 私がおごります.
   Ватаси га огоримасу.
   Я угоща́ю.

9) あなたは何がほしいですか.
   Аната ва нани га хосиидэсу ка?
   Что вы хоти́те?

10) 私は酒は飲みません.
    Ватаси ва сакэ ва номимасэн.
    Я не пью спиртно́го.

11) 他に冷たいものがないかしら.
    Хока ни цумэтаи моно га наикасира.
    У вас есть холо́дное?

12) これはいかしてる！
    Корэ ва икаситэру!
    Э́то как раз!

---

1) порекомендова́ть [完] 勧める(+対). бар [男] バー. тра́ктир [男] パブ. пивн[ая] (-ую) [女] ビヤホール(-対). 2) подава́ть [不] 給仕する. 3) сле́дующ[ий] (-ая) 次の (-女). 5) повтори́ть (-е) [完] くり返す [命]. 原義は「くり返してください」. 6) бе́зо ...なしの (+生). льда [生] < лёд [男] 氷. 7) дава́йте ...шиаしょう(+1人称複数形). вы́пить [完] 乾杯する. 10) пить [不] 飲む(+対). спиртн[о́е] (-о́го) [中] 酒(-生). 11) холо́дное [中] 冷たい飲み物. 12) как раз ぴったりだ、よく合っている.

バーで

1) すばらしい気分だ！
   Субараси кибун да!
   Я чу́вствую себя́ отли́чно!
   ヤ チュ̀ーストヴユ シビ̀ヤー アトリーチナ

2) 私は酔っ払った．
   Ватаси ва ёппаратта.
   Я напи́лся / напила́сь.
   ヤ ナピ̀ールシャ ナピ̀ラーシ♣

3) へべれけに酔った．
   Хэбэрэкэ ни ётта.
   Я мертве́цки пьян / пьяна́.
   ヤ ミルトヴィエーツキ ピ̀ヤーン ピ̀ヤナー♣

4) 吐きそうだ．
   Хакисōда.
   Меня́ тошни́т.
   ミニャー タシニート

5) トイレはどこ．
   Тоирэ ва доко?
   Где туале́т?
   グヂェー トゥアリェート

6) 私は疲れた，そろそろ家に帰る時間だ．
   Ватаси ва цукарэта. Соросоро иэ ни каэру дзикан да.
   Я уста́л(а), пора́ идти́ домо́й.
   ヤ ウスタール♣ パラー イッチー ダ̀モーイ

7) タクシーを呼んでください．
   Такуси о ёндэ кудасаи.
   Закажи́те мне такси́.
   ザカジーチェ ムニェー タクシー

8) あなたはハンドルを握ってはいけない．
   Аната ва хандору о нигиттэ ва икэнаи.
   Вам нельзя́ сади́ться за руль.
   ヴァム ニリジャー サヂーツァ ザ̀ ルーリ

9) 二日酔いだ．
   Фуцука ёи да.
   У меня́ похме́лье.
   ウ ミニャー パ̀フミェーリエ

10) あなたにビールは向いていない．
    Аната ни биру ва муитэ инаи.
    Тебе́ вре́дно пить пи́во!
    チェビェー ヴ̀リェートナ ピーチ ピーヴァ

1) чу́вствовать себя́ [不] 感じる. отли́чн[i]ый (-o) すばらしい(-無人述). 2) напи́ться [完] 酔っぱらう. 3) мертве́цки пьян(а́) < пья́ный 泥酔した. 4) меня́ 私を. тошни́т [3単現] < тошни́ть [不] 吐気を催させる《生理現象は無人称文にして主語は省略》. 6) уста́ть [完] 疲れる. пора́ [無人述]...すべき時だ. идти́ [不] 行く. домо́й 家へ. 7) заказа́ть [完] 注文する. 8) нельзя́ ...してはいけない(+不定形). сади́ться за руль ハンドルを握る < сади́ться [不] すわる + за ...を(+対；着手の対象) + руль [男] ハンドル. маши́н[i]а (-у) [女] 車(-対). 9) с ...で(+生；様態). похме́лье [中] 二日酔い. 10) вре́дн[i]ый (-o) 有害だ(-無人述).

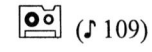

§34. 店
Магази́н
マガジーン

(♪ 109)

1) スーパーマーケット(デパート, 市場)はどこにありますか．Где универса́м (универма́г, ры́нок)?
 Сӯпа̄ма̄кэтто (Дэпа̄то, Итиба) ва доко ни аримасу ка? クヂェー ウニヴィルサーム ウニヴィルマーク ルィーナク

2) どこで南京錠を買えますか．Где мо́жно купи́ть нависно́й замо́к?
 Докодэ нанкиндзё о каэмасу ка? クヂェー モージナ クピーチ ナヴィスノーイ ザモーク

関連単語

パン屋 パня	бу́лочная 囡 フーラシナヤ	八百屋 яоя	овощно́й магази́н アヴァシノーイ マガジーン
薬局 яаккёку	апте́ка 囡 アプチェーカ	果物屋 кудамоноя	фрукто́вый магази́н フルクトーヴィ マガジーン
美容院 биё̄ин	сало́н красоты́ 男 サローン クラサトゥイー	貴金属店 кикиндзокутэн	ювели́рный магази́н ユヴィリールヌイ マガジーン
菓子屋 касия	конди́терская 囡 カンヂーチルスカヤ	靴屋 куцуя	обувно́й магази́н アブヴノーイ マガジーン
肉屋 никуя	мясно́й магази́н ミスノーイ マガジーン 男	土産物店 миягэмонотэн	сувени́рная ла́вка スヴィニールナヤ ラーフカ
魚屋 саканая	ры́бная ла́вка 囡 ルィーブナヤ ラーフカ	めがね店 мэганэтэн	о́птика オープチカ
酒屋 сакая	ви́нный магази́н ヴィーンヌイ マガジーン	食料品店 сёкурёхинтэн	продукто́вый магази́н プラドゥクトーヴィ マガジーン
カメラ店 камэратэн	фотомагази́н 男 フォタマガジーン	タバコ店 табакотэн	таба́чный кио́ск 男 タバーチヌイ キオースク
理髪店 рихацутэн	парикма́херская パリクマーヒルスカヤ 囡	おもちゃ屋 омотяя	магази́н игру́шек マガジーン イグルーシェク
ブティック бутик	бути́к 男 ブチーク	花屋 ханая	цвето́чный магази́н ツヴィトーチヌイ マガジーン
洋品店 ё̄хинтэн	магази́н оде́жды マガジーン アヂェージドィ	骨董屋 коттōя	антиква́рный магази́н アンチクヴァールヌイ マガジーン
書店 сётэн	кни́жный магази́н クニージヌイ マガジーン	ショッピングモール сёппингумōру	торго́вый центр 男 タルゴーヴィ ツェーントル

1) универса́м [男] スーパーマーケット. универма́г [男] デパート. ры́нок [男] 市場. 2) нависно́й замо́к [男] 南京錠. красот:а (-ы́) [女] 美(-生). мясно́й 肉の. ры́бн:ый (-ая) 魚の(-女). ла́вка [женск] 小さな店. ви́нный 酒の. оде́жд:а (-ы) [女] 衣類(-生). овощно́й 野菜の. ювели́рный 貴金属の. обувно́й 靴の. сувени́рн:ый (-ая) お土産の(-女). продукто́вый 食料品の. таба́чный タバコの. игру́шк:а (-ек) [女] おもちゃ(-複生). цвето́чный 花の. антиква́рный 骨董の. торго́вый 商業の.

§ 35. 買物
Поку́пки
パクープキ

(♪ 110)

1) いらっしゃいませ！
   Ирассяимасэ!
   Добро́ пожа́ловать.
   ダブロー パジャーラヴァチ

2) すみません！
   Сумимасэн!
   Бу́дьте добры́!
   ブーッチェ ダブルィー

3) お嬢さん(若い女店員への呼掛け)！
   Одзёсан!
   Де́вушка!
   ヂェーヴシカ

4) ご婦人(年配の店員への呼掛け)！
   Гофужин!
   Же́нщина!
   ジェーンシナ

5) ここの担当はあなたですか(店員へのより丁寧な呼掛け)
   Коконо тантō ва аната дэсу ка?
   Вы обслу́живаете?
   ヴィ アプスルージヴァイチェ

6) 私はアダプターを買いたい．
   Ватаси ва адапутā о каитаи.
   Я бы хоте́л купи́ть ада́птер.
   ヤ ブィ ハチェール クピーチ アダープテル

7) 私はただ見てるだけです．
   Ватаси ва тада митэру дакэдэсу.
   Я про́сто смотрю́.
   ヤ プロースタ スマトリュー

8) 私はこれは気に入りません．
   Ватаси ва корэ ва кини иримасэн.
   Э́то мне не нра́вится.
   エータ ムニェー ニ ヌラーヴィッツァ

9) これは私のほしいものではありません．
   Корэ ва ватасино хосии моно дэва аримасэн.
   Э́то не совсе́м то, что я хочу́.
   エータ ニ サウシェームト シト ヤ ハチュー

10) 他のはありますか．
    Хоконо ва аримасу ка?
    Есть что-то ещё?
    イェースチ シト イショー

11) 他の色はありますか．
    Хоконо иро ва аримасу ка?
    Есть друго́й цве́т?
    イェースチ ドルゴーイ ツヴィェート

12) 他のを見せてください．
    Хоконо о мисэтэ кудасаи.
    Покажи́те другу́ю, пожа́луйста.
    パカジーチェ ドルグユー パジャールスタ

поку́пк:а (-и) [女] 買物(-複). 1) добро́ よく. пожа́ловать [完] お出でになる《不定形文》. 2) бу́дьте добры́ 依頼の丁寧な表現. 5) обслу́живать [不] 応対する. 7) про́сто ただ. смотре́ть [不] 見る. 8) нра́виться [不] 気に入る. 9) совсе́м まったく. 11) цве́т [男] 色. 12) показа́ть [完] 見せる. друг:о́й (-у́ю) 他の(-対).

買物

1) 私は...ものがほしい.
Ватаси ва ... моно га хосии.

Я хочу́ что́-нибудь ...
ヤ ハチュー シトーニブチ

安い / 高い
ясуи   такаи

дешёвое / дорого́е
チショーヴァエ ダラゴーエ

大きな / 小さな
о̄кина   тӣсана

побо́льше / поме́ньше
パボーリシェ パミェーニシェ

2) これは本物ですか.
Корэва хонмоно дэсу ка?

Это настоя́щее?
エータ ナスタヤーシェエ

3) 保証はついていますか.
Хосё̄ ва цуитэ имасу ка?

Есть гара́нтия?
イェースチ ガラーンチヤ

【値段の交渉】
нэдан но ко̄сё̄

【поторгу́емся / торг】
パタルグーエムシャ   トールク

4) おいくらですか.
Оикура дэсу ка?

Ско́лько сто́ит?
スコーリカ ストーイト

5) 値段を書き留めてください.
Нэдан о какитомэтэ кудасаи.

Напиши́те, пожа́луйста, це́ну.
ナピシーチェ パジャールスタ ツェーヌ

6) それは高すぎます.
Сорэ ва такасугимасу.

Это о́чень до́рого.
エータ オーチニ ドーラガ

7) ちょっと考えさせてください.
Тётто кангаэсасэтэ кудасаи.

Да́йте поду́мать.
ダーイチェ パドゥーマチ

8) 値段を下げてもらえますか.
Нэдан о сагэтэ моразмасу ка?

Вы мо́жете сни́зить це́ну?
ヴィ モージェチェ スニージチ ツェーヌ

9) もっと安いのはありませんか.
Мотто ясуи но ва аримасэн ка?

Есть подеше́вле?
イェースチ パチシェーヴレ

10) それがあなたの最終価格ですか.
Сорэга анатано саисю̄ какаку дэсу ка?

Это ва́ша после́дняя цена́?
エータ ヴァーシャ パスリェードニャワ ツィナー

---

1) что́-нибудь [不代] 何かあるもの. дешёвый (-ое) 安い(-中). дорого́й (-óе) 高い(-中)《不定代名詞は単数中性扱いを受ける》. побо́льше より大きい [比] < большо́й 大きい. поме́ньше より小さい [比] < ма́ленький 小さい. 2) настоя́щий (-ее) 本物の(-中). 3) гара́нтия [女] 保証. поторгова́ться [完] 値切る. 5) запиши́те [命] < записа́ть [完] 書き留める. цена́ (-у) [女] 値段(-対). 6) дорого́й (до́рого) 高い(-短語尾中). 7) да́йте ...させてください. поду́мать [完] ちょっと考える. 8) сни́зить [完] 下げる. 9) подеше́вле より安い. 10) после́дний (-яя) 最終の(-女).

買物

1) 私は100ルーブルしか持っていません　У меня́ то́лько сто рубле́й.
　　Ватаси ва хяку рӯбуру сика моттэ имасэн.　ウ　ミニャー　トーリカ　ストー　ルブリェーイ

2) 私はあなたに100ルーブル払います.　Я　вам　дам　сто　рубле́й.
　　Ватаси ва анатани хяку рӯбуру хараимасу.　ヤ　ヴァーム　ダーム　ストー　ルブリェーイ

3) わかりました.　Ла́дно.
　　Вакаримасита.　ラードナ

4) 少しだけまけます.　Я　немно́го　сба́влю　це́ну.
　　Сукосидакэ макэмасу.　ヤ　ニムノーガ　スヴァーヴリュ　ツェーヌ

【購入・支払い】　【поку́пка・платёж】
　ко̄ню̄у・сихараи　　パクープカ　プラチョーシ

5) これは私にぴったりだ.　Как　раз　по　мне.
　　Корэва ватаси ни питтари да.　カーク　ラース　パ　ムニェー

6) おいくらですか.　Ско́лько　сто́ит?
　　Оикурадэсу ка?　スコーリカ　ストーイト

7) 90ルーブル.　Девяно́сто　рубле́й.
　　Кю̄дзю̄ рӯбуру.　チヴィノースタ　ルブリェーイ

8) これ以上お安くはできません.　Бо́льше я не могу́ уступи́ть.
　　Корэ идзё̄ оясуку дэкимасэн.　ボーリシェ　ヤ　ニ　マグー　ウストゥピーチ

9) 買います.　Возьму́.
　　Каимасу.　ヴァジムー

10) プレゼント用ですか.　Вам　в　пода́рок?
　　Пурэдзэнто ё̄ дэсу ка?　ヴァーム　フ　パダーラク

11) プレゼント用に包んでもらえますか.　Мо́жно попроси́ть упакова́ть?
　　Пурэдзэнто ё̄ ни цуцундэ мораэмасу ка?　モージナ　パプラシーチ　ウパカヴァーチ

12) 別々に包んでください.　Упаку́йте　по　отде́льности.
　　Бэцубэцу ни цуцундэ кудасаи.　ウパクーイチェ　パ　アッチェーリナスチ

13) 郵便で日本に送ってもらえますか.　Мо́жно　отпра́вить　э́то　по
　　Ю̄бин дэ нихон ни окуттэ мораэмасу　モージナ　アトプラーヴィチ　エータ　パ
　　ка?　　по́чте　в　Япо́нию?
　　　　　ポーチチェ　フ　イポーニユ

1) рубл:ь (-е́й) [男] ルーブル(-複生).　2) дать [完] 払う.　4) сба́вить [完] 下げる、まける(+対).　5) как раз ぴったりだ.　8) бо́льше これ以上. уступи́ть [完] 値引く.　9) возьму́ [1単現] < взять [完] 買う.　10) в ...のために(+対). пода́рок [男] プレゼント.　11) попроси́ть [完] たのむ. упакова́ть [完] 包む.　12) упаку́йте [命] < упакова́ть [完] 包む. по отде́льности 別々に.　13) отпра́вить [完] 送る. по ...で(+前; 手段). по́чт:а (-е) [女] 郵便(-前). в ...へ(+対; 移動). Япо́ни:я (-ю) [女] 日本(-対).

買物

	日本語	Русский
1)	あなたに払いましょうか. Аната ни хараимасё ка?	Вам платить? ヴァーム プラチーチ
2)	レジに払ってください. Лэдзи ни харатэ кудасаи.	Платите в кассу. プラチーチェ フ カーッス
3)	レジはどこですか. Лэдзи ва доко дэсу ка?	Где касса? グヂェー カーッサ
4)	列の最後は誰ですか. Лэцу но саиго ва дарэ дэсу ка?	Кто последний? クトー パスリェードニィ
5)	税金は含まれていますか. Дзэикин ва фукумарэтэ имасу ка?	Налог включён? ナローク フクリュチョーン
6)	これを免税で買えますか. Корэ о мэндзэи дэ каэмасу ка?	Я могу купить это без налога? ヤ マグー クピーチ エータ ビズ ナローガ
7)	円(ドル)で払えますか. Эн (Дору) дэ каэмасу ка?	Можно заплатить йенами (долларами)? モージナ ザプラチーチ イェーナミ ドーララミ
8)	...を使えますか. ... о цукаэмасу ка?	Вы принимаете оплату ...? ヴィ プリニマーイチェ アプラートゥ
	クレジットカード курэдзитто кādo	кредитной карточкой クリヂートナイ カールタチカイ
	デビットカード дэбитто кādo	дебитной карточкой ヂェービトナイ カールタチカイ
	トラベラーズチェック торабэрāдзу чэкку	дорожным чеком ダロージヌィム チェーカム
9)	お釣りが合っていません. Оцури га аттэ имасэн.	Вы неправильно дали сдачу. ヴィ ニプラーヴィリナ ダーリ ズダーチュ
10)	...をください. ... о кудасаи.	Дайте ..., пожалуйста. ダーイチェ パジャールスタ
	袋 фукуро	пакет パキェート

1) платить [完] 払う《不定形文》. 2) в ...へ(+対；移動). кácca (-y) [女] レジ(-対). 4) последний 最後の. 5) налог [男] 税金. включённый (-н) [受過] 含まれている(-短語尾) < включить [完] 含む. 6) без ...なしの(+生). налог (-a) [男] 税金(-生). 7) йена (-ми) [女] 円(-複造). доллар (-ами) [男] ドル(-複造). 8) принимать (-ете) [不] 引き受ける(-2単現). оплáтia (-y) [女] 支払い(-対). кредитной карточкой [造] < кредитная карточка [女] クレジットカード. дебитная карточка [女] デビットカード. дорожные чеки [複] トラベラーズチェック. 9) неправильно 誤って. дать [完] 渡す(+対). сдáчia (-y) [女] つり銭(-対).

	レシート	квита́нцию
	рэси́то	クヰﾞターンツィユ
	小銭	ме́лочью
	кодзэни	ミェーラチユ
	小額紙幣	ме́лкими купю́рами
	сёгаку сихэи	ミェールキミ クピューラミ

1) 袋はいりません.　Паке́т не ну́жен.
　フクロ ва иримасэн.　パキェート ニ ヌージェン

【苦情】　【жа́лоба】
　кудзё　ジャーラバ

2) これを昨日買いました.　Я купи́л(а) э́то вчера́.
　Корэ о кино̄ каимасита.　ヤ クピール♣ エータ フチラー

3) これが領収書です.　Вот квита́нция (чек).
　Корэга рё̄сю̄сё дэсу.　ヴォト クヰﾞターンツィヤ チェーク

4) ここが汚れていました.　Здесь испа́чкано.
　Кокога ёгорэтэ имасита.　ズヂェーシ イスパーチカナ

5) これを交換してもらえますか.　Вы мо́жете э́то поменя́ть?
　Корэ о ко̄кан ситэ мораэмасу ка?　ヴィ モージェチェ エータ パミニャーチ

6) この品物を返品したい.　Я хочу́ сдать э́ту вещь обра́тно.
　Коно синамоно о хэнпин ситаи.　ヤ ハチュー ズダーチ エートゥ ヴィエーシ アブラートナ

7) 申し訳ありませんが，この品物は返品できません.　К сожале́нию, получи́ть за э́тот това́р обра́тно де́ньги нельзя́.
　Мо̄сивакэ аримасэн га, коно синамоно ва хэнпин ва дэкимасэн.　ク サジャリェーニュ パルチーチ ザ エータト タヴァール アブラートナ ヂェーニギ ニリジャー

8) お金を返してください.　Возврати́те де́ньги.
　Оканэ о каэситэ кудасаи.　ヴァズブラチーチェ ヂェーニギ

9) この品物はこわれていました.　Э́та вещь была́ сло́мана.
　Коно синамоно ва коварэтэ имасита.　エータ ヴィエーシ ブィラー スローマナ

10) これを修理してください.　Вы мо́жете э́то испра́вить?
　Корэ о сю̄ри ситэ кудасаи.　ヴィ モージェチェ エータ イスプラーヴィチ

11) いつできますか.　Когда́ бу́дет гото́во?
　Ицу дэкимасу ка?　カグダー ブーヂェト ガトーヴァ

квита́нци:я (-ю) [女] レシート(-対). ме́лочь (-ю) [女] 小銭(-造). ме́лкими купю́рами [複造] < ме́лкая купю́ра [女] 小額紙幣. 4) испа́чка:нный (-но) [受過] 汚れた(-短語尾中) < испа́чкать [完] 汚す. 5) поменя́ть [完] 交換する. 6) сдать [完] 引き渡す, 返す(+対). э́ту вещь [対] < э́та вещь [女] この品物. обра́тно 元の所へ. 7) к сожале́нию 残念ながら. получи́ть [完] 受け取る. това́р [男] 品物. нельзя́ できない. 8) возврати́ть [完] 返す. де́ньги [複] お金. 9) сло́ма:нный (-на) [受過] こわれた(-短語尾女) < слома́ть [完] こわす. 10) испра́вить [完] 修理する.

§ 36. デパート
Универмаг
ウニヴィルマーク

(♪ 115)

1) 私はデパートに行きたい. Я хочу пойти в универмаг.
   ワタシ ワ デパート ニ イキタイ. ヤ ハチュー パイチー ヴニウ゛ィルマーク

2) 香水は何階で売っていますか. На каком этаже продаются духи?
   コウスイ ワ ナンガイ デ ウッテ イマス カ? ナ カコーム エタジェー プラダユーツァ ドゥヒー

3) エスカレーターはどこですか. Скажите, пожалуйста, где эскалатор.
   エスカレータ ワ ドコ デス カ. スカジーチェ パジャールスタ グヂェー エスカラータル

4) あちらです. Там.
   アチラ デス. タ-ム

5) 上(下)の階です. На верхнем (нижнем) этаже.
   ウエ (シタ) ノ カイ デス. ナ ヴィエールフニム ニージニム エタジェー

関連単語

化粧品	косметика [女]	ブランド品	товары известных марок
けしょうひん	カスミチーカ	ブランドヒン	タヴァールィ イズヴィエースヌィフ マーロク
宝飾品	ювелирные изделия	生活用品	бытовые товары [複]
ほうしょくひん	ユヴィリールヌィエ イズヂェーリヤ[複]	せいかつようひん	ブィタヴィーエ タヴァールィ
食料品	продукты [複]	電化製品	электроприборы
しょくりょうひん	プラドゥークトィ	デンカ セイヒン	エリクトラプリボールィ [複]
時計	часы [複]	寝具	постельные принадлежности
とけい	チスィー	シング	パスチェーリヌィエ プリナドリェージナスチ[複]
婦人服	женская одежда [女]	地下一階	подвальный этаж [男]
ふじんふく	ジェーンスカヤ アヂェージダ	チカ イッカイ	パドヴァーリヌィ エターシ
紳士服	мужская одежда [女]	レストラン街	рестораны [複]
しんしふく	ムシカーヤ アヂェージダ	レスロランガイ	リスタラーヌィ
子供用品	детские товары [複]	エレベーター	лифт [男]
こどもようひん	ヂェーツキエ タヴァールィ	エレベータ	リーフト
スポーツ用品	спорттовары [複]	案内所	справочное бюро [中]
スポーツようひん	スパルッタヴァールィ	アンナイジョ	スプラーヴァチナエ ビューロー

1) пойти [完] 行く. в ...へ(+対；移動). универмаг [男] デパート. 2) на ...で(+前；静止位置). каком этаже [前] < какой этаж [男] どの階. продаваться [不] 売られる. духи [複] 香水. 5) верхний (-ем) 上の(-男前). нижний (-ем) 下の(-男前). ювелирный (-ые) 貴金属の(-複). изделие (-ия) [中] 製品(-複). жёский (-ая) 女性の(-女). товар (-ы) [男] 用品(-複). одежда [女] 衣服. мужской (-ая) 男性の(-女). детский (-ие) 子供の(-複). спорттовар [男] スポーツ用品. известный (-ых) 有名な(-複生). марок [複生] < марка [女] ブランド. бытовой (-ые) 日常生活の(-複). электропрбор (-ы) [男] 家電(-複). постельный (-ые) 寝床用の(-複). принадлежность (-и) [女] 用具一式(-複). иподвальный 地下の. справочный (-ое) 情報を提供する(-中). бюро [中] 事務所.

§37. 書店で
В книжном магазине
フクニージナム　マガジーネ

(♪ 116)

1) こちらには...がありますか.　У вас есть ...?
   Котианива ... га аримасу ка?　ウ ヴァース イェースチ

   パステルナクの小説　роман Пастернака
   Пастернак но сёсэцу　ラマーン パステルナーカ

   地元の娯楽情報誌　список местных-развлечений
   дзимото но гораку дзёхōси　スピーサク ミェースヌィフ ラズヴリチェーニィ

2) ...はありますか.　Есть ...?
   ... ва аримасу ка?　イェースチ

   日本語の本　японские книги
   нихонго но хон　イポーンスキエ クニーギ

   日本語の書店　японский магазин
   нихонго но сётэн　イポーンスキィ マガジーン

   日本語のコーナー　японская секция
   нихонго но кōнā　イポーンスカヤ シェークツィヤ

3) 私は...がほしい.　Я бы хотел(а) ...
   Ватаси ва ... га хосии.　ヤ ブィ ハチェール ♣

   辞書　словарь
   дзисё　スラヴァーリ

   日本語の新聞　газету на японском
   нихонго но синбун　ガジェートゥ ナ イポーンスカム

   メモ帳　блокнот
   мэмотё　ブロクノート

4) 本を勧めていただけますか.　Вы можете порекомендовать мне книгу?
   Хон о сусумэтэ итадакэмасу ка?　ヴィ モージェチェ パリカミンダヴァーチ ムニェー クニーグ

5) 好きな作家は誰ですか.　Кто ваш любимый писатель?
   Сукина сакка ва дарэ дэсу ка?　クトー ヴァーシ リュビームイ ピサーチリ

книжный магазин　書店. 1) роман [男] 小説. список [男] 小誌. местный (-ых) 地元の(-複). развлеченiе (-й) [中] 娯楽(-複). 2) японскiий (-ие) 日本語の(-複). книгiа (-и) [女] 本(-複). секция [女] コーナー. 3) словарь [男] 辞典. газетiа (-ы) [女] 新聞(-対). на японском 日本語の. 5) любимый 好きな. писатель [男] 作家.

書店で

1) 私はプーシキンが好きです．　　Я люблю́ Пу́шкина.
   Ватаси ва Пу́шкин га сукидэсу.　ヤ　リュブリュー　プーシキナ

2) この本はいつ出版されましたか．　Когда́ и́здана э́та кни́га?
   Коно хон ва ицу сюппан сарэмасита ка?　カグダー　イーズダナ　エータ　クニーガ

3) 今年の5月です．　В ма́е э́того го́да.
   Котоси но гогацу дэсу.　ヴ　マーエ　エータヴァ　ゴーダ

4) この本の著者は誰ですか．　Кто а́втор э́той кни́ги?
   Коно хон но тёся ва дарэдэсу ка?　クトー　アーフタル　エータイ　クニーギ

5) ボリス・アクーニンです．　Бори́с Аку́нин.
   Бори́с Аку́нин дэсу.　バリース　アクーニン

関連単語

【作家】 писа́тели
ピサーチリ

【作品】 произведе́ние
プライズヴィチェーニエ

アレクサンドル・プーシキン（1799~1837）　Алекса́ндр Пу́шкин
アリクサーントル　プーシキン

エフゲニー・オネーギン　Евге́ний Оне́гин
エヴゲーニィ　アネーギン
Евге́ний Оне́гин

ニコライ・ゴーゴリ（1809~52）　Никола́й Го́голь
ニカラーイ　ゴーガリ

死せる魂　Мёртвые ду́ши
сисэру тамасий　ミョールトヴィエ　ドゥーシ
外套　Шине́ль
гайтоо　シニェーリ

イヴァン・ツルゲーネフ（1818~83）　Ива́н Турге́нев
イヴァーン　トゥルゲーニフ

父と子　Отцы́ и де́ти
тити то ко　アッツィー　イ　チェーチ
初恋　Пе́рвая любо́вь
хацукой　ピェールヴァヤ　リュボーフィ

1) люби́ть [不] 好く．2) и́здан:ный (-а) [受過] 出版された(-短語尾女) < изда́ть [完] 出版する．3) в ...に(+前)．ма́:й (-е) [男] 5月(-前)．э́того го́да [生] < э́тот год [男] 今年．4) а́втор [男] 著者．э́той кни́ги [生] < э́та кни́га [女] この本．произведе́ние [中] 作品．мёртв:ый (-ые) 死んだ(-複)．ду́ш:а (-и) [女] 魂(-複)．шине́ль [女] 外套．оте́ц [男] 父．пе́рв:ый (-ая) 初めての(-女)．любо́вь [女] 恋．

書店で

フョードル・ドストエフスキー (1821~81)	Фёдор Достоевский フョーダル ダスタイェーフスキィ	カラマーゾフの兄弟 Карамазовы но кёдай 罪と罰 цуми то бацу 貧しき人々 мадзусики хитобито	Братья Карамазовы ブラーチヤ カラマーザヴィ Преступление и наказание プリストゥプリェーニェ イ ナカザーニェ Бедные люди ビェードヌェ リューチ
リェフ・トルストイ (1828~1910)	Лев Толстой リェフ トルストーイ	アンナ・カレーニナ Анна Каренина 戦争と平和 сэнсоо то хэйва 復活 фуккацу	Анна Каренина アーンナ カリェーニナ Война и мир ヴァイナー イ ミール Воскресение ヴァスクリシェーニェ
アントン・チェーホフ (1860~1904)	Антон Чехов アントーン チェーホフ	ワーニャ伯父さん Ваня одзисан カモメ камомэ 三人姉妹 саннин симай 桜の園 сакура но соно 子犬を連れた奥さん койну о цурэта окусан	Дядя Ваня ヂャーヂャ ヴァーニャ Чайка チャーイカ Три сестры トリー シストルィー Вишнёвый сад ヴィシニョーヴィ サート Дама с собачкой ダーマ スサバーチカイ
マクシム・ゴーリキー (1868~1936)	Максим Горький マクシーム ゴーリキイ	どん底 дондзоко 母 хаха クリム・サムギンの生涯 Клим Самгин но сёогай	На дне ナ ドニェ Мать マーチ Жизнь Клима Самгина ジーズニ クリーマ サムギーナ
ウラジーミル・マヤコフスキー (1893~1930)	Владимир Маяковский ヴラジーミル マヤコーフスキィ	ミステリア・ブッフ Мистерия-буфф	Мистерия-буфф ミステーリア ブーフ

брат (-ья) [男] 兄弟(-複). преступление [中] 罪. наказание [中] 罰. бедный (-ые) 貧しい(-複). люди [複] 人々. дядя [男] 伯父. сестры [複] < сестра [女] 姉妹. вишнёвый 桜の. сад [男] 園. дама [女] 奥さん. с ...を連れた(+造). собачкиа (-ой) [女] 子犬(+造). на ...で(+前). дн:о (-е) [中] どん底(-前). жизнь [女] 生涯.

§ 38. 衣料品店で
В магазине одежды

(♪ 119)

1) 婦人（紳士, 子供）服売り場はどこですか.
   Фудзин (Синси, Кодомо) фуку уриба ва доко дэсу ка?
   Где отдел женской (мужской, детской) одежды?

2) いらっしゃいませ.
   Ирассяимасэ.
   Добро пожаловать.

3) 私のサイズは40です.
   Ватаси но саидзу ва сидзю дэсу.
   Мой размер сорок.

4) この布は洗濯すると縮みませんか.
   Коно нуно ва сэнтаку суруто тидзимимасэн ка?
   Эта ткань садится при стирке?

5) 色落ちしませんか.
   Иро оти симасэн ка?
   Цвет не линяет?

6) 色が気に入りません.
   Иро га кини иримасэн.
   Мне не нравится цвет.

7) もっと明るい色がいいです.
   Мотто акаруи иро га ии дэсу.
   Дайте мне на тон светлее.

8) 大き（小さ）すぎます.
   Ооки (Тииса) суги масу.
   Мне велико (мало).

9) この上（下）のサイズはありませんか.
   Коно уэ (сита) но саидзу ва аримасэн ка?
   Нет ли размера побольше (поменьше)?

магазин одежды [男] 衣料品店. 1) отдел [男] 売り場. женск!ий (-ой) 婦人の(-女生). мужской 紳士の(-女生). детск!ий (-ой) 子供の(-女生). одежд!а (-ы) [女] 衣服(-生). 3) размер [男] サイズ. сорок 40. 4) ткань [女] 布. садиться [不] 縮む. при ... の際に(+前). стирк!а (-е) [女] 洗濯(-前). 5) цвет [男] 色. линять [不] 色落ちする. 6) тон [男] 色合い. 7) светлее [比] より明るい < светлый 明るい. 8) велико [短語尾中] < великий 大きな. мало [短語尾中] < малый 小さい. 9) размер (-а) [男] サイズ(-生；否定生格). побольше もう少し大きい. поменьше もう少し小さい.

衣料品店で

1) 仕立て直しはできますか.
Ситатэнаоси ва дэкимасу ка?
Вы подго́ните мне по разме́ру?
ヴィ パドゴーニチェ ムニェー パ ラズミェール

2) ここを長く(短く)してください.
Коко о нагаку (мидзикаку) ситэ кудасаи.
Удлини́те (Укороти́те) в э́том ме́сте.
ウドリニーチェ ウカラチーチェ ヴェータム ミェースチェ

3) 直しはいくらですか.
Наоси ва икура дэсу ка?
Ско́лько сто́ят услу́ги портно́го?
スコーリカ ストーヤト ウスルーギ パルトノーヴァ

4) 今はどんな物がやっていますか.
Има ва донна моно га хаяттэ имасу ка?
Что сейча́с мо́дно?
シトー シチャース モードナ

5) このようなデザインが好きです.
Коно ёна дэдзаин га суки дэсу
Мне нра́вится тако́й диза́йн.
ムニェー ヌラーヴィッツァ タコーイ チザーイン

6) 鏡はありますか.
Кагами ва аримасу ка?
У вас есть зе́ркало?
ウ ヴァース イェースチ ズェールカラ

7) これは私に似合いますか.
Корэ ва ватаси ни ниаимасу ка?
Мне э́то идёт?
ムニェー エータ イチョート

8) とてもよくお似合いです.
Тотэмо ёку ониаи дэсу.
Вам о́чень идёт.
ヴァム オーチニ イチョート

9) これを試着できますか.
Корэ о ситяку дэкимасу ка?
Мо́жно э́то приме́рить?
モージナ エータ プリミェーリチ

10) ご試着できます.
Госитяку дэкимасу.
Вы мо́жете приме́рить.
ヴィ モージェチェ プリミェーリチ

11) 試着室はどこですか.
Ситякусицу ва доко дэсу ка?
Где приме́рочная?
グヂェー プリミェーラチナヤ

12) こちらへどうぞ.
Котира э до̄дзо.
Сюда́, пожа́луйста.
シュダー パジャールスタ

13) サイズはいかがですか.
Саидзу ва икагадэсу ка?
Как разме́р?
カーク ラズミェール

---

1) подгони́те [命] < подогна́ть [完] (サイズを)合わせる, 仕立て直しをする. по ...に従って(+与). разме́р (-у) [男] サイズ(-与). 2) удлини́ть [完] 長くする. укороти́ть [完] 短くする. в ...で(+前). э́том ме́сте [前] < э́то ме́сто [中] この箇所. 3) услу́га (-и) [女] サービス料金(-複). портни́ой (-о́го) [男] 仕立て屋(-生). 4) мо́дный (-о) 流行の(-中). 5) диза́йн [男] デザイン. 6) зе́ркало [中] 鏡. 7) идти́ [不] 似合う. 9) приме́рить [完] 試着する. 11) приме́рочная [女] 試着室.

衣料品店で

1) サイズもぴったりです.
   Саидзу мо питтари дэсу.
   Это как раз ваш размер.
   エータ カーク ラース ヴァーシ ラズミェール

2) この生地は何ですか.
   Коно кидзи ва нан дэсу ка?
   Какой материал это?
   カコーイ マチリアール エータ

3) これは絹100パーセントです.
   Корэ ва кину хяку пāсэнто дэсу.
   Это 100-процентный шёлк.
   エータ ストー プラツェーントヌイ ショールク

4) これをください.
   Корэ о кудасаи.
   Дайте, пожалуйста, это.
   ダーイチェ パジャールスタ エータ

関連単語

【衣服】 【одежда】
ифуку アチェージダ

帽子(縁のある)	шляпа 囡	帽子(縁のない)	шапка 囡
бōси (фути но ару)	シリャーパ	бōси (фути но наи)	シャープカ
ネクタイ	галстук 男	スカーフ	шейный платок
нэкутаи	ガールストゥク	сукāфу	シェーイヌイ プラトーク 男
コート	пальто 中	ヤッケ	куртка 囡
кōто	パリトー	яккэ	クールトカ
スーツ	костюм 男	ジャンパー	джемпер 男
сūцу	カスチューм	дзянпā	ジェームペル
Tシャツ	футболка 囡	シャツ	рубаха 囡
тй сяцу	フトボールカ	сяцу	ルバーハ
ブラウス	блузка 囡	セーター	свитер 男
бураусу	ブルースカ	сēтā	スヴィーテル
袖	рукав 男	半袖	короткий рукав
содэ	ルカーフ	хансодэ	カロートキィ ルカーフ 男

1) как раз ぴったりだ. размер [男] サイズ. 2) материал [男] 生地. 3) процентный パーセントの. шёлк [男] 絹. шейный 首の. платок [男] スカーフ. короткий 短い. рукав [男] 袖.

衣料品店で

長袖 ナガソデ	дли́нный рука́в ドリーンヌイ ルカーフ 男	マフラー マフラー	шарф 男 シャールフ
パンツ パンツ	трусы́ 複 トルスィー	下着 シタギ	ни́жнее белье́ 中 ニージニェエ ビリヨー
ブラジャー ブラジャ	бюстга́льтер 男 ビュストガーリチェル	ネグリジェ ネグリジェ	ночна́я соро́чка ナチナーヤ サローチカ 女
ジーンズ ジーンズ	джи́нсы 複 ジーンスィ	ズボン ズボン	брю́ки 複 ブリューキ
ドレス ドレス	пла́тье 中 プラーチェ	スカート スカート	ю́бка 女 ユープカ
ベルト ベルト	реме́нь 男 リミェーニ	靴下 クツシタ	носки́ 複 ナスキー
手袋 テブクロ	перча́тки 女複 ピルチャートキ	ストッキング ストッキング	чулки́ / колго́тки チュルキー 男複 カルゴートキ 複
ビキニ ビキニ	бики́ни 中 ビキーニ	パジャマ パジャマ	пижа́ма 女 ピジャーマ
レインコート レインコート	плащ 男 プラーシ	ショーツ ショーツ	шо́рты 複 ショールトィ
スエットシャツ スエットシャツ	ба́йка 女 バーイカ	水泳パンツ スイエイパンツ	пла́вки 複 プラーフキ
水着 ミズギ	купа́льник 男 クパーリニク	ジャケット ジャケット	пиджа́к 男 ピッジャーク
ワイシャツ ワイシャツ	руба́шка 女 ルバーシカ	バックパック バックパック	рюкза́к 男 リュグザーク
ワンピース ワンピース	пла́тье 中 プラーチェ	カーディガン カーディガン	шерстяна́я ко́фта 女/ кардига́н 男 シ(ル)シチナーヤ コーフタ / カルディガーン

дли́нный 長い. ни́жн:ий (-ее) 下に着る(-中). белье́ [中] 下着. шерстян:о́й (-а́я) ウールの(-女). ко́фта [女] カーディガン.

【生地】 кидзи — 【материа́л】 男 マチリアール

日本語	Русский		日本語	Русский
綿 мэн	хло́пок 男 フローパク		ウール ӯру	шерсть 女 シェールスチ
絹 кину	шёлк 男 ショールク		麻 аса	лён 男 リョーン
革 кава	ко́жа 女 コージャ		ポリエステル пориэсутэру	полиэ́стер 男 パリエースチル
ナイロン наилон	нейло́н 男 ネイローン		レース рэ̄су	кру́жево 中 クルージヴァ

【色】 иро — 【цвет】 男 ツヴィエート

日本語	Русский		日本語	Русский
黒い курои	чёрный チョールヌイ		白い сирои	бе́лый ビェールイ
青い аои	си́ний シーニイ		赤い акаи	кра́сный クラースヌイ
緑の мидорино	зелёный ジリョーヌイ		茶色の тяироно	кори́чневый カリーチニヴィ
黄色い киирои	жёлтый ジョールトゥイ		紫の мурасакино	фиоле́товый フィアリェータヴィ
オレンジ色の орэндзи ироно	ора́нжевый オランジヴイ		ピンクの пинкуно	ро́зовый ローザヴィ
灰色の хаи ироно	се́рый シェールイ		金色の кин ироно	золоти́стый ザラチーストゥイ
銀色の гин ироно	серебри́стый シリブリーストゥイ		チェックの чэккуно	кле́тчатый クリェーッチャトゥイ

§39. 靴店で
В обувно́м магази́не
ヴァブヴノーム マガジーニェ

1) 靴売場は何階ですか.　　На како́м этаже́ обувно́й отде́л?
　Куцу уриба ва нангаи дэсу ка?　ナ　カコーム　エタジェー　アブヴノーイ　アッチェール

2) 私は...がほしい.　　Я хоте́л(а) бы...
　Ватаси ва ... га хосии.　ヤ　ハチェール　♣　ブィ

　ハイヒール/ローヒールの靴　　ту́фли на высо́ком / ни́зком каблуке́
　хаихи́ру ро̄хи́ру но куцу　　トゥーフリ ナ ヴィソーカム　ニースカム　カブルキェー

　ブーツ　　сапоги́
　бӯцу　　サパギー

　モカシン(かかとなしの靴)　　мокаси́ны
　мокасин (какато наси но куцу)　マカシーヌィ

　サンダル　　санда́лии
　сандалу　　サンダーリイ

　短靴　　ту́фли
　тангуцу　　トゥーフリ

　スリッパ(かかとなしの短靴)　　та́почки
　суриппа (какато наси но тангуцу)　ターパチキ

　スニーカー　　кроссо́вки
　суника̄　　クラソーフキ

3) 私のサイズは40号です.　　Мой разме́р — 40 (сороково́й).
　Ватаси но саидзу ва ёндзюу гоодэсу.　モイ　ラズミェール　サラカヴォーイ

4) 私はもう一号大きい(小さい)　　Мне ну́жны боти́нки на разме́р
　靴がほしい.　　ムニェー　ヌージヌィ　バチーンキ　ナ　ラズミェール
　Ватаси ва мō итиго̄ о̄кии　　бо́льше (ме́ньше)
　(тиисаи) куцу га хосии.　ボーリシェ　ミェーニシェ

обувно́й магази́н [男] 靴店. 1) на како́м этаже́ [前] 何階に. обувно́й 靴の. отде́л [男] 売場. 2) ту́фли [複] 短靴. на ...の状態の(+前). высо́кий (-ом) 高い(-前). ни́зкий (-ом) 低い(-前). каблу́к (-е) [男] かかと(-前). 4) боти́нки [複] 短靴, 編上げ靴. бо́льше より大きい. ме́ньше より小さい.

関連単語

【靴】　　　　　　　　　　　　　【óбувь】
куцу　　　　　　　　　　　　　オーヴフィ

婦人靴　жéнские ботúнки　　紳士靴　мужскúе ботúнки
фудзингуцу　ジェーンスキエ　バチーンキ　シンシグツ　ムシキーエ　バチーンキ

ぞうり　дзóри　　　　　　　　登山靴　альпинúстские ботúнки
дзōри　ゾーリ　　　　　　　　тодзангуцу　アリピニーストゥキエ　バチーンキ

ブーツ　сапогú　　　　　　　　スリッパ　тáпочки
бūцу　サパギー　　　　　　　　суриппа　ターパチキ

サンダル　сандáлии　　　　　　スニーカー　кроссóвки
сандару　サンダーリイ　　　　сунūкā　クラソーフキ

жéнские ботúнки
тýфли на высóком каблукé

мужскúе ботúнки

дзóри

альпинúстские ботúнки　　сапогú　　сандáли　　тáпочки

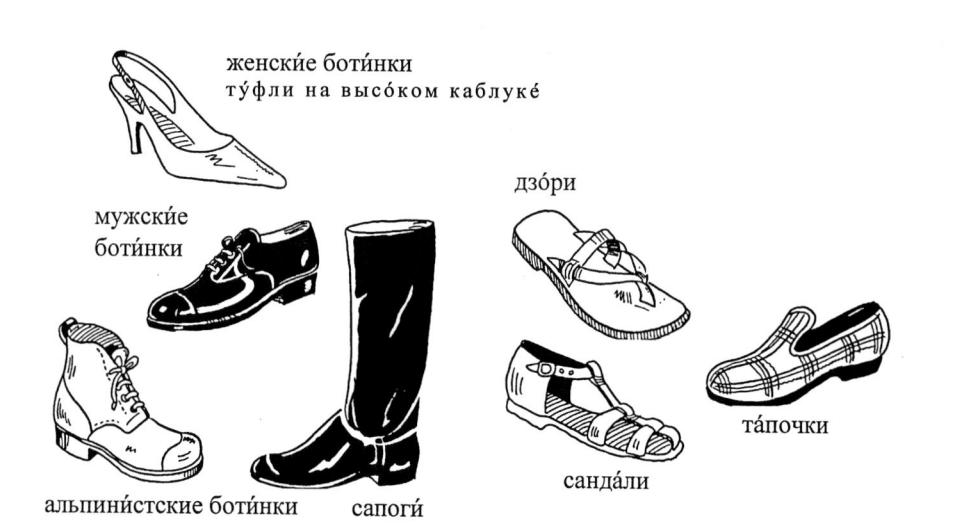

§ 40. キオスクで
В киоске
キオースケ

(♪ 126)

1) キオスクはどこにありますか。 — Где киоск?
   Киосуку ва докони аримасу ка? — グヂェー キオースク

2) 日本語の新聞は売っていますか。 — Есть в прода́же япо́нские газе́ты?
   Нихонго но синбун ва уттэ имасу ка? — イェースチ フ プラダージェ イポーンスキエ ガジェートィ

3) ...をください。 — Да́йте ...
   ... о кудасаи. — ダーイチェ

  チューインガム — жева́тельную рези́нку
  тю̄ингу гаму — ジヴァーチリヌユ リジーンク

  葉巻 — сига́ры
  хамаки — シガールィ

  一箱／一カートンのタバコ — па́чку / блок сигаре́т
  хитохако / хито катон но табако — パーチク ブロク シガリェート

  ライター — зажига́лку
  раита̄ — ザジガールク

  雑誌 — журна́л
  дзасси — ジュルナール

  マッチ — спи́чки
  матти — スピーチキ

  新聞 — газе́ту
  синбун — ガジェートゥ

  道路地図 — ка́рту автомоби́льных доро́г
  до̄ро тидзу — カールトゥ アフタマビーリヌィフ ダローク

  市街地図 — ка́рту го́рода
  сигаи тидзу — カールトゥ ゴーラダ

  切手 — ма́рки
  киттэ — マールキ

2) в прода́же 売られている ＜в ...の状態で(+前) + прода́ж:а (-е) [女] 販売(-前). япо́нские газе́ты [複] 日本語の新聞. 3) дать [不] くれる(+対). жева́тельн:ая (-ую) рези́нк:а (-у) [女] チューインガム(-対). сига́р:а (-ы)[女] 葉巻(-複). па́чк:а (-у) [女] 箱(-対). блок [男] カートン. сигаре́т [複生] < сигаре́та [女] タバコ. зажига́лк:а (-у) [女] ライター(-対). спи́чк:а (-и) [女] マッチ(-複). газе́т:а (-у) [女] 新聞(-対). ка́рт:а (-у) [女] 地図(-対). автомоби́льных доро́г [複生] < автомоби́льная доро́га [女] 自動車道. го́род (-а) [男] 市街(-生). ма́рк:а (-и) [女] 切手(-複).

§41. 理髪店 / 美容院で
В парикма́херской
パリクマーヒルスカイ

(♪ 127)

1) 理髪店（美容院）はどこですか.
リハツテン (ビヨイン) ва докодэсу ка?
Где мужска́я (же́нская) парикма́херская?
グチェー ムシカーヤ ジェーンスカヤ パリクマーヒルスカヤ

2) 今日/明日予約したい.
Кё̄ /асу ёяку ситаи.
Я хоте́л(а) записа́ться на сего́дня /за́втра.
ヤ ハチェール ♣ ザピサーッツァ ナ シヴォードニャ ザーフトラ

3) ...してください.
... ситэ кудасаи.
..., пожа́луйста.
パジャールスタ

カットする
катто суру
Подстриги́те
パトストリギーチェ

シャンプーで頭を洗う
сянпӯ дэ атама о арау
Помо́йте мне го́лову шампу́нем
パモーイチェ ムニェー ゴーラヴ シャムプーニム

シャンプーしてセットする
сянпӯ ситэ сэтто суру
Помо́йте го́лову и сде́лайте укла́дку
パモーイチェ ゴーラヴ イ ズヂェーライチェ ウクラートク

パーマをかける
пāма о какэру
Сде́лайте мне зави́вку.
ズヂェーライチェ ムニェー ザヴィーフク

顔を剃る
као о сору
Побре́йте
パブリェーイチェ

ブローする
бурō суру
Сде́лайте укла́дку фе́ном
ズヂェーライチェ ウクラートク フェーナム

髪を染める
ками о сомэру
Сде́лайте окра́ску
ズヂェーライチェ アクラースク

口ひげを整える
кутихигэ о тотоноэру
Подстриги́те бо́роду
パトストリギーチェ ボーラドゥ

парикма́херскіая (-ой) [女] 理髪店, 美容院(-前). 1) мужскі́ой (-ая) 男性用の(-女). же́нскі́ий (-ая) 女性用の(-女). 2) записа́ться [完] 予約する. на ...に(+対). сего́дня [中] 今日. за́втра [中] 明日. 3) подстриги́те [命] < подстри́чь [完] 少し刈る, 刈り込む, カットする《постри́чь [完]は「全部刈る」》. помо́йте [命] < помы́ть [完] 洗う. голова́ (го́лову) [女] 頭(-対). шампу́ні́ь (-ем) [男] シャンプー(-造). сде́лать [完] する(+対). укла́дкіа (-у) [女] セット(-対). зави́вка [女] パーマ. побри́ть [完] 剃る. фен (-ом) [男] ドライヤー(-造). окра́скіа (-у) [女] 髪染め. борода́ (бо́роду) [女] 口ひげ(-対).

1) 短く刈ってください.
Мидзикаку каттэ кудасаи.
Подстригите покороче.
パトストリギーチェ パカローチェ

2) ここを短くしてください.
Коко о мидзикаку ситэ кудасаи.
Здесь покороче.
ズチェーシ パカローチェ

3) あまり短くしないでください.
Амари мидзикаку синаидэ кудасаи.
Не слишком коротко.
ニ スリーシカム コーラトカ

4) それで十分です.
Сорэдэ дзю̄бун дэсу.
Так достаточно.
ターク ダスタータチナ

5) おいくらですか.
Оикура дэсу ка?
Сколько с меня?
スコーリカ ス ミニャー

6) あなたはすばらしい技能をお持ちです.
Атата ва субарасии гинō о омоти дэсу.
У вас блестящие способности.
ウ ヴァース ブリスチャーシエ スパソーブナスチ

7) なんてことをしてくれたの.
Нантэ кото о ситэ курэтано.
Что вы натворили!
シト ヴィ ナトヴァリーリ

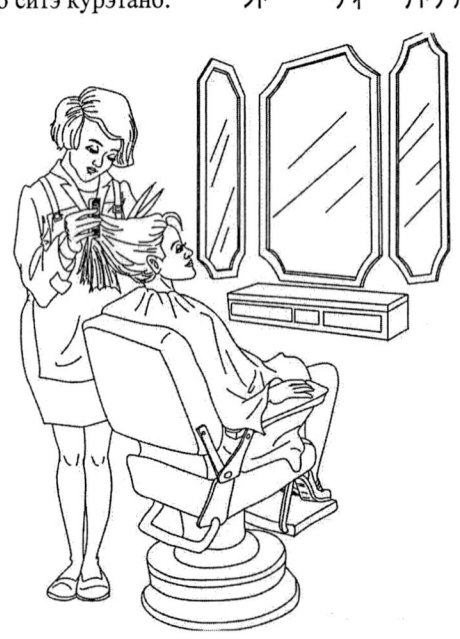

---

1) покороче もっと短く. 3) слишком あまり. коротко 短く. 4) так それで. достаточно 十分だ《無人述》. 5) с ...から(+生; 徴収の対象). 6) блестящий (-ие) すばらしい(-複). способность (-и) 技能(-複). 7) натворить (-ли) [完] よくないことをやる(-過去).

§42. エステティックサロンで
В салóне красотý
フ サローニ クラサトィー

(♪ 129)

1) ...してもらいたい.　　　Я хотéл(а) бы ...
   ... ситэ мораитаи.　　　ヤ ハチェール ♣ ブィ

   眉毛を脱毛　　　　　　восковýю эпиляцию бровéй
   маюгэ о дацумō　　　　ヴァスカヴーユ エピリャーツィユ ブラヴィエーイ

   美顔　　　　　　　　　чúстку лицá
   биган　　　　　　　　チーストク リツァー

   マニキュア　　　　　　маникю́р
   маникюа　　　　　　　マニキュール

   ペディキュア　　　　　педикю́р
   педикю́а　　　　　　　ピヂキュール

   スポーツマッサージ　　спортúвный массáж
   супōоцу массāдзи　　スパルチーヴヌィ マッサーシ

2) ...をしていますか.　　　Вы дéлаете...?
   ... о ситэ имасу ка?　　ヴィ ヂェーライチェ

   鍼治療　　　　　　　　úглотерапúю
   харитирё̄　　　　　　　イーグラチラピーユ

   アロマテラピー　　　　арóматерапúю
   арóматерапй　　　　　アローマチラピーユ

   酸素療法　　　　　　　кислорóдотерапúю
   сансорё̄хō　　　　　　キスラロータ゛チラピーユ

3) サウナはありますか.　　Есть cáуна?
   Сауна ва аримасу ка?　　イェースチ サーウナ

салóн красотý [男] エステティックサロン. 1) хотéть [完] 望む(+対). восковíой (-ýю) ろうの(-対). эпиляцiя (-ю) [女] 脱毛(-対). бровь (-éй) [女] 眉毛(-複生). чúсткiа (-у) [女] きれいにすること(-対). лицó (-á) [中] 顔(-生). спортúвный スポーツの. 2) úглотерапúя (-ю) [女] 鍼治療(-対). арóматерапúя (-ю) [女] アロマテラピー(-対). кислорóдотерапúя (-ю) [女] 酸素療法(-対). 3) cáуна [女] サウナ.

§43. 音楽とDVD
Музыка и DVD
ムーズィカ イ ヂーヴィーヂー

(♪ 130)

1) 私は…がほしい。
Ватаси ва … га хосии.
Я бы хотёл(а)…
ヤ ブィ ハチェール ♣

空のカセット
кара но касэтто
чи́стую кассе́ту
チーストゥユ カセートゥ

CD
СД
компа́кт-диск
カムパークト ヂスク

DVD
DVD
DVD
ヂーヴィーヂー

ビデオカセット
бидэо касэтто
видеокассе́ту
ヴィヂオカセートゥ

2) 私は何かパーブラ・カーシナのアルバムを探しています。
Ватаси ва наника Па́вла Ка́шина но алубаму о сагаситэ имасу.
Я ищу́ что́-нибудь Па́вла Ка́шина.
ヤ イシュー シトーニブチ パーヴラ カーシナ

3) 彼(彼女)のベストアルバムは何ですか。
Карэ (Канодзё) но бэсуто алубаму ва нан дэсу ка.
Кака́я его́ / её са́мая лу́чшая за́пись?
カカーヤ イヴォー イヨー サーマヤ ルーチシャヤ ザーピシ

4) これを聴くことができますか。
Корэ о кику кото га дэкимасу ка?
Мо́жно послу́шать?
モージナ パスルーシャチ

5) これはどんなDVDプレーヤーでも聴くことができますか。
Корэ ва донна DVD пурзя дэмо кику кото га дэкимасу ка?
Он прои́грывается на любо́м DVD-плéере?
オン プライーグルィヴァエッツァ ナ リュボーム ヂーヴィーヂー プレーエレ

6) この曲を歌っているのは誰ですか。
Коно кёку о утаттэ ируно ва дарэ дэсу ка.
Кто поёт э́ту пе́сню?
クトー パヨート エートゥ ピェースニュ

7) タトゥーです。
ТАТУ дэсу.
ТАТУ.
タトゥー

8) 今ヒットしている曲は何ですか。
Има хитто ситэ иру кёку ва нан дэсу ка?
Каки́е пе́сни популя́рны сейча́с?
カキーエ ピェースニ パプリャールヌィ シチャース

---

1) чи́стую кассе́ту [対] < чи́стая кассе́та [女] 空のカセット. видеокассе́тa (-у) [女] ビデオカセット(-対). 2) ищу́ [1単現] < иска́ть [不] 探す. 3) са́мая 最も. лу́чший (-ая) 最上の(-女). за́пись [女] アルバム. 4) послу́шать [完] 聴く. 5) прои́грываться (-ется) [不] 作動する(-3単現). на …で(+前). любо́й (-óм) どんな (-前). DVD-плéер (-е) [男] DVDプレーヤー (-前). 6) поёт [3単現] < петь [不] 歌う(+対). э́ту пе́сню [対] < э́та пе́сня [女] この歌. 8) каки́е пе́сни [複] どんな歌. популя́рный (-ы) 流行している(-複短語尾).

§44. カメラ店で
В фотомагази́не
フォタマガジーネ

(♪ 131)

1) 私は … カメラを探しています。　　Я ищу́ … фотоаппара́т.
   Ватаси ва … камэра о сагаситэ имасу.　　ヤ イシュー ファタアパラート

   自動　　　　　　　　　　　　автомати́ческий
   дзидō　　　　　　　　　　　アフタマチーチスキィ

   デジタル　　　　　　　　　　цифрово́й
   дэдзитару　　　　　　　　　ツィフラヴォーイ

   使い捨て　　　　　　　　　одноразовый
   цукаисутэ　　　　　　　　アドナラーザヴイ

2) 私は … がほしい。　　Я хоте́л(а) бы …
   Ватаси ва … га хосии.　　ヤ ハチェール ♣ ブィ

   バッテリー　　　　　　　　батаре́йку
   баттэрӣ　　　　　　　　　バタレリェーイク

   デジタルフィルム　　　　цифровы́е фотогра́фии
   дэдзитару фируму　　　ツィフラブィーエ ファタグラーフィイ

   メモリーカード　　　　　ка́рту па́мяти
   мэморӣ кāдо　　　　　　カールトゥ パーミチ

3) 私はこのカメラに合う…フィルム　Мне нужна́ … плёнка на э́ту ка́меру.
   がほしい。　　　　　　　　　　ムニエー ヌジナー プリョーンカ ナ エートゥ カーミル
   Ватаси ва коно камэра ни ау …
   фируму га хосии.

   白黒　　　　　　　　　　чёрно-бе́лая
   сирокуро　　　　　　　チョールナ ビェーラヤ

   カラー　　　　　　　　цветна́я
   карā　　　　　　　　　ツヴィトナーヤ

   スライド　　　　　　　сла́йдовая
   сураидо　　　　　　　スラーイダヴァヤ

фотомагази́н [男] カメラ店(-前). 2) батаре́йк:а (-у) [女] バッテリー(-対). цифров:о́й (-ы́е) デジタルの(-複対). фотогра́фи:я (-и) [女] フィルム(-複対). ка́рт:а (-у) [女] カード(-対). па́мят:ь (-и) [女] メモリー(-生). ка́рта па́мяти [女] メモリーカード. 3) нужна́ 必要だ. плёнка [女] フィルム. на …に合う(+対). э́ту この. ка́мер:а (-у) [女] カメラ(-対). чёрно-бе́л:ый (-ая) 白黒の(-女). цветн:о́й (-а́я) カラーの(-女). сла́йдов:ый (-ая) スライド用の(-女).

カメラ店で

1) ...できますか.
    ... дэкимасу ка?
    Вы мо́жете ...?
    ヴィ モージェチェ

   デジタルフィルムをプリントアウトする
   Дэдзитару фируму о пуринто ауто суру.
   напеча́тать цифровы́е фотогра́фии
   ナピチャータチ ツィフラヴィーエ ファタグラーフィイ

   このフィルムを現像/装着する
   Коно фируму о гэндзō / сōтяку суру
   прояви́ть / вложи́ть э́ту плёнку
   プライヴィーチ ヴラジーチ エートゥ プリョーンク

   私のデジタルカメラのバッテリーに充電する
   Ватаси но дэдзитару камэра но баттэри ни дзю̄дэн суру
   перезаряди́ть батаре́йку на мою́ цифрову́ю ка́меру
   ピリザリヂーチ バタレーイク ナ マユー ツィフラヴーユ カーミル

   写真をカメラから CD に転送する
   сясин о камэра кара CD ни тэнсō суру
   перебро́сить сни́мки с ка́меры на компа́кт-диск.
   ピリブローシチ スニームキ ス カーミルィ ナ カムパークト ヂスク

2) カメラをパソコンにつなぐケーブルがほしい
   Камэра о пасокон ни цунагу кэ̄буру га хосии
   Мне ну́жен ка́бель, что́бы соедини́ть ка́меру с компью́тером.
   ムニエー ヌージェン カーベリ シトーブィ サイヂニーチ カーミル ス カムピューテラム

3) このバッテリーに充電するケーブルがほしい
   Коно баттэри ни дю̄дэн суру кэ̄буру га хосии
   Мне ну́жен ка́бель, что́бы перезаряди́ть батаре́йку.
   ムニエー ヌージェン カーベリ シトーブィ ピリザリヂーチ バタレーイク

4) このカメラに合うビデオカセットがほしい
   Коно камэра ни ау бидэо касэтто га хосии
   Мне нужна́ видеокассе́та на э́ту ка́меру.
   ムニエー ヌジナー ヴィヂアカセータ ナ エートゥ カーミル

5) これは PAL/NTSC システムですか.
   Корэ ва PAL/NTSC сиситэму дэсу ка?
   Э́то на систе́му PAL / NTSC?
   エータ ナ システェーム ピエル エヌテーエスシー

6) 旅券用の写真を撮ってもらいたい.
   Рё̄кэн ё но хясин о тоттэ мораитаи.
   Мне ну́жно сфотографи́роваться на ви́зу.
   ムニエ ヌージナ スファタグラフィーラヴァッツァ ナ ヴィーズゥ

7) この写真は気に入りません.
   Коно сясин ва кини иримасэн.
   Э́ти сни́мки меня́ не устра́ивают.
   エーチ スニームキ ミニャー ニ ウストラーイヴァユト

8) 私は全額払いたくない.
   Ватаси ва дзэнгаку хараитаку наи.
   Я не бу́ду плати́ть по́лную це́ну.
   ヤ ニ ブードゥ プラチーチ ポールヌユ ツェーヌ

1) напеча́тать [完] プリントする(+対). прояви́ть [完] 現像する(+対). вложи́ть [完] 入れる (+対). перезаряди́ть [完] 充電し直す(+対). перебро́сить [完] 転送する(+対). сни́мок (-ки) [男] 写真(-複). с ...から(+生). ка́мер:а (-ы) [女] カメラ(-生). 2) соедини́ть [完] つなぐ(+対). 5) на ...に合った(+対). систе́м:а (-у) [女] システム(-対). 2) сфотографи́роваться [完] 写真をとってもらう. ви́з:а (-у) [女] ビザ(-対). 7) устра́ивать [不] 都合がよい, 気に入る. 8) по́лн:ый (-ую) 全部の(-対). це́ну [対] < цена́ [女] 金額.

§45. みやげ物店で
В сувенирной лавке
ウ スヴィニールナイ ラーフキ

(♪ 133)

1) みやげ物店はどこにありますか. Где сувенирная лавка?
   Миягэмоно тэн ва доко ни аримасу ка? グヂェー スヴィニールナヤ ラーフカ

2) アクセサリー売場は何階ですか. На каком этаже отдел украшений?
   Акусэсари уриба ва нан гаи дэсу ка? ナ カコーム エタジェー アッヂェール ウクラシェーニイ

3) これ/あれを見せてもらえますか. Можно это / вон то посмотреть?
   Корэ/Арэ о мисэтэ мораэмасу ка? モージナ エータ ヴォーント パスマトリェーチ

4) ショーウインドー / 棚にあるものです. То, что на витрине / стеллаже.
   Сёуиндō /Тана ни ару моно дэсу ト シト ナ ヴィトリーニ スチラジェー

5) これは本物ですか. Это настоящее?
   Корэ ва хонмоно дэсу ка? エータ ナスタヤーシェイ

6) それに彫刻することができますか Вы можете сделать на нём гравировку?
   Сорэ ни тёкоку суру кото га ヴィ モージェチェ スヂェーラチ ナ ニョム グラヴィローフク
   дэкимасу ка?

7) この品物はどれぐらい古いですか Какой возраст этой вещи?
   Коно синамоно ва дорэгураи фуруи дэсу ка? カコーイ ヴォーズラスト エータイ ヴィェーシ

8) 税関で問題になりますか. Могут быть проблемы на таможне?
   Дзэикан дэ мондаи ни наримасу モーグト ブィーチ プラブリェームィ ナ タモージニ
   ка?

9) 真贋証明書がありますか. Есть сертификат подлинности?
   Синган сёмэисё га аримасу ка? イェースチ シルチフィカート ポードリンナスチ

関連単語

こはく	янтарь 男	チェスセット	шахматы 複
кохаку	インターリ	чэсусэтто	シャーフマトィ
骨董商	антиквариат 男	毛皮の帽子	меховая шапка 女
коттōсē	アンチクヴァリアート	кэгава но бōси	ミハヴァーヤ シャープカ
バラライカ	балалайка 女	イコン	икона 女
барараика	バララーイカ	икон	イコーナ

1) сувенирн:ая (-ой) лавк:а (-е) [女] みやげ物店(-前). на ...上に(+前). какой (-ом) этаж (-е) [男] 何階(-前). 2) украшение (-й) [中] アクセサリー(-複生). 3) посмотреть [完] 見る. 4) на ...上に(+前). витрин:а (-е) [女] ショーウインドー(-前). стеллаж (-е) [男] 棚(-前). 5) настоящ:ий (-ее) 本物の(-中). 6) нём [前] < он それ. гравировк:а (-у) [女] 彫刻(-対). 7) возраст [男] 年齢, 古さ. вещи [複] 品物. 8) проблем:а (-ы) [女] 問題(-複). на ...上に(+前). таможн:я (-е) [女] 税関(-前). сертификат [男] 証明書. подлинность (-и) [女] 真贋(-生). меховой (-ая) 毛皮の(-女).

レース編み rēsu ami	кру́жево 囲 クルージ゛ヴァ	イクラ いくら	кра́сная икра́ 囚 クラースナヤ イクラー
置物 おきもの	безделу́шка ビ゛スチ゛ルーシカ 囚	キャビア きゃびあ	чёрная икра́ 囚 チョールナヤ イクラー
陶器 tōki	кера́мика キラーミカ 囚	貴金属細工 кикиндзоку дзаику	ювели́рные изде́лия ユヴィリールヌイ イズチェーリヤ 囚
グジェリ陶器 Гжель tōki	Гжель 囚 グ゛ジェーリ	切手 киттэ	ма́рки マールキ 囲
じゅうたん(小さな) дзютан	ко́врик 男 コーヴリク	おもちゃ омотя	игру́шка 囚 イグルーシカ
ロシアタバコ росиа табако	папиро́сы パピロースィ 囲	木彫り кибори	резьба́ по де́реву 囚 リジ゛バー パ チェーリヴ
サモワール самова́ру	самова́р 男 サマヴァール	ウールのスカーフ ūru no сукāфу	шерстяно́й шарф シルスチノーイ シャールフ 男
白樺細工 сиракаба дзаику	береста́ 囚 ビ゛リスター	手工芸品 сюкōгэихин	изде́лия ручно́й рабо́ты イズチェーリヤ ルチノーイ ラボートィ 囲
ホフロマ塗り хохлома нури	хохлома́ 囚 ハフラマー	木製のスプーン мокусэи но супūн	деревя́нные ло́жки チリヴャーンヌィエ ローシキ 囲
マトリョーシカ матрёшка	матрёшка マトリョーシカ 囚	イースターの卵 йсутā но тамаго	Пасха́льное яйцо́ パスハーリナエ イツォー 囲

§ 46. 電話
Телефо́н
チリフォーン

(♪ 135)

1) 電話をかけたいのですが.
 Дэнва о какэтаинодэсу га.
 Я хочу́ позвони́ть.
 ヤ ハチュー パズヴァニーチ

2) 最寄の公衆電話はどこにありますか.
 Моёри но кōсю̄ дэнва ва доко ни аримасу ка?
 Где ближа́йший телефо́н-автома́т?
 グヂェー ブリジャーイシィ チリフォーン アフタマート

3) この電話をお借りしてもかまいませんか.
 Коно дэнва о окари ситэмо камаимасэн ка?
 Мо́жно воспо́льзоваться э́тим телефо́ном?
 モージナ ヴァスポーリザヴァッツァ エーチム チリフォーナム

4) 私は...したい.
 Ватаси ва ... ситаи.
 Я бы хоте́л (а) ...
 ヤ ブィ ハチェール ♣

 テレホンカードを買う
 тэлэфон кādо о кау
 купи́ть телефо́нную ка́рточку
 クピーチ チリフォーンヌユ カールタチク

 ジェトンを買う
 жетóн о кау
 купи́ть жето́н
 クピーチ ジェトーン

 国際電話をかける
 кокосаи дэнва о какэру
 позвони́ть за грани́цу
 パズヴァニーチ ザ グラニーツ

 コレクトコールでかける
 корэкутокōру дэ какэру
 позвони́ть за счёт собесе́дника
 パズヴァニーチ ザ ショート サビシェードニカ

5) 日本に電話をかけるにはどうしたらいいですか.
 Нихон ни дэнва о какэру нива дō ситара иидэсу ка?
 Как позвони́ть в Япо́нию?
 カーク パズヴァニーチ ヴ イポーニユ

6) 日本の国番号は何番ですか.
 Нихон но кунибангō ва нанбан дэсу ка?
 Како́й код Япо́нии?
 カコーイ コート イポーニイ

1) позвони́ть [完] 電話をかける. 2) ближа́йший 最寄りの《最上級》 < бли́зкий 近くの. 3) воспо́льзоваться [完] 利用する(+造). э́тот телефо́н [男] この電話. 4) телефо́нную ка́рточку [対] < телефо́нная ка́рточка [女] テレホンカード. за грани́цу 海外へ < за ...を越えて(+対) + грани́ца (-ы) [女] 国境(-対). за ...の代償で(+対). счёт [男] 勘定. собесе́дник (-а) [男] 話し相手(-生). 6) код [男] 番号. страни́а (-ы) [女] 国(-生).

電話

1) 81です.
　Хатидзю ити дэсу.
　Восемьдесят один.
　ヴォーシミヂシャト　アヂーン

2) 1分あたりの料金はいくらですか.
　Иппун атари но рёкин ва икура дэсу ка?
　Сколько стоит минута?
　スコーリカ　ストーイト　ミヌータ

3) 話中です.
　Ханаситю дэсу.
　Занято.
　ザーニタ

4) もしもし.
　Моси моси.
　Алло́.
　アロー

5) はい（電話を受け取る際の）.
　Хаи (дэнва о укэру саи но).
　Слушаю.
　スルーシャユ

6) 電話が遠いです.
　Дэнва га тōи дэсу.
　Я плохо слышу.
　ヤ　プローハ　スルィーシュ

7) もっと大きな声で（ゆっくり）話してください.
　Мотто ōкина коэ дэ (юккури) ханаситэ кудасаи.
　Говорите громче (медленнее), пожалуйста.
　ガヴァリーチェ　グロームチェ　ミェードリンニエ　パジャールスタ

8) 失礼ですが、どちら様ですか.
　Сицурэидэсу га, дотирасама дэсу ка?
　Извините, кто это говорит?
　イズヴィニーチェ　クトー　エータ　ガヴァリート

9) こちらは佐藤太郎です.
　Котира ва Сатō Тарō дэсу.
　Это говорит Таро Сато.
　エータ　ガヴァリート　タロー　サトー

10) どなたとお話しになりたいのですか.
　Доната то оханаси ни наритаино дэсу ка?
　С кем вы хотите говорить?
　ス　キェーム　ヴィ　ハチーチェ　ガヴァリーチ

11) セルゲイ・イワノヴィチさんをお願いできますか.
　Сергей Иванович сан о онэгаи симасу.
　Можно попросить Сергея Ивановича?
　モージュナ　パプラシーチ　シルギェーヤ　イヴァーナヴィチャ

12) 内線は15番です.
　Наисэн ва дзю гобан дэсу.
　Добавочный номер пятнадцать.
　ダバーヴァチヌイ　ノーミル　ピトナーッツァチ

13) 番号をお間違えのようです.
　Бангō о оматигаэ но ёдэсу.
　Извините, вы не туда попали.
　イズヴィニーチェ　ヴィ　ニ　トゥダー　パパーリ

3) занят!ый (-о) ふさがっている(-無人述). 5) слушаю 私は聞いている < слушать [不] 聞く. 6) плохо 悪く. слышу 私は聞こえる < слышать [不] 聞こえる. 7) громче [比] < громкий 大声の. медленне [比] < медленный ゆっくりした. 8) это [助] 一体 (疑問代名詞の意味を強める). говорит [3単現] < говорить [不] 話す. 9) это [代] こちらは. 10) с кем 誰と. 11) попросить [完] 頼む. 12) добавочный 追加の, 内線の. 13) не туда まちがった所へ. попаiсть (-ли) [完] 探し当てる, 行き当たる(-過去).

電話

1) 失礼しました. 番号をまちがえました.
   Сицурэи симасита. Бангō о матигаэмасита.
   Простите, я ошибся [ошиблась] номером.
   プラスチーチェ ヤ アシープシャ アシーブラシ ♣ ノーミラム

2) 少々お待ちください.
   Сēсē омати кудасаи.
   Одну минуту.
   アドゥヌー ミヌートゥ

3) すぐにつなぎます.
   Сугуни цунагимасу.
   Соединяю.
   サイヂニャーユ

4) 彼は電話口に出れません.
   Карэ ва дэнвагути ни дэрэмасэн.
   Он не может подойти к телефону.
   オン ニ モージェト パダイチー ク チリフォーヌ

5) 後で(10分後に)掛け直してください.
   Атодэ (Дзюппун го ни) какэнаоситэ кудасаи.
   Перезвоните позже (через десять минут).
   ピリズヴァニーチェ ポーッジェ チェーリズ ヂェーシチ ミヌート

6) 後ほど彼にあなたの方にかけ直させましょうか.
   Нотиходо карэни аната но хōни какэнаосасэмасē ка?
   Она может перезвонить Вам?
   アナー モージェト ピリズヴァニーチ ヴァーム

7) 彼はおりません.
   Карэ ва оримасэн.
   Его нету.
   イヴォー ニェートゥ

8) いつ頃お帰りになりますか.
   Ицугоро окаэри ни наримасу ка?
   Когда он вернётся?
   カグダー オン ヴィルニョーツァ

9) 存じません.
   Дзондзимасэн.
   Не знаю.
   ニ ズナーユ

10) 彼と連絡はとれますでしょうか.
    Карэ то рэнраку ва торэмасудэсē ка?
    Можно ли с ним связаться?
    モージナ リ ス ニム スヴィザッツァ

11) 伝言があれば承りますが.
    Дэнгон га арэба укэтамаваримасу га.
    Что-нибудь передать?
    シトーニブチ ピリダーチ

---

1) простите お許しください, すみません < простить [完] 許す. ошибиться [完] まちがう(+造). номер (-ом) [男] 番号(-造). 3) соединять [不] つなぐ. 4) подойти [完] そばに来る. к ...へ(+与). 5) перезвонить [完] 電話をかけ直す. позже しばらくしてから. через ...後に(+対). десять [主=対] 10. минут [複生] < минута [女] 分. 6) может ? ... しましょうか《疑問形につけてやわらかい調子で相手の意向を問う》. 8) вернётся [3単現=未来] < вернуться [完] 帰る. 10) связаться [完] 連絡をとる. 11) передать [完]伝言を伝える.

電話

1) いいえ、それには及びません。 Нет, в э́том нет необходи́мости.
   Ииэ, сорэнива оёбимасэн. ニェート ウ゛エータム ニェート ニアプハヂーマスチ

2) 後ほど又お電話致します。 Я перезвоню́ по́зже.
   Нотиходо мата одэнва итасимасу. ヤ ピリズ゛ヴァニュー ポ゜ーッジェ

3) 彼に伝言をお伝えできませんか。 Вы мо́жете переда́ть ему́?
   Карэ ни дэнгон о оцутаэ дэкимасэн ка? ヴィ モージ゛チェ ピリダ゛ーチ イムー

4) 私から電話があったとお伝えください。 Переда́йте, пожа́луйста, что
   Ватаси кара дэнва га атта то оцутаэ кудасаи. ピリダ゛ーイチェ パジャールスタ シト
   я звони́л(а).
   ヤ ズ゛ヴァニール ♣

5) 電話をくださるように彼にお伝えください。 Попроси́те его́ мне позвони́ть.
   Дэнва о кудасару ёни карэ ни оцутаэ кудасаи. パプラシーチェ イヴォー ムニェー パ゛ズ゛ヴァニーチ

6) あなたの電話番号は何番ですか。 Мо́жно ваш но́мер телефо́на?
   Аната но дэнва банго ва нан бан дэсу ка? モージ゛ナ ヴァーシ ノーミル チリフォーナ

7) 私の電話番号は…です。 Мой телефо́н …
   Ватаси но дэнва банго ва … дэсу. モイ チリフォーン

8) それじゃまた。 Пока́!
   Сорэдзя мата. パカー

---

1) в э́том それに関しては. необходи́мость (-и) [女] 必要性(-生). 5) попроси́ть [完] 頼む、求める. позвони́ть [完] 電話をする. мо́жно ? …をお願いできますか.

§47. 携帯電話
Мобильный телефон
マビーリヌイ　　　チリフォーン

(♪ 139)

1) 私の携帯電話はここでは使えません.　Мой мобильный телефон здесь не работает.
   Ватаси но кэитаидэнва ва кокодэва цукаэмасэн.
   モイ　マビーリヌイ　チリフォーン ズヂェーシ ニ ラボータエト

2) あなたの携帯電話をお借りできますか.　Можно воспользоваться вашим мобильным телефоном?
   Аната но кэитаидэнва о окари дэкимасу ка?
   モージナ　ヴァスポーリザヴァッツァ　ヴァーシム　マビーリヌィム　チリフォーナム

3) 料金は私が払います.　Я оплачу.
   Рёкин ва ватаси га хараимасу.　ヤ　アプラチュー

4) 私は…したい.　Я бы хотел(а) …
   Ватаси ва … ситаи.　ヤ　ブィ　ハチェール ♣

   携帯に充電する　　зарядное устройство на телефон
   кэитаи ни дзюдэн суру　ザリャードナエ ウストローイストヴァ ナ チリフォーン

   携帯電話を賃借りする　взять мобильный телефон напрокат
   кэитаидэнва о тингари суну　ヴジャーチ マビーリヌイ チリフォーン ナプラカート

5) 私はシムカードがほしい.　Я бы хотел(а) СИМ-карту.
   Ватаси ва сим кādо га хосии.　ヤ　ブィ　ハチェール ♣　シム カールトゥ

6) 料金はどうですか.　Какие тарифы?
   Рёкин ва dō дэсу ка?　カキーエ　タリーフィ

7) 30秒で5ルーブルです.　Пять рублей за тридцать секунд.
   Сандзюбё дэ горуубуру дэсу.　ピャーチ ルブリェーイ ザ トリーッツァチ シクーント

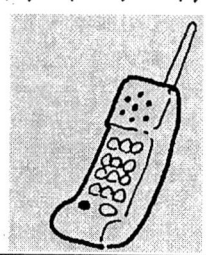

---

1) работать [不] 動く. 2) воспользоваться [完] 使用する. 3) оплаtíть (-чу́) [完] 払う (-1単現). 4) зарядный (-ое) 充電の(-中). устройство [中] 入れること. напрокат 賃借りで. 5) предоплаченный プリペード式の. СИМ-кáртia (-у) [女] シムカード(-対). 6) какие [複] どのような. тариф (-ы) [男] 料金表(-複). 7) рублей [複生] < рубль [男] ルーブル. за …で. секунд [複生] < секунда [女] 秒.

§ 48. インターネット
Интерне́т
インテルネート

(♪ 140)

1) インターネットカフェーはどこにありますか．
Интāнэтто кафэ̄ ва доко ни аримасу ка?
Где нахо́дится интерне́т-кафе́?
グヂェー ナホーヂッツァ インテルネート カフェー

2) ワイヤレスインターネットは使えますか．
Ваиялэсу интāнэтто ва цукаэмасу ка?
Есть беспроводно́й Интерне́т?
イェースチ ビスプラヴァドノーイ インテルネート

3) パソコン(マック, ズィップドライブ)はありますか．
Пасокон (макку, зи́п-драив) ва аримасу ка?
Есть ПК (компью́теры Макинто́ш, зи́п-драив)?
イェースチ ペーカー カムピューテルィ マキントーシュ ジプ ドライフ

4) コンピューターはどのようにスイッチを入れ(切り)ますか．
Компю̄тā ва доно ё̄ни суитти о ирэ (кири) масу ка?
Как мне включи́ть / вы́ключить компью́тер?
カーク ムニェー フクリュチーチ ヴィークリュチチ カムピューテル

5) 私は…したい．
Ватаси ва … ситаи.
Я бы хоте́л(а) …
ヤ ブィ ハチェール ♣

インターネットにアクセスする
ннтāнэтто ни акусэсу суру
подключи́ться к интерне́ту
パトクリュチーッツァ ク インテルネートゥ

メールをチェックする
мэ̄ру о чэкку суру
прове́рить свою́ по́чту
プラヴィエーリチ スヴァユー ポーチトゥ

プリンター(スキャナー)を使う
пуринтā (сукянā) о цукау
воспо́льзоваться при́нтером (ска́нером)
ヴァスポーリザヴァッツァ プリーンテラム スカーネラム

6) 1時間(30分)当たりいくらですか．
Ити дзикан (Сандзю̄ппун) атари икурадэсу ка?
Ско́лько за час / полчаса́?
スコーリカ ザ チャース ポールチサ

7) ログイン(ログオフ)はどのようにしたらいいですか．
Логуин Логуо̄фу ва доно ё̄ни ситара иидэсу ка?
Как мне войти́ / вы́йти?
カーク ムニェー ヴァイチー ヴィーイチ

---

1) находи́ться [不] ある．2) беспроводно́й ワイヤレスの．3) ПК = персона́льный компью́тер [男] パソコン．4) включи́ть [完] スイッチを入れる．вы́ключить [完] スイッチを切る．《不定形文；コンピューターの操作のように誰にでも当てはまる普遍的なことは述語動詞に不定形を使い，主格主語は用いない．しかし，裏に不特定多数の主体「誰もが everyone」が漠然と想定されている．どうしても主体を示す必要がある場合は控えめに与格「…にとって」で表す》．5) подключи́ться [完] つながる．к …に(+与)．интерне́т (-у) [男] インターネット (-与)．прове́рить [完] チェックする(+対)．по́чтıа (-у) [女] メール (-対)．воспо́льзоваться [完] 使う(+造)．при́нтер (-ом) [男] プリンター (-造)．ска́нер (-ом) [男] スキャナー (-造)．6) за …につき(+対)．полсаца́ [男] 30分．7) войти́ [完] ログインする．вы́йти [完] ログオフする．

インターネット

1) 日本語仕様に変えてください．
   Нихонго сиё ни каэтэ кудасаи.
   Включи́те, пожа́луйста, япо́нский алфа́вит.
   フクリュチーチェ パジャールスタ イポーンスキィ アルファーヴィト

2) 日本語のキーボードはありますか．
   Нихонго но кӣбōдо ва аримасу ка?
   Есть япо́нская клавиату́ра?
   イェースチ イポーンスカヤ クラヴィアトゥーラ

3) クラッシュした．
   Курассю сита.
   Слома́лся.
   スラマールシャ

4) 終わりました．
   Оваримасита.
   Я зако́нчил(а).
   ヤ ザコーンチル ♣

関連単語

アイコン	ико́нка	新しいメーセージ	но́вое сообще́ние
аикон	イコーンカ	атарасии мэссēдзи	ノーヴァエ サアプシェーニエ
アクセス	до́ступ	検索エンジン	опера́ция по́иска
акусесу	ドーストゥプ	кэнсаку эндзин	アピラーツィヤ ポーイスカ
@マーク	соба́ка	ソフトウエア	програ́ммное обеспе́чение
атто мāку	サバーカ	софтоуэа	プラグラームナエ アビスピェーチニエ
アップグレード	обновле́ние	OS (ОС)	операцио́нная систе́ма
аппу гурēдо	アブナヴリェーニエ	ōсу	アピラツィオーンナヤ システェーマ
アウトプット	вы́вод	添付ファイル	вложе́ние
аутопутто	ヴィーヴァト	тэнпу фаилу	ヴラジェーニエ
インプット	ввод	バックアップ	резе́рвная ко́пия
инпутто	ヴヴォート	баккуаппу	リジェールヴナヤ コーピヤ
アドレス	а́дрес	ブロードバンド	о́птико-волоко́нная связь
адрэсу	アードリス	бурōдо бандо	オープチカ ヴァラコーンナヤ スヴャーシ
エラー	оши́бка	ホームページ	страни́ца в интерне́те
эрā	アシープカ	хōму пēдзи	ストラニーツァ ヴィンテルネーチェ
検索	по́иск	ユーザーネーム	и́мя по́льзователя
кэнсаку	ポーイスク	юӯдзā нэму	イーミヤ ポーリザヴァチリャ

1) включи́ть [完] 組み入れる. 2) клавиату́ра [女] キーボード. 3) слома́ться [完] クラッシュする. 4) зако́нчить [完] 終える. но́в|ый (-ое) 新しい(-中). сообще́ние [中] メーセージ. програ́ммный プログラムの. обеспе́чение [中] 手段. операцио́нн|ый (-ая) 演算の(-女). систе́ма [女] システム. резе́рвный 予備の. связь [女] 通信. страни́ца [女] ページ. по́льзовател|ь (-я) [男] ユーザー(-生).

インターネット

日本語	ロシア語		日本語	ロシア語		
サーバー сāba	се́рвер シェールヴィル	男	インストールする инстōру суру	устана́вливать ウスタナーヴリヴァチ	不 /	установи́ть ウスタナヴィーチ　完
サイト саито	сайт サーイト	男	切り取る киритору	выреза́ть ヴィリザーチ	不 /	вы́резать ヴィーリザチ　完
初期化 сёкика	формати́рование ファルマチーラヴァニエ	中	起動する кидō суру	запуска́ть ザプスカーチ	不 /	запусти́ть ザプスチーチ　完
ノートパソコン nōto пасокон	но́утбук ノーウトブク	男	クリックする курикку суру	щёлкать ショールカチ	不 /	щёлкнуть ショールクヌチ　完
ディスプレイ дисплэи	диспле́й ヂスプリェーイ	男	検索する кэнсаку суру	иска́ть イスカーチ	不 /	отыска́ть アトィスカーチ　完
ドット дотто	то́чка トーチカ	女	コピーする копӣ суру	копи́ровать カピーラヴァチ	不 /	с- ス-　完
ネットワーク нэтто ваāку	се́ть シェーチ	女	削除する сакудзё суру	удаля́ть ウダリャーチ	不 /	удали́ть ウダリーチ　完
ハードディスク хādo диску	жёсткий ди́ск ジョーストキィ ヂースク	男	受信する дзюсин суру	получа́ть パルチャーチ	不 /	получи́ть パルチーチ　完
バイト баито	байт バーイト	男	送信する сōсин суру	отправля́ть アトプラヴリャーチ	不 /	отпра́вить アトプラーヴィチ　完
プロバイダー пуробаидā	прова́йдер プラヴァーイデル	男	ダウンロードする даунрōдо суру	загружа́ть ザグルジャーチ	不 /	загрузи́ть ザグルジーチ　完
文書 бунсё	докуме́нт ダクミェーント	男	置換する тикан суру	заменя́ть ザミニャーチ	不 /	замени́ть ザミニーチ　完
マウス маусу	мы́шка ムィーシカ	女	貼り付ける харицукэру	вставля́ть フスタヴリャーチ	不 /	вста́вить フスターヴィチ　完
ヘルプ хэрупу	спра́вка スプラーフカ	女	プリントする пуринто суру	печа́тать ピチャータチ	不 /	на- ナ-　完
メモリー мэморӣ	па́мять パーミチ	女	保存する ходзон суру	храни́ть フラニーチ	不 /	со- サ-　完
パスワード пасувādo	паро́ль パローリ	男	ログインする логуин суру	входи́ть フハヂーチ	不 /	войти́ ヴァイチー　完
リンク линку	ссы́лка ススィールカ	女	ログオフする логуōфу суру	выходи́ть ヴィハヂーチ	不 /	вы́йти ヴィーイチ　完

§49. オンライン
Online
オンライン

(♪ 143)

1) この近くにインターネットカフェーはありますか.
Коно тикаку ни интāнэтто кафэ̄ ва аримасу ка?
Здесь ря́дом есть интерне́т-кафе́?
ズヂェーシ リャーダム イェスチ インテルネートカフェー

2) 無線インターネットはありますか.
Мусэн интāнэтто ва аримасу ка?
Есть беспроводно́й Интерне́т?
イェスチ ビスプラヴァドノーイ インテルネート

3) ワイファイのパスワードは何ですか.
WiFi но пасувāдо ва нан дэсу ка?
Како́й паро́ль от WiFi?
カコーイ パローリ アト ワイファイ

4) ワイファイは無料ですか.
WiFi ва мурē десу ка?
WiFi беспла́тный?
ワイファイ ビスプラートヌイ

5) ブルートゥース(青歯)はありますか.
Bluetooth ва аримасу ка?
У Вас есть Bluetooth?
ウ ヴァス イェスチ ブルートゥース

6) スカイプにアクセスできますか.
Skype ни акусэсу дэкимасу ка?
Я смогу́ войти́ в Skype?
ヤ スマグー ヴァイチー フ スカイプ

7) iPhone / iPad / BlackBerry をプラグイン / 充電できますか.
iPhone / iPad / BlackBerry о пурагуин / дзю̄дэн дэкимасу ка?
Я смогу́ подключи́ть / заряди́ть iPhone / iPad / BlackBerry?
ヤ スマグー パトクリュチーチ ザリャヂーチ アイフォン アイパト ブラックベリ

8) どうしたらログオン/ ログオーフできますか.
Дōситара рогуон рогуōфу дэкимасу ка?
Как мне войти́ / вы́йти?
カク ムニェー ヴァイチー ヴィーイチ

9) このマークはどのように打ち込んだらいいですか.
Коно мāку ва доно ēни утикондара иидесу ка?
Как мне напеча́тать э́тот си́мвол?
カク ムニェー ナピチャータチ エータト シームヴァル

---

2) беспроводно́й 無線の. 3) WiFi (= wireless fidelity): 無線LANでインターネットに接続すること及びそのソフト. 4) беспла́тный 無料の. 5) Bluetooth: ディジタル機器用の近距離無線通信の規格. 6) войти́ [完] アクセスする. Skype: マイクロソフト社が開発したP2P技術を利用したインターネット電話サービス. 7) подключи́ть [完] プラグインする(plug in ソフトウエアに機能を追加すること). заряди́ть [完] 充電する. BlackBerry: カナダで開発されたスマートフォン. 8) войти́ [完] log on ログオンする / вы́йти [完] log off ログオーフする(コンピューターにユーザー情報を入力して接続 / 切断を申請すること).
9) напеча́тать [完] 打ち込む.

§ 50. ソーシャルメディア
Социа́льные се́ти
ソツィアーリヌィエ　　シェーチ

(♪ 144)

1) あなたはフェースブック/ツイッターをやっていますか.
Анатава Facebook / Twitter о яттэ имасу ка?
Вы есть в Facebook / Twitter?
ヴィ イェースチ フ フェイスブック トゥイーテル

2) あなたのユーザー名は何ですか.
Аната но юдза мэи ва нан дэсу ка
Како́е у Вас и́мя по́льзователя?
コーエ　ウ ヴァス イーミャ ポ―リザヴァチリャ

3) あなたを友人に加えるつもりです.
Аната о юдзин ни куваэру цумори десу.
Я доба́влю Вас в друзья́.
ヤ ダバーヴリュ ヴァス ヴ トルジヤー

4) ツイッターであなたをフォローします
Twitter дэ аната о фоло симасу.
Я присоединю́сь к Вам в Twitter.
ヤ プリサイチニューシ ク ヴァームフ トゥイーテル

5) 私はフェースブック/ツイッターに写真を投稿します.
Ватаси ва Facebook/Twitter ни сясин о то̄ко̄ симасу.
Я вы́ложу фотогра́фии на Facebook / Twitter.
ヤ ヴィーラジュ ファタグラーフィイ ナ フェースブック トゥイーテル

6) 写真にあなたのことをタグします.
Сясин ни аната но кото о тагу симасу.
Я отме́чу Вас на фотогра́фиях.
ヤ アトミェーチュ ヴァース ナ ファタグラーフィヤフ

関連単語

開く　ひраку	ОТКРЫ́ТЬ　アトクルィーチ	exit	ВЫ́ХОД　ヴィーハト
閉じる　тодзиру	ЗАКРЫ́ТЬ　ザクルィーチ	ログイン　логуин	ВХОД В СИСТЕ́МУ　フホト フ システェーム
消去　сё̄кё	УДАЛИ́ТЬ　ウダリーチ	保存　ходзон	СОХРАНИ́ТЬ　サフラーニチ
ヘルプ　хэрупу	СПРА́ВКА　スプラーフカ	新しいメッセージ　атарасии мэссэ̄дзи	НО́ВОЕ СООБЩЕ́НИЕ　ノーヴァエ サアプシチェーニエ
パスワード　пасува̄до	ПАРО́ЛЬ　パローリ	インスタンメッセンジャー　инсутанто мэссэ̄дзи	МГНОВЕ́ННЫЙ ОБМЕ́Н СООБЩЕ́НИЯМИ　ムグナヴィェーンヌイ アブミェーン サアプシェーニヤミ

социа́льные се́ти [複] テキスト, 音声, 画像などを投稿して論じ合うインターネット上のソフトウエア群(Facebook, Twitter, ニコニコ動画などの). 1) Facebook 友人交流サイト. Twitter つぶやき投稿ブログ. 2) и́мя по́льзователя [中] ユーザー名. 3) добавля́ть [不] 加える. друзья́ [複生] < друг [男] 友人. 4) присоедини́ться [完] 同調する, フォローする. 5) вы́ложить [完] 投稿する. 6) отме́тить [完] タグする. instant messenger コンピューターネットワークを通じてリアルタイムコミュニケーションを実現するアプリケーション. мгнове́нный 瞬間的な. обме́н [男] 交換. сообще́ние [中] 情報.

§51. 郵便局
Почта
ポーチタ

(♪ 145)

1) 郵便局(郵便ポスト)はどこにありますか.
   Ю́бинкёку (Ю́бин посто) ва доко́ни арима́су ка?
   Где по́чта / почто́вый я́щик?
   グチェー ポーチタ パチトーヴイ ヤーシク

2) 私は...を送りたい.
   Вата́си ва ... о окурита́и.
   Я хочу́ посла́ть ...
   ヤ ハチュー パスラーチ

   手紙 / はがき
   тэга́ми хага́ки
   письмо́ / откры́тку
   ピシモー アトクルィートク

   帯封郵便物, 簡易小包
   таифӯ ю́бинбуцу каникодзуцу́ми
   бандеро́ль
   バンヂローリ

   小包
   кодзуцу́ми
   посы́лку
   パスィールク

   ファックス
   фа́ккусу
   факс
   ファークス

3) 私は封筒(切手)を買いたい.
   Вата́си ва фӯто́ (киттэ́) о каита́и.
   Я хочу́ купи́ть конве́рт (ма́рку).
   ヤ ハチュー クピーチ カンヴィエールト マールク

4) このはがき(手紙)の切手をください.
   Ко́но хага́ки (тэга́ми) но киттэ́ о кудаса́и.
   Да́йте ма́рку на э́ту откры́тку / э́то письмо́, пожа́луйста.
   ダーイチェ マールク ナ エートゥ アトクルィートク エータ ピシモー パジャールスタ

5) 普通郵便で日本まで送ってください.
   Фуцӯ ю́убин дэ нихо́н мадэ́ окуттэ́ кудаса́и.
   Пошли́те, пожа́луйста,
   パシリーチェ パジャールスタ
   обы́чной по́чтой в Япо́нию.
   アブィーチナイ ポーチタイ ヴ イポーニユ

---

1) по́чта [女] 郵便局. почто́вый 郵便の. я́щик [男] 箱, ポスト. 2) посла́ть [完] 送る (+対). письмо́ [中] 手紙. откры́тк:а (-у) [女] はがき(-対). бандеро́ль [女] 簡易小包. посы́лк:а (-у) [女] 小包(-対). 3) конве́рт [男] 封筒. ма́рк:а (-у) [女] 切手(-対). 4) на ...のための(+対). э́та откры́тка [女] このはがき. 5) пошли́те [命] < посла́ть [完] 送る. обы́чн:ый (-ой) 普通の(-女造). по́чт:а (-ой) [女] 郵便(-造).

郵便

1) この小包を航空便（速達）で送りたい.
Коно кодзуцуми о кōкӯбин (сокутацу) дэ окуритаи.
Я хочу́ посла́ть э́ту посы́лку а́виа / экспре́сс по́чтой.

2) 中に何が入っていますか.
Нака ни нани га хаиттэ имасу ка?
Что там?

3) みやげ物が入っています.
Миягэмоно га хаиттэ имасу.
Там сувени́ры.

4) 価格はいくらですか.
Какаку ва икура дэсу ка?
Кака́я сто́имость?

5) 税関申告書に記入してください.
Дзэикан синкокусё ни киню̄ ситэ кудасаи.
Пожа́луйста, запо́лните тамо́женную декла́рацию.

6) 受け取りをください.
Укэтори о кудасаи.
Да́йте чек, пожа́луйста.

7) 局留め窓口はどこですか.
Кёкудомэ мадогути ва докодэсу ка?
Где окно́ до востре́бования?

8) 私宛の郵便物がありますか.
Ватаси атэ но ю̄бинбуцу га аримасу ка?
Есть по́чта для меня́?

関連単語

国内郵便 кокунаию̄бин	вну́тренняя по́чта [女]	私書箱 сисёбако	абонеме́нтный я́щик [男]
国際郵便 кокусаию̄бин	междунаро́дная по́чта [女]	郵便番号 ю̄бинбангō	почто́вый код [男]
こわれ物 коварэмоно	хру́пкий [形]	書留 какитомэ	заказно́е [中]

1) авиа(-)по́чта [女] 航空便. экспре́сс по́чта [女] 速達便. 2) там そこに. 3) сувени́р (-ы) [男] みやげ物(-複). 4) кака́я [女] いくらの. сто́имость [女] 価格. 5) запо́лнить (-е) [完] 記入する(+対)(- 命). тамо́женн:ый (-ую) 税関の(- 対). деклара́ци:я (-ю) [女] 申告書(-対). тамо́женная деклара́ция [女] 税関申告書. 6) чек [男] 受け取り. 7) окно́ [中] 窓口. до ...までの(+生). востре́бовани:е (-я) [中] 引き渡し請求, 局留め(-生). 8) для ...宛の(-生). вну́тренн:ий (-яя) 国内の(-女). междунаро́дн:ый (-ая) 国際の(-女). хру́пкий こわれやすい. абонеме́нтный 予約の.

§52. ビジネス
Би́знес
ビーズネス

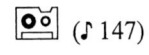

(♪ 147)

1) 私は … のために来ました。　Я прие́хал(а) на…
   Ватаси ва … но тамэни кимасита.　ヤ プリイエーハル ♣ ナ

   商談　　　делову́ю встре́чу
   сёдан　　ヂラヴーユ フストリェーチュ

   会議　　　конфере́нцию
   каиги　　カンフィリェーンツィユ

2) …はどこにありますか。　Где…?
   … ва доко ни аримасу ка?　グヂェー

   ビジネスセンター　　би́знес-центр
   бидзинэс сэнтā　　ビーズネス ツェーントル

   会議室　　конфере́нц-зал
   каигисицу　カンフィリェーンツ ザール

   商談室　　ко́мната для встреч
   сёдансицу　コームナタ ドリャー フストリェーチ

3) アポはありますか。　У Вас назна́чена встре́ча?
   Апо ва аримасу ка?　ウ ヴァース ナズナーチナ フストリェーチャ

4) どなたとですか。　С кем?
   Доната то дэсу ка?　ス キェーム

5) 彼(彼女)は会合に出ています。　Он / Она́ на встре́че.
   Карэ (Канодзё) ва каигō ни дэтэ имасу.　オン オナー ナ フストリェーチェ

6) ちょっとお待ちください。　Одну́ мину́ту, пожа́луйста.
   Тётто омати кудасаи.　アドヌー ミヌートゥ パジャールスタ

---

1) прие́хать [完] 乗物で来る。на …のために(+対；目的)。делова́я встре́ча [女] 商談 < делови́ой (-у́ю) 仕事上の(-女対) + встре́чa (-у) [女] 会談、会合、商談(-女対)。конфере́нция (-ю) [女] 会議(-女対)。2) ко́мната [女] 室。для …のための(+生)。встреч [複生] < встре́ча [女] 商談。3) назна́ченный (-а) [受過] 指定されている(-短語尾) < назнача́ть [完] 指定する。文字通りは「あなたにとって会合は指定されているか」。5) на …に(+前；内部位置)。встре́чa (-е) [女] 会合(-前)。

ビジネス

1) どうぞおかけください. Присáживайтесь.
   Дōдзо окакэ кудасаи. プリサージヴァイチシ

2) 何かお飲物でもいかがですか. Не желáете чтó-нибудь вы́пить?
   Наника ономимо дэмо икагадэсу ка? ニ　ジラーイチェ　シトーニブチ　ヴィーピチ

3) お越しいただいてありがとうございます. Спаси́бо за визи́т.
   Окоси итадаитэ аригатō годзаимасу. スパシーバ　ザ　ヴィジート

4) 遅れてすみません. Извини́те за опоздáние.
   Окурэтэ сумимасэн. イズヴィニーチェ　ザ　アパズダーニエ

5) 私の名前は佐藤太郎と申します. Меня́ зовýт Сато Таро.
   Ватаси но намаэ ва Сатō Тарō то мōсимасу. ミニャー　ザヴート　サトー　タロー

6) ...をどうぞ. Вот ...
   ... о дōдзо. ヴォート

   私の名刺 моя́ визи́тная кáрточка
   ватаси но мэиси マヤー　ヴィジートナヤ　カールタチカ

   私の電話番号 мой нóмер
   ватаси но дэнва бангō モイ　ノーミル

   私の携帯電話の番号 мой нóмер моби́льного
   ватаси но кэитаи дэнва но бангō モイ　ノーミル　マビーリナヴァ

   私のイーメールアドレス мой е-мэйл (e-mail) áдрес
   ватаси но īмēру адорэсу モイ　イーメイル　アードリス

7) あなたの名刺もいただけますか. Мóжно Вáшу визи́тку?
   Аната но мэиси мо итадакэмасу ка? モージナ　ヴァーシュ　ヴィジートク

8) 私の同僚の伊藤さんをあなたに紹介してもかまいませんか. Разреши́те предстáвить моегó /
   ラズリシーチェ　プリッターヴィチ　マイヴォー
   Ватаси но дōрē но Итō сан о аната мою́ коллéгу Ито.
   ни сēкаи ситэмо камаимасэн ка? マユー♣　カリェーグ　イトー

1) присáживайтесь [命] < присáживаться [不] こしかける. 2) желáть [不] 望む. вы́пить [完] 飲む. 3) за ...に対して(+対). визи́т [男] 訪問. 4) опоздáние [中] 遅れ. 6) визи́тная кáрточка [女] 名刺. 7) мóжно ...?《無人述》...をいただけませんか(+対). вáшу е-мэйл/e-mail [男] イーメール《最近は英語で書く場合が多い》. визи́тку [対]<вáша визи́тка [女] あなたの名刺. предстáвить [完] 紹介する(+対). коллéгa (-у) [男/女] 同僚(-対).

ビジネス

1) 私は通訳が必要です。
   Ватаси цӯяку га хицуё̈ дэсу.
   Мне ну́жен перево́дчик.
   ムニエ ヌージェン ピリヴォーチク

2) 私は土曜までここにいます。
   Ватаси ва доё̈ мадэ кокони имасу.
   Я бу́ду здесь до суббо́ты.
   ヤ ブードゥ ズチェーシ ダ スボートィ

3) すべてがとてもうまくいきました。
   Субэтэ га тотэмо умаку икимасита.
   Всё прошло́ о́чень успе́шно.
   フショー プラシロー オーチニ ウスピェーシナ

4) あなたとお仕事ができてうれしく思います。
   Аната то осигото га дэкитэ урэсику омоимасу.
   Прия́тно име́ть де́ло с ва́ми!
   プリヤートナ イミェーチ チェーラ ス ヴァーミ

5) お時間をさいていただいてありがとうございます。
   Одзикан о саитэ итадаитэ аригатō годзаимасу.
   Спаси́бо что потра́тили своё вре́мя!
   スパシーバ シト パトラーチリ スヴァヨー ブリェーミャ

6) お食事でもいかがですか。
   Осёкудзи дэмо икага дэсу ка?
   Хоти́те пойти́ в рестора́н?
   ハチーチェ パイチー ヴ リスタラーン

7) 今日は私がおごります。
   Кё̈ ва ватаси га огоримасу.
   Сего́дня я угоща́ю.
   シヴォードニャ ヤ ウガシャーユ

---

1) ну́жен 必要な. перево́дчик [男] 通訳. 2) бу́ду いるだろう. до …まで(+生). суббо́та [女] 土曜. 3) прошло́ [過去中性形] < пройти́ [完] 経過する, うまくいく. успе́шно うまく. 4) прия́тно [無人述] うれしい. име́ть [不] 持つ(+対). де́ло [中] 仕事. 5) потра́тить (-ли) [完] 費やす(-過去). вре́мя [中] 時間. 6) хоти́те …はいかがですか(+不定形). пойти́ [完] 行く. в …へ(+対;移動). 7) угоща́ть [不] おごる.

§ 53. 誘い
Приглашéние
プリグラシェーニエ

(♪ 150)

1) ...はお暇ですか.　　　　　　Вы свобóдны ...?
　　... ва охима дэсу ка?　　　　ヴィ スヴァボードヌィ

　　今　　　　　　　　　　　сейчáс
　　има　　　　　　　　　　シチャース

　　今晩　　　　　　　　　　сегóдня вéчером
　　конбан　　　　　　　　シヴォードニャ ヴィェーチラム

　　この週末　　　　　　　　в суббóту
　　коно сюмацу　　　　　フ スボートゥ

2) はい, 暇です.　　　　　　　Да, я свобóден / свобóдна.
　　Хаи, хима дэсу.　　　　ダ ヤ スヴァボーチェン スヴァボードナ

3) すみません, 今日は他の約束があ　Извинúте, у меня́ на сегóдня
　　ります.　　　　　　　　　　　イズヴィニーチェ ウ ミニャー ナ シヴォードニャ
　　Сумимасэн, кё ва хока но　уже́ назнáчена встрéча.
　　якусоку га аримасу.　　　　ウジェー ナズナーチナ フストリェーチャ

4) いつがお暇ですか.　　　　　Когдá вы свобóдны?
　　Ицу га охимадэсу ка?　　カグダー ヴィ スヴァボードヌィ

5) あさっての晩以降なら大丈夫です.　Крóме вéчера послезáвтра, я
　　Асаттэ но бан икō нара даидзёбу　クローミェ ヴィェーチラ パスリザーフトラ ヤ
　　дэсу.　　　　　　　　　　　могý в любóй день.
　　　　　　　　　　　　　　　マグー ヴ リュボーイ チェーニ

6) ...に行きませんか.　　　　　Вы не хотúте пойтú ...?
　　... ни икимасэн ка?　　　ヴィ ニ ハチーチェ パイチー

　　カフェー　　　　　　　　в кафé
　　кафэ̄　　　　　　　　　フ カフェー

　　踊り　　　　　　　　　　потанцевáть
　　одори　　　　　　　　パタンツィヴァーチ

　　バー　　　　　　　　　　в бар
　　бā　　　　　　　　　　ヴ バール

1) свобóдный (-ы) 暇な(-短語尾複). в ...に(+対；日時). суббóтіа (-у) [女] 土曜(-対).
2) свобóден [男], свобóдна [女] < свобóдный 暇な. 3) на ...に(+前；時点).
назнáченный (-а) [受過] 指定された(-短語尾) < назнáчить [完] 指定する, 決める.
встрéча [女] 会うこと. 5) крóме ...以外に(+生). вéчер (-а) [男] 晩(-生). послезáвтра
あさって. в ...に(+対；日時). любóй いかなる. день [男] 日.6) не хотúте...шменка(+
不定形；勧誘). пойтú [完] 行く. кафé [中] カフェー(不変). потанцевáть [完] 少し踊る.

誘い

	レストラン	в ресторáн
	рэсуторан	ウ゛ リスタラーン
	どこか散歩	кудá-нибудь погуля́ть
	докока санпо	クダーニブチ パグリャーチ
1)	はい，喜んで．	Я с удовóльствием．
	Хаи, ёрокондэ.	ヤ ス ウダヴォーリストヴィエム
2)	どこに行きましょうか．	Кудá?
	Доко ни икимасё̄ ка?	クダー
3)	どこかよいレストランを知っていますか．	Вы знáете, где хорóший ресторáн?
	Докока ёи рэсуторан о ситтэ имасу ка?	ヴィ ズナーイチェ グヂェー ハローシイ リスタラーン
4)	うちのパーティーに来て下さい	Поéдем к нам на вечери́нку．
	Ути но па̄ти ни китэ кудасаи	パイェーヂェム ク ナーム ナ ヴィチリーンク
5)	私といっしょにディスコに行きませんか．	Вы не хоти́те пойти́ со мной на дискотéку?
	Ватаси то иссё ни диско ни икимасэн ка?	ヴィ ニ ハチーチェ パイチー サ ムノーイ ナ ヂスコチェーク
6)	せっかくですが，行けません．	Спаси́бо, но я не могу́．
	Сэккакудэсуга, икэмасэн.	スパシーバ ノ ヤ ニ マグー
7)	残念ながら，踊れません．	К сожалéнию, я не умéю танцевáть．
	Дзаннэннагара одорэмасэн.	ク サジャリェーニュ ヤ ニ ウメィェーユ タンツィヴァーチ

кудá-нибудь どこか．погуля́ть [完] ちょっと散歩する．1) с удовóльствием 喜んで < удовóльствие [中] 喜び．4) поéдем 行きましょう < поéхать [完] 行く．на ...に(+対; 表面への移動)．вечери́нк:а (-у) [女] (家庭での)パーティー(-対)．5) пойти́ [完] 歩いていく．мной 私といっしょに．дискотéк:а (-у) [女] ディスコ(-対)．7) к сожалéнию 残念ながら < сожалéни:е (-ю) [中] 残念(-与)．умéть (-ю) [不] ...できる(-1単現)．танцевáть [不] 踊る．

§ 54. ロマンス
Ромáн
ラマーン

(♪ 150)

1) ご一緒してよろしいですか. Мóжно к Вам присоедини́ться?
   Гоиссё ситэ ёросии дэсу ка? モージナ ク ヴァーム プリサイチニーッツァ

2) お飲物を注文させてください. Позвóльте вам предложи́ть
   Ономимоно о тю̄мон сасэтэ パズヴォーリチェ ヴァーム プリドラジーチ
   кудасаи. что́-нибудь вы́пить.
   シトーニブチ ヴィーピチ

3) あなたはとても魅力的です. Вы прекрáсно вы́глядите.
   Аната ва тотэмо мирёкутэки дэсу. ヴィ プリクラースナ ヴィーグリャチチェ

4) あなたは美しい. Ты краси́вая.
   Аната ва уцукусии. トィ クラシーヴァヤ

5) あなたに一目ぼれしました. Я влюби́лся в вас с пéрвого взгля́да.
   Аната ни хитомэборэ симасита. ヤ ヴリュビールシャ ヴ ヴァース ス ピェールヴァヴァ ヴズグリャーダ

6) あなたを気に入りました. Вы мне нрáвитесь.
   Аната о кини иримасита. ヴィ ムニェー ヌラービチシ

7) あなたを愛しています. Я Вас люблю́.
   Аната о аиситэ имасу. ヤ ヴァース リュブリュー

8) 私の妻になって頂けませんか. Ты вы́йдешь за меня́?
   Ватаси но цума ни наттэ トィ ヴィーイチシ ザ ミニャー
   итадакэмасэн ка?

9) あなたの電話番号(Ｅメールア Мóжно Ваш нóмер телефóна/
   ドレス)を教えて頂けますか. モージナ ヴァーシ ノーミル チリフォーナ
   Аната но дэнва банго̄ (йӣмэ̄ру электрóнный а́дрес?
   адорэсу) о осиэтэ итадакэмасу ка? エリクトローンヌイ アードリス

10) あなたのことをもっとよく知り Мне бы хотéлось узнáть о
    たい. ムニェー ブィ ハチェーラシ ウズナーチ ア
    Аната но кото о мотто ёку тебé побóльше.
    сиритаи. チビェー パボーリシェ

1) к ...и(+与). присоединиться [完] 仲間に加わる, いっしょになる. 2) позвóльте [命] < позвóлить [完] 許す. предложи́ть [完] 申し出る. вы́пить [完] 飲ほす. прекрáсно 美しく, 魅力的に. вы́глядите [2複現] < вы́глядеть [不] 見える. краси́вый (-ая) 美しい(-女). 5) влюби́ться (-лся) [完] ほれる(-過去). с пéрвого взгля́да 一目で < взгляд [男] 一べつ. 6) нрáвиться [完] 気に入る. 7) люби́ть [不] 愛する. 8) вы́йдешь [2単現] < вы́йти [完] 妻になる. 9) электрóнный áдрес Ｅメールのアドレス. 10) хотéлось ...したい《無人称動詞》< хотéться [不] 望む. узнáть [完] 知る. о ...について(+前). побóльше もう少し多く.

1) どこかもっと静かな所へ行きませんか.　Пойдём куда́-нибудь в ти́хое ме́сто?
　Докока мотто сидзукана токоро э икимасэн ка?　パイチョーム クダーニブチ フ チーハエ ミェースタ

2) ありがとう, 喜んで.　Спаси́бо! Я с удово́льствием.
　Ариґато̄, ёрокондэ.　スパシーバ ヤ スダヴォーリストヴィエム

3) どこに行きましょうか.　Куда́?
　Доко ни икимасё̄ ка?　クダー

4) どこに行きたいですか.　Куда́ вы хоти́те пойти́?
　Доко ни икитаидэсу ка?　クダー ヴィ ハチーチェ パイチー

5) どこで待ち合わせましょうか.　Где встре́тимся?
　Доко дэ матиавасэмасё̄ ка?　グヂェー フストリェーチムシャ

6) 残念ながらできません.　К сожале́нию, я не могу́.
　Дзаннэннагара дэкимасэн.　ク サジャリェーニユ ヤ ニ マグー

7) 男(女)友達と一緒です.　Я здесь с дру́гом (подру́гой).
　Отоко (Онна) томодати то иссёдэсу.　ヤ ズヂェーシ ス ドルーガム パドルーガイ

8) いいえ, 結構です.　Нет, спаси́бо.
　Ииэ, кэкко̄ дэсу.　ニエト スパシーバ

9) ありがとう, でも忙しいです.　Спаси́бо, но я за́нята.
　Ариґато̄, дэмо исогасиидэсу.　スパシーバ ノ ヤ ザーニャタ

10) 興味がありません.　Меня́ э́то не интересу́ет.
　Кёми ґа аримасэн.　ミニャー エータ ニ インチリスーエト

11) ほっといてください.　Оста́вьте меня́ в поко́е.
　Хоттоитэ кудасаи.　アスターフィチェ ミニャー フ パコーエ

12) じゃましないでください.　Переста́ньте мне надоеда́ть!
　Дзяма синаидэ кудасаи.　ピリスターニチェ ムニェー ナダイダーチ

---

1) пойдём 歩いて行きましょう < пойти́ [完] 歩いて行く. в ...へ(+対; 移動). ти́х:ий (-ое) 静かな(-中). ме́сто [中] 所. 5) встре́тимся [1複現] < встре́титься [完] 出会う. 7) с ...といっしょに(+造). друг (-ом) [男] 男友達(-造). подру́г:а (-ой) [女] 女友達(-造). 9) за́нята [短語尾女] < за́нятый 忙しい. 10) интересу́ет [3単現] < интересова́ть [不] 興味をおこさせる. 11) оста́вьте [命] < оста́вить [完] 放っておく. в поко́е そっと < поко́:й (-е) [男] 安静(-前). 12) переста́ньте < переста́ть [完] やめる. надоеда́ть [不] 煩わす, じゃますった.

§55. 待合わせ
Встре́ча
フストリェーチャ

(♪ 154)

1) 何時に会いましょうか。 Во ско́лько встре́тимся?
   Нандзи ни аимасё ка? ヴァ スコーリカ フストリェーチムシャ

2) どこで会いましょうか。 Где встре́тимся?
   Докодэ аимасё ка? グヂェー フストリェーチムシャ

3) どこでお待ち頂けますか。 Где вы бу́дете ждать?
   Докодэ омати итадакэмасу ка? グヂェー ヴィ ブーヂェチェ ジダーチ

4) モスクワ駅の出口で明日 Дава́йте встре́тимся у вы́хода на
   7時に会いましょう。 ダヴァーイチェ フストリェーチムシャ ウ ヴィーハダ ナ
   Москва эки но дэгути дэ Моско́вский вокза́л в семь часо́в за́втра.
   асу ситидзи ни аимасё. モスコーフスキィ ヴァグザール フ シェーミ チソーフ ザーフトラ

5) 会う時間をもう少し後にし Не могли́ бы мы встре́титься попо́зже?
   てもらえませんか。 ニ マグリー ブィ ムィ フストリェーチッツァ パポーッジェ
   Ау дзикан о мō сукоси
   атони ситэ мораэмасэн ка?

6) あなたを迎えに行きます。 Я зайду́ за ва́ми.
   Аната о мукаэни икимасу. ヤ ザイドゥー ザ ヴァーミ

7) 用意ができていますか。 Вы гото́вы?
   Ёи га дэкитэ имасу ка? ヴィ ガトーヴィ

8) 用意ができています。 Я гото́в(а).
   Ёи га дэкитэ имасу. ヤ ガトーフ ♣

9) あす / また会いましょう。 До за́втра / встре́чи!
   Асу / Мата аимасё. ダ ザーフトラ フストリェーチ

10) 遅れてすみません。 Извини́те, что я опозда́л(а).
    Окурэтэ сумимасэн. イズヴィニーチェ シト ヤ アパズダール ♣

11) かまいません。 Ничего́!
    Камаимасэн. ニチヴォー

---

1) встре́тимся [1複現] < встре́титься [完] 会う. 3) бу́дете 未来形. ждать [不] 待つ. 4) дава́йте ...しましょう. у ...のそばに(+生). вы́ход (-а) [男] 出口 (-生). на ...で(+前; 表面上の位置). 「モスクワ駅」はサンクトペテルブルグにあります。モスクワにある駅はレニングラード駅(Ленингра́дский вокза́л)と言います. 5) попо́зже もう少し後で. 6) зайти́ [完] 迎えに行く. за ...を迎えに(+造). 7) гото́в|ый (-ы) 用意のできた(-短語尾). 9) до ...まで(+生). за́втра [中] あす(不変化). встре́ч|а (-и) [女] 出会い(-生). 10) опозда́ть [完] 遅れる.

§ 56. 趣味
Хо́бби
ホービ

(♪ 155)

1) あなたのご趣味は何ですか.   Како́е у вас хо́бби?
   Аната но госюми ва нан дэсу ка? カコーエ ウ ヴァース ホービ

2) ...は好きですか.   Вам нра́вится ...?
   ... ва суки дэсу ка? ヴァーム ヌラーヴィッツァ

3) 私は...が好き(でない)です.   Мне (не) нра́вится ...
   Ватаси ва ... га суки (дэнаи) дэсу. ムニェー ニ ヌラーヴィッツァ

コンピューターゲーム компю̄та̄ гэ̄му	игра́ть в компью́терные и́гры イグラーチ フ カムピューテルヌィエ イーグルィ
料理 рё̄ри	гото́вить ガトーヴィチ
ダンス дансу	танцева́ть タンツィヴァーチ
ドミノ домино	домино́ ダミノー
デッサン дэссан	рисова́ть リサヴァーチ
映画 эига	кино́ キノー
園芸 энгэи	садово́дство サダヴォーツトヴァ
ハイキング хаикингу	пешехо́дный тури́зм ピシホードヌィ トゥリーズム
音楽 онгаку	му́зыка ムーズィカ
絵画 каига	жи́вопись ジーヴァピシ
写真 хясин	фотографи́ровать ファタグラフィーラヴァチ

1) како́е [中] どんな. хо́бби [中] 趣味. 3) игра́ть [不] 遊ぶ. в ...に(+対; 没入). компью́терн¦ый (-ые) コンピューターの(-複対). и́гры [複対] < игра́ [女] ゲーム. гото́вить [不] 料理する. танцева́ть [不] ダンスする. рисова́ть [不] デッサンすること. пешехо́дный 徒歩の. тури́зм [男] 旅行.

読書	чита́ть
докусё	チターチ

ショッピング	ходи́ть по магази́нам
сёппингу	ハヂーチ パ マガジーナム

スポーツ	спорт
супōцу	スポルト

インターネット	интерне́т
интāнэтто	インテルネート

旅行	путеше́ствовать
рёкō	プチシェーストヴァウヴァチ

テレビを見ること	смотре́ть телеви́зор
тэрэби о миру кото	スマトリェーチ チリヴィーザル

1) 暇なときは何をしていますか。 Чем вы занима́етесь в свобо́дное вре́мя?
   Хима на токи ва нани о ситэ имасу ка? チェм ヴィ ザニマーイチェシ フ スヴァボードナエ ヴリェーミャ

2) 夜はたいてい何をしますか。 Что вы обы́чно де́лаете ве́чером?
   Ёру ва таитэи нани о симасу ка? シト ヴィ アブィーチナ チェーライチェ ヴィエーチラム

3) 晩はテレビを見て過ごします。 По вечера́м я смотрю́ телеви́зор.
   Бан ва тэрэби о митэ сугосимасу. パ ヴィチラーム ヤ スマトリュー チリヴィーザル

4) 週末はいつも何をしますか。 Что вы обы́чно де́лаете в конце́ неде́ли?
   Сюмацу ва ицумо нани о симасу ка? シト ヴィ アブィーチナ チェーライチェ フ カンツェー ニヂェーリ

5) 週末は映画を見に行きます。 В конце́ неде́ли я хожу́ в кинотеа́тр.
   Сюмацу ва эига о мини икимасу. フ カンツェー ニヂェーリ ヤ ハジュー フ キナチアートル

фотографи́ровать [不] 写真をとる. ходи́ть по магази́нам [不] あちこちの店を歩き回る < по ...のあちこちを(+与). магази́н (-ам) [男] 店(-複与). путеше́ствовать [不] 旅行する. смотре́ть [不] 見る. 1) занима́ться [不] する(+造). в ...に(+対; 日時). свобо́дный (-ое) 暇な(-中対). вре́мя [中対] とき. 2) обы́чно たいてい. по ...ごとに(+与). ве́чер (-а́м) [男] 晩(-複与). 4) обы́чно いつも. де́лать [不] в ...に(+前; 時期). коне́ц (-це́) [男] 末(-形). неде́ля (-и) [女] 週(-生). 5) хожу́ [1単現] < ходи́ть [不·定] 行ってくる. в ...へ(+対; 移動). кинотеа́тр [男] 映画.

1) 休日は何をしますか. Что вы обы́чно де́лаете по выходны́м?
　　Кю̄дзицу ва нани о симасу ка?　シトー ヴィ アブィーチナ チェーライチェ パ ヴィハドヌィーム

2) 休日はスポーツジムに通っています.　Я хожу́ в спортза́л по выходны́м.
　　Кю̄дзицу ва супōцу дзиму ни каётте имасу.　ヤ ハジュー フ スパルトザール パ ヴィハドヌィーム

関連単語

星占い хосиуранаи	астроло́гия アストゥローギヤ 囡	サウナ сауна サーウナ	са́уна サーウナ 囡
ボーリング бōрингу	бо́улинг ボーウリング 男	ゴルフ горуфу	гольф ゴリフ 男
チェス чэсу	ша́хматы シャーフマトゥイ 複	散歩 санпо	прогу́лка プラグールカ 囡
キノコ狩り кинокогари	собира́ние грибо́в サビラーニエ グリボーフ 中	ピアノ пиано	роя́ль ラヤーリ 男
トランプ торанпу	ка́рты カールトゥイ 複	カラオケ караокэ	караоке カラオケ 中

1) по …ごとに(+与). выходны́|е (-м) [複] 休日(-与). спортза́л [男] スポーツジム. собира́ние [中] 採取. гриб (-о́в) [男] キノコ(-複生).

§ 57. 音楽
Му́зыка
ムーズィカ

(♪ 158)

1) あなたは...しますか。 Вы ...?
   Аната ва ... симасу ка? ヴィ

   音楽を聞く   слу́шаете му́зыку
   онгаку о кику   スルーシャイチェ ムーズィク

   コンサートに行く   хо́дите на концéрты
   консāто ни ику   ホーヂチェ ナ カンツェールトィ

   楽器を演奏する   игра́ете на како́м-нибудь
   гакки о энсō суру   イグラーイチェ ナ カコーム ニブヂ
                          инструмéнте
                          インストルミェーンチェ

2) どの音楽が好きですか。   Каку́ю му́зыку вы лю́бите?
   Доно онгаку га сукидэсу ка? カクーユ ムーズィク ヴィ リュービチェ

3) 私はクラシックが好きです。 Я люблю́ класси́ческую му́зыку.
   Ватаси ва курасикку га сукидэсу. ヤ リュブリュー クラシーチスクユー ムーズィク

4) あなたの好きな作曲家は誰ですか。 Кто ваш люби́мый компози́тор?
   Аната но сукина саккёкука ва   クトー ヴァシ リュビームイ カムパズィータル
   дарэдэсу ка?

5) シチェドリンです。   Щедри́н.
   Щедри́н дэсу.   シェドリーン

関連単語

ブルース бурӯсу	блюз ブリュース	男	クラシック курасикку	класси́ческая му́зыка クラシーチスカヤ ムーズィカ	女
ジャズ дзядзу	джаз ジャス	男	電子音楽 дэнсионгаку	электро́нная му́зыка エリクトローンナヤ ムーズィカ	女
ポップス поппус	поп ポプ	男	民謡 минё	наро́дные пе́сни ナロードヌィエ ピェースニ	複
ロック рокку	рок ロク	男	映画音楽 эига онгаку	му́зыка из кинофи́льмов ムーズィカ イス キナフィーリマフ	女

1) слу́шать [不] 聞く(+対). му́зыкːа (-у) [女] 音楽(-対). хо́дить [不完・不定] 行く. на ...へ(+対; 移動). концéрт (-ы) [男] コンサート(-複対). игра́ть [不] 演奏する. на 楽器で(+前). како́м-нибудь [前] < како́й-нибудь [代] なんらかの. инструмéнт (-е) [男] 楽器(-前). 2) каку́ю му́зыку [対] < кака́я му́зыка [女] どんな音楽. люби́ть [不] 好く(+対). 3) класси́ческːая (-ую) му́зыкːа (-у) [女] クラシック音楽(-対). 4) люби́мый 好きな. компози́тор [男] 作曲家. электро́нный (-ая) 電子の(-女). наро́дные пе́сни [複] < наро́дная пе́сня [女] 民謡. кинофи́льм (-ов) [男] 映画(-複生).

§58. 劇場
Теа́тр
チアートル

(♪ 159)

1) 私は芝居（バレエ）を観たい.　Я хочу́ посмотре́ть пье́су (бале́т).
　　Ватаси ва сибаи (балээ) о митаи　ヤ　ハチュー　パスマトリェーチ　ピエース　バリエート

2) どこで劇場のレパートリーを観れますか.　Где мо́жно посмотре́ть репертуа́р теа́тров?
　　Докодэ гэкидзё̄ но рэпа̄тори о мирэмасу ка?　グヂェー　モージナ　パスマトリェーチ　リピルトゥアール　チアートラフ

3) ボリショイ劇場では今日何をやっていますか.　Что идёт сего́дня в Большо́м теа́тре?
　　Большо́и гэкидзё̄ дэва кё̄ нани о яттэ имасу ка?　シトー　イヂョート　シヴォードニャ　ヴ　バリショーム　チアートリ

4) オペラ「ボリス・ゴドゥノフ」です.　Идёт о́пера ≪ Бори́с Годуно́в ≫.
　　Опера≪Бори́с Годуно́в≫дэсу.　イヂョート　オーピラ　バリース　ガドゥノーフ

5) このオペラは誰の作曲ですか.　Кто написа́л э́ту о́перу?
　　Коно опера ва дарэ но саккёку дэсука?　クトー　ナピサール　エートゥ　オーピル

6) プロコフィエフです.　Проко́фьев.
　　Проко́фьев дэсу.　プロコーフィエフ

7) 開幕は何時ですか.　Когда́ нача́ло спекта́кля?
　　Каимаку ва нандзи дэсу ка?　カグダー　ナチャーラ　スピクタークリャ

8) 7時です.　В семь часо́в.
　　Ситидзи дэсу.　フ　シェーミ　チソーフ

9) マチネーはありますか.　Есть дневно́й спекта́кль?
　　Матинэ̄ ва аримасу ка?　イェースチ　ドニヴノーイ　スピクタークリ

10) このバレエはなんといいますか.　Как называ́ется э́тот бале́т?
　　Коно балээ ва нан то иимасу ка?　カーク　ナズィヴァーエッツァ　エータト　バリエート

11) 白鳥の湖です.　Лебеди́ное О́зеро.
　　Хакутё̄ но мидзууми дэсу.　リビヂーナエ　オージラ

12) プリマ・バレリーナは誰ですか.　Кто при́ма-балери́на?
　　Прима-балери́на ва дарэ дэсу ка?　クト　プリーマ　バリリーナ

1) посмотре́ть [完] 観る(+対). пье́са [女] 芝居. бале́т [男] バレエ. 2) репертуа́р [男] レパートリー. теа́тр (-ов) [男] 劇場(-複生). 3) идёт < идти́ [不] 上演される. в ...で(+前). Большо́й (-о́м) теа́тр (-е) [男] ボリショイ劇場(-前). 5) написа́ть [完] 作曲する(+対). э́ту о́перу [対] < э́та о́пера [女] このオペラ. 7) нача́ло [中] 開始. спекта́кль (-я) [男] 芝居(-生). 9) дневно́й 昼の. 10) называ́ться [不] 呼ばれる. лебеди́ный (-ое) 白鳥の(-中). о́зеро [中] 湖.

劇場

1) 幕間は何分間ですか.
   Макуаи ва нанпункан дэсу ка?
   Сколько минут антракт?
   スコーリカ　ミヌート　アントラークト

2) 彼(彼女)は何と言っていますか.
   Карэ (Канодзё) ва нан то иттэ имасука?
   Что он / она говорит?
   シト　オン　アナー　ガヴァリート

3) しーっ.
   Си.
   Т-с-с-с!
   ツー

関連単語

日本語	ロシア語		日本語	ロシア語	
舞台　бутаи	сцена　スツェーナ	囡	2階正面特等席　никаи сёмэн токутōсэки	бельэтаж　ベリエターシ	男
座席　дзасэки	место　ミエースタ	囲	貴賓席　кихинсэки	царская ложа　ツァールスカヤ　ロージャ	囡
列　рэцу	ряд　リャート	男	ロビー　роби	фойе　ファィエー	囲
バルコニー席　барукони сэки	балкон　バルコーン	男	オーケストラ　ōкэсутора	оркестр　アルキェーストル	男
ボックス席　боккусу сэки	ложа　ロージャ	囡	ドラマ劇場　дорама гэкидзё	драматический театр　ドラマチーチスキィ　チアートル	男
クローク　курōку	гардероб　ガルヂローブ	男	コンサートホール　консāто хōру	концертный зал　カンツェールトヌイ　ザール	男
平土間　хирадома	партер　パルテール	男	拍手　хакусю	аплодисменты　アプラヂスミェーントィ	複
サークル席　сākуру сэки	ярус　ヤールス	男	アンコール　анкōру	бис　ビース	男

---

1) минут [複生] < минута [女] 分. антракт [男] 幕間. царск:ий (-ая) 王の(-女). ложа [女]特別席. драматический ドラマの. концертный コンサートの. зал [男]ホール.

§ 59. 映画
Кино́
キノー

(♪ 161)

1) 今晩映画に行きたい.
コンバン エイガ ニ イキタイ.
Сего́дня ве́чером я хочу́ пойти́ в кино́.
シヴォードニャ ヴィエーチラム ヤ ハチュー パイチー フ キノー

2) 映画館では何を上映していますか.
エイガカン デワ ナニ オ ジョーエイ シテ イマス カ?
Что идёт в кино́?
シトー イチョート フ キノー

3) 映画館の切符を2枚予約してください.
エイガカン ノ キップ オ ニマイ ヨヤク シテ クダサイ.
Закажи́те для меня́ два биле́та в кинотеа́тр.
ザカジーチェ ドリャ ミニャー ドヴァー ビリェータ フ キナチアートル

4) 最近のロシア映画ではどんなものがお勧めですか.
サイキン ノ ロシア エイガ デワ ドンナ モノ ガ オススメデス カ?
Како́й но́вый ру́сский фильм вы сове́туете посмотре́ть?
カコーイ ノーヴイ ルースキィ フィーリム ヴィ サヴィエートゥイチェ パスマトリェーチ

5) 世話物映画です.
セワモノ エイガ デス.
Бытовы́е фи́льмы.
ブィタヴィーエ フィーリムィ

6) あなたは「10月」を見たことがありますか.
アナタ ワ 《ジュウガツ》 オ ミタコト ガ アリマス カ?
Вы смотре́ли ≪Октя́брь≫?
ヴィ スマトリェーリ アクチャーブリ

7) この映画には誰が出演していますか.
コノ エイガ ニワ ダレ ガ シュツエン シテ イマス カ?
Кто игра́ет в э́том фи́льме?
クトー イグラーエト ヴ エータム フィーリメ

8) 主役をマルトヴィエイフが演じています.
シュヤク オ マトヴェーエフ ガ エンジテ イマス.
Гла́вную роль игра́ет Матве́ев.
グラーヴヌユ ローリ イグラーエト マトヴィエーエフ

9) 映画の監督は誰ですか.
エイガ ノ カントク ワ ダレデス カ?
Кто режиссёр фи́льма?
クト リジショール フィーリマ

10) ミハルコフです.
ミハルコフ デス.
Михалко́в.
ミハルコーフ

1) ве́чером 晩に. в ...に(+対; 移動). кино́ [中] 映画(不変化). 2) в ...で(+前; 静止位置). 3) закажи́те [命] < заказа́ть [完] 予約する. для ...のために. биле́т (-а) [男] 切符(-生). 4) сове́товать [不] 勧める. 5) бытово́й (-ы́е) 風俗描写の(-複). 7) игра́ть [不] 演じる. 8) гла́вн;ая (-ую) роль [女] 主役(-対). 9) режиссёр [男] 監督. фильм (-а) [男]映画(-生).

映画

1) 好きなスターは誰ですか.　Кто ва́ша люби́мая звезда́?
   Суки на сутā ва дарэ дэсу ка?　クトー　ヴァーシャ　リュビーマヤ　ズヴィズダー

2) ブリェスチャーシェです.　Блестя́щие.
   Блестящие дэсу.　ブリスチャーシエ

関連単語

アクション映画 акусён эига	боевики́ バイヴィキー	女優 дзёю	актри́са アクトリーサ
アニメ映画 анимэ эига	мультфи́льмы ムリトフィーリムィ	SF映画 эсуэфу эига	нау́чная фанта́стика ナウーチナヤ　ファンタースチカ
喜劇映画 кигэки эига	коме́дии カミェーチィ	スリラー映画 сурирā эига	три́ллеры トリーレルィ
ドラマ дорама	дра́мы ドラームィ	ドキュメンタリー映画 докюмэнтари эига	документа́льные фи́льмы ダクミンターリヌィエ　フィーリムィ
ラブストーリー лаву сутōри	мелодра́мы ミラドラームィ	ロシア映画 росиа эига	ру́сские фи́льмы ルースキエ　フィーリムィ
ホラー映画 хорā эига	фи́льмы у́жасов フィーリムィ　ウージャサフ	日本映画 нихон эига	япо́нские фи́льмы イポーンキエ　フィーリムィ
戦争映画 сэнсō эига	фи́льмы о войне́ フィーリムィ　ア　ヴァイニェー	ハリウッド映画 халиуддо эига	голливу́дские фи́льмы ガリヴーツキエ　フィーリムィ
俳優 хаию	актёр アクチョール	短編映画 танпэн эига	короткометра́жные фи́льмы カラトカミトラージヌィエ　フィーリムィ

1) люби́м|ый (-ая)　好きな(-女). звезда́ [女]　スター. у́жас (-ов) [男]　恐怖(-複生). война́ [女]　戦争. нау́чный　科学の. фанта́стика [女]　空想小説. документа́льный　ドキュメンタリーの. япо́нский　日本の. голливу́дский　ハリウッドの. короткометра́жный　短編の.

§60. 美術館
Галере́я
ガリリェーヤ

(♪ 163)

1) 私はトレチャコフ美術館を訪れたい.
   Ватаси ва Третьяко́в бидзюцукан о отодзурэтаи.
   Я хочу́ посети́ть Третьяко́вскую галере́ю.
   ヤ ハチュー パシチーチ トリチャコーフスクユ ガリリェーユ

2) 私達はエルミタージュを訪れたい.
   Ватаситати ва Эрмита́ж о отодзурэтаи.
   Мы хоти́м посети́ть Эрмита́ж.
   ムウイ ハチーム パシチーチ エルミターシ

3) 美術館は何時に開きますか.
   Бидзюцукан ва нандзи ни хиракимасу ка?
   В каки́е часы́ рабо́тает галере́я?
   フ カキーエ チスイー ラボータエト ガリリェーヤ

4) 入場券はいくらですか.
   Нюудзё̈ кэн ва икура дэсу ка?
   Ско́лько сто́ит входно́й биле́т?
   スコーリカ ストーイト ヴハドノーイ ビリェート

5) コレクションには何がありますか.
   Колэкусён нива нани га аримасу ка?
   Что в колле́кции?
   シト フ カリェークツイイ

6) 私は19世紀の絵画に興味があります.
   Ватаси ва дзю̈кю̈сэики но каига ни кё̈ми га аримасу.
   Меня́ интересу́ют карти́ны XIX ве́ка.
   ミニャー インチリスーユト カルチーヌイ チェヴィト ナーツァタ ヴァ ヴェーカ

7) 私はルブリョフの作品が好きです.
   Ватаси ва Рублёв но сакухин га сукидэсу.
   Я люблю́ произведе́ния Рублёва.
   ヤ リュブリュー プライズヴィチェーニヤ ルブリョーヴァ

8) 見学にはどれほど時間がかかりますか.
   Кэнгаку нива дорэходо дзикан га какаримасу ка?
   Ско́лько вре́мени займёт осмо́тр?
   スコーリカ ヴリェーミニ ザイミョート アスモートル

9) 案内人はいますか.
   Аннаинин ва имасу ка?
   Экскурсово́д есть?
   エクスクルサヴォート イェースチ

10) これは誰の作品ですか.
    Корэ ва дарэ но сакухин дэсу ка?
    Чьё э́то произведе́ние?
    チョー エータ プライズヴィチェーニエ

1) посети́ть [完] 訪れる(+対). Третьяко́в:ая (-ую) галере́:я (-ю) [女] トレチャコフ美術館(-対)《1856年にモスクワに創設》. 2) Эрмита́ж [男] エルミタージ美術館《サンクトペテルブルグ》. 3) в ...に(+対; 日時). каки́е часы́ [複対] 何時. рабо́тать [不] 営業を開始する. 4) входно́й 入場用の. биле́т [男] 券. 5) в ...に関しては(+前). колле́кци:я (-и) [女] コレクション(-前). 6) меня́ 私を. интересова́ть [不] 興味をおこさせる(+対). карти́н:а (-ы) [女] 絵(-複). в ...に(+前; 時期). в = веке < век [男] 世紀. 7) произведе́ни:е (-я) [中] 作品(-複対). 8) ско́лько どれだけの. вре́мени [生] < вре́мя [中] 時間. займёт [3単現] < заня́ть [完] 時間がかかる. осмо́тр [男] 見学. 8) экскурсово́д [男] 案内人. 10) чьё [中与] < чей 誰.

美術館

1) これはレーピンの作品です。 Это произведéние Рéпина.
   Корэ ва Рéпин но сакухин дэсу. エータ プライズヴィチェーニエ リェーピナ

2) この絵は何様式ですか。 В какóм стúле вы́полнена
   Коно э ва нани ёсики дэсу ка? フ カコーム スチーレ ヴィーパルニナ
                                  эта картúна?
                                  エータ カルチーナ

3) これは印象派の展覧会です。 Это вы́ставка импрессионúзма.
   Корэ ва инсēха но тэнранкаи дэсу. エータ ヴィースタフカ イムプリシアニーズマ

4) 私はこの絵が気に入りました。 Мне нрáвится эта картúна.
   Ватаси ва коно э га кини иримасита. ムニェー ヌラーヴィツァ エータ カルチーナ

5) 出口はどこですか。 Где вы́ход?
   Дэгути ва доко дэсу ка? グヂェー ヴィーハト

関連単語

芸術, 美術 гэйдзюцу, бидзюцу	искýсство イスクーストヴァ 中	聖像画 сэйдзōга	икóнопись イコーナピシ 女
絵画 каига	жúвопись ジーヴァピシ 女	風景画 фӯкэйга	пейзáж ペイザーシ 男
油絵 абураэ	мáсляная жúвопись マースリナヤ ジーヴァピシ 女	フレスコ画 фрэсуко га	фрéска フリェースカ 女
画家 гака	худóжник フドージニク 男	彫刻術 тēкокудзюцу	гравирóвка グラヴィローフカ 女
肖像画 сēдзōга	портрéт パルトリェート 男	彫刻 тēкоку	скульптýра スクリプトゥーラ 女
水彩画 суисаига	акварéльная жúвопись アクヴァリェーリナヤ ジーヴァピシ 女	彫刻家 тēкокука	скýльптор スクーリプタル 男
スケッチ сукэтти	набрóсок ナブローサク 男	版画 ханга	эстáмп エスタームプ 男
陶芸 тōгэй	фарфóр ファルフォール 男	アトリエ ато́риэ	стýдия ストゥーヂヤ 女

2) И. Рéпин レーピン(1844 - 1930；写実主義の代表的画家). 2) в какóм стúле ［前］ < стúль ［男］ 様式. вы́полненıый (-а) ［受形］ 制作された< вы́полнıить ［完］ 制作する. 3) вы́ставка ［女］ 展覧会. импрессионúзм ［男］ 印象派. мáслянıый (-ая) 油の(-女). акварéльнıый (-ая) 水彩の(-女). жúвопись ［女］ 絵.

作品 сакухин	произведе́ние プライズヴィチェーニエ 男	表現主義 хёгэн сюги	экспрессиони́зм エクスプリシアニーズム 男
様式 ёсики	стиль 男 スチーリ	芸術至上主義 гэйдзюцу сидзё сюги	супремати́зм 男 スプリマチーズム
古典主義 котэн сюги	классици́зм クラシツィーズム 男	印象派 инсёха	импрессиони́зм 男 イムプリシアニーズム
前衛主義 дзэнэй сюги	авангарди́зм 男 アヴァンガルヂーズム	構成主義 косэи сюги	конструктиви́зм 男 カンストルクチヴィーズム
象徴主義 сётё сюги	символи́зм 男 シムヴァリーズム	ビザンチン様式 бидзантин ёсики	византи́йский стиль ヴィザンチーイスキィ スチーリ 男
現代主義 гэндаи сюги	модерни́зм 男 モデルニーズム	ポストモダニズム посто моданизм	постмодерни́зм 男 ポストモデルニーズム
ルネッサンス рунэссанс	ренесса́нс 男 リニサーンス	グラフィックアート гурафикку āто	графи́ческое иску́сство グラフィーチスカエ イスクーストヴァ 中
写実主義 сядзицусюги	реали́зм 男 リアリーズム	ロマン主義 роман сюги	романти́зм 男 ラマンチーズム
未来主義 мираи сюги	футури́зм 男 フトゥリーズム	古代ロシア様式 кодаи росиа ёсики	дрѐвнеру́сский стиль ドリェーヴニルースキィ スチーリ 男
移動展派 идōтэн ха	передви́жники ペリドヴィージニキ 複	コンピューターアート компюутā āто	компью́терное иску́сство カムピューテルナエ イスクーストヴァ 中

古楽器グースリ

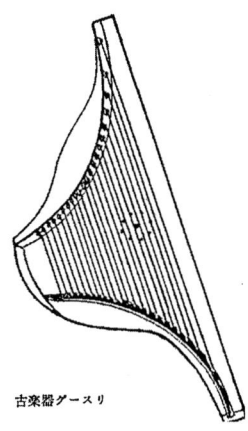

графи́ческ:ий (-ое) グラフィックの(-中). компью́терн:ый (-ое) コンピューターの(-中).

§ 61. スポーツ
Спорт
スポールト

(♪ 166)

【スポーツに対する関心】　【спорти́вные интере́сы】
супо̄цу ни таисуру кансин　スパルチーヴヌィエ　インチリェースィ

1) あなたの国ではどんなスポーツが盛んですか．
Анатано куни дэва донна супо̄цу га сакан дэсу ка?
Каки́е ви́ды спо́рта популя́рны у вас?
カキーエ　ヴィ―ドィ　スポールタ　パプリャールヌィ　ウ　ヴァース

2) ロシアではサッカーが最も盛んです．
Росиа дэва сакка̄ га моттомо сакан дэсу.
В Росси́и са́мый популя́рный спорт — футбо́л.
ヴ　ラシーイ　サームイ　パプリャールヌイ　スポールト　フトボール

3) あなたはどんなスポーツをしますか(に興味がありますか)．
Аната ва донна супо̄цу о симасу ка (кёми га аримасу ка)?
Каки́м ви́дом спо́рта вы занима́етесь (интересу́етесь)?
カキーム　ヴィーダム　スポールタ　ヴィ　ザニマーイチェシ　インチリスーイチェシ

4) 私は…をします．
Ватаси ва … о симасу.
Я занима́юсь …
ヤ　ザニマーユシ

　　サイクリング
　　саикурингу
　　велоспо́ртом
　　ヴィラスポールタム

　　体操
　　таисо̄
　　гимна́стикой
　　ギムナースチカイ

　　ジョギング
　　дзёгингу
　　бе́гом
　　ビェーガム

　　フィットネス体操
　　фиттонэсу таисо̄
　　фи́тнесом
　　フィートネサム

5) 私は…を観戦します．
Ватаси ва … о кансэн симасу.
Я смотрю́ …
ヤ　スマトリュー

　　サッカー
　　сакка̄
　　футбо́л
　　フトボール

　　テニス
　　тэнис
　　те́ннис
　　テーニス

спорти́вный (-ые) スポーツの(-複). интере́с (-ы) [男] 関心(-複). 1) каки́е [複] どんな. вид (-ы) [男] 種類(-複). спорт (-а) [男] スポーツ(-生). популя́рный (-ые) 人気のある, 盛んな(-複短語尾). у вас あなたのところでは. 3) занима́етесь < занима́ться [不] 運動をする(+造). интересова́ть [不] 興味をおこさせる(+対). велоспо́рт (-ом) [男] サイクリング(-造). гимна́стика (-ой) [女] 体操(-造). бег (-ом) [男] ジョギング(-造). фи́тнес (-ом) [男] フィットネス体操(-造). смотре́ть [不] 観る(+対).

【スポーツ競技の観戦】
супōцу кёги но кансэн

【смотре́ть спорти́вные состяза́ния】
スマトリェーチ　スパルチーブヌィエ　サスチザーニヤ

1) 私はスポーツ観戦が好きです.
   Ватаси ва супōцу кансэн га сукидэсу.

   Мне нра́вится смотре́ть спорти́вные состяза́ния.
   ムニエ　ヌラーヴィツァ　スマトリェーチ　スパルチーブヌィエ　サスチザーニヤ

2) ...はいつですか.
   ... ва ицу дэсу ка?

   Когда́ ...?
   カグダー

   競馬
   кэйба

   ска́чки
   スカーチキ

   競輪
   кэйрин

   велого́нка
   ヴィラゴーンカ

   ゴルフトーナメント
   голфтōнамэнт

   турни́р по го́льфу
   トゥルニール　パ　ゴーリフ

   バスケットボールの試合
   басукэттобōру но сиаи

   баскетбо́льный матч
   バスキトボーリヌイ　マッチ

3) スタジアム(競馬場)はどこですか.
   Сутадзиаму (Кэйбадзё) ва доко дэсу ка?

   Где стадио́н (ипподро́м)?
   グヂェー　スタヂオーン　イッパドローム

4) どのチームがプレーしていますか.
   Доно тӣму га пурē ситэ имасу ка?

   Каки́е кома́нды игра́ют?
   カキーエ　カマーンドィ　イグラーユト

5) どこでお金を賭けることができますか.
   Доко дэ оканэ о какэру кото га дэкимасу ка?

   Где я могу́ сде́лать ста́вку?
   グヂェー　ヤ　マグー　ズヂェーラチ　スターフク

6) どちらがリードしていますか.
   Дотирага рӣдо ситэ имасу ка?

   Кто ведёт?
   クト　ヴィヂョート

7) スコアはどうですか.
   Сукоа ва дō дэсу ка?

   Како́й счёт?
   カコーイ　ショート

8) すばらしい(ひどい, つまらない)試合だった.
   Субарасии (Хидои, Цумаранаи) сиаи датта.

   Был отли́чный (плохо́й, ску́чный) матч.
   ヴィル　アトリーチヌイ　プラホーイ　スクーチヌイ　マッチ

1) спорти́вный (-е) スポーツの(-複対). состяза́ниe (-я) [中] 競技(-複対). турни́р [男] トーナメント. по ...に関する(+与). гольф (-у) [男] ゴルフ(-与). 4) кома́ндa (-ы) [女] チーム(-複). игра́ть [不] プレーする. 5) сде́лать ста́вку お金を賭ける < ста́вка [女] 賭け. 6) вести́ [不] リードする. 7) счёт [男] スコア. отли́чный すばらしい. плохо́й ひどい. ску́чный つまらない. матч [男] 試合.

【スポーツをする】　　　　【занима́ться спо́ртом】
супōцу о суру　　　　　ザニマーッツァ　スポールタム

1) …はどこにありますか.　Где…?
　…ва доко ни аримасу ка?　グヂェー

　　ゴルフコース　　　по́ле для го́льфа　田
　　голуфу кōсу　　　ポーリ　ドリャ　ゴーリファ

　　スポーツジム　　　спортза́л　男
　　супōцу дзиму　　　スポルトザール

　　テニスコート　　　те́ннисный корт　男
　　тэнису кōто　　　テーニスヌイ　コールト

2) …あたりいくらですか.　Ско́лько сто́ит…?
　…атари икурадэсу ка?　スコーリカ　ストーイト

　　1日 / 1時間　　　в день / в час
　　итинити / итидзикан　ヴヂェーニ　フ チャース

　　1ゲーム / 1ラウンド　за игру́ / за круг
　　ити гēму / ити раундо　ザ イグルー　ザ クルーク

3) ここでゴルフクラブ（ラケット）を　Я могу́ взять напрока́т клю́шки
　借りられますか.　ヤ マグー ヴジャーチ ナプラカート　クリューシキ
　Кокодэ голуфу курабу　для го́льфа (раке́тку)?
　(ракэтто) о карирарэмасу ка?　ドリャ ゴーリファ　ラケートク

4) プレーするためには会員にな　Ну́жно быть чле́ном клу́ба?
　らないといけませんか.　ヌージナ　ブィーチ　チリェーナム　クルーバ
　Пурē суру тамэнива каиин
　ни наранаи то икэмасэн ка?

5) 女性専用の時間帯はありますか.　Есть вре́мя то́лько для же́нщин?
　Дзёсэи сэнё но дзикантаи ва　イェースチ ヴリェーミャ トーリカ ドリャ ジェーンシン
　аримасу ка?

6) 更衣室はどこですか.　Где раздева́лка?
　Кōисицу ва доко дэсу ка?　グヂェー　ラズヂヴァールカ

---

1) по́ле [中] コース. для (+生). гольф (-а) [男] ゴルフ(-生). те́нниск:ый (-ые) テニスの(-複). корт (-ы) [男] コート(-複). 2) в …につき(+対). за …で(+対; 代價). игра́ (-ы́) [女] ゲーム(-対). круг [男] 一巡, ラウンド. взять [完] 借りる(+対). напрока́т 賃借で. клю́шк:а (-и) [女] ゴルフクラブ(-複). для …のために(+生). раке́тк:а (-у) [女] ラケット(-対). 4) член (-ом)[男] 会員(-造; 主格補語は造格になる). клуб (-а) [男] クラブ(-生).
5) вре́мя [女] 時間帯. же́нщин:а (-и) [女] 女性(-複). раздева́лка [女] 更衣室.

スポーツ

【サッカー】
sakkā

【футбо́л】
フドホール

1) サッカーの試合はいつですか.
Sakkā но сиаи ва ицу дэсу ка?
Когда́ футбо́льный матч?

2) スタジアムはどこですか.
Сутадзиаму ва доко дэсу ка?
Где стадио́н?

3) あなたはどこのファンですか.
Аната ва доко но фан дэсу ка?
За кого́ вы боле́ете?

4) 私はダイナモのファンです.
Ватаси ва Дина́мо но фан дэсу.
Я боле́ю за «Дина́мо».

5) トルピードでは誰がプレーしていますか.
Торпедо дэва дарэ га пурэ̄ ситэ имасу ка?
Кто игра́ет за Торпе́до?

6) 彼は偉大な選手です.
Карэ ва идаина сэнсю дэсу.
Он кла́ссный футболи́ст.

7) 彼はイタリアとの試合で見事なプレーをしました.
Карэ ва итариа тоно сиаи дэ миготона пурэ̄ о симасита.
Он прекра́сно игра́л про́тив Ита́лии.

8) どちらが勝っていますか.
Дотирага каттэ имасу ка?
Кто ведёт?

9) スコアはどうですか.
Сукоа ва до̄ дэсу ка?
Како́й счёт?

10) どのチームがリーグのトップにいますか.
Доно тӣму га рӣгу но топпу ни имасу ка?
Кака́я кома́нда ли́дер чемпиона́та?

11) がんばれスパルターク！
Ганбарэ Спарта́к!
Спарта́к — чемпио́н!

12) なんとすばらしい（ひどい）チーム！
Нанто субарасии (хидои) тӣму!
Кака́я прекра́сная / ужа́сная кома́нда!

13) くずども！
Кудзудомо!
На мы́ло

---

3) за ...に対して(+対). кого́ 誰. боле́ете < боле́ть [不] ひいきする. 5) игра́ть [不] プレーする. 6) кла́ссный 第一級の. футболи́ст [男] サッカー選手. 7) прекра́сно 見事に. про́тив ...に対して(+生). Ита́лия [女] イタリア. 10) кома́нда [女] チーм. ли́дер [男] トップ. чемпиона́т (-а) [男] 選手権, リーグ(-生). 11) чемпио́н [男] チャンピオン. 12) прекра́сн:ый (-ая) すばらしい(-女). ужа́сн:ый (-ая) とてもひどい(-女).

関連単語

日本語	ロシア語		日本語	ロシア語	
ボール ボーる	мяч ミャーチ	男	フーリガン フリガン	хулига́нство フリガーンストヴァ	中
コーチ コーチ	тре́нер トリェーニル	男	コーナーキック コーナキック	углово́й уда́р ウグラヴォーイ ウダール	男
監督 カントク	ме́неджер メーニジェル	男	ファン ファン	боле́льщик / боле́льщица バリェーリシク / バリェーリシツァ	男 女
選手 センシュ	игро́к イグロ―ク	男	退場 タイジョー	удале́ние с по́ля ウダリェーニエ ス ポーリャ	中
反則 ハンソク	пена́льти ピナーリチ	複	フリーキック フリキック	свобо́дный уда́р スヴァボードヌイ ウダール	男
ファウル ファウる	наруше́ние ナルシェーニエ	中	レッドカード レッド カド	кра́сная ка́рточка クラースナヤ カールタチカ	女
ゴール ゴーる	гол ゴーる	男	イエローカード イエロ カド	жёлтая ка́рточка ジョールタヤ カールタチカ	女
ゴールキーパー ゴーる キパ―	голки́пер ゴるキーピる	男	ストリーカー ストリカ	стри́кер ストリーキル	男
レフリー, 審判 レフリ, シンパン	ре́фери, судья́ リェーフィリ 男 スヂヤー 男		ストライカー ストライカ	бомбарди́р バムバルチール	男
オフサイド オフサイド	офса́йд オフサーイト	男			

удале́ние [中] 退場. с ...から(+生). по́ле (-я) [中] コース(-生). свобо́дный フリーの. уда́р [男] キック. кра́сн:ый (-ая)赤い(-女). ка́рточка [女]カード. жёлт:ый (-ая)黄色の(-女).

§62. ビーチ, プール
Пляж, бассéйн
プリャーシ バシーン

1) ビーチ(プール)はどこですか. — Где пляж / бассéйн?
   Бӣти (Пӯру) ва доко дэсу ка? — グチェー プリャーシ バシーン

2) ここに … はありますか. — Здесь есть…?
   Кокони … ва аримасу ка? — ズチェーシ イエースチ

   屋外(屋内)プール — откры́тый / закры́тый бассéйн
   окугаи (окунаи) пӯру — アトクルィートゥイ ザクルィートゥイ バシーン

   子供用プール — дéтский бассéйн
   кодомоё̄ пӯру — チェーツキィ バシーン

3) ここで…は危険ではありませんか. — Здесь не опáсно…?
   Кокодэ … ва кикэн дэва аримасэн ка? — ズチェーシ ニ アパースナ

   泳ぐこと — плáвать
   оёгу кото — プラーヴァチ

   ダイビングすること — ныря́ть
   даибингу суру кото — ヌィリャーチ

   子供たちにとって — для детéй
   кодомотати ни тоттэ — ドリヤ チチェーイ

4) 私はデッキチェアを借りたい. — Я хочý взять напрокáт шезлóнг.
   Ватаси ва дэкки чэа о каритаи. — ヤ ハチュー ヴジャーチ ナプラカート シィズローンク

関連単語

タオル	полотéнце 囲	モーターボート	мотóрная лóдка 囡
таору	パラチェーンツェ	мōтā бōто	マトールナヤ ロートカ
救護員	спасáтель 男	ジェットスキー	вóдный мотоци́кл 男
кю̄гоин	スパサーチリ	джэтто сукӣ	ヴォードヌィ マタツィークル
パラソル	зонт 男	水上スキー	вóдные лы́жи 複
парасору	ゾーント	суидзё̄ сукӣ	ヴォードヌィエ ルィージ
手漕ぎボート	лóдка 囡	サーフボード	доскá для сéрфинга
тэкоги бōто	ロートカ	сāфу бōдо	ダスカー ドリヤ ショールフィンガ 囡

2) откры́тый 屋根のない. закры́тый 屋根でおおわれた. бассéйн [男] プール.
3) опáсный (-о) 危険な(-無人述). плáвать [不] 泳ぐこと. ныря́ть [不] もぐること. детéй [生]＜ дéти [複] 子供たち. 4) шезлóнг [男] デッキチェア. мотóрный (-ая) モーターつきの. вóдный (-ые) 水の, 水上の(-複). мотоци́кл [男] オートバイ. лы́жи [複] スキー. доска [女] ボード. сéрфинг (-а) [男] サーフィン(-生).

§ 63. スキー
Лы́жный спорт
ルィージヌィ スポルト (♪ 172)

1) …に行くことは可能ですか． Мо́жно ли поката́ться на …?
   … ни икукото ва каноо дэсу ка? モージナ リ パカタートツァ ナ

   アルペンスキー   го́рных лы́жах
   арупэн сукӣ   ゴールヌィフ ルィージャフ

   クロスカントリースキー   обы́чных лы́жах с па́лками
   куросуканторӣ сукӣ アブィーチヌィフ ルィージャフ ス パールカミ

   スノーボード   сноубо́рде
   сунō бōдо   スノウボールチェ

   リュージュ競技   са́нках
   рю̄дзю кёги   サーンカフ

2) パスはいくらですか． Ско́лько сто́ит проездно́й?
   Пасу ва икура дэсу ка? スコーリカ ストーイト プライズドノーイ

3) 1日 (5日) 有効のリフト券をく   Абонеме́нт на подъёмник на день
   ださい．   アバニミェーント ナ パドヨームニク ナ チェーニ
   Итинити (ицука) ю̄кō но   (пять дней), пожа́луйста.
   рифуто кэн о кудасаи.   ピャーチ ドニェイ パジャールスタ

4) …を借りたい． Я бы хоте́л(а) взять … напрока́т.
   … о каритаи.   ヤ ブィ ハチェール ♣ ウジャーチ ナプラカート

   スキー   лы́жи
   сукӣ   ルィージ

   スキースーツ лы́жный костю́м
   сукӣ сю̄цу   ルィージヌィ カスチューム

   スキー靴   боти́нки
   сукӣ гуцу   バチーンキ

   ストック   па́лки
   сутокку   パールキ

5) これは大き (小さ) 過ぎます． Э́то сли́шком велико́ / мало́.
   Корэ ва ооки (тииса) сугимасу. エータ スリーシカム ヴィリコー マロー

1) поката́ться [完] しばらく乗り回す．на …に乗って(+前)．го́рных лы́жах [複前] < го́рные лы́жи [複] アルペンスキー．обы́чн|ый (-ых) 普通の(-複前)．с …を持った(+造)．па́лка (-ми) [女] ストック(-複造)．сноубо́рд (-е) [男] スノーボード(-前)．са́нк|и (-ах) [複] リュージュ(-複前)．2) проездно́й [男] 通行用の；パス．брать [完] 受ける(+対)．уро́ки [複] レッスン．5) вели́к|ий (-о́) 大きい(-中)．ма́л|ый (-о́) 小さい(-中)．

スキー

1) レッスンはありますか.
   Рэссун ва аримасу ка?
   Есть уроки?

2) レッスンを受けられますか.
   Рэссун о укэрарэмасу ка?
   Можно ли брать уроки?

3) 私は中級です.
   Ватаси ва тю̄кю̄ дэсу.
   Я опытный лыжник.

4) あのスロープはどの程度のレベルですか.
   Ано суро̄пу ва доно тэйдо но рэбэру дэсу ка?
   Какого уровня сложности этот склон?

5) どのスロープが...用のですか.
   Доно суро̄пу га ... ёно дэсу ка?
   Какие склоны подойдут для ... лыжника?

   初級者 сёкю̄ся — начинающего
   中級者 тю̄кю̄ся — опытного
   上級者 дзёкю̄ся — профессионального

6) スロープマップをください.
   Суро̄пу маппу о кудасаи.
   Схему трассы, пожалуйста.

関連単語

リゾート ридзо̄то	курорт	ゴーグル го̄гуру	лыжные очки
ヘルメット хэрумэтто	шлем	スキーリフト сукӣ рифуто	подъёмник для лыжников
かんじき кандзики	снегоступы	ドラグリフト дорагурифуто	подъёмник
手袋 тэбукуро	перчатки	チェアリフト чэа рифуто	подвесной подъёмник
ケーブルカー кэ̄буру ка̄	фуникулёр	インストラクター инсторакута̄	инструктор

1) уроки [複] レッスン. 3) опытный 熟練した, 経験のある. лыжник [男] スキーヤー. 4) уровня [生] < уровень [男] レベル. сложность (-и) [女] 難度(-生). склон [男] スロープ. 5) какие [複] どの. подойдут [3複現] < подойти [完] 向く, 適する. для ... のための(+生). начинающий (-его) 新米の, 初級の(-生). опытный (-ого) 普通の, 中級の(-生). профессиональный (-ого) プロの, 上級の(-生). 6) схема (-у) [女] 略図, マップ(-対). трасса (-ы) [女] コース, ルート(-生). лыжный (-ые) スキー用の(-複). очки [複] めがね. подъёмник (-ов) [男] リフト(-複生). подвесной つり下がった.

§64. ハイキング
Поход
パホート

(♪ 174)

1) どこで…できますか.　　Где мо́жно …?
   Докодэ … дэкимасу ка?　グヂェー モージナ

   食料品を買う　　купи́ть проду́кты
   сёкурёхин о кау　クピーチ プラドゥークトィ

   現地の人を見つける　　найти́ кого́-нибудь, кто зна́ет
   гэнти но хито о мицукэру　ナイチー カヴォーニブチ クトー ズナーエト
   　　　　　　　　　　　　ме́стность
   　　　　　　　　　　　　ミェースナスチ

   地図を手に入れる　　доста́ть ка́рту
   тидзу о тэни ирэру　ダスターチ カールトゥ

   ハイキング用品を借りる　　взять в прока́т обмундирова́ние
   хаикингу ёхин о кариру　ヴジャーチ フ プラカート アブムンヂラヴァーニエ
   　　　　　　　　　　　　для тури́зма
   　　　　　　　　　　　　ドリャ トリーズマ

2) どのコースが最も…ですか.　　Како́й маршру́т са́мый …?
   Доно ко̄су га моттомо … дэсу　カコーイ マルシルート サームイ
   ка?

   楽な　　лёгкий
   ракуна　リョーフキィ

   おもしろい　　интере́сный
   омосирои　インチリェースヌイ

   短い　　бы́стрый
   мидзикаи　ブィーストルイ

3) コースは…ですか.　　Маршру́т …?
   Ко̄су ва … дэсу ка?　マルシルート

   標識が整っている　　хорошо́ поме́чен
   хёсики га тотоноттэ иру　ハラショー パミェーチェン

   見通しのきく　　откры́т
   митōси но кику　アトクルィート

   風光明媚な　　сцени́ческий
   фӯкō мэйбина　スツィーニーチスキィ

1) проду́кты [複] 食料品. найти́ [完] 見つける. кого́-нибудь だれか. знать [不]知
っている. ме́стность [女] 現地, 地域. доста́ть [完] 手に入れる(+対). ка́рт:а (-у) [女]
地図(-対). обмундирова́ние [中] 備品, 用品. тури́зм (-а) [男] ハイキング(-生). 2)
маршру́т [男] コース. бы́стрый はやい, 短い. 3) поме́че:нный (-н) [受過] 標識をつ
けられた(-短語尾)< поме́тить [完] 標識をつける. откры́:тый (-т) 見通しのきく(-短語尾).

ハイキング

1) ...を携帯しないといけませんか. Ну́жно взять ...?
   ... о кэитаи синаито икэмасэн ка?

  寝袋   спа́льный мешо́к
  нэбукуро

  食料   еду́
  сёкурё̄

  水   во́ду
  мидзу

2) ...をどこで見つけられますか. Где ...?
   ... о докодэ мицукэрарэмасу ка?

  キャンプ場   ке́мпинг 男
  кянпу дзё̄

  最寄りの村   ближа́йшая дере́вня 因
  моёри но мура

  シャワー   душ 男
  сявā

  トイレ   туале́т 男
  тоирэ

3) 安全ですか. Безопа́сно?
   Андзэн дэсу ка?

4) ガイドは必要ですか. Нам ну́жен проводни́к?
   Гаидо ва хицуё̄ дэсу ка?

5) どれだけの高度を登らないとい Как высоко́ мы подни́мимся?
   けませんか.
   Дорэдакэ но ко̄до о
   ноборанаито икэмасэн ка?

6) コースの距離はどれ位ですか. Какова́ протяжённость маршру́та?
   Кōсу но кёри ва дорэгураи дэсука?

7) 山小屋はありますか. Есть сторо́жка?
   Ямагоя ва аримасу ка?

---

1) взять [完] 携帯する(+対). спа́льный 寝るための. мешо́к [男] 袋. еди́а (-ý) [女] 食料(-対). вода́ [女] 水. 2) ближа́йш!ий (-ая) 最寄りの(-女). дере́вня [女] 村. 3) безопа́сно 安全な(無人述). 4) нам 私たちにとって. 5) высоко́ 高く. поднима́ться [不] のぼる. 6) протяжённость [女] 距離. 7) сторо́жка [女] 山小屋.

1) いつ暗くなりますか.
   Ицу кураку наримасу ка?
   Когда́ темне́ет?
   カグダー チムニェーエト

2) あなた方はどこから来ましたか.
   Анатагата ва дококара кимасита ка?
   Отку́да вы пришли́?
   アトクーダ ヴィ プリシリー

3) どれ位の時間がかかりましたか.
   Дорэгураи но дзикан га какаримасита ка?
   Ско́лько вре́мени э́то за́няло?
   スコーリカ ヴリェーミニ エータ ザーニラ

4) この道はモスクワに通じていますか.
   Коно мити ва Москва ни цӯдзитэ имасу ка?
   Э́та доро́га ведёт к Москве́?
   エータ ダローガ ヴィチョート ク マスクヴィエー

5) ここを通り抜けることはできますか.
   Коко о тӯринукэру кото ва дэкимасу ка?
   Мо́жно э́то обойти́?
   モージナ エータ アバイチー

6) 水は飲めますか.
   Мидзу ва номэмасу ка?
   Вода́ питьева́я?
   ヴァダー ピチイヴァーヤ

7) 道に迷いました.
   Мити ни маёимасита.
   Я потеря́лся / потеря́лась.
   ヤ パチリャールシャ パチリャーラシ ♣

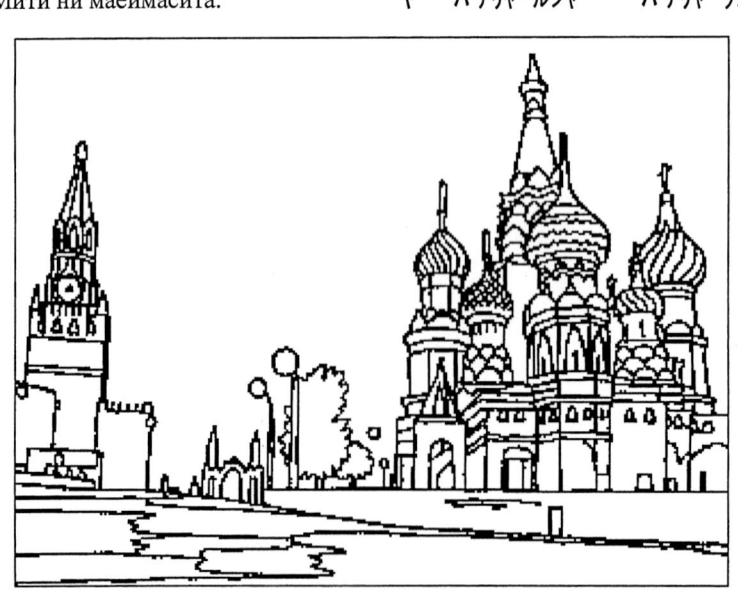

1) темне́ть [不] 暗くなる. 2) отку́да どこから. прийти́ [完] 歩いてくる. 3) вре́мени [生] < вре́мя [中] 時間. за́няло [過去中] < заня́ть [完] 時間がかかる. 4) ведёт < вести́ [不] (道が) 通じる. 5) обойти́ [完] 通り抜ける. 6) питьево́й (-а́я) 飲用の(-女). 7) потеря́ться [完] 道に迷う.

§65. 自然
Приро́да
プリローダ

(♪ 177)

1) ...はどこにありますか。　Где ...?
　...ва доко ни аримасу ка?　グヂェー

　湖　　　　　　о́зеро
　мидзууми　　オージラ

　温泉　　　　　горя́чий исто́чник
　онсэн　　　　ガリャーチィ イストーチニク

2) どこで...できますか。　Где мо́жно ...?
　Доко дэ ... дэкимасу ка?　グヂェー モージナ

　釣りをする　　уди́ть
　цури о суру　ウヂーチ

　キノコ狩り　　собира́ть грибы́
　киноко гари　サビラーチ グリブィー

関連単語

橋 хаси	мост モースト	島 сима	о́стров オーストラフ
洞窟 до̄куцу	пеще́ра ピシェーラ	タイガ таига	тайга́ タイガー (針葉樹林帯)
がけ гакэ	обры́в アブルィーフ	川 кава	река́ リカー
ツンドラ тундра	ту́ндра トゥーントラ	海 уми	мо́ре モーリェ
農場 но̄дзё̄	фе́рма フェールマ	鉱泉 ко̄сэн	минера́льный исто́чник ミニラーリヌイ イストーチニク
山 яма	гора́ ガラー	谷 тани	доли́на ダリーナ
火山 казан	вулка́н ヴルカーン	滝 таки	водопа́д ヴァダパート
自然保護区 сидзэн хогоку	запове́дник ザパヴェードニク	平原 хэйгэн	равни́на ラヴニーナ

1) горя́чий 熱い. исто́чник [男] 泉. 2) собира́ть [完] 採取する(+対). гриб (-ы́) [男] キノコ(-複). минера́льный 鉱物の.

§66. 植物相と動物相
Флóра и фáуна
フローラ イ ファーウナ

1) あの動物 (植物) は何ですか. Что это за живóтное (растéние)?
   Ано дōбуцу (сёкубуцу) ва нан дэсу ка? シト エータ ザ ジヴォートナエ ラスチェーニエ
2) それは危険 (有害) ですか. Он опáсный (ядовúтый)?
   Сорэва кикэн (югаи) дэсу ка? オン アパースヌイ イダヴィートゥイ
3) それは何に使われますか. Для чегó это испóльзуют?
   Сорэва нани ни цукаварэмасу ка? ドリャ チェヴォー エータ イスポーリズユト
4) その果実は食べれますか. Мóжно есть этот фрукт?
   Соно кадзицу ва табэрэмасу ка? モージナ イェースチ エータト フルークト

関連単語

【動物相】	фáуна 囡	【植物相】	флóра 囡
дōбуцусō	ファーウナ	сёкубуцусō	フローラ
シベリアトラ	амýрский тигр 男	シラカバ	берёза 囡
сибэриа тора	アムールスキィ チーグル	сиракаба	ビリョーザ
キツネ	лисúца 囡	カラマツ	лúственница 囡
кицунэ	リシーツァ	карамацу	リーストヴィンニツァ
アザラシ	тюлéнь 男	マツ	соснá 囡
адзараси	チュリェーニ	мацу	サスナー
白熊	бéлый медвéдь 男	トウヒ	ель 囡
сирокума	ビェールイ ミドヴィーェチ	тōхи	イェーリ
トナカイ	сéверный олéнь 男	モミ	пúхта 囡
тонакаи	シェーヴィルヌイ アリェーニ	моми	ピーフタ
狼	волк 男	ボダイジュ	лúпа 囡
ōками	ヴォールク	бодаидзю	リーパ
ワシ	орёл 男	アカシア	акáция 囡
васи	アリョール	акасиа	アカーツィヤ
リス	бéлка 囡	サフラン	шафрáн 男
рису	ビェールカ	сафуран	シャフラーン
イノシシ	кабáн 男	ポプラ	тóполь 男
иносиси	カバーン	попура	トーパリ
アザラシ	тюлéнь 男	カエデ	клён 男
адзараси	チュリェーニ	каэдэ	クリョーン
カモ	дúкая ýтка 囡	桜	вúшня 囡
камо	ヂーカヤ ウートカ	сакура	ヴィーシニャ
カモメ	чáйка 囡	ブナ	бук 男
камомэ	チャーイカ	буна	ブーク

1) живóтное [中] 動物. растéние [中] 植物. 2) опáсный 危険な. ядовúтый 有害な. 3) испóльзовать [不] 使う. 4) фрукт (-ы) [男] 果実(-複). есть [不] 食べる. амýрский アムールの. тигр [男] トラ. бéлый 白い. медвéдь [男] 熊. сéверный 北の. олéнь [男] 鹿.

§67. 天気
Погóда
パゴーダ

(♪ 179)

1) (明日の)天気はどうですか.   Какáя (зáвтра) погóда?
  (Асу но) тэнки ва до̄ дэсу ка?   カカーヤ ザーフトラ パゴーダ

2) 今日は...です.   Сегóдня ...
  Кё̄ ва ... дэсу.   シヴォードニャ

    曇っている   óблачно
     кумоттэ иру   オーブラチナ

    寒い   хóлодно
     самуи   ホーラドナ

    ひどく寒い   морóзно
     хидоку самуи   マローズナ

    ひどく凍える   мóжно си́льно замёрзнуть
     хидоку когоэру   モージナ シーリナ ザミョールズヌチ

    暖かい   теплó
     ататакаи   チプロー

    暑い   жáрко
     ацуи   ジャールカ

    蒸し暑い   влáжно
     мусиацуи   ヴラージナ

    晴天だ   сóлнечно
     сэитэнда   ソールニチナ

    風が強い   вéтрено
     кадзэ га цуёи   ヴィェートリナ

    雨が降っている   идёт дождь
     амэ га футтэ иру   イヂョート ドーシチ

    雪が降っている   идёт снег
     юки га футтэ иру   イヂョート スニェーク

---

1) погóда [女] 天気. 2) óблачн:ый (-о) 曇っている(-無人述). замёрзнуть [完] 凍える. идти́ [不] 降る. дождь [男] 雨. снег [男] 雪.

天気

1) 今日の気温はどのくらいですか。 Какая сегодня температура воздуха?
Кё но кион ва доно кураи дэсу ка? カカーヤ シヴォードニャ チムピラトゥーラ ヴォーズドゥハ

2) こちらは気候がいいですか。 Здесь климат хороший?
Котира ва кикō га иидэсу ка? ズチェーシ クリーマト ハローシィ

3) ここは厳しい（温和な）気候です。 Здесь суровый (мягкий) климат.
Коко ва кибисии (онва на) кикō дэсу. ズチェーシ スローヴイ ミヤーフキィ クリーマト

4) ここはいつ雪が降りますか。 Когда здесь выпадает снег?
Коко ва ицу юки га фуримасу ка? カグダー ズチェーシ ヴィパダーエト スニェーク

5) 12月から3月までです。 С декабря по март.
Дзюнигацу кара сангацу мадэ дэсу. ス チカブリャー パ マールト

6) 雨はどのくらい降りますか。 Сколько дней идёт дождь?
Амэ ва доногураи фуримасу ка? スコーリカ ドニェーイ イヂョート ドーシチ

7) 数日です。 Несколько дней.
Сūдзицу дэсу. ニェースカリカ ドニェーイ

8) 今年は暑い（寒い）夏です。 В этом году жаркое (холодное) лето.
Котоси ва ацуи (самуи) нацу дэсу. ヴェータム ガドゥー ジャールカエ ハロードナエ リェータ

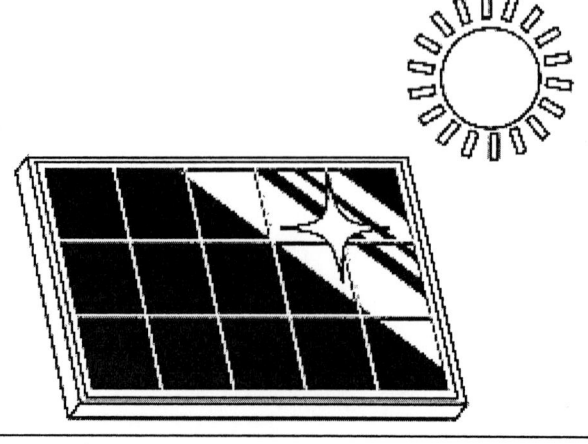

1) температура [女] 温度. воздух (-а) [男] 大気(-生). 2) климат [男] 気候. суровый 厳しい. мягкий 温和な. 4) выпадать [不] 降る. 5) с ...から(+生). декабрь (-я) [男] 12月(+生). по ...まで(+対). март [男] 3月. 6) дней [複生] < день [生] 日. 7) несколько いくつかの, 若干の. 8) в этом году [前] 今年は. год [男] 年. жаркiой (-ое) 暑い(-中). холоднiый (-ое) 寒い(-中). лето [中] 夏.

§68. 政治
Поли́тика
パリーチカ

(♪ 181)

1) あなたはだれに投票しますか？　За кого́ вы голосу́ете?
   Аната ва дарэ ни то̄хё̄ симасу ка?　ザ カウォー ヴィ ガラスーイチェ

2) あなたはプーチンを支持しますか．　Вы подде́рживаете Пу́тина?
   Аната ва Пу́тин о сидзи симасу ка?　ヴィ パッチェールジヴァイチェ プーチナ

3) 私は共産党を支持します．　Я подде́рживаю коммуни́стов.
   Ватаси ва кёсан то̄ о сидзи симасу.　ヤ パッチェールジヴァユ カムニースタフ

4) 私は...員です．　Я член ... па́ртии.
   Ватаси ва ... ин дэсу.　ヤ チリェーン パールチイ

   共産党　коммунисти́ческой
   кёсанто̄　カムニスチーチスカイ

   保守党　консервати́вной
   хосюто̄　カンシルヴァチーブナイ

   民主党　демократи́ческой
   минсюто̄　ヂマクラチーチスカイ

   緑の党　зелёной
   мидори но то̄　ジリョーナイ

   自由党　либера́льной
   дзиюто̄　リビラーリナイ

   社会民主党　социал-демократи́ческой
   сякаиминсюто̄　サツィアル ヂマクラチーチスカイ

   社会党　социалисти́ческой
   сякаито̄　サツィアリスチーチスカイ

関連単語

【ロシアの政党】

統一ロシア	Еди́ная Росси́я 囡	右派連合	Сою́з пра́вых сил 男
то̄ицу росиа	イヂーナヤ ラシーヤ	уха рэнго̄	サユース プラーヴィフ シール
共産党	Компа́ртия 囡	祖国	Ро́дина 囡
кёсанто̄	カムパールチヤ	сококу	ローヂナ
ヤーブラカ	Я́блоко 中	自由民主党	Либера́льно-демократи́ческая па́ртия
Я́блоко	ヤーブラカ	дзию минсюто̄	(ЛДП) 囡
			リビラーリナ ヂマクラチーチスカヤ パールチヤ

1) за ...に賛成して(+対). голосова́ть [不] 投票する． 2) подде́рживать [不] 支持する(+対)． Пу́тин (-а) [男] プーチン(+対)． 3) коммуни́ст (-ов) [男] 共産主義者(-複対)． 4) член [男] 会員. па́ртия (-и) [女] 政党(-生). коммунисти́ческий (-ой) 共産主義の(-女生). консервати́вный 保守的な. демократи́ческий 民主主義の. зелёный 緑の. либера́льный 自由な. социал-демократи́ческий 社会民主主義の. социалисти́ческий 社会主義の. еди́ный (-ая) 統一された(-女). пра́вый (-ых) 右翼の(-複生). сил (-複生) < си́ла [女] 勢力.

§69. 社会問題
Общественные вопросы
アプシェーストヴィンヌィエ　ヴァプロースィ

(♪ 182)

1) あなたは…について聞きましたか．　Вы слышали про …?
   Аната ва …ни цуитэ кикимасита ка?　ヴィ　スルィーシャリ　プラ

2) あなたはそれに同意しますか．　Вы согласны?
   Аната ва сорэни дōи симасу ка?　ヴィ　サグラースヌィ

3) 私は…に同意します(しません)．　Я (не) согласен / согласна с …
   Ватаси ва … ни дōи симасу (симасэн).　ヤ　ニ　サグラーシン　サグラースナ ♣ ス

4) …についてどう思っていますか．　Что вы думаете насчёт …?
   … ни цуитэ дō омоттэ имасу ка?　シト　ヴィ　ドゥーマイチェ　ナショート

5) 私達は…に対してどのように抗議できますか．　Как мы можем протестовать против …?
   Ватаситаси ва … ни таиситэ доно ёни кōги дэкиимасу ка?　カク　ムィ　モージェム　プラチスタヴァーチ　プローチフ

6) 私達はどうしたら…を支持できますか．　Как мы можем поддерживать…?
   Ватаситаси ва дōситара … о сидзи дэкимасу ка?　カーク　ムィ　モージェム　パッチェールジヴァチ

関連単語

妊娠中絶	аборт 男	官僚制度	бюрократия 女
にнинсин тю̄дзэцу	アボールト	канрё̄ сэидо	ビュラクラーチヤ
動物の権利	права животных	中央集権	централизация 女
дōбуцу но кэнри	プラヴァー　ジヴォートヌィフ	тю̄ō сю̄кэн	ツェントラリザーツィヤ
無神論	атеизм 男	共産主義	коммунизм 男
мусинрон	アティーズム	кё̄сан сюги	カムニーズム
反ユダヤ主義	антисемитизм 男	犯罪	преступность 女
хан юдая сюги	アンチシミチーズム	хандзаи	プリストゥープナスチ
闇市場	чёрный рынок 男	差別	дискриминация 女
ями сидзē	チョールヌィ　ルィーナク	сабэцу	ヂスクリミナーツィヤ
薬物	наркотики 複	教育	образование 中
якубуцу	ナルコーチキ	кё̄ику	アブラザヴァーニエ
経済	экономика 女	少数民族	малые народности
кэидзаи	エカノーミカ	сё̄сӯ миндзоку	マールィエ　ナロードナスチ 複

общественный 社会の. 1) слышать [不] 聞く. 2) согласный (-ы) 賛成の(-短語尾複).
3) согласен [短語尾男], согласна [短語尾女] 賛成の. 4) думать [不] 思う. 5)
протестовать [不] 抗議する. против …に対して. животный (-ых) [男] 動物(-複生).
наркотик (-и) [男]薬物(-複). малый (-е) 少数の(-複). народность (-и) [女] 民族(-複).

社会問題

政治 сэидзи	поли́тика パリーチカ
貧困 хинкон	нищета́ ニシター
安楽死 анракуси	эвтана́зия エフタナージャ
民営化 минэика	приватиза́ция プリヴァチザーツィヤ
人種差別 дзинсю сабэцу	раси́зм ラシーズム
改革 каикаку	рефо́рмы レフォールムィ
移住 идзю	иммигра́ция イミグラーツィヤ
難民 нанмин	бе́женец ビェージェニツ
不平等 фубё̄до̄	нера́венство ニラーヴィンストヴァ
インフレ инфурэ	инфля́ция インフリャーツィヤ
性差別 сэисабэцу	секси́зм セクシーズム
マフィア ма́фиа	ма́фия マーフィヤ
テロ тэро	террори́зм チラリーズム
民族主義 миндзоку сюги	национали́зм ナツィアナリーズム
失業 сицугё̄	безрабо́тица ビズラボーチツァ
西洋化 сэиёка	вестерниза́ция ヴェステルニザーツィヤ
物不足 моно бусоку	недоста́тки ニダスタートキ
新ロシア人（ニューリッチ） синросиа дзин	но́вые ру́сские ノーヴィエ ルースキエ
ペレストロイカ пэрэстро́ика	перестро́йка ピリストローイカ
環境 канкё̄	окружа́ющая среда́ アクルジャーユシャヤ スリダー
機会均等 кикаи кинто̄	ра́вные возмо́жности ラーヴヌィエ ヴァズモージナスチ
グラスノスチ гласность	гла́сность グラースナスチ
グローバル化 гуро̄бару ка	глобализа́ция グラバリザーツィヤ
人権 дзинкэн	права́ челове́ка プラヴァー チラヴィェーカ
レーニン主義 лэнин сюги	ленини́зм リニニーズム
マルクス主義 маркс сюги	маркси́зм マルクシーズム
ソビエト時代 собиэто дзидаи	сове́тский пери́од サヴィエーツキィ ピリオート
スターリン主義 сутарин сюги	сталини́зм スタリニーズム
市場経済 сидзё̄ кэидзаи	ры́ночная эконо́мика ルィーナチナヤ エカノーミカ
独裁政治家、巨大独占資本家 докусаи сэидзика, кёдаи докусэн сихонка	олига́рхи アリガールヒ
皇帝時代 кōтэи дзидаи	ца́рский пери́од ツァールスキィ ピリオート
チェチェン戦争 Чэчэн сэнсō	война́ в Чечне́ ヴァイナー フ チチニェー
社会福祉 сякаи фукуси	социа́льное обеспе́чение サツィアーリナエ アビスピェーチニエ

недоста́ток (-ки) [男] 物不足(-複). но́вый (-ые) 新しい(-複). ру́сские [複] ロシア人. окружа́ющий (-ая) [能現] まわりの(-女) < окружа́ть [不] 取り囲む. среда́ [女] 環境. ра́вный (-ые) 平等な(-複). возмо́жность (-и) [女] 機会(-複). гла́сность [女] 情報公開. пра́во (-а́) [中] 権利(-複). челове́к (-а) [男] 人(-生). ры́ночный (-ая) 市場の(-女). олига́рх (-и) [男] 独裁政治家(-複). Чечня́ (-не́) [男] チェチェン(-前). социа́льный (-ое) 社会の(-中). обеспе́чение [中] 保障, 福祉.

§ 70. 環境
Окружающая среда
アクルジャーユシャヤ　スリダー

(♪ 184)

1) ここは...保護区ですか.　Это заповедный ...?
   Коко ва ... хогоку дэсу ка?　エータ　ザパヴィエードヌイ

　森林　　　　лес
　синрин　　リェース

　公園　　　　парк
　кōэн　　　パールク

　種　　　　　вид
　сю　　　　ヴィート

2) ここには酸性雨の問題がありますか.　Здесь есть проблема
   Кокони ва саисэиу но мондаи га　　スチェーシ イエースチ プラブリェーマ
   аримасу ка?　　　　　　　　　　　　кислотных дождей?
　　　　　　　　　　　　　　　　　　　キスロートヌイフ　ダジヂェーイ

3) 汚染についてはどうすべきですか.　Как быть с загрязнением?
   Осэн ни цуитэ ва дō субэки дэсу ка?　カーク ブィーチ ス ザグリャズニェーニエム

関連単語

生態系	экосистема	酸性雨	кислотный дождь 男
сэитаикэи	エカシスチェーマ 囡	сансэиу	キスロートヌイ ドーシチ
保護	консервация	絶滅危惧種	вымирающие виды 圈
хого	カンスィルヴァーツィヤ 囡	дзэцумэцу кигусю	ヴィミラーユシエ ヴィードィ
干ばつ	засуха 囡	浸食	эрозия 囡
канбацу	ザースハ	синсёку	エロージャ
森林喪失	обезлесение	チェルノブィリ大災害	чернобыльская катастрофа
синрин сōсицу	アビズリェーシニエ 田	Чернобыль даисаигаи	チルノーブィリスカヤ カタストローファ 囡
施肥	удобрение 田	核実験	испытания ядерного оружия 囡
сэхи	ウダブリェーニエ	какудзиккэн	イスプィターニヤ ヤーヂルナヴァ アルージャ

окружающ|ий (-ая) 周りの(-女). среда [女] 環境. 1) заповедный 保護下にある. 2) кислотн|ый (-х) 酸性の(-複生). дождь (-ей) [男] 雨(-複生). 3) загрязнение (-м) [中] 汚染(-造). вымирающ|ий (-ие) [能現] 絶滅しつつある(-複) < вымирать [不] 絶滅する. вид (-ы) [男] 種(-複). чернобыльск|ий (-ая) チェルノブィリの(-女). катастрофа [女] 大災害. испытани|е (-я) [中] 実験(-複). ядерного оружия [生] < ядерное оружие [中] 核兵器.

環境　185

日本語	ロシア語	性
リサイクル рисаикуру	переработка ピリラボートカ	女
殺虫剤 саттю̄дзаи	пестици́ды ピスチツィードィ	複
狩猟 сюрё̄	охо́та アホータ	女
給水 кю̄суи	водоснабже́ние ヴァダスナブジェーニエ	中
汚染 осэн	загрязне́ние ザグリャズニェーニエ	中
潅漑 кангаи	иррига́ция イリガーツィヤ	女
放射能 хо̄сянō	радиа́ция ラチアーツィヤ	女
オゾン層 одзон сō	озо́нный слой アゾーンヌイ　スローイ	男
土壌の塩化 додзё̄ но энка	засоле́ние земли́ ザサリェーニエ　ジムリー	中
ガス・パイプライン гасу・паипу раин	газопрово́д ガザプローヴァト	男
原油流出 гэню̄ рю̄сюцу	уте́чка не́фти ウチェーチカ　ニェーフチ	女
遺伝子組換食品 идэнси кумикаэ сёкухин	генети́чески модифици́рованная еда́ (ГМО)　ギニーチーチスキ　マチフィツィーラヴァンナヤ イダー	女
産業廃棄物 сангё̄ хаикибуцу	промы́шленные сто́ки プラムィーシリンヌィエ　ストーキ	複
水力電気 суирёку дэнки	гидроэлектри́чество ギドラエリクトリーチストヴァ	中
有害廃棄物 ю̄гаихаикибуцу	токси́чные сто́ки タクシーチヌィエ　ストーキ	複
原子力 гэнсирёку	я́дерная эне́ргия ヤーヂルナヤ エニェールギヤ	女
原子力発電所 гэнсирёку хацудэнсё	а́томные электроста́нции アータムヌィエ エリクトロスターンツィイ	複

пестици́д (-ы) [男] 殺虫剤(-複). озо́нный オゾンの. слой [男] 層. засоле́ние [中] 塩化. земля́ (-и́) [女] 土壌(-生). газопрово́д [男] ガス・パイプライン. уте́чка [女] 流出. не́фт:ь (-и) [女] 原油(-生). генети́чески 遺伝子の面で. модифици́рованн:ый (-ая) [能過] 変性された(-女) < модифици́ровать [完] 変性する. еда́ [女] 食品. промы́шленн:ый (-ые) 産業の(-複). сток (-и)[男] 排水, 廃棄物(-複). токси́чн:ый (-ые) 有害な(-複). я́дерн:ый (-ая) 核の(-女). а́томн:ый (-ые) 原子力の(-複). электроста́нци:я (-и) [女] 発電所(-複).

§71. 病院を探す
Ищем больницу
イーシェム バリニーツ

(♪ 186)

1) 私は病気です。
   Ватаси ва бёки дэсу.
   Я заболел(а).
   ヤ ザバリエール ♣

2) 医者に診てもらいたいのです。
   Ися ни митэ мораитаи нодэсу.
   Мне нужно обратиться к врачу.
   ムニェー ヌージナ アブラチーッツァ ク ヴラチュー

3) 救急車を呼んでください。
   Кюкюся о ёндэ кудасаи.
   Вызовите скорую помощь.
   ヴィーザヴィチェ スコールユ ポーマシ

4) 病院に連れて行ってください。
   Бёин ни цурэтэ иттэ кудасаи.
   Отвезите меня в больницу.
   アトヴィズィーチェ ミニャー ヴ バリニーツ

5) ...はどこにありますか。
   ... ва доко ни аримасу ка?
   Где здесь ...?
   グヂェー ズヂェーシ

   病院
   бёин
   больница 因
   バリニーツァ

   診療所
   синрёдзо
   поликлиника 因
   パリクリーニカ

   医師
   иси
   врач 男
   ヴラーチ

   歯科医
   сикаи
   зубной врач 男
   ズブノーイ ヴラーチ

   当直薬局
   тōтёку яккёку
   ночная аптека 因
   ナチナーヤ アプチェーカ

   めがね屋
   мэганэя
   оптика 男
   オープチカ

6) 緊急用の電話番号はありますか。 Есть круглосуточный номер?
   Кинкюё но дэнва бангō ва аримасу ка? イェースチ クルグラスータチヌイ ノーミル

ищем [1複現] < искать [不] 探す. больница (-у) [女] 病院(-対). 1) заболеть [完] 病気になる. 2) обратиться [完] 医者にかかる. врач (-у) [男] 医者(-与). 3) вызвать [完] 呼ぶ(+対). скорую помощь [対] < скорая помощь [女] 救急(車). 4) отвезти [完] 連れて行く(+対). меня 私を. в ...へ(+対; 移動). 5) здесь このあたりで. зубной 歯の. ночнóй (-áя) 夜間の, 宿直の(-女). аптека [女] 薬局. 6) круглосуточный 24時間対応の, 緊急用の.

病院を探す

1) 医師を勧めていただけますか.
   Иси о сусумэтэ итадакэмасу ка?
   Можете порекомендовать врача?
   モージェチェ パリカミンダヴァーチ ウラチャー

2) 日本語(英語)を話す医師はいますか.
   Нихонго (Эиго) о ханасу иси ва имасу ка?
   Есть ли врач, который говорит по-японски (по-английски)?
   イェースチ リ ヴラーチ カトールイ ガヴァリート パィポーンスキ パアングリースキ

3) 診察時間は何時ですか.
   Синсацу дзикан ва нандзи дэсу ка?
   Какие часы работы?
   カキーエ チスィー ラボートィ

4) ...予約していただけますか.
   ... ёяку ситэ итадакэмасу ка?
   Можно записаться к врачу на приём ...?
   モージナ ザピサーッツァ ク ヴラチューナ プリヨーム

   今日 / 明日
   кё́ / асу
   на сегодня / на завтра
   ナ シヴォートニャ ナ ザーフトラ

   できるだけ早く
   дэкирудакэ хаяку
   как можно скорее
   カク モージナ スカリェーエ

6) 緊急です.
   Кинкю̄ дэсу.
   Это срочно.
   エータ スローチナ

7) 医師に往診していただけますか.
   Иси ни о̄син ситэ итадакэмасу ка?
   Врач может прийти ко мне?
   ヴラーチ モージェト プリイチー カ ムニェー

関連単語

内科 наика	терапия チラピーヤ 囡	耳鼻咽喉科 дзиби инко̄ка	оториноларингология オタリナラリンガローギヤ 囡
外科 гэка	хирургия ヒルルギーヤ 囡	婦人科 фудзинка	гинекология ギニカローギヤ 囡
整形外科 сэикэигэка	ортопедия アルタピェーヂヤ 囡	産科 санка	акушерство アクシェールストヴァ 囲
歯科 сика	стоматология スタマトローギヤ 囡	精神科 сэисин ка	психиатрия プシヒアトリーヤ 囡
眼科 ганка	офтальмология アフタリマローギヤ 囡	看護師 кангоси	медбрат / медсестра ミドブラート 男 ミトシストラー 囡

1) порекомендовать [完] 勧める(+対). врач (-á) [男] 医師(活動体名詞の場合は生=対). 3) какие часы [複] 何時. работы [複] 営業, 診察. 4) записаться [完] 予約する. на ... のための(+対). приём [男] 診察. сегодня [中] 今日. завтра [中] 明日. как можно скорее よりはやく. 6) срочный (-о) 緊急の(-短語尾中). 7) прийти [完] (歩いて)来る. ко мне 私の方へ.

§ 72. 病気と診察
Болéзни и осмóтр больнóго
バリェーズニ　イ　アスモートル　バリノーヴァ

(♪ 188)

【病気】　　　　　　　　　　　【болéзни】
бёки　　　　　　　　　　　　バリェーズニ

1) どうしましたか.　　　　　Что с вáми?
   Дō симасита ка?　　　　　シト　ス　ヴァーミ

2) 息苦しいです.　　　　　　У меня́ отды́шка.
   Икигурусии дэсу.　　　　ウ　ミニャー　アッティーシカ

3) 吐き気がします.　　　　　Меня́ тошни́т.
   Хакикэ га симасу.　　　　ミニャー　タシニート

4) めまいがします.　　　　　У меня́ кру́жится голова́.
   Мэмаи га симасу.　　　　ウ　ミニャー　クルージッツァ　ガラヴァー

5) 寒気がします.　　　　　　Меня́ зноби́т.
   Самукэ га симасу.　　　　ミニャー　ズナビート

6) 下痢です.　　　　　　　　У меня́ поно́с.
   Гэри дэсу.　　　　　　　ウ　ミニャー　パノース

7) 体がだるいです.　　　　　У меня́ сла́бость.
   Карада га даруи дэсу.　　ウ　ミニャー　スラーバスチ

8) 私は気分が悪い.　　　　　Я пло́хо себя́ чу́вствую.
   Ватаси ва кибун га варуи.　ヤ　プローハ　シビャー　チューストヴユ

9) 食欲がありません.　　　　У меня́ нет аппети́та.
   Сёкуёку га аримасэн.　　ウ　ミニャー　ニェート　アピチータ

10) 胃がもたれます.　　　　У меня́ тя́жесть в желу́дке.
    И га мотарэмасу.　　　ウ　ミニャー　チャージスチ　ヴ　ジルートキ

11) 食べた物を全部吐きました.　Меня́ вы́рвало всем, что я съéл(а).
    Табэта моно о дзэнбу хакимасита.　ミニャー　ヴィールヴァラ　フセム　シト　ヤ　スイェール

боле́знь (-и) [女] 病気(-複). осмо́тр [男] 診察. больно́й (-о́го) [男] 病人(-生). 1) с ...に関して(+造). ва́ми あなた. 2) оды́шка [女] 息苦しさ. 3) меня́ 私を. тошни́т [3単現] < тошни́ть [不] 吐き気をおこさせる《生理現象が無人称文で表現されて主語が省略されることがある. この場合の主語は不明の病気の原因で表す必要がない「(不明の原因が)私に吐気をおこしている」という意味》. 4) кру́жится [3単現] < кружи́ться [不] 回る, めまいがする. голова́ [女] 頭. 5) зноби́ть [不] 寒気がする. 6) поно́с [男] 下痢. 7) сла́бость [女] だるさ. 8) пло́хо 悪く. чу́вствовать себя́ [不] 感じる. 9) аппети́т (-а) [男] 食欲(-生; 否定生格). 10) тя́жесть [女] もたれ. желу́док (-ке) [男] 胃(-前). 11) вы́рвало [中過去] 吐かせた < вы́рвать [完] 引き抜く, 吐かせる. съесть [完] 食べる.

病気と診察

1) 吐血しました.　Я ха́ркал(а) кро́вью.
　　トキェツ シマシタ.　ヤ　ハールカル　クロ―ヴィユ

2) 悪寒がします.　Меня́ лихора́дит.
　　オカン ガ シマス.　ミニャー　リハラーヂト

3) 胃が痛い.　У меня́ боли́т желу́док.
　　イ ガ イタイ.　ウ　ミニャー　バリート　ジルーダク

4) おなかが痛い.　У меня́ боли́т живо́т.
　　オナカ ガ イタイ.　ウ　ミニャー　バリート　ジヴォート

5) 頭が痛みます.　У меня́ боли́т голова́.
　　アタマ ガ イタミマス.　ウ　ミニャー　バリート　ガラヴァー

6) 乗物に酔いました.　Меня́ укача́ло.
　　ノリモノ ニ ヨイマシタ.　ミニャー　ウカチャーラ

7) 咳が出ます.　У меня́ ка́шель.
　　セキ ガ デマス.　ウ　ミニャー　カーシリ

8) 口をあけてください.　Откро́йте рот.
　　クチ オ アケテ クダサイ.　アトクローイチェ　ロート

9) 深く息を吸ってください.　Дыши́те глубоко́.
　　フカク イキ オ スッテ クダサイ.　ドゥイシーチェ　グルバコー

10) シャツを脱いでください.　Сними́те руба́шку.
　　シャツ オ ヌイデ クダサイ.　スニミーチェ　ルバーシク

11) このような症状がいつから続いていますか.　Как давно́ у вас э́то состоя́ние?
　　コノ ヨウナ ショウジョウ ガ イツカラ ツヅイテ イマス カ?　カーク　ダヴノー　ウ　ヴァース　エータ　サスタヤーニエ

12) 以前もこのようなことがありましたか.　У вас э́то бы́ло ра́ньше?
　　イゼン モ コノ ヨウナ コト ガ アリマシタ カ?　ウ　ヴァース　エータ　ブィーラ　ラーニシェ

1) ха́ркать [不] 吐く(+造). кровь (-ю) [女] 血(-造). 2) лихора́дить [不] 悪寒がする. 3) боли́т [3 単現] < боле́ть [不] 痛む. желу́док [男] 胃. 4) живо́т [男] おなか. 6) укача́ло [過去中](無人称文) < укача́ть [完] 乗物酔いさせる. 7) ка́шель [男] 咳. 8) откро́йте [命] < откры́ть [完] あける. рот [男] 口. 9) дыша́ть [不] 息を吸う. глубоко́ 深く. 10) сними́те [命] < снять [完] 脱ぐ. руба́шка [女] シャツ. 11) как どれだけ. давно́ 昔から. состоя́ние [中] 状態, 症状. 12) бы́ло あった. ра́ньше 以前に.

1) 熱はありますか. Есть температу́ра?
　　Нэцу ва аримасу ка?　イェースチ　チンピラトゥーラ

2) 熱を測ってください. Изме́рьте, пожа́луйста, температу́ру.
　　Нэцу о хакаттэ кудасаи.　イズミェーリチェ　パジャールスタ　チンピラトゥール

3) 40度の熱があります. У меня́ температу́ра 40.
　　Ёндю̄ до но нэцу га аримасу.　ウ　ミニャー　チンピラトゥーラ　ソーラク

4) 熱はありません. У меня́ нет температу́ры.
　　Нэцу ва аримасэн.　ウ　ミニャー　ニート　チンピラトゥールイ

5) 持病はお持ちですか. У вас есть хрони́ческая боле́знь?
　　Дзибё̄ ва омотидэсу ка?　ウ　ヴァース　イェースチ　フラニーチスカヤ　バリェーズニ

6) 喘息持ちです. У меня́ а́стма.
　　Дзэнсоку моти дэсу.　ウ　ミニャー　アーストマ

7) 糖尿病にかかっています. У меня́ диабе́т.
　　Тōнё̄бё̄ ни какаттэ имасу.　ウ　ミニャー　チアビェート

8) 心臓が悪いです. У меня́ сла́бое се́рдце.
　　Синдзō га варуи дэсу.　ウ　ミニャー　スラーバエ　シェールツェ

9) 高(低)血圧です. У меня́ высо́кое (ни́зкое) давле́ние.
　　Кō (Тэи) кэцуацу дэсу.　ウ　ミニャー　ヴィソーカエ　ニースカエ　ダヴリェーニエ

10) 私は不眠症です. У меня́ бессо́нница.
　　Ватаси ва фуминсē дэсу.　ウ　ミニャー　ビッソーンニツァ

11) たばこは吸いますか. Вы ку́рите?
　　Табако ва суимасу ка?　ヴィ　クーリチェ

12) 私はたばこは吸いません. Я не курю́.
　　Ватаси ва табако ва суимасэн.　ヤ　ニ　クリュー

13) 酒は飲みますか. Вы пьёте?
　　Сакэ ва номимасу ка?　ヴィ　ピヨーチェ

14) 予防接種は受けましたか. Вы де́лали приви́вку?
　　Ёбō сэссю ва укэмасита ка?　ヴィ　チェーラリ　プリヴィーフク

---

2) измéрить [完] измерять(+対). температу́р:а (-у) [女] 熱(-対). 3) гра́дус (-ов) 度(-複生). 5) хрони́ческ:ий (-ая) 慢性の(-女), боле́знь [女] 病気. 8) сла́б:ый (-ое) 弱い(-中); се́рдце [中]心臓. 9) высо́к:ий (-ое)高い(-中). ни́зк:ий (-ое)低い(-中). давле́ние [中] 血圧.11) кури́ть [不]喫煙する. 13) пить [不]飲酒する. 14) приви́вк:а (-у) [女] 予防接種(-対).

病気と診察

1) 私は…の予防接種を受けました. Мне де́лали приви́вку про́тив …
   Ватаси ва … но ёбо̄ сэссю о укэмасита. ムニエ チェーラリ プリヴィーフク プローチフ

       A / B / C 肝炎   гепати́та   A / B / C
       A / B / C канэн   ギパチータ   ア ヴェ ツェ

       破傷風   столбняка́
       хасёфӯ   スタルブニカー

       腸チフス   брюшно́го   ти́фа
       тё̄тифусу   ブリュシノーヴァ   チーファ

2) 何かにアレルギーがありますか. У вас есть аллерги́я на что́-нибудь?
   Наника ни алэруги га аримасу ка? ウ ヴァース イェースチ アリルギーヤ ナ シトーニブチ

3) …にアレルギーがあります. У меня́ аллерги́я на…
   … ни алэруги га аримасу. ウ ミニャー アリルギーヤ ナ

       抗生物質   антибио́тики
       ко̄сэи буссицу   アンチビオーチキ

       抗感染剤   антибактериа́льные препара́ты
       ко̄кансэндзаи   アンチバクテリアーリヌィエ   プリパラートィ

       アスピリン   аспири́н
       аспири́н   アスピリーン

       蜂   пчели́ный   уку́с
       хати   プチリーヌィ   ウクース

       コデイン   кодеи́н
       кодэи́н   カデイーン

       ペニシリン   пеницили́н
       пэнисилин   ピニツィリーン

       花粉   пыльцу́
       кафун   プィリツー

       硫黄剤   се́рные   препара́ты
       ио̄дзаи   シェールヌィエ   プリパラートィ

4) アトピー性皮膚炎があります. У меня́ ко́жная аллерги́я.
   Атопӣ сэи хифуэн га аримасу. ウ ミニャー コージナヤ アリルギーヤ

---

1) де́лали 彼らがした(不定人称文で主語が省かれ，受身の訳になる). про́тив …に対する(+生). гепати́т (-а) [男] 肝炎(-生). столбня́к (-а́) [男] 破傷風(-生). брюшно́го ти́фа [生] < брюшно́й ти́ф [男] 腸チフス. 3) на …に対する(+対). 4) антибио́тик (-и) [男] 抗生物質(-複). антибактериа́льный, (-е) 抗菌性の(-複). препара́т (-ы) [男] 薬剤(-複). пчели́ный 蜂の. уку́с [男] 刺すこと. пыльца́ (-у) [女] 花粉(-対). се́рный (-ые) 硫黄の(-複). ко́жный (-ая) 皮膚の(-女).

病気と診察

1) 私は眠れません.
Ватаси ва нэмурэмасэн.
Мне не спится.
ムニェー ニ スピーツァ

2) それは私の飲んでいる薬のせいだと思います.
Сорэва ватаси но нондэ иру кусури но сэи дато омоимасу.
Это наве́рно от лека́рства, кото́рое я принима́ю.
エータ ナヴィェールナ アト リカールストヴァ カトーラエ ヤ プリニマーユ

3) 私は頭痛薬を飲んでいます.
Ватаси ва дзуцӯяку о нондэ имасу.
Я принима́ю лека́рство от головно́й бо́ли.
ヤ プリニマーユ リカールストヴァ アト ガラヴノーイ ボーリ

4) これが普段飲んでいる薬です.
Корэга фудан нондэ иру кусури дэсу.
Я обы́чно принима́ю э́то лека́рство.
ヤ アブィーチナ プリニマーユ エータ リカールストヴァ

5) 正しい服用量はどの位ですか.
Тадасии фукуёрё ва доно гураи дэсу ка?
Какова́ пра́вильная до́за?
カカヴァー プラーヴィリナヤ ドーザ

【けが】
кэга
【тра́вмы】
トラーヴムィ

6) どこが痛みますか.
Доко га итамимасу ка?
Где боли́т?
グヂェー バリート

7) ここが痛みます.
Коко га итамимасу.
Боли́т здесь.
バリート スヂェーシ

8) けがをしました.
Кэга о симасита.
У меня́ тра́вма.
ウ ミニャー トラーヴマ

9) 足(腕)を骨折したようです.
Аси (Удэ) о коссэцу сита ёдэсу.
Ка́жется, у меня́ перело́м ноги́ [руки́].
カージェツァ ウ ミニャー ピリローム ナギー ルキー

10) 足首をくじきました.
Асикуби о кудзикимасита.
Я вы́вихнул(а) но́гу.
ヤ ヴィーヴィフヌル ノーグ

1) спи́тся [3単現] < спа́ться [不] 眠れる. 生理現象は無人称文で表し, 動詞は3人称になる (→316p). 2) наве́рно どうやら...らしい. от ...のせいだ(+生). лека́рство [中] 薬. кото́рое 関係代名詞. принима́ть [不] 服用する. от ...を治す(+生). головно́й бо́ли [生] < головна́я боль [女] 頭痛. 4) обы́чно 普段. 5) каков (-а́) どの位の(-女). пра́вильн:ый (-ая) 正しい(-女). до́за [女] 服用量. тра́вм:а (-ы) [女] 外傷, けが(-複). 6) боле́ть (-и́т) [不] 痛む (-3単現). 9) ка́жется < каза́ться [不] ...らしい, 思われる. перело́м [男] 骨折. ноги́ [生] < нога́ [女] 足. руки́ [生] < рука́ [女] 腕. 10) вы́вихнуть [完] 脱臼する, くじく(+対).

病気と診察

1) 足を捻挫したようです． У меня растяже́ние свя́зок ноги́.
   Аси о нэндза сита ё̄ дэсу. ウ　ミニャー　ラスチジェーニエ　スヴャーザク ナギー

2) 関節がはずれたようです． У меня́ вы́вих суста́ва.
   Кансэцу га хадзурэта ё̄ дэсу. ウ　ミニャー　ヴィーヴィフ　ススターヴァ

3) 足がつりました． У меня́ су́дороги в нога́х.
   Аси га цуримасита. ウ　ミニャー　スーダラギ　ヴ　ナガーフ

4) 手に切り傷を負いました． Я поре́зал ру́ку.
   Тэни кирикидзу о оимасита. ヤ　パリェーザル　ルーク

5) 傷口から出血している． У меня́ кровото́чит ра́на.
   Кидзугути кара сюккэцу ситэ иру. ウ　ミニャー　クラヴァトーチト　ラーナ

6) 傷が化膿しました． У меня́ воспали́лась ра́на.
   Кидзу га канō симасита. ウ　ミニャー　ヴァスパリーラシ　ラーナ

7) ぎっくり腰です． У меня́ радикули́т.
   Гиккуригоси дэсу. ウ　ミニャー　ラヂクリート

8) やけどをしました． У меня́ ожо́г.
   Якэдо о симасита. ウ　ミニャー　アジョーク

9) 突き指しました． Я уши́б(ла) па́лец.
   Цукиюби симасита. ヤ　ウシープ ♣　パーリツ

10) あなたは入院しないといけません．Вам ну́жно лечь в больни́цу.
    Анатава ню̄ин синаито икэмасэн. ヴァーム ヌージナ リェーチ ヴ バリニーツ

11) あなたは手術しないといけません．Вам ну́жно сде́лать опера́цию.
    Анатава сюдзюцу синаито икэмасэн ヴァーム ヌージナ ズヂェーラチ アピラーツィユ

1) растяже́ние [中] 筋違い, 捻挫. свя́зка (-ок) [女] 靭帯(-複生). ног:а́ (-и́) [女] 足(-単生). 2) вы́вих [男] 脱臼. суста́в (-а) [男] 関節(-生). 3) су́дорог:а (-и) [女] けいれん, ひきつけ (-複主). в ...おける(+前；静止位置). ног:а́ (-х) [女] 足(-複前). 4) поре́за:ть (-л) [完] 傷つける(+対)(-3単過). ру́ку [対] < рука́ [女] 手. 5) кровото́чить [不] 出血する. ра́на [女] 傷(口). 6) воспали́ться [完] 化膿する. 7) радикули́т [男] ぎっくり腰. 8) ожо́г [男] やけど. 9) уши́б(ла) [過去] < ушиби́ть [完] 打撲する, 突く(+対). па́лец [男] 指. 10) ну́жно 必要だ(無人述). лечь в больни́цу [完] 入院する < лечь [完] 横になる + в ...に(+対；移動) + больни́ц:а (-у) [女] 病院(-対). 11) опера́ци:я (-ю) [女] 手術(-対).

病気と診察

1) 私は輸血を望みません．
   Ватиси ва юкэцу о нодзомимасэн.
   Я не хочу́, что́бы мне перелива́ли кровь.

2) 新しい注射器を使ってください．
   Атарасии тю̄сяки о цукаттэ кудасаи.
   Но́вым шпри́цем, пожа́луйста.

3) 私は自分の注射器を持っています．
   Ватиси ва дзибун но тю̄сяки о моттэ имасу.
   У меня́ свой шприц.

4) 旅行を続けていいですか．
   Рёкō о цудзукэтэ ии́дэсу ка?
   Мо́жно ли мне продо́лжить путеше́ствие?

5) どれぐらい旅行していますか．
   Дорэгураи рёкō ситэ имасу ка?
   Как до́лго вы путеше́ствуете?

6) 半年です．
   Хантоси дэсу.
   Полго́да.

7) 家にお帰りになるべきです．
   Иэ ни окаэрини нару бэки дэсу.
   Вы должны́ возврати́ться домо́й.

8) 病院に行くことをお勧めします．
   Бё̄ин ни ику кото о осусумэ симасу.
   Я вас напра́влю в больни́цу.

9) 家に着いたら医師に診てもらいなさい．
   Иэ ни цуитара иси ни митэ мораинасаи.
   Сходи́те к врачу́, как прие́дете домо́й.

10) 何も問題はありません．
    Нани мо мондаи ва аримасэн.
    Ничего́ серьёзного.

11) 今処方箋を出します．
    Има сёхōсэн о дасимасу.
    Сейча́с вы́пишу вам реце́пт.

---

1) что́бы ...することを． перелива́ть [不] 輸血する(+対)． кровь [女] 血． 2) но́в¦ый (-ым) 新しい(-造)． шприц (-ем) [男] 注射器(-造)． 4) продо́лжить [完] 続ける(+対)． путеше́ствие [中] 旅行． 5) путеше́ствовать [不] 旅行する． 6) полгода [男] 半年． 7) до́лж¦ен (-ны́) ...しなければならない(-2 単敬語)． возврати́ться [完] 帰る． домо́й 家へ． 8) направля́ть [不] 行くように勧める． 9) сходи́ть [完] 行ってくる． прие́дете [2単現] < прие́хать [完] (乗物で)着く． 10) ничего́ 何もない． серьёзн¦ый (-ого) 重大な(-否定生格)． 11) вы́писать [完] 書く, 作成する(+対)． реце́пт [男] 処方箋．

病気と診察

【支払い】
сихараи

1) おいくらですか.
   Оикурадэсу ка?
2) クレジットカードで払えますか.
   Курэдзитто кāдо дэ хараэмасу ка?
3) 海外旅行保険に入っています.
   Каигаирёкō хокэн ни хаиттэ имасу.
4) 保険のための領収書をください.
   Хокэн но тамэно рёсюсё о кудасаи.
5) 診断書をください.
   Синдансё о кудасаи.

【代替医療】
даитаи ирё̄

6) 私は西洋医療を利用していません.
   Ватаси ва сэиё̄ ирё̄ о риё̄ ситэ имасэн.
7) 私は代替医療を好みます.
   Ватаси ва даитаи ирё̄ о кономимасу.
8) ...を実践している人に会えますか.
   ... о дзиссэн ситэ иру хито ни аэмасу ка?

鍼治療
  харитирё̄
自然療法
  сидзэн рё̄хō
反射療法
  хася рё̄хō
霊気
  рэики

【оплáта】

Скóлько э́то стóит?

Мóжно платúть кредúтной кáрточкой?

У меня́ есть страхóвка.

Мóжете дать мне квитáнцию для моéй страхóвки?

Дáйте мне медицúнское свидéтельство.

【альтернатúвная медицúна】

Я не пóльзуюсь зáпадной медицúной.

Я предпочитáю альтернатúвную медицúну.

Мóжно увúдеть когó-нибудь, кто занимáется ...?

акупунктýрой

натуропáтией

рефлéксотерапúей

рéйки

---

2) кредúтн:ая (-ой) кáрточк:а (-ой) [女] クレジットカード(+造). 3) страхóвка [女] 保険. 4) дать [完] くれる(+対). квитáнци:я (-ю) [女] 領収書(-対). для ...のための(+生). 5) медицúнск:ий (-ое) 医療の(-中). свидéтельство [中] 証明書. альтернатúвн:ый (-ая) 代替の(-女). медицúна [女] 医療. 6) пóльзоваться (-уюсь) [不] 利用する(+造)(-1 単現). зáпадн:ый (-ой) 西洋の(-造). 7) предпочитáть [不] 好む(+対). 8) вúдеть [不] 会う(+対). какóй-нибудь だれか. котóрый 関係代名詞. занимáться [不] 実践する(+造). акупунктýр:а (-ой) [女] 鍼治療(-造). натуропáти:я (-ей) [女] 自然療法(-造). рефлéксотерапи:я (-ей) [女] 反射療法(-造).

関連単語

風邪 カゼ	простуда プラストゥーダ [囡]	インフルエンザ インフルエンザ	грипп グリップ [男]
エイズ エイズ	СПИД スピート [男]	咳 セキ	кашель カーシリ [男]
胃炎 イエン	гастрит ガストリート [男]	脳炎 ノーエン	энцефалит エンツィファリート [男]
食あたり ショクアタリ	отравление アトラヴリェーニエ [中]	頭痛 ズツウ	головная боль ガラヴナーヤ ボーリ [囡]
下痢 ゲリ	понос パノース [男]	腹痛 フクツウ	боль в желудке ボーリ ヴ ジルートキ [囡]
便秘 ベンピ	запор ザポール [男]	のどの痛み ノド ノ イタミ	боль в горле ボーリ ヴ ゴールリ [男]
盲腸炎 モウチョウエン	аппендицит アピンヂツィート [男]	低体温症 テイタイオンショウ	гипотермия ギパテルミーヤ [囡]
打撲 ダボク	ушиб ウシープ [男]	ライム病 ライムビョウ	болезнь лайма バリェーズニ ラーイマ [囡]
骨折 コッセツ	перелом кости ピリローム カスチー [男]	吐き気 ハキケ	тошнота タシナター [囡]
関節炎 カンセツエン	артрит アルトリート [男]	狂犬病 キョウケンビョウ	бешенство ビェーシェンストヴァ [中]
肺炎 ハイエン	воспаление лёгких ヴァスパリェーニエ リョーフキフ [中]	ダニ ダニ	клещи クリシー [複]
胆石 タンセキ	жёлчный камень ジェールチヌイ カーミニ [男]	熱中症 ネッチュウショウ	солнечный удар ソールニチヌイ ウダール [男]
腎臓結石 ジンゾウケッセキ	почечный камень ポーチチヌイ カーミニ [男]	注射 チュウシャ	укол ウコール [男]
神経痛 シンケイツウ	невралгия ニヴラルギーヤ [囡]	点滴 テンテキ	капельница カーピリニツァ [囡]
発疹 ホッシン	сыпь スィーピ [囡]	湿布 シップ	компресс カムプリェース [男]

перелом [男] 骨折. кость (-и) [女] 骨(-生). воспаление [中] 炎症. лёгки:e (-x) [中] 肺(-複). жёлчный 胆汁の. камень [男] 石. почечный 腎臓の. головн:ой (-ая) 頭の(-女). желуд:ок (-ке) [男] 胃(-前). клещ (-и) [男] ダニ(-複). солнечный 太陽の. удар [男] 打撃.

§73. 婦人科
Гинекология
キ゚ニカローキ゚ヤ

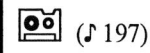

1) 女医さんに診て頂けますか. Можно записа́ться на приём
   Дзёисан ни митэ итадакэмасу ка? モージ゚ナ ザピサーッツァ ナ プ リョーム
   к же́нщине-врачу́?
   ク ジェーンシニ ウ゚ラチュー

2) あなたには生理がありますか. У вас есть ме́сячные?
   Анатани ва сэири га аримасу ка? ウ ウ゚ァース イェースチ ミェーシチヌ イエ

3) 最後の生理はいつでしたか. Когда́ бы́ли после́дние ме́сячные?
   Саиго но сэири ва ицудэсита ка? カク゚ダー ブ゚ィーリ パスリェート゚ニエ ミェーシチヌ イエ

4) 私はもう6週間生理がありません. У меня́ шесть неде́ль заде́ржка.
   Ватаси ва мō рокусю̄кан сэири ウ ミニャー シェースチ ニチェーリ ザチェールシカ
   га аримасэн.

5) ここにしこりがあることに気づきました. У меня́ здесь о́пухоль.
   Кокони сикори га арукото ни ウ ミニャー ズ゚チェーシ オープハリ
   кидзукимасита.

6) あなたは避妊薬を使っていますか. Вы употребля́ете
   Аната ва хининяку о цукаттэ ウ゚ィ ウパトリブ゚リャーイチェ
   имасу ка?
   противозача́точные сре́дства?
   プ゚ラチウ゚アザ゚チャータチヌ イエ スリェーツトウ゚ァ

7) 私は妊娠テストが必要です. Я хочу́ сдать ана́лиз на бере́менность.
   Ватаси ва нинсин тэсуто га хицуё̄ дэсу. ヤ ハチュース゚ダーチ アナーリス ナ ビ゚リェーミンナスチ

8) あなたは妊娠しています. Вы бере́менны.
   Анатани ва нинсин ситэ имасу. ウ゚ィ ビ゚リェーミンヌ イ

9) 私はピルを服用しています. Я принима́ю
   Ватаси ва пиру о фукую̄ ситэ ヤ プ゚リニマーユ
   имасу.
   противозача́точные табле́тки.
   プ゚ラチウ゚アザ゚チャータチヌ イエ タブ゚リェートキ

10) 私はアフターピルが必要です. Я хочу́ у́треннюю табле́тку.
    Ватаси ва афутā пиру га хицуё̄ дэсу. ヤ ハチュー ウトリェーンニュユ タブ゚リェートク

---

1) записа́ться [完] (診察を)予約する. на ...の際に(+対). приём [男] 診察. к ...に(+与). же́нщине-врачу́ [与] < же́нщина-врач [女] 女医. 2) ме́сячные [複] 生理. 3) после́дний (-ие) 最後の(-複). 4) заде́ржка [女] 停止. 5) о́пухоль [女] 腫れ, しこり. 6) употребля́ть [不] 使う(+対). противозача́точн:ое (-ые) сре́дств:о (-а) [中] 避妊薬(-複). 7) ана́лиз [男] 分析, テスト. на ...のための(+対). бере́менность [女] 妊娠. 8) бере́менн:ая (-ы) 妊娠している(-短語尾). 9) принима́ть [不] 服用する(+対). противозача́точн:ая (-ые) табле́тк:а (-и)[女]ピル(-複).10) у́тренн:ий (-юю)朝の(-対).

§ 74. 歯医者で
У зубного врача
ウ ズーブナヴォ ヴラチャー

(♪ 198)

1) 虫歯があります． У меня дырка в зубе.
   Мусиба га аримасу． ウ ミニャー ドィールカ ヴ ズーベ

2) 歯が折れました． У меня сломался зуб.
   Ха га орэмасита． ウ ミニャー スラマールシャ ズープ

3) 歯が痛みます． У меня болит зуб.
   Ха га итамимасу． ウ ミニャー バリート ズープ

4) 充填が取れました． У меня выпала пломба.
   Дзютэн га торэмасита． ウ ミニャー ヴィーパラ プロームバ

5) 義歯がこわれました． Я сломал(а) протéз.
   Гиси га коварэмасита． ヤ スラマール ♣ プラテース

6) この義歯を直してもらえませんか． Вы можете починить этот протéз?
   Коно гиси о наоситэ мораэмасэн ка? ヴィ モージチェ パチニーチ エータト プラテース

7) 歯茎が痛みます． У меня болят дёсны.
   Хагуки га итамимасу． ウ ミニャー バリャート チョースヌィ

8) それを抜かないで下さい． Я не хочу удалять зуб.
   Сорэо нуканаидэ кудасаи． ヤ ニ ハチュー ウダリャーチ ズープ

9) 麻酔をして下さい． Обезбольте, пожалуйста.
   Масуи о ситэ кудасаи． アビズボーリチェ パジャールスタ

10) 口を大きくあけて下さい． Откройте рот.
    Кути о ōкику акэтэ кудасаи． アトクローイチェ ロート

11) 痛い！ Ой!
    Итаи！ オィ

зубнóй врач [男] 歯医者．1) дырка [女] 小さな穴． в ...に(+前；静止位置)． зуб (-е) [男] 歯(-前)．2) сломáться [完] 折れる．3) болéть [不] 痛む．4) выпасть [完] 落ちる，取れる．пломба [女] 充填，詰物．5) сломáть [完] こわす(+対)．протéз [男] 義歯．6) починить [完] 修理する(+対)．7) дёсны [複] < деснá [女] 歯茎．8) удалять [不] 抜く(+対)．9) обезбóлить [完] 麻酔をする．10) открыть [完] あける(+対)．рот [男] 口．

§75. 薬局
Аптéка
アプチェーカ

(♪ 199)

1) 最寄りの薬局はどこにありますか.
Моёри но яккёку ва доко ни аримасу ка?
Где ближáйшая аптéка?
グヂェー ブリジャーイシャヤ アプチェーカ

2) 薬局は何時に開き(閉まり)ますか.
Яккёку ва нандзи ни хираки (химаримасу) ка?
Во скóлько аптéка открывáется / закрывáется?
ヴァ スコーリカ アプチェーカ アトクルィヴァーエッツァ ザクルィヴァーエッツァ

3) 何か頭痛薬がほしい.
Наника дзуцȳяку га хосии.
Мне нýжно чтó-нибудь от головнóй бóли.
ムニェー ヌージナ シトーニブヂ アト ガラブノーイ ボーリ

4) よい風邪薬はありますか.
Ёи кадзэгусури ва аримсу ка?
У вас есть хорóшее срéдство от простýды?
ウ ヴァース イェースチ ハローシェエ スリェーツトヴァ アト プラストゥードィ

5) 下痢止めの薬をください.
Гэридомэ но кусури о кудасаи.
Дáйте мне срéдство от понóса.
ダーイチェ ムニェー スリェーツトヴァ アト パノーサ

6) 処方箋は必要ですか.
Сёхōсэн ва хицуё̄ дэсу ка?
Рецéпт нýжен?
リツェープト ヌージェン

7) 処方箋はありません.
Сёхōсэн ва аримасэн.
У меня́ нет рецéпта.
ウ ミニャー ニェート リツェープタ

8) 処方箋を持っています.
Сёхōсэн о моттэ имасу.
У меня́ есть рецéпт.
ウ ミニャー イェースチ リツェープト

9) 処方箋の薬を用意してください.
Сёхōсэн но кусури о кудасаи.
Вы мóжете приготóвить э́то лекáрство?
ヴィ モージェチェ プリガトーヴィチ エータ リカールストヴァ

10) この薬はどう服用すればよいのですか.
Кого кусури ва дō фукуё̄ сурэба ёинодэсу ка?
Как принимáть э́то лекáрство?
カーク プリニマーチ エータ リカールストヴァ

---

1) ближáйший (-ая) 最寄りの(-女). 3) нýжно 必要な(無人称述). от ...を治す(+生). головнáя (-óй) боль (-и) [女] 頭痛(-生). 4) хорóший (-ее) よい(中). срéдство [中] 薬. простýдa (-ы) [女] 風邪(-生). 5) понóс (-а) [男] 下痢(-生). 6) рецéпт [男] 処方箋. нýжный (-ен) 必要な(-短語尾男). 9) приготóвить [完] 用意する(+対). 10) принимáть [不] 服用する(+対)《不定形文；誰にでも当てはまる普遍的なことは主語を示さずに不定形で表す》.

薬局

1) 一日に何回飲めばいいですか.
   Итинити ни нанкаи номэба иидэсу ка?
   Сколько раз в день нужно принимать?
   スコーリカ ラース ウ チェーニ ヌージナ プリニマーチ

2) 一日二回飲んでください.
   Итинити никаи нондэ кудасаи.
   Два раза в день.
   ドゥアー ラーザ ウ チェーニ

3) 一回につき何錠飲めばいいですか.
   Итинити ни цуки нандзё номэба иидэсу ка?
   Сколько таблеток нужно принимать за один раз?
   スコーリカ タブリェータク ヌージナ プリニマーチ ザ アヂーン ラース

4) 食前(食後)に3錠飲んでください.
   Сёкудзэн (Сёкуго) ни сандзё нондэ кудасаи.
   Принимайте перед едой [после еды] по три таблетки.
   プリニマーイチェ ピェーリト イドーイ ポースリ イドィー パ トリ タブリェートキ

5) 副作用はありますか.
   Фукусаё ва аримасу ка?
   Есть побочные эффекты?
   イェースチ パボーチヌィエ エフィエークトィ

関連単語

避妊薬 хининяку	антисептик 男 アンチセープチク	薬剤師 якудзаиси	аптекарь 男 / аптекарша 女 アプチェカーリ / アプチェーカルシャ
睡眠薬 суиминяку	снотворное 中 スナトヴォールナエ	避妊具 хинингу	противозачаточные средства プラチーヴァザチャータチヌィエ スリェーツトヴァ 複
鎮痛剤 тинцӯдзаи	болеутоляющие ボリウタリャーユシエ 中	解熱剤 гэнэцудзаи	жаропонижающее 中 ジャラパニジャーユシェエ
体温計 таионкэи	градусник 男 グラートゥスニク	消毒薬 сёдокуяку	дезинфицирующее средство デジンフィツィールユシェエ スリェーツトヴァ 中
絆創膏 бансōкō	пластырь 男 プラーストィリ	精神安定剤 сэисинантэидзаи	транквилизатор 男 トランクヴィリザータル
包帯 хōтаи	бинт 男 ビーント	副作用 фукусаё	побочное действие 中 パボーチナエ チェーイストヴィエ
軟膏 нанкō	мазь 女 マーシ	保険証 хокэнсё	страховка 女 ストラホーフカ
下剤 гэзаи	слабительное 中 スラビーチリナエ	診察券 синсацукэн	талон к врачу 男 タローン ク ヴラチュー

1) раз [男] 回. нужно ...することが必要だ(+不定形). принимать [不] 服用する. 2) два + 単数生格. 3) таблетка (-ок) [女] 錠剤(-複生). за ...につき(+対). 4) перед ...の前に(+造). еда (-ой / -ы) [女] 食事(-造 / -生). после ...の後で(+生). по ...ずつ(+対). 5) побочный (-ые) эффект (-ы) [男] 副作用(-複). дезинфицирующий (-ее) [能現] (-中)< дезинфицировать [不] 消毒する. действие [中]作用. талон [男] 券. к ...への(+与).

§76. 人体
Тéло
チェーラ

(♪ 201)

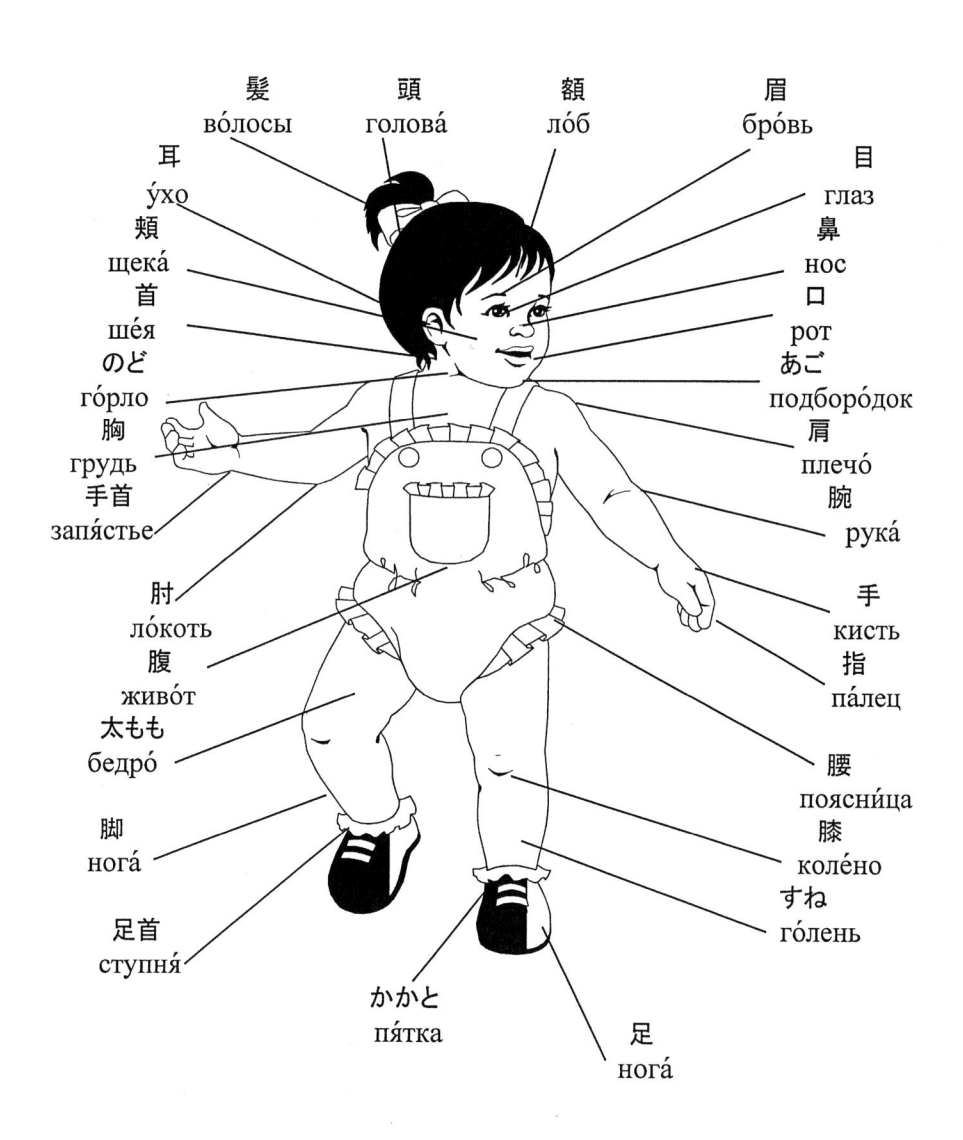

- 髪 вóлосы
- 頭 головá
- 額 лоб
- 眉 брóвь
- 耳 ýхо
- 目 глаз
- 頰 щекá
- 鼻 нос
- 首 шéя
- 口 рот
- のど гóрло
- あご подборóдок
- 胸 грудь
- 肩 плечó
- 手首 запя́стье
- 腕 рукá
- 肘 лóкоть
- 手 кисть
- 腹 живóт
- 指 пáлец
- 太もも бедрó
- 腰 поясни́ца
- 脚 ногá
- 膝 колéно
- 足首 ступня́
- すね гóлень
- かかと пя́тка
- 足 ногá

関連単語

顔 かお	лицо́ リツォー 中	親指 おやゆび	большо́й па́лец バリショーイ パーリツ 男
背中 せなか	спина́ スピナー 女	人差し指 ひとさしゆび	указа́тельный па́лец ウカザーチリヌイ パーリツ 男
へそ へそ	пупо́к プポーク 男	中指 なかゆび	сре́дний па́лец スリェードニィ パーリツ 男
尻 しり	я́годицы ヤーガヂツィ 女複	薬指 くすりゆび	безымя́нный па́лец ビズィミャーンヌイ パーリツ 男
ふくらはぎ ふくらはぎ	икра́ イクラー 女	小指 こゆび	мизи́нец ミジーニツ 男
足の裏 あしのうら	подо́шва パドーシヴァ 女	爪 つめ	но́готь ノーガチ 男
つまさき つまさき	па́льцы на нога́х パーリツィ ナナガーフ 複	脳 のう	мозг モースク 男
まつ毛 まつげ	ресни́цы リスニーツィ 複	心臓 しんぞう	се́рдце シェールツェ 中
唇 くちびる	губа́ グバー 女	肺 はい	лёгкие リョーフキエ 中
舌 した	язы́к イズィーク 男	肝臓 かんぞう	пе́чень ピェーチニ 女
歯 は	зуб ズープ 男	腎臓 じんぞう	по́чка ポーチカ 女
口ひげ くちひげ	усы́ ウスィー 男複	食道 しょくどう	пищево́д ピシヴォート 男
あごひげ あごひげ	борода́ バラダー 女	胃 い	желу́док ジルーダク 男
骨 ほね	кость コースチ 女	小腸 しょうちょう	то́нкая кишка́ トーンカヤ キシカー 複
皮膚 ひふ	ко́жа コージャ 女	大腸 だいちょう	то́лстая кишка́ トールスタヤ キシカー 女
関節 かんせつ	суста́в ススターフ 男	血管 けっかん	кровено́сные сосу́ды クラヴィノースヌイエ サスードィ 複
指 ゆび	па́лец パーリツ 男	筋肉 きんにく	мы́шцы ムィーシツィ 複

па́лец (-ы) [男] 指(-複). на …の上の(+前). нога́ (-х) [女] 足(-複前). ресни́ца (-ы) [女] まつ毛(-複). большо́й 大きな. указа́тельный 指示の. сре́дний 中間の. безымя́нный 名のない. то́нк:ий (-ие) 細い(-複). то́лст:ый (-ая) 太い(-女). кровено́сн:ый (-ые) 血液循環の(-複). сосу́д (-ы) [男] 血管(-複). мы́шц:а (-ы) [女] 筋肉(-複).

§ 77. 数
Цифры
ツィーフルイ

(♪ 203)

〖基数詞〗　　　　　　　　〖коли́чественные числи́тельные〗
kisū si　　　　　　　　　カリーチストヴィンヌィエ　チスリーチリヌィエ

0	но́ль, ну́ль 囡
дзэро	ノーリ　ヌーリ

1	оди́н 男 / одна́ 囡 / одно́ 中	11	оди́ннадцать
ити	アヂーン　アドナー　アドノー	дзю̄ ити	アヂーナッツァチ

2	два 男中 / две 囡	12	двена́дцать
ни	ドヴァー　　ドヴィエー	дзю̄ ни	ドヴィナーッツァチ

3	три	13	трина́дцать
сан	トリー	дзю̄ сан	トリナーッツァチ

4	четы́ре	14	четы́рнадцать
си	チトィーリ	дзю̄ си	チトィールナッツァチ

5	пять	15	пятна́дцать
го	ピャーチ	дзю̄ го	ピトナーッツァチ

6	шесть	16	шестна́дцать
року	シェースチ	дзю̄ року	シスナーッツァチ

7	семь	17	семна́дцать
сити	シェーミ	дзю̄ сити	シムナーッツァチ

8	во́семь	18	восемна́дцать
хати	ヴォーシミ	дзю̄ хати	ヴァシムナーッツァチ

9	де́вять	19	девятна́дцать
ку	ヂェーヴィチ	дзю̄ ку	ヂヴィトナーッツァチ

10	де́сять	20	два́дцать
дзю̄	ヂェーシチ	нидзю̄	ドヴァーッツァチ

0 は女性名詞で，それ以外の数詞は元々は形容詞扱いされていた。1, 2 は修飾する名詞の性に応じて変化する。数詞の詳しい解説については 306 p. を参照。 коли́чественный 数量的な．числи́тельное [中] 数詞．

21 нидзю ити	двáдцать оди́н 男 / двáдцать однá 女 / двáдцать однó 中	200 нихяку	двéсти
22 нидзю ни	двáдцать два	300 санбяку	три́ста
23 нидзю сан	двáдцать три	400 ёнхяку	четы́реста
24 нидзю си	двáдцать четы́ре	500 гохяку	пятьсо́т
25 нидзюу го	двáдцать пять	600 роппяку	шестьсо́т
26 нидзю року	двáдцать шесть	700 нанахяку	семьсо́т
30 сандзю̄	три́дцать	800 хаппяку	восемьсо́т
40 ёндзю̄	со́рок	900 кюухяку	девятьсо́т
50 годзю̄	пятьдеся́т	1000 сэн	ты́сяча
60 рокудзю̄	шестьдеся́т	2000 нисэн	двé ты́сячи
70 нанадзю̄	сéмьдесят	10,000 итиман	дéсять ты́сяч
80 хатидзю̄	во́семьдесят	10 万 дзю̄ман	сто ты́сяч
90 кюдзю̄	девяно́сто	100 万 хяку ман	миллио́н
100 хяку	сто	200 万 нихяку ман	два миллио́на
		10 億 дзю̄ оку	миллиа́рд

ты́сяча [女] 1000. 2000 = двé [女] 2 + ты́сячи [単数生格]. 10,000 = дéсять 10 + ты́сяч [複数生格]. миллио́н [男] 100 万. 200 万 = два [男] 2 + миллио́на [単数生格].

§78. 時の表現
Врéмя
ブリェーミャ

(♪ 205)

世紀 сэики	век 男 ヴェーク
年 нэн	год 男 ゴート
季節 кисэцу	сезóн 男 シゾーン
春(に) хару(ни)	веснá (веснóй) 女 ヴィスナー (ヴィスノーイ)
夏(に) нацу(ни)	лéто (лéтом) 中 リェータ (リェータム)
秋(に) аки(ни)	óсень (óсенью) 女 オーシニ (オーシニユ)
冬(に) фую(ни)	зимá (зимóй) 女 ジマー (ジモーイ)
月 цуки	мéсяц 男 ミェーシツ
週 сю	недéля 女 ニヂェーリャ
日 хи	день 男 ヂェーニ
時間 дзикан	час 男 チャース
分 фун	минýта 女 ミヌータ
秒 бё̄	секýнда 女 シクーンダ

205

【月】 【месяц】
цуки　ミーシツ

日本語	ロシア語	
1月(に) итигацу(ни)	янва́рь (в январе́) イェヌヴァーリ (ヴィヌヴァリェー)	男
2月(に) нигацу(ни)	февра́ль (в феврале́) フィヴラーリ (フフィヴラリェー)	男
3月(に) сангацу(ни)	март (в ма́рте) マールト (ヴマールチェ)	男
4月(に) сигацу(ни)	апре́ль (в апре́ле) アプリェーリ (ヴアプリェーレ)	男
5月(に) гогацу(ни)	май (в ма́е) マーイ (ヴマーエ)	男
6月(に) рокугацу(ни)	ию́нь (в ию́не) イユーニ (ヴィユーネ)	男
7月(に) ситигацу(ни)	ию́ль (в ию́ле) イユーリ (ヴィユーレ)	男
8月(に) хатигацу(ни)	а́вгуст (в а́вгусте) アーヴグスト (ヴアーヴグスチェ)	男
9月(に) кугацу(ни)	сентя́брь (в сентябре́) シンチャーブリ (フシンチブリェー)	男
10月(に) дзю̄гацу(ни)	октя́брь (в октябре́) アクチャーブリ (ヴアクチブリェー)	男
11月(に) дзю̄титгацу(ни)	ноя́брь (в ноябре́) ナヤーブリ (ヴナイブリェー)	男
12月(に) дзю̄нигацу(ни)	дека́брь (в декабре́) チカーブリ (ヴチカブリェー)	男
今月に конгэцуни	в э́том ме́сяце ヴェータム ミェーシツェ	
先月に сэнгэцуни	в про́шлом ме́сяце フプローシラム ミェーシツェ	
来月に райгэцуни	в бу́душем ме́сяце ヴブードゥシェム ミェーシツェ	

в ...に (+前). э́тот ме́сяц 今月. про́шл：ый (-ом) 先の(-前). бу́душ：ий (-ем) 次の(-前)

時の表現

【曜日】　【день неде́ли】
ёби　　　チェーニ ニヂェーリ

月曜日(に)　　понеде́льник (в понеде́льник)　男
гэцуёби(ни)　パ゛ニヂェーリニク　(フパ゛ニヂェーリニク)

火曜日(に)　　вто́рник (во вто́рник) *　男
каёби(ни)　　フトールニク　(ヴァフトールニク)

水曜日(に)　　среда́ (в сре́ду)　女
суиёби(ни)　スリダー　(フスリェードゥ)

木曜日(に)　　четве́рг (в четве́рг)　男
мокуёби(ни)　チトヴィエールク　(フチトヴィエールク)

金曜日(に)　　пя́тница (в пя́тницу)　女
кинёби(ни)　ピヤートニツァ　(フピヤートニツ)

土曜日(に)　　суббо́та (в суббо́ту)　女
доёби(ни)　ス ボータ　(フスボートゥ)

日曜日(に)　　воскресе́нье (в воскресе́нье)　中
нитиёби(ни)　ヴァスクリシェーニエ　(ヴヴァスクリシェーニエ)

平日 (労働日)　рабо́чий день　男
хэидзиту (ро̄до̄би)　ラボーチィ　チェーニ

休日　　выходно́й день　男
кю̄дзицу　ヴィハドノーイ　チェーニ

週末　　коне́ц неде́ли　男
сю̄мацу　カニェーツ ニヂェーリ

今日は何曜日ですか.　Како́й сего́дня день?
Кё ва нанёби дэсу ка?　カコーイ シヴォードニャ チェーニ

今日は金曜日です.　Сего́дня пя́тница.
Кё ва кинёби дэсу.　シヴォードニャ ピヤートニツァ

私は土曜日に生まれました.　Я роди́лся в суббо́ту.
Ватаси ва доёби ни умарэмасита.　ヤ ラヂールシャ フ スボートゥ

いつロシアに来ましたか.　Когда́ вы прие́хали в Росси́ю?
Ицу росиа ни кимасита ка?　カグダー ヴィ プリイェーハリ ヴ ラシーユ

金曜日です.　В пя́тницу.
Кинёби дэсу.　フ ピヤートニツ

* во вто́рник　火曜日に《連続子音で始まる一部の名詞の前の в には発音しやすくするために о がつく》. рабо́чий 労働の. выходно́й 休みの. коне́ц [男] 末. неде́л⁞я (-и) [女] 週(-生). роди́ться [不・完] 生まれる. прие́хать [完] 来る.

【日付】　【да́та】
ダータ
хидзукэ

1) 今日は何日ですか．
Кё̄ ва наннити дэсу ка?
Како́е сего́дня число́?
カコーエ　シヴォードニャ　チスロー

2) 1月1日です．
Итигацу цуитати дэсу.
Сего́дня пе́рвое января́.
シヴォードニャ　ピェールヴァエ　インヴァリャー

3) 2月12日です．
Нигацу дзю̄нинити дэсу.
Сего́дня двена́дцатое февраля́.
シヴォードニャ　ドヴィナーッツァタエ　フィヴラリャー

4) 4月30日です．
Сигацу сандзю̄нити дэсу.
Сего́дня тридца́тое апре́ля.
シヴォードニャ　トリツァータエ　アプリェーリャ

5) あなたの誕生日はいつですか．
Анатано тандзё̄би ва ицудэсу ка?
Когда́ Ваш день рожде́ния?
カグダー　ヴァーシ　ヂェーニ　ラジヂェーニヤ

6) 5月1日です．
Гогацу цуитати дэсу.
Пе́рвое ма́я.
ピェールヴァエ　マーヤ

7) それはいつのことですか
Сорэва ицуно кото дэсу ка?
Когда́ э́то бы́ло？
カグダー　エータ　ブィーラ

8) それは1980年のことです．
Сорэва сэн кю̄хяку хатидю̄нэн но кото дэсу.
Э́то бы́ло в ты́сяча девятьсо́т восьмидеся́том году́.
エータ　ブィーラ　フ　トィーシチャ　ヂヴィチソート
ヴァシミチシャータム　ガドゥー

9) 2014年10月10日
Нисэн дюу ё нэн дю̄гацу то̄ка.
деся́тое октября́ две ты́сячи четы́рнадцатого го́да.
ヂシャータエ　アクチャブリャ　ドヴィエ　トィーシチ
チトゥィールナツァタヴァ　ゴーダ

да́та [女] (事件の)日付． 1) число́ [中] (暦の)日付． 2) 日付は число́ [中]を用いるので，これに合わせて日は順序数詞の中性形にする．順序数詞の後の число́ は普通省略される． пе́рв(ый (-ое) (число́) 1番目の(-中)．月は生格にする． янва́рь (-я) [男] 1月(-生)． 5) рожде́ние (-я) [中] 誕生日(-生)． 7) бы́ло あった． 8) год (-у́) [男] 年(-単前)．

時の表現　209

【年齢】　【во́зраст】
нэнрэи　ヴォーズラスト

1) ...は何歳ですか.　Ско́лько ... лет?
　... ва нансаи дэсу ка?　スコーリカ　リェート

   あなた　вам
   аната　ヴァーム

   あなたの娘さん　ва́шей до́чке
   анатано мусумэсан　ヴァーシェイ　ドーチキ

   あなたの息子さん　ва́шему сы́ну
   анатано мусукосан　ヴァーシム　スィーヌ

2) 私は53歳です.　Мне пятьдеся́т три го́да.
   Ватаси ва годзюсан саи дэсу.　ムニェー　ピッチシャート　トリ　ゴーダ

3) 彼は20歳です.　Ему́ два́дцать лет.
   Карэ ва хатати дэсу.　イムー　ドヴァーッツァチ　リェート

4) 彼女は22歳です.　Ей два́дцать два го́да.
   Канодзё ва нидзю нисаи дэсу.　エイ　ドヴァーッツァチ　ドヴァ　ゴーダ

5) 私は見かけより若いです.　Я вы́гляжу моло́же свои́х лет.
   Ватаси ва микакээри вакаидэсу.　ヤ　ヴィーグリャジュ　マロージェ　スヴァイーフ　リェート

【過去, 現在, 未来】　【про́шлое, настоя́щее, бу́дущее】
како гэндзаи мираи　プローシラエ　ナスタヤーシェ　ブードゥシェエ

昨日　кинō　今日　кё　明日　асу
вчера́　сего́дня　за́втра
フチェラー　シヴォードニャ　ザーフトラ

先週　сэнсю　今週　консю　来週　раисю
про́шлая неде́ля　э́та неде́ля　бу́дущая неде́ля
プローシラヤ　ニチェーリャ　エータ　ニチェーリャ　ブードゥシャヤ　ニチェーリャ

先月　сэнгэцу　今月　конгэцу　来月　раигэцу
про́шлый ме́сяц　э́тот ме́сяц　сле́дующий ме́сяц
プローシルイ　ミェーシツ　エータト　ミェーシツ　スリェードゥユシィ　ミェーシツ

昨年　кёнэн　今年　котоси　来年　раинэн
про́шлый год　э́тот год　сле́дующий год
プローシルイ　ゴート　エータト　ゴート　スリェードゥユシィ　ゴート

おととい　ототои　позавчера́
ototoi　パザフチェラー

あさって　асаттэ　послеза́втра
asatte　ポスリザーフトラ

まもなく　мамонаку　ско́ро
スコーラ

---

1) ва́шей до́чке [与] < ва́ша до́чка [女]あなたの娘. ва́шему сы́ну [与] <ваш сын [男]あなたの息子. 5) вы́глядеть [不]...のように見える. моло́же [比]より若く < молодо́й 若い. 2/3/4歳 + го́да《год「歳」の単数生格》, 5歳以上 + лет 《лета́「歳」の複数生格》

§79. 時刻
Часы́
チスィー

(♪ 210)

1時	(оди́н)	час	7時	семь	часо́в	
итидзи	アヂーン	チャース	ситидзи	シェーミ	チソーフ	
2時	два	часа́	8時	во́семь	часо́в	
нидзи	ドゥアー	チサー	хатидзи	ヴォーシミ	チソーフ	
3時	три	часа́	9時	де́вять	часо́в	
сандзи	トリー	チサー	кудзи	ヂェーヴィチ	チソーフ	
4時	четы́ре	часа́	10時	де́сять	часо́в	
ёдзи	チトィーリ	チサー	дзю̄дзи	ヂェーシチ	チソーフ	
5時	пять	часо́в	11時	оди́ннадцать	часо́в	
годзи	ピヤーチ	チソーフ	дзю̄итидзи	アヂーナッツァチ	チソーフ	
6時	шесть	часо́в	12時	двена́дцать	часо́в	
рокудзи	シェースチ	チソーフ	дзю̄нидзи	ドゥヴィーナッツァチ	チソーフ	

1) 何時ですか.   Кото́рый   час?
   Нандзи дэсу ка?   カトールイ   チャース

2) 1時です.   (Оди́н)   час.
   Итидзи дэсу.   アヂーン   チャース

3) 2 / 3 / 4時です.   (Два / Три / Четы́ре)   часа́.
   Ни / Сан / Ёдзи дэсу.   ドゥアー トリー チトィーリ   チサー

4) 5 / 12時です.   (Пять / Двена́дцать)   часо́в.
   Го / Дзю̄нидзи дэсу.   ピヤーチ ドゥヴィーナッツァチ   チソーフ

5) 朝の6時です.   Шесть   часо́в   утра́.
   Аса но року дзи дэсу.   シェースチ   チソーフ   ウトラー

6) 昼の2時です.   Два   часа́   дня.
   Хиру но нидзи дэсу.   ドゥヴァ   チサー   ドニャ

7) 晩の7時です.   Семь   часо́в   ве́чера.
   Бан но ситидзи дэсу.   シェーミ   チソーフ   ヴィエーチラ

数詞が名詞と結びつくときは、1 + 単数主格、2 ～ 4 + 単数生格、5以上 + 複数生格の形をとる. час (-á, -со́в) [男] 時(-単生, -複生). 5) у́тр:о (-á) [中] 朝(-生). дня [生] < день [男] 昼. ве́чер (-а) [男] 晩(-生).

時刻

1) 真夜中の1時です.
　　Маёнака но итидзи дэсу.

Час но́чи.
チャース　ノーチ

2) 12時10分です.
　（＝ 第1時の10分）
　　Дзю̄нидзи дзюппун дэсу.

Двена́дцать часо́в де́сять мину́т.
ドヴィナーッツァチ　チソーフ　チェーシチ　ミヌート

Де́сять мину́т пе́рвого.
チェーシチ　ミヌート　ピェールヴァヴァ

3) 3時5分前です.(＝5分なしの3時)
　　Сан дзи гофун маэ дэсу.

Без пяти́ (мину́т) три.
ビス　ピチー　ミヌート　トリー

4) 集会は何時にありますか.
　　Сю̄каи ва нандзи ни аримасу ка?

В кото́ром часу́ бу́дет собра́ние?
フ　カトーラム　チスー　ブーヂト　サブラーニエ

5) 集会はちょうど2時にあります.
　　Сю̄каи ва тёдо нидзи ни аримасу.

Собра́ние бу́дет ро́вно в два часа́.
サブラーニエ　ブーヂト　ローヴナ　ヴ　ドヴァーチサー

※　ロシア式時間の数え方

1)「時報時」は「基数詞＋час（時）の諸形」で表しますが、「時報時」を過ぎると午前0～1時の間の時間を序数で「第1時」、1～2時の間の時間を「第2時」...と数えていきます.

12時 двена́дцать часо́в
第1時 пе́рвого
1時 пе́рвый час
第2時 второ́го
2時 два часа́
第3時 тре́тьего
3時 три часа́

1) но́чь (-и) [女] 夜(-生). 2) 「...時...分(30分まで)」の言い方には、①日本と同じ「...時(часの諸形)＋...分(мину́т)」と ②「...分(мину́т)＋...時(第...時)」の2通りの言い方がある. ①の「...時」は基数詞を用いるが②の「...時」は序数詞の生格を用いる. 3) 「...時...分前(30分を過ぎると)」は、「без (なしの)＋...分(基数詞の生格) (мину́т 但し省略可能)」＋...時(基数詞の主格)」の形で「...分なしの...時 ＝ ...時...分前」と表現する. 3) собра́ние [中] 集会.「...時に」は《前置詞＋対格》の形で表す. 4) ро́вно ちょうど.

§80. 緊急事態
Чрезвычайная ситуация
チリズヴィチャーイナヤ　シトゥアーツィヤ　(♪ 212)

1) 助けて！　　　　　　　　　Помогите!
   Тасукэтэ!　　　　　　　　パマギーチェ

2) 緊急事態です．　　　　　　Это срочно!
   Кинкю̄ дзитаи дэсу.　　　エータ　スローチナ

3) 事故だ！　　　　　　　　　Авария!
   Дзико да!　　　　　　　　アヴァーリヤ

4) 車が通行人をはねました．　Пешехода сбила машина.
   Курума га цӯкōнин о ханэмасита.　ピシホーダ　ズビーラ　マシーナ

5) 車が衝突しました．　　　　Машины столкнулись.
   Курума га сё̄тоцу симасита.　マシーヌィ　スタルクヌーリシ

6) 救急車を呼んでください！　Вызовите скорую помощь!
   Кю̄кю̄ся о ёндэ кудасаи!　ヴィーザヴィチェ　スコールユ　ポーマシ

7) 医者を呼んでください！　　Вызовите врача!
   Ися о ёндэ кудасаи!　　　ヴィーザヴィチェ　ヴラチャー

8) 警察を呼んでください！　　Вызовите полицию!
   Кэисацу о ёндэ кудасаи!　ヴィーザヴィチェ　パリーツィユ

9) 警察署へ行きましょう！　　Пройдёмте в ближайшее отделение
   Кэисацусё ни икимасё̄!　プライチョームチェ ヴ ブリジャーイシェエ アッチリェーニエ
   　　　　　　　　　　　　　полиции.
   　　　　　　　　　　　　　パリーツィイ

10) 泥棒だ！　　　　　　　　Вор!
    Доробō да!　　　　　　　ヴォール

11) 泥棒をつかまえて！　　　Держите вора!
    Доробō о цукамаэтэ!　　チルジーチェ　ヴォーラ

чрезвычайн꞉ый (-ая) 緊急の(-女). ситуация [女] 事態. 1) помогите [命] < помочь [完]助．2) срочн꞉ый (-о) 緊急の(-短語尾)《無人称文》. 3) авария [女] 事故． 4) пешеход (-а) [男] 通行人(-対). сбить [完] はねる. машина [女] 車. 5) столкнуться [完] 衝突する．6) вызвать [完] 呼ぶ. скорая помощь [女] 救急車. 7) врач [男] 医者. 8) полици꞉я (-ю) [女] 警察(-対). 9) пройдёмте　икимасё̄ < пройти [完] 行く．в ... へ(+対; 移動). ближайш꞉ий (-ее) 最寄りの(-対中). отделение [中] 分署. полици꞉я (-и) [女] 警察(-生). 11) держать [男] つかまえる(+対).

緊急事態

1) 電話したい．
   Дэнва ситаи!
   Мне нýжно позвони́ть.
   ムニエー ヌージナ パズヴァニーチ

2) 道に迷いました．
   Мити ни маёимасита.
   Я потеря́лся / потеря́лась.
   ヤ パチリャールシャ パチリャーラシ ♣

3) 火事だ！
   Кадэи да!
   Пожа́р!
   パジャール

4) 注意せよ！
   Тюи сэё!
   Осторо́жно!
   アスタロージナ

5) やめなさい！
   Ямэнасаи!
   Прекрати́те!
   プリクラチーチェ

6) ここから出ていけ！
   Коко кара дэтэ икэ!
   Иди́те отсю́да!
   イヂーチェ アトシューダ

7) トイレはどこですか．
   Тоирэ ва доко дэсу ка?
   Где здесь туале́т?
   グヂェー ズヂェーシ トゥアリェート

関連単語

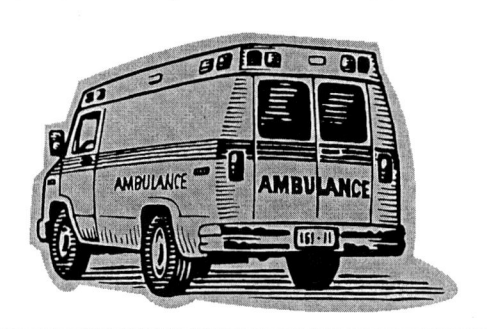

病院	БОЛЬНИЦА	警察署	ОТДЕЛЕНИЕ ПОЛИЦИИ
бёин	バリーニーツァ 囡	кэисацусё	アッチリェーニエ パリーツィイ 中
警察	ПОЛИЦИЯ	救急車	СКОРАЯ ПОМОЩЬ
кэисацу	パリーツィヤ 囡	кю̄кю̄ся	スコーラヤ ポーマシ 囡

1) нýжно …する必要がある《無人述》．позвони́ть [完] 電話する．2) потеря́ться [完] 道に迷う．3) пожа́р [男] 火事．4) осторо́жн¦ый (-о) 用心深い(-無人述)．5) прекрати́ть [完] やめる．6) идти́ [完] 出ていく．отсю́да ここから．

§81. 警察
Поли́ция
パリーツィヤ

(♪ 214)

1) 警察署はどこにありますか. Где полице́йский уча́сток?
   Кэйсацусё ва доко ни аримасу ка. グヂェー パリツェーイスキィ ウチャースタク

2) 私は被害届を出したい. Я хочу́ заяви́ть в поли́цию
   Ватаси ва хигаи тодокэ о даситаи. ヤ ハチュー ザイヴィーチ フ パリーツィユ

3) 私は暴行されました. Меня́ поби́ли.
   Ватаси ва бо̄ко̄ сарэмасита. ミニャー パビーリ

4) お金を盗まれました. У меня́ укра́ли де́ньги.
   Оканэ о нусумарэмасита. ウ ミニャー ウクラーリ ヂェーニギ

5) 荷物を盗まれました. У меня́ укра́ли бага́ж.
   Нимоцу о нусумарэмасита. ウ ミニャー ウクラーリ バガーシ

6) 宝石を盗まれました. У меня́ укра́ли драгоце́нности.
   Хо̄сэки о нусумарэмасита. ウ ミニャー ウクラーリ ドラガツェーンナスチ

2) パソコンを盗まれました. У меня́ укра́ли компью́тер.
   Пасокон о нусумарэмасита. ウ ミニャー ウクラーリ カムピューテル

8) カメラを盗まれました. У меня́ укра́ли фотоаппара́т.
   Камэра о нусумарэмасита. ウ ミニャー ウクラーリ ファタアパラート

9) 駅でポケットの財布をすられました. У меня́ на ста́нции вы́тащили из
   Эки дэ покэтто но сайфу о ウ ミニャー ナ スターンツィイ ヴィータシリ イズ
   сурарэмасита. карма́на кошелёк.
   カルマーナ カシリョーク

10) それを彼(彼女)がやりました. Э́то сде́лал он! / Э́то сде́лала она́!
    Сорэ о карэ (канодзё) га яримасита. エータ ズヂェーラル オン エータ ズヂェーララ アナー

11) この用紙に記入して下さい. Запо́лните бланк.
    Коно ёси ни киню̄ ситэ кудасаи. ザポールニチェ ブラーンク

12) 身分証明書を見せて下さい. Ва́ши докуме́нты, пожа́луйста
    Мибун сё̄мэйсё о мисэтэ кудасаи. ヴァーシ ダクミェーントィ パジャールスタ

1) полице́йский 警察の. уча́сток [男] 部署. 2) заяви́ть [完] 届け出る. в ...に(+対; 移動). поли́ция (-ю) [女] 警察(-対). 3) поби́ли 彼らが暴行した(主語のはっきりしない不定人称文; 受身に訳されることが多い) < поби́ть [完] укра́сть [完] 盗む. де́ньги [複] お金. 5) бага́ж [男] 荷物. 6) драгоце́ност:ь (-и) [女] 宝石(-複). 9) на ...で(+前). ста́нци:я (-и) [女] 駅(-前). вы́тащить [完] する(掏る)(+対). из ...から (+生). карма́н (-а) [男] ポケット(-生). кошелёк [男] 財布. 10) сде́лать [完] やる. 11) запо́лнить [完] 記入する(+対). 12) докуме́нт (-ы) [男] 身分証明書(-複).

警察　　　　　　　　　　　　　　215

1) 私はクレジットカード（書類，バックパック，トラベラーズチェック）をなくしました．
　Ватаси ва курэдзитто кādo (сёруи, бакку пакку, торабэрāдзу чэкку) о накусимасита.
　Я потеря́л(а) креди́тную ка́рточку (докуме́нты, рюкза́к, доро́жные че́ки).
　ヤ パチリャール クリチートヌユ カールタチク ダクミェーントィ リュグザーク ダロージヌィエ チェーキ

2) 私は強姦されました．
　Ватаси ва гōкан сарэмасита.
　Меня́ изнаси́ловали.
　ミニャー イズナシーラヴァリ

3) 私は何の罪で起訴されるのですか．
　Ватаси ва нан но цуми дэ кисо сарэруно дэсу ка?
　В чём меня́ обвиня́ют?
　フ チョーム ミニャー アブヴィニャーユト

4) あなたは…の罪で起訴されます．
　Аната ва … но цумидэ кисо сарэмасу.
　Вас осу́дят за …
　ヴァース アスーヂャト ザ

　　暴行
　　bōkō
　　наси́лие
　　ナシーリエ

　　公安を乱したこと
　　kōan о мидасита кото
　　наруше́ние поко́я
　　ナルシェーニエ パコーヤ

　　ビザなし
　　бидза наси
　　безви́зовый въе́зд
　　ビズヴィーザヴイ ヴイェースト

　　ビザの期限切れでの滞在
　　бидза но кигэн гирэ дэно таидзаи
　　просро́ченную ви́зу
　　プラスローチンヌユ ヴィーズ

　　違法物資の所持
　　ихō бусси но сёдзи
　　хране́ние запрещённых предме́тов
　　フラニェーニエ ザプリショーンヌィフ プリドミェータフ

　　万引き
　　манбику
　　воровство́ в магази́не
　　ヴァラフストヴォー ヴ マガジーネ

　　強盗
　　gōtō
　　ограбле́ние
　　アグラブリェーニエ

5) 私は理解できます（できません）．
　Ватаси ва рикаи дэкимасу (дэкимасэн).
　Я (не) понима́ю.
　ヤ ニ パニマーユ

1) потеря́ть [完] 紛失する(+対). доро́жные че́ки [複] トラベラーズチェック. 2) изнаси́ловать [完] 強姦する. 3) в …に関して(+前). чём [前] 何. обвиня́ют 彼らが起訴する(不定人称文) < обвиня́ть [完] 起訴する. 4) осуди́ть [完] 非難する，起訴する. за …のゆえに(+対). наси́лие [中] 暴行. наруше́ние [中] 乱すこと，攪乱. поко́й (-я) [男] 平安，公安(-生). безви́зовый ビザなしの. въе́зд [男] 入国. просро́ченную ви́зу [対] < просро́ченная ви́за 期限の切れたビザ < просро́чить [完] 期限を越す. хране́ние [中] 所持. запрещённых предме́тов [複生] < запрещённый предме́т [男] 違法物資. воровство́ [中] 窃盗. магази́н [男] 店. ограбле́ние [中] 強盗.

警察

1) 何か悪いことをしているとは思いませんでした。
Наника варуи кото о ситэ ируто ва омоимасэндэсита.
Я не знал(а), что я де́лаю что́-то непра́вильно.

2) あなたはスピード違反をしました。
Аната ва супӣдо ихан о симасита.
Вы превы́сили ско́рость.

3) これはスピード違反の罰金です。
Корэ ва супӣдо ихан но баккиндэсу.
Это штраф за превыше́ние ско́рости.

4) すみません。
Сумимасэн.
Извини́те, пожа́луйста.

5) 罰金をすぐに払わないといけませんか。
Баккин о сугуни хараванаи то икэмасэн ка?
Мо́жно заплати́ть штраф на ме́сте?

6) 私はそれをしていません。
Ватаси ва сорэ о ситэ имасэн.
Я э́того не де́лал(а).

7) 私は潔白です。
Ватаси ва кэппаку дэсу.
Я невино́вен.

8) 自国の大使館（公使館）に連絡したい。
Дзикоки но таисикан (ко̄сикан) ни рэнраку ситаи.
Я хочу́ обрати́ться в своё посо́льство / ко́нсульство.

9) 電話できますか。
Дэнва дэкимасу ка?
Мо́жно позвони́ть?

10) 日本語を話す弁護士をつけたい。
Нихонго о ханасу бэнгоси о цукэтаи.
Мне ну́жен адвока́т говоря́щий по-япо́нски.

11) この薬は私用です。
Коро кусури ва сиё дэсу.
Это лека́рство для ли́чного по́льзования.

12) この薬の処方箋を持っています。
Коро кусури но сёхо̄сэн о мотто̄ имасу.
У меня́ есть реце́пт на э́то лека́рство.

---

1) что́-то 何か. непра́вильно 不正に. 2) превы́сить [完] 越える. ско́рость [女] 速度. 3) штраф [男] 罰金. за ...に対する(+対). превыше́ние [中] 越えること. 5) заплати́ть [完] 払う. на ме́сте 即座に. 7) невино́вный (-ен) 無罪の(-短語尾). 8) обрати́ться [不] 援助を求める、訴える、連絡する. в ...に(+対; 施設の内部への運動). посо́льство [中] 大使館. ко́нсульство [中] 公使館. 10) адвока́т [男] 弁護士. говоря́щий [能現]< говори́ть [不] 話す. по-япо́нски 日本語で. 11) для ...のための(+生). ли́чный (-ого) 個人の(-生). по́льзование (-я) [中] 使用(-生). 12) на ...のための(+対).

ロシア語基礎文法

1. 概要

🔲 (原則として文章のみ ♪217)

　ロシア語は類型的には，語形を変えることによって文法的関係を表わす屈折語に分類されます．系統的には，以下の図に示したように，インド・ヨーロッパ(印・欧)語族スラブ語派の東スラブ諸語に属し，同じ東スラブ諸語のグループを形成しているウクライナ語，ベラルーシ語と最も近い関係にあります．ロシア語はロシア連邦の公用語で，ロシア語を話す者はロシア連邦の人口1億4千万人と旧ソ連邦構成国，欧州，米国，カナダ，イスラエルなどで約6千万人の計約2億人ぐらいはいると推定されています．

ロシア語の系統分類

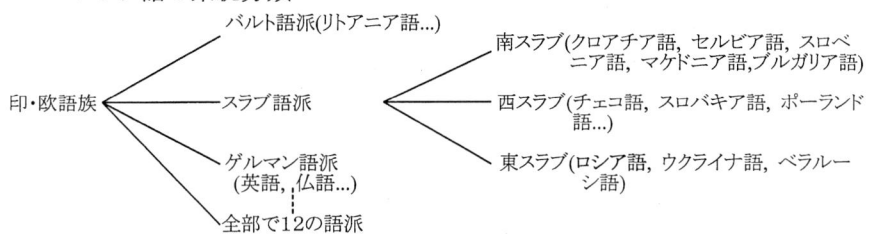

```
                  バルト語派(リトアニア語...)            南スラブ(クロアチア語, セルビア語, スロベ
                                                            ニア語, マケドニア語, ブルガリア語)
印・欧語族  ←    スラブ語派          ←              西スラブ(チェコ語, スロバキア語, ポーランド
                                                            語...)
                  ゲルマン語派                            東スラブ(ロシア語, ウクライナ語, ベラルー
                  (英語, 仏語...)                                シ語)
                  全部で12の語派
```

　ロシア語，ウクライナ語，ベラルーシ語は元々は現在のウクライナのあたりに4－6世紀頃から住み始めた東スラブ族が共通に話していた一つの言語でした．9世紀後半にキエフを中心に初の統一国家であるキエフ公国が成立しました．その王であるウラジミール大公は988年にキリスト教(ギリシア正教)を国教に定めましたが，そのときキリスト教文化とともにその表記に使われていたギリシア文字を改良したキリル文字がギリシア世界から導入されました．この文字で書かれた「イーゴリ遠征譚」という東スラブ族の最古の文学作品が12世紀に誕生しました．

　キエフ公国が1241年のモンゴル侵入によって崩壊すると，東スラブ族はロシア人，ウクライナ人，ベラルーシ人の各民族に分かれ，それに伴って各民族の話す言語も独自の発展を遂げることになりました．キエフ公国の滅亡後東北部によったロシア人は13世紀にモスクワ公国を建て，15世紀末にはモンゴルを放逐してロシアを再統一しました．その後ロシア領土の急激な拡大につれて，ロシア語は3つの方言に分かれました．すなわち，サンクトペテルブルグからシベリア全土を横切って延びる北部方言，中部・南部ロシアを含む南部方言，これら二つの方言の間の比較的狭い地帯を含む中部方言の3つです．中部方言群の中からモスクワ方言が発達してロシア帝国の公用語の役割を果たし，ロシアの標準語の基礎となりました．1708年にはピョートル一世によって文字改革が行われキリル文字は印刷しやすいようにラテン文字に近い形に単純化されました．また，1917年には正書法の改正が行われ現行の33字母になりました．

2. 語順

　ロシア語の語順は基本的には，英語と同様に，ＳＶＣ(主語 ＋ 自動詞 ＋ 主格補語)，ＳＶＯ(主語 ＋ 他動詞 ＋ 目的語)ですが，ＳＶＣの現在形に関してはＶの連辞は省略されます．

```
        S           V            C
        Мне                      го́лодно.          私は空腹です．
        私は         です          空腹の
Cf.     I           am           hungry.

        S           V            O
        Я           купи́л        карти́ну.         私は絵を買った．
Cf.     I           bought       a picture.
```

3. 名詞 (и́мя существи́тельное) (♪ 218)
3.1. 名詞の種類

(1) 普通名詞： дом 家, не́бо 空

(2) 固有名詞：
1) 国名： -ия, -сика などの語尾で終わることが多い

Росси́я ロシア, А́нглия 英国, Ме́ксика メキシコ, Герма́ния ドイツ

2) 人名には愛称がありよく使われます．
- ◇ 男性名： Алекса́ндр アレクサンダー → Са́ша サーシャ(愛称)
  - Никола́й ニコライ → Ко́ля コーリャ(愛称)
- ◇ 女性名： Екатери́на エカテリーナ → Ка́тя カーチャ(愛称)
  - Мари́я マリーヤ → Ма́ша マーシャ(愛称)

(3) 集合名詞：
-ня, -ьё (形容詞から作る), -(н)як などの語尾で終わることが多い

- -ня ： сто 100 → со́тня 百個(単位), род 誕生 → родня́ 親類
- -ьё ： бе́лый 白い → бельё 下着, жить 住む → жильё 住居
- -(н)як： берёза 白樺 → березня́к 白樺林

(4) 物質名詞： вода́ 水, соль 塩

(5) 抽象名詞： любо́вь 愛, справеди́вость 正義

(6) 動名詞 ： 不定形語幹に -ние をつけて作ります．

изда́ть 発行する → изда́ние 発行, уда́рить 打つ → ударе́ние アクセント

3.2. 名詞の性 (род)

ロシア語のすべての名詞は文法上の男性名詞，女性名詞，中性名詞に分けられ，数(単数，複数)と格(主格，生格，与格，対格，呼格，造格，前置格)によって語尾が変化します．男性名詞の多くは子音で終わりますが，一部は -й, -ь で終わります．女性名詞の多くは -а, -я で終わりますが，一部は -ь で終わります．中性名詞の多くは -о または -е で終わりますが，一部は -мя で終わります．

性	末尾の文字	例
男性	子音	дом [ドーム] 家
	-й	чай [チャーイ] お茶
	-ь	день [ヂェーニ] 日
女性	-а	ма́ма [マーマ] ママ
	-я	бу́ря [ブーリャ] 嵐
	-ь	ночь [ノーチ] 夜
中性	-о	письмо́ [ピシモー] 手紙
	-е	мо́ре [モーリェ] 海
	-мя	и́мя [イーミャ] 名前

名詞　　　　　　　　　219

※ 例外　　　　　　　　　　　　　　　　　　　　(♪ 219)
① мальчи́шка「少年」, дя́дя「おじ」などの -а, -я で終わっている名詞は自然の性が優先され, 男性名詞として扱われます(変化は女性名詞と同じになります).
② 比較的新しい外来語の一部は語尾の種類に関係なく中性名詞として扱われます.
　　метро́　[ミトロー] 地下鉄, такси́　[タクシー] タクシー
③ 両性名詞(о́бщий род): -а, -я 終わりの語尾をもつ人を指す名詞で文脈により男性と女性の両方を表す語があります.
пья́ница　[ピヤーニツァ] 飲んだくれ, судья́ [スヂヤー] 判事, сирота́ [シラター] 孤児
Э́тот ма́льчик – сирота́. この少年は孤児だ. Э́та де́вочка – сирота́. この少女は孤児だ.

3.3. 名詞の複数形(мно́жественная фо́рма)

(1) 複数形の形態

　男性名詞の複数主格形は, г, к, х, ж, ш 以外の硬子音終わりの語幹には -ы をつけ, 硬子音 -г, -к, -х, -ж, -ш と軟子音 -ч, -щ, -й と軟音符 -ь 終わりの語幹には -и をつけて作ります(-ы / -й と2つあるのは硬・軟変化の調和をしているからであって, 11世紀にロシア語が分化する以前に属していたスラブ基語の原型を留めている
と言われているブルガリア語の男性・女性名詞の複語数尾は -и だけなので(例: студе́нт-и 学生-達), ロシア語の場合も男性・女性名詞に関しては複数を表す1つの意義素/-и/を立てることが可能です; 下表の студе́нты から例をとった上図の①の ы は後ろにきているので硬変化, ключи́ から例をとった図の② の и は母音が前方にあるので軟変化になります. 軟音 ч は и と距離が近いので結びつきやすく, 他方 т と ы は距離が離れていますが, なだらかな水平運動なので傾斜が急な т-и の結びつきに比べて重力の抵抗が少ない分だけ発音が楽なので т-ы の方が結びつきやすいと言えます. ただ, スラブ基語の早い時期には ы がなくて т と и が結びついていたことが推定されるので意義素/-и/を立てることができます)). 女性名詞の複数主格形は, -а は -ы に, -ь と -я は -и に変えて作ります((男性名詞と女性名詞の複数形の作り方は共通していて, 女性名詞は, 複数形になるともう文法上の性の区別が必要なくなるので女性形の指標語尾 -а を取り去ってから複数語尾/-и/を付けます. その時, 残った子音が -г, -к, -х, -ж, -ш, -ч, -щ の場合は男性名詞と同じように -ы ではなく -и にします)). 中性名詞の複数主格形は, 硬音 -о は -а に, 軟音 -е は -я に変えて作ります. 以上のことを表にまとめると以下の様になります.

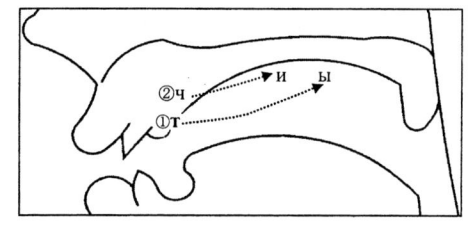

性	末尾の文字	複数形語尾	例
男性	硬子音	+ы	студе́нт　学生　→　студе́нты　学生達(図の①)
	-г, -к, -х, -ж, -ч, -ш, -щ, -й	→ и (正書法の規則から)	носо́к → носки́ 靴下, нож → ножи́ ナイフ, ключ → ключи́ 鍵(図の②), о́вощ → о́вощи 野菜, музе́й → музе́и 博物館
	-ь	→ и	гость　→　го́сти　客
女性	-а	→ ы	газе́та　→　газе́ты　新聞
	但し, -г-, -к-, -х-, -ж-, -ч-, -ш-, -щ- + -а の場合は → и		кни́га → кни́ги 本, ру́чка → ру́чки ペン, ве́ха → ве́хи 標識, спа́ржа → спа́ржи アスパラガス, душа́ → ду́ши 魂
	-я	→ и	ту́фля　→　ту́фли　靴
	-ь	→ и	ночь　→　но́чи　夜
中性	-о	а	сло́во　→　слова́　言葉
	-е	я	по́ле　→　поля́　野原

名詞

(2) 複数形しかない名詞　　　　　　　　　　　　(♪ 220)
1) 対になっているもの
　трусы́ パンツ, брю́ки ズボン, но́жницы はさみ, воро́та 門, очки́ めがね
　Э́ти брю́ки мне коротки́. このズボンは私には短い.
　この　ズボンは　私には　短い[複](< коро́ткий 短い)
　対になっていて普通は複数形であるが，片方のときは単数形が使われるものがあります．

　носки́ 靴下 → носо́к 片方の靴下, боти́нки 靴 → боти́нок 片方の靴,
　перча́тки 手袋 → перча́тка 片方の手袋, о́бе перча́тки 手袋の両方,
　ко́жаные перча́тки 革袋, пра́вая перча́тка 右手の手袋
2) 対でなくても複数形しかないもの
　де́ньги お金, духи́ 香水, бу́дни 平日, сли́вки クリーム, часы́ 時計
　ручны́е часы́ 腕時計
(3) 単数と複数の使い分け
　一般に集合名詞，物質名詞，抽象名詞は単数扱いされますが，それらが具体的なものや種類を表す場合は複数として扱われます．
1) 集合名詞
　2つ以上の人やものをひとまとめにして集合体としてとらえた名詞を集合名詞といいます．集合名詞は，人または物のある総体をひとつのまとまったものとして示すので通常は単数扱いされますが，それが具体的集団を意味し，その集団が2つ以上あれば複数扱いされます．なお，人の集団を指す集合名詞は不活動体名詞とみなされます．

ме́бель 家具, бельё 下着, о́бувь はき物, молодёжь 若者達, челове́чество 人類
　Э́та о́бувь мне не по ноге́. このはき物は私の足に合わない．(単)
　この　はき物は　私には　ない　足に合う(< нога́ [女] 足)
　Челове́чество идёт вперёд. 人類は前進する．(単)
　人類は　　　進む　　前に
2) 物質名詞《単数と複数で意味が違うものがあります》

単数	複数
бума́га 紙	бума́ги 書類，証明書
вода́ 水	во́ды 河川，水域，領海
вино́ ワイン	ви́на ワインの種類

кра́сное вино́ 赤ワイン(単); Он хорошо́ разбира́ется в ви́нах.彼はワインに詳しい(複)
чи́стая бума́га 白紙 (単); це́нные бума́ги 有価証券(複)
све́жая вода́ 新鮮な水(単); во́ды Япо́нии 日本の領海(複)
3) 抽象名詞

単数	複数
си́ла 力	си́лы 軍隊，能力
рабо́та 仕事	рабо́ты 仕事の成果，作品
вы́бор 選択	вы́боры 選挙

гру́бая си́ла 暴力(単); возду́шные си́лы 空軍(複)
лёгкая рабо́та やさしい仕事(単);Чьи э́то рабо́ты？ これは誰の作品か(複)
вы́бор профе́ссии 職業の選択(単); всео́бщие вы́боры 総選挙(複)

идёт [3単現] < идти́ [不] 進む．кра́сн:ый (-ое) 赤い(-中). разбира́ется [3単現] < разбира́ться [不] 通じている，詳しい．в ...に関しては(+前). вин:о́ (-ах) [中] ワイン(-複前). чи́ст:ый (-ая) 白紙の(-女). це́нн:ый (-ые) 価格をもった(-複). све́ж:ий (-ая) 新鮮な(-女). Япо́ни:я (-и) [女] 日本(-生). возду́шн:ый (-ые) 空の(-複). всео́бщий 総…

3.4. 名詞の格(падéж)

　ロシア語の名詞は，変化することなく語彙単位のもとになる「語幹」と，語形変化する「語尾，格語尾」の部分に分けられます．名詞と他の語の関係を示す格には，文の主語(...は)や述語(...である)を示す主格，由来，起源，所属，所有，部分などを示す生格(...の)，動作の方向を示す与格(...へ)，動作の対象を示す対格(...を)，前置詞といっしょに用いて存在や動作の場を示す前置格(...で, ...に)，手段，目的語，述語などを示す造格(...で, ...と, ...を, ...である)の6種類があります．

3.4.1. 名詞の格語尾の形態

3.4.1.1 格語尾の一覧表(基本型)

名詞には基本的に以下の格語尾がついて変化します．

性\格	男性(-子音, -й, -ь) 単数	複数	中性(-о, -е) 単数	複数	女性(-а, -я) 単数	複数	女性(-ь) 単数	複数
主	-ø (-й, -ь)	-ы	-о(-е)	-а	-а (-я)	-ы (-и)	-ь	-и
生	-а (-я)	-ов (-ей)	-а(-я)	-ø(ゼロ)	-ы (-и)	-ø (ゼロ)	-и	-ей
与	-у (-ю)	-ам	-у(-ю)	-ам	-е	-ам (-ям)	-и	-ям
対	主/生 *	主/生	=主(-о/-е)	=主	-у (-ю)	主/生	-ь	主/生
造	-ом (-ем)	-ами	-ом (-ем)	-ами	-ой (-ей)	-ами(-ями)	-ью	-ями
前	-е **	-ах	-е	-ах	-е	-ах (-ях)	-и	-ях

* 不活動体は主格，活動体は生格をとります．
** 前置格は必ず в, над などの前置詞といっしょに使われますが，ここでは省略してあります．

変化例

性\格	男性:зал ホール 単 複	中性: блю́до 皿 単 複	女性: ма́ма ママ 単 複	女性: ночь 夜 単 複
主	зал　　за́л-ы	блю́д-о　блю́д-а	ма́м-а　ма́м-ы	ноч-ь　но́ч-и
生	за́л-а　за́л-ов	блю́д-а　блюд	ма́м-ы　мам	но́ч-и　ноч-е́й
与	за́л-у　за́л-ам	блю́д-у　блю́д-ам	ма́м-е　ма́м-ам	но́ч-и　ноч-а́м
対	зал　　за́л-ы	блю́д-о　блю́д-а	ма́м-у　мам	ноч-ь　но́ч-и
造	за́л-ом за́л-ами	блю́д-ом блю́д-ами	ма́м-ой ма́м-ами	но́ч-ью ноч-а́ми
前	за́л-е　за́л-ах	блю́д-е　блю́д-ах	ма́м-е　ма́м-ах	но́ч-и　ноч-а́х

\# ハイフン - の記号は本来は付いていません．語尾変化が分かりやすいように付けただけです．

　以上の格変化はあくまでも基本的なタイプの例であって，実際は語幹の歯擦音化・口蓋音化(к + e → če,　k + i → ci,　g + e → že,　g + i → zi,　h + e → še,　h + i → si)，出没母音，延長語尾などの要素が入り混じってより複雑な変化をします．以下の章でより複雑な変化の例を挙げてみます．

3.4.1.2 男性名詞の格変化

(1) 対格(вини́тельный падéж)と生格(роди́тельный падéж)の関係について

　子音終わりの男性名詞の単数主格(...は, が)は語尾をつけずに表わします．単数対格(...を)は，不活動体(物などの動かないもの)の場合は主格に等しく，活動体(人や動物の動くもの)の場合は生格と等しくなります．つまり，不活動体の男性名詞は対格を対格語尾(...を)をつけずに表し，活動体の男性名詞の対格は生格語尾(...の)をつけることによって表します．この理由は，動くことのない不活動体の場

合は対格語尾(...を)をつけなくても，動詞の後に不活動体名詞を置くことによって，つまり語順によって対格を表現できるからです(例:「新聞(を)読みながら食事する」).これに対して動きのはげしい活動体名詞の場合は対象をしっかりとらえて何らかの動作を加えないと客体(目的語)を逃がしてしまう恐れがあるので対格語尾(又は生格語尾)をつけます(例:「飛ぶ鳥を撃つ」).ここで，対格語尾(...を)には動作の客体をしっかりと認識してそれを動作の標的(対象)に据える働きがあるということがお分かりいただけると思います.それでは，ロシア語ではなぜ対格語尾(...を)だけでなく生格語尾(...の)をも使って対格を表現するかと言いますと，それは生格には客体(部分)を主体(全体)に強く引きつけて(本書では求心力と表現しています)，客体を主体の行う動作の対象に据えるつまり対格語尾と同じ働きがあるからです(→ 229p).実は日本語でも生格の「の」には対格の「を」と同じ働きがあります.たとえば，「人の暗殺を企てる(cf. make an attempt on somebody's life)」.

(2) 男性名詞の格変化例

1) 基本型

	капита́н 船長(活動体)		дом 家(不活動体)	
	単	複	単	複
主(は)	капита́н	капита́н-ы	дом	дом-а́
生(の)	капита́н-а	капита́н-ов	до́м-а	дом-о́в
与(へ)	капита́н-у	капита́н-ам	до́м-у	дом-а́м
対(を)	капита́н-а	капита́н-ов	дом	дом-а́
造(と)	капита́н-ом	капита́н-ами	до́м-ом	дом-а́ми
前(で)	капита́н-е	капита́н-ах	до́м-е	дом-а́х

2) 変則型

① -ец 終わりの語は主格，対格以外の格で е が脱落します.これはアクセントの移動や語尾の付加によって -ец の音節が弱化して е が脱落したものです.

	коне́ц 端(不活動体)		та́нец ダンス(不活動体)	
	単	複	単	複
主(は)	коне́ц	конц-ы́	та́нец	та́нц-ы
生(の)	конц-а́	конц-о́в *	та́нц-а	та́нц-ев *
与(へ)	конц-у́	конц-а́м	та́нц-у	та́нц-ам
対(を)	коне́ц	конц-ы́	та́нец	та́нц-ы
造(と)	конц-о́м	конц-а́ми	та́нц-ем	та́нц-ами
前(で)	конц-е́	конц-а́х	та́нц-е	та́нц-ах

* -о́в / -ев の違いは，アクセントがあると自然と口が開いて о になり，ないと口が閉じて е になります.この種の語は生格以下でアクセントが移動することがあります.

② 正書法の規則により г, к, х, ж, ч, ш, щ の後には ы, ю, я の文字が来れずに，対応の文字 и, у, а が来ます.

	парк 公園(不活動体)		ры́нок 市場(不活動体)		нож ナイフ(不活動体)	
	単	複	単	複	単	複
主(は)	парк	па́рк-и	ры́нок	ры́нк-и	нож	нож-и́
生(の)	па́рк-а	па́рк-ов	ры́нк-а *	ры́нк-ов	нож-а́	нож-е́й **
与(へ)	па́рк-у	па́рк-ам	ры́нк-у	ры́нк-ам	нож-у́	нож-а́м
対(を)	парк	па́рк-и	ры́нок	ры́нк-и	нож	нож-и́
造(と)	па́рк-ом	па́рк-ами	ры́нк-ом	ры́нк-ами	нож-о́м	нож-а́ми
前(で)	па́рк-е	па́рк-ах	ры́нк-е	ры́нк-ах	нож-е́	нож-а́х

* 語尾が付くと語幹の最終母音 о が弱化して脱落する.　　** 変則

③ 軟子音 -й, -ь 終わりの男性名詞は主格, 対格, 複数生格以外の語尾が同じ軟変化の形をしています. 硬変化と軟変化の比較のために前出の зал の変化を併記してみました.

	музе́й 博物館		спекта́кль 芝居(軟変化)		зал ホール(硬変化)	
	単	複	単	複	単	複
主(は)	музе́-й	музе́-и	спекта́кль	спекта́кл-и	зал	за́л-ы
生(の)	музе́-я	музе́-ев	спекта́кл-я	спекта́кл-ей*	за́л-а	за́л-ов
与(へ)	музе́-ю	музе́-ям	спекта́кл-ю	спекта́кл-ям	за́л-у	за́л-ам
対(を)	музе́-й	музе́-и	спекта́кль	спекта́кл-и	зал	за́л-ы
造(と)	музе́-ем**	музе́-ями	спекта́кл-ем	спекта́кл-ями	за́л-ом**	за́л-ами
前(で)	музе́-е	музе́-ях	спекта́кл-е	спекта́кл-ях	за́л-е	за́л-ах

* 不規則変化
** -ем / -ом の対比は, 前の母音との調和により生じたものです (e → e, a → o と調和した).

両者の語尾を比較してみると, -а [a] / -я [ja], -у [u] / -ю [ju], -ем [je(ı)m] / -ом [om], -ев [je(ı)v] / -ов [ov], -ам [am] / -ям [jam], -ах [ax] / -ях [jax] の対比を成していることにお気づきになると思います. このことから, 軟変化語尾はおおむね硬変化語尾に j を加えて作られていることがわかります. この j は語幹末尾の й, ь を示していて, 正書法により -a → -я と文字が変わった訳です.

3.4.1.3 中性名詞の格変化

(1) 基本型

-о, -е 終わりの中性名詞の基本的な格変化は以下のようになります. 両者とも中性名詞の指標語尾である -о, -е を取り去ってから男性名詞と同じ語尾を付けます. 複数形はアクセントが変わります.

	сло́во 言葉(不活動体, 硬変化)		мо́ре 海(不活動体, 軟変化)	
	単	複	単	複
主(は)	сло́во	слов-а́	мо́р-е	мор-я́
生(の)	сло́в-а	слов	мо́р-я	мор-е́й
与(へ)	сло́в-у	слов-а́м	мо́р-ю	мор-я́м
対(を)	сло́во	слов-а́	мо́р-е	мор-я́
造(と)	сло́в-ом	слов-а́ми	мо́р-ем	мор-я́ми
前(で)	сло́в-е	слов-а́х	мо́р-е	мор-я́х

(2) 変則型

	собы́тие 事件(不活動体, 硬変化)		и́мя 名(不活動体, 軟変化)	
	単	複	単	複
主(は)	собы́ти-е	собы́ти-я	и́м-я	имен-а́
生(の)	собы́ти-я	собы́ти-й	и́мен-и	имён
与(へ)	собы́ти-ю	собы́ти-ям	и́мен-и	имен-а́м
対(を)	собы́ти-е	собы́ти-я	и́м-я	имен-а́
造(と)	собы́ти-ем	собы́ти-ями	и́мен-ем	имен-а́ми
前(で)	собы́ти-и	собы́ти-ях	и́мен-и	имен-а́х

-ие 終わりの中性名詞は基本型の мо́ре と前置格の -и が違っているだけで他は同じです. и́мя は主格・対格以外で語幹が違ってきます.

3.4.1.4 女性名詞の格変化
(1) 基本型

	ла́мпа 電球(不活動体,硬変化)		же́нщина 女性(活動体,硬変化)		бу́ря 嵐(軟変化)	
	単	複	単	複	単	複
主(は)	ла́мп-а	ла́мп-ы	же́нщин-а	же́нщин-ы	бу́р-я	бу́р-и
生(の)	ла́мп-ы	ламп	же́нщин-ы	же́нщин	бу́р-и	бурь
与(へ)	ла́мп-е	ла́мп-ам	же́нщин-е	же́нщин-ам	бу́р-е	бу́р-ям
対(を)	ла́мп-у	ла́мп-ы	же́нщин-у	же́нщин	бу́р-ю	бу́р-и
造(と)	ла́мп-ой	ла́мп-ами	же́нщин-ой	же́нщин-ами	бу́р-ей	бу́р-ями
前(で)	ла́мп-е	ла́мп-ах	же́нщин-е	же́нщин-ах	бу́р-е	бу́р-ях

女性名詞の単数形では不活動体と活動体の区別をしませんが,複数形ではその区別をするので,表のように対格=主格(不活動体),対格=生格(活動体)の原則が適用されます.

(2) 変則型
1) 硬変化名詞の場合

	кни́га 本(不活動体,硬変化)		ба́нка つぼ(不活動体,硬変化)	
	単	複	単	複
主(は)	кни́г-а	кни́г-и	ба́нк-а	ба́нк-и
生(の)	кни́г-и	книг	ба́нк-и	ба́нок
与(へ)	кни́г-е	кни́г-ам	ба́нк-е	ба́нк-ам
対(を)	кни́г-у	кни́г-и	ба́нк-у	ба́нк-и
造(と)	кни́г-ой	кни́г-ами	ба́нк-ой	ба́нк-ами
前(で)	кни́г-е	кни́г-ах	ба́нк-е	ба́нк-ах

正書法の規則により,-г-,-к-,-х- のあとに -ы を書くことができないので,-и を書きます. ба́нка の場合は複数生格形に子音の衝突を避けるために出没母音の о が現れます.

2) 軟変化名詞の場合

-ья́, -ия, -ея 終わりの女性名詞は不規則な軟変化をします.

	статья́ 記事(不活動体,硬変化)		а́рмия 軍隊(不活動体,軟変化)		иде́я 考え(不活動体)	
	単	複	単	複	単	複
主(は)	стать-я́	стать-и́	а́рми-я	а́рми-и	иде́-я	иде́-и
生(の)	стать-и́	стат-е́й *	а́рми-и	а́рми-й	иде́-и	иде́-й *
与(へ)	стать-е́	стать-я́м	а́рми-и *	а́рми-ям	иде́-е	иде́-ям
対(を)	стать-ю́	стать-и́	а́рми-ю	а́рми-и	иде́-ю	иде́-и
造(と)	стать-ёй *	стать-я́ми	а́рми-ей	а́рми-ями	иде́-ей	иде́-ями
前(で)	стать-е́	стать-я́х	а́рми-и *	а́рми-ях	иде́-е	иде́-ях

* 不規則変化

3.4.1.5　格の意味と用法　　　　　　　　(♪225)

復習になりますが，文中である語が他の語に対してもつ関係のことを格と言います．ロシア語の格は，それが属する印欧語族と同様，名詞の語形変化(主として格語尾の)によって示されます．その格語尾は単数／複数の違いに応じて異なった変化をし，また名詞のみならずそれを修飾する形容詞も格変化します．この章では格の形態，意味，用法をさらに深く掘り下げてみてみます．

3.4.1.5.1　主格(имени́тельный паде́ж)

主格は格語尾なしで表されます．主格は文の主語「…が，は」を示し，連辞構文「…は…です」では，述語「…です」になることもできます．

(1) 主格語尾の形態(主要なもの)

		形容詞(長語尾)	名詞
単数	男	-ый, -ой, -ий	-子音, -ь, -й
	中	-ое, -ее, -ье, -о	-о, -е, -ё, -мя
	女	-ая, -яя, -ья, -а	-а, -я, -ь
複数	男	-ые, -ие, -ье, -ьи, -ы	-ы, -и
	中		-а, -я, -ена
	女		-ы, -и

(2) 主格の用法

1) 文の主語(動作や状態の主体を表す)

Маши́на останови́лась.　車は止まった．
車は　　止まった([3単現] < останови́ться [不] 止まる)

2) 連辞構文「…は…です」の述語「…です」に主格が用いられます．ただし，英語のbe動詞にあたるロシア語の連辞быть(…です)は現在時制では省略され過去形などで使われるだけです(был …であった)．それから，主語と述語の間にダッシュ(—)をはさんで主語，述語関係を表すことがあります．

Я инжене́р.　私は技師です(= Я — инжене́р.)
私は　技師(です)　　　　　　cf. I am an engineer.

3) 呼びかけに主格が用いられます．

Де́вушка!　お嬢さん！

3.4.1.5.2　生格(роди́тельный паде́ж)

(1) 生格の意味

印欧語族の一つである古典ギリシア語では生格は ptōsis genikē「属性の格」，また古代ギリシア文化の伝統を受け継いだ古典ラテン語では cāsus genitīvus「起源(出生)の格」と表現されました．この言葉がロシア語を含むスラブ諸語に取り入れられて生格((роди́тельный паде́ж:(出)生格))と呼ばれるようになりました．以下に生格成立の経緯を推測してみましょう．

生格を一言で表現すると，「全体と部分の関係を表す」のが生格です．具体的にどういうことかと申しますと，ある統一体(全体)とそれから生まれ出たあるいは分かれ出た部分との関係を表すのが生格です．古代においては社会，自然が不安定で生死離別が日常茶飯事でありかつ最も関心の高いできごとでした．このようなことがヒントになって生格という概念が生まれたのではないかと推測されます．全体と部分

の関係として，具体的には初めは親子関係のようなものを想定していたものと思われますが，時代が下るにつれて全体と部分の関係があらゆるものごとに敷衍(ふえん)されていき現在の複雑な文法概念になったものと思われます．言葉で説明するよりは図で説明したほうが理解しやすいので以下の図をご覧になってください．

♣ 生格の概念図

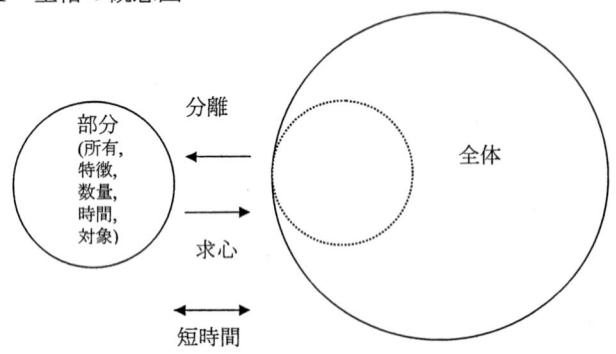

[図：全体と部分の関係を示す概念図。大きな円「全体」から小さな円「部分(所有，特徴，数量，時間，対象)」が分離、求心、短時間の関係で示されている]

♣ 生格における全体と部分の関係

① 全体から分かれ出た部分は，全体から完全に分離しているのではなく，常に全体の身近にあって元の状態に戻ろうとする求心力が働く親密な関係を表しています．また，部分は必ずしも全体から分離している必要はなく，全体の中にとどまっている場合もあります．

② 部分は，全体の持っているあらゆる属性(所有，所属，特徴，空間，時間等)を表します．この場合の空間，時間は全体と部分の近い関係を反映して，空間的には比較的狭い範囲の空間上の事象を表し(具体的には前置詞を使った「…から，…の前に，…の上に」などの位置関係等)，時間的にも比較的短時間の時間上の事象を表します．ロシア語の生格はおおむね日本語の格助詞「の」に訳すことができますが，すべてがそうではありませんので注意を要します．

③ 一定の長さを持った時間を統一体(全体)として捉え，それを細かく分割したものは部分と考えられるので，両者の関係は生格で表されます．これにより，印欧祖語とそれから分かれ出たロシア語，ウクライナ語などのスラブ諸語では日付(1年を分割したもの)，年月(暦を分割したもの)などが生格で表されるようになりました〔印欧祖語の原型を留めていると言われているリトアニア語にその証拠が残っています；→ ベスト社刊「リトアニア語入門」の207p. 参照〕．また，物質を分割して部分に分けたものは，全体と部分の関係になるのでこれも生格で表されるようになりました(部分生格，「多い，少ない」などの数量)．

④ 古代ロシア人は，「ない」の概念は「ある」の概念に従属していてその一部と考え，「ない」の概念を生格(否定生格)で表すようになったのではないかと推測されます．

(2)　生格語尾の形態

		形容詞(長語尾)	名詞
単数	男	-ого,　-его,　-ьего,　-а	-а,　-я
	中		-а,　-я,　-ья,　-ени
	女	-ой,　-ей,　-ьей	-ы,　-и,　-ьи
複数	男	-ых,　-их,　-ьих	-ов,　-ев,　-ёв,　-ей
	中		-ей,　-ий,　-й,　-ён,　-ян,　-∅
	女		-ей,　-й,　-ь,　-ий,　-∅(無語尾)

(3) 生格の用法　　　　　　　　　　　　　📼 (♪227)

1) 所有, 所属

маши́на　отца́　　父の(所有している)車
車　　　父の　〔< оте́ц　[男] 父〕

спи́нка　сту́ла　　いすの背もたれ
背もたれ　いすの　〔< стул　[男] いす〕

2) 動作主

рома́н　Толсто́го　　トルストイの(書いた)小説
小説　　トルストイの　〔< Толсто́й　[男] トルストイ〕

3) 動作の対象

обрабо́тка　информа́ции　　情報処理
処理　　　　　情報の　〔< информа́ция [女] 情報〕《目的語をとる他動詞が名詞化した場合, その目的語は生格になります. обрабо́тать [他] 処理する (обрабо́тать информа́цию 情報を処理する) → обрабо́тка [女] 処理》

4) 原料, 材料

пла́тье　из　шёлка　　絹のワンピース
ワンピース　で作っている　絹(の)　〔< шёлк　[男] 絹〕

5) 出身, 産地

чай　из　Гру́зии　　グルジア(産)のお茶
お茶　からの　グルジア(の)　〔< Гру́зия　[女] グルジア〕

6) 属性, 特徴, 性格など

事物が本質的に持っている性質である属性, 特徴, 性格などは個体(全体)からにじみ出た部分と見なされるので生格で表されます〔印欧祖語の時代から属性等は生格で表されています; → ベスト社刊「リトアニア語入門」158p.〕.

де́ло первостепе́нной ва́жности　　最重要課題
課題　　最も　　　　重要な　〔< первостепе́нная ва́жность　[女] 最重要〕
па́рень высо́кого ро́ста　　背の高い若者
若者　　高い　　　背の　〔< высо́кий рост　[男] 高い背〕

7) 日付, 年の表現(時点, 反復, 継続など. 副詞的に用いて)

Уви́димся 25-го Ма́рта.　　3月25日に会いましょう.
会いましょう　25日に　3月　〔< Март　[男] 3月, уви́деться [完] 会う〕

8) 数量に関する表現(部分生格)

① 数量を示す

数量は部分を表す概念であり, それによって修飾される名詞は生格になります. 数量を示す語には数詞以外に, 単位, 容器, 不定数量形容詞などがあります. なお, 数えられる物が1つしかない場合は普通数詞の1は付けません((下の「(1)トンの石炭」のように)). その理由は, 単位(容器)の単数主格に1の意味が含まれているからです.

пять　ме́тров　　5メートル　　　　　　　　　　《数詞》
5　　メートル [複・生]　〔< метр　[男] メートル〕
деся́тки　дете́й　　数十人の子供
数十人の　子供　〔< де́ти　[複] 子供〕

то́нна	угля́	1トンの石炭	《単位》	(♪ 228)
1トン	石炭の	〔< у́голь ［男］石炭〕		
пять	мину́т	5分		
5	分の[複・生]	〔< мину́та ［女］分〕		
топла́	люде́й	一群の人々		
一群の	人々	〔< лю́ди ［複］人々〕		
бока́л	вина́	1杯のワイン	《容器》	
1グラス	ワイン	〔< вино́ ［中］ワイン〕		
две	ло́жки	со́ли	2さじの塩	
2	さじの	塩	〔< ло́жка ［女］さじ, соль ［女］塩〕	

② 不定数量形容詞(доста́точно「十分な」, мно́го「たくさんの」, немно́го「少数の」などともに用いて)

доста́точно	хле́ба	十分なパン	《不定数量形容詞》
十分な	パン	〔< хлеб ［男］パン〕	
мно́го (немно́го)	люде́й	たくさん(少数)の人々	
たくさんの 少数の	人々	〔< лю́ди ［複］人々〕	
ма́ло (нема́ло)	де́нег	たくさん(少し)のお金	
たくさんの 少しの	お金	〔< де́ньги ［複］お金〕	
не́сколько	лет	数年	
数	年	〔< ле́та ［複］年〕	

♧ 一部の単語では生格の古形 -у / -ю が使われます.

кусо́к	са́хару	砂糖一個	〔< са́хар ［男］砂糖〕
кусо́к	сы́ру	チーズ一個	〔< сыр ［男］チーズ〕
таре́лка	су́пу	一皿のスープ	〔< суп ［男］スープ〕
ча́шка	ча́ю	一杯のお茶	〔< чай ［男］お茶〕

しかし, 数量に関係しない場合や形容詞によって修飾される場合は現代の生格 -а / -я が使われます.

за́пах ча́я お茶の香り, ча́шка све́тлого ча́я 一杯の薄いお茶〔< све́тлый 薄い〕

9) 数詞2, 3, 4の後の名詞は単数生格で表されます.

全体と部分の身近な関係を表すのが生格であり, 私たちにとって数詞の2, 3, 4は数字の体系の中で身近な数字と考えられるのでそこで使われる名詞は単数生格になります. また, 5以上の数詞はより大きな複数の数字と考えられるので, その後にくる名詞は複数生格になります.

оди́н журна́л 1冊の雑誌, два журна́ла 2冊の雑誌, пять журна́лов 5冊の雑誌

10) 否定の「ない」の概念は「ある」の概念の一部とみなされ, ロシア語では全体の一部は生格で表わされるので, 否定も生格で表わされるようになったと推測できます(否定生格).

Нет	ключа́.	鍵がない.	
ない	鍵が	〔< ключ ［男］鍵〕	
Его́	нет	до́ма.	彼は家にいない.
彼は	いない	家に	〔< он ［代］彼〕
У меня́	нет	вре́мени.	私には時間がない.
には 私	ない	時間が	〔< вре́мя ［中］時間〕

♣ 20世紀以前には他動詞を用いた否定文では目的語を生格で表すのが普通でしたが，現在では対格も同じくらい用いられます．

Она́ не ест мя́са（生）/ мя́со（対）．彼女は肉を食べない．
彼女は ない 食べる 肉を 〔< мя́со [中] 肉, есть [不] 食べる〕 ▶◀ (♪ 229)

11) 補語，目的語としての生格
※ 動詞や形容詞の目的語，補語として

生格の基本概念である分離・離脱・回避・恐れ・欠乏等や逆に求心・願望・達成・到達等を表す他動詞の目的語や形容詞の補語は生格で表されます．また，一般に他動詞の目的語になっている男性単数の活動体名詞は対格ではなく生格で表されます．これは生格には客体(部分)を主体(全体)に強く引きつけて(求心力)，客体を主体の行う動作の対象に据えるつまり対格語尾と同じあるいはそれ以上の強い働きがあると考えられるからです．

Он дости́г свое́й це́ли．彼は自身の目標を達成した．
彼は 達成した 自身の 目標を 〔< дости́чь [完] 達成する, цель [女] 目標〕

Я ждал по́езда / по́езд．私は汽車を待っていた． 《願望》
私は 待っていた 汽車を 〔< ждать [不] 待つ, по́езд [男] 汽車〕

Она́ и́щет рабо́ту．彼女は仕事を探している． 《希求》
彼女は 探している 仕事を 〔< иска́ть [不] 探す, рабо́та [女] 仕事〕

Я хочу́ хле́ба．私はパンがほしい．
私は 望む パンを 〔< хоте́ть [不] 望む, хлеб [男] パン〕

Он бои́тся жену́．彼は妻を恐れている．
彼は 恐れている 妻を 〔< боя́ться [不] 恐れる, жена́ [女] 妻〕

Я избега́ю неприя́тностей．私はトラブルを避ける． 《回避》
私は 避ける トラブルを 〔< избега́ть [不] 避ける, неприя́тность [女] トラブル〕

Он досто́ин похвалы́．彼は称賛に値する． 《満足》
彼は 値する 称賛に 〔< досто́йный [形] 値する, похвала́ [女] 称賛〕

Он лишён чу́вства ю́мора．彼にはユーモアのセンスがない． 《欠如》
彼は 欠く センスを ユーモアの 〔< лишённый [形] 欠く, чу́вство [中] センス, ю́мор [男] ユーモア〕

Авто́бус по́лон люде́й．バスは人でいっぱいだ． 《充足》
バスは いっぱいだ 人で 〔< по́лный [形] いっぱいの, лю́ди [複] 人々〕

♣ 他動詞の目的語に対格を使うと「すべての…」という意味になります，「一部の…」という意味の生格の目的語との違いにご注意ください．

⎰ Он вы́пил воды́．（生）彼は水の一部を飲んだ． (cf. He drank some water.)
⎱ Он вы́пил во́ду．（対）彼は水のすべてを飲んだ．(cf. He drank all the water.)
⎰ Она́ съе́ла хле́ба．（生）彼女はパンの一部を食べた． (cf. She ate some bread.)
⎱ Она́ съе́ла хлеб．（対）彼女はパンのすべてを食べた．(cf. She ate all the bread.)

12) 生格要求の前置詞

生格を要求する前置詞には，1語から成る単純前置詞と複数の語が結合して前置詞になった複合前置詞があります．なお，全体と部分の密接な空間的・時間的関係を表すのが生格なので，位置関係を表す前置詞の多くは生格を要求します．

без 「…なしに」：
Где това́ры без по́шлины? 免税品はどこにありますか．
どこに 品は なしの 関税 〔< по́шлина [女] 関税〕

близ 「...の近くに」: (♪ 230)
Я стою близ мо́ря. 私は海辺に立っている。
私は 立っている 近くに 海の 〔< мо́ре [男] 海, стоя́ть [不] 立っている〕

до 「...まで」:
До це́нтра далеко́. 中心部まで遠い。
まで 中心部 遠い 〔< це́нтр [男] 中心部〕

вдоль 「...に沿って」:
Доро́га идёт вдоль реки́. 道は川に沿って走っている。
道は 走っている 沿って 川に 〔< река́ [女] 川〕

из 「...から」:
Он верну́лся из го́рода. 私は町から帰った。
私は 帰った から 町 〔< го́род [男] 町, верну́ться [完] 帰る〕

позади́ 「...の後ろに, 向こうに」:
Дере́вня нахо́дится позади́ горы́. 村は山の向こうにある。
村は ある 向こうに 山の 〔< гора́ [女] 山, находи́ться [不] ある〕

во́зле 「...のそばに」:
Его́ дом во́зле шко́лы. 彼の家は学校のそばにある。
彼の 家は そばに 学校の 〔< шко́ла [女] 学校〕

вме́сто 「...の代わりに」:
Иди́ вме́сто меня́. 私の代わりに行ってください。
行って下さい 代わりに 私の 〔< я [代] 私, идти́ [不] 行く〕

ми́мо 「...の傍らを, ...のそばを」:
Проходя́ ми́мо ва́шего до́ма, я встре́тил Са́шу. お宅のそばを通りかかった時サーシャに会った。
通りかかった時そばを あなたの 家 私は 会った サーシャに 〔< ваш дом [男] あなたの家〕

ни́же 「...の下手に」:
Мы спусти́лись по Во́лге ни́же Каза́ни. 私達はボルガをカザンより下流に下った。
私達は 下った を ボルガ 下流に カザンより 〔< Каза́нь [女] カザン, спусти́ться [完] 下る〕

от 「...から」:
Я отошёл от окна́. 私は窓から離れた。
私は 離れた から 窓 〔< окно́ [中] 窓, отойти́ [完] 離れる〕

о́коло 「...のそばに, ...の近くに」:
Он жил о́коло по́чты. 彼は郵便局のそばに住んでいた。
彼は 住んでいた そばに 郵便局の 〔< по́чта [女] 郵便局, жить [不] 住む〕

по́сле 「...の後で」:
По́сле дождя́ ста́ло прохла́дно. 雨のあとで涼しくなった。
あとで 雨の なった 涼しく 〔< дождь [男] 雨, стать [完] なる〕

про́тив 「...に対して, ...の向かいに」:
Он сел про́тив го́стя. 彼は客の向かいにすわった。
彼は すわった 向かいに 客の 〔< гость [男] 客, сесть [完] すわる〕

ра́ди 「...のために」:
Гото́в на всё ра́ди дру́га. 親友のためなら何でもする覚悟だ。
覚悟だ 何でもする ためなら 親友の 〔< друг [男] 親友〕

с 「...から」:
Он встал со сту́ла. 彼はいすから立ち上がった。
彼は 立ち上がった から いす 〔< стул [男] いす, встать [完] 立ち上がる〕

与格

среди́ 「…の中央に，真ん中に」:
Среди́ ле́са есть о́зеро. 彼の真ん中に湖がある.
真ん中に 森の ある 湖が 〔ле́са < лес [男] 森〕

у 「…のところで；持っている；…から」:
Он живёт у роди́телей. 彼は両親の家に住んでいる.
彼は 住んでいる ところに 両親の〔< роди́тель [複] 両親〕
У неё краси́вый го́лос. 彼女はきれいな声をしている.
にはある 彼女 きれいな 声が〔< она́ [女] 彼女〕
Я купи́л дом у дру́га. 私は友人から家を買った.
私は 買った 家を から 友人〔< друг [男] 友人, купи́ть [完] 買う〕

из-за 「…から」:
Он встал из-за стола́. 彼はテーブルから立ち上がった.
彼は 立ち上がった から テーブル〔< стол [男] テーブル〕

3.4.1.5.3　与格(да́тельный паде́ж)

(1)　与格の意味

与格は基本的には動作の方向「…へ」を示します.

(2)　与格語尾の形態

		形容詞(長語尾)	名詞
単数	男	-ому, -ему, -ьему, -у	-у, -ю
	中		-у, -ю, -ью, -ени
	女	-ой, -ей, -ьей	-е, -и, -ье
複数	男	-ым, -им, -ьим	-ам, -ям
	中		-ам, -ям, -ьям, -енам
	女		-ам, -ям, -ьям

(3)　与格の用法

1) 間接目的語, 動作の方向「…へ」を表します. 訳すときに日本語の感覚と違うこともあるので注意を要します:

Она́ дала́ кни́гу ма́льчику. 彼女は少年に本をあげた.
彼女は あげた 本を 少年に〔< ма́льчик [男] 少年, дать [完] あげる〕
Он написа́л ма́тери письмо́. 彼は母親に手紙を書いた.
彼は 書いた 母親に 手紙を〔< мать [女] 母親, написа́ть [完] 書く〕

2) 無人称文における述語の主体を示します(…にとって，…のために).《無人称文とは述語の内容に普遍性をもたせて強調するために述語を3人称複数形(彼らが…する), 不定形(誰もが…する), 形容詞の中性形(一般に…だ)にして，文の主体は与格(…にとって，…のために)で表して主語を控えめに表現する文のことを言います》.

Де́тям хо́лодно. 子供たちにとっては寒い.
子供たちにとっては 寒い《中性形つまり述語副詞にして述語を強調している》〔< де́ти [複]子供たち〕
Тури́стам жа́рко. 旅行者にとっては暑い.
旅行者にとっては 暑い.〔тури́стам [複数与格]< тури́ст [男] 旅行者〕
Мне ка́жется, что она́ права́. 私にとっては彼女が正しいと思える.
私にとっては 思える と 彼女が 正しい〔ка́жется [3人称単数]< каза́ться [不] 思える〕
Моему́ отцу́ пятьдеся́т лет. 私の父は50歳です.
私の 父にとって 50 歳です〔< мой оте́ц [男] 私の父〕《年齢を強調している》

3) 与格を要求する動詞, 形容詞, 前置詞の補語として　　(♪ 232)
① 動詞の補語(動作の対象として与格を要求する)

помога́ть	[不]	手伝う	измени́ть	[完]	裏切る, 背く
вреди́ть	[不]	害する	ве́рить	[不]	信用する
грози́ть	[不]	おどす	доверя́ть	[不]	信頼する
запрети́ть	[完]	禁じる	зави́довать	[不]	うらやむ

Де́вочка помогла́ **ма́тери**. 少女は母親の手伝いをしていた.
少女は　手伝いをした　母親の　〔< мать [女] 母親〕

Куре́ние вреди́т **здоро́вью**. 喫煙は健康を害する.
喫煙は　　害する　　健康を〔< здоро́вье [中] 健康〕

Они́ грозя́т **зало́жникам**. 彼らは人質をおどしている.
彼らは　おどしている　人質を〔< зало́жник [男] 人質〕

Я запрети́л **де́тям** кури́ть. 私は子供たちに喫煙を禁じた.
私は 禁じた　　子供たちに　喫煙を〔< де́ти [複] 子供たち〕

Шпио́н измени́л **ро́дине**. スパイは祖国を裏切った.
スパイは　裏切った　　祖国を〔< ро́дина [女] 祖国〕

Никто́ не ве́рит **поли́тикам**. だれも政治家を信用しない.
だれも　ない　信用する　政治家を 〔< поли́тик [男] 政治家〕

Больно́й доверя́ет **врачу́**. 病人は医者を信頼する.
病人は　　信頼する　　医者を〔< врач [男] 医者〕

Она́ зави́дует свое́й **подру́ге**. 彼女は女友だちをうらやんでいる.
彼女は うらやんでいる 自分の　女友だち〔< подру́га [女] 女友だち〕

② 形容詞の補語として

Я благода́рен **дру́гу**. 私は友人に感謝している.
私は　感謝している　　友人に 〔< друг [男] 友人, благода́рный (-ен) 感謝している(-男短)〕

Его́ и́мя изве́стно всем **фи́ннам**. 彼の名はすべてのフィンランド人に知られている.
彼の 名は　知られているすべての　フィンランド人に〔< финн [男] フィンランド人〕

Я всегда́ рад **Ве́ре**. 私はいつもヴェラに会うのが楽しみだ.
私は いつも　　楽しい　ヴェラに(会うのが)〔< Ве́ра [女] ヴェラ〕

③ 前置詞の補語として

к 「…の方へ, に向かって」:

Она́ побежа́ла к **маши́не**. 彼女は車に向かって走り寄った.
彼女　　走りだした　に向かって 車 〔<маши́на [女] 車, побежа́ть [完] 走りだす〕

Он прислони́лся к **забо́ру**. 彼は壁にもたれかかった. 《運動の方向》
彼は もたれかかった　に　壁〔< забо́р [男] 壁, прислони́ться [完] もたれる〕

Она́ ходи́ла к **врачу́**. 彼女は医者に行った.
彼女は　通っていた　に　　医者〔< врач [男] 医者, ходи́ть [不] 通う〕

Она́ отно́сится ко **мне** ина́че. 彼女は私に対して違った態度をとる. 《態度》
彼女は　態度をとる　対して 私に　違った〔< я [代] 私, относи́ться [不] 態度をとる〕
《ко はある種の連続2子音の前に用いる》

与格

Он спосо́бен к му́зыке. 彼は音楽の才能がある.《適性》(♪ 233)
彼は 才能がある に対して 音楽 [< му́зыка [女] 音楽, спосо́б:ный (-ен)才能がある(-男短)]

Я гото́в к отъе́зду. 私は出発の用意ができている.《目的を表す》
私は 用意ができている のための 出発 [< отъе́зд [男] 出発]

к сча́стью 幸いなことに [< сча́стье [中] 幸い]《評価》

к сожале́нию 残念なことに [< сожале́ние [中] 残念]

к на́шему удивле́нию 私たちが驚いたことに [< на́ше удивле́ние [中] 私たちの驚き]

к ве́черу 夕方にかけて [< ве́чер [女] 夕方]《時間の境がはっきりしていない場合》

к тому́ вре́мени その時まで [< то вре́мя [中] その時]《時間の境がはっきりしている場合》

по 「…に沿って，…づたいに」

(a) 動作の方向

Он бежа́л по бе́регу. 彼は海岸づたいに走っていた.
彼は 走っていた づたいに 海岸 [< бе́рег [男] 海岸, бежа́ть [不・定](一定の方向に)走る]

Он спуска́лся по ле́стнице. 彼は階段を下りていた.
彼は 下りていた をつたって 階段 [< ле́стница [女] 階段, спуска́ться [不] 下りる]

Я ходи́л по магази́нам. 私は買物に行った.
私は 行った めぐりに 店を [< магази́н [男] 店]

(b) 手段

по ра́дио ラジオで [< ра́дио [中] ラジオ] / по телеви́зору テレビで [< телеви́зор [男] テレビ] / по по́чте 郵便で [< по́чта [女] 郵便] / по фа́ксу ファクスで [< факс [男] ファクス] / по телефо́ну 電話で [< телефо́н [男] 電話] / по моби́льнику 携帯で [< моби́льник [男] 携帯電話] / по электро́нной по́чте イーメールで [< электро́нная по́чта [女] イーメール]

(c) 準拠

по пла́ну 計画にしたがって [< план [男] 計画]

(d) 反復

по утра́м 朝ごとに [< у́тро [中] 朝] / по вечера́м 夕方ごとに [< ве́чер [男] 夕方] / по ноча́м 夜毎に [< ночь [女] 夜] / по четверга́м 木曜ごとに [< четве́рг [男] 木曜]

(e) 等量分配

Де́вочки получи́ли по я́блоку. 少女たちはリンゴを1個ずつ受け取った.
少女たちは 受け取った 1個ずつ リンゴを [< я́блоко [中] リンゴ, получи́ть [完] 受け取る]

Он су́дит о пого́де по облака́м. 彼は雲で天気を占う.
彼は 占う を 天気 で 雲 [[複与] < о́блако [中] 雲, суди́ть [不] 判断する]

(f) 活動領域

чемпио́н по те́ннису テニスチャンピオン [< те́ннис [男] テニス]
チャンピオン に関する テニス

(g) 判断の根拠

по ра́зным причи́нам いろいろな理由で [< причи́на [女] 理由]

3.4.1.5.4 　対格(винительный падéж)　(♪234)

(1) 対格の意味

対格は基本的には主体(主語)が客体(目的語)になにがしかの動作(他動詞)を直接加えること「…が…を…する」を表します．主体が客体に動作を加えるためには主体が客体まで移動して行かなければなりません．つまり，他動詞には主要動作以外に訳には出てこない移動や変化の意味が含まれているという点にご注目願いたいと思います．この移動性が対格の大きな特徴になります．

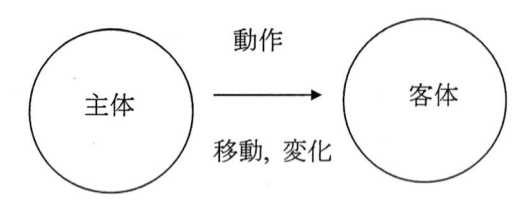

　　　　　　　　　　　動作
　　　　　　主体　———→　客体
　　　　　　　　　　移動，変化

(2) 対格語尾の形態

			形容詞(長語尾)	名詞
単数	男	活動体	= 生格	= 生格
		不活動体	= 主格	= 主格
	中		-ое, -ее, -ье, -о	= 主格
	女		-ую, -юю, -ью, -у	-у, -ю, -ью, -ь
複数	男	活動体	= 生格	= 生格
		不活動体	= 主格	= 主格
	中	活動体	= 生格	= 生格
		不活動体	= 主格	= 主格
	女	活動体	= 生格	= 生格
		不活動体	= 主格	= 主格

(3) 対格の用法

1) 他動詞の直接目的語(補語)

Я купи́л **карти́ну**.　私は絵を買った．
私は　買った　絵を　〔＜ карти́на [女]絵, купи́ть [完]買う〕

Она́ откры́ла **дверь**.　彼女はドアをあけた．
彼女は　あけた　ドアを　〔＜ дверь [女]ドア, откры́ть [完]あける〕

Она́ научи́ла **свои́х дете́й** счёту.　彼女は自分の子供達に数え方を教えた．
彼女は　教えた　自分の　子供達を　数え方に関して　〔[対]＜ де́ти[複]子供たち,[与]＜ счёт[男]数え方〕

2) 時間を表す名詞に用いて継続時間(期間)・時点を表します．

Он ждал всю **весну́**.　彼は春中待っていた．〔＜ ждать [不]待つ〕
彼は　待った　すべての　春　〔＜ весна́ [女]春〕《時間の継続を表すので不完了体の動詞を用いる》

Он всё **вре́мя** шу́тит.　彼は四六時中冗談を言っている．
彼は　すべての　時間　冗談を言っている　〔＜ вре́мя [中]時間, шути́ть [不]冗談を言う〕

Я заказа́л но́мер **неде́лю** наза́д.　私は1週間前に部屋を予約しました．
私は　予約した　部屋を　1週間　前に　〔＜ неде́ля [女]週, заказа́ть [不]予約する〕

対格

♧ 時間の継続の意味から転じて反復・習慣を表します. 📷 (♪ 235)

Я э́то говори́л ты́сячу раз. 私はこれを千回言った.
私は これを 言った 千 回〔< раз [男] 回, говори́ть [不] 言う〕

Я рабо́таю ка́ждый день. 私は毎日働いている.
私は 働いている 毎 日〔< день [男] 日, рабо́тать [不] 働く〕

3) 移動の距離を表します.

Он бежа́л киломе́тр. 彼は1キロ走った.
彼は 走った 1キロ〔< киломе́тр [男] キロ, бежа́ть [不・定] 走る〕

Она́ пла́кала всю доро́гу. 彼女は道中ずっと泣いていた.
彼女は 泣いていた すべての 道中〔< доро́га [女] 道中, пла́кать [不] 泣く〕

4) 値段, 重量を表します.

Кни́га сто́ит со́рок рубле́й. 本は40ルーブルする.
本は 値段がする 40 ルーブル〔< рубль [男] ルーブル, сто́ить [不] 値段がする〕

Чемода́н ве́сит 20 килогра́ммов. トランクは20キロの重さだ.
トランクは 重さをもつ 20 キロの〔< килогра́мм [男] キロ, ве́сить [不] 重さをもつ〕

5) 対格を要求する前置詞の補語

対格を要求する前置詞は基本的には移動の方向や状態の変化を表します.

◊ в 「...の中へ, の方へ」《基本的には閉じた場所への移動を表す》

Она́ се́ла в авто́бус. 彼女はバスに乗った. 《移動》
彼女は 乗った に バス〔< авто́бус [男] バス, сесть [完] 乗る〕

Он впал в па́нику. 彼はパニックに陥った. 《状態の変化》
彼は 陥った に パニック〔< па́ника [女] パニック, впасть [完] 陥る〕

Он пришёл в отча́яние. 彼は絶望した.
彼は 状態になった 絶望した〔< отча́яние [中] 絶望, прийти́ [完] 状態になる〕

Мы живём в а́томный век. 私達は原子力時代に生きている. 《時点》
私達は 生きている に 原子力 時代〔< век [中] 時代〕

Он жени́лся в 18 лет. 彼女は18歳のときに結婚した.
彼女は 結婚した ときに 18 歳の〔< лета́ [複] 歳〕

Она́ вы́здоровела в пять неде́ль. 彼女は5週間で回復した. 《期間》
彼女は 回復した で 5 週間〔< неде́ль [複] 歳, вы́здороветь [完] 回復する〕

Он ра́нен в го́лову. 彼は頭にけがしている. 《目標》
彼は けがしている に 頭〔< голова́ [女] 頭〕

Она́ ве́рит в Бо́га. 彼女は神を信じている. 《対象》
彼女は 信じている を 神〔< Бог [男] 神, ве́рить [完] 信じる〕

Я смотрю́ в зе́ркало. 私は鏡を見ている. 《視線の方向》
私は 見ている を 鏡〔< зе́ркало [中] 鏡〕

Э́та ба́шня име́ет высоту́ в три́ста ме́тров. このタワーは300mの高さがある.
このタワーは もつ 高さを の 300 m〔< метр [男] メートル〕《数量を表す》

◇ **на**　「…の上へ，の方へ」《基本的には開けた場所への移動を表す》🔊(♪ 236)

Он поста́вил рю́мки **на** стол．彼はグラスをテーブルの上に置いた．
彼は　置いた　　グラスを　の上に テーブル〔< стол [男] テーブル, поста́вить [完] 置く〕

Они́ отпра́вились **на** Ура́л．　彼らはウラル山脈に出発した．
彼らは　出発した　　　に ウラル山脈〔< Ура́л [男]ウラル山脈, отпра́виться [完] 出発する〕

Она́ вы́шла **на** у́лицу．彼女は通りに出た．
彼女は　出た　　に　　通り〔< у́лица [女] 通り, вы́йти [完] 出る〕

Они́ се́ли **на** самолёт．　彼らは飛行機に乗った．
彼らは 乗った　に　　　飛行機〔< самолёт [男] 飛行機, сесть [完] 乗る〕

Собра́ние назна́чено **на** сре́ду．集会は水曜日に予定されている．《時点》
集会は　予定されている　　水曜日〔< среда́ [女] 水曜日〕

Он вы́шел **на** пять мину́т．彼は5分間外出した．　《期間》
彼は 外出した 間　5　　　分〔< мину́та [女] 分, вы́йти [完] 外出する〕

Часы́ спеша́т **на** семь мину́т．時計は7分だけ進んでいる．《数量の差》
時計は 進んでいる だけ 7　　　分〔< спеши́ть [不] 進む〕

Магази́н закры́т **на** ремо́нт．　修理のため閉店中．　《目的》
店は　　閉じている　のため 修理〔< ремо́нт [男] 修理〕

◇ **за**「…を越えて，向こうに，対して，ために」《基本的には何かを越えて移動することを表す》

Мы пое́хали **за** го́род．　私たちは町の外へ出た．
私たちは 出た 越えて 町を〔< го́род [男] 町, пое́хать [完] (乗物で)出かける〕

Бы́ло **за** по́лночь．　真夜中を過ぎていた．　　《超過》
いた 過ぎて 真夜中を〔< по́лночь [女] 真夜中〕

Он схвати́лся **за** го́лову．彼は頭をつかまえた．
彼は つかまえた　を 頭〔< голова́ [女] 頭, схвати́ться [完] つかむ〕

Он отвеча́ет **за** ма́льчиков．彼は少年達に対して責任がある．《責任の対象》
彼は 責任がある に対して 少年達〔< ма́льчик [男] 少年, отвеча́ть [不] 責任を負う〕

Они́ боро́лись **за** социали́зм．　彼らは社会主義のために闘った．《目的》
彼らは　闘った　のために 社会主義〔< социали́зм [男] 社会主義, боро́ться [不] 闘う〕

Спаси́бо **за** ва́шу по́мощь．　手伝って頂いてありがとう．　《理由》
ありがとう に対して あなたの 手伝い〔< по́мощь [女] 手伝い〕

Он написа́л запи́ску **за** полчаса́．彼は文書を30分で書き上げた
彼は 書き上げた 文書を　　で　30分〔< полчаса́ [男] 30分〕．《完了に要する時間》

Я заказа́л биле́ты **за** ме́сяц．私は切符を1月前に予約した．《先立つ時点》
私は 予約した　切符を　　前に 1月〔< ме́сяц [男] 月, заказа́ть [不] 予約する〕

◇ **по**「…まで，…側に，…ずつ」

Глубина́ **по** коле́но．　深さは膝まである．　　　　《限界》
深さは　　まで(ある) 膝〔 коле́но < [中] 膝〕

По ле́вую ру́ку видна́ высо́кая гора́．左手に高い山が見える．《位置；…側に》
側に 左　　 手　　 見える 高い　　 山が〔< рука́ [女] 側, ви́дн-ый (-а́) 見える〕

Они получа́ют по сто ты́сяч. 彼らは10万ずつもらっている.《等量分配》
彼らは もらっている ずつ 10万 〔 < ты́сяча [女] 千, получа́ть [不] もらう〕

◊ **сквозь** 「...を貫いて，貫通して」

Он пробира́лся сквозь толпу́. 彼は群衆をかき分けて行った.
彼は かき分けて行った 貫いて 群衆を〔< толпа́ [女] 群衆, пробира́ться [不] かき分けて行く〕

◊ **че́рез** 「...を横切って，貫いて，経由して，通して」

Он перебежа́л че́рез доро́гу. 彼は道を横切った.
彼は かけぬけた 横切って 道を 〔< доро́га [女] 道, перебежа́ть [完] かけぬける〕

Мы е́хали че́рез Хе́льсинки. 私達はヘルシンキを経由して行った.
私達は 行った 経由して ヘルシンキを〔< Хе́льсинки [男] ヘルシンキ, е́хать [完] (乗って)行く〕

Мы говори́ли че́рез перево́дчика. 私達は通訳を介して話した.
私達は 話した 介して 通訳を 〔 < перево́дчик [男] 通訳〕

Он верну́лся че́рез пять мину́т. 彼は5分後に戻った.
彼は 戻った 後に 5 分〔 < мину́та [女] 分, верну́ться [完] 戻る〕

Я хожу́ туда́ че́рез день. 私はそこへは1日おきに通っている.
私は 通っている そこへ おきに 1日 〔 <день [男] 日, ходи́ть [不完・不定] 通う〕

3.4.1.5.5 造格 (твори́тельный паде́ж)

(1) 造格の意味

　英語で(道)具格(instrumental case)と呼ばれる格をロシア語では(創)造格(твори́тельный паде́ж)と言います．動詞 твори́ть「創造する」から作られた用語ですが，ここで言うところの(創)造とは単なる物造りという意味ではなく，物事を創造する際に手助けとなる手段，道具，共同，団結，同時性さらには広く創造したものや結果をも表します．

　造格の基本的な意味は，主体と別の事物が接近あるいは結合して対等，ないしは従属した状態で存在することを表します．事物が物の場合は手段，道具(...を用いて，...で)，人の場合は同伴，同居(...といっしょに，...と共に)，状態の場合は様態(...の状態で)，時間の場合は同時，時点，習慣(...と同時に，...に，...ごとに)，場所の場合は経路，隣接しているものとの位置関係(...を通って，...に)を表します．その他，対抗，対立，直面，支配(...に対して，...に直面して，...を支配して)なども表します．このように，造格は性質の異なる多種多様の機能を造り出すことから，造格と呼ばれるようになったと思われます．

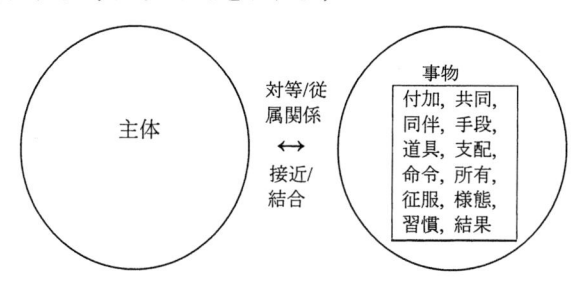

造格の概念図

(2) 造格語尾の形態　　　　　　　　　　　　　　🔊 (♪ 238)

		形容詞(長語尾)	名詞
単数	男・中	-ым, -им, -ьим	-ом, -ем, -ём
			-ом, -ем, -ьем, -ьём, -енем
	女	-ой, -ей, -ьей	-ой, -ей, -ёй, -ьей, -ьёй, -ью
複数	男	-ыми, -ими, -ьими	-ами, -ями
	中		-ами, -ями, -ьями, -енами
	女		-ами, -ями, -ьями

(3) 造格の用法

1) 手段，道具

Она́ пи́шет карандашо́м. 彼女は鉛筆で書いている.
彼女は 書いている 鉛筆で 〔< каранда́ш [男] 鉛筆, писа́ть [不] 書く〕

Он дви́гает руко́й. 彼は手を動かしている. 《体の一部を動かす》
彼は 動かしている 手を〔[複造] < рука́ [女] 手, дви́гать [不] 動かす〕

Он был уво́лен нача́льником. 彼は上司によって解雇された.《受身文の動作の主体》
彼は解雇された上司によって〔< нача́льник [男] 上司, уво́ленный [受過] 解雇された〕

2) 寸法・尺度を表します．その際の構文は《寸法の造格 + (в) + 計量単位の対格》になります．寸法を表す名詞が造格になると形容詞の働きを(...を持つ，...の)します．

зда́ние высото́й (в) 20 этаже́й　　20階建ての建物
建物　高さをもつ(の)　20 階の 〔< высота́ [女] 高さ, этаже́й [複生] < эта́ж [男] 階〕

о́зеро глубино́й (в) 40 ме́тров　　深さ40mの湖
湖　深さの　　40 mの〔< глубина́ [女] 深さ, ме́тров [複生] < метр [男] メートル〕

стол длино́й (в) три ме́тра　　長さ3mのテーブル
テーブル　長さの　　3 mの〔< длина́ [女] 長さ, ме́тра [単生] < метр [男] メートル〕

по́ле пло́щадью (в) 2.000 кв.м.　2千㎡の面積の広場
広場　面積の　　2千㎡の〔< пло́щадь [女] 面積〕

доска́ толщино́й (в) два см.　　厚さ2cmの板
板　厚さの　　2 cmの 〔< толщина́ [女] 厚さ〕

у́лица ширино́й (в) 30 ме́тров　　幅30mの通り
通り　幅の　　30 mの 〔< ширина́ [女] 幅〕

3) 様態，状態などを表します．
　名詞を単独であるいは前置詞の補語として造格にすると形容詞句，または副詞句ができ，それらは様態，状態，時などを表します．

Ве́чером ста́ло прохла́днее. 夕方になって冷えてきた．
夕方になって　きた　冷えて 〔< ве́чер [男] 夕方〕

Он не спит ни днём, ни но́чью. 彼は昼も夜も眠らない．
彼は ない 眠る　昼も　夜も 〔< день [男] 昼, ночь [女] 夜, спать [不] 眠る〕

Она́ говори́ла шёпотом. 彼女はささやき声で話した．
彼女は 話した　　ささやき声で 〔< шёпот [男] ささやき声〕

造格　　　　　　　　　　　　　　　239

Он рабо́тал **меха́ником**. 彼は機械工として働いた. (cf. He worked as a mechanic.)
彼は　働いた　機械工として〔＜ меха́ник [男] 機械工〕《造格は職業・身分を表す》

Пти́ца лети́т **стрело́й**. 鳥は矢のように飛ぶ. (cf. The bird flies like an arrow.)
鳥は　飛ぶ　矢のように〔＜ стрела́ [女] 矢, лете́ть [不・定] 飛ぶ〕

4) 述部における名詞補語(主格補語)を表します. ただし, 最近では造格の代わりに主格が用いられる傾向にあります. 名詞補語が造格になる理由は, 主語に何らかの判断を加えてそれから導き出された結果を名詞補語と言いますが, この過程は一種の創造作業(造格の基本概念)とみなすことができ, それで名詞補語に造格が使われるようになったのではないかと推測されます.

Я бу́ду **иижене́ром**. 私は技師になるつもりだ. (cf. I will be an engineer.)
私は　なるつもりだ　技師に〔＜ иижене́р [男] 技師〕

Он стал **учи́телем**. 彼は教師になった. (cf. He became a teacher.)
彼は　なった　教師に〔＜ учи́тель [男] 教師〕

Я счита́ю его́ **хоро́шим дру́гом**. 私は彼をよい友達と思う.(cf. I consider him a good friend.)
私は　思う　彼を　よい　友達と〔＜ хоро́ший друг [男] よい友達, счита́ть [不] 思う〕

5) 造格を要求する動詞, 形容詞, 前置詞の補語(目的語)として
① 動詞の目的語(動作の対象として造格を要求する)
a) 支配, 管理, 運用などに関する動詞〔手段, 権力などを用いて行う動作〕

владе́ть	[不] 所有する	заве́довать	[不] 管理する
кома́ндовать	[不] 指揮する	по́льзоваться	[不] 使用する
руководи́ть	[不] 指導する	располага́ть	[不] 持っている
управля́ть	[不] 統治する		

Она́ владе́ет **больши́м до́мом**. 彼女は大きな家を所有している.
彼女は　所有する　大きな　家を〔＜ большо́й дом [男] 大きな家〕

Он заве́дует **городски́м тра́нспортом**. 彼は市内交通を管理している.
彼は　管理する　市内　交通を〔＜ городско́й тра́нспорт [男] 市内交通〕

Он кома́ндует **диви́зией**. 彼は師団を指揮している.
彼は　指揮する　師団を〔＜ диви́зия [女] 師団〕

Я не по́льзуюсь **ли́фтом**. 私はエレベーターを使わない.
私は　ない　使う　エレベーターを〔＜ лифт [男] エレベーター〕

Он руководи́т **мое́й рабо́той**. 彼は私の仕事を指導している.
彼は　指導する　私の　仕事を〔＜ мая рабо́та [女] 私の仕事〕

Я располага́ю **свобо́дным вре́менем**. 私は余暇を持っている.
私は　持っている　余　暇を〔＜ свобо́дное вре́мя [中] 余暇〕

Президе́нт управля́ет **страно́й**. 大統領は国を統治する.
大統領は　統治する　国を〔＜ страна́ [女] 国, управля́ть [不] 統治する〕

b) 造格の基本的な意味は従属・支配関係を表すので, それには広い意味での誇り, 自慢, 没頭, 病気などの意味も含まれます. つまり, 主体が事物に支配された状態に置かれていてそれに対して個人ではいかんともし難い状況にあるということを意味しています.

Он горди́тся **свои́ми детьми́**. 彼は自分の子供達を自慢している.
彼は　自慢する　自分の　子供達を〔＜ свои́ де́ти [複] 自分の子供達, горди́ться [不]誇る〕

Она дорожи́т **на́шей дру́жбой**. 彼女は我々の友情を評価している。 (♪ 240)
彼女は 評価する 我々の 友情を〔< на́ша дру́жба [女] 我々の友情, дорожи́ть [不] 評価する〕
Он интересу́ется **языка́ми**. 彼は言語に興味を持っている。
彼は 興味を持つ 言語に〔[複造] < язы́к [男] 言語, интересова́ться [不] 興味を持つ〕
Она́ любу́ется **пейза́жем**. 彼女は風景にみとれている。
彼女は みとれる 風景に〔< пейза́ж [男] 風景, любова́ться [不] みとれる〕
Он увлека́ется **ша́хматами**. 彼はチェスに夢中だ。
彼は 夢中だ チェスに〔< ша́хматы [複] チェス, увлека́ться [不] 夢中になる〕
Она́ боле́ет **бронхи́том**. 彼女は気管支炎を病んでいる。
彼女は 病む 気管支炎を〔< бронхи́т [男] 気管支炎, боле́ть [不] 病む〕
Он ды́шит **све́жим во́здухом**. 彼は新鮮な空気を吸う。
彼は 吸う 新鮮な 空気を〔< све́жий во́здух [男] 新鮮な空気, дыша́ть [不] 吸う〕
Она́ же́ртвует **свое́й карье́рой**. 彼女は自身の経歴を犠牲にしている。
彼女は犠牲にする 自身の 経歴を〔< своя́ карье́ра [女]自身の経歴, же́ртвовать [不]犠牲にする〕
Он занима́ется **спо́ртом**. 彼はスポーツに打ち込んでいる。
彼は 打ち込む スポーツに〔< спорт [男] スポーツ, занима́ться [不] 打ち込む〕
Па́хло **овоща́ми**. 野菜の匂いがしていた。
匂いがしていた 野菜の 〔< о́вощ [男] 野菜, па́хнуть [不] 匂う〕
Она́ рискова́ла **свое́й жи́знью**. 彼女は自分の命を懸けていた。
彼女は 懸けていた 自分の 命を〔< своя́ жизнь [女] 自分の命, рискова́ть [不] 懸ける〕
Он страда́ет **бессо́нницей**. 彼は不眠症に苦しんでいる。
彼は 苦しんでいる 不眠症に〔< бессо́нница [女] 不眠症, страда́ть [不] 苦しむ〕

② 形容詞の補語

бога́тый   多い   дово́льный   満足している
больно́й   病んでいる   обя́занный   負う

Финля́ндия бога́та **озёрами**. フィンランドは湖が多い。
フィンランドは 多い〔< бога́тый〕湖が〔< о́зеро [中] 湖〕
Он бо́лен **туберкулёзом**. 彼は結核を病んでいる。
彼は 病んでいる〔< больно́й〕結核を〔< туберкулёз [男] 結核〕
Мы дово́льны **результа́тами**. 私達は結果に満足している。
私達は 満足している〔< дово́льный〕結果に〔< результа́т [男] 結果〕
Я обя́зан ему́ свои́м **успе́хом**. 私は自分の成功を彼に負っている。
私は 負う〔< обя́занный〕彼に自分の 成功を〔< успе́х [男] 成功〕

③ 前置詞の補語

(1)の「造格の意味」の章で述べたように、造格は基本的には事物が主体から遠く離れずにまるでくっついているように停止した状態で存在していることを表します。したがって、文章の中で造格支配の位置関係を示す前置詞の後に造格の名詞を続けた場合は、停止した状態の場所や様態などを表すとともに(…で, …に, …の状態で)、それに合わせて文中では主に継続や状態を表す動詞が用いられます(…がある, …している：例；Ма́льчик лежи́т **под одея́лом**. 少年は毛布をかけて寝ている)。これに対して、対格支配の前置詞は移動の方向、目的などが表され(…へ)、それに伴う動詞は移動を表す動詞が用いられます(例；Ма́льчик забра́лся **под одея́ло**. 少年は毛布の下にもぐりこんだ)。

造格

造格を要求する前置詞には，ме́жду「間に」, над「上に」, под「下に」, пе́ред「前に」, за「後ろに」, c(o)「ともに」があり，c(o) 以外はいずれも接近した位置や時間などを表す前置詞です．

ме́жду「…の間に」:

Ме́жду дома́ми есть доро́га. 家々の間に道路がある．
間に　家々の　ある　道路が〔< дом［男］家〕

Почтальо́н бу́дет ме́жду двумя́ и тремя́ часа́ми. 郵便屋は2時と3時の間に来る．
郵便屋は　来る　間に　2時 と 3 時の〔< час［男］時〕

над「…の(すぐ)上に」:

Самолёты лете́ли над го́родом. 飛行機は町の上空を飛んでいた．
飛行機は　飛んでいた 上空を　町の〔< го́род［男］町〕

под「…の(すぐ)下に, 近くに」:

Она́ живёт под Москво́й. 彼女はモスクワの近くに住んでいる．
彼女は 住んでいる 近くに モスクワの〔< Москва́［女］モスクワ〕

Он был под судо́м. 彼は裁判にかけられていた．
彼は あった の下に 裁判〔< суд［男］裁判〕

пе́ред「…の(すぐ)前に」:

Пе́ред до́мом растёт ряби́на. 家の前にナナカマドが生えている．
前に 家の 生えている ナナカマドが〔< дом［男］家, расти́［不］生える, 育つ〕

Пе́ред на́ми больша́я зада́ча. 我々の前には大きな課題がある．
前には　我々の　大きな　課題がある〔< мы［代］我々〕

за「…の(すぐ)後ろに, …の裏に, …を求めて, …のために」:

Магази́н пря́мо за угло́м. 店はすぐ角を曲がったところにある．
店は　すぐ 曲がったところ 角を〔< у́гол［男］角〕

Он пришёл за сове́том. 彼は助言を求めに来た．《目的》
彼は　来た　求めに 助言を〔< сове́т［男］助言, прийти́［不］(歩いて)来る〕

За шу́мом ничего́ не слы́шно. 騒音のため何も聞こえない．《原因》
のため 騒音 何も ない 聞こえた〔< шум［男］騒音〕

c(o)「ともに」:

現代のリトアニア語がそうであるように(ベスト社刊「リトアニア語入門」184p.)，印欧祖語の時代には前置詞なしで造格などが表現されていました．前置詞が使われだしたのは格の入れ替え，消失が起こり，格による表現がすたれてきた後世になってからのことです．英語では時代が下るにつれて造格がほぼ完全に消失してその機能を with や by などの前置詞が受け継ぐことになりました．それと同じことがスラブ諸語でも起こりました．スラブ諸語では造格は完全には消えませんでしたが，造格の機能がだんだん前置詞に移っていき現在では造格と前置詞の両方で造格の機能を表すようになりました．前置詞の中で大昔の造格の基本的な機能を忠実に受け継いで現代に伝えているのが英語の with に相当する c(o)です．

(a) 同伴, 共同

Она́ гуля́ет с сы́ном. 彼女は息子と散歩している．(cf. She is strolling with her son.)
彼女は 散歩している と 息子〔< сын［男］息子, гуля́ть［不］散歩する〕

(b) 同意

Она́ согласи́лась со мной.　彼女は私に同意した. (cf. She agreed with me.)
彼女は　同意した　に　私〔＜ я ［代］私, согласи́ться ［完］同意する〕

(c) 同時

встава́ть с со́лнцем　太陽と共に起きる　(cf. rise with the sun)
起きる　と共に　太陽　〔＜ со́лнце ［中］太陽〕

(d) 所持

Я сиде́л с карандашо́м в руке́.　私は手に鉛筆を持ってすわっていた.
私はすわった持って　鉛筆を　　　に 手〔＜ каранда́ш ［男］鉛筆〕(cf. I sat with a pencil in my hand.)

(e) 様態

　英語と同じように《с ＋ 状態を表す名詞の造格》で副詞句や形容詞句を作ります.「ある状態をもって」→「ある状態で(の)」で名詞が с をつけることによって副詞・形容詞に変化します. これも造格の基本的な機能の一つです.

Она́ чита́ла с интере́сом.　彼女は興味をもって読んだ. (cf. She read with interest.)
彼女は読んだ もって 興味を　〔＜интере́с ［男］興味〕

Он говори́т с акце́нтом.　彼はなまりで話す. (cf. He speaks with an accent.)
彼は　話す　で　なまり　〔＜ акце́нт ［男］なまり〕

3.4.1.5.6 前置格 (предло́жный паде́ж)

(1) 前置格の意味

　前置格はかつては位格または処格(英語では現在でも locative case)と呼ばれ, その名のとおり本来は「場所を表す格」という意味です.
　位格は, 現代のリトアニア語がそうであるように, 印欧祖語の時代には独立の格として存在し, 前置詞なしで場所を表していたと考えられますが, 時代が下るにつれて他の格でも場所を表すようになり, それとの混同を避けるために常に前置詞とともに用いられるようになり, 名称も位格ではなく前置格と呼ばれるようになりました. 現代では前置格は基本的には場所を表しますがそれ以外に比較, 対比, 時間等も表します.

(2) 前置格の形態

		形容詞(長語尾)	名詞
単数	男・中	-ом, -ем, -ьем	-е, -и
			-е, -ье, -и, -ени
	女	-ой, -ей, -ьей	-е, -ье, -и
複数	男	-ых, -их, -ьих	-ах, -ях
	中		-ах, -ях, -ьях, -енах
	女		-ах, -ях, -ьях

(3) 前置格の用法

1) 前置格を要求する前置詞

　前置格を従える前置詞には в「中で」, на「上で」, при「際して」, о「関して」, по「…のすぐ後に」があります. これらの中で в, на の場所を表す前置詞の場合は, 動作・事象が展開される静止した場所, 存在する位置が表わされます. 静止した場所や位置を示すわけですから, そこで展開される動作・事象は主に移動を伴わない動作, 習慣, 状態等を表すことになります〔(静止した場所で)…する, …

前置格　243

している, …がある］. これに対して, 対格支配の前置詞の場合は移動の目的地を表します. この場合は移動を表す動詞が使われます「…へ…する(移動)」.

◇ **в**　(♪ 243)

① 「…(の中)」で, に」（内部空間）

Самолёт в во́здухе. 飛行機は空中にいる(飛んでいる).
飛行機は にいる 空中〔< во́здух [男] 空中〕《飛行機の飛んでいる空間を表す》

Я сиде́л в глубине́ за́ла. 私はホールの後部にすわっていた.
私は すわっていた に 後部 ホールの〔< глубина́ [女] 後部, сиде́ть [不] すわっている〕

Они́ игра́ют во дворе́. 彼らは中庭で遊んでいる.《移動ではなく状態を表している》
彼らは遊んでいるで 中庭〔< двор [男] 中庭, игра́ть [不] 遊ぶ〕

Я держу́ кни́гу в рука́х. 私は両手に本をもっている.
私は もっている 本を の中に 両手〔< рук [男] 手, держа́ть [不] もっている〕

② 「…に」（年月・時期）

Она́ роди́лась в 1986 году́. 彼女は1986年に生まれた.
彼女は 生まれた に 1986 年〔[単前]< год [男] 年, роди́ться [完] 生まれる〕

В переры́ве они́ обе́дали. 彼らは休み時間に昼食をとっていた.
に 休み時間 彼らは 昼食をとっていた〔< переры́в [男] 休み時間, обе́дать [不] 昼食をとる〕

③ 「…の状態にある」（状態・状況）

Он в отча́янии. 彼女は絶望している.《cf. He is in despair.》
彼女は 状態にある 絶望〔< отча́яние [中] 絶望〕

Всё в поря́дке. すべてが順調だ.《cf. Everything is in order.》
すべてが 順調だ〔< поря́док [男] 順調〕

Он вы́бежал в па́нике. 彼はパニックに陥った.《cf. He ran out in a panic.》
彼は 陥った に パニック〔< па́ника [女] パニック, вы́бежать [不] 走り出る, 陥る〕

Она́ в хоро́шем настрое́нии. 彼女は上機嫌だ.《cf. She is in a good mood.》
彼女は 上機嫌だ〔< хоро́шее настрое́ние [中] 上機嫌〕

④ 「…を着た」（着衣・包装）

Он был в ле́тнем костю́ме. 彼は夏服を着ていた.
彼は いた 着て 夏 服を〔< ле́тний костю́м [男] 夏服〕

⑤ 「…に関して, …において」（関係・関連）

Её обвини́ли в шантаже́. 彼女は恐喝罪で起訴された.
彼女を (当局が)起訴した に関して 恐喝〔< шанта́ж [男] 恐喝, обвини́ть [完] 起訴する〕

Он призна́лся в уби́йстве. 彼は殺人を白状した.
彼は 白状した に関して 殺人〔< уби́йство [中] 殺人, призна́ться [完] 白状する〕

Я уве́рен в э́том. 私はこれを確信している.
私は 確信している に関して これ〔< э́то [代] これ, уве́ренный [受過] 確信している〕

Ей отказа́ли в ви́зе. 彼女はビザを拒否された.
彼女に(当局が)拒否した に関して ビザ〔< ви́за [女] ビザ, отказа́ть [完] 拒否する〕

前置格

◇ **на** 「...の上で, の上に」: (♪ 244)
① 「...の上で」(表面上の位置)

Я сижу́ на све́жем во́здухе. 私は新鮮な大気の中にすわっている。
私は すわっている 中に 新鮮な 大気の〔< све́жий во́здух [男]新鮮な大気〕《開けた空間を表す》

На дворе́ о́сень. 外は秋だ。
では 外 秋だ〔< двор [男] 外〕《開けた空間》

Мы отдыха́ли на Чёрном мо́ре. 私達は黒海で休暇を過ごしていた。《表面上の位置》
私達は休暇を過ごしていた で 黒 海〔< Чёрное мо́ре [中] 黒海, отдыха́ть [不] 休暇を過ごす〕

Она́ сиде́ла с Ма́шей на рука́х. 彼女はマーシャを両腕に抱いて座っていた。
彼女は 座っていた 抱いて マーシャを の上に 両腕〔< рук [男] 腕〕《表面上の位置》

Я был на футбо́ле. 私はサッカーを見に行った。
私は 行った を見に サッカー〔< футбо́л [男] サッカー〕《目的を伴った場所は на を使う》

② 「...に」(期間又は期間中の一時点)

Я здесь на неде́лю. 私はここに一週間います。
私は ここにいます 一週間〔< неде́ля [女] 週〕

Закажи́те, пожа́луйста, такси́ на 10 часо́в. タクシーを10時に呼んで下さい。
呼んで下さい どうか タクシーを に 10 時〔< час [男] 時, заказа́ть [完] 依頼する〕

③ 「...で」(手段, 道具)

игра́ть на роя́ле ピアノをひく
ひく で ピアノ〔< роя́ль [男] ピアノ〕

Дви́гатель рабо́тает на бензи́не. エンジンはガソリンで動く。
エンジンは 動く で ガソリン〔< бензи́н [男] ガソリン〕

У вас есть меню́ на япо́нском? 日本語のメニューはありますか。
に おたく ある メニューは の 日本語〔< япо́нское [中] 日本語〕

Мо́жно прое́хать туда́ на трамва́е? そこへは地下鉄で行けますか。
できる 行く[完] そこへは で 電車〔< трамва́й [男] 電車〕

④ 「...の身で, ...で, ...として」(状態, 身分)

Я рабо́таю на госуда́рственной слу́жбе. 私は公務員の仕事をしている。
私は 働いている で 公 務〔< госуда́рственная слу́жба [女] 公務〕

⑤ 「...で, ...になって」(様態)

Самолёт идёт на поса́дку. 飛行機はこれから着陸態勢に入る。
飛行機は 行く に 着陸〔< поса́дка [女] 着陸〕

Мо́жно заплати́ть штраф на ме́сте? 罰金をすぐに払ってもいいですか。
よい 払う[完] 罰金を その場で〔< ме́сто [中] 場〕

◇ **при**
① 「...に付属して, ...について; ...の側に」(付属, 近接)

вое́нный атташе́ при посо́льстве 大使館付き武官
武官 付き 大使館〔< посо́льство [中] 大使館〕

При университе́те есть поликли́ника. 大学の付属病院がある。
付属して 大学に ある 病院が〔< университе́т [男] 大学〕

② 「…のいる前で」（立ち合い）　🎧 (♪ 245)

Она́ сказа́ла э́то при свиде́телях. 彼女は証人のいる前でそう言った.
彼女は　言った　そう　のいる前で　証人〔< свиде́тель [男] 証人, сказа́ть [完] 言う〕

③ 「…の時代(治世)に」

при социали́зме 社会主義の時代に
の時代に　社会主義〔< социали́зм [男] 社会主義〕

при Хрущёве フルシチョフの時代に
の時代に　フルシチョフ〔< Хрущёв [男] フルシチョフ〕

④ 「…を所持して，…を身につけて」

Они́ бы́ли при ору́жии. 彼らは武器を所持していた.
彼らは　いた　所持して　武器を〔< ору́жие [中] 武器〕

У вас есть при себе́ часы́? あなたは時計を持っていますか.
に　あなた　いる　身につけて自分に　時計を〔< себя́ [代] 自分〕

⑤ 「…の際は，の時に，のもとで」

Ему́ бы́ло тяжело́ при расстава́нии. 彼は別離の際はつらかった.
彼は　かった　つらい　の際は　別離〔< растава́ние [中] 別離〕

При слу́чае зае́ду. 機会があったら立ち寄りましょう.
あったら　機会が　立ち寄りましょう〔< слу́чай [男] 機会, зае́хать [完] 立ち寄る〕

◇ о 「…に関して，ついて；…を求める」 (話題，依存)：

рассказа́ть о собы́тии 事件について語る
語る　について　事件〔< собы́тие [中] 事件〕

крик о по́мощи 助けを求める叫び声
叫び声　を求める　助け〔< по́мощь [女] 助け〕

◇ по 「…のすぐ後に」

По прибы́тии в го́род он взял такси́. 町に着くとすぐに彼はタクシーを拾った.
のすぐ後に　到着　に　町　彼は　拾った　タクシーを〔< прибы́тие [中] 到着〕

2) в と на の使い分け

　前置詞 в 「中に(+前)，中へ(+対)」，на 「上に(+前)，上へ(+対)」は後に続く名詞が前置格をとる場合と対格をとる場合があります．前置格をとる場合は，前述したように動作・事象が展開される静止した場所，存在する位置が表わされます(中に/上に)．対格をとる場合は，動作・移動の目的地を表します(中へ/上へ)．基本的な意味は，в は「閉じた場所」〔建物・境界などで空間的・抽象的な意味で囲まれたり区切られたりしているもの〕，на は「開けた表面，上」〔空間的・抽象的な意味で広がりを持ち，漠としてつかみどころのないもの〕を表し，後に続く名詞も一般にそれぞれの前置詞の意味にあった名詞がきます．しかしながら，в, на のどちらを用いるかはおおむね語によって決まっていて上の定義が必ずしも当てはまるとは限りません．たとえば，фи́рма「会社」/ фа́брика「工場」はどちらも組織体を表しますが，前者は в (例： рабо́тать в фи́рме「会社で働く」) を，後者は на (例： рабо́тать на фа́брике「工場で働く」)を用います．また，以上の基本原則から，一つの語において意味の違いによって в と на が使い分けられることがあります．たとえば，село́ には「村」/「いなか」の2つの意味があります

が，前者は閉じている空間なので в, 後者は抽象的でつかみどころがないので на が用いられます． в (《英語の in に近い》) と на (《英語の on に近い》)を図示すると以下のようになります．矢印は名詞を対格にした場合(《英語の into に近い》)の移動動作を表しています．

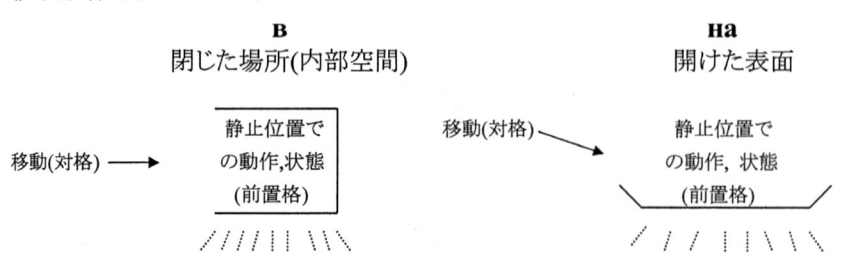

| | в | на |
| | 閉じた場所(内部空間) | 開けた表面 |

移動(対格) → 静止位置での動作,状態(前置格)　　移動(対格) ↘ 静止位置での動作,状態(前置格)

◆ **в, на の用例**

	в を用いる名詞	на を用いる名詞
名詞ごとに決まっているもの	фи́рма 「会社」 шко́ла 「学校」 магази́н 「店」	фа́брика 「工場」 вокза́л 「駅」 у́лица 「通り」
意味の違いによって в と на を使い分けるもの	село́ 「村」 суд 「裁判所」 мо́ре 「海」	село́ 「いなか，農村」 суд 「法廷，公判」 мо́ре 「海辺」

жить в селе́ 村に住む (《「村」という閉じた場所で移動を伴わない「住む」という動作を行う》)
住む に 村 〔< село́ [中] 村〕　　　　　　　　　　　　　　(♪ 246)

рабо́тать на селе́ いなかで働く (《「いなか」という開けた表面で「働く」という動作を行う》)
働く で いなか

служи́ть в суде́ 裁判所に勤務する
勤務する に 裁判所 〔< суд [男] 裁判所〕(《「裁判所」という閉じた場所で「勤務する」》)

вы́звать в суд 裁判所に呼び出す
呼び出す に 裁判所 [対格] 《対格になる場合は「呼び出す」という移動を伴う動作を表す》

выступа́ть на суде́ 法廷に立つ
立つ に 法廷 〔< суд [男] 法廷〕(《「法廷」という抽象的な意味の場合は на を使う》)

В Се́верном мо́ре во́дится треска́. 北海にはタラがたくさんいる.(《海中を表す》)
には 北 海 たくさんいる タラが〔< Се́верное мо́ре [中] 北海, води́ться [不] 棲む〕

Мы отдыха́ли на Чёрном мо́ре. 私達は黒海で休暇を過ごした．
私達は休暇を過ごした で 黒 海 〔< Чёрное мо́ре [中] 黒海〕(《海の表面を表す》)

Мы пое́хали на мо́ре. 私達は海に行った．
私達は 行った に 海 〔対格〕(《移動を表す》)

Он рабо́тает на ша́хте. 彼は鉱山で働いている．
彼は 働いている で 鉱山 〔< ша́хта [女] 鉱山〕(《鉱山の上で地上勤務をしている》)

Он рабо́тает в ша́хте. 彼は坑内で働いている．
彼は 働いている で 坑内 (《鉱山の中》)

4. 代名詞(местоимéние) (♪ 247)
4.1 人称代名詞(лúчное местоимéние)と再帰代名詞(возврáтное местоимéние)
4.1.1 人称代名詞と再帰代名詞の変化表

	単数				複数			再帰
	私	君	彼 /それ*	彼女	私達	君達, あなた	彼(女)ら, それら	自身
主(は)	я	ты	он / онó	онá	мы	вы	онú	なし
生(の)	меня́	тебя́	егó **	её	нас	вас	их	себя́
与(へ)	мне	тебе́	ему́	ей	нам	вам	им	себе́
対(を)	меня́	тебя́	егó	её	нас	вас	их	себя́
造(と)	мной	тобóй	им	ей	нáми	вáми	и́ми	собóй
前(で)	обо мне	о тебе́	о нём	о ней	о нас	о вас	о них	себе́

* 3人称単数男性・中性は生格以下, 3人称複数は3性とも共通です.
**前置詞に3人称単数・複数の生格以下が続くと間にнが加わる: у негó 彼の所で, с нúми 彼らと共に.

4.1.2 人称代名詞と再帰代名詞の用法

(1) 「...と...」と代名詞と代名詞(又は人を表す名詞)を並列するときに, 最初の代名詞はあとに続く《с (と) + 代名詞(造格)》を加えて合計した者を示します. たとえば, 下の例のように, 「あなたと私」と言う場合は「あなたと私」を加えた「あなたと私たち」という表現になります. 決して「あなたと私たち」という意味ではありません.

мы с вáми あなたと私 (you and I)
онú с отцóм 父と彼/彼女/彼ら (he/she/they and father)
Мы с брáтом шли по у́лице. 兄と私は通りを歩いていた.

(2) ты「君, おまえ」は友人, 兄弟, 目下の人など遠慮のいらない一人の人に対して呼びかける言い方で, 遠慮の必要な一人の目上の人や上司などに対しては2人称複数の вы 「君たち, あなたたち」を単数の意味に転用して敬語「あなた(様)」として用います.

Ты пообéдал? 君は昼食をとったかい. 《単数》〔<пообéдать [完]昼食をとる〕
Вы пообéдали?→ 君たちは昼食をとったかい.《複数》
　　　　　　　 ↘ あなたは昼食をおとりになりましたか.《単数, 敬語》

(3) он「彼」, онá「彼女」, онó「それ」は人だけでなく, 男性名詞, 女性名詞, 中性名詞をも指すことがあります.

Э́то наш дом. Он нóвый. それがわが家です. それは新しい.
Где лóжка? Онá в я́щике. スプーンはどこですか. それは引出しにあります.
Где Бéлое мóре? Онó на сéвере. 白海はどこですか. それは北にあります.

(4) 主語を示さず, 述語動詞を複数形3人称にたてた不定人称文では, 主語のонúが省略されています. この種の文はしばしば受け身に訳されます.

Здесь (онú) стрóят мост.ここに彼らは橋を造っている./ここに橋が造られている.
ここに 彼らは 造っている[3複] 橋を《(онú は省略されます)》〔< стрóить [不] 建造する〕

(5) 再帰代名詞 себя́ の用法

себя́ は各性・数とも共通で, 通常主語を指します. 主格形はありません. 英語の... self に相当します.

Я знáю себя́. 私は自分を知っている. (cf. I know myself.)
Ты знáешь себя́. 君は自分を知っている. (cf. You know yourself.)

Она сшила себе платье. 彼女は自分の服を縫った. (♪ 248)
彼女は 縫った 自分に 服を 〔< сшить [完] 縫う〕

Он привлёк к себе внимание. 彼は自分に注意をひきつけた.
彼は ひきつけた に 自分 注意を 〔< привлечь [完] ひきつける〕

Они разговаривали между собой. 彼らはひそひそ話をしていた.
彼らは 話しあっていた の間で 自分たち 〔< разговаривать [不] 話しあう〕

Он доволен собой. 彼は自分に満足している.
彼は 満足している 自分に 〔< довольный (-ен) 満足している(-男短)〕

Он взял меня с собой. 彼は私をいっしょに連れていった.
彼は 連れていった 私を いっしょに 自身と 〔< взять [完] 連れていく〕

4.2. 所有代名詞 (притяжательное местоимение)
4.2.1 所有代名詞の変化表

	мой 私の			наш 私たちの			彼(女, ら)の
	男・中性	女性	複数	男・中性	女性	複数	его, её, их
主(は)	мой /моё	мо-я	мо-и	наш / наш-е	наш-а	наш-и	его, её, их
生(の)	мо-его	мо-ей	мо-их	наш-его	наш-ей	наш-их	его, её, их
与(へ)	мо-ему	мо-ей	мо-им	наш-ему	наш-ему	наш-им	его, её, их
対(を)	主 / 生	мо-ю	主 / 生	主 / 生	наш-у	主 / 生	его, её, их
造(と)	мо-им	мо-ей	мо-ими	наш-им	наш-ей	наш-ими	его, её, их
前(で)	мо-ём	мо-ей	мо-их	наш-ем	наш-ей	наш-их	его, её, их

\# мой, твой「君の」, свой「自身の」そして наш, ваш「あなたの」は同じ変化をします.
ハイフン - の記号は本来は付いていません. 語尾変化が分かりやすいように付けただけです.

4.2.2 所有代名詞の用法
(1) 所有代名詞は形容詞にも名詞にもなります.

моя карта　私の地図　　　　　　　　　　《形容詞》
Эта карта — **моя**. この地図は私の(もの)です. 《名詞》

(2) 3人称の所有代名詞は存在せず, 人称代名詞の生格(его 彼の, её 彼女の, их 彼らの)で代用されます. これらはこれ以上性・数・格の変化をしません.

его отец 彼の父, **его** мать 彼の母, **его** друзья 彼の友人たち
её брат 彼女の兄弟, **её** сестра 彼女の姉妹, **её** письмо 彼女の手紙
их дом 彼らの家, **их** комната 彼らの部屋, **их** дети 彼らの子供たち
Я верю **её** сестре. 私は彼女の姉妹を信じている.〔[与格]< её сестра [女] 彼女の姉妹〕

его, её, их は人だけでなく物も指します.

Наш дом старый. **Его** история уходит в прошлый век.
わが 家は 古い その 歴史は さかのぼる に 前 世紀
→ わが家は古い. その歴史は前世紀にさかのぼる.〔< уходить [不] さかのぼる〕

Прага — столица Чехии. **Её** население быстро растёт.
プラハは 首都だ チェコの その 人口は 急速に ふえている
→ プラハはチェコの首都だ. その人口は急速にふえている.〔< расти [不] ふえる〕

Я смотрю на деревья. **Их** листья опадают.
私は 見ている を 木々 それらの 葉が 落ちている〔< опадать [不] 落ちる〕
→ 私は木々を見ている. それらの葉が落ちている.

形容詞として用いられる時は，名詞の前に置かれます．又，前に前置詞がきても н はつきません． (♪ 249)

смотре́ть на её лицо́ 彼女の顔を見る．смотре́ть на неё 彼女の方を見る．

(3) 再帰所有代名詞 свой 「自身の」は主語自身の所有を表します．

Он потеря́л **свою́** кни́гу．	彼は自分の本をなくした．
Она́ потеря́ла **свою́** кни́гу．	彼女は自分の本をなくした．
Они́ потеря́ли **свои́** кни́ги．	彼らは自分たちの本をなくした．

4.3 指示代名詞(указа́тельное местоиме́ние)
4.3.1 指示代名詞の変化表

	э́тот この，その(これ，それ)《近称》			тот あの，その(あれ，それ)《遠称》		
	男・中性	女性	複数	男・中性	女性	複数
主(は)	э́тот / э́то	э́т-а	э́т-и	тот / то	т-а	т-е
生(の)	э́т-ого	э́т-ой	э́т-их	т-ого́	т-ой	т-ех
与(へ)	э́т-ому	э́т-ой	э́т-им	т-ому́	т-ой	т-ем
対(を)	主/生	э́т-у	主/生	主/生	т-у	主/生
造(と)	э́т-им	э́т-ой	э́т-ими	т-ем	т-ем	т-е́ми
前(で)	э́т-ом	э́т-ой	э́т-их	т-ом	т-ой	т-ех

ハイフン - の記号は本来は付いていません．語尾変化が分かりやすいように付けただけです．

4.3.2 指示代名詞の用法

(1) э́тот / э́то 「この，その(これ，それ) / これ，それ」は空間的，時間的，心理的に近いもの，тот「あの，その(あれ，それ)」は空間的，時間的，心理的に近いものを指します．э́тот「この，その(これ，それ)」は主に形容詞として，また э́то「これ，それ」は主に名詞として用いられます．「これは…だ」という文章において，э́то は述語の性・数に関わりなく常に一定の形をしています．

э́тот заво́д	この工場	Э́то заво́д．	これは工場だ．
э́та ма́рка	この切手	Э́то ма́рка．	これは切手だ．
э́то молоко́	このミルク	Э́то молоко́．	これはミルクだ．
э́ти ре́ки	これらの川	Э́то ре́ки．	これらは川だ．

Он живёт в **э́том** и́ли в **том** до́ме?
彼は 住んでいる に この それとも に あの 家
→ 彼はこの家に住んでいますか，それともあの家ですか．

Они́ жи́ли по **ту** сто́рону реки́．彼らは川の対岸に住んでいた．
彼らは 住んでいた 側に(+対) 対 岸 川の

В **тот** день бы́ло хо́лодно． あの日は寒かった．
に あの 日 だった 寒い

(2) тот は後者の意味で用いられます．

Ва́ня обрати́лся к Ко́ле, но **тот** не отреаги́ровал．
ヴァニャはコーリャに話しかけたが，彼(後者)は反応しなかった．

(3) э́тот са́мый は「正にこの」という意味になります．

Нам нужна́ **э́та са́мая** ка́рта． 私たちは正にこの地図が必要だ．
私たちは 必要だ 正にこの 地図が

потеря́ть [完] なくする．кни́гу [対] < кни́га [女] 本．сто́рону [対] < сторона́ [女] 側，岸．реки́ [生] < река́ [女] 川．обрати́ться [完] 話しかける．отреаги́ровать [完] 反応する．

(4) тот, те は関係代名詞 кто の先行詞として人を表し，то は関係代名詞 что の先行詞として物を表します。

Тот, кто знал, ответил. 知っていた人が答えた.
人が …ところの 知っていた 答えた ((cf. The one who knew answered.))

Я поблагодарил тех, кто помог. 私は助けてくれた人々に感謝した.
私は 感謝した 人々に …ところの 助けてくれた ((cf. I thanked those who helped.))

То, что он сказал, рассердило меня. 彼が言ったことが私を怒らせた.
ことが …ところの 彼が 言った 怒らせた 私を((cf. What (that which) he said angered me.))

Я был удивлён тем, что он сказал. 私は彼が言ったことに驚いた.
私は 驚いた ことに …ところの 彼が 言った ((cf. I was surprised by what (that which) he said.))

Я верю тому, что он сказал. 私は彼が言ったことを信じている.
私は 信じている ことを …ところの 彼が 言った((cf. I believe what (that which) he said.))

4.4 限定代名詞(определительное местоимение)

4.4.1 **сам** 「自身」, **сáмый** 「まさにその」

(1) 変化表

	сам 「自身」			сáмый 「まさにその」		
	男・中性	女性	複数	男・中性	女性	複数
主(は)	сам/само́	сама́	са́ми	са́мый/-ое	са́мая	са́мые
生(の)	самого́	само́й	сами́х	са́мого	са́мой	са́мых
与(へ)	самому́	само́й	сами́м	са́мому	са́мой	са́мым
対(を)	主/生	саму́	主/生	主/生	са́мую	主/生
造(と)	сами́м	само́й	сами́ми	са́мым	са́мой	са́мыми
前(で)	само́м	само́й	сами́х	са́мом	са́мой	са́мых

\# сам と са́мый は，男・中性で形が異なるのは主格と造格だけで，あとはアクセントの差だけです。女性でも主格と対格以外はアクセントの差だけです。

(2) **сам** と **са́мый** の用法

1) сам は「自身，自体，自分で，独立して」を意味し，しばしば себя とともに用いられます。

Я сам решил эту задачу. 私はこの問題を自分で解決した.
私は 自分で 解決した この 問題を 〔< решить [完] 解決する, задача [女] 問題〕

Мы говорили с самим министром. 私たちは大臣本人に話しかけた.
私たちは 話しかけた に 本人 大臣〔< министр [男] 大臣〕

2) са́мый は空間的・時間的極限, 限界「ぎりぎり, ちょうど, 最も」を示します。形容詞長語尾について最上級を作ります。

Мы живём у самой реки. 私たちは川のすぐそばに住んでいる.
私たちは 住んでいる に すぐそば 川の

Он работает до самой ночи. 彼はちょうど夜になるまで働いている.
彼は 働いている まで ちょうど 夜になる

ответить [完] 答える. поблагодарить [完] 感謝する. помочь [完] 助ける. рассердить [完] 怒らせる. удивлён:ный [受過] 驚いた < удивлять [完] 驚かせる. книга [女] 本. сторону [対] < сторона [女] 側, 岸. реки [生] < река [女] 川. обратиться [完] 話しかける. отреагировать [完] 反応する.

4.4.2 весь 「すべての, …全体」 (♪251)

(1) 変化表

	男 / 中性	女性	複数
主(は)	весь / вс-ё	вс-я	вс-е
生(の)	вс-его́	вс-ей	вс-ех
与(へ)	вс-ему́	вс-ей	вс-ем
対(を)	主 / 生	вс-ю	主 / 生
造(と)	вс-ем	вс-ей	вс-е́ми
前(で)	вс-ём	вс-ей	вс-ех

ハイフン-の記号は本来は付いていません．語尾変化が分かりやすいように付けただけです．

単数の名詞とともに用いるときはそのもの全体を表し，複数の名詞とともに用いるときは，そのすべてを表します．単独で用いられる場合，人を指すのならば複数を用い，人以外なら単数中性を用います． весь に似た意味をもつ形容詞に це́лый がありますが，これは「まるごとの，完全な，全部の」という意味です．

Он съел **всю** ды́ню.　　　彼はメロンをまるごと食べた．
Он съел **це́лую** ды́ню.　　彼はすべてのメロンを食べた．
Все зна́ют.　　だれもが知っている．
Мой портфе́ль, пальто́, зо́нтик — **всё** исче́зло. 私のカバンも外套も傘も全部消えてしまった．
　私の　カバンも　　外套も　傘も　　全部　消えてしまった．

4.5 疑問代名詞(вопроси́тельное местоиме́ние)

英語の who, which のようにロシア語でも疑問代名詞の多くは関係代名詞 (относи́тельное местоиме́ние)の用法も持っています．本書では両者を一緒に扱っています．

(1) кто 「誰」と что 「何」の変化表

	「誰」	「何」
主(は)	кт-о	чт-о
生(の)	к-ого́	ч-его́
与(へ)	к-ому́	ч-ему́
対(を)	к-ого́	чт-о
造(と)	к-ем	ч-ем
前(で)	к-ом	ч-ём

(2) кто の用法

1) 疑問代名詞として

кто は文法的には男性単数扱いされます．

Кто го́лоден?　誰が空腹ですか．
誰が　空腹ですか[男単]〔 < голо́дный 空腹の〕

Кто вы тако́й / така́я / таки́е? あなた(男性/女性/グループ)はいったいどなたですか．
どなたあなた(男性/女性/グループ)

Кем ты хо́чешь быть?　君は何になりたいのですか．
誰(何)に　君は　欲する　　なることを　《 к-ем は述語なので造格になる》

съесть [完] 食べる． ды́ня [女] メロン． исче́знуть [完] 消える，紛失する．

2) 関係代名詞として　　　　　　　　　　　　　　　　　(♪252)

　кто は関係代名詞として тот「その人」, те「その人たち」, все「皆」, никто́「だれも...ない」(それぞれが本来は代名詞)などのどの性・数の先行詞に対しても用いることができます. 格は関係節内の役割に応じて変わります.

Тот, кто отве́тил пра́вильно, получи́л пре́мию. 正しく答えた人は賞をもらった.
人　　ところの　答えた　　正しく　　　　もらった　　賞を 《кто は関係節内では主格》
(cf. The one who answered correctly received a prize.)

Не зна́ю никого́, кто бы так хорошо́ говори́л. 私はそれほどうまく話す人を知らない.
ない私は知る 誰も　　ところの それほど うまく　　話す (cf. I don't know anyone who speaks so well.)

(2) что の用法

1) 疑問代名詞として

　что も кто と同様に, 性・数に関わりなく用いられますが, 主・対格のみに限られます. 単語としては что は単数中性の扱いを受けます.

Что　вам　ну́жно?　　何のご用ですか.
何が　あなたに　必要か　　《 ну́жно は単数中性形 < ну́жный 必要な》

Чего́　он　бои́тся?　彼は何をこわがっているのか.
何を　　彼は　こわがっているのか

2) 関係代名詞として

Я　скажу́　вам　всё, что　зна́ю. 私は知っていることをすべてあなたに話します.
私は 話します あなたに すべて ところの 知っている　(cf. I'll tell you all (that) I know.)

Я　записа́л　то, что　он　сказа́л.　私は彼が言ったことを書き留めた.
私は 書き留めた こと ところの 彼が 言った　(cf. I noted down what he said.)

что は先行する文全体を先行詞とすることができます.

Снег раста́ял, чего́ я　не ожида́л. 雪が溶けた, それを私は予想していなかった.
雪が　　溶けた　　それを 私は ない 予想した (cf. The snow melted, which I had not expected.)

(3)　疑問代名詞 како́й 「どんな」

1) како́й の変化表

	男・中性	女性	複数
主(は)	как-о́й/-о́е	как-а́я	как-и́е
生(の)	как-о́го	как-о́й	как-и́х
与(へ)	как-о́му	как-о́й	как-и́м
対(を)	主 / 生	как-у́ю	主 / 生
造(と)	как-и́м	как-о́й	как-и́ми
前(で)	как-о́м	как-о́й	как-и́х

#ハイフン - の記号は本来は付いていません. 語尾変化が分かりやすいように付けただけです.

2) како́й の用法

① 疑問代名詞として

Кака́я　сего́дня　пого́да?　今日の天気はどうですか.
Како́е　сего́дня　число́?　今日は何日ですか.

пре́мия [女] 賞. бои́тся < боя́ться [不] こわがる. сказа́ть [完] 話す. раста́ять [完] 溶ける. ожида́ть [不] 予想する.

Како́й сего́дня день? 今日は何曜日ですか． (♪ 253)
Кака́я у него́ маши́на? 彼はどんな車を持っていますか．
Како́й дом ваш? あなたの家はどれですか．

какой は感嘆文を作るのに使われます．

Кака́я ра́дость! なんと(まあ)うれしい!

② 関係代名詞として

類似のものを示し，**тако́й**「そのような」などとともに用いられます

Таки́х книг, каки́е тебе́ нужны́, у меня́ нет. 君の必要としているような本は持っていない．
　そのような　本　　ような　君の必要としている　には　私　ない

(4) 疑問代名詞 **кото́рый**「いずれの」

1) 変化表

	男・中性	女性	複数
主(は)	кото́р-ый / -ое	кото́р-ая	кото́р-ые
生(の)	кото́р-ого	кото́р-ой	кото́р-ых
与(へ)	кото́р-ому	кото́р-ой	кото́р-ым
対(を)	主 / 生	кото́р-ую	主 / 生
造(と)	кото́р-ым	кото́р-ой	кото́р-ыми
前(で)	кото́р-ом	кото́р-ой	кото́р-ых

ハイフン - の記号は本来は付いていません．語尾変化が分かりやすいように付けただけです．

2) 疑問代名詞 **кото́рый**「(…のうちの)どの，いずれの(もの)」としての用法

Кото́рый час? 何時ですか．
В кото́ром часу́? 何時にですか．
Кото́рый из них прав? 彼らのうちどちらが正しいのか．
　どちらが　うち　彼らの　正しい

3) 関係代名詞 **кото́рый**「…ところの」としての用法

Он жени́лся на же́нщине, с **кото́рой** познако́мился на балу́.《造格》
彼は 結婚した と　女性　と　ところの　知り合った　で 舞踏会
→ 彼は舞踏会で知り合った女性と結婚した．
(cf. He married a woman with whom he became acquainted at a dance.)

Я говори́л с ученико́м, **кото́рого** исключи́ли из шко́лы.《対格》
私は 話していた と　生徒　　ところの　放逐された　から 学校
→ 私は放校された生徒と話していた．(cf. I was talking to the pupil (whom) they had expelled from school.)

(5) 疑問代名詞 **чей**「誰の」

1) чей の変化表

	男・中性	女性	複数
主(は)	чей / чь-ё	чь-я	чь-и
生(の)	чь-его́	чь-ей	чь-их
与(へ)	чь-ему́	чь-ей	чь-им
対(を)	主 / 生	чь-ю	主 / 生
造(と)	чь-им	чь-ей	чь-и́мм
前(で)	чь-ём	чь-ей	чь-их

ра́дость [女] 喜び． жени́ться [完] 結婚する． познако́миться [完] 知り合う． бал [男] 舞踏会． исключи́ть [完] 放逐する．

2) 疑問代名詞としての用法　　　　　　　　　　　　📼 (♪ 254)
主に主格に用いられます.
Чей э́то дом?　　　　　　これは誰の家ですか.　　　　《男性形》
Чья э́то ко́мната?　　　　これは誰の部屋ですか.　　　《女性形》
Чьё э́то кольцо́?　　　　　これは誰の指輪ですか.　　　《中性形》
Чьи э́то коньки́?　　　　　これは誰のスケートですか.　《複数形》

3) 関係代名詞としての用法
же́нщина, **чей** муж заболе́л　夫が病気になった女性
女性　　　ところの　夫が　病気になった　(cf. the woman whose husband fell ill)

Па́рень, **чью** кни́гу вы взя́ли — студе́нт на́шего университе́та.
青年　　　その人の　本を　あなたが借りた　　学生　　私たちの　　大学の
→ あなたが本を借りた青年は私たちの大学の学生です.《 чью кни́гу は взя́ли の目的語》
(cf. The adolescent whose book you borrowed is a student of our university.)

4.6　不定代名詞(неопределённое местоиме́ние)

不定代名詞とは指す対象がはっきりしない(不定の)ことを表す代名詞のことを言います. 不定代名詞は, 疑問代名詞に接尾辞 -то, -нибудь, -либо, 接頭辞 не, кое- (кой-)をつけて作ります. 不定代名詞はもとの疑問代名詞と同じ変化をし, 接尾辞, 接頭辞は変化に関係しません. なお, 不定代名詞は単語としては単数中性の扱いを受けます.

接尾(頭)辞	不定代名詞
-то (話者には分かっているが故意に明言しないもの)	кто́-то 「誰かがある人」, что́-то 「何かあること, 物」, че́й-то 「誰かある人の」, како́й-то 「ある(種)の(実在の裏付けのある)」
-нибудь (全く不特定のもの)	кто́-нибудь 「誰か」, что́-нибудь 「何か」, че́й-нибудь 「誰かの」, како́й-нибудь 「何らかの(何でもよいとにかく何か)」
-либо (全く不特定のもの)	кто́-либо 「誰か」, что́-либо 「何か」, како́й-либо 「何らかの」, че́й-либо 「誰かの」
не * 「ある」	не́который 「ある」, не́сколько 「ある数量の, 若干の」, не́кто 「ある人」, не́что 「ある物」
кое- (話者は分かっているが相手は分からないもの)	кое-кто́ 「ある人」, кое-что́ 「いくつかのこと」, кое-како́й 「なんらかの」

* アクセントが必ず не́ にきます.　　ここでのハイフン - は正書法としてつきます.

Кто́-то стучи́т в дверь.　誰かがドアをノックしている
誰かが　　ノックしている　を　ドア

Учи́тельница проверя́ла **чью́-то** тетра́дь. 教師は誰かのノートをチェックしていた.
教師は　　　　チェックしていた　誰かの　ノートを　《 чью́-то は対格》

Я до́лжен обрати́ться к **кому́-нибудь** за по́мощью. 私は誰かに援助を求めなければならない.
私はならない 求める　　に　　　誰か　　　を　援助

Ка́ждый день он приноси́л **каку́ю-нибудь** газе́ту. 毎日彼は新聞の類を持参した.
毎　　日　　彼は持参した　　　何でもよい何か　　　　新聞のようなもの

Есть **что́-нибудь** интере́сное по телеви́зору? テレビで何かおもしろいものがあるか.
あるか　何か　　　　おもしろい[中]　で　テレビ　《不定代名詞は単数中性扱いを受ける》

кое- のついた不定代名詞が前置詞とともに用いられる場合, 前置詞は кое- と疑問詞の間に入り, ハイフンは書かれません.

Я хочу́ спроси́ть вас кое о чём. あなたに少しおたずねしたいことがあります.
私は　したい　たずねる　あなたに　いくつかのことについて《 кое-чём [前] < кое-что いくつかのこと》

заболе́ть　[完]　病気になる.　стуча́ть　[不]　ノックする.　проверя́ть　[不]　チェックする.
обрати́ться　[完]　求める.　по́мощь　[女]　援助.　приноси́ть　[不]　持参する.
телеви́зор [男] テレビ.　спроси́ть　[完]　たずねる.

4.7 否定代名詞(отрица́льное местоиме́ние) (♪ 255)

否定代名詞には作り方と用法の異なる2つの種類があります．

(1) 接頭辞 ни- のつくもの：《接頭辞 ни- + 疑問代名詞 кто, что, чей, како́й》

英語と違い，動詞にも否定語 не がついて，「...も...しない」の意味になります．前置詞とともに用いられる場合，前置詞は ни- と疑問詞の間に入り，ハイフンは書かれません．

Никто́ не зна́ет． 誰も知らない． (cf. Nobody knows.)
誰も　　　ない　知る

Никто́ никогда́ ничего́ не зна́ет． 誰も決して何も知らない．
誰も　　決して　　何も　　ない　知る　　(cf. No one ever knows anything.)

Ничего́ не произошло́． 何も起こらなかった． (cf. Nothing happened.)
何も　　ない　起こった

Он **ни за что** не заплати́л． 彼は何も払わなかった．《< ничто́ 何も，за は前置詞》
彼は何も対して　ない　払った　(cf. He didn't pay for anything.)

Нет **никако́го** сомне́ния． 何の疑いもない． (cf. There is no doubt at all.)
ない　何の　　　疑いも

Э́тот щено́к **ниче́й**． この子犬は誰のでもない．
この　子犬は　誰のでもない　(cf. This puppy isn't anybody's.)

(2) 接頭辞 не́- のつくもの：《接頭辞 не́- + 疑問代名詞 кто, что の斜格 + 動詞の不定形》

上の構文は「...すべき...はない」の意味の主格主語のない無人称文の述語を形成します．動作の主体つまり実質的な主語は与格で示され，過去なら бы́ло，未来なら бу́дет が補われます．

Не́кого спроси́ть． 尋ねる人は誰もいない．
誰もいない　尋ねるべき

Ему́ **не́чего** де́лать． 彼は何もすることがない．
彼には　何もない　することが《動作の主体は与格で表す》

Не́ к кому́ обрати́ться． 訴える人は誰もいない．
いない　誰も　訴える《< [与] не́кому < не́кто 誰も，к は前置詞で間に入る》

Не́чего бы́ло де́лать． 何もすることがなかった．
何もない　あった　することが

Не́ с кем бу́дет дружи́ть． 友人はできないであろう．
ない　と　人　だろう　仲良くすべき《< [造] не́кем < не́кто 誰も，с は前置詞で間に入る》

アクセントのついた быть (бы́ло, бу́дет)や есть に疑問代名詞を続けると，上の構文によく似た肯定表現「...すべき...がある」になります．

Есть с кем игра́ть． 共に遊ぶ人がいる．
いる　共に　人が　遊ぶ

Бы́ло / бу́дет кого́ спроси́ть． 尋ねる人がいた (いるだろう)．
いた　　いるだろう　人が　　尋ねる

произойти́ [完] 起こる． заплати́ть [完] 払う． сомне́ние [中] 疑い．

5 形容詞(и́мя прилага́тельное) (♪ 256)

5.1 形容詞の分類

(1) 意味のうえからの分類
1) 性質形容詞(ка́чественные прилага́тельные)
   事物の性質を表します:例 до́брый 親切な. твёрдый 硬い.
2) 関係形容詞(относи́тельные прилага́тельные)
   主に名詞から派生し,その名詞に関係した意味を表します:Япо́ня 日本→ япо́нский 日本の
3) 所有形容詞(притяжа́тельные прилага́тельные)
   活動体名詞から派生し,上記の形容詞とは違った接尾辞を持ちます:оте́ц 父 → отцо́в 父の

(2) 形のうえからの分類
1) 長語尾形(по́лное прилага́тельное)
   語尾が2または3文字から成る: до́б**рый** 親切な(男性形)
2) 短語尾形(кра́ткое прилага́тельное)
   語尾が1文字または語尾がない: добр 親切な(男性形)

(3) 機能のうえからの分類
1) 修飾語(定語)(определе́ние): 名詞を修飾します.
2) 述語(сказу́емое): 文の述語になります.
   長語尾形は修飾語と述語のどちらにもなれますが,短語尾形は述語にしかなれません.

до́брый ма́льчик	親切な少年	《長語尾の修飾語用法》
Ма́льчик до́брый.	(その)少年は親切だ.	《長語尾の述語用法》
Ма́льчик добр.	(その)少年は親切だ.	《短語尾の述語用法》

5.2 形容詞の長語尾形

ロシア語の長語尾形容詞は,以下の主格の例のように修飾する名詞の性,数,格によって語尾の形が変化します.

| молодо́й челове́к | 若い男性(は), | молодо́е село́ | 若い村 |
| молода́я же́нщина | 若い女性, | молоды́е лю́ди | 若い人々 |

(1) 形容詞の格語尾変化表(基本型)

格\数性	男性・中性単数 硬変化	男性・中性単数 軟変化	女性単数 硬変化	女性単数 軟変化	複数(3性共通) 硬変化	複数(3性共通) 軟変化
主(は)	-ый (-ое)*	-ий (-ее)*	-ая	-яя	-ые	-ие
生(の)	-ого **	-его *	-ой	-ей	-ых	-их
与(へ)	-ому	-ему	-ой	-ей	-ым	-им
対(を)	主 / 生***	主 / 生	-ую	-юю	主 / 生	主 / 生
造(と)	-ым	-им	-ой	-ей	-ыми	-ими
前(で)	-ом	-ем	-ой	-ей	-ых	-их

* ( )内が中性形で主格(対格)以外は同形.
** -ого, -его の г は [v] と発音します.
*** 男性・中性及び複数の対格は,不活動体につく場合は主格に,活動体につく場合は生格に等しい

形容詞

(2) 長語尾の硬変化例

1) 基本型　бе́лый　白い

	男・中性	女性	複数
主(は)	бе́л-ый (-ое)	бе́л-ая	бе́л-ые
生(の)	бе́л-ого	бе́л-ой	бе́л-ых
与(へ)	бе́л-ому	бе́л-ой	бе́л-ым
対(を)	主 / 生	бе́л-ую	主 / 生
造(と)	бе́л-ым	бе́л-ой	бе́л-ыми
前(で)	бе́л-ом	бе́л-ой	бе́л-ых

ハイフン - の記号は本来は付いていません．語尾変化が分かりやすいように付けただけです．

2) 変則型　густо́й　濃い

語尾にアクセントのある語の単数男性主格は -о́й という語尾を持つが，それ以外は変わりません．-о́й は元々は -ы́й であったものがモンゴルの侵入によって東スラブ民族がロシア人，ウクライナ人，ベラルーシ人に分かれた13世紀以降に，ロシア語でアクセントのある母音が唇音化(labialization)現象を起こして -ы́й → -о́й と変化したものです(一般にアクセントのある母音は呼気がたくさん出るために唇が自然と丸くなって о になります．例：オー[oh] 驚いた！)．ちなみに，ウクライナ語では唇音化が起こりませんでした．ウクライナ語：густи́й　濃い

	男・中性	女性	複数
主(は)	густ-о́й (-о́е)	густ-а́я	густ-ы́е
生(の)	густ-о́го	густ-о́й	густ-ы́х
与(へ)	густ-о́му	густ-о́й	густ-ы́м
対(を)	主 / 生	густ-у́ю	主 / 生
造(と)	густ-ы́м	густ-о́й	густ-ы́ми
前(で)	густ-о́м	густ-о́й	густ-ы́х

3) 変則型　ру́сский　ロシアの，плохо́й　悪い

語幹が г, к, х で終わる形容詞は正書法の規則により，たとえ硬変化であっても後に ы ではなく и を書かないといけません．下の左の例では男性単数主格，造格，複数で語尾部分が -кий ... となっています．

	ру́сск-ий ロシアの			плох-о́й 悪い		
	男・中性	女性	複数	男・中性	女性	複数
主(は)	ру́сск-ий (-ое)	ру́сск-ая	ру́сск-ие	плох-о́й(-о́е)	плох-а́я	плох-и́е
生(の)	ру́сск-ого	ру́сск-ой	ру́сск-их	плох-о́го	плох-о́й	плох-и́х
与(へ)	ру́сск-ому	ру́сск-ой	ру́сск-им	плох-о́му	плох-о́й	плох-и́м
対(を)	主 / 生	ру́сск-ую	主 / 生	主 / 生	плох-у́ю	主 / 生
造(と)	ру́сск-им	ру́сск-ой	ру́сск-ими	плох-и́м	плох-о́й	плох-и́ми
前(で)	ру́сск-ом	ру́сск-ой	ру́сск-их	плох-о́м	плох-о́й	плох-и́х

(3) 長語尾の軟変化例

1) 基本型　пре́жний　前の

軟変化では硬変化で(ы, о, а, у)であったものが対応の(и, е, я, ю)と交替します．

	男・中性	女性	複数
主(は)	пре́жн-ий (-ее)	пре́жн-яя	пре́жн-ие
生(の)	пре́жн-его	пре́жн-ей	пре́жн-их
与(へ)	пре́жн-ему	пре́жн-ей	пре́жн-им
対(を)	主 / 生	пре́жн-юю	主 / 生
造(と)	пре́жн-им	пре́жн-ей	пре́жн-ими
前(で)	пре́жн-ем	пре́жн-ей	пре́жн-их

2) 変則型 большо́й 大きな, горя́чий 熱い　　　　(♪ 258)

語幹が ш, щ, ч で終わる形容詞で, アクセントが語幹にある語は軟変化ですが, 正書法の規則により後に ю, я ではなく у, а を書かないといけないので, 女性単数主格と対格は -ая, -ую になります.

	больш-о́й 大きな			горя́ч-ий 熱い		
	男・中性	女性	複数	男・中性	女性	複数
主(は)	больш-о́й(-о́е)	больш-а́я	больш-и́е	горя́ч-ий(-ее)	горя́ч-ая	горя́ч-ие
生(の)	больш-о́го	больш-о́й	больш-и́х	горя́ч-его	горя́ч-ей	горя́ч-их
与(へ)	больш-о́му	больш-о́й	больш-и́м	горя́ч-ему	горя́ч-ей	горя́ч-им
対(を)	主 / 生	больш-у́ю	主 / 生	主 / 生	горя́ч-ую	主 / 生
造(と)	больш-и́м	больш-о́й	больш-и́ми	горя́ч-им	горя́ч-ей	горя́ч-ими
前(で)	больш-о́м	больш-о́й	больш-и́х	горя́ч-ем	горя́ч-ей	горя́ч-их

\# ハイフン - の記号は本来は付いていません. 語尾変化が分かりやすいように付けただけです.

(4) 長語尾の用法

1) 形容詞に前置詞句が付属している場合, 修飾している名詞の後に置かれます.

Мы любу́емся гора́ми, бе́лыми от сне́га.私達は雪で真白になった山に見とれる.
私達は 見とれる　　　山に　　　真白の　で　雪　〔< любова́ться [不] 見とれる〕

2) быть の過去形, 未来形が使われている文章の造格の述語には長語尾形が用いられる傾向が強い《主格補語は造格で表される　→ 239p》.

Ребёнок был послу́шным.　赤ん坊は従順だった.
赤ん坊は　だった　従順な〔[造]＜ послу́шный 従順な〕(cf. The child was obedient.)

Ко́жа у неё была́ бе́лой.　彼女の肌は白かった.
肌は　の 彼女 だった　白い〔[造]＜ бе́лый 白い〕(cf. Her skin was white.)

Фотогра́фия бу́дет уда́чной.写真はうまくいくだろう.(cf. The photograph will be successful.)
写真は　　　　だろう　うまくいく〔[造]＜ уда́чный うまくいった〕

3) 副詞, 補語の役割をはたす形容詞には長語尾が用いられる.

Брасле́т каза́лся недороги́м.　ブレスレットは安そうに思えた.
ブレスレットは 思えた　安そうに〔< недорого́й 安い, каза́ться [不] 思える〕

Он пришёл пе́рвым.　彼は一番早く着いた.
彼は 着いた　一番早く〔< пе́рвый 一番目の, прийти́ [完] (歩いて)着く〕

Она́ оста́вила кни́гу раскры́той.　彼女は本を開いたままにしておいた.
彼女は しておいた　本を　開いたままに〔< раскры́тый 開いたままの, оста́вить [完] 放っておく〕

Дай больно́му молоко́ горя́чим.病人にはミルクを熱くして出しなさい.
出しなさい 病人には　ミルクを　熱くして〔< горя́чий 熱い, дать [完] 与える〕

(5) 名詞化した長語尾形容詞

形容詞の長語尾形が名詞として用いられる場合があります. 形態が形容詞のままなので, 形容詞としての変化をします. 意味に従って, 以下のように分類できます.

1) 名詞化した長語尾形容詞の種類

① 人を表す語. 対象によって数, 性が変わる: ру́сский ロシア人, япо́нский 日本人, рабо́чий [男] / рабо́чая [女] 労働者, учёный [男] 学者
② 生物を表す語: живо́тное [中] 動物, расте́ние [中] 植物, копы́тные [複] 有蹄類

③ 特定の名詞が省略される語：кривая (линия) [女] 曲線〔＜曲がった線〕, мороженое (блюдо) [中] アイスクリーム〔＜凍った食品〕, чаевые (деньги) [複] チップ〔＜お茶のお金〕
④ 場所や部屋を表す語：столовая (комната) [女] 食堂〔＜食卓の部屋〕, гостиная (комната) [女] 客間(＜客の部屋), пивная [女] ビヤホール
⑤ 抽象名詞：будущее (время) [中] 未来〔＜未来の時〕, новое [中] 新しいこと

2) 名詞化した長語尾形容詞の用法
① 名詞化した長語尾形容詞の多くは形容詞としても使われます.
столовая ложка 食卓スプーン, **выходной** (день) 休日
② 形容詞としての変化をします. また, 活動体＝生格, 不活動体＝対格の原則が適用されます.
Нет **мороженого**. アイスクリームがない.
ない アイスクリームが [否定生格]
Я вижу **рабочего**. 私は労働者を見ている.
私は 見ている 労働者を [単生＝対]〔вижу [1単現] ＜видеть [不] 見える, 見る〕
Я вижу **рабочих**. 私は労働者たちを見ている.
私は 見ている 労働者たちを [複生]
Я кормлю **животных**. 私は動物たちにえさを与える.
私は えさを与える 動物たちに[複生]〔кормлю [1単現] ＜кормить [不] えさを与える〕

5.3 形容詞の短語尾形
(1) 短語尾の変化
　短語尾は述語にしか用いられないので格変化はしません. 長語尾は性, 数, 格によって変化しますが, 短語尾は性, 数によって変化します. また, 長語尾変化ではアクセントが移動しませんが, 短語尾変化では語によって移動するものと移動しないものがあります. 短語尾は以下の表に示したように, 長語尾の -ый (-ий, -ой) を取り除いたものを男性形の語幹とし, 女性, 中性, 複数形は語幹にそれぞれの性指標語尾である -а, -о, -ы(и)をつけて作ります.

アクセントの移動　短語尾	移動しない красив-ый 美しい	女性以下すべてで移動 хорош-ий よい	女性のみ移動 дорог-ой 病気の
男性	красив (語尾なし)	хорош	дорог
女性	красив-а	хорош-а́	дорог-а́
中性	красив-о	хорош-о́	дорог-о
複数	красив-ы	хорош-и́	дорог-и

(2) 出没母音
　長語尾の語尾を取り去った短語尾の単数男性形は語末が子音の連続になることが多く, 子音の衝突を避けるために間に出没母音のе, ё, о (特にк, г の前で)が現れることがあります.

長語尾形		短語尾形
бедный	「貧しい」	беден, бедна́, бедно́, бедны́
спокойный	「静かな」	споко́ен, споко́йна, споко́йно, споко́йны
умный	「賢い」	умён, умна́, умно́, умны́
сильный	「強い」	силён, сильна́, си́льно, сильны́
близкий	「近い」	бли́зок, близка́, бли́зко, близки́
долгий	「長い」	до́лог, долга́, до́лго, до́лги

子音が二つ重なっても出没母音が現れないものもあります。

жёлтый → жёлт 黄色い, пусто́й → пуст 空の　(♪ 260)

♧ 短語尾の変則形

長語尾と短語尾の形が変わってしまうものがあります。

長語尾形		短語尾形
большо́й	「大きな」	вели́к, велика́, велико́, велики́
ма́ленький	「小さな」	мал, мала́, мало́, малы́
досто́йный	「相応の」	досто́ин, досто́йна, досто́йно, досто́йны

(3) 短語尾の用法

述語には短語尾，長語尾が同意義の場合どちらも使うことができます。

Приро́да там прекра́сная / прекра́сна. そこの風景はすばらしい。(< прекра́сный すばらしい)

2) 短語尾と長語尾の意味が異なる場合があります。

{ Э́тот стари́к плохо́й. この老人は邪悪だ。
  Ста́рик совсе́м плох. 老人はかなり弱っている。

{ Она́ хоро́шая. 彼女はりっぱだ。
  Она́ хороша́ собо́й. 彼女は器量がよい。

3) 一般に短語尾は一時的・相対的な性質を表し，長語尾は長期的・絶対的な性質を表します。

Он бо́лен. 彼は(一時的に)病気だ。
Он большо́й. 彼は(慢性的に)病気だ。

5.4 形容詞の比較級，最上級

5.4.1 長語尾の比較級，最上級

(1) 比較級 《бо́лее 「より多く」/ ме́нее 「より少なく」＋ 形容詞の原級》

長語尾形容詞の原級の前に副詞 бо́лее 「より多く」/ ме́нее 「より少なく」を置くと比較級ができます。後者は劣等比較(より…でない)になります。

бо́лее широ́кая пло́щадь より広い広場

ме́нее серьёзный кри́зис より深刻でない危機

比較の対象を示すときは，コンマの後に чем 「…よりも」を続けます。

Сего́дня тепле́е, чем вчера́. 今日はきのうより暖かい。
今日は　より暖かい　より　きのう　〔 тепле́е < тёплый 暖かい〕

(2) 独立した比較級

以下の意味が正反対の4対の形容詞には，бо́лее を使わない語尾 -ший のついた独立した比較級があります。

原級		比較級	原級		比較級
большо́й (вели́кий)	大きな	бо́льший	ма́лый (ма́ленький)	小さい	ме́ньший
высо́кий	高い	вы́сший	ни́зкий	低い	ни́зший
ста́рый	老いた	ста́рший	молодо́й	若い	мла́дший
хоро́ший	よい	лу́чший	плохо́й (худо́й)	悪い	ху́дший

бо́льший と ме́ньший 以外は最上級の意味も持っています。

лу́чший учени́к в кла́ссе クラスの最優等生, мла́дший сын 末息子
最も優れた　生徒　で　クラス　　　　　　　　末の　　息子

形容詞

(3) 長語尾の最上級

1) 原級の前に, 形容詞変化をする cáмый / cáмая / cáмое / cáмые「最も」をおきます.

 cáмый óстрый нож 最も鋭利なナイフ《男性形》
 cáмая богáтая странá 最も豊かな国《女性形》
 cáмое вкýсное блю́до 最もおいしい料理《中性形》
 cáмые извéстные писáтели 最も有名な作家たち《複数形》

2) 原級の前に無変化の наибóлее「最も」をおきます.

 наибóлее нóвый 最も新しい, наибóлее высóкий 最も高い

3) 原級の語幹に接尾辞 -ейш- (-ший, -шая, -шее, -шие)をつけます.

 нóвый 新しい → новéйший 最も新しい
 си́льный 強い → сильнéйший человéк 最強の人
 слóжный 困難な → сложнéйшая задáча 最も困難な課題

 語幹が г, к, х で終わるときは, г → ж, к → ч, х → ш の子音交替が起こり, 接尾辞は -айш- となります.

 высóкий 高い → высочáйший 最も高い
 бли́зкий 近い → ближáйший 最も近い: ближáйшая больни́ца 最も近い病院

5.4.2 短語尾の比較級, 最上級

(1) 短語尾の比較級

1) たいていの形容詞は原級の語幹に -ee (口語では -ей)をつけます. それらの中で, 短語尾女性形で語尾にアクセントが移るものは, アクセントが -éе に移ります.

 краси́вый 美しい → краси́вее, свéтлый 明るい → светлéе
 Э́тот чемодáн тяжелéе. このトランクがより重い.

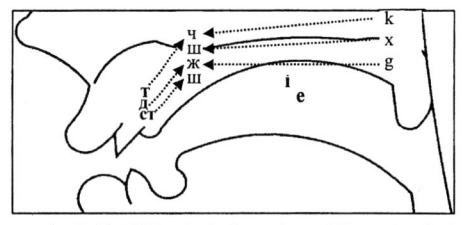

2) 語幹が軟口蓋音 г, к, х, 歯音 д, т, ст で終わるものには -e がつきます. その際 г → ж (дорогóй 高価な → дорóже), к → ч (жáркий 暑い → жáрче), х → ш (ти́хий 静かな → ти́ше), т → ч (богáтый 豊かな → богáче), д → ж (молодóй 若い → молóже). ст → щ (тóлстый 厚い → тóлще)の子音交替が起こります《これは図に示したように, г, к, х に -е がつくと е に引かれて調音点が前方に(г + е → же のように), また д, т, ст に -е がつくと е に引かれて調音点が後方に(т + е → ч のように)移動するためです. 日本語た行の, た[ta], ち[ʧi < ti] ...も同じ理屈で i に引かれて т → ч のように前から後ろへ移動します》.

 Человéк **богáче**. その人がより豊かだ. Том **тóлще**. その巻がより厚い.

в ...で(+前; 内部空間). класс [男] クラス. óстрый 鋭利な. нож [男] ナイフ. богáт!ый (-ая) 豊かな(-女). странá [女] 国. вкýсн!ый (-ое) [女] 国(-中). блю́до [中] 料理. извéстн!ый (-ые) 有名な(-複). писáтель [男] 作家. тяжелéе [比] < тяжёлый 重い.

3) その他に -ше が付いたり，語幹が変わったり， -ее が併用されたりするものがあります。

原級	比較級長語尾形	比較級短語尾形
большо́й 大きい	бо́льший より大きい	бо́льше より大きい
ма́ленький 小さな	ме́ньший	ме́ньше
плохо́й 悪い	ху́дший	ху́же
хоро́ший よい	лу́чший	лу́чше
ста́рый 老いた	ста́рший / старе́е	ста́рше

Москва́ **бо́льше** Ки́ева.　モスクワはキエフより大きい。　(♪ 262)
モスクワは　より大きい　キエフより

(2) 短語尾比較級の用法

1) 比較対象の表し方

比較の対象となる名詞・代名詞を生格にします。

Он **моло́же** меня́.　彼は私より若い。〔< молодо́й 若い〕
彼は　若い　私より

Пи́во **деше́вле** вина́.　ビールはワインより安い。〔< дешёвый 安い〕
ビールは　安い　ワインより

Я вы́гляжу моло́же **свои́х лет**.　私は見かけより若く見える。
私は 見える より若く 自分の 年齢より[複生]〔< своя́ лета́ 自分の年齢〕

① 接続詞 чем「…よりも」(+ 主格)を使います。

Сын **вы́ше, чем** оте́ц.　息子は父親よりも背が高い。〔< высо́кий 背が高い〕
息子は　背が高い　よりも　父親

② 比較の程度，差は《 на + 対格「…だけ」》で表されます。

Она́ **на три го́да ста́рше** меня́.　彼女は私より3歳だけ年長だ。
彼女は　だけ　3　歳　年長だ　私より〔< ста́рший 年長の〕

Он **на два сантиме́тра вы́ше** отца́.　彼は父親より2cmだけ高い。
彼は　だけ　2　cm　高い　父親より

(3) 短語尾の最上級

短語尾に最上級の形はありませんが，比較級の短語尾形のうしろに比較対象として всех「誰よりも，何よりも」(все「皆，すべて」の生格)，всего́「何よりも」(всё「すべて」の生格)を続けることによって最上級を表現することができます。

Э́та де́вочка **умне́е всех**.　この娘は誰よりも賢い。
この　娘は　賢い　誰よりも　〔< у́мный 賢い〕

Э́та пробле́ма **серьёзнее всего́**.　この問題は何よりも深刻だ。
この　問題は　深刻だ　何よりも　〔< серьёзный 深刻な〕

Ки́ева [生] < Ки́ев [男] キエフ. вина́ [生] < вино́ [中] ビール. вы́гляжу [1単現] < вы́глядеть [不] …のように見える. ле́та [女] 年齢. го́да [単生] 《2, 3, 4 は単数生格と結びつく》 < год [男] 歳. сантиме́тра [単生] < сантиме́тр [男] センチ. отца́ [生] < оте́ц [男] 父親.

6 数詞 (и́мя числи́тельное) (♪ 263)

6.1.1 基数詞(個数詞) (коли́чественное числи́тельное)の形

0 но́ль, ну́ль

1 оди́н (男) / одна́ (女) / одно́ (中) / одни́ (複)

2 два (男, 中) / две (女)
3 три
4 четы́ре
5 пять
6 шесть
7 семь
8 во́семь
9 де́вять
10 де́сять
11 оди́ннадцать
12 двена́дцать
13 трина́дцать
14 четы́рнадцать
15 пятна́дцать
16 шестна́дцать
17 семна́дцать
18 восемна́дцать
19 девятна́дцать

20 два́дцать
30 три́дцать
40 со́рок
50 пятьдеся́т
60 шестьдеся́т
70 се́мьдесят
80 во́семьдесят
90 девяно́сто
100 сто
200 две́сти
300 три́ста
400 четы́реста
500 пятьсо́т
600 шестьсо́т
700 семьсо́т
800 восемьсо́т
900 девятьсо́т

{ 20と30は1桁の数 + дцать(10), 50~80は、1桁の数+десят(10)の構成になっていていずれも「10がいくつある」を意味しています. 40と90の語源は不明です. }

{ 11~19の数の構成は、1桁の数 + на「の上」+ дцать(десять の変形)であり、「10に加えた~」を意味しています. 但し, 1桁の数は形が若干変形しているものがあります:две, четы́р, пят … }

{ 200~900の数は、「1桁の数 + сто(100)の生格形」の構成になっています. 200 の сти は変則形, 300, 400 の сти は単数生格, 500 以上の сот は複数生格形です. }

1000 ты́сяча
2000 две́ ты́сячи
10,000 де́сять ты́сяч
10万 сто ты́сяч
100万 миллио́н
200万 два миллио́на
10億 миллиа́рд

{ 1000 以上の数はほぼ名詞として扱われ、名詞の変化をします. }

6.1.2　数と格の関係　　　🎧 (♪ 264)

оди́н студе́нт [単主]「1人の学生(が)」, два студе́нта [単生]「2人の学生(が)」, пять студе́нтов [複生]「5人の学生(が)」の例が示すように, ロシア語では名詞を数えるとき数えられる名詞の数の大小によってその名詞の格が変わります. すなわち, 数えられる主格の名詞が1つの場合は単数主格, 2～4つでは単数生格, 5以上では複数生格になります. このようなことが起こるのは, それぞれの格のもつ機能が深く関与しているものと思われます.

復習になりますが, 生格とは全体とそれを分割した部分との密接な関係を表す格のことを言いました. これを数に当てはめてみますと, 生格は分割されていない全体の《1》と分割された部分である1, 2, 3, 4, 5...の関係を表していて, 1は主格, 2～4は1に最も近い関係にあるから単数生格, 5以上は数が多くなるから生格の複数形で表すようになったのではないかと推測されます.

	《1》 (全体)				
	⇩ 分割(部分・生格関係)				
1	2	3	4	5	6

6.1.3　基数詞(個数詞)の変化と用法

(1) 0 (ноль, нуль [男])

ноль, нуль [男]は軟変化をします.

вы́ше / ни́же нуля́	プラス／マイナス零度	🎧
начина́ть с нуля́	ゼロからスタートする
ноль внима́ния	何の注意も払わぬ
ноль гра́дусов	零度

(2) 1 (оди́н, одна́, одно́, одни́)

	男・中性	女性	複数
主(は)	оди́н / одн-о́	одн-а́	одн-и́
生(の)	одн-ого́	одн-о́й	одн-и́х
与(へ)	одн-ому́	одн-о́й	одн-и́м
対(を)	主 / 生	одн-у́	主 / 生
造(と)	одн-и́м	одн-о́й	одн-и́ми
前(で)	одн-о́м	одн-о́й	одн-и́х

ハイフン - の記号は本来は付いていません. 語尾変化が分かりやすいように付けただけです.

1が名詞と結合(修飾)する場合は, 名詞の性, 数(単数), 格に合わせた上の表の数詞を用います.

оди́н костю́м 一着のスーツ《男・主》, **одна́** ла́мпа 1個の電球《女・主》,
одно́ по́ле 一つの野原《中・主》, **одни́** са́нки 一台のそり《複・主》, цена́
одного́ биле́та 一枚のチケットの値段《男・生》

Он купи́л **одну́** ды́ню.　彼は1個のメロンを買った.
彼は　買った　　1個の　メロンを

вы́ше [比] より高い < высо́кий 高い. ни́же [比] より低い < ни́зкий 低い.
начина́ть [不] 始める. нуля́ [生]《比較の対象は生格で表す》 < нуль [男] 零.
внима́ниe (-я) [中] 注意(-生). гра́дусов [複生] < гра́дус [男] 零. купи́ть [完] 買う. ды́ня [女] メロン.

Они служи́ли в одно́м полку́. 彼らは同じ連隊で勤務した. (♪265)
彼らは 勤務した で 同じ 連隊 《оди́н には「同じ」という意味もある》

Съе́хались делега́ты из тридцати́ одно́й страны́. 31ヶ国の代表が集った.
集った 代表 からの 3 1 ヶ国の 《複合数詞はすべてが変化する》

Она́ встре́тила одного́ ученика́. 彼女は一人の生徒に会った.
彼女は 会った 一人の 生徒に 《活動体名詞の場合は生格をとる》

1と名詞の間に形容詞が入る場合は，1も形容詞も性，数(単数)，格を一致させます.

оди́н	чёрный	костю́м	一着の黒いスーツ(男・主)
(男主)	(男主)	(男主)	
одна́	ма́ленькая	ла́мпа	1個の小さな電球(女・主)
(女主)	(女主)	(女主)	
одно́	широ́кое	по́ле	一つの広い野原(中・主)
(中主)	(中主)	(中主)	
одни́	ста́рые	са́нки	一台の古いそり(複・主)
(複主)	(複主)	(複主)	

(2) 2, 3, 4 (два / две, три, четы́ре)

	2	3	4
主(は)	дв-а (男・中) / дв-е (女)	тр-и	четы́р-е
生(の)	дв-ух	тр-ёх	четыр-ёх
与(へ)	дв-ум	тр-ём	четыр-ём
対(を)	主 / 生	主 / 生	主 / 生
造(と)	дв-умя́	тр-емя́	четырь-мя́
前(で)	дв-ух	тр-ёх	четыр-ёх

ハイフン - の記号は本来は付いていません. 語尾変化が分かりやすいように付けただけです.

2, 3, 4が名詞を直接修飾する場合は，名詞の性，数，格に合わせた上の表の数詞を用います. 名詞が主格の場合，その名詞は単数生格になります. ただし，2の場合は男・中性名詞に対してはдваを用い，女性名詞に対してはдвеを用います. また，3, 4の場合はどの性でも一つの数詞три (3), четы́ре (4)を用います.

два шага́ [主] 2歩(が)〔< шаг [男] 歩〕, два ме́ста 2ヶ所(が)〔< ме́сто [中]〕, две де́вушки 2人の少女(が)〔< де́вушка [女] 少女〕
три / четы́ре словаря́ 3 / 4冊の辞書〔< слова́рь [男] 辞書〕
три / четы́ре зда́ния 3 / 4つの建物〔< зда́ние [中] 建物〕
три / четы́ре ко́шки 3 / 4匹の猫〔< ко́шка [女] 猫〕

2, 3, 4と名詞の間に形容詞が入るときは，主格の場合名詞は単数生格ですが，形容詞は男・中性名詞の場合は複数生格を，女性名詞の場合は複数主格をとります.

три больши́х облака́ 3つの大きな雲
[主] [複生] [単生] 〔< о́блако [中] 雲, большо́й 大きな〕

четы́ре чи́стые руба́шки 4枚のきれいなシャツ
[主] [複主] [単生] 〔< руба́шка [女] シャツ, чи́стый きれいな〕

ме́жду двумя́ больши́ми дома́ми 2つの大きな家の間に
の間に(+造) 2つの[造] 大きな[複造] 家[造]〔< дом [男] 家〕

в тридцати двух странах 32ヶ国で《複合数詞の双方とも変化する》
で(+前) 30[前] 2[前] ヶ国 [複前] 〔 < страна [女] 国 〕 (♪266)

(3) 5以上の数
　　5以上の数が名詞を直接修飾する場合は，名詞の性，数，格に合わせた下の表の数詞を用います．名詞が主格の場合，その名詞は複数生格になります．また名詞の間に形容詞が入るときは，主格の場合形容詞は複数生格になります．

	5	8	11	20	40
主(は)	пять	во́семь	оди́ннадцать	два́дцать	со́рок
生(の)	пят-и́	восьм-и́	оди́ннадцат-и	двадцат-и́	сорок-а́
与(へ)	пят-и́	восьм-и́	оди́ннадцат-и	двадцат-и́	сорок-а́
対(を)	пять	во́семь	оди́ннадцать	два́дцать	со́рок
造(と)	пят-ью́	восем-ью́	оди́ннадцат-ью	двадцат-ью́	сорок-а́
前(で)	пят-и́	восьм-и́	оди́ннадцат-и	двадцат-и́	сорок-а́

\# ハイフン - の記号は本来は付いていません．語尾変化が分かりやすいように付けただけです．

♧ 5～10は -ь に終わる女性名詞と同じ変化をします．但し，アクセントは常に語尾にあります．また восьмь は斜格で一部形が変わります．

пять книг　5冊の本　〔 книг [複生] < кни́га [女] 本 〕

со́рок два кандида́та　42人の候補者《複合数詞の場合は主格では後の要素に従う》
40　2人の　候補者[単生]〔 < кандида́т [男] 候補者 〕

к шести́ часа́м　6時までに
まで(+与)　6[与]　時[複与]〔 < час [男] 時 〕

Я ви́жу пять солда́т．私は5人の兵士が見える．
私は 見える 5人の 兵士が[複対=生]〔 < солда́т [男] 兵士，ви́деть [不] 見える 〕

♧ 11～19も同じ変化をしますが，アクセントは語幹にあります．20，30も同じ変化をしますが，斜格のアクセントは語尾にきます．

оди́ннадцать столо́в　11脚の机
11脚の[主]　机[複生]〔 < стол [男] 机 〕

в двадцати́ магази́нах　20の店で
で[+前]　20の[前]　店[複前]〔 < магази́н [男] 店 〕

♧ 40，90，100では主格，対格以外の斜格語尾はすべて -á です．

оди́н из сорока́ госте́й　40人の客の一人
一人　の　40人の　客[複生]〔 < гость [男] 客 〕

Он заплати́л ста рабо́чим．彼は100人の労働者に給料を払った．
彼は 給料を払った 100人の 労働者に[複与]〔 < рабо́чий [男] 労働者，заплати́ть [完] 払う 〕

	50	80	200	600
主(は)	пятьдеся́т	во́семьдесят	две́сти	шестьсо́т
生(の)	пяти́десяти	восьми́десяти	двухсо́т	шестисо́т
与(へ)	пяти́десяти	восьми́десяти	двумста́м	шестиста́м
対(を)	пятьдеся́т	во́семьдесят	две́сти	шестьсо́т
造(と)	пятью́десятью	восьмью́десятью	двумяста́ми	шестьюста́ми
前(で)	пяти́десяти	восьми́десяти	двухста́х	шестиста́х

数詞

♣ 50～80及び200～900は, 数詞を構成する2つの要素のそれぞれが変化します. たとえば, 50の пять(5)десят(10) → пяти́десяти (50)のようにです. 斜格のアクセントは一つめの要素となります.

го́род с пятью́десятью теа́трами　50の劇場のある町　🔊(♪267)
町　もつ[+造]　50の[造]　劇場[複造] 〔 < теа́тр [男] 劇場 〕

цена́ двухсо́т сига́р　200本の葉巻の値段
値段　200本の[生]　葉巻の[複生] 〔 < сига́ра [女] 葉巻 〕

♣ 千(ты́сяча), 百万(миллио́н), 10億(миллиа́рд)などの数はほぼ名詞として扱われ, 名詞の変化をします. 数詞の格が何であれこれらの数詞と結合する名詞は複数生格になります.

с двумя́ ты́сячами солда́т　2千人の兵士とともに
とともに[+造]　2[造]　千人の[女複造]　兵士[複生] 〔 < солда́т [男] 兵士 〕
в миллио́не семьёй　　　　　　百万の家庭で
で[+前]　百万の[前]　家庭[複生] 〔 < семья́ [女] 家庭 〕

♣ 基数詞 + 名詞が主語の場合動詞の形は普通中性になるが複数になることもあります.

Не́сколько я́блок лежа́ло (лежа́ли) на столе́. 何個かのリンゴがテーブルの上にあった.
何個かの　リンゴが　あった　　　　　　上に テーブルの

(4) 数詞と名詞・形容詞の結合のまとめ

以上に述べた数詞と名詞・形容詞の結合を表にしてまとめると以下のようになります.

1) 主格 (同形の対格) の場合

数詞	名詞	形容詞 (+ 名詞)
1	性, 数, 格とも一致 оди́н бана́н　　1本のバナナ одна́ соба́ка　　1匹の犬	性, 数, 格とも一致 оди́н жёлтый бана́н　　1本の黄色いバナナ одна́ больша́я соба́ка　　1匹の大きな犬
2, 3, 4	単数生格 два бана́на　　2本のバナナ две соба́ки　　2匹の犬	複数生格, 但し女性名詞は複数主格 два жёлтых бана́на　　2本の黄色いバナナ две больши́е соба́ки　　2匹の大きな犬
5以上	複数生格 пять бана́нов　　5本のバナナ пять соба́к　　5匹の犬	複数生格 пять жёлтых бана́нов　　5本の黄色いバナナ пять больши́х соба́к　　5匹の大きな犬

2) 斜格の場合

基数詞 + 名詞・形容詞の格変化は以下の表のようになります. このことから, 数詞と名詞・形容詞の複雑な関係は主格 (同形の対格) のみに現れるのであり, 斜格 (主格以外の格) に関しては普通の複数変化と変わりがないことが分かります.

	2本の黄色いバナナ	5匹の大きな犬
主(は)	два жёлтых бана́на	пять больши́х соба́к
生(の)	двух жёлтых бана́нов	пяти́ больши́х соба́к
与(へ)	двум жёлтым бана́нам	пяти́ больши́м соба́кам
対(を)	два жёлтых бана́на	пять больши́х соба́к
造(と)	двумя́ жёлтыми бана́нами	пятью́ больши́ми соба́ками
前(で)	двух жёлтых бана́нах	пяти́ больши́х соба́ках

лежа́ть [不] 横たわっている, ある. я́блоко [中] リンゴ. бана́н [男] バナナ. соба́ка [女] 犬.

6.2 序数詞(поря́дковые числи́тельные) (♪ 268)

〚基数詞〛 → 〚序数詞〛「...番目の」

1	оди́н / одна́ / одно́ / одни́	пе́рвый (-вое, -вая, -вые)
2	два / две	второ́й
3	три	тре́тий (-тье, -тья, -тьи)
4	четы́ре	четвёртый
5	пять	пя́тый
6	шесть	шесто́й
7	семь	седьмо́й
8	во́семь	восьмо́й
9	де́вять	девя́тый
10	де́сять	деся́тый
11	оди́ннадцать	оди́ннадцатый
12	двена́дцать	двена́дцатый
13	трина́дцать	трина́дцатый
14	четы́рнадцать	четы́рнадцатый
15	пятна́дцать	пятна́дцатый
16	шестна́дцать	шестна́дцатый
17	семна́дцать	семна́дцатый
18	восемна́дцать	восемна́дцатый
19	девятна́дцать	девятна́дцатый
20	два́дцать	двадца́тый
30	три́дцать	тридца́тый
40	со́рок	сороково́й
50	пятьдеся́т	пятидеся́тый
60	шестьдеся́т	шестидеся́тый
70	се́мьдесят	семидеся́тый
80	во́семьдесят	восьмидеся́тый
90	девяно́сто	девяно́стый
100	сто	со́тый
200	две́сти	двухсо́тый
300	три́ста	трёхсо́тый
400	четы́реста	четырёхсо́тый
500	пятьсо́т	пятисо́тый
600	шестьсо́т	шестисо́тый
700	семьсо́т	семисо́тый
800	восемьсо́т	восьмисо́тый
900	девятьсо́т	девятисо́тый
1000	ты́сяча	ты́сячный
100万	миллио́н	миллио́нный
10億	миллиа́рд	миллиа́рдный

\# 序数の作り方は1〜8番目までは不規則ですが, 9以上の序数は, いくつかの例外を除いて おおむね基数の -ь を取って -ый をつけるか, 基数の -т に -ый をつけて作ります. 50番目以上では90と100を除いて数詞の前半部分が生格形になっています. なお, 序数は形容詞の変化をします.

数詞

形容詞と同じように，序数は性，数，格が一致します．　　🆗 (♪ 269)

во врéмя Второ́й мирово́й войны́　第二次世界大戦の時期に
に(+対) 時期[中] 第二次　世界　　大戦の〔＜Втора́я мирова́я война́ [女]第二次世界大戦〕

оди́н из мои́х пе́рвых друзе́й　　私の最初の友達の一人
一人　の(+生) 私の　最初の　　友達〔＜мои́ пе́рвые друзья́ [複]私の最初の友達〕

тре́тья по высоте́ гора́　　3番目に高い山
3番目の　 点で(+与)　高さ[与]　山[女]　〔＜высота́ [女] 高さ〕

6.3 分数

分数は分子を基数に，分母を序数にして表します．但し，½，⅓，¼ には固有の言い方があるので，そちらの方がよく使われます．また，帯分数は分数の前に基数＋и(と)をつけて表します．

½　одна́ втора́я, полови́на [女]　　⅓　одна́ тре́тья, треть

¼　одна́ четвёртая, че́тверть　　7 4/7　семь це́лых четы́ре седьмы́х

結合する名詞は1つの単位として見なされるものの部分を言う場合は単数生格，全体が複数で表現されるものの部分を言う場合は複数生格になります．

пять це́лых две пя́тых киломе́тра　　5 2/5 キロメートル
5　　か　 2　 5番目の　キロメートル[単生]〔＜киломе́тр [男] キロメートル〕

три пя́тых дохо́да　　収入の3/5
3　5番目の　収入の[単生]〔＜дохо́д [男] 収入〕

три пя́тых жи́телей　　住民の3/5
3　5番目の　住民の[複生]〔＜жи́тель [男] 住民〕

6.4 小数

小数は分数として扱われるので，分数の言い方で表現されます．小数点はコンマ(,)で表記します．もし，小数点前の0を省略したくない場合は ноль це́лых (＜це́лая едини́ца「整数」の複数生格)をつけます．

0,1　(ноль це́лых) (и) одна́ деся́тая　(＝ 1/10)
　　　0　　　　　整数の　と　 1　　10番目の

2,4　две це́лых (и) четы́ре деся́тых
　　　2　整数の　 と　 4　　10番目の

5,0　пять це́лых ноль деся́тых
　　　5　 整数の　 0　　10番目の

17,69　семна́дцать це́лых шестьдеся́т де́вять со́тых
　　　　17　　　　　整数の　　6　　　　9　　100番目の

6.5 双数　о́ба 「両方」

名詞との結びつきは два と同じです．次のように変化します．

	男性・中性	女性
主(は)	о́ба	о́бе
生(の)	обо́их	обе́их
与(へ)	обо́им	обе́им
対(を)	主 / 生	主 / 生
造(と)	обо́ими	обе́ими
前(で)	обо́их	обе́их

óба	взрóслых	сы́на		成人した息子のどちらも	🎧(♪ 270)
[主]	[複生]	[単生]	〔<	взрóслый сы́н [男] 成人した息子〕	
óбе	сéверные	столи́цы		北の都のどちらも	
[主]	[複主]	[単生]	〔<	сéверная столи́ца [女] 北の都〕	
Оба́	дру́га	жени́лись.		友人の二人とも結婚した.	
[主]	[単生]		〔<друг [男] 友人, жени́ться [不・完] 結婚する〕		
Я	люблю́	их	обо́их.	私は彼らの両方共好きだ.	
私は	好きだ	彼らの	両方共[対]	〔< люби́ть [不完] 好く〕	

6.6 集合数詞(собира́тельные числи́тельные)

複数形しかない名詞には単数生格がないので，数詞の два (2), три (3), четы́ре (4) の後に用いることができません(これらの数字の後には単数生格がくるからです)。その代わりに用いられる数詞が次の集合数詞です．

2	двóе	5	пя́теро	8	вóсьмеро
3	трóе	6	шéстеро	9	дéвятеро
4	чéтверо	7	сéмеро	10	дéсятеро

これらの数詞は，複数形のみの名詞とともに用いられ，名詞は複数生格を取ります．

двóе сýток	2昼夜	〔сýток [複生] < сýтки [複] 昼夜〕
трóе сáнок	3台のそり	〔сáнок [複生] < сáни [複] そり〕
чéтверо носи́лок	4つの担架	〔носи́лок [複生] < носи́лки [複] 担架〕
пя́теро часóв	5個の時計	〔часóв [複生] < часы́ [複] 時計〕

集合名詞は次のように変化します．

двóе	двои́х	двои́м	主/生	двои́ми	двои́х
чéтверо	четверы́х	четверы́м	主/生	четверы́ми	четверы́х

ただし，これらの名詞が斜格の場合は普通基数が用いられます．

двóе ворóт		2つの門	〔ворóт [複生] < ворóта [複] 門〕
У двух ворóт стоя́ли солда́ты.		2つの門には兵士が立っていた．	
には 2つの 門 立っていた 兵士が		《двух は два の前置格》	

男性の人を示す名詞，人を示す名詞として用いられる形容詞とともに，またそれらが省略された場合などに用いられます．

кóмната	на	двои́х		二人用の部屋	
Скóлько	вас?	Нас	пя́теро.	何人様ですか． 5人です．	
何人ですか	あなた方は	私達は	5人です．		

6.7 概数(приблизи́тельное числó)

概数は《基数詞―名詞》で表される数の語順を逆に《名詞―基数詞》の語順にすれば概数表現になります．

дéсять студéнтов	10人の学生	→	студéнтов дéсять	約10人の学生
два часá	2時	→	часá два	2時頃

前置詞を含む場合は前置詞は基数詞をつけたままで語順を逆にします．

| в два часá | 2時に | → | часá в два | 2時頃に |

сéверный 北の． стоя́ть [不] 立っている．

7. 動詞(глаго́л)

7.1 不定形(инфинити́в)

(1) 不定形語幹と現在語幹

　動詞の単語は，動作観念を表す変化することのない語幹(不変化形)と人称，現在形以外の時制，法などの文法事項を表す語尾(変化形)から成ります．語尾の部分は長い年月の間に人称，時制，法などのそれぞれの文法事項を担う部分が融合・変化してしまってそれらの境界を区別することが難しくなっています．さらに，単語によっては語幹(осно́ва сло́ва)は，多くは名詞から成り単語の基本的意味を担う語根(ко́рень сло́ва)とそれを動詞化させる役割を担う接辞「…する」の部分に分けられます．語幹には動作観念以外に現在時制の観念も含まれるので語幹と接辞の部分を合わせて現在語幹と呼びます．

　語幹に -ть，-ти，-чь「…すること」の接辞がついた形が不定形です．不定形は英語の to 不定詞に相当し，英語と同様文中で名詞，形容詞，副詞などの文法的な役割を果たします．不定形は現在語幹と同様に動作観念を表しますが，人称，数，性，時制，法などは表せません．不定形から接辞 -ть，-ти，-чь を取り除いたものも現在語幹と同様変化しないので不定形語幹と呼ばれます．不定形は動詞のすべての形を代表して辞典に載っている形です．

　不定形語幹と現在語幹は形が一致することもありますが，多くの場合異なっています．

例：телефо́н「電話」+ -и́рова「…する」+ -ть → телефони́ровать「電話する(こと)」

語根	接辞	現在形を作る語尾
現在語幹　телефони́ру-		телефони́ру-ю　「私は電話する」
不定形語幹　телефони́рова-		不定形語幹　-ть，-ти，-чь
不定形　телефони́ровать		

(2) 不定形の形

　上で述べたように不定形には3種の語尾があります．

①基本形 ть	-ать, -еть, -ить, -уть, -ять, 子音+ть	ほとんどの動詞：чита́ть, лезть
② с, з + ти́	< 元の形　-с(з)ть (-сти) -дть (-дти) -тть (-тти)	нести́, везти́ вести́ *, идти́ (иду́, идёшь …) плести́ (плету́, плетёшь …)
③ 母音+ чь	< 元の形　母音 + гть 母音 + кть	жечь, мочь (могу́, мо́жешь …) влечь, печь (пеку́, печёшь …)

* 表面的には -дти́ の形をしていないように見えますが，現在変化形(веду́, ведёшь …)に元の不定形が現れています．

　上の表を図で説明すると次のようになります．不定形の基本形は①の -ть ですが(図のように軟子音 -ть は元の子音 т の口の形をとりながら中舌が硬口蓋に向かって盛り上がります)，②の -ти́ に変化したのは，アクセントが不定形語尾 -ти́ にあることに関係しています．ある音にアクセントがあるということは，呼気がたくさん排出されて母音が伸びるということを意味しています．それでь → и́ と変化したわけです．同じく②の вести́, плести́ の元の形は * ведти́ や * плетти́ であり，同種の子音連続 -дт, -тт を避けて前の子音を摩擦音 с に変える異化(dissimilation)の現象により -ст となったものです．それから，③の音変化は，これらが本来 * мог-ть や * пек-ть であり，г-ть, к-ть が融合して -чь になったためです．

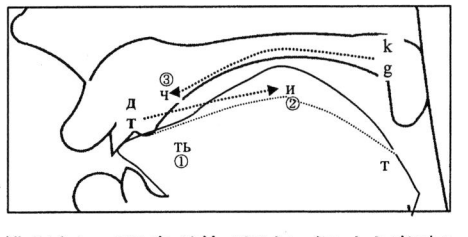

7.2　現在形(настоя́щее вре́мя)　　　　　　　　　　🔊 (♪272)

(1) 現在形の語尾

　現在形の一つ一つは形のうえから，変化しない部分(現在語幹)と変化する部分(人称語尾)に分けられます．また，それぞれの現在形は人称と数に応じて以下の6通りの人称語尾を持ちます．さらにすべての現在形は，1人称単数(私)と3人称複数(彼ら)を除く各人称の現在語幹に続く人称語尾の最初の母音の種類に応じてЕ型(第1変化)，И型(第2変化)，語幹・語尾とも不規則に変化する不規則型の3種類に大別できます．

型	E型(第1変化)		И型(第2変化)		不規則型		人称語尾の変遷		
不定形	① зна́-ть「知っている」		② хвали́-ть「ほめる」		③ есть「食べる」		現代語 (Е・И型①②)	古ロシア語 (AD11~12世紀に最古のキリル文字で書かれた) (Е①・И型②/不規則型③) ←（時の流れ）	スラブ基語の再建形(印欧基語から分離したBC10~AD10世紀)* (ЕИ型/不規則型③) ←（時の流れ）
現在形	語幹	人称語尾	語幹	人称語尾	語幹	人称語尾			
я	зна́-ю	私は知っている	хвал-ю́		е-м		-у(ю)/-м	-оγ(ю)/-мь [mĭ] **	-ǫ[õ]/-мь[mĭ]
ты	зна́-ешь	君〃	хва́л-ишь		е-шь		-е(и)шь	-е(и)шь[ʃĭ]/-си[ʃi]	-ši[ʃi]
он	зна́-ет	彼〃	хва́л-ит		е-ст		-е(и)т/-ст	-е(и)ть[tĭ]/-сть[tĭ]	-tь[tĭ]
мы	зна́-ем	私達〃	хвал-и́м		ед-и́м		-е(и)м	-е(и)мъ[mŭ]	-mъ[mŭ]
вы	зна́-ете	君達〃	хвал-и́те		ед-и́те		-е(и)те	-е(и)те/-сте	-te[te]
они́	зна́-ют	彼ら〃	хвал-я́т		ед-я́т		-у(ю,а,я)т	-оγ(ю,а,ıа)ть/-дıать	-ǫtь[õtĭ],-ętь[ẽtĭ]
命令形	зна́-й	知りなさい	хвал-и́		е-шь			**ǫ[õ], ę[ẽ]は鼻母音，ь[ĭ]は前舌イェル，ъ[ŭ]は後舌イェルと呼ばれ，スラブ基語にあった i, u の弱化短母音で12世紀に消滅したが書き言葉には残った．現代ロシア語の ь, ъ とは無関係．оγ[u=y に変化]，ıа[ja=я に変化]．なお，[ ]内は音価を表す．		
過 он	зна́-л	彼は知っていた	хвали́-л		е-л				
去 она́	зна́-ла	彼女〃	хвали́-ла		е́-ла				
形 оно́	зна́-ло	それ〃	хвали́-ло		е́-ло				
они́	зна́-ли	彼ら〃	хвали́-ли		е́-ли				

※ 人称語尾の変遷(スラブ基語から現代までの)

　現在のロシア語の人称語尾はいくつかの変化型に分かれていて複雑ですが，スラブ基語が大きく東スラブ語(ロシア語...)，西スラブ語(ポーランド語...)，南スラブ語(ブルガリア語...)に分化する10世紀以前にスラブ諸民族が共通に使用していたスラブ基語(共通スラブ語)の時期には人称語尾は，現在ほど複雑ではなく，単純なものでした．スラブ基語の時期の人称語尾はスラブ学者によって，過去の文献に記録されているスラブ諸語に共通の諸特徴から帰納的に推定・再建されていて，それを上の表の右側にラテン文字と音声記号で記しています．参考のために，11~12世紀の古ロシア語の時期に用いられた最古のキリル文字で書かれた人称語尾と現在の人称語尾を記しています．右から左に時代が下るにつれて人称語尾が複雑になっていくことが分かります．たとえば，表にある現在の зна́ть「知っている」，хвали́ть「ほめる」，есть「食べる」の現在形人称変化は，古ロシア語期の文献ではそれぞれ знати「知っている」：знаıоү [znaj-u], знаıеши [znaj-e-ʃi], знаıеть [znaj-e-tĭ], знаıемъ [znaj-e-mŭ], знаıете [znaj-e-te], знаıоүть [znaj-utĭ]；хвалити「ほめる」：хвалю [xval-ju], хвалиши [xval-i-ʃi], хвалить [xval-i-tĭ], хвалимъ [xval-i-mŭ], хвалите [xval-i-te], хвалıать [xval-jatĭ]；ѣсти「食べる」：ѣмь [je-mĭ], ѣси [je-ʃi], ѣсть [je-stĭ], ѣмъ [je-mŭ], ѣсте [je-ste], ѣдıать [je-djatĭ]((ѣсть の変化は印欧基語の無語幹母音型屈折 athemtic inflection の動詞に由来していて，スラブ語固有のものではないので本書でもあまり触れないことにします))となっています．これらの記録から分かることは，単数1人称ではスラブ基語の鼻母音 -ǫ [õ]が古ロシア語では現代語と同じ -оγ(-ю) [-u(-yu)]に変わり，-мь

現在形　273

[mǐ]はまだ短母音 [ǐ] が残っています．単2, 単3, 複1, 複2ではスラブ基語にない -e, -и の母音が人称語尾に加わっています．複3では単1と同様，スラブ基語の鼻母音 -ǫtь [õtǐ]が -оу(-ю)ть [-u(-yu)tǐ] に，-ętь [-ětǐ] が -a(-ıѧ)ть [-a(-ya)tǐ] に変化しています((つまり，-õ → -u(-yu), -ẽ → -a(-ya) に変化しています))．さらに，注目すべきことは，古ロシア語と現代語では現在語幹のとらえ方が違っていることです．E型(第1変化)とИ型(第2変化)の原型は古ロシア語の時期にはできあがっていますが，たとえば знáть 「知っている」を例にとると，現代語では знá- までが語幹ですが，古ロシア語では знaj- [znaj-]までを語幹ととらえていました．

　上の表の①, ② の例はそれぞれの変化型が規則的に変化する正則型とも言うべき代表的な語例ですが，各変化型には多くの変則型があり，以下によく使われる代表的なものを挙げてみます．

1) E型(第1変化)　　　　　　　　　　　　　　　　　　　　(♪ 273)

　E型の正則形の語尾は1人称から順に, -ю, -ешь, -ет, -ем, -ете, -ют の形をしています．この変化型の特徴は, 不定形語幹と現在形語幹が同一であるということと, 両者のアクセントの位置が同じで終始変わらないということです．-ать, -ять に終わる動詞の多くがこの変化形式に従います．(1)以外の例としては, рабóтать 「働く」, слýшать 「聴く」, дуть 「吹く」などがあります．

E型(第1変化)の変則型

型	④ дт 型	⑤ гт 型	⑥ кт 型	⑦ +н 型	⑧ +в 型
不定形	ид-тú 行く	мо-чь できる	пе-чь 焼く	ста-ть になる	жи-ть 住む
я	ид-ý	мог-ý	пек-ý	стáн-у	жив-ý
ты	ид-ёшь	мóж-ешь	печ-ёшь	стáн-ешь	жив-ёшь
он	ид-ёт	мóж-ет	печ-ёт	стáн-ет	жив-ёт
мы	ид-ём	мóж-ем	печ-ём	стáн-ем	жив-ём
вы	ид-ёте	мóж-ете	печ-ёте	стáн-ете	жив-ёте
онú	ид-ýт	мóг-ут	пек-ýт	стáн-ут	жив-ýт
命令形	идú	なし	пекú	стань	живú
過 он	шёл	мог	пёк	стá-л	жи́-л
去 онá	шла	мог-лá	пек-лá	стá-ла	жи-лá
形 онó	шло	мог-лó	пек-лó	стá-ло	жи́-ло
онú	шли	мог-лú	пек-лú	стá-ли	жи́-ли
他の例	везтú 運ぶ спастú 救う	берéчь 守る жечь 焼く	течь 流れる сечь 切る	встáть 起きる деть 置く	плыть 泳ぐ

④の дт 型は①の正則型と比較して, я と онú の語尾が -ю [ju], -ют [jut] ではなく -у [u], -ут [ut]になっています．それから2人称以下が -ё- [jo] になっていますが, これは12〜13世紀に始まった, 硬子音の前のアクセント母音 e が[o]と発音されるようになったためです．

　⑤, ⑥に関しては, 元々の不定形の語幹が -гт, -кт であり, 形が変質したにすぎません．次に調音器官の動きを見てみますと, 右図に示したように, ⑤, ⑥の場合は, г, к に е が続くと е に引かれて調音点がそれぞれ ж, ч に移動します．г, к に у が続いた場合は г, к と у が近いために変わりません．⑦, ⑧ の場合は, 母音終わりの不定形語幹に介入子音の н, в が現れて舌が図のような動きを見せます．

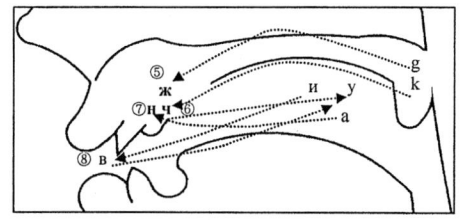

現在形

型	⑨ ＋л 型	⑩ － ава 型	⑪ －а(я)型	⑫ －у 型	⑬ －ере 型
不定形	дрема́-ть まどろむ	дава́-ть 与える	жда-ть 待つ	кри́кну-ть 叫ぶ	умере́-ть 死ぬ
я	дремл-ю́	да-ю́	жд-у́	кри́кн-у	умр-у́
ты	дре́мл-ешь	да-ёшь	жд-ёшь	кри́кн-ешь	умр-ёшь
он	дре́мл-ет	да-ёт	жд-ёт	кри́кн-ет	умр-ёт
мы	дре́мл-ем	да-ём	жд-ём	кри́кн-ем	умр-ём
вы	дре́мл-ете	да-ёте	жд-ёте	кри́кн-ете	умр-ёте
они́	дре́мл-ют	да-ю́т	жд-ут	кри́кн-ут	умр-у́т
命令形	дремл-и́	дава́-й	жд-и	кри́кн-и	умр-и́
過 он	дрема́-л	дава́-л	жда-л	кри́кну-л	у́мер
去 она́	дрема́-ла	дава́-ла	жда-ла́	кри́кну-ла	умер-ла́
形 оно́	дрема́-ло	дава́-ло	жда́-ло	кри́кну-ло	у́мер-ло
они́	дрема́-ли	дава́-ли	жда́-ли	кри́кну-ли	у́мер-ли
他の例	ка́пать 滴る	узнава́ть 知る	се́ять 播く	со́хнуть 乾く	тере́ть こする

⑨は唇音 м の後にわたり音の л が添加された型です．⑩はアクセントが語尾に移ることによって -ава が弱化して -ава → -а になっています．⑪〜⑬までも⑩と同様にアクセントのない音節の母音が弱化して -а(я) → -ф (ゼロ), -у → -ф, -ере → -р と変化しています((－ は縮約, ＋ は添加という意味です))．なお, 過去形の場合は語幹に-л(а,о)で始まる語尾がつき, たとえば上の表の жда-ть 「待つ」の例で, жд-л (誤り) 「彼は待った」のような子音連続は許されないので, 語幹末母音は消えずに残ります．

型	⑭ ы→о 型	⑮ и→ь 型	⑯ са→ш 型	⑰ова→у 型	⑱ с→д 型	⑲ с→т 型
不定形	мы́-ть 洗う	би-ть 打つ	писа́-ть 書く	целова́-ть キスする	вес-ти́ 導く	плес-ти́ 編む
я	мо́-ю	бь-ю	пиш-у́	целу́-ю	вед-у́	плет-у́
ты	мо́-ешь	бь-ёшь	пи́ш-ешь	целу́-ешь	вед-ёшь	плет-ёшь
он	мо́-ет	бь-ёт	пи́ш-ет	целу́-ет	вед-ёт	плет-ёт
мы	мо́-ем	бь-ём	пи́ш-ем	целу́-ем	вед-ём	плет-ём
вы	мо́-ете	бь-ёте	пи́ш-ете	целу́-ете	вед-ёте	плет-ёте
они́	мо́-ют	бь-ют	пи́ш-ут	целу́-ют	вед-у́т	плет-у́т
命令形	мо́-й	бе-й	пиш-и́	целу́-й	вед-и́	плет-и́
過 он	мы́-л	би-л	писа́-л	целова́-л	вё-л	плё-л
去 она́	мы́-ла	би-ла	писа́-ла	целова́-ла	ве-ла́	пле-ла́
形 оно́	мы́-ло	би-ло	писа́-ло	целова́-ло	ве-ло́	пле-ло́
они́	мы́-ли	би-ли	писа́-ли	целова́-ли	ве-ли́	пле-ли́
他の例	рыть 掘る	пить 飲む	сказа́ть 言う	воева́ть 戦う	класть 置く	мести́ 掃く

→ は音の交替を表します．⑭の мыть の м は両唇を閉じて発音する唇音なので自然と唇が丸くなります．これにアクセントが加わると余計に唇の丸みが増して о の音になります(これを唇音化 labialization と言います)．過去形で о にならないのは -ло という音がすでにあるので逆にこれと区別しなければいけないという意識が働くからです(これを異化と言います)． ⑮の бь- は би- からアクセントが語尾に移るために и が弱化して軟音符の ь になったものです．⑯の са → ш の変化は, 歯音・後舌音の с, з, г, к, ск が次に続く調音点の高い у, е に引かれてやはり調

音点の高い ш, ж, ч, щ に変化したものです. ⑰の ова→у の変化は, 丸口母音の о とやはり丸口の唇音の в が連続すればたとえ後に а があっても同化によって自然と丸口の у に移行します. ⑱, ⑲の場合は269p.で述べたように, вести, плести の本来の形が * ведти や * плетти であり, 同種の子音連続 -дт, -тт を避けて前の子音を摩擦音 с に変える異化(dissimilation)の現象により -ст となったものです. 活用のときに隠れていた д, т が復活します.

※ その他の変則形　　　　　　　　　　　　　　　　　　　(♪ 275)

型	⑳変則型	㉑変則型	㉒変則型	㉓変則型	㉔変則型	㉕変則型
不定形	брá-ть 取る	бы-ть である	éха-ть 乗って行く	звá-ть 呼ぶ	пе-ть 歌う	рас-тú 育つ
я	бер-ý	бýд-у	éд-у	зов-ý	по-ю́	раст-ý
ты	бер-ёшь	бýд-ешь	éд-ешь	зов-ёшь	по-ёшь	раст-ёшь
он	бер-ёт	бýд-ет	éд-ет	зов-ёт	по-ёт	раст-ёт
мы	бер-ём	бýд-ем	éд-ем	зов-ём	по-ём	раст-ём
вы	бер-ёте	бýд-ете	éд-ете	зов-ёте	по-ёте	раст-ёте
они́	бер-ýт	бýд-ут	éд-ут	зов-ýт	по-ю́т	раст-ýт
命令形	бер-и́	бýдь	поезжáй	зов-и́	по-й	раст-и́
過 он	брá-л	бы-л	éха-л	звá-л	пе-л	рос
去 онá	бра-лá	бы-лá	éха-ла	зва-лá	пé-ла	рос-лá
形 онó	брá-ло	бы́-ло	éха-ло	звá-ло	пé-ло	рос-лó
они́	брá-ли	бы́-ли	éха-ли	звá-ли	пé-ли	рос-ли́

2) И 型(第2変化)

型	①И 型(正則型)	② 変則型	③ 変則型	④ 変則型
不定形	хвали́-ть ほめる	дышá-ть 呼吸する	сидé-ть すわっている	спá-ть 眠る
я	хвал-ю́	дыш-ý	сиж-ý	спл-ю
ты	хвáл-ишь	ды́ш-ишь	сид-и́шь	сп-ишь
он	хвáл-ит	ды́ш-ит	сид-и́т	сп-ит
мы	хвáл-им	ды́ш-им	сид-и́м	сп-им
вы	хвáл-ите	ды́ш-ите	сид-и́те	сп-и́те
они́	хвáл-ят	ды́ш-ат	сид-я́т	сп-ят
命令形	хвал-и́	дыш-и́	сид-и́	сп-и
過 он	хвали́-л	дышá-л	сидé-л	спа-л
去 онá	хвали́-ла	дышá-ла	сидé-ла	спа-лá
形 онó	хвали́-ло	дышá-ло	сидé-ло	спá-ло
они́	хвали́-ли	дышá-ли	сидé-ли	спá-ли

　表①の И 型の正則形の語尾は1人称から順に, -ю, -ишь, -ит, -им, -ите, -ят の形をしています. И 型(第2変化)は E 型(第1変化)と次の点で異なっています. 1. 不定形語幹と現在形語幹が同じではなく, 不定形語幹の最後の母音が脱落してい

ます. 2. 1人称以外の語尾の母音が -e ではなく -и であり, 3人称複数では -ют ではなく -ят になっています. 変則型②では я 以下でアクセントが語幹に移動しています.
　　変則型③, ④では я のところで子音交替が起こっています. И 型(第2変化)で起こる子音変化は以下のようにまとめることができます.

※　И 型(第2変化)の子音変化　　　　　　　　　　　　　　　(♪ 276)

歯擦音化	д, з → ж т → ч(щ) с → ш ст → щ	ви́деть → ви́жу 見る, возить → вожу́ 運ぶ лете́ть → лечу́ 飛ぶ, плати́ть → плачу́ 払う проси́ть → прошу́ 頼む, бро́сить → бро́шу 投げる прости́ть → прощу́ ゆるす
わたり音添加	唇音 б, п, в, ф, м + л (《唇音とюとの間にわたり音 л が添加される》)	люби́ть → люблю́ 愛する, спать → сплю 眠る, ступи́ть → ступлю́ 踏み出す, ста́вить → ста́влю 置く, графи́ть → графлю́ 罫線を引く, знако́мить → знако́млю　紹介する

　-ить に終わる不完了体動詞(及びそれに接頭辞がついた完了体動詞), -еть に終わるものの多くはこの変化形式に従います. それからアクセントの件ですが, 多音節の不定形でアクセントが前の母音にある動詞は, 現在変化でも移動しませんが, 最後の母音にある場合は ты 以降語幹に移動するものが多い (я の場合は常に不定形と同じ位置). たとえば, бро́сить　投げる → бро́шу, бро́сишь ..., реши́ть 決める → решу́, реши́шь ...

3) 不規則変化

　ロシア語にはE型(第1変化)とИ型(第2変化)が混在しているか, どちらでもないかの特殊な変化をする4個の不規則変化の動詞が存在しています.

不定形	① хоте́-ть 望む	② бежа́-ть 走る	③ да-ть 与える	④ ес-ть 食べる
я	хоч-у́	бег-у́	да-м	е-м
ты	хо́ч-ешь	беж-и́шь	да-шь	е-шь
он	хо́ч-ет	беж-и́т	да-ст	е-ст
мы	хот-и́м	беж-и́м	дад-и́м	ед-и́м
вы	хот-и́те	беж-и́те	дад-и́те	ед-и́те
они́	хот-я́т	бег-у́т	дад-у́т	ед-я́т
命令形	хоти́	беги́	дай	е-шь
過去　он	хоте́-л	бежа́-л	да-л	е-л
она́	хоте́-ла	бежа́-ла	да-ла́	е́-ла
形　　оно́	хоте́-ло	бежа́-ло	да́-ло	е́-ло
они́	хоте́-ли	бежа́-ли	да́-ли	е́-ли

　上の表で①の хоте́ть は前半部分がE型(第1変化), 後半部分が И 型(第2変化)になっており, ②の бежа́ть も両変化の混合であり, г と ж が混在しています. ③の дать と④の есть は同系統の特殊な変化形式ですが, они́ のところが違っています.

7.3 過去形(проше́дшее вре́мя)

(1) 過去形の作り方

　現在形は人称・数に応じて変化しましたが，過去形は性(男・中・女性)，数に応じて変化します．ほとんどの動詞の過去形は，不定形語尾 -ть (-ти, -чь)を取り去った不定形語幹に男・中・女性及び複数の語尾 -л, -ла, -ло, -ли をつけて作ります．それぞれの語尾は -л-ф, -л-а, -л-о, -л-и と分解できて，後半の部分は文法性を表す指標ですから，前半の各性に共通している -л の部分に過去の意味「...した」が含まれています．歴史的に見ると -л は英語の過去分詞に相当し，「...した(ところの)」の意味をもつ動詞から作られた形容詞の一種(ロシア語では完了分詞と呼ばれていて，形容詞の一種ですから性指標語尾の -ф, -a, -o, -и が付きます)で古ロシア語(11世紀)では英語と同じように，英語のbe動詞に相当する быти 「である」と組み合わさって現在完了形などを作っていました《古ロシア語の例：онъ шелъ ѥсть (= he is gone) → он шёл「彼は行ってしまった」》．時代とともに быти は使われなくなり現在では完了分詞だけが残って過去形を表すようになりました．なお完了分詞には -л のつかないものや不規則変化をするものがあります．

	зна́-ть 知っている	хвали́-ть ほめる	мо-чь できる	ид-ти́ 行く
過去 он	зна́-л 彼は知っていた	хвали́-л	мог	шёл
она́	зна́-ла 彼女 〃	хвали́-ла	мог-ла́	шла
оно́	зна́-ло それ 〃	хвали́-ло	мог-ло́	шло
они́	зна́-ли 彼ら 〃	хвали́-ли	мог-ли́	шли

(2) 過去形の特殊な形

1) 男性形に л が付くものの，語幹末の子音が脱落する動詞

вес-ти́ 導く → вёл, вела́, вело́；　клас-ть 置く →　клал, кла́ла
упа́с-ть 倒れる → упа́л, упа́ла；　　мес-ти́ 掃く →　мёл, мела́
цвес-ти́ 花が咲く → цвёл, цвела́；　приобрес-ти́ 得る → приобрёл, приобрела́

　上に挙げた語はいずれも語幹末の子音が с で終わっており，かつては с をつけて変化していたことが推測されますが，子音連続は発音しにくいので с が脱落したものと思われます．

　　клал　＜ ＊ клас-л

2) 男性形に л の付かない動詞

① -чь 動詞

мочь　できる　→ мог, могла́；　бере́чь　守る　→ берёг, берегла́；
жечь　燃やす　→ жёг, жгла；　печь　焼く　→ пёк, пекла́；
течь　流れる　→ тёк, текла́；　влечь　引く　→ влёк, влекла́；
лечь　横になる　→ лёг, легла́

② -ти 動詞

везти́　運ぶ → вёз, везла́；　расти́　育つ → рос, росла́；　спасти́　救う → спас, спасла́

③ -нуть 動詞

ги́бнуть　滅びる→ гиб (ги́бнул), ги́бла；　тяну́ть　引っ張る → тяну́л, тяну́ла；
со́хнуть　乾く → сох, со́хла；　дости́гнуть　到達する → дости́г, дости́гла
мёрзнуть　凍える → мёрз, мёрзла；　исче́знуть　消える → исче́з, исче́зла；
привы́кнуть　慣れる → привы́к, привы́кла；

④ -ере́ть 動詞

умере́ть 死ぬ → у́мер, умерла́ ; тере́ть こする → тёр, тёрла
запере́ть 鍵をかける → за́пер, заперла́ ;

以上代表的なものを4つあげましたが、これらに共通した特徴があります。それは、男性過去形が子音で終わっていることと、本来 л のあった音節にアクセントがないということです。このことから推論できることは、(1)の場合と同じように語末の子音＋л の子音連続にアクセントがないために弱化して1)の場合は л、2),3),4)の場合は л を含む最終音節が脱落したということです《以下の ＊印は仮構形》。

мочь できる → мог < *могл ； везти́ 運ぶ → вёз < *вёзл ；
со́хнуть 乾く → сох < *со́хнул ； умере́ть 死ぬ → у́мер < *у́мерел
(3) 過去形のアクセントの3つのタイプ

	① 語幹にのみある зна́-ть 知っている	② она́ のみ語尾にある взя-ть とる	③ он を除いて語尾にある везти́ 運ぶ
過去 он	зна́-л	взя-л	вёз
она́	зна́-ла	взя-ла́	вез-ла́
оно́	зна́-ло	взя-ло	вез-ло́
они́	зна́-ли	взя-ли	вез-ли́

過去形のアクセントには以上の3つのタイプがあります。大部分の動詞が①のタイプに属しています。次に多いのが②のタイプで、語幹が単音節の動詞によく見られます。③は -чь 動詞などの一部の動詞に限られます。

7.4 未来形 (♪278)

未来形は次のようにして作ります。
(1) 不完了体の未来形   《不完了体、完了体については 285p.参照》
1) 英語の be 動詞にあたる быть (不) 「...である、...になる」の現在変化(бу́ду, бу́дешь, бу́дет, бу́дем, бу́дете, бу́дут) (英語の will に相当)を助動詞にして、その後に不完了体の不定形を続けて「...するだろう」の意味を表します(合成未来)。 быть はもともとは状態の変化を表す動詞ですがそれに時の変化・推移を表す未来の意味をもたせて助動詞に転用したものです(...になる → ...の時になるだろう)。

Я	бу́ду	рабо́тать.	(cf. I will work.)	私は働くだろう
Ты	бу́дешь	рабо́тать.	(cf. You will work.)	君は 〃
Он / Она́	бу́дет	рабо́тать.	(cf. He/She will work.)	彼/彼女は 〃
Мы	бу́дем	рабо́тать.	(cf. We will work.)	私たちは 〃
Вы	бу́дете	рабо́тать.	(cf. You will work.)	君たちは 〃
Они́	бу́дут	рабо́тать.	(cf. They will work.)	彼らは 〃

2) быть は本来動詞なので後に補語を従えて単独に使うこともできます。その際は「...になるだろう」と状況・身分の変化を表します。

Я бу́ду в Москве́. 私はモスクワに行くだろう。(cf. I will be in Moscow.)
3) 不完了体動詞の現在変化で近い未来を表すことができます。

Уро́к начина́ется в шесть часо́в. 授業は6時に始まります。[< начина́ться [不] 始まる]
(2) 完了体の未来形
　完了体動詞を現在変化させると完了体の未来形になります。完了体なので未来に頭の中で想像した完了の意味が加わります「...し終えるだろう」。

За́втра я прочита́ю э́тот журна́л. (完了体) 明日私はこの雑誌を読み終えるだろう。
За́втра я бу́ду чита́ть э́тот журна́л. (不完了体) 明日私はこの雑誌を読むだろう。

7.5 命令形 (♪279)

　命令形(法)には，2人称単数に対するもの(君は...せよ)，2人称複数(君たちは...せよ／あなたは...してください)に対するもの，1人称複数(いっしょに...しましょう)に対するものの3つがあります．2人称複数を単数の意味で使うと丁寧な命令または依頼(...してください)を表わします．命令形の作り方は，現在3人称複数形(又は2人称単数形)から変化語尾を取り去った現在語幹に2人称単数では -й, -и, -ь, 2人称複数では -йте, -ите, -ьте, 1人称複数では -ем, -ём, -им (давай を使う方法もあります)をつけてつくります．その際の規則は以下のようになります．いずれの場合も例外が多いので一つ一つ辞典に当たって下さい．なお，肯定の命令「...しなさい」はある動作を最後まで完了してほしいという話者の気持ちが込められるので通常完了体の動詞が用いられ，逆に否定の命令「...するな」はある動作を少しでも始めてほしくないという気持ちが込められるので不完了体の動詞が用いられます．

(1) 2人称に対する命令：　-и(те) (単/複)「...しなさい／...してください」

　2人称単数に対する命令形の語尾 -й, -и, -ь, -й は現在語幹が次のような形をしているときに付きます．

語尾	現在語幹の形(音声環境)	例) 不定形 → 3複数 → 命令形
-й①	語幹にアクセントなしの子音終わりの語幹 + -й	хвали́ть → хвал-я́т → хвал-и́
-и②	語幹にアクセントありの連続子音終わりの語幹 + -и	кри́кнуть → кри́кн-ут → кри́кн-и
-й③	母音終わりの語幹 + -й	зна́ть → зна́-ют → зна́-й
-ь④	語幹にアクセントありの母音+子音終わりの語幹 + -ь	ста́ть → ста́н-ут → ста́н-ь

　以上の表から，それぞれの語尾がついた理由を音声環境の面から次のように説明できます．

①は命令形語尾にアクセントがあるので и́ [i]とはっきり多少長く発音されます．②は語幹にアクセントがあるが連続子音で終わっており，連続子音は間に母音がない分早口で発音されて子音間の境界があいまいになってしまいます．それを避けるために и をつけて音節をふやし(кри́кни は2音節)，結果として連続子音の一つ一つの音が際立つことになります((もし④のように1音節の кри́кнь とした場合は子音間の境界があいまいになります))．③は語幹が母音で終わっているので後に半母音の -й を付けます．-и を付けると間にわたり音の -й が付いて зна́-й-и と長くなってしまうのでそうはなりません．④はアクセントが語幹にあるので本来語末にあったはずの -и が弱化して軟音符 -ь になりました．以上のことを総合して考えると，スラブ共通語(BC10～AD10世紀)の早い時期には共通の命令形の語尾/-и/が一つだけあったが時代が下るにつれて音声環境によって -й, -и, -ь, -й と区別して発音されるようになったと推測できます．ちなみに，古ロシア語(11世紀)では хвалити「ほめる」→ 3複 хвалють [xvaljatĭ] → хвал-и「ほめろ」，знати「知っている」 → 3複 знають → зна-и「知っていろ」，ѣсти [jesti]「食べる」→ 3複 ѣдять [jedjatĭ] → ѣж-ь [ježĭ]「食べろ」と記録されています．このことから，зна-и の例が示すように，11世紀には現代ほど命令形の語尾/-и/を厳密には区別していなかったことが分かります．

хвали́ть [不] ほめる．кри́кнуть [完] 叫ぶ．знать [不] 知っている．стать [完] 立つ．

尚，表には書きませんでしたが，-и に те を付けた -ите は複数形(君達は...しなさい)と単数の敬語形(あなたはどうぞして...ください)の二つの意味で用いられます．

{ иди́! 　君は行け！《2人称単数に対する命令》〔＜ идти́ [不] 行く〕 📖(♪ 280)
{ иди́те! 　君たちは行け!《複数形》/あなたはいらっしゃって下さい!《単数の敬語形》

{ смотри́! 　君は見ろ！　　　　　　　〔＜ смотре́ть [不] 見る〕
{ смотри́те! 君たちは見ろ!《複数形》/あなたはご覧になって下さい!《単数の敬語形》

(2) 1人称複数に対する命令 「...しましょう」

1) 完了体の現在形語幹　+　-ем / -ём / -им

この形は現在形の1人称複数形から主語の мы (私たち)を除いた形です．完了体の動詞を用いる理由は頭の中である動作を最後までやりとげたい(完了したい)という意識が働くからです．

Пойдём　в　теа́тр.　　劇場に行きましょう．
行きましょう　に　劇場　〔＜ пойти́ [完] 行く，行ってしまう〕(私達が)

Во ско́лько встре́тимся?　何時に会いましょうか．
に　何時　(私達が)会いましょう〔＜ встре́титься [完] 会う〕

2) дава́й(те) + 完了体の現在形語幹 + -ем / -ём / -им

動詞 дава́ть [不]「与える，あげる」の命令形 дава́й(те)「あげなさい，ください(動詞) → ...してあげなさい，...しなさい，...しましょう(助動詞)」を助動詞にして使役，決意，誘いの意味をもたせ，1)の構文の前につけることによって誘いの意味を強める働きをします．

Дава́й(те)　пойдём　в　теа́тр.　　劇場に行きましょうよ．
しましょう　(私達が)行く　に　劇場

Дава́йте　запла́тим　по́ровну.　　割り勘にしましょう．
しましょう　(私達が)払う　等分に　〔＜ заплати́ть [完] 払う〕

Дава́й　посиди́м　за　ча́ем.　　ちょっとお茶を飲みましょう．
しましょう　ちょっとすわる　のために　お茶　〔＜посиде́ть [完] ちょっとすわる〕

3) дава́й(те) + 不完了体不定形

ここで不完了体の動詞を用いる理由は，動作着手への誘いを意味するからです．

Дава́йте　говори́ть　по-япо́нски.日本語で話しましょう(話し始めましょう)．
ましょう　話す[不]　日本語で

Дава́йте　изуча́ть　ру́сский　язы́к.ロシア語を(いっしょに)勉強しましょう．
ましょう　勉強する[不]　ロシア　語を

(3) 3人称に対する命令 「(彼 / 彼らに)...させろ, ...させよ」

助詞 пусть (пуска́й)「...させろ, ...させよ」を主語が 3 人称の文の文頭に置きます．主語の он, она́, они́ はしばしば省略されます．

Пусть　он　войдёт.　　　　　彼を入れなさい．
させなさい　彼を　入るように　〔＜ войти́ [完] 入る 〕

Пусть　(он)　прочтёт　ещё　раз.　彼にもう一度読ませなさい．
させなさい　彼に　読む　もう　一度　〔＜ прочита́ть [完] 読む 〕

Пусть　она́　сама́　напи́шет.　彼女に自分で書かせなさい．
させなさい　彼女に　自分で　書く　〔＜ написа́ть [完] 書く 〕

7.6 体(アスペクト) (ви́ды глаго́ла)

7.6.1 体(不完了体, 完了体)とは

日本語では一つの言葉で表現される動詞の動作を、ロシア語では始まりと終わりのある一定の時間的な幅をもつひとまとまりの完結・完成したものととらえるか（このとき時間的経過の概念は除外されます）、あるいはある時点でまだ完了していない未完成・継続・進行中のプロセス(過程)ととらえるかで、二通りに言い分けます．前者つまり話し手がある動作を完了・完結したものと頭の中でとらえる表現の形式を完了体、後者つまり話し手が進行中あるいは過程にあるととらえる表現の形式を不完了体と言います．具体的には、完了体は過去及び未来における動作の完了、完結、結果(…し終えた, …の結果を生じた, 未来において…してしまっているだろう)等を表し、不完了体は過去、現在、未来における動作の進行(過去に…していた, 現在…している, 未来において…しているだろう)、経験(…したことがある)、一般的事実(いつも…する)等を表わします．なお、習慣的・反復的動作(繰り返し…する)は、長い時間スパンで見た場合いつまでも終わることがなく無限に繰り返される継続・進行中のプロセスととらえることができるので不完了体とみなされます．多くの動詞では不完了体と完了体の2個の違った形を持っていてペアを成していますが、一部の動詞では1個で両方の体を兼ねたり、対応の体をもたないものもあります．

不完了体, 完了体の概念図

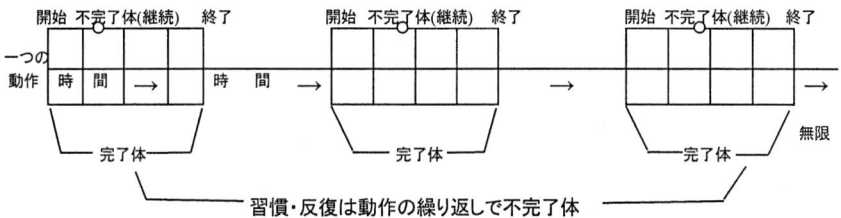

習慣・反復は動作の繰り返しで不完了体

⊕ 体の全般的意味

Он **плати́л** за биле́ты． 彼は切符を支払っていた．《動作の過程を表すので不完了体》
Он **всегда́ плати́л** за биле́ты． 彼はいつも切符を支払っていた．《習慣を表すので不完了体》
Он **заплати́л** за биле́ты． 彼は切符を支払ってしまった．《動作の完了を表すので完了体》
　彼は　　支払った　　対して　切符

Наступи́ло жа́ркое ле́то． 暑い夏が到来した． 《完了体》
Наступа́ло жа́ркое ле́то． 暑い夏が到来しようとしていた．《不完了体で夏はまだ到来していない》
　到来しようとしていた 暑い　　夏が

不完了体は現在・過去・未来時制で、完了体は過去・未来時制で用いられます．なお、完了体の未来時制(《…してしまう(だろう)》)は完了体動詞の現在変化で表されることに注意してください．

Он **плати́л** / **пла́тит** / **бу́дет плати́ть**． 彼は支払っていた/支払う/支払うだろう《不完了体》
Он **заплати́л** / **запла́тит**． 彼は支払った/支払ってしまうだろう(現在形でも意味は未来)．《完了体》

完了体は過去の動作の結果が現在まで存続していることを表します．

Он **подмета́л** пол． 彼は床を磨いていた．《不完了体で, 過去の動作の進行を表し, 結果は不明》
Он **подмёл** пол． 彼は床をみがき終えた．(結果として,「床はきれいになっている」ことを示唆している)《完了体で, 過去の動作の完了と結果の存続を表す》

плати́ть [不] / заплати́ть [完] 払う． за …に対して(+対)．биле́т (-ы) [男] 切符(-複)．
всегда́ いつも．наступи́ть [完] / наступа́ть [不] 到来する．жа́ркий (-ое) 暑い(-中)．
ле́то [中] 夏．подмета́л < подмета́ть [完] 掃除する．подмёл < подмести́ [不] 掃除する．

動詞の表す動作そのものを問題にするときは完了の意味を含まない不完了体を用います.

Она́ лю́бит **чита́ть**.　彼女は読書が好きだ.　　　　　　🔊 (♪ 282)
彼女は　好む　　読書することを《不完了体の不定形》

完了体は動作の開始, 突然の動作,「ちょっと…する」を表します.

Она́ **запоёт**.　　彼女は歌い出すだろう.
Он **чихну́л**.　　彼は突然くしゃみをした.
Я **постою́** здесь немно́го.　私はここにちょっと立ち止まっている.
私は　立ち止まっている　ここに　　ちょっと

7.6.2 体(不完了体, 完了体)の形態的関係

7.6.2.1 体の形成の歴史的経緯

ロシア語を含むスラブ諸語に見られる動詞の体のペアは, 動詞形成の最初の段階から存在していたわけではありません. スラブ諸語以外の他の印欧諸語との比較により, 体のペアのどちらか一方の体からある程度の時間的ラグをおいて片方の体が作られたことが推定できます. 少数の動詞を除いて, 多くの動詞の体のペアは, 不完了体(本源動詞)を基にしてそれに接頭辞や接尾辞を付加したり, アクセントを変えたりして完了体を派生させました.

7.6.2.2 体の形成パターン

(1) 不完了体から完了体を作るパターン

1) 不完了体に接頭辞をつけて元の動詞の完了体を作る

接頭辞や接尾辞のついていない本源動詞の不完了体に特定の接頭辞をつけて対応の完了体を作ります. これらの接頭辞は次項の接頭辞のように元の動詞に全く新しい意味を加えることはなく, ただもとの動詞の完了体を作る機能しか持っていません. もちろん, 完了体になる以上接頭辞の意味が加わってある程度の意味は変わりますが, 基本的な意味は変わりません. 以下の接頭辞がありますが, これらの接頭辞のほとんどは元々「…表面を覆って, 広げて, 超過して」(英語の over, on などにあたる)という共通した意味をもつ, 運動とその方向性を示す前置詞であったものが, その意味を応用して動詞の接頭辞に転用され今度は「動作を最初から最後まで空間・時間的に広げて十分にやり尽くす, つまり完結・完成させる」という意味の完了体を作る役割を担うようになりました. これが完了体誕生の経緯です. また, これらの前置詞, 接頭辞の多くがロシア語, 英語を含む印欧諸語全体で現在も広く使われているので, ロシア語の接頭辞の多くはスラブ基語の時代から存在していたことが推定できます〔例えば, ロシア語の以下の接頭辞の多くは印欧祖語の原型を留めていると言われているリトアニア語で現在も, 完了体ではなく複合動詞を作る接頭辞として使われています(ベスト社刊「リトアニア語入門」138p. 参照). また英語では pre-vail「広く行われる」, pro-nounce「公にする, 宣言する」, is-land「島」などにその痕跡を留めています〕.

完了体を作る前置詞・接頭辞をさらに詳しくみてみると, それらは運動だけでなく運動の位置や方向を示していることがわかります. これらの位置・方向性が, 作られる完了体動詞の特質を規定していることにご注目願います. 次ページでは前置詞・接頭辞の位置・方向性を図示しています.

запоёт [3単現] < запе́ть [完] 歌う. чихну́ть [完] くしゃみをする. постою́ [1単現] < постоя́ть [完] しばらく立っている.〔< войти́ [完] 入る〕

動詞の体

① 同形態の前置詞から転用された接頭辞　　　(♪283)

接頭辞　概念図と主要な意味　　　不完了体　⟶　完了体

接頭辞	概念図	主要な意味	不完了体		完了体	
до-	対象／方向	到着, 完成「…まで, 終える」	éхать есть	行く 食べる	доéхать доéсть	行き着く 食べ終わる
за-		回り込み, 完了, 開始「背後に, 始める」	идти́ пла́кать	行く 泣く	зайти́ запла́кать	裏に回る 泣き出す
у-		入り込み, 分離, 達成「中へ, から, し込む, 終える」	говори́ть ти́скать	説く 押す	уговори́ть ути́скать	説きふせる 押しこむ
от-		返報, 分離, 完了「離れて, 返す, 終える」	благодари́ть плати́ть	感謝する 払う	отблагодари́ть отплати́ть	返礼をする お返しする
из(с)-		超過, 離脱, 開始, 完成「し出す, 仕上げる」	гнать жа́рить	追う 焼く	изгна́ть изжа́рить	追い出す 焼き上げる
на-		全表面を覆うこと, 成長, 結実「よく, し尽くす」	расти́ писа́ть	育つ 書く	нарасти́ написа́ть	生える 書き上げる
о(б)-		包囲, 全表面に及ぶ動作「回る, し尽くす」	ку́тать бежа́ть	包む 走る	оку́тать обежа́ть	すっかり包む 走り回る
по-		全表面の移動, 完成, 開始「…じゅうを, し尽くす, 始める」	есть лете́ть смотре́ть	食べる 飛ぶ 見る	пое́сть полете́ть посмотре́ть	食べ尽す 飛び立つ ちょっと見る
с(а)-		集中, 共同, 完成；離脱「一緒, し終える, 離れる」	мести́ бежа́ть де́лать	掃く 走る 作る	смести́ сбежа́ть сде́лать	掃き集める 逃げ出す 作り終える
при-	目的地,結果	目的地への到達, 結果の達成「…着く, 終える」	гото́вить есть	準備する 食べる	пригото́вить прие́сть	準備完了する 食べつくす

Он дое́л обе́д.　彼は昼食を食べ終えた.
彼は 食べ終えた 昼食を

Он заплати́л за биле́ты.　彼は切符の代金を支払った.
彼は 代金を支払った に 切符

А мне вас отблагодари́ть не́чем.　ねえ私にはお返しするものが何もありません.
ねえ 私には あなたに お返しするものが 何もありません

Я истра́тил свои́ де́ньги.　私は自分の金を使い果たした.
私は 使い果たした 自分の 金を　〔< истра́тить [完] 使い果たす〕

Она́ напи́шет письмо́.　彼女は手紙を書きあげるであろう.
彼女は 書きあげるであろう 手紙を　〔< написа́ть [完] 書きあげる〕

Густо́й тума́н оку́тал го́род. 町は濃い霧に包まれた。(♪284)
濃い 霧が 包んだ 町を 〔< окута́ть [完]包む〕
Ко́шка всё мя́со пое́ла. 猫が肉を全部食べてしまった。
猫が 全部 肉を 食べてしまった 〔< пое́сть [完]食べる〕
Он смёл му́сор в у́гол. 彼はちりを隅に掃き寄せた。
彼は 掃き寄せた ちりを に 隅 〔< смести́ [完]掃き寄せる〕

② 同形態の前置詞がない接頭辞

接頭辞	意味	不完了体	意味	完了体	意味
пре-	超過, 過度「越えて, とても」	взойти́ ступи́ть	のぼる 踏む	превзойти́ преступи́ть	凌駕する (法を)犯す
про-	貫通, 通過, 過剰「…し抜く, 過ぎる」	чита́ть бить	読む 打つ	прочита́ть проби́ть	読み終える 打ち抜く
раз(с)-	分散, 過度「…散らす, ひどく…する」	дели́ть рисова́ть	分ける 描く	раздели́ть разрисова́ть	分割する 塗りたくる
вз(с)-	上昇, 開始, 完成「…し始める」	бежа́ть вы́ть	駆ける 吠える	взбежа́ть взвы́ть	駆けあがる 吠え始める
в(ы)-	放出, 除去, 達成「…しだす, し上げる」	пить бить печь	飲む たたく 焼く	вы́пить вы́бить вы́печь	飲み終える たたきだす 焼き上げる

Он преступи́л зако́н. 彼は法を犯した。
Она́ прочита́ла всю кни́гу. 彼女はすべての本を読み終えた。
Они́ раздели́ли иму́щество. 彼らは財産を分けあった。
Взвы́ла сире́на. サイレンがうなりだした。

③ -ать (時には -ять, -еть)終わりの不完了体に -ну- を付加して完了体を作ります。このようにして作られた -нуть 終わりの完了体動詞は，一回かぎりの行為・過程を表すので一回体動詞(однокра́тные глаго́лы)と呼ばれます。

гляде́ть [不] → гля́нуть [完] 見る；　дви́гать [不] → дви́нуть[完] 動く
засыпа́ть [不] → засну́ть [完] 眠り込む；исчеза́ть [不] →исче́знуть [完] 消える
каса́ться [不] → косну́ться [完] 触れる；крича́ть [不] → кри́кнуть [完] 叫ぶ
пры́гать [不] → пры́гнуть [完] 跳ぶ；　стуча́ть [不] → сту́кнуть [完] たたく
хло́пать [不] → хло́пнуть [完]鳴る；улыба́ться [不]→ улыбну́ться [完]ほほえむ
просыпа́ться [不] → просну́ться [完] 起きる；

Он косну́лся э́той те́мы. 彼はこのテーマに触れた。
Снег исче́з. 雪が消えた。
Хлопу́шка хло́пнула. クラッカーが勢いよく鳴った。

зако́н [男] 法. иму́щество [中] 財産. сире́на [女] サイレン. те́ма [女] テーマ.
хлопу́шка [女] クラッカー.

2) 前章で述べたように不完了体に特定の接頭辞をつけて完了体動詞を派生させることを一次派生といいます．さらにそれに接尾辞を付加してその不完了体を派生させることを二次派生といいます．すべての接頭辞が二次派生のペアを作れるわけではなく一部の接頭辞に限られます． (♪285)

一次派生： 不完了体　　　　　　　接頭辞の付加による完了体
　　　　　пить　［不］飲む　→　вы́пить　［完］飲む，飲み終える
　　　　　　↓
二次派生： 接頭辞の付加による完了体　　接尾辞の付加による不完了体
　　　　⎡припи́ть　［完］　→　припива́ть　［不］飲みつくす⎤
　　　　⎣вы́пить　　［完］　→　выпива́ть　　［不］飲みほす⎦

♧ その他の例

де́лать [不] 作る　→　разде́лать [完]，разде́лывать [不] 仕上げる
писа́ть [不] 書く　→　вписа́ть [完]，впи́сывать [不] 書き込む
смотре́ть [不] 見る　→　рассмотре́ть [完]，рассма́тривать [不] よく見る

Он　внима́тельно　рассма́тривал *　её．彼は彼女をじっと見ていた．*
彼は　　じっと　　　見ていた　　　　彼女を

(2)　完了体から不完了体を作るパターン

1) 完了体動詞に多回体接尾辞 -а, -я, -ва, -ыва / -ива をつけて対応の不完了体を作ります．

　前述したように，ほとんどの動詞は不完了体動詞に接頭辞や接尾辞をつけることによって完了体動詞が作られて不完了体 / 完了体のペアが成立したものであり，この項で扱う完了体動詞も本源的に初めから存在していたわけではなく，不完了体動詞(本源動詞；接頭辞や接尾辞のついていない動詞のことをいいます)から作られたものです．ただ，もとの不完了体の形が現在では使用されずに人々に完全に忘れ去られて完了体だけが残りました．それでは，多回体接尾辞とは何でしょうか．かつて，スラブ基語には反復を表す多回体動詞(многокра́тные глаго́лы)というものが存在していました．現代ロシア語では反復の意味は一般に不完了体で表されますが，かつて多回体動詞を形成した接尾辞 -а, -я, -ва, -ыва / -ива が不完了体を形成する接尾辞として現在まで残っています．

① -а, -я, -ва

　これら3つの接尾辞は歴史が古く，アクセントが接尾辞の上にきます．

a) -а, -я

　現在形変化ではもとになる完了体動詞が第二変化に属し，不完了体動詞が第一変化に属します．

брóс-ить [完] → брос-а́ть [不] 投げる；ко́нч-ить [完] → конч-а́ть [不] 終える
реш-и́ть [完] → реш-а́ть [不] 決める；включ-и́ть [完] → включ-а́ть [不] 組み入れる
вступ-и́ть [完] → вступ-а́ть [不] 加わる；загор-е́ться [完] → загор-а́ться [不] 燃え出す
измен-и́ть [完] → измен-я́ть [不] 変える；объясн-и́ть [完] → объясн-я́ть [不] 説明する

* 不完了体動詞は完了の意味を含まないので，過去形で用いても「…してしまった」という意味にはならずに，「…していた，…するところであった，…したことがある」などの意味になります．

b) -ва (♪ 286)

дать [完] → да-ва́ть [不] 与える； доби́ться [完] → [不] доби-ва́ться 勝ち取る
доста́ть [完] → доста-ва́ть [不] 入手する； закры́ть [完] → закры-ва́ть [不] 閉じる
забы́ть [完] → забы-ва́ть [不] 忘れる； встать [完] → вста-ва́ть [不] 起きる
овладе́ть [完] → овладе-ва́ть [不] 獲得する； призна́ть [完] → призна-ва́ть [不] 認める

♧ 接尾辞付加の際に子音交替, 出没母音の現象が起こることがあります.

子音交替	完了体	→	不完了体	
б: бл	осла́б-ить		ослабл-я́ть	弱める
в: вл	удиви́ть		удивля́ть	驚かせる
д: ж	оби́деть		обижа́ть	怒らせる
д: жд	обсуди́ть		обсужда́ть	討論する
з: ж	возрази́ть		возража́ть	反対する
п: пл	скрепи́ть		скрепля́ть	綴じる
с: ш	согласи́ться		соглаша́ться	同意する
ст: ск	пропусти́ть		пропуска́ть	見逃す
ст: щ	прости́ть		проща́ть	許す
т: ч	встре́тить		встреча́ть	会う
т: щ	защити́ть		защища́ть	守る

\# 子音交替で現れる子音が, 二つの音の調音点が離れているときに発音しやすくするために間に挿入されるわたり音(glide)です. б → бл, д → д + й → ж

Я осла́блю дисципли́ну. 私は規律をゆるめるだろう.
私は ゆるめるだろう 規律を

Я удивлю́ его́. 私は彼を驚かせるだろう.
私は 驚かせるだろう 彼を

Я оби́жу их. 私は彼らを怒らせるだろう.
私は 怒らせるだろう 彼らを

Я возражу́ про́тив э́того. 私はこれに反対するだろう.
私は 反対するだろう に これ

Я скреплю́ бума́ги. 私は書類を綴じるだろう.
私は 綴じるだろう 書類を

Я встре́чу госте́й. 私は客に会うだろう.
私は 会うだろう 客に

Я соглашу́сь на э́то. 私はこれに同意するだろう.
私は 同意するだろう に これ

Я пропущу́ по́езд. 私は汽車に乗り遅れるだろう.
私は 遅れるだろう 汽車に

Я прощу́ оши́бку. 私はミスを許すだろう.
私は 許すだろう ミスを

Я защищу́ диссерта́цию. 私は学位論文を弁護するだろう.
私は 弁護するだろう 学位論文を

дисципли́на [女] 規律. бума́га [女] 書類. гость [男] 客. оши́бка [女] ミス. диссерта́ция [女] 学位論文.

② **-ыва, -ива**　　　　　　　　　　　　(♪287)

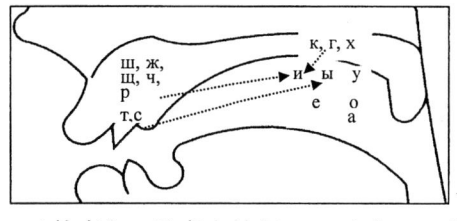

　これらの接尾辞は歴史が新しく、アクセントは接尾辞の直前にあります。現在形変化では第一変化に属し、母音交替を伴います。-ыва は軟口蓋音(к, г, х)、前口蓋音(ш, ж, щ, ч, р)を除く硬子音のあとで用いられ、-ива は母音、軟口蓋音(к, г, х)、前口蓋音(ш, ж, щ, ч, р)の後で用いられます。つまり、-ыва は硬変化、-ива は軟変化の母音交替をしています。ы / и と交替する理由は、軟口蓋音(к, г, х)と前口蓋音(ш, ж, щ, ч, р)は高さと調音点において最も近い и と結びつき、それ以外の子音と母音は最も発音しやすい遠くにある ы と結びつくからです(たとえば、с-и と発音した場合は舌の急激な上昇を伴うので発音しにくくなります)。このようにロシア語はスラブ諸語の中でも硬・軟変化に最も厳格な言語の一つと言えます。ちなみに、ロシア語に最も近いウクライナ語はロシア語ほど厳格ではなく、ы / и の対立は у に統一されています(ロシア語 записа́ть → запи́сывать「記録する」、ウクライナ語 записа́ть → запи́сувать「記録する」; ロシア語 задержа́ть → заде́рживать「引き止める」、ウクライナ語 задержа́ть → заде́ржувать「引き止める」).

-ыва の例

назва́ть → называ́ть　名づける、приду́мать → приду́мывать　思いつく
обману́ть → обма́нывать　だます、опозда́ть → опа́здывать　遅れる

-ива の例

накле́ить → накле́ивать　貼る、осмотре́ть → осма́тривать　検査する
устро́ить → устра́ивать　催す、зако́нчить → зака́нчивать　終える

※ 完了体動詞に接尾辞 -а, -я, -ва, -ыва / -ива をつけて作られた不完了体動詞のペアに接頭辞をつけて新しい意味を持った完了体・不完了体のペアが作られます。その際不完了体が形を変えるものが多い。

дать [完], дава́ть [不] 与える → переда́ть [完], передава́ть [不] 伝える
реши́ть [完], реша́ть [不] 決める → разреши́ть [完], разреша́ть [不] 許可する
бро́сить [完], броса́ть [不] 投げる → разброса́ть [完], разбра́сывать [不] まき散らす
ко́нчить [完], конча́ть [不] 終える → зако́нчить [完], зака́нчивать [不] すっかり終える

(3) 不定動詞・定動詞のペアに接頭辞をつけて不完了体・完了体のペアを作ります。

е́здить [不定] 乗り回す / е́хать [定] 乗る → проезжа́ть [不完] / прое́хать [完] 走破する
лета́ть [不定] 飛び回る / лете́ть [定] 飛ぶ → прилета́ть [不完] / прилете́ть [完] 飛来する
носи́ть [不定] 運び回る / нести́ [定] 運ぶ → уноси́ть [不完] / унести́ [完] 運び去る
ходи́ть [不定] 歩き回る / идти́ [定] 歩く → заходи́ть [不完] / зайти́ [完] 立ち寄る
води́ть [不定] 案内して回る / вести́ [定] 案内する → переводи́ть [不完] / перевести́ [完] 移動させる

С ю́га прилете́ли ла́сточки.　南からツバメたちが飛んできた。
　　から　南　　飛んできた　　ツバメたちが

Официа́нт унёс мою́ таре́лку. ウエーターが私の皿を持っていった。
ウエーターが　持っていった　私の　皿を

юг [男] 南。ла́сточк:а (-и) [女] ツバメ(-複)。унести́ [完] 持っていく。таре́лк:а (-у) [女] 皿(-対)。

Э́тот парохо́д захо́дит в Нахо́дку. この汽船はナホトカに立ち寄る。
この　　汽船は　　　立ち寄る　　に　　ナホトカ　　　　　　　　　　(♪ 288)

(4) 語根の異なる動詞がペアになる動詞があります
говори́ть [不] — сказа́ть [完] 話す； брать [不] — взять [完] 取る
класть [不] — положи́ть [完] 置く； лови́ть [不] — пойма́ть [完] 捕える

7.6.3 各時制における体の用法

(1) 現在形の体
現在形では不完了体だけが用いられます． 以下の用法があります．

1) 現在進行中の動作，継続，習慣

Сейча́с он надева́ет пальто́. 今彼はコートを着ています。
今　　　彼は　　着ています　　コートを　　　《現在進行中の動作》

Он всегда́ надева́ет пальто́. 彼はいつもコートを着ています。
彼は　いつも　　着ています　　コートを　　　《習慣》

Я рабо́таю здесь уже́ два го́да. 私はここでもう2年間働いています。
私は　働いています　ここで　もう　　2　年間　　《継続》

Она́ уже́ давно́ живёт в Ки́еве. 彼女はキエフにもう長い間住んでいます。
彼女は　もう　長い間　住んでいます　に　キエフ　　《継続》

2) 事実を表します

Дон впада́ет в Азо́вское мо́ре. ドン川はアゾフ海に流れ込んでいる。
ドン川は　流れ込んでいる　に　　アゾフ　　海

3) 他人の言葉をそのままの形で伝える直接話法において現在形が用いられます．

Он сказа́л, что не зна́ет. 彼は「知らない」と言った。
彼は　言った　　と　ない　知っている　　(cf. He said he didn't know.)

Я ду́мал, что он понима́ет её. 私は彼が彼女を理解している，と思った。
私は　思った　と　彼が　理解している　　彼女を　(cf. I thought he understood her.)

4) 過去のできごとを眼前に見ているように表現する歴史的現在の手法において現在形が用いられます．

В 1835 году́ Го́голь пи́шет «Нос». ゴーゴリは1835年に「鼻」を書いている。
に　1835　年　　ゴーゴリは　書いている　「鼻」を

5) 近い未来に確実に実現される動作を表すために不完了体の現在形が用いられます．

За́втра мы идём в го́сти. 明日私たちはお客に行きます。
明日　　私たちは　行きます　に　　お客

(2) 過去形の体

1) 不完了体の過去

① 過去進行形を表します．

Учи́тель проверя́л тетра́ди. 教師はノートをチェックしていた。
教師は　　　チェックしていた　　ノートを

заходи́ть [不] 立ち寄る． Нахо́дкаː (-у) [女] ナホトカ(-対)． надева́ть [不] 着る．
впада́ть [不] 流れ込む． ду́мать [完] 思う． понима́ть [不] 理解する． писа́ть [不]
書く． идти́ [不] 行く． проверя́ть [不] チェックする． тетра́дь [女] ノート．

② 過去の習慣を表します.

Он обы́чно задава́л мно́го вопро́сов. 彼はふだん多くの質問をしていた.
彼は　ふだん　していた　多くの　質問を

Ка́ждый раз, когда́ он входи́л, все встава́ли. 彼が入ってくるたびに皆が起立していた.
たびに　　　　　彼が入ってくる　皆が　起立していた

Он всегда́ запира́л дверь. 彼はいつもドアを閉めていた.
彼は　いつも　閉めていた　ドアを

同時発生のできごとは不完了体で表します.

Она́ расска́зывала, а я слу́шал. 彼女が話して私は聞いた.
彼女が　話した　　　　そして 私は　聞いた

③ 一つの文章の中で進行中の動作は不完了体で, 完了した動作は完了体で表すことができます.

Мы гуля́ли, пока́ не стемне́ло. 私たちは暗くならないうちに散歩した.
私たちは散歩した　しないうちに　暗くなる

Пока́ она́ гото́вила у́жин, я накры́л на стол. 彼女が夕食の支度している間私は食卓を整えた.
間　彼女が　支度をしている　夕食の　私は　整えた　食卓を

④ 短い間隔をおいて行われる2つの動作は完了体で表されますが, 長い間隔をおいて行われる2つの動作は不完了体で表されます.

Шофёр просигна́лил два́жды. 運転手は2度警笛を鳴らした.
運転手は　警笛を鳴らした　2度

Я не́сколько раз перечи́тывал А́нну Каре́нину. 私はアンナカレーニナを何度か読んだ.
私は　何　度か　読んだ　　　　アンナカレーニナを

⑤ 過去の動作の結果が現在まで存続していない場合は不完了体が用いられます.

Кто́-то включа́л свет. 誰かが明かりをつけた. (でも今は消えている)
誰かが　つけた　明かりを

Он надева́л костю́м. 彼はスーツを着た. (でも今は脱いでいる)
彼は　着た　　スーツを

⑥ 今にも起こりそうな過去の動作は不完了体で表されます.

Парохо́д отплыва́л в два часа́. 汽船は2時に出航するところであった.
汽船は　出航するところであったに　2　時

Мы отправля́лись в похо́д. 私達はハイキングに出かけるところであった.
私達は　出かけるところであった に　ハイキング

⑦ 過去の動作の有無を確認するときは不完了体が用いらます.

Вы чита́ли Де́тство? Да, чита́ла. 「子供時代」を読んだことがありますか. はい, 読みました.
あなたは読んだ　子供時代　　はい　読みました

Вы встреча́ли Ма́шу? Да, ка́жется, встреча́л.
あなたは　会ったか　マーシャに　はい　思います　　会ったことがあると
→ マーシャに会ったことがありますか. はい, 会ったことがあると思います.

задава́ть [不] 課す. вопро́с [男] 質問. входи́ть [不] 入る. встава́ть [不] 起立する. запира́ть [不] 閉める. расска́зывать [不] 話す. слу́шать [不] 聞く. гуля́ть [不] 散歩する. стемне́ть [完] 暗くなる. накры́ть [完] (テーブルクロスを)かける. стол [男] 食卓. просигна́лить [完] 警笛を鳴らす. перечи́тывать [不] (全部)読む. А́нна Каре́нина [女] アンナカレーニナ. включа́ть [不] スイッチを入れる. надева́ть [不] 着る. отплыва́ть [不] 出航する. отправля́ться [不] 出かける.

2) 完了体の過去　　　　　　　　　　　　　　　　　(♪ 290)
① 過去に動作が終了してその結果が現在まで残っていることを暗示します.
　Он вы́мыл посу́ду. 彼は食器を洗った. (その結果食器はきれいだ)
　彼は　洗った　　食器を
② 瞬間的な一回かぎりの過去の動作を表します.
　Сра́зу вспы́хнула забасто́вка. 突然ストが勃発した.
　突然　　勃発した　　　ストが
　Он ка́шлянул. 彼は一度咳をした.
　彼は　一度咳をした
　Вдруг разда́лся вы́стрел. 突然銃声がした.
　突然　　ひびいた　　銃声が
③《за (в) + 対格》は完了に要する期間を表すので, 完了体動詞が用いられます.
　За ле́то он си́льно похуде́л. 夏の間に彼はひどくやせた.
　の間に 夏　彼は　ひどく　　やせた
　Он ко́нчил всю рабо́ту за два часа́. 彼は仕事を全部2時間で片づけた.
　彼は　片づけた　全部の　仕事を　　で　2　　時間

4) 否定の過去
　否定の過去はものごとが実現しなかったわけですから, 普通は不完了体が用いられます. 特に強く否定する完全否定の場合はそうなります.
　Она́ до́лго не реаги́ровала. 彼女は長い間応えなかった.
　彼女は　長い間　ない　応えた
　Она́ обы́чно не жа́ловалась. 彼女は普通文句を言わなかった.
　彼女は　普通　　ない　文句を言った
　Я никако́го письма́ не получа́л. 私は手紙をまったく受け取っていなかった.
　私は　まったく　手紙を　ない　受け取った
♧ 次の場合は否定形でも完了体が用いられます.
① 動作を開始したが完了しなかった場合
　Дом ещё не постро́или. 家はまだ建っていなかった.
　家は　まだ　ない　建てた
② 当然予期・期待していた動作が実現しなかった場合は, 頭の中でものごとが実現・完了することを思い描いていたわけですから完了体が用いられます.
　Я не взял фотоаппара́т в доро́гу. 私は旅にカメラを持っていかなかった.
　私は ない 持っていった カメラを　　に 旅　　(普通は持っていくんだが)
　Она́ ещё не верну́лась. 彼女はまだ戻っていなかった. (予期されていたが)
　彼女は　まだ ない 戻った
　Она́ совсе́м не возвраща́лась. 彼女は全く戻らなかった.
　彼女は　全く　ない 戻った　　　　　　《完全否定の場合は不完了体》

вы́мыть [完] 洗う. посу́да [女] 食器. вспы́хнуть [完] 勃発する. ка́шлянуть [完] 咳をする. разда́ться [完] ひびく. вы́стрел [男] 銃声. похуде́ть [完] やせる. ко́нчить [完] 終える. рабо́та [女] 仕事. реаги́ровать [不] 応える. жа́ловаться [不] 文句を言う. постро́ить [完] 建てる. доро́га [女] 旅. верну́ться [完] 戻る.

(3) 未来形の体

(♪ 291)

1) 不完了体の未来形(быть の現在形 ＋ 不完了体動詞の不定形)

一般論, 継続, 進行, 反復, 状態を表現するときには不完了体の未来形が用いられます.

Что вы бу́дете де́лать за́втра ве́чером？明晩は何をするつもりですか.
何を あなたは つもりですか する 明 晩は

Я бу́ду смотре́ть телеви́зор. 私はテレビを見ているでしょう.
私は でしょう 見ている テレビを

Я как всегда́ **бу́ду отдыха́ть** в Со́чи. 私はいつものようにソチで休暇を過ごすつもりです.
私は いつものように つもりです 休暇を過ごす で ソチ

Ле́том мы бу́дем де́лать ремо́нт в до́ме. 夏には私たちは家の修繕をしているでしょう.
夏には 私達は でしょう している 修繕を での 家

2) 完了体の未来形(完了体動詞の現在形変化)

未来における一回の具体的行為の完了, 開始, 終了などを表現するときには完了体の未来形が用いられます.

Ле́том мы сде́лаем ремо́нт в до́ме. 夏には私たちは家の修繕を終えるつもりです.
夏には 私たちは 終えるつもりです 修繕を での 家

Я напишу́ сочине́ние. 私はエッセイを書き終えるつもりです.
私は 書き終えるつもりです エッセイを

⊕ 否定の完了体の未来は丁寧な依頼を表現するのに使われます.

Прости́те, вы не подви́нетесь немно́го？ すみません, 少しつめていただけませんか.
すみません, ない つめる 少し

(4) 命令形の体

1) 肯定命令 「...せよ」

肯定命令「...せよ」には, ある動作を相手に対して最後まで完了してほしいという話者の強い願望が含まれているので肯定命令の動詞には一般に完了体の動詞が用いられます.

Переведи́те э́ту фра́зу！ この句を訳してください！
訳してください この 句を 《一回の具体的な行為を表す》

⊕ 不完了体が表す意味(一般論, 継続, 進行, 反復, 習慣, 状態)を表現するときは不完了体を用います.

Соблюда́й пра́вила！ ルールを守りなさい！ 《一般論》
守りなさい ルールを

Пе́йте молоко́ ка́ждый день！ 毎日ミルクを飲みなさい！ 《反復》
飲みなさい ミルクを 毎 日

Продолжа́йте, я вас слу́шаю！ 続けなさい, 私が聞いています！
続けなさい 私が あなたを 聞いています 《継続》

смотре́ть [不] 見る. отдыха́ть [不] 休暇を過ごす. написа́ть [完] 書く. подви́нуться [完] 移動する, つめる. перевести́ [完] / переводи́ть [不] 訳す. фра́за [女] 句. соблюда́ть [不] 守る. пра́вило (-а) [中] ルール(-複). пить [不] 飲む. продолжа́ть [不] 続ける.

一般に社会で広く行われている習慣的な動作の開始を促すときや、丁寧な勧誘のときは不完了体の未来形を用います。「いつものように…してください」という意味を暗に示しています。

Заходи́те! 入ってください！　　　　　　　　　　(♪292)
Сади́тесь! どうぞおかけください！
Говори́те гро́мче! もっと大きな声で言ってください！

2) 否定命令「…するな」

否定命令「…するな」には，ある動作を相手に対して少しでも始めてほしくないという話者の強い願望が含まれているので一般に不完了体の動詞が用いられます。

Не переводи́те э́ту фра́зу! この句を訳さないように！
　な　　訳す　　　　この　句を

Не говори́те ему́ обо мне ни сло́ва. 彼には私のことは一切言わないで下さい。
　な　言う　彼には のことは 私も 一言

♣ 望ましくない行為をうっかりしてしまいそうなときに警告するために完了体が用いられます。「…してしまわないように」と完了の意味が含まれます。その際，警告を意味するсмотри́(те)「気をつけなさい」が文頭にくることが多い。

Не упади́те! ころばないように！
Не забу́дьте! 忘れないように！
Смотри́, не проле́й во́ду! 水をこぼさないように気をつけて！
気をつけて　な　こぼす　水を

(5) 不定形の体

原則として一般的な行為・動作・現象を表す場合は不完了体が用いられ，具体的な一回の行為・動作・現象を表す場合は完了体が用いられます。

1) 不完了体不定形をとる動詞

① 継続や反復を表す動詞

Ей ну́жно бу́дет отдыха́ть ме́сяц. 彼女は一月間の休暇をとらなければならなくなるだろう。
彼女はならないだろう　休暇をとる　一月間の

Сто́ит проверя́ть зре́ние раз в год. 年に一度視力を検査してもらう価値がある。
価値がある　検査してもらう　視力を　　一度　に　年

② 開始，継続，終了を表す動詞

開始，継続，終了を表す主動詞(нача́ть [完] 始める，ста́ть [完] し出す，продолжа́ть [不] 続ける，ко́нчать [不] 終える，прекрати́ть [完] やめる)の補語となる不定形には不完了体が用いられます。これは，これらの動詞の後にくる不定形の動詞の動作がいずれも主動詞の動作が行われた時点でまだ完了せずに進行中だからです。

Его́ на́чали узнава́ть в Москве́. 彼はモスクワで名を知られ始めた。
彼は　始めた　名を知られ　で　モスクワ 〔 < узнава́ть [不] 名を知られる 〕

заходи́ть [不] 入る. сади́ться [不] すわる. упа́сть [完] ころぶ, 倒れる. забы́ть [完] 忘れる. проли́ть [完] こぼす. сто́ить [不] 価値がある. проверя́ть [不] 検査する. зре́ние [中] 視力.

Он стал читать. 彼は読み始めた. (♪ 293)
彼は 始めた 読み《仮に прочитать [完]を使った場合は「読んだことを始めた」と矛盾します》
Прошу продолжайте. どうぞ続けてください.
どうぞ 続けてください〔< продолжать [不] 続ける〕
Магазин кончает работать в 17 часов. 店は17時に閉まる.
店は 停止する 営業を に 17 時
Они прекратили заниматься. 彼らは勉強するのをやめた.
彼らは やめた 勉強するのを[不]

♤ その他の不完了体不定形をとる動詞, 述語

Она раздумала танцевать. 彼女は踊るのを思い止まった.
彼女は 思い止まった 踊るのを[不] 〔< раздумать [完] 思い止まる〕
Не нужно спрашивать. 尋ねる必要はない.
ない 必要だ 尋ねる[不] 〔< не нужно ...する必要はない〕
Не надо наливать ему водку. 彼に酒をついではいけない.
いけない ついでは[不] 彼に 酒を 〔< не надо ...してはいけない〕
Он научился стрелять. 彼は射撃を習った.
彼は 習った 射撃を[不] 〔< научиться [完] 習う〕
Она привыкла ждать. 彼女は待つのに慣れていた.
彼女は 慣れていた 待つのに 〔< привыкать [不] 慣れる, ждать [不] 待つ〕
Он умеет водить машину. 彼は車の運転の仕方を知っている.
彼は 能力をもつ 運転する 車を〔< уметь [不] ...する能力をもつ, водить [不・不定] 運転する〕
Пора заканчивать работу. 仕事を終える時だ.
時だ すっかり終える[不] 仕事を 《< пора + 不完了体「...しなければならない時だ」》
Пора покончить с этим злом. この害悪に片を付け終えていなければならない
時だ. 《< пора + 完了体「...し終えていなければならない時だ」》

2) 完了体不定形をとる動詞
① 具体的な一回きりの行為・動作・現象を表す場合は完了体が用いられます.
   Он решил вызвать врача. 彼は医者を呼ぶことに決めた.
   彼は 決めた 呼ぶことに[完] 医者を
否定形の場合は不完了体になります.
   Он решил не вызывать врача. 彼は医者を呼ばないことに決めた.
   彼は 決めた ないことに 呼ぶ[不] 医者を
② 短時間続く動作
Она вышла посидеть на воздухе. 彼女は戸外でちょっとすわって時を過ごすために外出した.
彼女は 外出した ちょっとすわって時を過ごすために で 戸外〔< посидеть [完] すわって一時を過ごす〕
③ мочь [不] できる
   Ты можешь взять фотоаппарат. 君はカメラを持っていくことができる.
   君は できる 持っていくことが カメラを
   Он может прийти. 彼は来ることができる.
   彼は できる 来ることが[完]

покончить [完] 終える. зло (-м) [完] 害悪(-造). решить [完] 決める. врач (-а) [男] 医者(-対). выйти [完] 外出する. взять [完] 持っていく.

```
не мочь    + 完了体   →  …できない
мочь не    + 完了体   →  …しないかもしれない
мочь не    + 不完了体 →  …する必要がない
```

Он не мо́жет прийти́.　彼は来ることができない。　(♪ 294)
Он мо́жет не прийти́.　彼は来ないかもしれない。
Он мо́жет не приходи́ть.　彼は来る必要がない。

④ до́лжен / должна́ / должно́ / должны́　…せねばならない

Он до́лжен встре́тить её.彼は彼女に会わなければならない。[< встре́тить [完]会う]

```
не до́лжен    + 完了体   →  …ありそうもない
не до́лжен    + 不完了体 →  …する必要がない
```

Она́ не должна́ простуди́ться. 彼女は風邪をひくはずがない。
Она́ не должна́ встреча́ть его́. 彼女は彼に会う必要がない。[< встреча́ть [不]会う]

3) 両方の体の不定形をとる動詞

① нельзя́ + 不完了不定形 → …してはならない
　 нельзя́ + 完了不定形   → …できない

Отсю́да нельзя́ звони́ть. ここから電話してはならない。
ここから ならない 電話することは [不]

Отсю́да нельзя́ позвони́ть. ここから電話できない。
ここから できない 電話することは [完]

② не хоте́ть + 不完了不定形 → …したくない
　 не хоте́ть + 完了不定形 → …するつもりではない(望ましくない行為をうっかりしてしまったときに)

Я не хоте́л переодева́ться.私は着替えたくなかった。[< переодева́ться [不] 着替える]
Я совсе́м не хочу́ ложи́ться. 私は全く寝たくない。[< ложи́ться [不] 寝る]
Я не хоте́л вас оскорби́ть.私はあなたを侮辱するつもりはなかった。[<оскорби́ть [完]侮辱する]

7.7 -ся 動詞（再帰動詞）

　учи́ть [不]「教える」(teach) → учи́ться [不]「学ぶ」(teach oneself = 自分自身に教える)」の語例のように，他動詞の不定形及びあらゆる変化形の後に接尾辞 -ся をつけて作る再帰動詞は，ある動作を自分自身(英語の self に相当する себя́ という再帰代名詞がロシア語にあるが，動詞に直接接尾するときは себя́ の代わりに -ся という形を使う)に対して行い，その結果動作の作用が自分自身に及ぶことを表わします。再帰動詞は再帰的な意味を示す他に，他動詞を自動詞に変えたり，受動相(態)を作る働きなどをします。

※ -ся 動詞の変化

　-ся 動詞は現在形，命令形，過去形など，すべての形を通じて，-ся を除く部分は普通の動詞と同じ原則に従って変化しますが(つまり，先に -ся を除いた部分を変化させてから最後に -ся を付け加えます)，-ся の部分は，その直前に母音があれば -сь となるのが原則です(-сь[sʲ] は -ся [sja] が変化したものであり，つまり -ся [sja]の前に母音がくると，音声学的にみた場合母音は子音に比べて調音する際のエネルギー使用量(これを音声パワーと言います)の具体的結果が sonority「可聴度」となって表れます)が数十倍以上多くて《母音 + -ся [sja]》と並んだ場合母音の方にエネルギーの大半が消費される結果 -ся [sja]が弱化して a が消え -сь[sʲ] となったものです)。この例外として，たとえ母音が直前にあっても形動詞の現在・過去はすべてが -ся となります。

учи́ться 「学ぶ」の変化例：　(♪ 295)

不定形		учи́ться	学ぶ(こと)	命令形	учи́сь	(ти)	学びなさい
					учи́тесь	(ви)	学んでください
					у́чимся	(ми)	学びましょう
					(дава́й учи́ться)		〃
現在形	я	учу́сь	私は 学んでいる	過去形	учи́лся	(男)	彼は学んだ
	ты	у́чишься	君　〃		учи́лась	(女)	彼女 〃
	он	у́чится	彼　〃		учи́лось	(中)	それ 〃
	мы	у́чимся	私たち〃		учи́лись	(複)	彼ら 〃
	вы	у́читесь	君たち〃	形動詞	уча́щийся	(男)	彼が学んでいる
	они́	у́чатся	彼ら 〃		уча́щаяся	(女)	彼女 〃

※ -ся 動詞の用法
(1) 再帰：他動詞の対象・作用が自分自身に及びます．
учи́ть [不] 教える → учи́ться [不] 学ぶ(= 自分自身に教える)
брить [不] 剃る → бри́ться [不] 自分のひげを剃る
купа́ть [不] 入浴させる → купа́ться [不] 入浴する(= 自分を入浴させる)
мыть [不] 洗う → мы́ться [不] 洗顔する
одева́ть [不] 服を着せる → одева́ться [不] 服装をする(= 自分に服を着せる)
переодева́ть [不] 着替えさせる → переодева́ться [不] 着替えする
раздева́ть [不] 着物を脱がせる → раздева́ться [不] 着物を脱ぐ
Она́ купа́ет ребёнка. 彼女は赤ん坊を入浴させている．→ Она́ купа́ется. 彼女は入浴している．
(2) 相互作用：「互いに…し合う」を表します．
ви́деть [不] 見る → ви́деться [不] 会う(= お互いに見る)
мири́ть [不] 和解させる → мири́ться [不] 和解する
обнима́ть [不] 抱く → обнима́ться [不] 抱き合う
объединя́ть [不] 一つにする → объединя́ться [不] 一つになる
руга́ть [不] ののしる → руга́ться [不] ののしり合う
собира́ть [不] 集める → собира́ться [不] 集まる
целова́ть [不] キスする → целова́ться [不] キスし合う
Он поцелова́л де́вушку. 彼は娘にキスした．→ Они́ поцелова́лись. 彼らはキスし合った．
Мы ча́сто встреча́емся. 私たちはしばしば会う．
(3) 他動詞の自動詞化
конча́ть [不] 終える → конча́ться [不] 終わる
начина́ть [不] 始める → начина́ться [不] 始まる
продолжа́ть [不] 続ける → продолжа́ться [不] 続く
увели́чивать [不] ふやす → увели́чиваться [不] ふえる
ухудша́ть [不] 悪化させる → ухудша́ться [不] 悪化する
открыва́ть [不] 開ける → открыва́ться [不] 開く
Он конча́ет рабо́ту. 彼は仕事を終えます．→ Рабо́та конча́ется. 仕事が終わります．
Уро́к начина́ется.　　　　　授業が始まります．
Дождь продолжа́ется.　　　雨が降り続いている．
Дохо́д увели́чивается.　　　収入がふえている．
Ситуа́ция уху́дшилась.　　　情勢が悪化した．
Магази́н открыва́ется.　　　店があきます．

(4) 受動相(**страда́тельный зало́г**)「...される」　　📺 (♪ 296)

　動作の主体と客体との関係において，主体が文の主語になっている関係を能動相(**действи́тельный зало́г**)と言い，客体が主語になっている関係を受動相と言います．ロシア語では受動相は体(完了体，不完了体)によって表現方法が異なります．両者の違いは動詞の完了体，不完了体の意味の違いを反映しています．
① 完了体他動詞では，受動形動詞過去短語尾(→ 305p.)が用いられます．
② 不完了体他動詞には受動形動詞過去形(...されたところの)がないので，受動相は作れません．その代わり，不完了体他動詞の -ся 動詞によって受身が表されます．ただし，この表現には制限があり，原則として不活動体名詞を主語とする三人称でしか用いられません．又，必要な場合は動作の主体は造格で示されます．なお，時制の表現は -ся 動詞の時制の表現法に従います．そのとき訳し方に注意する必要があります．不完了体はある時点における動作の進行・経過を表すので「...されつつある(現在)，...されつつあった(過去)，...されつつあるだろう(未来)」と訳します．

стро́ить [不] 建てる → стро́иться [不] 建てられる
писа́ть [不] 書く → писа́ться [不] 書かれる
запреща́ть [不] 禁止する → запреща́ться [不] 禁止されている
назнача́ть [不] 指名する → назнача́ться [不] 指名される

⎰ Дом **стро́ится** рабо́чими．　家は労働者によって建てられつつある．
⎱ 家は　建てられている 労働者によって [複造]〔 < рабо́чий 〔男〕労働者〕
⎰ Дом **стро́ился** рабо́чими год наза́д．家は労働者によって1年前に建てられつつあった．
⎱ Дом ско́ро бу́дет **стро́иться** рабо́чими．まもなく家は労働者によって建てられつつあるだろう．

Как **пи́шется** ва́ше и́мя?　あなたの名前はどう書くのですか．
　どう　書くのですか　あなたの　名前は

Кури́ть **запреща́ется**．　喫煙は禁止されている．
喫煙は　　禁止されている

Дире́ктор **назнача́ется** коми́ссией．会長は委員会によって指名される．
会長は　　　指名される　　委員会によって[単造]〔< коми́ссия 〔女〕委員会〕

(5) 形式的な再帰動詞
　形は -ся 終わりの再帰動詞であるが，再帰の意味が感じられないものがたくさんあります．
беспоко́иться [不] / по- [完] 心配する．боя́ться [不] 恐れる．волнова́ться [不] / вз- [完] 波立つ．горди́ться [不] 誇る．любова́ться [不] / по- [完] 見とれる．наде́яться [不] / по- [完] 期待する．нра́виться [不] / по- [完] 気に入る．признава́ться [不] / призна́ться [完] 認める．пыта́ться [不] / по- [完] やってみる．ра́доваться [不] / об- [完] 喜ぶ．смея́ться [不] 笑う．сомнева́ться [不] 疑う．удивля́ться [不] / удиви́ться [完] 驚く．улыба́ться [不] / улыбну́ться [不] ほほえむ．

Мать **беспоко́ится** о сы́не．　母は息子のことを心配している．
母は　心配している　　のことを(+前) 息子〔 < сын 〔男〕息子〕

Де́ти **боя́тся** мра́ка．　子供は暗がりをこわがる．
子供は　こわがる　暗がりを〔< мрак 〔男〕暗がり〕

Мо́ре си́льно **волну́ется**．　海がひどく波立っている．
海が　ひどく　　波立っている

Вы смо́жете **горди́ться** на́ми．　あなたは私達のことを誇りにしてよい．
あなたは　してよい　誇りにする 私達のことを〔 < смочь [完] ...できる，...してよい〕

Наде́юсь за́втра **верну́ться**．　明日中に帰ることを期待している．
期待している 明日中に　帰ることを〔наде́юсь [1単現] < наде́яться [不] 期待する〕

Мне **нра́вится** Москва́．　私はモスクワが気に入っている．
私は　気に入っている　モスクワが

Он **пыта́лся**, но безрезульта́тно．彼はやってみたがうまくいかなかった．
彼は　やってみた　が　　むだな[短中]〔 < безрезульта́тный むだな〕

Ра́дуюсь встре́че от всей души́. お会いできて心からうれしい.
うれしい(+与)　お会いできて　心から　〔＜встре́ч-а (-e)［女］出会い(-与)〕　(♪ 297)

Лицо́ ма́тери **сме́ялось**. 母の顔が笑っていた.
顔が　母の　笑っていた　〔ма́тери［生］＜мать［女］母〕

7.8　仮定法(сослага́тельное наклоне́ние)

　動詞の示す動作，状態を事実として述べるのではなく，心の中で「もし...すれば」と想像または仮定したり，「...であればよいのに」と願望したり，「...するために」と目的(願望の一種)を述べたり，あるいは「たとえ...しようと」と譲歩などを表現する動詞の語形変化(法)を仮定法と呼びます．ロシア語の仮定法は動詞の過去形やまれに不定形に(一般論や，帰結節で主語が示されている場合)仮定法であることを示す小詞 **бы** を添えて表わします．бы は条件節(《 **е́сли бы + 過去形** 》もし...ならば)，帰結節(《 過去形 + **бы** 》 ...なんだが)のどちらにも使われます．条件節は通常接続詞 е́сли「もし...」によって導かれます．仮定法には以下の用法があります．

(1) 仮定

Я пое́хал бы, е́сли бы у меня́ бы́ло вре́мя.　もし私に時間があれば行くんだが.
私は　行くんだが　もし　　に私　あれば　時間が　(cf. I would go if I had time.)

Е́сли бы я был нача́льником, я дал бы вам приба́вку к зарпла́те.
もし私がボスだったら君に昇給してあげるのだが.(cf. If I were the boss I would give you a rise.)
　仮定法には時制の区別がなくすべての仮定が過去形で表されます.

Е́сли бы у меня́ была́ маши́на, **я отвёз бы** вас на вокза́л.
もし車があれば君を駅まで送って行くんだが(cf. If I had a car I would take you to the station.)《現在の事実に反する仮定》/ もし車があったら君を駅まで送って行ったんだが(cf. If I had had a car I would have taken you to the station.)《過去の事実に反する仮定》.

　条件が明示されずに結果節だけの仮定文もあります．

Она́ не купи́ла бы тако́й ве́щи. 彼女ならこんなものは買わないでしょう.
彼女ならない　買う　こんな　もの　(cf. She would not buy such goods.)

(2) 願望

　直接法で「...してもらいたい」と表現すると相手の気持ちを損ねる恐れがあるので，それを避けるために「もし...していただければありがたいのですが」と遠回しに願望を表現する際に仮定法を用います．

Я бы вы́пил ча́шку ча́ю.　お茶を一杯飲みたいのだが.
私は　飲みたいのだが　一杯　お茶を　〔＜вы́пить［完］飲む〕

Ты бы поговори́л с ней. 君が彼女と話し合ってみればいいのに.
君が　話し合ってみればいいのに　と　彼女　〔＜поговори́ть［完］話し合う〕

Е́сли бы он был жив!　もし彼が生きていてくれたならなあ!
もし　　彼が　生きていてくれたならなあ［短男］〔＜живо́й 生きている〕

(3) 目的

　目的を示すときは，что と бы の融合した接続詞 **что́бы**「...するために，...するように」を用いて従属節を導きます．

Врач де́лает всё, **что́бы** больно́й попра́вился.
医者は　あらゆる手をつくしている　ように　病人が　回復する〔＜попра́виться［完］〕
→　医者は病人が回復するようにあらゆる手をつくしている．

нача́льник (-ом)［男］ボス(-造).　приба́вк:а (-у)［女］昇給(-対).　зарпла́т:а (-е)［女］給料(-与).　отвёз［過去男］＜отвезти́［完］送り届ける.　ве́щ:ь (-и)［女］もの(-複対).

Он купи́л компью́тер, **что́бы** его́ сын мог по́льзоваться Интерне́том.
彼は 買った コンピューターを ように 彼の 息子が できる 利用する[不+造] インターネットを
→ 彼は息子がインターネットを利用できるようにコンピューターを買った. (♪ 298)

что́бы に導かれる従属節の主語が結果節と同じ場合は, 英語と同じように, その主語が省略されて動詞は過去形ではなく不定形になります.

Она́ оде́ла сви́тер на ребёнка, **что́бы** он не простуди́лся.
彼女は かけた セーターを に 赤ん坊 ように 彼が ない 風邪をひく
→ 彼女は赤ん坊が風邪をひかないようにセーターをかけた. (cf. She put a sweater on the child, so that he should not catch a cold.)

Она́ наде́ла сви́тер, **что́бы** не простуди́ться.
彼女は はおった セーターを ように ない 風邪をひく[完] → 彼女は自分が風邪をひかないようにセーターをはおった. (cf. She put on a sweater so as not to catch cold.)

(4) 譲歩「たとえ...であっても」

《疑問詞(что, кто, где, куда́) + бы + ни + 仮定法》の形で譲歩文となります.

Что бы он ни де́лал, он никогда́ не забыва́л свои́х роди́телей.
たとえ 彼は 何をしようと 彼は 決して ない 忘れた 自分の 両親を
→ 彼はたとえ何をしようと自分の両親を忘れることは決してなかった.

Я его́ найду́, где бы он ни́ был. 彼がたとえどこにいようと探し出してみせる.
私は 彼を 探し出す たとえどこに 彼が いようと

7.9 移動の動詞(глаго́лы движе́ния)

(1) 定動詞と不定動詞

ロシア語ではすべてが不完了体動詞である移動を表す動詞を, その移動の動作が一定の方向に向かっての1回きりの動作((例: идти́ 一定方向に1回行く))か, または一定の方向性をもたない往復, 習慣, 能力等を表す繰り返される動作((例: ходи́ть (あちこちへ)行って来る(往復), (あちこちへ)いつも行く(習慣), 歩ける(能力)))かによって二通りに言い分けます. 前者を定動詞(однонапра́вленные глаго́лы), 後者を不定動詞(неоднонапра́вленные глаго́лы)と言います. 定動詞・不定動詞のペアになっている移動の動詞には以下の15組があります.

定動詞	不定動詞	意味	定動詞	不定動詞	意味
идти́	ходи́ть	(歩いて)行く	брести́	броди́ть	さまよう
е́хать	е́здить	(乗物で)行く	гнать	гоня́ть	追う
бежа́ть	бе́гать	走る	тащи́ть	таска́ть	曳く
нести́	носи́ть	(手で)運ぶ	кати́ть	ката́ть	ころがす
везти́	вози́ть	(乗せて)運ぶ	ползти́	по́лзать	這う
плыть	пла́вать	泳ぐ	вали́ть	валя́ть	ころがす
лете́ть	лета́ть	飛ぶ	лезть	ла́зить	よじのぼる
вести́	води́ть	導く			

{ Он идёт по у́лице. 彼は通りを(一定方向に)歩いている. 《定動詞》
{ Она́ ходи́ла по магази́нам. 彼女は(あちこちに)買物に行った. 《不定動詞》
{ Ребёнок ещё не хо́дит. 赤ん坊はまだ歩けない. 《不定動詞;能力》

{ Мы е́хали за́ город. 私たちは車で町へ向かっていた. 《定動詞》
{ Я е́здил по всей Евро́пе. 私はヨーロッパ中を車でまわっていた.《不定動詞》

оде́ть [完] かぶせる, かける. наде́ть [完] はおる, かける. ребёнок (-ка) [完] 赤ん坊(-対). забыва́ть [完] 忘れる. роди́тел:и (-ей) [複] 両親(-対). найти́ [完] 探し出す. по ... 中を(-与). у́лица [女] 通り. магази́н (-ам) [男] 店(-複与).

移動の動詞

{ Де́ти бегу́т домо́й.　子供たちは家に向かって走っている.《定動詞》♪ 299
{ Де́ти бе́гали в саду́.　子供たちは庭の中を(あちこち)走り回っていた.《不定動詞》
{ Она́ несёт портфе́ль.　彼女はスーツケースを運んでいる.《定動詞》
{ Носи́льщики но́сят ве́щи пассажи́ров.　ポーター達は乗客達の荷物を運んでいる.《不定動詞》
{ Он везёт ребёнка в коля́ске.　彼は赤ん坊を乳母車で運んでいる.　《定動詞》
{ Нас вози́ли по всей Гре́ции.　彼らは私達をギリシア中を車で案内した.《不定動詞》
{ Парохо́д плыл в Я́лту.　汽船はヤルタに向かって航行していた.《定動詞》
{ Я люблю́ пла́вать.　私は泳ぎが好きだ.　《不定動詞》
{ Самолёт лети́т на се́вер.　飛行機は北に向かって飛んでいる.　《定動詞》
{ Пингви́ны не уме́ют лета́ть.　ペンギンは飛べない.　《不定動詞》
{ Оте́ц лез на кры́шу.　父は屋根に上っていた.　《定動詞》
{ Обезья́на хорошо́ ла́зит.　サルは木登りが得意だ.　《不定動詞》

(2) 接頭辞のついた移動の動詞

　移動の動詞のペアに体のところでも挙げた(→ 288p.)特定の接頭辞がつくと, 定動詞だったものが新しい意味の完了体に, 不定動詞であったものが同じ意味の不完了体になり, 前項で述べた定・不定動詞の意味の区別はなくなります. なぜこうなるかと言いますと, 定動詞というものは一定方向に進む移動の動作を表しますが, 不完了体なので時間的にしばられることがなく動作が行われる時は一定していません. これに以下の表に示した接頭辞をつけると元々定動詞のもつ移動性と一定方向性にさらに接頭辞の時間の完了性の意味(283p.でも述べましたが, これらの接頭辞にはものごとを最後まで完結させるという共通の意味があって不完了体から完了体を作る接頭辞として利用された)が加わって新しい意味の完了体の動詞ができます. 一方不定動詞に接頭辞がついた場合は, 反復を表す不定動詞に完了性をもつ接頭辞がついても本動詞である不定動詞の反復性がまさって接頭辞の時間の完了性は打ち消されてしまいただ動作の方向を示すのみになったと解釈できます.

接頭辞(при- 来る；完了性) + 定動詞 идти́ (一定方向,不完了体) = 完了体(一回性の完了)

接頭辞(при- 来る；完了性) + 不定動詞 ходи́ть (反復,不完了体) = 不完了体(反復)

◇　よく使われる接頭辞のついた移動の動詞の例

単純動詞 [不完了]	при- (来る)	у- (去る)	в- (入る)	вы- (出る)
идти́ [定] 歩く, 行く	прийти́ [完] (歩いて)来る**	уйти́ [完] 立ち去る	войти́ [完] 入って来る	вы́йти [完] 外出する
ходи́ть [不定] 歩き回る	приходи́ть [不完] 〃	уходи́ть [不完] 〃	входи́ть [不完] 〃	выходи́ть [不完] 〃
е́хать [定] 乗って行く	прие́хать [完] 乗って来る	уе́хать [完] (乗物で)去る	въе́хать [完] 乗り入れる	вы́ехать [完] (乗物で)出る
е́здить [不定]*乗り回す	приезжа́ть [不完]* 〃	уезжа́ть [不完] 〃	въезжа́ть [不完] 〃 **	выезжа́ть [不完] 〃
бежа́ть [定] 走る	прибежа́ть [完] 走り寄る	убежа́ть [完] 走り去る	вбежа́ть [完] 駆け込む	вы́бежать [完] 走り出る
бе́гать [不定] 走り回る	прибега́ть [不完] 〃	убега́ть [不完] 〃	вбега́ть [不完] 〃	выбега́ть [不完] 〃
плыть [定] 泳ぐ	приплы́ть [完] 泳ぎ着く	уплы́ть [完] 泳ぎ去る	вплыть [完] 泳いで入る	вы́плыть [完] 泳ぎ出る
пла́вать [不定] 泳いで行く	приплыва́ть [不完] 〃	уплыва́ть [不完] 〃	вплыва́ть [不完] 〃	выплыва́ть [不完] 〃
вести́ [定] 連れて行く	привести́ [完] 連れて来る	увести́ [完] 連れ去る	ввести́ [完] 導入する	вы́вести [完] 連れ出す
води́ть [不定] 連れ回す	приводи́ть [不完] 〃	уводи́ть [不完] 〃	вводи́ть [不完] 〃	выводи́ть [不完] 〃
нести́ [定] 持っていく	принести́ [完] 持って来る	унести́ [完] 持ち去る	внести́ [完] 持ち込む	вы́нести [完] 持ち出す
носи́ть [不定] 持って回る	приноси́ть [不完] 〃	уноси́ть [不完] 〃	вноси́ть [不完] 〃	выноси́ть [不完] 〃
лете́ть [定] 飛ぶ	прилете́ть [完] 飛んで来る	улете́ть [完] 飛び去る	влете́ть [完] 飛び込む	вы́лететь [完] 飛び出る
лета́ть [不定] 飛び回る	прилета́ть [不完] 〃	улета́ть [不完] 〃	влета́ть [不完] 〃	вылета́ть [不完] 〃

*　д → ж の子音交替が起こっていることに注意.
**　接頭辞がつくと идти́ の綴りが変わります.
***　母音で始まる動詞の前に子音終わりの接頭辞がつく場合は硬音記号 ъ がつきます.

пассажи́р (-ов) [男]乗客(-複生). в ...の中で, ...に乗せて(+前；内部空間). коля́ск:a (-e) [女] 乳母車(-前). Гре́ци:я (-и) [女] ギリシア(-前). Я́лт:a (-у) [女] ヤルタ(-対). кры́ш:a (-у) [女] 屋根(-対).

移動の動詞

- Она́ пришла́ в шко́лу. 彼女は学校に来た. 《完了体》 (♪ 300)
- Приходи́те за́втра ко мне в го́сти. 明日うちへお客にいらっしゃい. 《不完了体》
- Это принесло́ ему́ бога́тство. それは彼に富をもたらした.
- Рабо́та прино́сит ему́ небольшо́й дохо́д. その仕事は彼に若干の収入をもたらす.
- С ю́га прилете́ли ла́сточки. 南からツバメがやって来た.
- Самолёты прилета́ют в аэропо́рт ка́ждый час. 飛行機は空港に1時間毎に到着する.
- Поли́ция вы́ехала на ме́сто происше́ствия. 警察が事故現場に出動した.
- Он выезжа́ет из гаража́. 彼はガレージを出ます.
- Он уже́ ушёл на рабо́ту. 彼はもう仕事に出かけた.
- Я ско́ро ухожу́. 私はもうじきおいとまします.

(3) 移動の動詞につく主な接頭辞

接頭辞と意味	よく使われる前置詞+支配格	例文)
в-「入る」	в + 対格	Она́ вошла́ в ко́мнату. 彼女は部屋に入ってきた.
вз- / вс-「上へ」	на + 対	Вертолёт мо́жет взлете́ть без разбе́га. ヘリコプターは滑走路なしに離陸できる.
вы-「出る」	из + 生	Она́ вы́ехала из го́рода. 彼女は車で町の外へ出た.
до-「…まで」	до + 生	Она́ доплыла́ до мо́ла. 彼女は防波堤まで泳いだ.
за-「寄る」	в / на +対 к + 与	Я зайду́ к Са́ше / за Са́шей. 私はサーシャのところに立ち寄るつもりだ.
на-「上へ」	на + 対	Самолёт налете́л на скалу́. 飛行機が崖にぶつかった.
о(б)-「回る」	вокру́г+生	Он обошёл вокру́г до́ма. 彼は家の回りを回った.
от-「…から」	от + 生	Она́ отошла́ от две́ри. 彼女はドアから少し離れた.
пере-「横切って」	че́рез +対	Она́ переплыла́ реку́. 彼女は川を泳いで渡った.
по-開始;ちょっと	в /на +対 к + 与	Он побежа́л к такси́. 彼はタクシーのほうへかけだした.
под- 接近	к + 与	Он подъе́хал к тротуа́ру. 彼は歩道に近づいた.
при-「来る」	в / на + 対 к + 与	Она́ прибежа́ла рассказа́ть мне об э́том. 彼女はこのことを私に伝えてあげようと駆けつけた.
про- 通過,過剰	ми́мо +生	Я проезжа́ю ми́мо музе́я. 私は博物館を通過している.
раз-/рас- 拡散	по + 与	Ве́тер разнёс ту́чи. 風が雲を吹き散らした.
с-「…から」	по + 与	Маши́на съезжа́ла по доро́ге. 車が道路を下っていた.
с- 往復	в /на +対 к + 与	Я хоте́л съе́здить в Москву́. 私はモスクワに行って来たかった.
у-「去る」	из/с/от+生	Она́ уе́хала из Росси́и. 彼はロシアを去った.

в …に(+対; 移動を表す). шко́л:а (-у) [女] 学校(-単対). го́ст:ь (-и) [男] 客(-複対). бога́тство [中] 富. юг [男] 南. ла́сточка [女] ツバメ. происше́стви:е (-я) [中] 事故(-生). гара́ж [男] ガレージ. рабо́т:а (-у) [女] 仕事(-対). взлете́ть [完] 離陸する. разбе́г (-а) [男] 滑走(-生). доплы́ть [完] 泳ぎ着く. мол (-а) [男] 防波堤(-生). налете́ть [完] ぶつかる. скал:а́ (-у́) [女] 崖(-対). обойти́ [完] 回る. отойти́ [完] 少し離れる. две́р:ь (-и) [女] ドア(-生). переплы́ть [完] 泳いで渡る. река́ [女] 川. побежа́ть [完] 走り出す. подъе́хать [完] 近づく. тротуа́р [男] 歩道. прибежа́ть [完] かけつける. проезжа́ть [不] 通過する. музе́й [男] 博物館. разнёс [過去] < разнести́ [完] 吹き散らす. ту́ча [女] 雨雲. съезжа́ть [不] 乗物で下る. съе́здить [完] 乗物で行って来る. уе́хать [完] 乗物で去る.

7.10 形動詞 (прича́стие) (♪ 301)

動詞から作られ，名詞を修飾したり文の述語になったりと形容詞と同じような働きをするものを形動詞(分詞)と言います．形容詞の一種ですから，形容詞と同じ語尾を持ち，その語尾は修飾する名詞の性・数・格に一致して形容詞と同じ変化をします．ロシア語の形動詞には能動形(自ら…する)と受動形(…される)があり，それぞれに現在と過去があって，計4個の以下の形動詞があります．

例) чита́ть [不] / прочита́ть [完]　読む

能動形動詞現在 「…している(ところの)」	чита́ющий ма́льчик	読んでいる少年
能動形動詞過去 「…していた」	(про)чита́вший ма́льчик	読んでいた少年
受動形動詞現在 「…されている」	чита́емый журна́л	読まれている雑誌
受動形動詞過去 「…された」	прочи́танный журна́л	読まれた雑誌

(1) 能動形動詞現在(действи́тельное прича́стие настоя́щего вре́мени)「…している」

1) 能動形動詞現在の形態と作り方

不完了体動詞の現在形3人称複数の末尾の -т を取り去って -щий (-щая, -щее, -щие)をつけます．この短語尾はありません．また，Е型(第1変化)動詞のアクセントは3人称複数と同じところにあり，И型(第2変化)動詞のアクセントは不定形と同じところにあります．なお，ся動詞の形動詞は -щий の後に -ся をつけて作り，母音の後でも -сь になることはありません．

動詞の型	不定形	現在形3人称複数	能動形動詞現在
Е型動詞 (第1変化)	знать　知っている начина́ть　始める чита́ть　読む стоя́ть　立つ течь　流れる	зна́ю-т начина́ю-т чита́ю-т стоя́т теку́-т	зна́ю-щий начина́ю-щий чита́ю-щий стоя́-щий теку́-щий
И型動詞 (第2変化)	говори́ть　話す смотре́ть　見る ви́деть　見る люби́ть　愛する	говоря́-т смо́тря-т ви́дя-т лю́бя-т	говоря́-щий смотря́-щий ви́дя-щий лю́бя-щий *
その他	хоте́ть　望む боя́ться　恐れる наде́яться　期待する	хотя́-т боя́-тся наде́ю-тся	хотя́-щий боя́-щийся наде́ю-щийся **

* アクセントは例外
** ся 動詞の形動詞の末尾は常に -ся であり，母音の後にきても -сь にならない：
наде́ющаяся (女性形主格)，наде́ющегося (男性形生格)

2) 能動形動詞現在の用法

① 能動形動詞は修飾する名詞の前にきて，その名詞の性・数・格に応じて変化します．変化の仕方は горя́ч-ий 「熱い」(→260 p.)と同じです．

теку́щие собы́тия　時事 (< теку́щий 日々の < течь [不] 流れる)
Зал по́лон чита́ющих студе́нтов.　講堂は聴講学生でいっぱいだ．
講堂はいっぱいだ(+生)　聴講学生で[複生] (< чита́ющие студе́нты [複主]聴講学生)

② 能動形動詞は，コンマを置いて名詞の後にくることもできます．その際は関係代名詞 кото́рый を使った〈 кото́рый + 現在形 〉の構文で置き換えることができます．また，能動形動詞はどちらかと言うと文語的であり，口語では кото́рый 構文を使うほうが一般的です．

Он подхо́дит к стоя́щей в углу́ же́нщине. 彼は隅に立っている女性に近づく。
彼は 近づく に 立っている に 隅 女性 (♪ 302)
Он подхо́дит к же́нщине, стоя́щей (=, кото́рая стои́т) в углу́.
彼は 近づく に 女性 立っている その人は 立っている に 隅
(cf. He goes up to the woman (who is) standing in the corner.)

③ 一部の能動形動詞は名詞化することもあります.

начина́ющий 初心者〔 < начина́ть［不］始める 〕
руково́дство для начина́ющих 入門書
手引き ための(+生) 初心者[複生]

(2) 能動形動詞過去(действи́тельное прича́стие проше́дшего вре́мени)
「...し(てい)た」

1) 能動形動詞過去の形態と作り方

完了体・不完了体動詞の過去語幹に母音終わりの語幹の場合は -вший (-вшая, -вшее, -вшие), 子音終わりの語幹の場合は -ший (-шая, -шее, -шие)をつけて作ります(《子音+ вший となると子音が3個連続するために в が脱落したものです》). 短語尾はありません. アクセントは -вший の場合は不定形と同じで, -ший の場合は過去男性形と同じです.

	不定形	過去男性形	能動形動詞過去
母音終わりの過去語幹 -вший アクセントは不定形	(про)чита́ть ［完/不］読む получи́ть ［完］得る, 受賞する боя́ться ［不］恐れる находи́ться ［不］存在する исче́знуть ［完］消える	(про)чита́-л получи́-л боя́-лся находи́-лся исче́з *	(про)чита́-вший получи́-вший боя́-вшийся находи́-вшийся исче́зну-вший
子音終わりの過去語幹 -ший アクセントは過去男性形	заже́чь ［完］点火する нести́ ［不］運ぶ умере́ть ［完］死ぬ идти́ ［不］行く вести́ ［不］導く	зажёг нёс у́мер шёл вёл	зажёг-ший нёс-ший у́мер-ший ** шéд-ший (特殊形) вéд-ший (特殊形)

* 例外的に子音終わりの過去語幹に -вший がつきます.
** アクセントが移動しています.

2) 能動形動詞過去の用法

能動形動詞過去は能動形動詞現在と同様修飾する名詞の前後にきて, その名詞の性・数・格に応じて変化します. 変化の仕方は большо́й 「大きな」(→ 260p.)と同じです. また, コンマをはさんで名詞の後にくる場合は関係代名詞кото́рый を使った《 кото́рый + 過去形》の構文で置き換えることができます.

(про)чита́вшая студе́нтка 読んでいた女子学生

дом, **находи́вшийся**(=, кото́рый находи́лся) в це́нтре го́рода 市の中心部に位置していた家
家 位置していた それは 位置していたに中心部 市の
(cf. the house (which was) situated in the town centre)

Я чита́ю кни́гу, **получи́вшую** (=, кото́рая получи́ла) приз. 私は賞を受賞した本を読んでいる.
私は読んでいる 本を 受賞した[女対] それは 受賞した 賞を〔 < получи́ть［完］受賞する〕
(cf. I am reading the book that won a prize.)

подходи́ть [不] 近づく. углу́ [前] < у́гол [男] 隅. же́нщинㅑa (-e) [女] 女性(-与).
находи́вшийся < находи́ться [不] 位置する. центр (-e) [男] 中心部(-前). го́род (-a) [男] 市(-生). уе́хать [完] 乗物で去る.

形動詞

(3) 受動形動詞現在(страда́тельное прича́стие настоя́щего вре́мени)「...されている(ところの)」

1) 受動形動詞現在の形態と作り方　　　　　　　　　　　　　(♪ 303)

受動形動詞現在は，不完了体動詞現在1人称複数に形容詞語尾 -ый をつけて作ります．アクセントは不定形と同じです．修飾語として用いられる長語尾と，述語として用いられる短語尾があります．又，-ый 以外に -ённый, -тый などの特殊形があり，受動形動詞現在は一部の動詞に限られていてあまり用いられません．

不定形	現在1人称複数形	受動形動詞現在男性主格形(長語尾/短語尾)
чита́ть [不] 読む	чита́ем	чита́ем-ый （чита́ем, -а, -о, -ы）読まれている
знать [不] 知る	зна́ем	зна́ем-ый （зна́ем, -а, -о, -ы）《古形》
есть [不] 食べる	еди́м	едо́м-ый （едо́м, -а, -о, -ы）
исполня́ть [不]実行する	исполня́ем	исполня́ем-ый （исполня́ем, -а, -о, -ы）
обсужда́ть [不]議論する	обсужда́ем	обсужда́ем-ый （обсужда́ем, -а, -о, -ы）
люби́ть [不] 愛する	лю́бим	люби́м-ый （лю́бим, -а, -о, -ы）
дава́ть [不] 与える *	даём	дава́ем-ый （дава́ем, -а, -о, -ы）
нести́ [不] 運ぶ **	несём	несо́м-ый （нес-о́м, -а, -о, -ы）

* 語幹末に -ва- を含む一部の動詞の現在変化では -ва- が脱落しますが，受動形動詞現在では脱落しません．
** 一部の動詞は -ом- を介して作られます．

※ 受動形動詞現在形成の歴史的経緯

受動形動詞現在は，11世紀の古ロシア語の時期にも現代と同じようにして作られていたらしく，他動詞の現在語幹に1人称複数語尾由来と思われる -ом, -ѥм [jem],-им を加えてそれに形容詞形成短語尾の -ъ[ŭ]を添えて作っていました《古ロシア語の例：знати [不]「知る」 → 1複 зна-ѥм-ъ [znajemŭ] → 受現 зна-ѥм-ъ [znajemŭ], хвалити [不]「ほめる」 → 1複 хвал-им-ъ → 受現 хвал-им-ъ, ѣсти [不]「食べる」 → 1複 ѣ-мъ [jemŭ] → 受現 ѣд-ом-ъ [jedomŭ]》．古ロシア語の例を見ると，前2つの例は1人称複数形と受動形動詞現在の形が一致しています．それでは，なぜ受動形動詞現在が1人称複数形から作られたのかを考察してみましょう．日本語の「読む → 読まれる」のようにロシア語には動詞の受動形がないので，初めのうちは受動形が発達しませんでした．それで受動形の作り方の一つとして以下の例のように，主語を明示せずに動詞を1人称複数形(不定人称文の一種)にして受動の意味を持たせ，それに形容詞語尾 -ый をつけて形動詞にしたものと推察されます．例：чита́емый журна́л 私たちが読む雑誌 → 誰もが読む雑誌 → (誰にも)読まれている雑誌．

2) 受動形動詞現在の用法

受動形動詞現在変化の仕方は бе́лый「白い」(→ 259p.)と同じです．また，コンマをはさんで名詞の後にくる場合は関係代名詞 кото́рый を使った構文で置き換えることができます．

Я интересу́юсь те́мой, обсужда́емой (=, кото́рую обсужда́ют / кото́рая
私は 興味をもっている テーマに 議論されている それを[対] 議論している それは[主]
обсужда́ется) в Ду́ме. → 私は議会で議論されているテーマに興味をもっている．
議論されている　　で　議会 (cf. I am interested in the subject which they are discussing / which is being discussed in the Duma.)

(4) 受動形動詞過去 (страда́тельное прича́стие проше́дшего вре́мени)「...されていた」

1) 受動形動詞過去の形態と作り方(完了体の他動詞から作られます)

① 不定形が -ать, -ять, -еть に終わる動詞では完了体の不定形語幹に長語尾では -нный (-нная, -нное, -нные)，短語尾では形容詞の短語尾と同じように長語尾の -ный (-ная, -ное, -ные)を取り除いたものを男性形の語幹とし，女性，中性，複数形はそれぞれの指標語尾である -а, -о, -ы(и)を付けて作ります．その際，アクセントが不定形から移動するものと移動しないものがあります．すなわち，不

интересу́юсь < интересова́ться [不] 興味をもつ．обсужда́емой < обсужда́ть [不] 議論する．те́м:а (-ой) [女] テーマ(-造)．Ду́м:а (-е) [女] 革命前の議会(-造)．

形動詞

定形の語幹の最後の母音にアクセントがあれば受動形動詞過去のアクセントは1つ前の音節に移り、それより前にあれば移動しません。

	不定形	受動形動詞過去長語尾	受動形動詞過去短語尾
アクセントが移動する	посла́-ть [完] 送る	по́сланный, -ая, -ое, -ые 送られた	по́слан, -а, -о, -ы *
	подписа́-ть [完] 署名する	подпи́санный, -ая, -ое, -ые	подпи́сан, -а, -о, -ы
	убра́-ть [完] 収穫する	у́бранный, -ая, -ое, -ые	у́бран, -а, -о, -ы
	потеря́-ть [完] 失う	поте́рянный, -ая, -ое, -ые	поте́рян, -а, -о, -ы
	связа́-ть [完] 結ぶ	свя́занный, -ая, -ое, -ые	свя́зан, -а, -о, -ы
	изда́-ть [完] 発行する	и́зданный, -ая, -ое, -ые	и́здан, -а, -о, -ы
アクセントが移動しない	сде́ла-ть [完] 作る	сде́ланный, -ая, -ое, -ые	сде́лан, -а, -о, -ы
	да-ть [完] 与える	да́нный, -ая, -ое, -ые	дан, -а́, -о́, -ы́ **
	перевес-ти́ [完] 移す	переведённый, -ая, -ое, -ые	переведён, -а́, -о́, -ы́ **
	уви́де-ть [完] 見る	уви́денный, -ая, -ое, -ые	уви́ден, -а, -о, -ы
	арестова́-ть [完] 逮捕する	аресто́ванный, -ая, -ое, -ые	аресто́ван, -а, -о, -ы

* н が一つになる　　** 短語尾のアクセントが最終母音にある

② 不定形が -ить で終わる И 変化（第2変化）動詞では、単数1人称現在語幹に長語尾では -енный (-енная, -енное, -енные)、短語尾では -ен, -а, -о, -ы(и) をつけて作ります。その際、子音交替が起こります。アクセントは原則として現在単数2人称と同じところにあります。また、アクセントが -е́нный にあるときは -ённый となります《アクセントがあると口が大きくあいて е [je] → ё [jo] となります》。

	不定形	受動形動詞過去長語尾	受動形動詞過去短語尾
アクセントが移動する	получи́-ть [完] 受け取る	полу́ченный, -ая, -ое, -ые	полу́чен, -а, -о, -ы
	запусти́-ть [完] 打ち上げる	запу́щенный, -ая, -ое, -ые	запу́щен, -а, -о, -ы
	посади́-ть [完] 植える	поса́женный, -ая, -ое, -ые	поса́жен, -а, -о, -ы
	показа́-ть [完] 示す	пока́занный, -ая, -ое, -ые	пока́зан, -а, -о, -ы
	объяви́-ть [完] 宣言する	объя́вленный, -ая, -ое, -ые	объя́влен, -а, -о, -ы
	захвати́-ть [完] 占領する	захва́ченный, -ая, -ое, -ые	захва́чен, -а, -о, -ы
アクセントが移動しないが	окружи́-ть [完] 包囲する	окружённый, -ая, -ое, -ые	окружён, -а́, -о́, -ы́ *
	оста́ви-ть [完] 残す	оста́вленный, -ая, -ое, -ые	оста́влен, -а, -о, -ы **
	посади́-ть [完] 植える	поса́женный, -ая, -ое, -ые	поса́жен, -а, -о, -ы
	запрети́-ть [完] 禁じる	запрещённый, -ая, -ое, -ые	запрещён, -а, -о, -ы
	отме́ти-ть [完] 記録する	отме́ченный, -ая, -ое, -ые	отме́чен, -а, -о, -ы
	реши́-ть [完] 解決する	решённый, -ая, -ое, -ые	решён, -а́, -о́, -ы́
	заме́ти-ть [完] 気づく	заме́ченный, -ая, -ое, -ые	заме́чен, -а, -о, -ы

* е にアクセントがあると ё となる。　　** 以下子音交替が起こっている。

③ 不定形語幹が子音で終わる Е 変化（第1変化）動詞では、現在語幹に -ённый をつけます。

不定形	3人称単数現在	受動形動詞過去長語尾	受動形動詞過去短語尾
перевес-ти́ [完] 翻訳する	перевед-ёт	переведённый, -ая, -ое, -ые	переведён, -а́, -о́, -ы́
спас-ти́ [完] 救う	спас-ёт	спасённый, -ая, -ое, -ые	спасён, -а́, -о́, -ы́
заже́-чь [完] 点火する	зажж-ёт	зажжённый, -ая, -ое, -ые	зажжён, -а́, -о́, -ы́
най-ти́ [完] 発見する	найд-ёт	на́йденный, -ая, -ое, -ые *	на́йден, -а, -о, -ы

* アクセントは例外

形動詞

④ 不定形が -ыть, -уть, -оть に終わる動詞や他の若干の動詞では，不定形語幹に -тый をつけます．　(♪ 305)

不定形	受動形動詞過去長語尾	受動形動詞過去短語尾
приня́-ть [完] とる	при́нятый, -ая, -ое, -ые	при́нят, -а́, -о, -ы
закры́-ть [完] 閉じる	закры́тый, -ая, -ое, -ые	закры́т, -а, -о, -ы
откры́-ть [完] 開ける	откры́тый, -ая, -ое, -ые	откры́т, -а, -о, -ы
вы́ши-ть [完] 刺繍する	вы́шитый, -ая, -ое, -ые	вы́шит, -а, -о, -ы
протяну́-ть[完]引っ張る	протя́нутый, -ая, -ое, -ые	протя́нут, -а, -о, -ы
заколо́-ть [完]刺殺する	зако́лотый, -ая, -ое, -ые	зако́лот, -а, -о, -ы
оде́-ть [完] 着せる	оде́тый, -ая, -ое, -ые	оде́т, -а, -о, -ы
нача́-ть [完] 始める	на́чатый, -ая, -ое, -ые *	на́чат, -а, -о, -ы

* アクセントは例外

2) 受動形動詞過去の用法

長語尾は修飾語として，短語尾は述語として用いられます．

откры́тое окно́ 開いた窓《修飾語》．Окно́ **откры́то**．窓は開いている《述語》．

① 修飾語としての長語尾の用法

Вот оди́н из **поте́рянных** ключе́й．ここに無くした鍵の一つがある．
ここにある一つが の 無くした 鍵[複生]〔＜поте́рянные ключи́ [主] 無くした鍵〕

Он наде́л **вы́шитую** руба́шку．彼は刺繍されたシャツを着た．
彼は 着た 刺繍された シャツを[女対]〔＜вы́шитая руба́шка [主]刺繍されたシャツ〕

Все говори́ли о **запу́щенном** на околозе́мную орби́ту спу́тнике．
誰もが話していた について 打ち上げられた 上に　地球周辺の　　　軌道　　衛星
→　誰もが地球周辺の軌道に打ち上げられた衛星について話していた．

Мы дово́льны **при́нятыми** прави́тельством ме́рами．
私達は 満足している[+造]　とられた[複造]　　政府によって[造]　　対策に[造]
→私達は政府によってとられた対策に満足している．《動作主体は造格で示される》

長語尾はコンマをはさんで修飾する名詞の後にくることができます．

Мы говори́м о письме́, **полу́ченном** сего́дня у́тром．
私達は 話している について 手紙　　受け取った[前]　　　今　　　　朝
→　　私達は今朝受け取った手紙について話している．
　cf. We are talking about the letter (which was) received this morning.

Она́ чита́ла статью́, **переведённую** с англи́йского．
彼女は 読んでいた 記事を　　翻訳された[対]　から　英語
→　　彼女は英語から翻訳された記事を読んでいた．
　cf. She was reading the article (which had been) translated from English.

② 述語としての短語尾の用法《 быть の諸形 ＋ 受動形動詞過去短語尾形 》

※ 受身文の時制の表現：述語としての短語尾を使った受身文の時制は быть の諸形で表されます《但し быть の現在形はないので，現在形の受身は短語尾だけで表されます》．

Сейча́с дверь 《быть の現在形はなし》 **закры́та**．今ドアは閉じている．
今　　ドアは　　状態にある《現在形は省略》　閉じられた《短語尾》(cf. Now the door is closed.)

Вчера́ дверь была́ **закры́та**．きのうドアは閉じていた．
きのう ドアは　いた《過去》 閉じられた　(cf. Yesterday the door was closed.)

За́втра дверь бу́дет **закры́та**．明日ドアは閉じられるであろう．
明日　　ドアは　であろう《未来》 閉じられた　(cf. Tomorrow the door will be closed.)

副動詞

Оши́бка была́ **заме́чена**. 誤りが見つかった。 🔲 (♪306)
誤りが　　　いた　　見つけられた〔 < заме́ченный < заме́тить [完] 気づく〕
Кни́га бу́дет **и́здана**. 本は出版されるであろう。
本は　　であろう　出版された〔 < и́зданный < изда́ть [完] 出版する〕

※ 受身文(受動文)の用法

① 最近完了してその結果が現在まで存続している動作を表します。

Его́ сын **аресто́ван**. 彼の息子は逮捕された(ままだ)。
彼の　息子は　逮捕された〔 < аресто́ванный < аресто́вать [完] 逮捕する〕
Урожа́й **у́бран**. 作物が収穫された(されている)。
作物が　　収穫された〔 < у́бранный < убра́ть [完] 収穫する〕
Пробле́ма **решена́**. 問題が解決された(されている)。
問題が　　解決された〔 < решённый < реши́ть [完] 解決する〕
Объя́влена забасто́вка. ストが宣言された。
宣言された　　　ストが　　　〔 < объя́вленный < объяви́ть [完] 宣言する〕
При́няты ну́жные ме́ры. 必要な対策がとられた。
とられた　　必要な　　対策が　　〔 < при́нятый < приня́ть [完] とる〕
Го́род **захва́чен** на́шими войска́ми. 町はわが軍によって占領された。
町は　占領された　　わが　　軍によって〔 < захва́ченный < захвати́ть [完] 占領する〕

② 状態・状況を表します。

Мы **за́няты**. 私たちはいそがしい。
私たちは　いそがしい〔 < за́нятый < заня́ть [完] 占める〕
Окно́ **закры́то**. 窓は閉じられている。
窓は　　閉じられている〔 < закры́тый < закры́ть [完] 閉じる〕
Города́ **свя́заны** доро́гой. 町々は道路によって結ばれている。
町々は　結ばれている　道路によって〔 < свя́занный < связа́ть [完] 結ぶ〕
Письмо́ **подпи́сано** отцо́м. 手紙は父によって署名されている。
手紙は　署名されている　父によって〔 < подпи́санный < подписа́ть [完] 署名する〕

7.11　副動詞 (дееприча́стие)

　動詞から作られ、他の動詞や文を修飾する副詞の働きをするものを副動詞と言います。副動詞には不完了体から作られるものと、完了体から作られるものの二種類があり、意味が異なります。目的語や副詞などを伴うことの多い副動詞句は、コンマによって区切られて、主文の前、後、中間のどちらにもくることができます。なお、副動詞を使った構文は文語的であり、現在では接続詞を使って表現されることが多くなっています。それから、接続詞と動詞を兼ねた働きをする副動詞は英語の -ing を使った分詞構文と同じような役割を果たしており、時間関係以外に、理由、原因、条件、譲歩、付帯状況などを表します。

(1) 不完了体副動詞 「...しながら」

　不完了体副動詞は、英語の分詞構文と同じように、主文の述語と同時のできごとを表し、これを主文につなげる接続詞と動詞を兼ねた働きをします。　副動詞の主体は通常主文の主語と同じであり、また副動詞は変化しません。

ну́жный　必要な。 ме́ра [女] 対策。 во́йско [中] 軍隊。 дорого́й [造] < доро́га [女] 道路(動作の主体は造格で表される)。 оте́ц [男] 父。

副動詞

1) 不完了体副動詞の形態と作り方

現在3人称複数の語幹に -я / -a (ж, ч, ш, щ の後)をつけます．その際，1人称単数 я の部分だけに現れる子音交替は現れません(例：видеть「見る」→ виж-я ではなく вид-я「見て」)．アクセントは現在1人称単数と同じ位置にあります(例：держа́ть つかむ → я держ-у́ 私はつかむ → держ-а́ つかんで)．また，-ся 動詞の場合は，-ясь / -ась となります《 -яся / -ася > -ясь / -ась と変化；末尾の я にアクセントがないために弱化して ь となった》．

不定形	3人称複数形	副動詞
чита́ть 読む	чита́-ют 彼らは読む	чита́-я 読みながら
игра́ть 遊ぶ	игра́-ют	игра́-я 遊びながら
уходи́ть 出かける	ухо́д-ят	ухо́д-я 出かけながら
быть である	бу́д-ут	бу́дучи であって (例外)
вынима́ть 取り出す	вынима́-ют	вынима́-я 取り出しながら
спуска́ться 下る	спуска́ю-тся	спуска́-ясь 下りながら
боя́ться 恐れる	боя́-тся	бо-я́сь 恐れながら
дава́ть 与える *	да-ю́т	дава́-я 与えながら

* 語幹に дава-, знава-, става- を含む動詞の現在形変化では ва が脱落しますが，副動詞では脱落しません．

⊕ 例外的にアクセントが語幹へ移動する副動詞があります．これらは副詞化しています．

лежа́ть 寝る → лёжа 寝ころんで： чита́ть лёжа 寝ころんで読む
сиде́ть すわる → си́дя すわったまま：положе́ние си́дя すわったままの姿勢
стоя́ть 立つ → сто́я 立ったまま：говори́ть сто́я 立ち話しをする

⊕ бежа́ть「走る」, бить「打つ」, есть「食べる」, е́хать「乗って行く」, ждать「待つ」, петь「歌う」, писа́ть「書く」, хоте́ть「望む」などの動詞は副動詞を作れません．これらの意味をもつ副動詞を作りたい場合は，接頭辞のついた不完了体の同義語から作ります．

ожида́ть 待つ → ожида́я 待ちながら， жела́ть 望む → жела́я 望みながら

2) 不完了体副動詞の用法

① 同時進行を表します．その際，接続詞 и「そして」を使った構文で置き換えることができます．

Чита́я, я усну́л． 読書しながら私は寝入ってしまった．
読書しながら 私は 寝入った (cf. While reading, I fell asleep).

Они́ сидя́т, **игра́я** (= и игра́ют) в ка́рты． 彼らはすわってトランプをしている．
彼らは すわっている しながら そして している トランプを (cf. They sit playing cards.)

Я кивну́л, **дава́я** поня́ть, что дово́лен.
私は うなずいた ほのめかしながら という事を 満足している
→私は満足しているという事をほのめかしながらうなずいた.(cf. I nodded, indicating that I was satisfied.)

② 「...する時」を表します． когда́「時」で置き換えることができます．

Уходя́ (= когда́ я ухожу́), я всегда́ выключа́ю свет.
出かける時は 時 私が 出かける 私は いつも 消す 明かりを
→ 出かける時は私はいつも明かりを消す.(cf. When I leave I always turn off the light.)

Спуска́ясь под го́ру, я уви́дел не́сколько домо́в.丘を下ってきた時は何軒かの家を見た．
下ってきた時に を 丘 私は 見た 何軒かの 家を
(cf. Coming down the hill I caught sight of several houses.)

усну́ть [完]寝入る. сиде́ть [不] すわっている. ка́рты [複]トランプ遊び. кивну́ть [完] うなずく. дава́ть поня́ть [不] ほのめかす. уходи́ть [不] 出かける. выключа́ть [不] スイッチを切る. го́р:a (-у) [女]丘(-対). уви́деть [完]見る. не́сколько いくつかの(+生). дом (-ов) [男]家(-複生).

③ 理由，原因を表します．　так как 「…なので」で置き換えることができます．

Бу́дучи моряко́м (= так как он моря́к), он лю́бит мо́ре．船乗りなので彼は海が好きだ．
なので　船乗り　　　　　なので　彼は　船乗り　彼は　好きだ　海が(cf. Being a sailor, he loves the sea.)

④ 条件，仮定を表します．　е́сли 「もしも」で置き換えることができます．

Критику́я (= е́сли критику́ешь) па́ртию, ты　критику́ешь всех нас．
批判するなら　　もし　批判するなら　　　党を　　君は　批判することになるすべてを私達
→党を批判するなら君は私達すべてを批判することになる．(cf.By criticizing the party you criticize all of us.)

⑤ не + 副動詞で「…しないで」という付帯状況を表します．

Я сосчита́л де́ньги, не **вынима́я** ру́ку из карма́на.
私は　数えた　　　お金を　　　出さないで　　　　手を　　から　ポケット　→　私はポケットから手を出
さないでお金を数えた．(cf. I counted the money without taking my hand out of my pocket.)

(2) 　完了体副動詞「…してから」
完了体副動詞は主に主文の述語動詞より前に完了した動作を表わしますが，不完
了体副動詞と同じように英語の分詞構文と同じような機能も持ち合わせています．

1) 　完了体副動詞の形態と作り方
　完了体動詞の過去語幹が母音で終わるものには語幹に -в，子音で終わるも
のには語幹に -ши をつけて作ります．　ся 動詞には -вшись / -шись をつけ
ます．また，アクセントの位置は原則として不定形と同じです．

不定形	副動詞	不定形	副動詞
прочита́-ть 読み終える	прочита́-в	умы́-ться 洗顔する	умы́-вшись
получи́-ть 受け取る	получи́-в	побри́-ться ひげを剃る	побри́-вшись
ле-чь 横になる	лёг-ши	заже́чь 点火する	зажёг-ши *

* 特殊形

♠ -йти́「行く」，-вести́「導く」，-нести́「運ぶ」を構成要素とする複合動詞か
ら作られる完了体副動詞の中には，不完了体と同じように現在語幹に不完了体
副動詞形成接尾辞 -я (сь) / -a(сь)をつけて作られるものもあります．　もちろん，
規則通りに完了体副動詞形成接尾辞 -вши(сь) / -ши(сь)をつけて作られる形
もあることにはあるのですが，こちらはあまり使われることはなく前者のほうが好ん
で用いられます．

不定形	3人称複数形	副動詞
найти́ 見つける	найд-у́т 彼らは見つける	найд-я́　(наше́д-ши)
унести́ 持ち去る	унес-у́т	унес-я́　(унёс-ши)
перевести́ サービスする	перевед-у́т	перевед-я́
встре́титься 出会う	встре́т-ятся	встре́т-ясь (встре́ти-вшись)

2) 　完了体副動詞の用法
① 主文の動詞より前に完了した動作を表わします「…してから」

У́тром, умы́**вшись** и побри́**вшись**, он за́втракает．
朝に　　洗顔して　　　　ひげを剃ってから　彼は　朝食をとる．→　朝に洗顔してひげを
剃ってから彼は朝食をとる．(cf. In the morning, having washed and shaved, he has breakfast.)

моря́к [男] 船乗り．　па́ртия (-ю) [女] 党(-対)．критикова́ть [不] 批判する．сосчита́ть
[完] 数える．вынима́ть [不] 取り出す．карма́н (-а) [男] ポケット(-生)．умы́ться [完] 洗
顔する．побри́ться [完] ひげを剃る．за́втракать [不] 朝食をとる．

Получи́в　какие́-то　бума́ги,　экскурсово́ды　разошли́сь.
受け取ってから　しかるべき　書類を　ガイド達は　方々へ派遣された(♪281)
→ しかるべき書類を受け取ってからガイド達は方々へ派遣された.(cf. Having obtained certain documents, the tour guides dispersed.)

④ 条件，付帯状況等を表します．

Переведя́　э́тот　текст,　вы　ока́жете　нам　услу́гу.
訳してくれば　この　テキストを　あなたは　してくれたことになる　私達に　奉仕を
→ このテキストを訳してくればあなたは私達に奉仕してくれたことになる．
(cf. By translating this text, you will be doing us a good turn.)

8　副詞　(наре́чие)

動詞，形容詞，他の副詞，名詞などを修飾する副詞は，形のうえから，それ以上分解できない本来の副詞と他の品詞から派生した派生副詞に分類できます．

(1) 本来の副詞

　　там　そこに，туда́　向こうへ，как　どのように，где　どこへ

(2) 派生副詞

1) 名詞から派生した副詞

① 造格から

весно́й 春に(< весна́ [女] 春)，ле́том 夏に(< ле́то [中] 夏)，о́сенью 秋に(< о́сень [女] 秋)，зимо́й 冬に(< зима́ [女] 冬)，у́тром 朝に(< у́тро [中] 朝)，днём 午後に(< день [男] 午後)，ве́чером 夕方に(< ве́чер [男] 夕方)，но́чью 夜に (< ночь [女] 夜)

② 対格から

мину́ту しばらく，сейча́с 今，всё ле́то 夏中，то́тчас すぐに

③ 生格から

сего́дня 今日，позавчера́ おととい

④ 前置詞 + 名詞

вме́сте いっしょに，во́время 間に合って，снача́ла 初めて，вперёд 前へ，вверх 上へ，наза́д 後へ，сза́ди 後から，наприме́р たとえば，сра́зу すぐに

2) 代名詞から派生した副詞

заче́м 何のために，почему́ なぜ，зате́м その後で，по-мо́ему 私の意見では，по-на́шему 私たちの意見では，по-ва́шему あなたの意見では

3) 形容詞から派生した副詞

① 形容詞短語尾中性 -о (硬変化)型 ／ -е (軟変化)型

бы́стр-о 速く(< бы́стр-ый 速い)，гла́дк-о なめらかに(< гла́дк-ий なめらかな)，и́скренн-е 誠実に(< и́скренн-ий 誠実な)，ра́н-о 早く(< ра́нн-ий 早い)，по́здн-о 遅く(< по́здн-ий 遅い)《軟変化でも -о になる》

бума́ги [複] 書類．экскурсово́д [男/女] ガイド．разосла́ться [完] 方々へ派遣される．за́втракать [不] 朝食をとる．перевести́ [完] 訳す．оказа́ть [完] 与える．услу́гa (-у) [女] 奉仕(-対)．

② -ый / -ий で終わっていて対応する -о / -е のない形容詞の一部は《по + 長語尾中性与格》で副詞を作ります。

по-друго́му 別のやり方で(< друго́й 別の)、по-ра́зному 様々に(< ра́зный 様々な)、по-пре́жнему 従来通り(< пре́жний 従来の)、по-делово́му 実務的に(< делово́й 実務の)

③ -ки 型

-ский / -цкий / -и́ческий 終わりの形容詞は語末の й を取って作ります。

бра́тск-и 友好的に(< бра́тск-ий 友好的な)、
герои́ческ-и 英雄的に(< герои́ческ-ий 英雄的な)、

-ки に по- をつけて副詞を作ることもできます。

по-дура́цки 愚かに(< дура́цк-ий 愚かな)、по-ру́сски ロシア風に(< ру́сск-ий ロシア風の)

④ 《前置詞 + 形容詞短語尾》型：前置詞と融合している場合が多い

в основно́м 基本的に、издалека́ 遠くから、напра́во 右に、нале́во 左に、сно́ва 再び、слегка́ 軽く、и́зредка まれに、вполне́ 十分に

4) 動詞から派生した副詞

① 副動詞から

лёжа 寝ころんで(< лежа́ть [不] 寝る)、си́дя すわったまま(< сиде́ть [不] すわる)、сто́я 立ったまま(< стоя́ть [不] 立つ)、мо́лча だまって(< молча́ть [不] だまる)

② 能動形動詞現在の短語尾単数中性形 -ще から

умоля́юще 懇願するように(< умоля́ть [不] 懇願する)、угрожа́юще おどすように(< угрожа́ть [不] おどす)

5) 前置詞 + 数詞から派生した副詞

вдвоём 二人で、втроём 三人で、вчетверо́м 四人で、впервы́е 初めて、во-пе́рвых 第一に、во-вторы́х 第二に、в-тре́тьих 第三に、одна́жды 一度、два́жды 二度、три́жды 三度

(3) 不定副詞(неопределённые наре́чия) -то, -нибудь, -либо, кое-

話者には分かっているが故意に明言しないものを-то, 全く不特定のものを-нибудь, -либо, 話者は分かっているが相手は分からないものを кое-で表現します。

Он живёт где́-то в го́роде. 彼は町のどこかに住んでいる.
彼は 住んでいる どこかに の 町

Мы встре́тимся где́-нибудь. 私たちはどこかで会うつもりだ.
私たちは 会うつもりだ どこかで

Он когда́-либо захо́дит? 彼はいつか立ち寄るだろうか.
彼は いつか 立ち寄るだろうか

Ко́е-как мы доплы́ли до бе́рега. 私たちはやっとのことで海岸に泳ぎ着いた.
やっとのことで 私たちは 泳ぎ着いた に 海岸

го́род [男] 町. встре́титься [完] 会う. заходи́ть [不] 立ち寄る. доплы́ть [不] 泳ぎ着く. бе́рег [男] 海岸.

(4) 否定副詞(отрицáтельные наре́чия)：ни-「ない」のついた副詞 (♪311)
нигде́, ника́к, никуда́, никогда́, ниотку́да, ниско́лько など
Я никогда́ не пью ко́фе. 私は決してコーヒーを飲まない．
私は 決して ない 飲む コーヒーを〔＜пить [不]飲む〕
Не́куда идти́. どこも行くところがない．
どこもない 行くところが

(5) 副詞の比較級
1) 多くの場合形容詞短語尾比較級と同形です．
Она́ говори́ла гро́мче. 彼女はより大きな声で話した．
彼女は 話した より大きな声で〔＜гро́мкий 大声の〕

2) 副詞の接尾辞
形容詞から派生した副詞の -о/-е を -ее に代えて比較級にします．
Она́ отве́тила ве́жливее. 彼女はより丁寧に答えた．
彼女は 答えた より丁寧に〔＜ве́жлив-о 丁寧に〔＜ве́жлив-ый 丁寧な, отве́тить [完]答える〕
♣ 2音節以上の副詞や -и́чески で終わる副詞に関しては副詞の前に бо́лее
「より多く」を添えて比較級を作ります．
бо́лее внима́тельно より用心して
Они́ воева́ли бо́лее герои́чески. 彼らはより勇敢に戦った．
彼らは 戦った より 勇敢に〔＜воева́ть [不]戦う〕

(6) 副詞の最上級
副詞の最上級は，《副詞 бо́льше「より一層」+ всего́ すべての物》,《
бо́льше + всех すべての人》か, 《наибо́лее「最も」+ 副詞》の形で作ります．
Бо́льше всего́ я люблю́ шокола́д. すべての中で私はチョコレートが一番好きだ．
より一層 すべての中で 私は 好きだ チョコレートが

Я люблю́ шокола́д бо́льше всех. 私はだれにもましてチョコレートが好きだ．
私は 好きだ チョコレートが より一層 だれよりも
наибо́лее эконо́мично 最も経済的に

9 接続詞 (сою́з)
文または文の成分を結びつける働きをする語を接続詞と言います．対等の関係
にある要素を結びつける働きをする等位接続詞と，従属節を導いて主節に結びつ
ける働きをする従属接続詞があります．

(1) 等位接続詞(сочини́тельные сою́зы)
1) и 「…と, そして」(添加), и …(,) и …「…も…も」(列挙), ни …(,) ни …
「…も…もない」(双方否定)
Он молодо́й и си́льный. 彼は若くてたくましい．
彼は 若く そして たくましい

Она́ спосо́бна и к хи́мии, и к фи́зике. 彼女は化学も物理学も得意だ．
彼女は 得意だ も に 化学 も に 物理学

спосо́бн:ый (-а) 得意な(-女). хи́ми:я (-и) [女] 化学(-与). фи́зик:а (-е) [女] 海岸(-与).

У негó нет **ни** друзéй, **ни** коллéг. 彼には友人も同僚もいない
には 彼 いない も 友人 も 同僚も (♪ 312)

主語の違う二つの文を結びつけるときは и の前にコンマをおきます.

Идёт дождь, **и** я сижý дóма. 雨が降っていて, 私は家にいる.
降っていて 雨が そして 私は いる 家に

2) **а, но**「...だが, しかし, 一方, でも」(対比, 対照, 反意, 逆説)

Это не дом, **а** дáча. これは家ではなくて別荘だ.
これは ない 家では そうではなく 別荘だ

Он читáет, **а** онá пи́шет. 彼は読んでいて, 彼女は書いている.
彼は 読んでいる 一方 彼女は 書いている

— Пойдём в кинó! — **А** у тебя́ есть биле́ты? — 映画に行こうよ！—でも切符はあるの.
行こうよ に 映画 でもに 君 あるの 切符は

Он мóлод, **но** óпытен. 彼は若いが経験に富む.
彼は 若い が 経験に富む〔[短男]< óпытеный 経験に富む〕

3) **и́ли** 又は, あるいは, さもないと, **и́ли ... и́ли ...** ...か(あるいは)...(選択)

Хóчешь чай **и́ли** кóфе? 紅茶にしますか, コーヒーにしますか.
望みますか 紅茶を あるいは コーヒーを

И́ли я зайдý, **и́ли** позвоню́. 私は立ち寄るか電話をしよう.
か 私は 立ち寄る 電話をしよう〔< зайти́ [完] 立ち寄る, позвони́ть [完] 電話をする〕

(2) 従属接続詞(подчини́тельные сою́зы)

1) 名詞節を作る従属接続詞 **что**「...すること」

что は英語の that に相当し, 従属節を導いてその節を名詞化「...すること」して主節に結びつける働きをします. なお, что には関係代名詞の用法がありますが, 前述してあるのでここでは省略します.

Онá сказáла, **что** онá готóва. 彼女は用意ができたと言った.
彼女は 言った と 彼女は 用意ができた (cf. She said (that) she was ready.)

Мы дýмали, **что** он заболе́л. 私達は彼が発病したと思っていた.
私達は 思っていた と 彼が 発病した (cf. We thought he had fallen ill.)

◊ 従属節の内容に疑惑・不信を抱いているときは **бýдто (бы)**「まるで...のようなこと」を用います.

Он говори́т, **бýдто (бы)** ничегó не знал. 彼はまるで何も知らなかったようなことを言っている.
彼は 言っている まるで 何も ない 知っていた

2) 副詞節を作る従属接続詞 ここでも **что** がよく使われます

① 程度・結果を示す従属接続詞 **так, такóй + что**「...ほど, あまり...で...だ」

Он **так** мнóго ходи́л, **что** устáл. 彼はあまり歩きすぎて, 疲れてしまった.
彼は あまり たくさん 歩いた その結果 疲れた

Шёл **такóй** си́льный дождь, **что** зóнтик мне не помóг.
降った それほど 激しく 雨が その結果 傘も 私には ない 役に立った
→ 雨があまりにも激しくて傘も役に立たなかった.

друзе́й [複生] < друг [男] 友人. колле́г [複生] < колле́га [男/女] 同僚. готóвый 用意ができた. дýмать [不] 思う. заболе́ть [完] 発病する. устáть [完] 疲れる. помóчь [完] 役に立つ.

接続詞

② 目的，願望を示す従属接続詞　чтобы + 過去形　「...するように」

Я хочу́, **что́бы** он ушёл. 私は彼に出て行ってほしい.
私は　望む　ように　彼に　出て行く［< уйти́［完］立ち去る，出て行く］

Он попроси́л, **что́бы** ему́ принесли́ меню́. 彼はメニューを持ってくるように頼んだ.
彼は　頼んだ　ように　彼が　持ってくる　メニューを［< попроси́ть［完］頼む, принести́［完］持ってくる］

Необходи́мо, **что́бы** все молча́ли. 誰もが沈黙しなければならない.
必要だ　ことが　誰もが　沈黙する［< молча́ть［不］沈黙する］

Он дал мне бу́лку, **что́бы** я не голода́л. 彼は私が餓えないようにパンをくれた.
彼は　くれた　私に　パンを　ように　私が　ない　餓え［< голода́ть［不］餓える, бу́лка［女］パン］

Он купи́л компа́кт-ди́ск-прои́грыватель, **что́бы** все слу́шали му́зыку.
彼は　買った　CDプレーヤーを　　　　　ように　皆が　聞ける　音楽を
→ 彼は皆が音楽を聞けるようにCDプレーヤーを買った.

主節と従属節の主語が同じ場合は不定詞を用います.

Она́ вста́ла, **что́бы** встре́тить госте́й. 彼女は客を迎えるために立ちあがった.
彼女は　立ちあがった　ように　迎える［完］　客を［［複対］< гость［男］客］

③ 原因・理由を示す従属接続詞　「...なので」

最もよく使われるのは потому́ что であり，従属節の前にきます.

Он оде́лся потепле́е, **потому́ что** то́лько что вы́пал снег.
彼は　着込んだ　暖かく　ので　　　いましがた　　　降った　雪が
→ 彼はいましがた雪が降ったので暖かく着込んだ.

それ以外に благодаря́ тому́(,) что, из-за того́(,) что, оттого́(,) что, так как などがありますが，これらは従属節の前後にくることができます.

Она́ сдала́ экза́мен, **благодаря́ тому́ что** повтори́ла про́йденное.
彼は　受かった　試験に　ので　　　　　　　　復習した　習ったところを
→ 彼は習ったところを復習したので試験に受かった.

Из-за того́ что он пло́хо подгото́вился, он провали́лся на экза́мене.
ので　　　　　彼は　まずく　準備した　　　彼は　落ちた　　　に　試験
→ よく準備しなかったので彼は試験に落ちた.

Я простуди́лся, **оттого́ что** выходи́л без пальто́.
私は　風邪をひいた　ので　　　外出した　なしで　コート
→ 私はコートを着ないで外出したので風邪をひいた.

Он снял пальто́, **так как** ему́ бы́ло жа́рко. 彼は暑かったのでコートをぬいだ.
彼は　ぬいだ　コートを　ので　　彼には　だった　暑い

Так как ему́ бы́ло жа́рко, он снял пальто́.　　　〃
ので　　彼には　だった　暑い　　彼は　ぬいだ　コートを

④ 時を示す従属接続詞　「...する時」

когда́「...する時」, как то́лько「...するやいなや」, по́сле того́ (,) как 「...の後で」, пре́жде (,) чем「...する前に」, пока́「...する間」, пока́ не 「...まで」, с тех пор(,) как「...以来」などがあります.

прои́грыватель ［男］プレーヤー. оде́ться ［完］着込む. сдать ［完］合格する. повтори́ть［完］復習する. про́йденное ［中］既習事項. подгото́виться ［完］準備する. провали́ться ［完］失敗する. простуди́ться ［完］風邪をひく. снять ［完］脱ぐ.

Когда́ мы слу́шали ра́дио, пришли́ на́ши друзья́. (♪314)
ときに 私達が 聞いている ラジオを 到着した 私達の 友達が
→ 私達がラジオを聞いているときに友達が到着した。

Когда́ зако́нчилась переда́ча, я вы́ключил телеви́зор.
とき 終わった 番組が 私は 消した テレビを
→ 番組が終わったとき私はテレビを消した。

Как то́лько он прочита́л письмо́, он разорва́л его́.
やいなや 彼は 読み終える 手紙を 彼は 破り捨てた それを
→ 彼は手紙を読み終えるやいなやそれを破り捨てた。

По́сле того́ как он накача́л ши́ны, мы пое́хали да́льше.
後で 彼が 空気を入れた タイヤ 私達は 進んだ その先へ
→ 彼がタイヤに空気を入れてからさらに進んだ。

Пре́жде чем она́ перевела́ фра́зу, она́ све́рилась со словарём.
前に 彼女は 訳す 句を 彼女は 調べた を 辞典
→ 彼女は句を訳す前に辞典を調べた。

Пока́ шёл дождь, я сиде́л до́ма. 雨が降っている間私は家にいた。
間 降っている 雨が 私は いた 家に 〔< сиде́ть [不] すわっている〕

Я подожду́, **пока́** он не придёт. 私は彼が来るまで待ちます。
私は 待ちます まで 彼が 来る

С тех пор как он прие́хал, он всё вре́мя жа́луется на пого́ду.
から 彼は 来て 彼は いつも 不平を言っている に 天気
→ 彼は来てから天気についていつも不平を言っている。

⑤ 仮定を示す従属接続詞 **е́сли**「もし...ならば」

Е́сли ты вы́учил уро́ки, мо́жешь смотре́ть телеви́зор.
もし おまえが しっかりおぼえたら 学課を できる 見ることが テレビを
→ もしおまえが学課をしっかりおぼえたらテレビを見れるよ。

Е́сли он забу́дет, я напо́мню ему́. もし彼が忘れたなら私が彼に思い出させてやる。
もし 彼が 忘れたなら 私が 思い出させてやる 彼に

Е́сли вы́ключить свет, мо́жно показа́ть фильм.
もし 消したら[完] 明かりを できるのだが 上映する[完] 映画を
→ もし明かりを消したら映画を上映できるのだが。

Е́сли бы у меня́ была́ иго́лка, я приши́л бы пу́говицу.
もし に私 あったら 針が 私は 縫いつけることができるのだが ボタンを
→ もし針があったら私はボタンを縫いつけることができるのだが。

⑥ 譲歩を示す従属接続詞 **хотя́, несмотря́ на то(,) что**「...であっても、...だが」

Он вас при́мет, **хотя́** он о́чень за́нят. 彼はたとえどんなに忙しくても君に会うだろう。
彼は 君を 迎え入れる たとえ 彼が どんなに 忙しくても〔短男〕 < за́нятый 忙しい〕

Они́ пошли́, **несмотря́ на то что** шёл дождь. 彼らは雨が降っていたが出かけた。
彼らは 出かけた 降っていたが 雨が〔< пойти́ [完] 出かける. идти́ [不] 降る〕

прийти́ [完] 到着する. друзья́ [複] < друг [男] 友人. зако́нчиться [完] 終わる. вы́ключить [完] スイッチを切る. разорва́ть [完] 引き裂く. накача́ть [完] 詰める. ши́на [-ы] [女] タイヤ(-複). пое́хать [完] 出かける, 進む. све́риться (-лась) [完] 調べる(-過去)[+ с造]. словáрь (-ём) [男] 辞典. подожда́ть [完] 待つ. прийти́ [完](歩いて)来る. прие́хать [完](乗物で)来る. жа́ловаться [不] 不平を言う. пого́да [女] 天気. вы́учить [完] しっかりおぼえる. уро́к [男] 学課. напо́мнить [完] 思い出させる. приши́ть [完] 縫いつける. пу́говица [女] ボタン. приня́ть [完] 迎え入れる.

⑦ 比喩，同類，資格を示す従属接続詞 как「…のように，…として，同じように」，как бу́дто (бы)「まるで…のように」

бе́лый, как снег 雪のように白い　　　　　　　　　　(♪ 315)
Ва́ше се́рдце рабо́тает, как часы́. 君の心臓は時計のように動いている．
君の　心臓は　動いている　のように　時計

Я говорю́ с тобо́й как друг. 私は君に友人として言っている．
私は 言っている に 君 として 友人

Он сиди́т с закры́тыми глаза́ми, как бу́дто (бы) спит.
彼は すわっている　閉じて 両目を まるで 眠っているかのように
→ 彼はまるで眠っているかのように両目を閉じてすわっている．

♧ 状況を説明して「…しているのを」，知覚を表す動詞(слы́шать「聞こえる」，слу́шать「聞く」，смотре́ть「見る」など)の目的語を成す従属節を導きます．

Я слы́шу, как она́ поёт. 私は彼女が歌っているのが聞こえる．
私は 聞こえる　のが 彼女が 歌っている〔< петь [不] 歌う 〕

Я слу́шаю, как игра́ет орке́стр. 私はオーケストラが演奏しているのを聞いている．
私は 聞いている のを 演奏している オーケストラが　〔< игра́ть [不] 演奏する 〕

Мы смо́трим, как он рабо́тает. 私達は彼が働いているのを見ている．
私達は 見ている　のを 彼が 働いている

10　疑問文(вопроси́тельное предложе́ние)

(1) 疑問詞を用いない疑問文の作り方

1) 平叙文の語順を変えずに，質問したい語のアクセントのある部分のイントネーションを急上昇させて後は下げます．英語のように文末を上げてはいけません．

Вы хорошо́ зна́ете э́того живопи́сца? あなたはこの画家をよくご存知ですか．

Вы хорошо́ зна́ете э́того живопи́сца? あなたはこの画家をよくご存知ですか．

2) 質問したい語を文頭に出して，その後に疑問の助詞 ли「…か」をつけます．
Зна́ете ли вы э́того живопи́сца хорошо́? あなたはこの画家をよくご存知ですか．
Хорошо́ ли вы зна́ете э́того живопи́сца? あなたはこの画家をよくご存知ですか．

3) 文頭に疑い，不満，驚きなどのニュアンスを加える強めの助詞 ра́зве, неуже́ли「本当に，果たして，まさか」がつくことがあります．後者の方が意味が強めです．

Ра́зве он уже́ прие́хал?　　　　本当に彼はもう来ているのか．
本当に　彼は もう　来ているのか　〔< прие́хать [完] (乗物で)来る 〕
Неуже́ли он согласи́лся?　　　　本当に彼は賛成したのか．
本当に　　　彼は 賛成したのか　〔< согласи́ться [完] 賛成する 〕

(2)　疑問詞を用いる疑問文
　　単文では疑問詞を文頭に置きます．
Где нахо́дится като́к? スケート場はどこにありますか．
どこに ありますか　　スケート場は

живопи́с:ец (-ца) [男] 画家(-対)．　нахо́диться [不] ある．

11 無主語文   (♪316)

どの言語でも，自然現象((例：(日が)暗くなった))や生理現象((例：(私は)眠くなった))などを述べるときに，文章の主語が省略されることがあります．このような文を主語がないので無主語文と言います．それでは，ロシア語ではどのような場合に主語が省略されるのでしょうか．本題に入る前に文の基本的な構造を整理・理解しておきましょう．一般に単文は，「...は」に当たる主語の部分(表の①)と，その主語の動作，状態，性質などを叙述する動詞「...する」(表の③)や主格補語「...だ」(表の②)と，場合によってはこれらに付随して，願望，可能，義務，許可などを示し，これらの意味を補う役目をする，英語の助動詞に相当する語(表の④)((ただし，ロシア語では助動詞という言葉は使わずに叙法(動)詞という))から成る述語の部分に分けられます．無主語文とは，話し手にとって文章の中で述語が最も重要な関心事であって主語があまり重要でないかあるいは天候のように主語を示す必要がない場合に主語が省略される文のことを言います．どうしても主語を示す必要がある場合は日本語のように与格「...にとって」等で控えめに表現されます．無主語文は，述語のとる形に応じて大きく以下の4種類に分類できます．

単文	
主語	述語
(...は) ①	④...できる，ならぬ，してよい，ほしい，思われる...) −叙法(動)詞	②名辞類(形容詞，名詞...)から成る主格補語(...だ) ③動詞(...する)

主語のある普通の文の例　　　　　　→主語の省略された無主語文((до́лжно は中性形))

Ты до́лжен слу́шать сове́ты ста́рших. → (Всем) До́лжно слу́шать сове́ты ста́рших.
あなたは(①)年長者の忠告を聞か(③)ねばならない(④).　　(誰もが)年長者の忠告を聞かねばならない．

(1) 無人称文 (безли́чное предложе́ние)

述語が3人称単数か中性形をとりながら主語の省略される文を無人称文と言います．無人称文で用いられる述語を無人称述語または無人称動詞と言います．述語が3人称単数形か中性形をとるということは裏に3人称単数の不定のまたは普遍的な主体(一般にある人は...，又は，天候・寒暖・明暗・距離・時などの漠然と全体を取り巻く状況を指す；英語の非人称代名詞 one, it のようなもの)が想定されていることになります．無人称文は，自然現象，不可抗力，生理現象，さらには無人称述語，助動詞相当語句などによって表現される誰にでも当てはまる普遍的な感情，可能性，義務，推量，願望，状況等を述べるときに用いられます．主体を示す必要がある場合は与格，対格，造格で示されます．
　上の図で示したように，述語は形の上から主格補語だけのもの(無主語文では補語は形容詞だけが使われます②)，動詞だけのもの(③)，さらに場合によってはこれらの意味を補う役目をする助動詞に相当する語句(④)が②，③の前につく場合があります．④の語は英語などの他の言語ではほぼ助動詞に相当するものですが，ロシア語ではこれらの語は②，③を補語とする動詞や形容詞の一種とみなされており，他の言語のように助動詞として独立した文法項目にはなっていません．

1)　形容詞を用いた無人称文((形容詞の語尾が短語尾中性形の -o (無人称述語)で終わる))

Сего́дня о́чень тепло́.　今日はとても暖かだ．(cf.　It is very warm today.)
今日は　　とても　　暖かい[中] [< тёплый, тёпел, тепла́, тепло́　暖かい]((「天気は」が省略))

Тру́дно говори́ть по-ру́сски. ((「だれにとっても」が省略))ロシア語で話すのは難しい．
難しい[中] 話すのは　ロシア語で [< тру́дный　難しい. cf. It is difficult for anyone to speak russsian.]

2) 動詞を用いた無人称文《動詞が3人称単数形（無人称動詞）で終わる》

Стемне́ло. 暗くなった. 〔3人称単数過去中性〕 < стемне́ть [完]暗くなる. cf. It grew dark.〕《自然現象の明暗が省略. 英語では主語が省略できないので形式主語 it を立てて漠然と自然現象を指す》

Осенью света́ет по́здно. 秋は夜明けが遅い. (cf. Dawn comes late in autum.)
秋は　　夜が明ける　遅く　〔света́ет [3人称単数現在] < света́ть [不] 夜が明ける〕

Его́ тошни́т. 彼は吐気がする. (cf. Anything nauseates him.= He feels sick.)
彼に[対] 吐気を催させる[3人称単数現在]〔< тошни́ть [不]吐気を催させる〕《主語が不明な生理現象》

Мне повезло́. 私は運が良かった.《誰にも当てはまる吉凶は主語を省略し動詞は3人称にする》
私にとって　運が良かった[3人称単数過去中性] 〔< повезти́ [完] 運が良い, ついている〕

Дом уда́рило мо́лнией. 家は雷によって打たれた.《自然現象は無人称文で表現する》
家は　　打たれた　　雷によって[造]　　　　　(cf. The house was struck by lightning.)
〔уда́рило [3単過中] < уда́рить [完] 打つ, мо́лнией [造]< мо́лния [女] 雷〕

Мне ка́жется, что я вас где́-то уже́ ви́дел.
私には　思える　ことが　私が あなたに どこかに すでに 会った → どこかでお会いしたことがあるような気がします.
(ка́жется [3単現] < каза́ться [不]思われる) (cf.　It seems to me that I have alredy seen you anywhere).《推断「思える, 見える, らしい」を表す述語動詞は無人称述語にして, 主体は与格で控えめに表現する》

3) 助動詞相当語句を用いた無人称文《構造的には助動詞の役割を果たす動詞・形容詞が不定形の動詞等を補語としている. 述語は動詞の3人称単数形か形容詞の中性形になる》

Ну́жно чита́ть гро́мко. (誰もが)大きな声で読まなければならぬ. (cf. One must read loudly.)
ならぬ　読まなければ 大きな声で〔(ну́жно [短語尾中性] < ну́жный 必要な, ならない]）

Здесь мо́жно кури́ть? (誰もが)ここでタバコを吸ってもいいですか.
ここで　　できる　　タバコを吸うことが《不特定多数の主体はロシア語でも日本語でも省略されるのが普通》
〔мо́жно [中] < мо́жный * 推定〕 (cf.　Is it possible for anyone to smoke here?)

Нельзя́ входи́ть. 立入禁止. (cf.　One must not enter.)
してはいけない　　立入ることを[不]　　《「だれもが」が省略されている》

Ба́бушке хо́чется внима́ния. お婆さんには親切にしてもらいたい.
お婆さんには[与] したい　　親切に〔хо́чется [3単現] < хоте́ться [不]したい(+生), внима́ние [中] 親切〕.《強調したい述語は無人称形にする》

Нам удало́сь победи́ть. 私達はうまく勝利した.《述語を強調したい時は無人称形にする》
私達にとって[与] 成功した　勝利することにおいて〔удало́сь [過去中] < уда́ться [完] 成功する〕

Нам предстои́т реши́ть э́тот вопро́с. 私達は近々この問題を解決しなければならない.
私達は　近々しなければならない解決するこの 問題を〔[3単]< предстоя́ть まもなく...しなければならない〕

（2）不定形文（инфинити́вное предложе́ние）

　叙法(動)詞や述語副詞なしに, 動詞不定形が単独で述語になっている文を不定形文と言いますが, 裏に不特定多数の主体(一般に人は...)が漠然と想定されているのでこれも無人称文の一種と考えられます. 不定形文で主体を表したい場合は主体を与格にします. 不定形文では命令, 必要, 義務, 願望, 可能性などが表現されます.

Как включи́ть компью́тер? パソコンはどのようにスイッチを入れたらいいか.
どのように スイッチを入れたらいいか　パソコンを(cf.How one should switch on the computer?)

無主語文

Как **проéхать** в центр гóрода? 町の中心にはどう行ったらいいですか．
どう 行ったらいいのか に 中心 町の (cf. How one goes to the center of the town?)

Не **разговáривать**! おしゃべりしないこと！ (♪318)
ない おしゃべりすること (cf. Don't talk!)

Когó мне **спросúть**? 私はだれに聞いたらいいのか．
だれに 私は 聞いたらいいのか (cf. To whom do I ask?)

（3）不定人称文（неопределённо-лúчное предложéние）

述語動詞が3人称複数の形をとりながら主語 онú が省略される文のことを言います．もちろん不特定多数の主体が裏に想定されていますが，話し手の関心が主体ではなく述語の表す動作そのものに向いているために主体が示されないわけです．この種の文はしばしば受け身に訳されます．

Прóсят не курúть. 禁煙．
彼らは頼む ない タバコをすうこと (cf. They ask not to smoke. = No Smoking.)

Как вас **зовýт**? あなたのお名前は何と言いますか．
何と あなたを 彼らは呼ぶ (cf. How do they call you? = What's your name?)

Говорят, что он погúб. 彼が破産したという噂だ．
彼らが話している と 彼が 破産した (cf. They say that he has perished.)

Меня **разбудúли** на рассвéте. 私は夜明けに目がさめた．
私を 彼らが起こした に 夜明け (cf. I was awakened at dawn.)

Тебя **прóсят** к телефóну. あなたに電話です．
あなたを 彼らが探している に 電話 (cf. You are wanted on the phone.)

（4）普遍人称文（обобщённо-лúчное предложéние）

述語動詞が2人称単数の形をとりながら主語 ты が省略される文のことを言います．もちろん不特定多数の主体が裏に想定されています(あなたは → だれでも)．この文は誰にでも当てはまることや必然性，可能性などを表すことが多い．文章の性質上，諺に広く用いられます．

Никогдá не **знáешь**, к чемý он клóнит. 彼が何を考えているのか決してわからない．
決して ない わかる を 何 彼が 考えているのか (cf. You never know what he is getting at.)

Врéмени не **ворóтишь**. 時間は再び帰らない．
時間を ない あなたは取り戻す (< воротúть [完] 取り戻す)

Не отклáдывай на зáвтра то, что **мóжешь** сдéлать сегóдня.
な 延ばす まで 明日 ことは できる する 今日
→ 今日できることは明日まで延ばすな. (cf. Don't put off till tomorrow what should be done today.)

Не извéдав гóрького — не **узнáешь** слáдкого. 苦い物を知らなければ甘い物もわからない．
ない 知る 苦い ない 知る 甘い物も

За двумя зáйцами погóнишься — ни одноогó не **поймáешь**.
を 二 兎 追う者 ない 一兎を 得る → 二兎を追う者，一兎をも得ず．

проéхать [完] ある所を通ってどこかへ行く．разговáривать [不] おしゃべりする．спросúть [不] 聞く．просúть [不] 頼む．курúть [不] タバコをすう．звать [不] 呼ぶ．говорúть [不] 話す．погúб [過去] < погибáть [不] 破産する．разбудúть [完] 起こす．клонúть [不] (話しを)向ける．отклáдывать [不] 延ばす．извéдать [完] 経験して知る．гóрького [否定生格] < гóрько [中名] < гóрький 苦い，つらい．узнáть [完] 知る．слáдкий 甘い．за ...を追って(+造)．двумя [造] < два 2匹の．зáйцами [複造] < зáяц [男] 兎．погнáться [完] 追いまわす．поймáть [完] つかまえる．

日本語―ロシア語語彙集

※ 使用上の注意

(1) 名詞は一般に単数主格形，文法性，発音の順で表示されています．
(2) 動詞は一般に不定形を見出し語として掲げています．
(3) 形容詞は一般に男性単数主格の長語尾形を見出し語として掲げています．
(4) 語末の数字はテキストで単語の出てきたページ数を示しています

あ 行

愛　любо́вь　囡　リュボーフィ
愛称　ласка́тельное и́мя　囲　ラスカーチリナヤ イーミャ　23
あいさつ　приве́тсвие　囲　プリヴィエーツヴィェ　21
アイスクリーム　моро́женое　囲　マローシノェ　98
愛する　люби́ть　囲/ по-　リュビーチ/ パ-　152
空いている　свобо́дный　スヴァボードヌイ　54
開いている　откры́тый　アトクルィートゥイ　89
アイロン　утю́г　囲　ウチューク
会う　встреча́ться / встре́титься　囲
(с+造) フストリチャッツァ / フストリェーチッツァ　154
会うこと　свида́ние　囲　スヴィダーニエ　22
青い　си́ний　シーニィ　123
赤い　кра́сный　クラースヌイ　123
赤の広場　Кра́сная пло́щадь　囡　クラースナヤ プローシャチ　86
明るい　све́тлый　スヴィェートルイ
あきらめる　отка́зываться　囲 / отказа́ться　囲 (от + 生) アトカーズィヴァッツァ / アトカザーッツァ　139
飽きる　надоеда́ть　囲 / надое́сть　囲　ナダイェダーチ / ナダイエースチ
開く　открыва́ться　囲 / откры́ться　囲　アトクルィヴァーッツァ / アトクルィーッツァ　45
空く　освобожда́ться　囲 /освободи́ться　囲　アスヴァバジダーッツァ / アスヴァバディーッツァ　89
アクセサリー　аксессуа́р　囲　アクセスアール, украше́ние　囲　ウクラシェーニエ　133
アクセント　ударе́ние　囲　ウダリェーニエ　218
あける　освобожда́ть　囲 / освободи́ть　囲　アスヴァバジダーチ / アスヴァバヂーチ　77
開ける　открыва́ть　囲 / откры́ть　囲　アトクルィヴァーチ / アトクルィーチ　305
あげる　дава́ть　囲/да́ть　囲　ダヴァーチ/ダーチ　231
上げる　поднима́ть　囲 / подня́ть　囲　パドニマーチ / パドニャーチ
揚げる　жа́рить　囲 / за-, из-　囲　ジャーリチ / ザ-, イズ-　93
あごひげ　борода́　囡　バラダー, бо́роды　榎　ボーラトィ
朝　у́тро　囲　ウートラ　22
あざ　синя́к　囲　スィニャーク

アジ　ставри́да　囡　スタヴリーダ
味　вкус　囲　フクース
味見する　про́бовать　囲 / попро́бовать　囲　プローバヴァチ / パプローバヴァチ　87
あずき　кра́сная фасо́ль　クラースナヤ ファソーリ囡
預ける　отдава́ть　囲 / отда́ть　囲 (+対)　アッダヴァーチ / アッダーチ　75
アスパラガス　спа́ржа　囡　スパールジャ　106
汗　пот　囲　ポート
あそこ　там　ターム　66
遊ぶ　игра́ть　囲　イグラーチ　153
値する　сто́ить　囲　ストーイチ　31
値する　досто́йный　ダストーイヌイ　229
熱い　горя́чий　ガリャーチー　258
厚い　то́лстый　トールストゥイ　261
悪化する　ухудша́ться　囲 / уху́дшиться　囲　ウフトシャーッツァ / ウフートシッツァ　292
集める　собира́ть　囲 / собра́ть　囲　サビラーチ / サブラーチ　295
集まる　собира́ться　囲 / собра́ться　囲　サビラーッツァ / サブラーッツァ　295, съезжа́ться　囲 / съе́хаться　囲スイスジャーッツァ/スイエーハッツァ265
圧力　давле́ние　囲　ダヴリェーニエ　59
圧力鍋　скорова́рка　囡　スカラヴァールカ
あとで　по́зже　ポージェ　137
穴　дыра́　囡　ドィラー, я́ма　囡　ヤーマ　198
あなた / あなたたち　вы　ヴィ　247
あなたの　ваш囲/ ва́ша　囡/ ва́ше　囲/ ва́ши　榎　ヴァーシ/ ヴァーシャ/ ヴァーシェ/ ヴァーシィ　248
兄　ста́рший брат　囲スタールシュイ ブラート　30
姉　ста́ршая сестра́　囡スタールシャヤ シストラー30
あの　тот　トット　249
アパート　кварти́ра　囡　クヴァルチーラ　80
あぶない　опа́сный　アパースヌイ
油　ма́сло　囲　マースラ　93
あまい　сла́дкий　スラートキィ　318
あまりに　сли́шком　スリーシカム　41
編上げ靴　боти́нки　榎　バチーンキ　124
あやしい　подозри́тельный　パダズリーチリヌイ
謝る　извиня́ться　囲 / извини́ться　囲　イズヴィニャッツァ / イズヴィニーッツァ
洗う　мы́ть　囲 / по-　囲　ムィーチ / パ-　79

いる

嵐　бу́ря　囡　ブーリャ　218
あられ　град　囲　グラート
ある　находи́ться　囚　ナハヂーッツァ　23
歩いて　пешко́м　ピシコーム　66
あるいは　и́ли　イーリィ　312
歩く　ходи́ть 不定/идти́ 定 ハヂーチ/イッチィー　287
アルバイト　подрабо́тка　囡　パドラボートカ
アレルギー　аллерги́я　囡　アリルギーヤ　191
アワビ　морско́е у́шко　田　マルスコーエ ウーシカ
暗証番号　цифрово́й код　囲 ツィフラヴォーイ コート 46
安心　споко́йствие　田　スパコーイストヴィエ
アンズ　абрико́с　囲　アブリコース
安全な　безопа́сно　ビザパースナ　175
案内された　объя́вленный 受過　アブヤーヴリンヌイ　41
案内する、アナウンスする　объявля́ть 囚 / объяви́ть 囲　アブヤヴリャーチ / アブヤヴィーチ 41

い　行

胃　желу́док　囲　ジルータク　189
いいかげんな　небре́жный　ニブリェージヌイ
いいえ　нет　ニェット　21
言い回し　фра́за　囡　フラーザ　21
言う　говори́ть 囚 / сказа́ть 囲　ガヴァリーチ / スカザーチ　235
家　дом　囲　ドーム　82
イカ　кальма́р　囲　カリマール　106
~以外　кро́ме　クローメ　150
錨　я́корь　囲　ヤーカリ
行き着く　доходи́ть 囚 / дойти́ 囲　ダハヂーチ / ダイチー　66
生きる　жить 囚　ジーチ
行く(徒歩で)　ходи́ть 不定 / идти́ 定 ハヂーチ / イッチー　298, пойти́ 囲　パイチー　314
行く(乗り物で)　е́здить 不定 / е́хать 定, пое́хать　イェーズヂチ/イェーハチ/パイェーハチ　39
行く(探して)　попада́ть 囚 / попа́сть 囲　パパダーチ / パパースチ　66
行くように勧める　направля́ть 囚 / напра́вить 囲　ナプラヴリャーチ / ナプラーヴィチ　194
イクラ　икра́　囡　イクラー　134
池　пруд　囲　プルート
意見　мне́ние　田　ムニェーニエ
イコン　ико́на　囡　イコーナ　37
石　ка́мень　囲　カーミニ　196
医者　врач　囲　ヴラーチ　27
医者にかかる　обраща́ться 囚/обрати́ться 囲　アブラシャーッツァ アブラチーッツァ　186
移住　иммигра́ция　囡　イミグラーツィヤ　183
異常な　ненорма́льный　ニナルマーリヌイ
イスラム教　мусульма́нство 田 ムスリマーンストヴァ
イスラム教徒　мусульма́н:ин 囲 / -ка 囡　ムスリマーニン / ムスリマーンカ　36
伊勢エビ　ома́р　囲　アマール

遺跡　оста́тки　囲複　アスタートキ
いそがしい　за́нятый　ザーニトゥイ　306
いそぐ　спеши́ть 囚 / по- 囲　スピシーチ / パ-39
痛い　ой　オイ　198
偉大な　вели́кий　ヴィリーキイ
妙める　жа́рить 囚 / за-, из- 囲　ジャーリチ
イチゴ　клубни́ка　囡　クルブニーカ　106
1日　день　囲　ヂェーニ　180
1日おき　через день　チリズ ヂェーニ
イチジク　инжи́р　囲　インジール
一日中　кру́глосу́точно　クルグラスータチナ　74
市場　ры́нок　囲　ルィーナク　109
胃腸薬　желу́дочно-кише́чное лека́рство 田　ジルーダチナ-キシェーチナエ リカールストヴァ
いつ　когда́　カグダー　26
1回　оди́н раз　囲　アヂーン ラース　200
1階　пе́рвый эта́ж　囲　ピェールヴイ エターシ　82
1週間　(одна́) неде́ля　囡　(アドナー) ニヂェーリャ　234
一生懸命　стара́тельно　スタラーチリナ
いっしょに　вме́сте　ヴミェースチェ　30
行って来る　сходи́ть 囲　スハヂーチ　85
一等車　люкс　囲　リュークス　50
一杯にする　заполня́ть 囚 / запо́лнить 囲　(+対)　ザパルニャーチ / ザポールニチ　59
一般的な　всео́бщий　フシオープシィ
いつも　всегда́　フシグダー　232
糸　ни́тка　囡　ニートカ
移動する　подвига́ться 囚 / подви́нуться 囲　パドヴィガーッツァ / パドヴィーヌッツァ　291
いとこ　двою́родный брат囲/двою́родная сестра́ 囡　ドヴァユロードヌイ ブラート / ドヴァユロードナヤ シストラー　30
いなか　дере́вня　囡　ヂリェーヴニャ
犬　соба́ка　囡　サバーカ　267
命　жизнь　囡　ジーズニ　240
祈る　моли́ться 囚 / по- 囲　マリーッツァ / パ-
違反　наруше́ние　田　ナルシェーニエ
衣服　оде́жда　囡　アヂェージダ　115
今　сейча́с / тепе́рь　シチャース / チピェーリ　130
意味　значе́ние　田　ズナチェーニエ
意味する　обознача́ть 囚 / обозна́чить 囲　アバズナーチャチ / アバズナーチチ　35
eメール　e-mail　囲　イーメイル　140
妹　мла́дшая сестра́　囡ムラートシャヤ シストラー 30
いやな　стра́шный　ストラーシヌイ　89
イヤホン　нау́шник　囲　ナウーシニク
イヤリング　кли́псы　囲複　クリープスィ
依頼　про́сьба　囡　プロージヴァ　14
入り口　вход　囲　フホート, въезд 囲 ヴィエースト　61
衣料品店　магази́н оде́жды　囲　マガジーン アヂェージドィ　119
いる　быва́ть囲ブィヴァーチ, быть囲ブィチ　255

入れる		

入れる　вкла́дывать 不完 / вложи́ть 完　フクラードィヴァチ / ヴラジーチ　132
色　цвет　ツヴェート　123
色合い　тон 男 トーン　119
いろいろな　ра́зный　ラーズヌイ　310
色落ちする　линя́ть 不完/по-, с- 完 リニャーチ　119
祝い　поздравле́ние 中 パズドラヴリェーニエ　32
祝う　поздравля́ть 不完 / поздра́вить 完 パズドラヴリャーチ / パズドラヴィチ　32
イワシ　сарди́на 女 サルヂーナ, иваси́ 女 イヴァシー
陰気な, 暗い　мра́чный　ムラーチヌイ
インゲンマメ　фасо́ль 女 ファソーリ
印象　впечатле́ние 中 フピチャトリェーニエ
インターチェンジ　тра́нспортная развя́зка トラーンスパルトナヤ ラズヴャースカ
インターネット　интерне́т 男 インテルネート　140
インターネットカフェ　интерне́т-кафе́ 中 インテルネート カフェー　140
インフルエンザ　грипп 男 グリップ　196
インフレ　инфля́ция 女 インフリャーツヤ　183
飲料水　питьева́я вода́ 女 ピチイヴァーヤ ヴァダー

う　行		

ウイスキー　ви́ски 中 ヴィースキ　99
ウインナー　соси́ски 複 サシースキ　102
上へ　вверх, наве́рх ヴヴェーリフ, ナヴェーリフ　309
ウェイター　официа́нт 男 アフィツィアーント
ウェイトレス　официа́нтка 女 アフィツィアーントカ
餓える　голода́ть 不完 ガラダーチ　313
受付　приём 男 プリヨーム
受け取る　получа́ть 不完 / получи́ть 完 パルチャーチ / パルチーチ　80
動かす　дви́гать 不完 / дви́нуть 完 ドヴィーガチ / ドヴィーヌチ　238
牛　коро́ва 女 カローヴァ
失う　теря́ть 不完 / потеря́ть 完 チリャーチ / パチリャーチ　46
後ろへ　наза́д ナザート　309
うすい　то́нкий (細い) トーンキィ, жи́дкий (液体が) ジートキィ, сла́бый スラーブィ　228
うそ　ложь 女 ローシ
歌　пе́сня 女 ピェースニャ　130
歌う　петь 不完 / с- 完 ピェーチ / ス-　130
疑う　сомнева́ться 不完 サムニヴァーッツァ　296
打ち上げる　запуска́ть 不完 / запусти́ть 完 ザプスカーチ / ザプスチーチ　304
宇宙　ко́смос 男 コースモス
宇宙ステーション　косми́ческая ста́нция 女 カスミーチスカヤ スターンツヤ
打つ　ударя́ть 不完 / уда́рить 完 ウダリャーチ / ウダーリチ　317
移す　переводи́ть 不完 / перевести́ 完 ピリヴァヂーチ / ピリヴィスチー　304
訴える　обраща́ться 不完 / обрати́ться 完

アブラシャーッツァ / アブラチーッツァ　255
ウナギ　у́горь 男 ウーガリ
うなずく　кива́ть 不完 / кивну́ть 完 キヴァーチ / キヴヌーチ　307
ウニ　морско́й ёж 男 マルスコーイ ヨーシ
馬　ло́шадь 女 ローシチ, конь 男 コーニ　9
うまくいく　проходи́ть 不完 / пройти́ 完 プラハヂーチ / プライチー　149
生まれる　рожда́ться 不完 / роди́ться 完 ラジダーッツァ / ラヂーッツァ　207
海　мо́ре 中 モーリェ　218
産む　рожда́ть 不完 / роди́ть 完 ラジダーチ / ラヂーチ
裏　оборо́тная сторона́ 女 アバロートナヤ スタラナー
裏切る　изменя́ть 不完 / измени́ть 完 イズミニャーチ / イズミニーチ　232
裏通り　переу́лок 男 ピリウーラク
うらやましい　зави́дный　ザヴィードヌイ
うらやむ　зави́довать 不完 / по- 完 ザヴィーダヴァチ / パ-　232
売場　отде́л 男 アッヂェール　119
売る　продава́ть 不完 / прода́ть 完 プラダヴァーチ / プラダーチ　103
ウール　шерсть 女 シェールスチ　123
うるさい　шу́мный　シュームヌイ　76
うれしい　рад 男 / ра́да 女 ラート / ラーダ 24, прия́тный プリヤートヌイ　25
噂　слух 男 スルーフ
運　судьба́ 女, у́часть 女 スヂバー, ウーチスチ
運が良い, ついている　везти́ 不完 / по- 完 ヴィスチー / パ-　317
運行　сле́дование 中 スリェーダヴァニエ　53
運賃　пла́та за прое́зд 女 プラータ ザ プライェースト
運転　ход 男 ホート　62
運転する　води́ть 不定 / вести́ 定 ヴァヂーチ / ヴィスチー　108
運転手　води́тель 男 ヴァヂーチリ, шофёр 男 ショフョール　56
運転免許証　води́тельские права́ 複 ヴァヂーチリスキエ プラヴァー　61
運命　судьба́ 女 スヂバー　37

え　行		

絵　карти́на 女 カルチーナ, жи́вопись 女 ジーヴァピシ　163
エアコン　кондиционе́р 男 カンヂツィアニェール　56
映画　кино́ 中 キノー　161
映画館　кинотеа́тр 男 キナチアートル　161
永久に　навсегда́ ナフシグダー
影響　влия́ние 中 ヴリヤーニエ
営業時間　часы́ рабо́ты 複 チスィー ラボートィ　187
営業所　конто́ра 女 カントーラ
営業中　откры́то アトクルィータ

英語	английский язы́к	囲	アングリースキィ イ ズィーク	34
エイズ	СПИД	囲	スピート	196
衛生的な	гигиени́чный		ギギエーチヌイ
衛星放送(テレビ)	спу́тниковое телеви́дение		スプートニカウヴァエ チリヴィーチニエ	74
エイプリルフール	День Сме́ха	囲 チェーニー スミェーハ
英雄	геро́й	囲	ギローイ
英雄的な	герои́ческий		ギローイーチスキィ	310
栄養	пита́ние	田	ピターニエ
エアロビクス	аэро́бика	囲	アエローピカ
駅	ста́нция	囲	スターンツィヤ	51
エコノミークラス	эконо́мический класс	囲 エカノミーチスキィ クラース
餌を与える	корми́ть	囲 / на-	囲	カルミーチ / ナ-	259
ATM	банкома́т	囲	バンカマート	44
絵はがき	откры́тка		アトクルィートカ
エネルギー	эне́ргия		エネールギャ
エビ	креве́тка	囲	クリヴィエートカ	106
選ぶ	предпочита́ть 囲 / предпоче́сть 囲 / プリトパチターチ / プリトパチェースチ, выбира́ть 囲 / вы́брать ヴィビラーチ / ヴィーブラチ	38
エリ(襟)	воротни́к	囲	ヴァラトニーク
エレベーター	лифт	囲	リーフト	74
円	йе́на		イエーナ	113
宴会	банке́т	囲	バンキェット
延期する	откла́дывать 囲 / отложи́ть アトクラードィヴァチ / アトラジーチ	318
エンジニア	инжене́р	囲	インジニェール	27
炎症	воспале́ние	田	ヴァスパリェーニエ
エンジン	дви́гатель	囲	ドヴィーガチリ	244
演奏する	игра́ть 囲 / по-	イグラーチ/パ-	158
延長する	продлева́ть 囲 / продли́ть プラトリヴァーチ / プラトリーチ	囲
エンドウ豆	горо́х	囲	ガローフ
鉛筆	каранда́ш	囲	カランダーシ	238
遠慮する	стесня́ться	囲 / смути́ться スチスニャーッツァ / スムチーッツァ

お 行
甥 / 姪	племя́нник 囲 / племя́нница プリミャーンニク / プリミャーンニツァ	30
おいしい	вку́сный		フクースヌイ	31
置いておく	оставля́ть 囲 / оста́вить 囲(+対) アスタヴリャーチ / アスターヴィチ	78
お出でになる	жа́ловать 囲 / по- 囲	ジャーラヴァチ / パ-	110
追いまわす	погоня́ться	囲 パガニャーッツァ	318
オイル	ма́сло	田	マースラ	59
王様	коро́ль 囲, царь 囲	カローリ, ツァーリ
横断歩道	(ПЕШЕХО́ДНЫЙ) ПЕРЕХО́Д 囲 (ピシホードヌイ) ピリホート	62
応対する	обслу́живать 囲 / обслужи́ть アプスルージヴァチ / アプスルジーチ	110

往復	туда́ и обра́тно	トダー イ アブラートナ	50
往復切符	биле́т в о́ба конца́	ビリェート ヴ オーバ カンツァー
終える	конча́ть 囲 / ко́нчить 囲 カンチャーチ / コーンチチ	285
多い	мно́го	ムノーガ, бога́тый	バガートゥイ	240
大きい	большо́й		バリショーイ	262
大きさ	разме́р	囲	ラズミェール	121
オートバイ	мотоци́кл	囲	マタツィークル	60
大通り	проспе́кт	囲	プラスピェークト	68
オーバーヒート	перегре́в	囲	ピリグリェーフ
大麦	ячме́нь	囲	イチミェーニ
大家	домовладе́лец	囲	ダマヴラチェーリツ
オーロラ	авро́ра		アヴローラ
オオカミ	волк	囲	ヴォールク	178
拝む	поклоня́ться 囲 / поклони́ться 囲 パクラニャーッツァ / パクラニーッツァ	37
起きる	встава́ть 囲 / вста́ть 囲 フスタヴァーチ / フスターチ	242
置く (横たえる) класть 囲 / положи́ть 囲 クラースチ / パラジーチ, (立てる) ста́вить 囲 / по- 囲 スターヴィチ / パ-	58
奥さん	да́ма		ダーマ	118
贈り物	пода́рок		パダーラク	18
送る	отправля́ть 囲 / отпра́вить 囲 アトプラヴリャーチ / アトプラーヴィチ	142, посыла́ть 囲 / посла́ть パスィラーチ / パスラーチ	145
贈る	дари́ть 囲 / по-	ダリーチ / パ-
遅れ	опозда́ние	田	アパズダーニャ	15
遅れる	заде́рживаться 囲 / задержа́ться 囲 ザヂェールジヴァッツァ / ザヂルジャーッツァ	41, опа́здывать 囲/ опозда́ть 囲 アパーズドィヴァチ / アパズターチ	55
お元気ですか	Как дела́?	カーク チェラー	24
起こす	буди́ть 囲 / разбуди́ть 囲 ブチーチ / ラズブチーチ	318
怒らせる	серди́ть 囲 / рас-	シルチーチ	250
怒る	серди́ться 囲/ рас-	シルチーッツァ/ラッシルジーッツァ
起こる	происходи́ть 囲 / произойти́ 囲 プライスハヂーチ / プライザイチー	254
おごる	угоща́ть 囲 / угости́ть 囲 ウガシチャーチ / ウガスチーチ	95
おじ / おば	дя́дя 囲 / тётя 囲 / ヂャーヂャ / チョーチャ	30
お幸せに!	Счастли́во!	シャスリーヴァ	15
教える	учи́ть 囲 / на-	ウチーチ / ナ-	294
お嬢さん	Де́вушка!	ヂェーヴシカ	23
押す	нажима́ть 囲 / нажа́ть 囲 ナジマーチ / ナジャーチ	85
おそい	по́здний		ポーズニィ	309
恐れいりますが	бу́дьте добры́	ブーチェ ドブルィ	23
恐れる	боя́ться	囲	バヤーッツァ	229

恐ろしい	стра́шный	ストラーシヌイ 33
お互いに	взаи́мно	ウザイームナ 24
穏かな	споко́йный	スパコーイヌイ 22
陥る	впада́ть / впасть	フパダーチ / フパースチ 235
落ち着く	успока́иваться / успоко́иться	ウスパカーイヴァッツァ / ウスパコーイッツァ
落ちる	опада́ть / опа́сть	アパダーチ / オパースチ 248
夫 / 妻	муж / жена́	ムーシュ / ジナー 29
おつり	сда́ча	ズダーチャ 55
音	звук	ズヴーク
弟	мла́дший брат	ムラートシィ ブラート 30
男友達	муж	ムーシュ 26
落とす	роня́ть / урони́ть	ラニャーチ / ウラニーチ
おどす	грози́ть / при-	グラジーチ / プリー 232
落とし物	поте́рянная вещь	パチェーリャンナヤ ヴィエーシ
訪れる	посеща́ть / посети́ть	パシシャーチ / パシチーチ
おとな	взро́слый (челове́к)	ヴズロースルイ (チラヴィエーク)
踊る	танцева́ть / с-	タンツィヴァーチ / ス- 293
踊り	та́нец	ターニツ 222
驚かす	удивля́ть / удиви́ть	ウチヴリャーチ / ウチヴィーチ 286
驚く	удивля́ться / удиви́ться	ウチヴリャーッツァ / ウチヴィーッツァ 296
同い年の人	рове́сник	ラヴィエースニク
同じ	ра́вный	ラーヴヌイ
おなら	га́зы, пук	ガーズィ, プーク
お願い	про́сьба	プロージバ
帯	пояс	ポーイス
溺れる	тону́ть / у-	タヌーチ / ウ-
お守り	талисма́н	タリスマーン
おみやげ	сувени́р	スヴィニール 85
オムレツ	омле́т	アムリェート
重い	тяжёлый	チジョールイ 261
思い出させる	напомина́ть / напо́мнить	ナパミナーチ / ナポームニチ 314
思い出	воспомина́ние	ヴァスパミナーニエ
思い止まる	разду́мывать / разду́мать	ラズドゥームイヴァチ / ラズドゥーマチ 293
思う	счита́ть / сочита́ть, ду́мать / по-	シッターチ / サチターチ 237, ドゥーマチ / パ- 312
重さ	вес, тя́жесть	ヴェス, チャージスチ
おもしろい	интере́сный	インチリェースヌイ 174
おもちゃ	игру́шка	イグルーシカ 134
思われる	каза́ться / по-	カザーッツァ 50
親会社	матери́нская компа́ния	マチリーンスカヤ カムパーニヤ

おやすみなさい	споко́йной но́чи	スパコーイナイ ノーチ 22
お湯	горя́чая вода́	ガリャーチャヤ ヴァダー 74
泳いで渡る	переплыва́ть / переплы́ть	ピリプルイヴァーチ / ピリプルイーチ 300
泳ぎ着く	доплыва́ть / доплы́ть	ダプルイヴァーチ / ダプルイーチ 300
泳ぐ	пла́вать / плыть	プラーヴァチ / プルイーチ 171
降りる	выходи́ть / вы́йти, сходи́ть / сойти́	ヴィハチーチ / ヴィーイチ 53, スハチーチ / サイチー 65
折る	лома́ть / слома́ть	ラマーチ / スラマーチ
卸売り	опто́вая торго́вля	アプトーヴァヤ タルゴーヴリャ
折れる	лома́ться / с-	ラマーッツァ / ス- 198
オレンジ	апельси́н	アピリシーン 106
終わる	зака́нчиваться / зако́нчиться	ザカーンチヴァッツァ / ザコーンチッツァ 50
終わり	коне́ц	カニェーツ
音響学(効果)	аку́стика	アクースチカ
音楽	му́зыка	ムーズィカ 155
温泉	горя́чий исто́чник	ガリャーチー イストーチニク
温度	температу́ра	チンピラトーラ 180
女友達	жена́	ジナー 26
音声多重放送	многоязы́чная переда́ча	ムナガイズィーチナヤ ピリダーチャ

か 行

蚊	кома́р	カマール
カーテン	занаве́ска	ザナヴィエースカ
カート	теле́жка	チリェーシカ 44
カートン	блок	ブロック 126
カーナビ	навигацио́нная систе́ма	ナヴィガツィオーンナヤ システェーマ
カーブ	поворо́т	パヴァロート 62
貝	моллю́ск	マリュースク
階	эта́ж	エタージ 115
～回	раз	ラース 200
外貨	(иностра́нная) валю́та	(イナストラーンナヤ) ヴァリュータ 45
海外	заграни́ца	ザグラニーッツァ
海岸	морско́й бе́рег	マルスコーイ ビェーリク 233
会議	заседа́ние / конфере́нция	147 ザシダーニエ / カンフィリェーンツィヤ
海軍	вое́нно-морско́й флот (ВМФ)	ヴァイェンナ マルスコーイ フロート (ヴェーエムエフ)
会計士	бухга́лтер	ブガールチェル 27
解決する	реша́ть / реши́ть	リシャーチ / リシーチ 304
会見	встре́ча	フストリェーチャ 13
外交	диплома́тия	チプラマーチヤ

外交官　дипломáт 圐 チプラマート	かかる(時間が)　уходи́ть 圐 / уйти́ 圐 ウハヂーチ / ウイチー　47, понадоби́ться 圐 パナーダビッツァ　55
外国　зарубéжная страна́ 圐 ザルビェージナヤ ストラナー　87	カキ　ýстрица 圐 ウーストリツァ
外国人　иностра́нец 圐 / -нка 圐 イナストラーニェツ / -ンカ	鍵　ключ 圐 クリューチ　60
外国製　иномáрка 圐 イナマールカ	鍵穴　замóк 圐 ザモーク
改札　турникéт 圐 トゥルニキェート　51	書留　заказнóе 圐 ザカズノーエ　144
海産物　мóре продýкты 圐 モーリェ プラドゥークトイ	書き留める　запи́сывать 圐 / записáть 圐 ザピースィヴァチ / ザピサーチ　35
会社　фи́рма 圐 フィールマ, компáния 圐 カンパーニャ　30	かきまぜる　переме́шивать 圐/перемешáть 圐 ピリミェースィヴァチ / ピリミシャーチ
会社員　служáщий 圐 / -щая 圐 スルジャーシィ / -シャヤ カムパーニイ	家具　мéбель 圐 ミェービリ
回数券　билéтная кни́жка 圐 ビリェートナヤ クニーシカ, талóн 圐 タローン　53	かき分けて行く　пробирáться 圐/пробрáться 圐 プラビラーッツァ / プラブラーッツァ　237
海草　морскáя травá 圐 マルスカーヤ トラヴァー	欠く　лишённый リショーンヌイ　229
海賊版の　пирáтский　ピラーツキィ	各駅停車　мéстный пóезд 圐 ミェースヌイ ポーイスト
会談,会合,商談　встрéча 圐 フストリェーチャ　147	確信する　убеждáться 圐 / убеди́ться 圐 в (чём) ウビジダーッツァ ウビチーッツァ ヴ(フ)
階段　лéстница 圐 リェースニッツァ　233	かくす　скрывáть 圐 / скрыть 圐 スクルィヴァーチ / スクルイーチ
懐中電灯　кармáнный фонáрик 圐 カルマーンヌイ ファナーリーク	学部　факультéт 圐 ファクリチェート
ガイド　гид 圐 キート, экскурсовóд 圐 エクスクルサヴォート　18	革命　революция 圐 リヴァリューツィヤ
外套　шинéль 圐 シニェーリ	隠れる　прятаться 圐 / с- 圐 プリャータッツァ/ス-
ガイドブック　путеводи́тель 圐 プチヴァチーリ　83	賭け　стáвка 圐 スターフカ　167
回復する　выздорáвливать 圐 / вы́здороветь 圐 ヴィズダラーヴリヴァチ / ヴィーズダラヴィチ　235	影　тень 圐 チェーニ
解放する　освобождáть 圐 / освободи́ть 圐 アスヴァバジダーチ / アスヴァバチーチ	かけつける　прибегáть 圐 / прибежáть 圐 プリビガーチ / プリビジャーチ　300
開放する　открывáть 圐 / открыть 圐 アトクルィヴァーチ / アトクルィーチ	かけぬける　перебегáть 圐/ перебежáть 圐 ピリビガーッチ / ピリビジャーチ　237
買い物　покýпка 圐 パクープカ　110	掛ける　накрывáть 圐 / накрыть 圐 ナクルィヴァーチ / ナクルィーチ　79
潰瘍　язва 圐 ヤーズヴァ	賭ける　стáвить 圐 / по- 圐 スターヴィチ / パ-
外洋船　корáбль 圐 カラーブリ　65	過去　прóшлое 圐 プローシラエ　209
会話　разговóр 圐 ラズガヴォール　26	かご　корзи́на 圐 カルジーナ
買う　покупáть 圐 / купи́ть 圐 パクパーチ / クピーチ　231	傘　зóнтик 圐 ゾーンチク　251
カウンター　стóйка 圐 ストーイカ　44	火山　вулкáн 圐 ヴルカーン
返す　возвращáть 圐 / возврати́ть 圐 ヴァズヴラシャーチ / ヴァズヴラチーチ　114	菓子 слáдости 圐 スラーダスチ, конфéты 圐 カンフィェートイ
変える　изменять 圐 / измени́ть 圐 イズミニャーチ / イズミーニチ　285	歌詞　словá пéсни 圐 スラヴァー ピェースニィ
帰る　возвращáться 圐 / вернýться 圐 ヴァズヴラシャーッツァ / ヴィルヌーッツァ　84	舵　руль 圐 ルーリ
香り　зáпах 圐 ザーパフ　228	家事　домáшние делá 圐 ダマーシニエ チラー
依頼　прóсьба 圐 プロージバ　73	火事　пожáр 圐 パジャール
解決する　решáть 圐 / реши́ть 圐 リシャーチ / リシーチ　250	果実　плод プロート, фрýкт 圐 フルークト　178
害する　вреди́ть 圐/ по- 圐 ヴリチーチ/ パ-　232	果実酒　настóйка 圐 ナストーイカ
買う　купи́ть 圐 / по- 圐 クピーチ / パ-　85	貸家　съёмный дом 圐 スヨームヌイ ドーム
価格　стóимость 圐 ストーイマスチ　146	歌手　певéц 圐 / певи́ца 圐 ピヴィェーツ / ピヴィーツァ
科学　наýка 圐 ナウーカ　28	課す　задавáть 圐 / задáть 圐 ザダヴァーチ / ザダーチ　289
化学　хи́мия 圐 ヒーミヤ　311	貸す　давáть 圐 / дать 圐 напрокáт ダヴァーチ / ダーチ ナプラカート
鏡　зéркало ズィェールカラ　120	数　ци́фра 圐 ツィーフラ　203
	ガス　газ 圐 ガース　13

風邪

風邪　просту́да 🈳 プラストゥーダ゛　196
風邪をひく　простужа́ться🈳/простуди́ться 🈴 プラストゥジャーッツァ / プラストゥヂーッツァ　294
数える　счита́ть 🈳/ со- 🈴 シッターチ / サ-　308
家族　семья́ 🈳 シミヤー　29
ガソリン　бензи́н 🈵 ビンジーン　59
ガソリンスタンド　бензоколо́нка 🈳 ビンザ゛カローンカ, запра́вка 🈳 ザプラーフカ　59
型　тип 🈵 チープ゛　12
かたい　тве́рдый トヴォールドゥイ, жёсткий ジョーストキィ　94
形　фо́рма 🈳 フォールマ
かたづける　убира́ть 🈳 / убра́ть 🈳 ウビ゛ラーチ / ウブ゛ラーチ　79
片道の　в одну́ сто́рану ヴァトﾞヌー ストーラヌ　50
片道切符　биле́т в оди́н коне́ц 🈴 ビ゛リェート ヴァチーン カニェーツ
語る　расска́зывать 🈳 / рассказа́ть 🈴 ラッスカーズィヴァチ / ラッスカザーチ　245
価値がある　сто́ить 🈳 ストーイチ　291
勝つ　побежда́ть 🈳 / победи́ть 🈴 パビ゛ジダーチ / パビ゛ヂーチ
楽器　(музыка́льный) инструме́нт 🈵 (ムズィカーリヌイ)インストルミェーント　158
学校　шко́ла 🈳 シコーラ
合唱　хор 🈵 ホール
勝手な　своево́льный スヴァイヴォーリヌイ
カットする　подстрига́ть 🈳 / подстри́чь 🈴 パトストリガーチ / パトストリーチ　127
活動的な　акти́вный アクチーヴヌイ
カップ　кру́жка 🈳クルーシカ, ку́бок 🈵クーバク　12
カツレツ　котле́та 🈳 カトリェータ　98
家電製品　бытовы́е электроприбо́ры 🈵 ブィタヴィーエ エリクトラプリボールィ
カーテン　што́ры 🈬 シトールィ
カード　ка́рточка 🈳 カールタチカ, ка́рты 🈬 カールトィ　46
カテゴリ　катего́рия 🈳 カチゴーリヤ
カトリック　католици́зм 🈵 カタリツィーズﾑ　37
悲しい　печа́льный ピ゛チャーリヌイ
必ず　обяза́тельно アビ゛ザーチリナ
カニ　краб 🈵 クラープ゛　106
金　де́ньги 🈬 ヂェーニギ゛
金持ち　бога́ч 🈵 バガーチ
可能な　мо́жно モージナ　172
化膿する　воспаля́ться 🈳 / воспали́ться 🈴 ヴァスパリャーッツァ / ヴァスパリーッツァ　193
彼女　она́ アナー　247
カバン　портфе́ль 🈵 パルトフィェーリ, су́мка 🈳 スームカ　251
カブ　ре́па 🈳 リェーパ
株式会社　АО (акционе́рное о́бщество)
🈴 アーオー(アクツィアニェールナエ オープシストヴァ)
かぶる　носи́ть 🈳 ナシーチ　63
カボチャ　ты́ква 🈳 トィークヴァ　106
かまわない　устра́ивать 🈳 / устро́ить 🈴 ウストラーイヴァチ / ウストローイチ　89
我慢する　терпе́ть 🈳 チルピェーチ
髪　во́лосы 🈬 ヴォーラスィ　201
紙　бума́га 🈳 ブ゛マーガ゛　220
神　бог 🈵 ボーフ　37
髪染め　окра́ска 🈳 アクラースカ　127
カミソリ　бри́тва 🈳 ブリートヴァ
かむ　куса́ть 🈳 / кусну́ть 🈴クサーチ/クスヌーチ
ガム　жева́чка 🈳 ジヴァーチカ
瓶(カメ)　ва́за 🈳 ヴァーザ゛
カメラ　фотоаппара́т 🈵 ファタアパ゛ラート, ка́мера 🈳 カーミラ　131
カモ　у́тка 🈳 ウートカ
貨物列車　това́рный по́езд 🈴 タヴァールヌィ ポーイスト
カモメ　ча́йка 🈳 チャーイカ
粥　ка́ша 🈳 カーシャ
辛い　о́стрый オーストルイ　91
カラス　воро́на 🈳ヴァローナ, во́рон 🈵ヴォーラン
カラシ　горчи́ца 🈳 ガルチーツァ　100
ガラス　стекло́ 🈷 スチクロー　62
軽く焼く　поджа́ривать 🈳 / поджа́рить 🈴 パドジャーリヴァチ / パドジャーリチ　93
狩り　охо́та 🈳 アホータ
刈りそろえる　подстрига́ть 🈳 / подстри́чь 🈴 パトストリガーチ / パトストリーチ　127
カリフラワー　цветна́я капу́ста 🈳 ツヴィトナーヤ カプ゛ースタ
火力発電　вы́работка теплово́й электроэне́ргии 🈳 ヴィーラヴァトカ チプラヴォーイ エリクトラエネールギイ
彼　он オン　247
ガレージ　гара́ж 🈵 ガ゛ラーシ　300
彼(女)ら, それら　они́ アニー　247
カレンダー　календа́рь 🈵 カリンダーリ
皮　ко́жа 🈳 コージャ, шку́ра 🈳 シクーラ　202
川　река́ 🈳 リカー
かわいい　ми́лый ミールイ
かわいそうな　жа́лкий ジャールキィ
乾く　со́хнуть 🈳 / вы- 🈴 ソーフヌチ/ヴィーサフヌチ
為替レート　курс (валю́ты) 🈵 クールス ヴァリュートィ　46
変わる　изменя́ться 🈳 / измени́ться 🈴 イズミニャーッツァ / イズミニーッツァ
代わる　заменя́ть 🈳 / замени́ть 🈴 ザミニャーチ / ザミニーチ
かん　ба́нка 🈳 バ゛ーンカ　104
ガン　рак 🈵 ラーク
簡易小包　бандеро́ль 🈳 バンヂローリ　145
肝炎　гепати́т 🈵 ギパチート

汽船

眼科 офтальмо́лог 男 アフタリモーラク
(~に)関して в (+前) ヴ 215
考え мысль 女 ムィースリ, иде́я 女 イヂェーヤ 224
考える ду́мать 不 / по- ドゥーマチ / パ-
感覚 чу́вство 中 チューストヴァ
環境 окружа́ющая среда́ 女 アクルジャーユシャヤ スリダー 183
環境破壊 загрязне́ние окружа́ющей среды́ 中 ザグリズニェーニエ アクルジャーユシェイ スリドィー
缶切り консе́рвный нож 男 カンシェールヴヌイ ノーシ
関係 отноше́ние 中 アトナシェーニエ, связь 女 スヴィヤースイ
観光 тури́зм 男 トゥリーズム 83
観光案内所 турбюро́ 中 トゥールビュラ 83
観光客 тури́ст 男 トゥリースト
観光バス туристи́ческий авто́бус 男 トゥリスチーチスキィ アフトーブス 53
観光ビザ туристи́ческая ви́за 女 トゥリスチーチスカヤ ヴィーザ
観光旅行, ツアー экску́рсия 女 エクスクールシヤ 83
看護師 медсестра́ 女 ミトシストラー 27
感謝 благода́рность 女 ブラガダールナスチ 31, спаси́бо 中 スパシーバ 79
感謝する благодари́ть 不 / по- 男 ブラガダリーチ / パ- 250
患者 пацие́нт 男 パツィエーント
感情 эмо́ция 女 エモーツィヤ, чу́вство 中 チューストヴァ
勘定 счёт 男 (シ)ショート 94
勘定書き счёт 男 (シ)ショート 77
勘定をまちがえる обсчи́тывать 不 / обсчита́ть 男 (+対) アプシチートゥイヴァチ / アプシチターチ 78
環状線 кольцева́я ли́ния 女 カリツィヴァーヤ リーニヤ
感じる чу́вствовать себя́ 不 / по- 男 チューストヴァヴァチ シビャー / パ- 108
関心 интере́с 男 インチリェース 166
関税 по́шлина 女 ポーシリナ 229
幹線道路 магистра́ль 女 マギストラーリ
肝臓 пе́чень 女 ピェーチニ 202
歓待 гостеприи́мство 中 ガスチプリイームストヴァ 79
簡単な просто́й プラストーイ 21
缶づめ консе́рвы 複 カンシェールヴィ
監督 режиссёр 男 (映画の) リジショール, тре́нер 男 (スポーツの) トリェーネル 161
乾杯 тост 男 トースト
乾杯する выпива́ть 不 / вы́пить 男 ヴィピヴァーチ / ヴィーピチ 107
がんばる стара́ться 不/по- スタラーッツァ/パ-

がんばれ! держи́сь! ヂルジーシ
甲板 па́луба 女 パールバ 64
看板 вы́веска 女 ヴィーヴィスカ

き 行

木 де́рево 中 ヂェーリヴァ 134
ギア переда́ча 女 ピリダーチャ, при́вод 男 プリーヴァト 56
黄色い жёлтый ジョールトゥイ 123
消える исчеза́ть 不 / исче́знуть 男 イスチザーチ / イスチェーズヌチ 251
キオスク кио́ск 男 キオースク 126
気温 температу́ра во́здуха 女 チンピラトゥーラ ヴォーストゥハ 180
機械 маши́на 女 マシーナ, механи́зм 男 ミハニーズム
機会 возмо́жность 女 ヴァスモージナスチ 183, слу́чай 男 スルーチャイ 245
機械工 меха́ник 男 ミハーニク 27
着替える переодева́ться不/переоде́ться 男 ピリアヂヴァーッツァ / ピリアヂェーッツァ 76
期間 пери́од 男 ピリオート, срок 男 スローク
気管支炎 бронхи́т 男 ブランヒート
企業 предприя́тие 中 プリトプリヤーチエ
貴金属 благоро́дные мета́ллы 複 ブラガロートヌィエ ミタールイ
効く де́йствовать 不 / по- 男 ヂェーイストヴァヴァチ / パ-
聴く слу́шать 不 / по- スルーシャチ/ パ-130
聞く спра́шивать 不 / спроси́ть 男 スプラーシヴァチ / スプラシーチ 317
危険をおかす рискова́ть 不 / рискну́ть 男 リスカヴァーチ / リスクヌーチ 240
危険な опа́сный アパースヌイ 62
期限 срок 男 スローク
期限を越す просро́чивать不/просро́чить 男 プラスローチヴァチ / プラスローチチ 215
気候 кли́мат 男 クリーマト 180
聞こえる слы́шать 不/у- 男 スルィーシャチ/ウ-136
記載する впи́сывать 不 / вписа́ть 男 フピースィヴァチ / フピーサチ
生地 материа́л 男 マチリアール 123
記事 статья́ 女 スタチヤー 224
技師 инжене́р 男 インジニェール 27
義歯 проте́з 男 プラテース 198
キス поцелу́й 男 パツィルーイ
キスする целова́ть 不 / по- 男 ツィラヴァーチ / パ- 295
傷 ра́на 女 ラーナ 193
犠牲にする же́ртвовать 不 / по- 男 ジェールトヴァヴァチ / パ- 240
奇跡 чу́до 中 チューダ 37
季節 сезо́н 男 シゾーン 204, вре́мя го́да 中 ヴリェーミャ ゴータ
汽船 парохо́д 男 パラホート 65

規則(書)	пра́вило 中 プラーヴィラ 57
貴族	пэр 男 ペール 12
起訴する	обвиня́ть 不完 / обвини́ть 完 アブヴィニャーチ / アブヴィニーチ 215
きたない	гря́зный グリャーズヌイ
基地	вое́нная ба́за 女 ヴァイェーンナヤ バーザ
機長	команди́р 男 カマンヂール
貴重品	це́нные ве́щи 複 ツェーンヌイエ ヴェーシ 75, це́нности 女複 ツェーンナスチ 78
喫煙する	кури́ть 不完 クリーチ 41
気づく	замеча́ть 不完 / заме́тить 完 ザミチャーチ / ザミェーチチ 304
ぎっくり腰	радикули́т ラヂクリート 193
切手	ма́рка 女 マールカ 126
軌道	орби́та 女 アルビータ 305
機内サービス	обслу́живание в во́здухе 中 アプスルージヴァニエ ヴヴォーズドゥヒ
機内持ち込み(手荷物)	ручна́я кладь 女 ルチナーヤ クラーチ
気に入る	нра́виться 不完 / по- ヌラーヴィッツァ / パ- 26, устра́ивать 不完 / устро́ить 完 ウストラーイヴァチ / ウストローイチ 132
気にする	пережива́ть ピリジヴァーチ 33
記入する	заполня́ть 不完 / запо́лнить 完 ザパルニャーチ / ザポールニチ 72
絹	шёлк 男 ショールク 227
記念	па́мять 女 パーミチ
記念日	годовщи́на 女 ガダフシーナ
技能	спосо́бность 女 スパソーブナスチ 128
キノコ	грибы́ 複 グリブィー
きびしい	стро́гий ストローギイ
気分の悪い	плохо́й プラホーイ 41
気分を害する	обижа́ть 不完 / оби́деть 完 アビジャーチ / アビーヂチ 38
君たち	вы ヴィ 247
君たち	ты トィ 247
奇妙な	стра́нный ストラーンヌイ
義務	долг 男 ドールク, обя́занность 女 アビャーザンナスチ
決める	реша́ть 不完 / реши́ть 完 リシャーチ / リシーチ 276, остана́вливаться 不完 / останови́ться 完 アスタナーヴリヴァッツァ / アスタナヴィーッツァ 72
気持ち	чу́вство 中 チューストヴァ
疑問	сомне́ние 中 サムニェーニエ
客	гость 男 ゴースチ 286
客室乗務員	бортпроводни́к 男 / -ца バルトプラヴァドニーク / -ツァ
客間	гости́ная 女 ガスチーナヤ
キャビア	чёрная икра́ 女 チョールナヤ イクラー 87
キャッシュカード	платёжная ка́рта 女 プラチョージナヤ カールタ
キャンセル	отме́на 女 アトミェーナ
キャンセルする	отменя́ть 不完 / отмени́ть 完

	完 アトミニャーチ / アトミニーチ
キャビン	каю́та 女 カユータ 65
キャベツ	капу́ста 女 カプースタ 96
キャンセル待ちをする	ждать аннули́рованный биле́т / -нное ме́сто 中 ジダーチ アヌリーラヴァンヌイ ビリェート / -ナエ ミェースタ
キャンディー	конфе́ты 男複 カンフェートィ
休暇	кани́кулы (学校の) 複 カニークルィ, о́тпуск (会社の) 男 オートプスク 26
休暇を過ごす	отдыха́ть 不完 / отдохну́ть 完 アッドィハーチ / アッダフヌーチ 244
救急車	маши́на ско́рой по́мощи 女 マシーナ スコーライ ポーマシ, ско́рая по́мощь 女 スコーラヤ ポーマシ 60
休憩	переры́в 男 ピリルィーフ
急行	ско́рый по́езд 男 スコールイ ポーイスト, экспре́сс 男 エクスプレース 49
給仕する	подава́ть 不完 / пода́ть 完 パダヴァーチ / パダーチ 107
休日	выходно́й (день) 男 ヴィハドノーイ ヂェーニ 57
牛肉	говя́дина 女 ガヴャーヂナ
救命胴衣	спаса́тельный жиле́т 男 スパサーチリヌイ ジリェート 64
給与	зарпла́та 女 ザルプラータ
急用	сро́чное де́ло 中 スロチナエ ヂェーラ
牛乳	молоко́ 中 マラコー 99
キュウリ	огуре́ц 男 アグリェーツ 96
給料	зарпла́та 女 ザルプラータ
教育	образова́ние 中 アブラザヴァーニエ, воспита́ние 中 ヴァスピターニエ
教会	це́рковь 女 ツェールカフィ 37
協会	организа́ция 女 アルガニザーツィヤ, о́бщество 中 オープシストヴァ, ассоциа́ция 女 アサツィアーツィヤ
教科書	уче́бник 男 ウチェーヴニク
教義	вероуче́ние 中 ヴィラウチェーニエ 38
競技場	стадио́н 男 スタヂオーン
狂牛病	коро́вье бе́шенство 中 カローヴィエ ビェーシンストヴァ
共産主義	коммуни́зм 男 カムニーズム 182
共産党	компа́ртия 女 カムパールチヤ 181
教師 (大学の)	преподава́тель 男 / -ница 女 プリパダヴァーチリ / -ニツァ, (小学校の) учи́тель 男 / -ница 女 ウチーチリ / -ニツァ 27
競争	соревнова́ние 中 サリヴナヴァーニエ
兄弟	брат 男 ブラート 29
郷土料理	ме́стное наро́дное блю́до 中 ミェースナエ ナロードナエ ブリューダ
興味をおこさせる	интересова́ть 不完 インチリサヴァーチ 153
許可する	разреша́ть 不完 / разреши́ть 完 ラズリシャーチ / ラズリシーチ 287
極東	да́льний восто́к 男 ダーリニイ ヴァストーク

グルジア

局留め востре́бование 田 ヴァストリェーバヴァニエ 146
漁船 рыболо́вное су́дно 田 ルィバローヴナエ スードナ
拒否する отка́зывать 困 / отказа́ть 完 アトカーズィヴァチ / アトカザーチ 243
距離 протяжённость 女 プラチジョーンナスチ, расстоя́ние 中 ラスタヤーニエ 175
霧 тума́н 男 トマーン
キリスト教 христиа́нство 中 フリスチアーンストヴァ
キリスト教徒 христиани́н / христиа́нка 女 フリスチアニーン / フリスチアーンカ 36
切る ре́зать 困 / раз- 完 リェーザチ / ラズ-
着る одева́ться 困 / оде́ться 完 アヂヴァーッツァ / アヂェーッツァ, надева́ть 困 / наде́ть 完 ナヂヴァーチ / ナヂェーチ 288
きれいな краси́вый クラシーヴイ, гря́зный グリャーズヌイ 94
キログラム килогра́мм 男 キラグラーム 233
キロメートル киломе́тр 男 キラミェートル 267
議論する обсужда́ть 困 / обсуди́ть 完 アプスジダーチ / アプスヂーチ 303
金 зо́лото 中 ゾーラタ
銀 серебро́ 中 シリブロー
禁煙する броса́ть кури́ть 困 ブラサーチ クリーチ
禁煙席 ме́сто в сало́не для некуря́щих ミェースタ フサローニ ドリャ ネクリャーシフ 48
金額 цена́ 女 ツィナー 132
近眼 близору́кость 女 ブリザルーカスチ
緊急事態 сро́чность 女 スローチナスチ 212
緊急の сро́чный スローチヌイ
金庫 сейф 男 シェイフ 74
銀行 банк 男 バーンク 45
銀行カード ка́рточка 女 カールタチカ
銀行振替 ба́нковский перево́д 男 バーンカフスキィ ピリヴォート
禁止 запреще́ние 中 ザプリシェーニエ
禁止する запреща́ть 困 / запрети́ть 完 ザプリシャーチ / ザプリチーチ 85
近所 побли́зости 副 パブリーザスチ
近代化 модерниза́ция 女 モデルニザーツィヤ
緊張する напряга́ться 困 / напря́чься 完 ナプリガーッツァ ナプリャーチシャ
金髪の белоку́рый ビラクールイ
勤勉な усе́рдный ウシェールドヌイ

く行

区 райо́н 男 ラヨーン 68
空気 во́здух 男 ヴォーズドゥフ
空港 аэропо́рт 男 アエラポールト 39
空腹 го́лод 男 ゴーラト 87
クーポン тало́н 男 タローン 48
釘 гвоздь 男 グヴォースチ
草 трава́ 女 トラヴァー
くさい злово́нный ズラヴォーンヌイ

クジラ кит 男 キート
腐る гнить 困 / с- 完 グニーチ / ス-
くし(櫛) расчёска 女 ラスチョースカ
くし(串) ве́ртел 男 ヴィエールチル
くしゃみをする чиха́ть 困 / чихну́ть 完 チハーチ / チフヌーチ 282
苦情 жа́лоба 女 ジャーラバ 76
苦情を言う жа́ловаться 困 / по- 完 ジャーラヴァッツァ / パ- 314
薬 лека́рство 中 リカールストヴァ, сре́дство 中 スリェーツトヴァ 192
くじ жре́бий 男 ジリェービィ
癖 привы́чка 女 プリヴィーチカ
くだもの фру́кты 複 フルークトィ 106
下る спуска́ться 困 / спусти́ться 完 スプスカーッツァ / スプスチーッツァ 230
口ひげ усы́ 複 ウスィー
口紅 губна́я пома́да 女 グブナーヤ パマーダ
靴 о́бувь 女 オーブフィ 125
靴店 обувно́й магази́н 男 アブヴノーイ マガジーン 124
くつした носки́ 複 ナスキー 122
熊 медве́дь 男 ミドヴィエーチ 178
国 страна́ 女 ストラナー 135
クモ пау́к 男 パウーク
雲 о́блако 中 オーブラカ 233
曇っている па́смурный パースムルヌイ, о́блачный オーブラチヌイ
暗い тёмный チョームヌイ 76
暗くなる темне́ть 困 / по-, с- 完 チムニェーチ / パ-, ス- 174
クラス класс 男 クラース 15
クラッチ сцепна́я му́фта スツィプナーヤ ムーフタ, сцепле́ние 中 スツィプリェーニエ 61
クラブ клуб 男 クループ 13
比べる сра́внивать 困 / сравни́ть 完 スラーヴニヴァチ / スラヴニーチ
グラム грамм 男 グラーム 104
栗 кашта́н 男 カシターン
クリアする очища́ть 困 / очи́стить 完 アチシャーチ / アチースチチ 46
くり返す повторя́ть / повтори́ть 完 パフタリャーチ / パフタリーチ 35
くり返して! повтори́те! パフタリーチェ 35
クリスマス рождество́ 中 ラジヂストヴォー
クリーニング(屋) химчи́стка 女 ヒムチースカ 75
クリーム сли́вки 複 スリーフキ 220
グリーンピース зелёный горо́шек 男 ズィリョーヌイ ガローシク
グリル гриль 男 グリーリ 93
来る(徒歩で) приходи́ть 困 / прийти́ 完 プリハヂーチ/プリイチー, (乗り物で) приезжа́ть 困/прие́хать 完 プリイズジャーチ/ プリイェーハチ 24
グルジア Гру́зия 女 グルージヤ 227

| 車 | | | | 329 |

車　маши́на 🖻　マシーナ　56
クルミ　(гре́цкий) оре́х 🖻 グリェーツキィ　アリェーフ
クレジットカード　креди́тная ка́рточка 🖻 クリヂートナヤ　カールタチカ　73
グレープフルーツ　гре́йпфрут 🖻 グリェーイプフルト
クレムリン　кремль 🖻 クリェームリ　86
黒い　чёрный　チョールヌイ　97
苦労　труд 🖻 トルート　31
苦労する　страда́ть 🖻 ストラダーチ
黒パン　чёрный хлеб 🖻 チョールヌイ フリェープ　92
加える　прибавля́ть / приба́вить 🖻 プリバヴリャーチ / プリバーヴィチ
くわしい　дета́льный　ヂターリヌイ　95
軍人　вое́нный 🖻 ヴァイェーンヌイ
軍隊　во́йско 🖽 ヴォーイスカ　306, а́рмия 🖻 アールミヤ　224, си́лы 🖻 シールィ　220

け　行

経営する　управля́ть 🖻 / упра́вить 🖻 ウプラヴリャーチ / ウプラーヴィチ
計画　план 🖻 プラーン　233
経験　о́пыт 🖻 オーブィト
経験して知る　изве́дывать 🖻 / изве́дать 🖻 イズヴィェードィヴァチ / イズヴィェーダチ　318
敬虔な　благочести́вый 🖻 ブラガチスチーヴィ
蛍光灯　люминесце́нтная ла́мпа 🖻 リュミニスツェーントナヤ　ラームパ
経済　эконо́мика 🖻 エカノーミカ　182
経済危機　экономи́ческий кри́зис 🖻 エカナミーチスキィ クリーズィス
警察　поли́ция 🖻 パリーツィヤ　212
警察官　полице́йский 🖻 パリツェーイスキィ
掲示板　доска́ (для) объявле́ний 🖻 ダスカー ドリャ アブヤヴリェーニィ　74
芸術　иску́сство 🖽 イスクーストヴァ　164
芸術家　худо́жник 🖻 フドージニク
携帯電話　моби́льный телефо́н 🖻 マビーリヌイ チリフォーン, моби́льник 🖻 マビーリニク　139
警笛を鳴らす　сигна́лить 🖻 / просигна́лить / プラ-　289
経費　изде́ржки 🖻 イズヂェールシキ
刑務所　тюрьма́ 🖻 チュリマー
契約書　пи́сьменный догово́р 🖻 ピーシミンヌイ ダガヴォール
ケガ　ра́на 🖻 ラーナ, тра́вма 🖻 トラーヴマ　193
外科　хирурги́ческое отделе́ние 🖽 ヒルルギーチスカエ アッヂリェーニエ, хирурги́я 🖻 ヒルルギーヤ　187
毛皮　мех 🖻 ミェーフ
ケーキ　торт 🖻 トールト, пиро́жное 🖽 ピローシナエ　98
劇　спекта́кль 🖻 スピクタークリ　223
劇場　теа́тр 🖻 チアートル　159
下剤　слаби́тельное 🖽 スラビーチリナエ　200
景色　пейза́ж 🖻 ペイザーシ

消しゴム　ла́стик 🖻 ラースチク, рези́нка 🖻 リジーンカ
化粧品　косме́тика 🖻 カスミェーチカ　115
けちな　скупо́й　スクポーイ
ケチャップ　ке́тчуп 🖻 ケーチュプ
血圧　(кровяно́е) давле́ние (クラヴィノーエ) ダヴリェーニエ 🖽　190
血液型　гру́ппа кро́ви 🖻 グルーパ クローヴィ
結果　результа́т 🖻 リズリタート　240
結核　туберкулёз 🖻 トゥビルクリョース　240
月給　ме́сячная зарпла́та 🖻 ミェーシチナヤ ザルプラータ
月経　менструа́ция 🖻 ミンストルアーツィヤ
結婚　брак 🖻 ブラーク　32
結婚している　жена́т (男が) / за́мужем (女が) ジナート / ザームジェム　29
結婚する (男が) жени́ться на (+前) 不/完 ジニーッツァ ナ　253 / (女が) вы́йти за́муж за (+対) 🖻 ヴィーイチー ザームシ ザ
結婚式　сва́дьба 🖻 スヴァーヂヴァ
欠席　отсу́тствие 🖽 アトスーツトヴィエ, нея́вка 🖻 ニヤーフカ
欠点　недоста́ток 🖻 ニダスタータク
ゲート　вы́ход 🖻 ヴィーハト　41
げっぷ　отры́жка 🖻 アトルィーシカ
解熱剤　жаропонижа́ющее (сре́дство) 🖽 ジャラパニジャーユシェエ スリェーツトヴァ　200
ゲーム　игра́ 🖻 イグラー　155
煙　дым 🖻 ドィム
下痢　поно́с 🖻 パノース　196
下痢どめ　закрепля́ющее сре́дство 🖽 ザクリプリャーユシェエ スリェーツトヴァ
ける　пина́ть 🖻 / пнуть 🖻 ピナーチ プヌーチ
けわしい　круто́й　クルトーイ　17
県　префекту́ра 🖻 プリフィクトゥーラ
原因　причи́на 🖻 プリチーナ
けんか　дра́ка 🖻 ドラーカ
見学　осмо́тр 🖻 アスモートル　163
見学する　осма́тривать 🖻 / осмотре́ть 🖻 アスマートリヴァチ / アスマトリェーチ
玄関　подъе́зд 🖻 パドイェースト
元気な　здоро́вый　ズダローヴィ　30
現金　нали́чные 🖻 ナリーチヌィエ　59
現金化する　разме́нивать 🖻 / разменя́ть 🖻 ラズミェーニヴァチ / ラズミニャーチ　45
言語　язы́к 🖻 イズィーク　15
健康　здоро́вье 🖽 ズダローヴィエ　22
健康保険　медици́нское страхова́ние ミヂツィーンスカエ ストラホーヴァニエ
検査　контро́ль 🖻 カントローリ　44
検査する　проверя́ть 🖻 / прове́рить 🖻 プラヴィリャーチ / プラヴィェーリチ　292
現在　настоя́щее вре́мя ナスタヤーシェエ ヴリェーミヤ

原子爆弾　áтомная бóмба　囚 アータムナヤ ボームバ
原子力　áтомная энéргия　囚 アータムナヤ エネールギヤ
原子力発電　выработка áтомной электроэнéргии　囚 ヴィーラヴァトカ アータムナイ エリクトラエネールギイ
原子力発電所　АЭС (áтомная электростáнция)　囚 アエス(アータムナヤ エリクトラスターンツィヤ)
現像　проявлéние　囲 プライヴリェーニエ
現像する　проявля́ть　囲 / проявúть 囲 プライヴリャーチ / プライヴィーチ　132
建造する　стрóить　囲 / по- 囲 ストローイチ 246
建築　архитектýра　囲 アルヒチクトゥーラ
憲法　конституция　囲 カンスチトゥーツィヤ
原油　сыра́я нефть　囲 スィラーヤ ニェーフチ
権利　прáво　囲 プラーヴァ
権力　власть　囲 ヴラースチ
賢明な　мýдрый　ムードルイ

こ行

恋　любóвь　囲 リュボーフィ 117
濃い　крéпкий クリェープキィ, густóй グストーイ
語彙　запáс слов　囲 ザパース スローフ
コイン　монéтка　囲 マニェートカ, жетóн 囲 ジェトーン
行為　постýпок　囲 パストゥーパク
更衣室　раздевáлка　囲 ラズヂヴァールカ 168
公演　представлéние　囲 プリツタヴリェーニエ
公園　парк　囲 パールク 184
合格　сдáча　囲 スダーチャ 32
航海　мореплáвание　囲 マリプラヴァーニエ
後悔する　раскáиваться　囲 / раска́яться 囲 ラスカーイヴァッツァ / ラスカーヤッツァ
公害　загрязнéние　囲 ザグリズニェーニエ
郊外　при́город　囲 プリーガラト 86
豪華な　роскóшный　ラスコーシヌイ
合格　сдáча　囲 スダーチャ 32
合格する　сдавáть　囲 / сдать 囲 экзáмен スダヴァーチ / スダーチ エグザーミン 313
交換　обмéн　囲 アブミェーン
交換する　меня́ть　囲 / об-, по- 囲 ミニャーチ / アブ-, パ-　45
強姦する　наси́ловать　囲 / из- 囲 ナシーラヴァチ / イズ-　215
講義　лéкция　囲 リェークツィヤ
抗議する　протестовáть　囲 プラチスタヴァーチ 182
工業　промы́шленность 囲 プラムィーシリンナスチ
合計　сýмма　囲 スーンマ 16
航空　авиáция　囲 アヴィアーツィヤ
航空券　авиабилéт　囲 アヴィアビリェート
航空会社　авиакомпáния　囲 アヴィアカンパーニヤ 39

航空便　áвиа(-)пóчта　囲 アーヴィアポーチタ 146
高血圧　высóкое давлéние　囲 ヴィソーカエ ダヴリェーニエ
口語　разговóрный язы́к　囲 ラズガヴォールヌイ イズィーク
広告　реклáма　囲 リクラーマ, афи́ша 囲 アフィーシャ
口座　счёт　囲 (シ)ショート 46
口座番号　нóмер счёта　囲 ノーミル ショータ
交差点　перекрёсток　囲 ピリクリョースタク 68
子牛　телёнок　囲 チリョーナク
子牛肉　теля́тина　囲 チリャーチナ 105
公使館　кóнсульство　囲 コーンスリストヴァ 216
公衆電話　телефóн-автомáт　囲 チリフォーン アフタマート
公衆トイレ　общéственный туалéт　囲 アプシェーストヴィンヌイ トアリェート
工場　завóд　囲 ザヴォート, фáбрика 囲 ファーブリカ 245
香辛料　спéции　囲 スピェーツィ
香水　духи́　囲 ドヒー 115
洪水　наводнéние　囲 ナヴァドニェーニエ
高速道路　автострáда　囲 アフタストラーダ
紅茶　чай　囲 チャーイ 100
交通　трáнспорт　囲 トラーンスパルト 239, движéние 囲 ドヴィチェーニエ 57
交通事故　автокатастрóфа　囲 アフタカタストローファ, авáрия на трáнспорте 囲 アヴァーリャ ナ トラーンスパルチ
強盗(人)　грабúтель　囲 クラビーチリ
強盗(行為)　ограблéние　囲 アグラブリェーニエ 215
高等学校　повы́шенная срéдняя шкóла　囲 パヴィーシンナヤ スリェードニャヤ シコーラ
合弁会社　совмéстное предприя́тие　囲 サヴミェースナエ プリトプリヤーチェ
公務員　служáщий 囲 / -щая 囲 муниципáльного учреждéния スルージィシィ / -シャヤ ムニツィパーリナヴァ ウチリジヂェーニヤ
被る　терпéть　囲 / по- 囲 チルピェーチ / パ-　60
小売り　рóзничная продáжа　囲 ローズニチナヤ プラダージャ
合理的な　рационáльный　ラツィアナーリヌイ
交流　обмéн　囲 アブミェーン
声　гóлос　囲 ゴーラス 231
越える　превышáть　囲 / превы́сить 囲 プリヴィシャーチ / プリヴィーシチ　216
コート　пальтó　囲 パリトー 288
コード　прóвод　囲 プローヴァト, шнур 囲 シヌール
コーヒー　кóфе　囲 コーフェ 100
氷　лёд　囲 リョート 107
子会社　дочéрняя компáния　ダチェールニャヤ カムパーニヤ
凍る　замерзáть　囲 / замёрзнуть 囲 ザミルザーチ / ザミョールズヌチ

コカコーラ　кока-кола 図 コカコーラ
語学研修　языковáя стажирóвка 図 イズィカヴァーヤ スタジローフカ
小切手　чек 男 チェーク
ゴキブリ　тарака́н 男 タラカーン
故郷　ро́дина 女 ローヂナ
国際運転免許証　междунаро́дные води́тельские права́ (удостовере́ние) 図 ミシドゥナロードゥヌィエ ヴァヂーチリスキエ プラーヴァ 57
国際間の　междунаро́дный ミシドゥナロードゥヌィ
国際電話　междунаро́дный телефо́н 男 ミシドゥナロードゥヌィ チリフォーン
国際電話をかける　позвони́ть за грани́цу パズヴァニーチ ザ グラーニツ 135
国籍　гражда́нство 中 グラジダーンストヴァ
国道　госуда́рственная доро́га 図 ガスダールストヴィンナヤ ダローガ
国内の　вну́тренний ヴヌートリンニィ 39
国民　наро́д 男 ナロート
国立の　госуда́рственный ガスダールストヴィヌィ
こげる　подгора́ть 不 / подгоре́ть 完 パドガラーチ / パドガリェーチ
ここ　здесь ズヂェーシ 26
ここに　сюда́ シュダー 26
ココア　кака́о 中 カカーオ 93
心　душа́ 図 ドゥーシャ, се́рдце 中 シェールツェ 293
快い　прия́тный プリヤートヌィ 92
こしかける　приса́живаться 不 / присе́сть プリサージヴァッツァ / プリシェースチ 148
コショウ　пе́рец 男 ピェーリツ 100
故障　непола́дка ニパラートカ 60
故障する　лома́ться 不 / с- 完 ラマーッツァ / ス- 60
個人　индивидуа́л 男, ча́стное лицо́ 中 インヂヴィドゥアール, チャースナヤ リツォー
個人的な　ли́чный リーチヌィ 43
個人の　со́бственный ソープストヴェンヌィ 28
個人旅行　индивидуа́льный тури́зм 男 インヂヴィドゥアーリヌィ トゥーリーズム
小銭　ме́лкая моне́та 図 ミェールカヤ マニェータ 115
答える　отвеча́ть 不 / отве́тить 完 アトヴィチャチ / アトヴィエーチチ 311
ごちそう　угоще́ние 中 ウガシェーニエ 31
国歌　гимн 男 ギムン
国家の　госуда́рственный ガスダールストヴィヌィ 28
国旗　госуда́рственный флаг 男 ガスダールストヴィヌィ フラーク
国境　грани́ца 図 グラニーツァ 135
コック　по́вар 男 ポーヴァル 94

骨折　перело́м ко́сти 男 ピリローム コースチ 192
小包　посы́лка 図 パスィールカ, бандеро́ль 図 バンヂローリ 145
コップ　стака́н 男 スタカーン 100
孤独な　одино́кий アヂノーキィ
ことば　сло́во 中 スローヴァ
子供　де́ти 複 ヂェーチ 29, ребёнок 男 リビョーナク 30
子供っぽい　де́тский ヂェーツキィ
ことわざ　посло́вица 図 パスローヴィツァ
ことわる　отка́зываться 不 / отказа́ться 完 от (+生) アトカーズィヴァッツァ / アトカザーッツァ アト
この　э́тот エータト 198
好む　предпочита́ть 不 / предпоче́сть 完 プリトパチターチ / プリトパチェースチ 38
ごはん　рис 男 リース
コピー　ко́пия 図 コーピヤ
コピーする　копи́ровать 不 / с- 完 カピーラヴァチ / ス- 142
こぼす　пролива́ть 不 / проли́ть 完 プラリヴァーチ / プラリーチ 292
胡麻　кунжу́т 男 クンジュート, сеза́м 男 シザーム
ごみ　му́сор 男 ムーサル 79
ごみ収集車　мусороубо́рочная маши́на 図 ムサラウボーラチナヤ マシーナ
小道　тропи́нка 図 トラピーンカ
ごみ箱　му́сорный я́щик 男 ムーサルヌイ ヤーシク
小麦　пшени́ца 図 プシニーツァ
小麦粉　мука́ 図 ムカー
米　рис 男 リース
ゴルフ　гольф 男 ゴーリフ 157
これ　э́то エータ 91
コレラ　холе́ра 図 ハリェーラ
殺す　убива́ть 不 / уби́ть 完 ウビヴァーチ / ウビーチ
ころぶ　па́дать 不 / упа́сть 完 パーダチ / ウパースチ 292
こわい　стра́шный ストラーシヌィ
こわす　лома́ть 不 / с- 完 ラマーチ/ス- 114, вреди́ть 不 / по- 完 ヴリヂーチ / パ- 44
こわれる　лома́ться 不 / с- 完 ラマーッツァ / ス-
コンクリート　бето́н 男 ビトーン
コンクール　ко́нкурс 男 コーンクルス
コンサート　конце́рт 男 カンツェールト 158
コンセント　розе́тка 図 ラジェートカ
コンタクトレンズ　конта́ктные ли́нзы 複 カンタクトヌィエ リーンズィ
コンドーム　презервати́в 男 プリジルヴァチーフ
コンパートメント　купе́ 中 クペー 50
コンビニ　круглосу́точный магази́н 男 クルグラスータチヌィ マガジーン
コンピューター　компью́тер 男 カンピューテル 72
婚約者　жени́х 男 / неве́ста 図 ジニーフ / ニヴィェースタ

| 婚約する　обруча́ться 不 / обручи́ться 完　アブルチャーッツァ / アブルチーッツァ
| 混乱　беспоря́док 男　ビスパリャータ゛ク

さ 行

サーカス　цирк 男　ツィールク
サービス　обслу́живание 中　アブスルージヴァニエ　72
サービスエリア　ме́сто для парко́вки и о́тдыха 中　ミェースタ ドリャ パルコーフキ イ オードィハ
最悪の　са́мый ху́дший　サームイ フートシイ
災害　бе́дствие 中　ビェーツトヴィェ
最近　неда́вно　ニダーヴナ
細菌　бакте́рии 複，микро́б 男　ミクロープ
最後　коне́ц 男　カニェーツ
最高の　са́мый лу́чший　サームイ ルーチシイ
最終の　после́дний　パスリェードニイ　47
最初　нача́ло 中　ナチャーラ
最小限の　минима́льный　ミニマーリヌイ
最小の　са́мый ма́ленький　サームイ マーリニキイ
最新の　нове́йший ナヴィエーイシイ，после́дний　パスリェードニイ
サイズ　разме́р 男　ラズミェール　119
サイドミラー　нару́жное зе́ркало　ナルージナエ ジェールカラ
才能　тала́нт 男　タラーント
裁判所　суд 男　スート
さいふ　кошелёк 男　カシリョーク
材料　материа́л 男　マチリアール
サイン　по́дпись 女　ポートピシ，авто́граф 男　アフトーグラフ
サインする　распи́сываться 不 / расписа́ться 完　ラスピースィヴァッツァ / ラスピサッツァ　57
サウナ (ロシア式)　ба́ня 女　バーニャ，са́уна 女　サーウナ　129
坂　склон 男　スクローン，подъём 男　パドヨーム
探し当てる　попада́ть 不 / попа́сть 完　パダーチ / パパースチ　136
探す　иска́ть 不　イスカーチ　131，находи́ть 不 / найти́ 完　ナハヂーチ / ナイチー　87
魚　ры́ба 女　ルイーバ　106
酒場　бар 男　バール　107
作成する　выпи́сывать 不 / вы́писать 完　ヴィピースィヴァチ / ヴィーピサチ　194
作品　произведе́ние 中　プライズヴィチェーニエ　117
鮭　лосо́сь 男　ラソーシ　96
桜　ви́шня 女　ヴィーシニャ，са́кура 女　サークラ
サクランボ　ви́шня 女　ヴィーシニャ　106
ザクロ　грана́т 男　グラナート
酒　алкого́льный напи́ток 男　アルカゴーリヌイ ナピータク　99，сакэ́　サケ
叫び　восклица́ние 中　ヴァスクリツァーニエ　17
叫び声　клич 男　クリーチ　17

| さけぶ　кри́кнуть 完 / крича́ть 不　クリークヌチ / クリチャーチ　274
| 避ける　избега́ть 不 / избежа́ть 完　イズビガーチ / イズビジャーチ　229
| 下げる　снижа́ть / сни́зить 完　スニジャーチ / スニージチ　111，сбавля́ть 不 / сба́вить 完　スバヴリャーチ / スバーヴィチ　112
| サザエ　труба́ч 男　トルバーチ
| 差出人　адреса́нт 男　アドリサーント
| 指し示す　пока́зывать 不 / показа́ть 完　パカーズィヴァチ / パカザーチ　58
| 指す　ука́зывать 不 / указа́ть 完 (на)　ウカーズィヴァチ / ウカザーチ
| 座席　ме́сто 中　ミェースタ，сиде́нье 中　シヂェーニエ　61
| 誘い　приглаше́ние 中　プリグラシェーニエ　150
| さそう　приглаша́ть 不 / пригласи́ть 完　プリグラシャーチ / プリグラシーチ
| 撮影禁止　фотосъёмка запрещена́ 女　フォトスヨームカ ザプリシナー
| 作家　писа́тель 男　ピサーチリ　117
| サッカー　футбо́л 男　フトボール　166
| 冊子　букле́т 男　ブクリェート
| 雑誌　журна́л 男　ジュルナール　126
| サツマイモ　бата́т 男　バタート
| 砂糖　са́хар 男　サーハル　100
| 作動する　рабо́тать 不 / с- 完　ラボータチ　130
| サバ　ску́мбрия 女　スクーンブリャ
| 砂漠　пусты́ня 女　プストゥィーニャ
| さびしい　гру́стный　グルースヌイ
| さむい　холо́дный　ハロードヌイ　76
| サモワール　самова́р 男　サマヴァール　134
| さめる　остыва́ть 不 / осты́ть 完　アスティヴァーチ / アスティーチ
| 皿　таре́лка 女　タリェールカ，блю́до 中　ブリューダ　221
| サラダ　сала́т 男　サラート　96
| サラダ菜　сала́тный лату́к　サラートヌイ ラトゥーク 男
| サワークリーム　смета́на 女　スミターナ
| さわる　тро́гать 不 / тро́нуть 完　トローガチ / トローヌチ，каса́ться 不 / косну́ться 完　カサーッツァ / カスヌーッツァ
| 三角形　треуго́льник 男　トリウゴーリニク
| 参加する　уча́ствовать 不　ウチャーストヴァヴァチ　38
| サングラス　солнцезащи́тные очки́　サンツイザシートヌィェ アチキー
| 懺悔する　ка́яться 不 / по- 完　カーヤッツァ / パ-　37
| 散策する　броди́ть 不完・不定　ブラヂーチ　66
| 賛辞　похвала́ 女　パフヴァラー　92
| サンダル　санда́лии 複　サンダーリイ，босоно́жки 複　バサノーシキ
| サンドイッチ　са́ндвич 男　サーンドヴィチ

散髪する	стри́чься 不 / об- 完 ストリーチシャ/アプ-
産婦人科	акуше́рство и гинеколо́гия アクシェールストヴァ イ ギニカロ―ギヤ 187
散歩する	гуля́ть 不/по- 完 グリャーチ/パ- 241
サンマ	са́йра 女 サーイラ

し 行

詩	поэ́зия 女 パエージヤ, стихотворе́ние 中 スチハトヴァリェーニエ
試合	матч 男 マッチ, встре́ча 女 フストリェーチャ 167
しあわせ	сча́стье 中 シャースチエ
シーツ	простыня́ 女 プラストゥィニャー 80
シートベルト	реме́нь (безопа́сности) 男 リミェーニ (ビザパースナスチ)
シートベルトを着用する	пристёгивать пристегну́ть ремни́ プリスチョーギヴァチ プリスチグヌーチ リムニー 不完
ジーンズ	джи́нсы 複 ジーンスィ 122
寺院	храм 男 フラーム
シェフ	шеф-по́вар 男 シェフ ポーヴァル 27
塩	соль 女 ソーリ 100
塩からい	солённый サリョーンヌイ 91
市外局番	код го́рода 男 コート ゴーラダ
資格	права́ 複 プラヴァー
しかし	но ノ, a ア 312
時間	вре́мя 中 ヴリェーミャ 47
指揮する	кома́ндовать 不 / с- 完 カマーンダヴァチ / ス- 239
資金	вклад 男 フクラート
試験	экза́мен 男 エグザーミン 32
事件	собы́тие 中 サブィーチェ 223
資源	ресу́рсы 複 リスールスィ
事故	ава́рия 女 アヴァーリヤ 60
時刻	час 男 チャース 210
時刻表	расписа́ние 中 ラスピサーニエ 49
仕事	рабо́та 女 ラボータ 32
時差	ра́зница во вре́мени 女 ラーズニツァ ヴァヴリェーミニ
時差ぼけ	синдро́м ра́зницы во вре́мени 男 シンドローム ラーズニツィ ヴァヴリェーミニ
持参する	приноси́ть 不 / принести́ 完 プリナシーチ / プリニスチー 254
支持する	подде́рживать 不/поддержа́ть 完 パッチェールシヴァチ / パッチェルジャーチ 181
支社	филиа́л 男 フィリアール
辞書	слова́рь 男 スラヴァーリ 116
自炊	еда́ с собо́й 女 イダー ススヴォーイ
しずかな	ти́хий チーヒィー 153
システム	систе́ма 女 シスチェーマ 132
史跡	па́мятник 男 パーミヤトニク 86
施設	заведе́ние 中 ザヴィチェーニエ
自然	приро́да 女 プリローダ 177

自然科学	есте́ственные нау́ки 複 イスチェーストヴィンヌイエ ナウーキ 28
子孫	пото́мок 男 パトーマク
下請け	субподря́д 男 スプパドリャート
下へ	вниз ヴニース
従う	подлежа́ть 不(+与) パドリジャーチ 43
下着	(ни́жнее) бельё 中(ニージニェエ)ビリョー 218
仕立て屋	портно́й 男 パルトノーイ 120
七面鳥	инде́йка 女 インヂェーイカ
試着室	приме́рочная 女 プリミェーラチナヤ 120
試着する	ме́рить 不 / при- 完 ミェーリチ/プリ- 120
実業家	бизнесме́н 男 ビズネスメーン, предпринима́тель 男 プリトプリニマーチリ
しっかりおぼえる	вы́учивать 不 /вы́учить 完 ヴィウーチヴァチ / ヴィーウチチ 314
失業者	безрабо́тный 男 / безрабо́тная 女 ビズラボートヌイ / ビズラボートナヤ 28
失業する	теря́ть рабо́ту チリャーチ ラボートゥ 不
しつけ	воспита́ние 中 ヴァスピターニエ
しつこい	навя́зчивый ナヴャーッシヴィ
(知識として)知っている	знать 不 ズナーチ 34
湿度	вла́жность 女 ヴラージナスチ
失敗	неуда́ча 女 ニウダーチャ
湿布	компре́сс 男 カムプリェース
質問	вопро́с 男 ヴァプロース 73
失礼な	неве́жливый ニヴィエージリヴィ
指定する	назнача́ть 不 / назна́чить 完 ナズナチャーチ / ナズナーチチ 147
指定席	заброни́рованное ме́сто 中 ザブラニーラヴァンナエ ミェースタ
始動させる	включа́ть 不 / включи́ть 完 フクリュチャーチ / フクリュチーチ 55
自転車	велосипе́д 男 ヴィラシピェート 63
自動の	автомати́ческий アフタマチーチスキィ
自動車	маши́на, автомоби́ль 男 アフタマビーリ
自動車修理工	автомеха́ник 男 アフトミハーニク 60
自動車部品	автозапча́сти 複 アフトザプチャースチ 61
自動車保険	автострахова́ние 中 アフトストラハヴァーニエ
自動販売機	автома́т 男 アフタマート
品物	това́р 男 タバール 41
死ぬ	умира́ть 不 / умере́ть 完 ウミラーチ / ウミリェーチ
市の	городско́й ガラツコーイ 15
芝居	спекта́кль 男 スピクタークリ 223
支配人	управля́ющий 男 ウプラヴリャーユシィ
しばしば	ча́сто チャースタ 52
支払い	опла́та 女 アプラータ 113
しばらく泊まる	пожи́ть 完 パジーチ 79
しばらく待つ	подожда́ть 完 パダジダーチ 89

耳鼻咽喉科	оториноларингология	图 オタリナランガローギヤ 187

耳鼻咽喉科　оториноларингология　図 オタリナラリンガローギヤ　187
紙幣　банкнот　団 バンクノート
脂肪　жир　団 ジール
しぼる　выжимать 不 / выжать 完 ヴィジマーチ / ヴィジャーチ
資本主義　капитализм　団 カピタリーズム
資本家　капиталист　団 カピタリースト
島　остров　団 オーストラフ　64
姉妹　сестра　囡 シストラー　29
しみ　лясы　圈 リャースィ　12
事務所　офис　団 オーフィス, контора　囡 カントーラ
氏名　имя и фамилия　団 イーミャ イ ファミーリヤ
指名する　назначать 不 / назначить 完 ナズナチャーチ / ナズナーチチ　296
しめった　сырой　スィローイ
占める　занимать 不 / занять 完 ザニマーチ / ザニャーチ　306
閉める　закрывать 不 / закрыть 完 ザクルィヴァーチ / ザクルィーチ, запирать 不 / запереть 完 ザピラーチ / ザピリェーチ　289
締める, かける　застёгивать 不 /застегнуть 完 ザスチョーギヴァチ / ザスチグヌーチ　41
地面　земля　囡 ジムリャー, почва 囡ポーチヴァ
地元の　местный　ミェースヌイ　15
ジャガイモ　картошка 囡 カルトーシカ, картофель 團 カルトーフィリ 106
社会　общество　団 オープシストヴァ　13
社会問題　общественные вопросы　圈 アプシェーストヴィンヌィエ ヴァプローストゥィ　182
市役所　муниципалитет　團ムニツィパリチエート
射撃する　стрелять 不 / стрельнуть 完 ストリリャーチ / ストリェーリヌチ　293
蛇口　кран　團 クラーン
謝罪　извинение　団 イズヴィニェーニエ　33
車掌　проводник　團 プラヴァドニーク
写真　фотография 囡 ファタグラーフィヤ, снимок 團 スニーマク　132
写真屋　фотомагазин　團 フォータマガズィーン
写真をとる　фотографировать 不 /с- 完 ファタグラフィーラヴァチ / ス-　85
車線　полоса　囡 パラサー
社長　президент　團 プリジヂェーント　23
シャツ　рубаха囡ルバーハ, рубашка 囡 ルバーシカ　12
借金　долг 團 ドールク, заём 團 ザヨーム
シャッター　затвор　團 ザトヴォール
車道　проезжая часть　囡 プライェージヤヤ チャースチ
ジャーナリスト　журналист　團 / -ка 囡 ジュルナリースト / -カ　27
じゃまをする　мешать 不 ミシャーチ/ по- 完 33

ジャム　джем 團 ジェーム, варение 団 ヴァリェーニエ　96
シャワー　душ 團 ドゥーシ　77
車輪　колесо　団 カリソー　59
ジャンクション　скрещение 団 スクリシェーニエ
シャンデリア　люстра　囡 リュストラ
ジャンパー　джемпер 團 ジェームペル　121
シャンプー　шампунь 團 シャンプーニ　127
週　неделя 囡 ニヂェーリャ　26
自由　свобода 囡 スヴァボーダ　13
自由化　либерализация 囡 リビラリザーツィヤ
収穫する　убирать 不 / убрать 完 ウビラーチ / ウブラーチ　304
習慣　обычай 團 アブィーチャイ　38
宗教　религия 囡 レリーギヤ　36
従事する　заниматься 不 ザニマーッツァ　30
住所　адрес 團 アードリス　54
就職　устройство 団 ウストローイストヴァ　32
ジュース　сок 團 ソーク　99
渋滞　пробка 囡 プローブカ
重体　тяжёлое состояние　団 チジョーラエ サスタヤーニエ
じゅうたん　ковёр 團 カヴョール, коврик 團 コーヴリク　134
集中する　сосредоточивать不/ сосредоточить 完 サスリダトーチヴァチ / サスリダトーチチ
充電し直す　перезаряжать 不 / перезарядить 完 ピリザリジャーチ / ピリザリャヂーチ　132
収入　доход 團 ダホート　269
十分な　достаточный ダスタータチヌイ　228
修理　ремонт 團 リモーント　236
修理する　исправлять 不 /исправить 完 イスプラヴリャーチ / イスプラーヴィチ　114, чинить 不 / починить 完 チニーチ / パチニーチ　63
重量オーバー　перевес 團 ピリヴィェース
授業　урок 團 ウローク, занятие 団 ザニャーチエ
宿題　домашнее задание 団 ダマーシニエ ザダーニエ
宿泊する　останавливаться 不 /остановиться 完 アスタナーヴリヴァッツァ / アスタナヴィーッツァ　42
祝福　благословение 団プラガスラヴィェーニエ37
手術　операция 囡 アピラーツィヤ　193
首相　премьер(-министр) 團 プリミエール ミニーストル　23
ジュース　сок 團 ソーク　96
出血　кровотечение 団 クラヴァチェーニエ
出航する　отплывать 不 / отплыть 完 アトプルィヴァーチ / アトプルィーチ　289
出国　выезд 團 ヴィーイスト
出国手続き　процедура выезда за границу 圈 プラツィドゥーラ ヴィーエズダ ザ グラニーツ
出産　роды 圈 ロートィ
出張　командировка 囡 カマンヂローフカ　26
失敗する　проваливаться 不/провалиться 完

| 出発 | | | 335 |

出発 プラヴァーリヴァッツァ / プラヴァリーッツァ 312
出発 отъе́зд 圏 アトイェースト 77
出発する отправля́ться 圏 /отпра́виться 圏 アトプラヴリャーッツァ / アトプラーヴィッツァ 39
出発時間 вре́мя отправле́ния 回 ヴリェーミャ アトプラヴリェーニヤ
出版社 изда́тельство 回 イズダーチリストヴァ
出版する издава́ть 圏 / изда́ть 圏 イズダヴァーチ / イズダーチ 117
首都 столи́ца 回 スタリーツァ
主婦 домохозя́йка 回 ダマハジャーイカ 27
趣味 хо́бби 回 ホービ 155
種類 вид 圏 ヴィート, сорт 圏 ソールト 165
純粋な чи́стый チーストゥイ
順調 поря́док 圏 パリャータク 22
順調に в поря́дке フパリャートキ 22
準備する подгота́вливаться 圏 / подгото́виться 圏 パトガターウリヴァッツァ / パトガトーヴィッツァ 313
所 пункт 圏 プーンクト 45
女医 же́нщина-врач 圏 ジェーンシナブラーチ 197
使用 по́льзование 回 ポーリザヴァーニエ 43
使用中の за́нято ザーニャタ
賞 пре́мия 圏 プリェーミヤ 252
ショーウインドー витри́на 圏 ヴィトリーナ 133
生涯 жизнь 圏 ジーズニ 118
紹介する представля́ть 圏/предста́вить 圏 プリツタヴリャーチ / プリツターヴィチ 25
正月 но́вый год 圏 ノーヴィ ゴート
小学校 нача́льная шко́ла 圏 ナチャーリナヤ シコーラ
蒸気機関車 парово́з 圏 パラヴォース
状況 ситуа́ция 圏 シトゥアーツィヤ 293, состоя́ние 回 サスタヤーニエ 189
条件 усло́вие 回 ウスローヴィエ
証拠 доказа́тельство 回 ダカザーチリストヴァ
錠剤 табле́тка 圏 タブリェートカ 200
称賛 похвала́ 圏 パフヴァラー 229
上司 нача́льник 圏 ナチャーリニク 238
正直な че́стный チェースヌイ
乗車 поса́дка 圏 パサートカ, пое́здка 圏 パイェーストカ 47
乗車券 биле́т 圏 ビリェート 281
上手な иску́сный イスクースヌイ, ло́вкий ローフキィ
少数民族 национа́льное меньшинство́ 回 ナツィアナーリナエ ミニシンストヴォー
使用する по́льзоваться 圏 / вос- 圏 ポーリサヴァッツァ / ヴァス- 74
情勢 ситуа́ция 圏 シトゥアーツィヤ 295
小説 рома́н 圏 ラマーン 115
招待 приглаше́ние 回 プリグラシェーニエ 31
状態になる приходи́ть 圏 / прийти́ 圏 プリハヂーチ / プリイチー 235
冗談 шу́тка 圏 シュートカ

冗談を言う шути́ть 圏 / по- 圏 シュチーチ 234
消毒 дезинфе́кция 圏 デジンフィエークツィヤ
衝突する ста́лкиваться 圏 / столкну́ться 圏 スタールキヴァッツァ / スタルクヌーッツァ 212
小児科 педиатри́я 圏 ピチアトリーヤ
商人 коммерса́нт 圏 カミルサーント
商売 торго́вля 圏 タルゴーヴリャ, би́знес 圏 ビーズネス 28
消費税 НДС (= потреби́тельский нало́г) パトリビーチリスキィ ナローク
上品な утончённый ウタンチョーンヌイ
小便 моча́ 圏 マチャー
情報 информа́ция 圏 インファルマーツィヤ 83
消防車 пожа́рная маши́на 圏 パジャールナヤ マシーナ
照明 освеще́ние 回 アスヴィシェーニエ 17
証明書 сертифика́т 圏 シルチフィカート 133
条約 догово́р 圏 ダガヴォール
しようゆ со́евый со́ус 圏 ソーイヴィ ソーウス 100
勝利する побежда́ть 圏 / победи́ть 圏 パビジダーチ / パビヂーチ 317
食パン формово́й хлеб 圏 ファルマヴォーイ フリェープ
食用油 ма́сло 圏 マースラ 93
将来 бу́дущее 回 ブードゥシェェ 209
ジョギング бег 圏 ビェーク 166
ジョギングシューズ кроссо́вки 圏 クラソーフキ
職業 профе́ссия 圏 プラフィエーシヤ 27
食事 еда́ イダー 15, обе́д アビェート 84
食前酒 аперити́в 圏 アピリチーフ
食器 посу́да 圏 パスーダ 79
食堂 столо́вая 圏 スタローヴァヤ 259
食堂車 ваго́н-рестора́н 圏 ヴァゴーン リスタラーン 50
植物 расте́ние 回 ラスチェーニエ 178
植物園 ботани́ческий сад 圏 バタニーチスキィ サート
職務 слу́жба 圏 スルージバ 28
食欲 аппети́т 圏 アピチート 92
食料品(店) проду́кты 圏 プラドゥークトィ 103
助言 сове́т 圏 サヴィエート 31
食器 посу́да 圏 パスーダ 100
女性 же́нщина 圏 ジェーンシナ 224
しょっぱい солёный サリョーヌイ 91
書店 кни́жный магази́н 圏 クニージヌイ マガジーン 115
処方箋 реце́пт 圏 リツェープト 194
署名する подпи́сывать 圏 / подписа́ть 圏 パトピースィヴァチ / パトピサーチ 304
処理 обрабо́тка 圏 アブラボートカ 227
書類 докуме́нт 圏 ダクミェーント, бума́га 圏 ブマーガ 286
白樺 берёза 圏 ビリョーザ 178

知らせる	объявля́ть 不 /объяви́ть 完 アブヤウリャーチ / アブヤウヴィーチ 53
調べる	сверя́ться 不 / све́риться 完 スヴィリャーッツァ / スヴェーリッツァ 314
私立の	ча́стный チャースヌイ
知り合う	знако́миться 不 / по- 完 ズナコーミッツァ / パ- 24
知る	узнава́ть 不 / узна́ть 完 ウズナヴァーチ / ウズナーチ 152
印をつける	помеча́ть 不 / поме́тить 完 パミチャーチ / パミェーチチ 174
白い	бе́лый ビェールイ 123
寝具	посте́льные принадле́жности 圈 パスチェーリヌイエ プリナドリェージナスチ 115
シングルルーム	одноме́стный но́мер 圈 アドナミェースヌイ ノーミル 70
神経	нерв 圈 ニェールフ
神経痛	невралги́я 女 ニヴラルギーヤ 196
神経質な	не́рвный ニェールヴヌイ
信仰	ве́рование 中 ヴィーラヴァニエ 38
人口	чи́сленность населе́ния 女 チースリンナスチ ナシリェーニヤ
信号(機)	светофо́р 圈 スヴィタフォール 66
人工衛星	иску́сственный спу́тник Земли́ イスクーストヴィンヌイ スプートニク ジムリー 圈
申告	декляри́рование 中 ヂクラリーラバニェ 43
申告書	деклара́ция 女 ヂクララーツィヤ 146
申告する	деклари́ровать 不·完 ヂクラリーラヴァチ 43
深刻な	серьёзный シリョーズヌイ
新婚旅行	сва́дебное путеше́ствие 中 スヴァーヂブナエ プチシェーストウィエ
診察	(медици́нский) осмо́тр 圈 (ミヂツィーンスキィ) アスモートル 187
診察券	тало́н к врачу́ 圈 タローン クヴラチュー 200
紳士	господи́н 圈 ガスパヂーン 23
真実	и́стина 女 イースチナ, пра́вда 女 プラーヴダ
寝室	спа́льня 女 スパーリニャ
真珠	же́мчуг 圈 ジェームチュク
人種	ра́са 女 ラーサ
人種差別	ра́совая дискримина́ция 女 ラーサヴァヤ ヂスクリミナーツィヤ, раси́зм 圈 ラシーズム 183
信じる	ве́рить 不 / по- 完 ヴィェーリチ / パ- 36
信心深い	ве́рующий ヴィェールユシィ 36
ジーンズ	джи́нсы 圈 ジーンスイ 122
申請	заявле́ние 中 ザイヴリェーニエ
新生	новорождённый ナヴォロージヂンヌイ 32
親戚	родня́ 女 ラドニャー 218
親切	ла́ска 女 ラースカ 12
親切な	любе́зный リュビェーズヌイ
新鮮な	све́жий スヴェージィ 220

心臓	се́рдце 中 シェールツェ 315
腎臓	по́чка 女 ポーチカ 202
人体	те́ло 中 チェーラ 201
寝台車	спа́льный ваго́н 圈 スパーリヌイ ヴァゴーン
身体障害者	инвали́д 圈 インヴァリート
身長	рост 圈 ロースト 227
新年	но́вый год 圈 ノーヴイ ゴート 32
心配する	беспоко́иться 不 / о- 完 ビスパコーイッツァ / ア- 296
新聞	газе́та 女 ガジェータ 126
人文科学	гуманита́рные нау́ки 圈 グマニタールヌイエ ナウーキ 28
じんましん	крапи́вница 女 クラピーヴニツァ
信頼する	доверя́ть 不 / дове́рить 完 ダヴィリャーチ / ダヴィェーリチ 232

す 行

酢	у́ксус 圈 ウークスス 93
巣	гнездо́ 中 グニズドー
図	схе́ма 女 スヒェーマ 51
水泳	пла́вание 中 プラーヴァニエ
水泳パンツ	пла́вки 圈 プラーフキ 122
スイカ	арбу́з 圈 アルブース
彗星	коме́та 女 カミェータ
推薦	рекоменда́ция 女 リカミンダーツィヤ
水中翼船	раке́та 女 ラキェータ 65
スイッチ	кно́пка 女 クノープカ
スイッチを入れる	включа́ть 不/ включи́ть 完 フクリュチャーチ / フクリュチーチ 140
スイッチを切る	выключа́ть 不/ вы́ключить 完 ヴィクリュチャーチ / ヴィークリュチチ 307
スイートルーム	но́мер-люкс 圈 ノーミル リュークス
水道	водопрово́д 圈 ヴァダプラヴォート
スイバ(植物)	щаве́ль 圈 シシヴィェーリ 14
水力発電	вы́работка гидроэлектроэне́ргии 女 ヴィーラヴァトカ ギドラエレクトラエネールギイ
吸う	дыша́ть 不 ドイシャーチ 240
スーツ	костю́м 圈 カスチューム 264
スーパーマーケット	суперма́ркет 圈 スピルマールキト, универса́м 圈 ウニヴィルサーム 109
スカート	ю́бка 女 ユープカ 122
杉	криптоме́рия 女 クリプタミェーリヤ
スキー	лы́жи 圈 ルィージ 172
スキャナー	ска́нер 圈 スカーニル 140
好く	люби́ть 不 / по- 完 リュビーチ 158
スクーター	мотороллер 圈 マタローリル
すぐに	сра́зу スラース
少し	немно́го ニムノーガ, нема́ло ニマーラ 34, 228
少し離れる	отходи́ть 不 / отойти́ 完 アトハヂーチ / アタイチー 300
スズメ	воробе́й 圈 ヴァラビェーイ
スズメバチ	оса́ 女 アサー
スター	звезда́ 女 ズヴィスタール

日本語	ロシア語	発音	頁
スチュワーデス	стюарде́сса 女	スチュアルチェーッサ	
すっかり終える	зака́нчивать 不完/ зако́нчить 完	ザカーンチヴァチ / ザコーンチチ	287
スーツケース	чемода́н 男	チマダーン	283
すっぱい	ки́слый	キースルイ	
ステーキ	бифште́кс 男	ビフシテークス	98
すでに	уже́	ウジェー	150
ストッキング	чулки́ 複	チュルキー	
すてる	броса́ть 不完 / бро́сить 完	ブラサーチ / ブローシチ	
ストロー	соло́минка 女	サローミンカ	
砂	песо́к 男	ピソーク	
素直な	послу́шный	パスルーシヌイ	
スナック	заку́сочная 女	ザクーサチナヤ	87
スニーカー	кроссо́вки 複	クラソーフキ	125
すばらしい	прекра́сный, блестя́щий	プリクラースヌイ, ブリスチャーシィ	
スパゲッティー	спаге́тти 中複	スパギェッチ	
スピード	ско́рость 女	スコーラスチ	58
スピード違反	превыше́ние (дозво́ленной) ско́рости 中	プリヴィシェーニエ ダズヴォーリンナイ スコーラスチ	
スプーン	ло́жка 女	ローシカ	13
すべて	весь 男/ всё 中 / вся 女 / все 複	ヴィェーシ / フショー / フシャー / フシェー	251
すべりやすい	ско́льзкий	スコーリスキィ	
すべる	скользи́ть 不完 / скользну́ть 完	スカリジーチ / スカリズヌーチ	
スポーツ	спорт 男	スポールト	166
スポーツシューズ	(ゴム底の) ке́ды 複	キェードィ	
ズボン	брю́ки 複	ブリューキ	220
炭	у́голь 男	ウーガリ	228
すみません	извини́те	イズヴィニーチェ	23
住む	жить 不完	ジーチ	230
棲む	води́ться 不完	ヴァヂーッツァ	246
すり	карма́нщик 男	カルマーンシク	
する	де́лать 不完 / с- 完	チェーラチ / ス-	38
する(掘る)	выта́скивать 不完 / вы́тащить 完	ヴィタースキヴァチ / ヴィータシチ	214
鋭い	о́стрый, ре́зкий	オーストルイ, リェースキィ	
すわる	сади́ться 不完 / сесть 完	サヂーッツァ / シェースチ	230

せ 行

日本語	ロシア語	発音	頁
背	рост 男	ロースト	227
姓	фами́лия 女	ファミーリヤ	24
性格	хара́ктер 男	ハラークチル	
正確な	то́чный	トーチヌイ	
生活	жизнь 女	ジーズニ	
生活費	расхо́ды на жизнь 複	ラスホードィ ナ ジーズニ	
税関	тамо́жня 女	タモージニャ	42
世紀	век 男	ヴェーク	235
請求する	тре́бовать 不完 / по- 完	トリェーバヴァチ / パ-	
請求書	счёт 男	ショート	77
正教	правосла́вие 中	プラヴァスラーヴィエ	37
正教徒	правосла́вный 男 / -ная 女	プラヴァスラーヴヌイ / -ナヤ	36
税金	нало́г 男	ナローク	113
清潔な	чи́стый	チーストゥイ	
制限	ограниче́ние 中	アグラニチェーニエ	58
制限速度	ограниче́ние ско́рости 中	アグラニチェーニエ スコーラスチ	
成功	успе́х 男	ウスピェーフ	240
成功する	удава́ться 不完 / уда́ться 完	ウダヴァーッツァ / ウダーッツァ	316
清算	расчёт 男	ラショート	
清算する	распла́чиваться 不完 / расплати́ться 完 (+造)	ラスプラーチヴァッツァ / ラスプラチーッツァ	73
政治	поли́тика 女	パリーチカ	183
政治家	поли́тик 男	パリーチク	
正式の	зако́нный	ザコーンヌイ	32
聖書	би́блия 女	ビーブリヤ	37
精神	дух 男, пси́хика 女	ドゥーフ, プシーヒカ	
精神科	психиатри́я 女	プシヒアトリーヤ	187
製造する	производи́ть 不完 / произвести́ 完	プライズヴァチーチ / プライズヴィスチー	
製造業	производи́тель 男	プライズヴァチーチリ	
ぜいたくな	роско́шный	ラスコーシヌイ	
成長する	расти́ 不完 / вы- 完	ラスチー / ヴィ-	241
性病	венери́ческие боле́зни 複	ヴィニリーチスキエ バリェーズニ	
製品	изде́лие 中	イズヂェーリエ	115
セーター	сви́тер 男	スヴィーチル	121
政府	прави́тельство 中	プラヴィーチリストヴァ	305
生理用品	гигиени́ческая прокла́дка 女	ギギイニーチェスカヤ プラクラートカ	
世界	мир 男	ミール, свет 男 スヴィェート	86
世界遺産	насле́дие ми́ра	ナスリェーヂエ ミーラ	86
席	ме́сто 中	ミェースタ	40
咳	ка́шель 男	カーシリ	189
咳をする	ка́шлять 不完 / ка́шлянуть 完	カーシリャチ / カーシリャヌチ	290
石炭	(ка́менный) у́голь 男	カーミンヌイ ウーガリ	227
責任	отве́тственность 女	アトヴィェーツトヴィンナスチ	
責任のある	винова́тый	ヴィナヴァートゥイ	33
責任を負う	отвеча́ть 不完 / отве́тить 完	アトヴィチャーチ / アトヴィェーチチ	236
石油	нефть 女	ニェーフチ	
積極的な	акти́вный	アクチーヴヌイ	
接近	приближе́ние 中	プリブリジェーニエ	17
石鹸	мы́ло 中	ムィーラ	
接続詞	сою́з 男	サユース	311
セット	укла́дка 女	ウクラートカ	127

日本語	ロシア語	カナ
絶対に	обязательно	アビザーチリナ
説明する	объяснять / объяснить	アブイスニャーチ / アブイスニーチ 285
絶滅する	вымирать / вымереть	ヴィミラーチ / ヴィーミリチ 184
節約する	экономить / с-	エカノーミチ/ス-
背広	пиджак	ピッジャーク
狭い	узкий, тесный	ウースキィ, チェースヌイ 76
背もたれ	спинка	スピーンカ 227
セルフサービス	самообслуживание	サマアプスルージヴァニエ 59
ゼロ	ноль, нуль	ノーリ, ヌーリ 264
セロテープ	клейкая лента	クリェーイカヤ リェーンタ
セロリ	сельдерей	シリヂリェーイ
線	линия	リーニャ 49
洗顔する	умываться / умыться	ウムィヴァーッツァ / ウムィーッツァ 308
選挙	выборы	ヴィーバルィ 220
宣言する	объявлять / объявить	アブヤヴリャーチ / アブヤヴィーチ 304
専攻	специализация	スピツィアリザーツィヤ
前菜	закуска	ザクースカ 97
洗剤	моющее средство	モーユシェース リェーツトヴァ 81
洗車	(авто)мойка	アフタモーイカ
戦車	танк	ターンク
全然	совсем	サフシェーム 290
先祖	предок	プリェータク
戦争	война, бой	ヴァイナー, ボーイ 118
洗濯	стирка	スチールカ 119
洗濯機	стиральная машина	スチラーリナヤ マシーナ 81
洗濯室, ランドリー	прачечная	プラーチチナヤ 74
船長	капитан	カピターン 222
セントラルヒーティング	центральное отопление	ツェントラーリナエ アタプリェーニエ
全部で	всего	フシヴォー 15
専門学校	профессионально-техническое училище	プラフェシアナーリナ チフニーチスカエ ウチーリシェ
占領する	захватывать / захватить	ザフヴァートィヴァチ / ザフヴァチーチ 304
洗礼	крещение	クリシェーニェ 37

そ 行

倉庫	склад	スクラート
走行	пробег	プラビェーク 57
そうじ	уборка, чистка	ウボールカ, チーストカ
掃除機	пылесос	プィリソース
葬式	похороны	ポーハラヌィ
想像する	представлять / представить	プリッタヴリャーチ / プリッターヴィチ
相談	совет, консультация	サヴィェート, コンスリターツィヤ
挿入する	вставлять / вставить (+対)	フスタヴリャーチ / フスターヴィチ 46
相場	курс	クールス 46
ソース	соус	ソーウス 93
ソーセージ	колбаса	カルバサー 97
速達便	экспресс почта	エクスプレース ポーチタ 145
速度	скорость	スコーラスチ 58
そこに	там	ターム 115
底	дно	ドゥノ 118
育つ	расти / вы-	ラスチー / ヴィー 241
育てる	воспитывать / воспитать	ヴァスピートィヴァチ / ヴァスピターチ
側溝	кювет	キュヴェート 12
卒業	окончание	アカンチャーニエ
卒業する	оканчивать / окончить	アカーンチヴァチ / アコーンチチ
外へ出る	выходить / выйти	ヴィハヂーチ / ヴィーイチ 41
そばに来る	подоходить / подойти	パダハヂーチ / パダイチー 137
祖父／祖母	дедушка / бабушка	ヂェードゥシカ / バーブシカ 29
ソフトドリンク	безалкогольные напитки	ビザルカゴーリヌエ ナピートキ 99
染める	красить / по-	クラーシチ / パ-
空	небо	ニェーバ 15
ソラマメ	конские бобы	コーンスキエ バブィー
剃る	брить / по-	ブリーチ / パ- 127
それ	то / тот / та / те	トー / トート / ター / チェー 249, оно アノー 247
それとも	или	イーリィ 249
それら	те	チェー 249
損害	убыток	ウブィータク
尊敬する	уважать	ウヴァジャーチ

た 行

タートルネック	водолазка	ヴァダラースカ
ターミナル駅	вокзал	ヴァグザール
ダイエット	диета	ヂエータ
体温	температура (тела)	チンピラトゥーラ (チェーラ)
体温計	градусник	グラードゥスニク 200
大学(総合)	университет	ウニヴィルシチェート 32
大学院生	аспирант / аспирантка	アスピラーント / アスピラーントカ 28
大学生	студент / -ка	ストゥヂェーント / -カ 28
大工	плотник	プロートニク
たいくつな	скучный	スクーチヌイ
大根	редька	リェーチカ 14
滞在する	пробыть	プラブィーチ 42
大使	посол	パソール

大使館

日本語	ロシア語	カナ発音	番号
大使館	посо́льство	パソーリストヴァ	216
体重	вес	ヴィェース	
大事にする	щади́ть / по-	シティーチ	14
大好きである	обожа́ть (+対)	アバジャーチ	87
大豆	со́я	ソーヤ	
大切な	ва́жный	ヴァージヌイ	
大切にする	бере́чь	ビリェーチ	31
態度をとる	относи́ться / отнести́сь	アトナシーッツァ / アトニスチーシ	230
大統領	президе́нт	プリジヂェーント	239
台所	ку́хня	クーフニャ	74
第2次世界大戦	втора́я мирова́я война́	フタラーヤ ミラヴァーヤ ヴァイナー	
台風	тайфу́н	タイフーン	
逮捕する	аресто́вывать / арестова́ть	アリストーヴィヴァチ / アリスタヴァーチ	306
タイヤ	колесо́	カリソー	59
	ши́на	シーナ	60
ダイヤモンド	алма́з	アルマース	
太陽	со́лнце	ソーンツェ	242
太陽電池	со́лнечная батаре́я	ソールチナ ハタリェーヤ	
対話	диало́г	ヂアローク	
耐える	терпе́ть / по-	チルピェーチ / パ-	
タオル	полоте́нце	パラチェーンツェ	171
たおれる	па́дать / упа́сть	パーダチ / ウパースチ	292
高い(値段)	дорого́й	ダラゴーイ	111
高い	высо́кий	ヴィソーキィ	17
焚き火	костёр	カスチョール	
抱く	обнима́ть / обня́ть	アブニマーチ / アブニャーチ	
たくさんの	мно́го	ムノーガ	228
タクシー	такси́	タクシー	54
タクシー乗り場	стоя́нка такси́	スタヤーンカ タクシ	
だけ	то́лько	トーリカ	34
タコ	осьмино́г	アシミノーク	
たしかめる	уточня́ть / уточни́ть	ウタチニャーチ / ウタチニーチ	
足す	добавля́ть / доба́вить	ダバヴリャーチ / ダバーヴィチ	
ダース	дю́жина	ジュージナ	
助ける	помога́ть / помо́чь	パマガーチ / パモーチ	250
戦う	боро́ться, воева́ть	バローッツァ, ヴァイヴァーチ	311
たたく	бить / по-	ビーチ / パ-	284
正しい	пра́вильный, пра́вый	プラーヴィリヌイ, プラーヴイ	38
ただで	беспла́тно	ビスプラートナ	
たたむ	скла́дывать / сложи́ть	スクラードィヴァチ / スラジーチ	
立ち上がる	встава́ть / встать	フスタヴァーチ / フスターチ	230
立入禁止	вход запрещён	フホート ザプリショーン	
立ち寄る	заезжа́ть / зае́хать, заходи́ть / зайти́	ザイッジャーチ / ザイェーハチ 245, ザハヂーチ / ザイチー	287
立つ	стоя́ть	スタヤーチ	301
脱臼する	вы́вихнуть	ヴィーヴィフヌチ	192
達成する	достига́ть / дости́чь	ダスチガーチ / ダスチーチ	229
縦の	вертика́льный	ヴィルチカーリヌイ	
建物	зда́ние	ズダーニエ	
建てる	стро́ить / по-	ストローイチ / パ-	290
たとえば	наприме́р	ナプリミェール	
たどり着く	добира́ться / добра́ться	ダビラーッツァ / ダブラーッツァ	
棚	стелла́ж	スチラーシ	133
棚卸し	переучёт	ピリウチョート	
谷	доли́на	ダリーナ	
他人	чужо́й / чужа́я	チュジョーイ / チュジャーヤ	
楽しい	весёлый, рад	ヴィショールイ, ラート	232
楽しむ	наслажда́ться / наслади́ться	ナスラジダーッツァ / ナスラヂーッツァ	
たのむ	проси́ть / по-	プラシーチ / パ-	94
タバコ	сигаре́та, таба́к	シガリェータ, タバーク	126
タバコを吸う	кури́ть	クリーチ	317
旅	путь	プーチ	26
ダブルルーム	но́мер с двуспа́льной крова́тью	ノーミル ズ ドヴスパーリナイ クラヴァーチユ	70
たぶん	наве́рное	ナヴィェールナエ	
食べてみる	про́бовать / по-	プローバヴァチ / パ-	87
食べ物	еда́	イダー	101
食べる	есть / по-, съ-	イェースチ / パ-, ス-	91
打撲する	ушиба́ть / ушиби́ть	ウシバーチ / ウシビーチ	193
卵	яйцо́	イイツォー	96
卵焼き	яи́чница	イーチニツァ	96
魂	душа́ / ду́ши	ドゥシャー, ドゥーシ	12
だます	обма́нывать / обману́ть	アブマーヌィヴァチ / アブマヌーチ	287
タマネギ	(ре́пчатый) лук	リェープチャトゥイ ルク	
ダム	да́мба	ダームバ	
ためす	испы́тывать / испыта́ть	イスプィートィヴァチ / イスプィターチ	
ためらう	стесня́ться / смути́ться	スチスニャーッツァ / スムチーッツァ	
タラ	треска́	トリスカー	
タラコ	треско́вая икра́	トリスコーヴァヤ イクラー	

クラー
タラバガニ камча́тский краб 男 カムチャーツキィ クラープ

ダリア гео́ргин 男 ギアルギーン

たりる хвата́ть 不 / хвати́ть 完 フヴァターチ / フヴァチーチ

だれ кто クトー 26

単科大学 институ́т 男 インスチトゥート

短期 коро́ткий срок 男 カロートキィ スローク

タンカー та́нкер 男 ターンキル

タンク бак 男 バーク 59

短靴 ту́фли 複 トゥーフリ, боти́нки 複 バチーンキ 125

タンクローリー автомоби́ль-цисте́рна 男 アフタマビーリィ ツィスチェールナ

単語 сло́во 中 スローヴァ 35

炭酸水 газиро́ванная вода́ 女 ガジローヴァンナヤ ヴァダー 100

単純な просто́й プラストーイ 17

誕生 рожде́ние 中 ラジヂェーニェ 17

誕生日 день рожде́ния 男 チェーニ ラジヂェーニヤ 33

たんす комо́д 男 カモート

ダンス та́нец 男 ターニツ 222

男性 мужчи́на 男 ムッシーナ 14

団体 гру́ппа 女 グルーッパ, коллекти́в 男 カリクチーフ

団地 микрорайо́н 男 ミクララヨーン

ダンプカー самосва́л 男 サマスヴァール

暖房 отопле́ние 中 アタプリェーニエ 77

ち 行

血 кровь 女 クローフィ 189

地位 пози́ция 女 パジーツィヤ, пост 男 ポースト

地域 райо́н 男 ライオーン 68, регио́н 男 リギオーン

チーズ сыр 男 スィール 228

チェック(小切手) чек 男 チェーク

チェックアウト вы́писка из гости́ницы 女 ヴィーピスカ イズ ガスチーニッツィ

チェックアウトする освобожда́ть 不 / освободи́ть 完 アスヴァバジダーチ / アスヴァバヂーチ

チェックイン регистра́ция 女 リギストラーツィヤ 40

チェックインする регистри́ровать 不 / за- 完 リギストリーラヴァチ / ザ-

チェックする проверя́ть 不/ прове́рить 完(+対) プラヴィリャーチ / プラヴィエーリチ 59

近い бли́зкий ブリースキィ 259

違い разли́чие 中 ラズリーチェ 38

近づく подъезжа́ть 不 / подъе́хать 完 パドイェスジャーチ / パドイェーハチ 53, подходи́ть 不 / подойти́ 完 パトハヂーチ / パダイチー 302

地球 земля́ 女 ジムリャー

遅刻する опа́здывать 不 / опозда́ть 完 アパーズドィヴァチ / アパズダーチ

知識 зна́ние 中 ズナーニエ

縮む сади́ться 不 / сесть 完 サチーッツァ / シェースチ 119

地図 ка́рта 女 カールタ 58, схе́ма 女 スヒェーマ

父 оте́ц 男 アチェーツ 30

チップ чаевы́е 複 チャイヴィーエ 73

地熱発電 вы́работка геотерма́льной электроэне́ргии 女 ヴィーラヴァトカ ゲアチルマーリナイ エリクトラエネールギイ

地方 прови́нция 女 プラヴィーンツィヤ, ме́стность 女 ミェースナスチ

地方的な ме́стный ミェースヌイ 38

茶 чай 男 チャーイ 216

チャイルドシート де́тское сиде́нье 中 チェーツカエ シヂェーニャ 56

着陸 приземле́ние 中 プリジムリェーニエ

茶わん пиа́ла 女 ピアラー

チューインガム жева́тельная рези́нка 女 ジヴァーチリナヤ リジーンカ 126

中学校 сре́дняя шко́ла 女 スリェードニャヤ シコーラ

中古の поде́ржанный パチェールジャンヌイ 63

中止 отме́на 女 アトミェーナ, прекраще́ние 中 プリクラシェーニエ

注射 уко́л 男 ウコール

注射器 шприц 男 シプリーツ 194

注射する поста́вить укол パスターヴィチ ウコール

駐車場 (авто)стоя́нка 女 (アフタ)スタヤーンカ 58

昼食をとる обе́дать 不 / по- 完 アビェーダチ / パ- 243

中心 центр 男 ツェーントル 51, середи́на 女 シリヂーナ

注目 внима́ние 中 ヴニマーニエ 48

注文 зака́з 男 ザカース 90

注文する зака́зывать 不 / заказа́ть 完 ザカースィヴァチ / ザカザーチ 91

腸 кише́чник 男 キシェーチニク

蝶 ба́бочка 女 バーバチカ

彫刻 гравиро́вка 女 グラヴィローフカ 133

長女 ста́ршая дочь 女 スタールシャヤ ドーチ 30

朝食 за́втрак 男 ザーフトラク 96

朝食をとる за́втракать 不 / по- 完 ザーフトラカチ / パ-

ちょうど ро́вно ローヴナ 211

長男 ста́рший сын スタールシィ スィーン 男 30

著者 а́втор 男 アーフタル 117

調味料 припра́ва 女 プリプラーヴァ 100

調理 приготовле́ние 中 プリガタヴリェーニエ 93

直通の прямо́й プリモーイ 47

ちょっと	одну́ мину́ту	アドヌー ミヌートゥ 21
ちょっと見る	посмотре́ть 完	パスマトリェーチ 283
地理	геогра́фия 女	ギアグラーフィヤ
ちりとり	сово́к 男	サヴォーク
治療する	лечи́ть 不 / вы́- из- 完	リチーチ / ヴィ-, イズ-
賃借	сня́тие 中	スニャーチエ 80
賃借用である	сда́ться 完	スダーッツァ 80
鎮痛剤	болеутоля́ющее сре́дство 中	ボリウタリャーユシェェ スリェーツトヴァ

ツアー	экску́рсия 女	エクスクールシヤ 84
ツインルーム	двухме́стный но́мер 男	ドヴフミェースヌイ ノーミル 70
通貨	валю́та 女	ヴァリュータ 45
通過する	проезжа́ть 不 / прое́хать 完	プライジジャーチ / プライェーハチ 300
通行人	пешехо́д 男	ピシホート 212
通じている, 詳しい	разбира́ться 不	ラズビラーッツァ 218
通じる	вести́ 不 / при- 完	ヴィスチー/プリ- 58
通訳	перево́дчик 男	ピリヴォーッチク 149
通訳する	переводи́ть 不 / перевести́ 完	ピリヴァヂーチ / ピリヴィスチー 291
通路	прохо́д 男	プラホート 40
使い果たす	тра́тить 不 / ис- 完	トラーチチ / イス- 283
使う	употребля́ть 不 / употреби́ть 完	ウパトリブリャーチ / ウパトリビーチ 197
つかまえる	лови́ть 不 / пойма́ть 完	ラヴィーチ / パイマーチ 318
つかむ	схва́тываться 不 / схвати́ться 完	スフヴァートイヴァッツァ / スフヴァチーッツァ 236
疲れる	устава́ть 不 / уста́ть 完	ウスタヴァーチ / ウスターチ 108
月	луна́ 女	ルナー, ме́сяц 男 ミェーシツ 205
次の	сле́дующий	スリェードゥユシィ 107, да́льше ダーリシェ
尽きる	конча́ться 不 / ко́нчиться 完	カンチャーッツァ / コーンチッツァ 60
つぐ	налива́ть 不 / нали́ть 完	ナリヴァーチ / ナリーチ 293
付け合せ	гарни́р 男	ガルニール 102
土	по́чва 女	ポーチヴァ, земля́ 女 ジムリャー
続く	продолжа́ться 不 / продо́лжиться 完	プラダルジャーッツァ / プラドールジッツァ 84
つづける	продолжа́ть 不 / продо́лжить 完	プラダルジャーチ / プラドールジチ 291
包む	завёртывать 不 / заверну́ть 完	ザヴョールトイヴァチ / ザヴィルヌーチ 92, ку́тать 不 / о- 完 クータチ ア- 283
綴られる	писа́ться 不	ピサーッツァ 35
綴り	кни́жка 女	クニーシカ 48

勤め人	служащий 男 / служащая 女	スルージャシィ / スルージャシャヤ 30
つながる	подключа́ться 不 / подключи́ться 完	パトクリュチャーッツァ / パトクリュチーッツァ 140
つなぐ	соединя́ть 不 / соедини́ть 完	サエヂニャーチ / サエヂニーチ 132
妻になる	выходи́ть 不 / вы́йти 完	ヴィハヂーチ / ヴィーイチ
つぼ	ба́нка 女	バーンカ 224
つまらない	ску́чный	スクーチヌイ 167
罪	вина́ 女	ヴィナー, преступле́ние 中 プリストゥプリェーニエ 33, 118
詰め込む	ути́скивать 不 / ути́скать 完	ウチースキヴァチ / ウチースカチ 283
詰める	нака́чивать 不 / накача́ть 完	ナカーチヴァチ / ナカチャーチ 314
つめたい	холо́дный	ハロートヌイ 94
つらい	тяжёлый	チジョールイ, го́рький ゴーリキイ 318
釣り(魚)	уже́ние ры́бы 中	ウジェーニエ ルィーブィ
つり銭	сда́ча 女	スダーチャ 13

出会い	встре́ча 女	フストリェーチャ 24
提案	предложе́ние 中	プリドラジェーニエ
定期乗車券	проездно́й /сезо́нный биле́т 男	プライズノーイ / シゾーンヌイ ビリェート 15, 50
定食	ко́мплексный обе́д 男	コームプリクスヌイ アビェート
デイスコ	дискоте́ка 女	ヂスカチェーカ 151
ティッシュペーパー	салфе́тка 女	サルフェートカ
ていねいな	аккура́тный	アックラートヌイ
停留所	остано́вка 女	アスタノーフカ 52
テーブル	сто́лик 男	ストーリク 88, стол 男 ストール 100
出かける	уходи́ть 不 / уйти́ 完	ウハヂーチ / ウイチー 307
手紙	письмо́ 中	ピシモー 145
出口	вы́ход 男	ヴィーハト 154
デザイン	диза́йн 男	ヂザーイン 120
デザート	десе́рт 男	ヂシェールト 98
Tシャツ	футбо́лка 女	フトボールカ
手数料	комиссио́нный сбор 男	カミショーンヌイ スボール, коми́ссия 女 カミーシヤ 46
鉄	желе́зо 中	ジリェーサ
デッキ	па́луба 女	パールバ 65
手続きを整えること	оформле́ние 中	アファルムリェーニエ 41
てつだう	помога́ть 不 / помо́чь 完	パマガーチ / パモーチ 79
手続き	процеду́ра 女	プラツィトゥーラ, оформле́ние 中 アファルムリェーニエ
鉄道	желе́зная доро́га 女	ジリェーズナヤ ダローガ
手に入れる	достава́ть 不 / доста́ть 完	

日本語	ロシア語	カタカナ
手荷物	ручна́я кладь 囡	ルチナーヤ クラーチ 41
手荷物預かり所	ка́меры хране́ния 圈	カームルィ フラニェーニヤ 44
手荷物引換え証	бага́жная квита́нция 囡	バガージナヤ クヴィターンツィヤ
手荷物引き渡し所	вы́дача багажа́ 囡	ヴィーダチャ バガジャー 44
手に持てる	ручно́йр	ルチノーイ 41
デパート	универма́г 圐	ウニヴィルマーク 115
手袋	перча́тки 囡	ピルチャートキ
テーブル	стол 圐	ストール 79
出る	выходи́ть 囡 / вы́йти 囡	ヴィハヂーチ / ヴィーイチ 236
テレビ	телеви́зор 圐	チリビーザル 254
テレフォンカード	телефо́нная ка́рточка 囡	チリフォーンナヤ カールタチカ 135
店員	продаве́ц 圐 / продавщи́ца 囡	プラダヴィェーツ / プラダフシーツァ
天気	пого́да 囡	パゴータ 179
天気予報	прогно́з пого́ды 圐	プラグノース パゴートゥィ
電気	электри́чество 匣	エリクトリーチストヴァ
電圧(ボルト)	вольта́ж 圐 ヴォリターシ, вольт 圐 ヴォールト
電球	ла́мпочка 囡 ラームパチカ 75, ла́мпа 囡 ラームパ 224
天国	рай 圐	ラーイ
伝言を伝える	передава́ть 囡 / переда́ть 囡	ピリダヴァーチ / ピリダーチ 137
天才	ге́ний 圐	ギェーニィ
天災	стихи́йное бе́дствие 匣	スチヒーナエ ビェーツトヴィエ
展示会	вы́ставка 囡	ヴィースタフカ
電子の	электро́нный	エリクトローンヌイ 44
電子マネー	электро́нные де́ньги 圈	エリクトローンヌイエ ヂェーニギ
電車	трамва́й 圐	トラムヴァーイ 62
添乗員	проводни́к 圐	プラヴァドニーク
伝染病	эпиде́мия 囡	エピヂェーミヤ
転送する	перебра́сывать 囡 /перебро́сить 囡	ピリブラースィヴァチ / ピリブローシチ 132
電池	батаре́йка 囡	バタリェーイカ 131
電灯	ла́мпа 囡	ラーンパ 224
伝統	тради́ция 囡	トラヂーツィヤ
伝統的な	традицио́нный	トラヂツィオーンヌイ 87
天然ガス	приро́дный газ 圐	プリロードヌイ ガース
電話	телефо́н 圐	チリフォーン 135
電話帳	а́дресная кни́жка 囡	アードリスナヤ クニーシカ
電話する	звони́ть 囡 / по-	ズヴァニーチ / パ- 73
電話番号	но́мер телефо́на 圐	ノーミル チリ

日本語	ロシア語	カタカナ
		オーナ
電話をかけ直す	перезва́нивать 囡 / перезвони́ть 囡	ピリズヴァーニヴァチ / ピリズヴァニーチ 137

と 行

日本語	ロシア語	カタカナ
トイレ	туале́т 圐	トゥアリェート 52
トイレットペーパー	туале́тная бума́га 囡	トゥアリェートナヤ ブマーガ
銅	бро́нза 囡	ブロンザ
同意する	соглаша́ться 囡 / согласи́ться 囡	サグラシャーッツァ / サグラシーッツァ 242
唐辛子	кра́сный пе́рец 圐	クラースヌイ ピェーリツ
陶器	кера́мика 囡	キラーミカ
東京	То́кио 匣	トーキオ 25
搭乗	поса́дка 囡	パサートカ 41
搭乗ゲート	вы́ход (на поса́дку) 圐	ヴィーハト ナ パサートク 41
搭乗券	поса́дочный тало́н 圐	パサーダチヌイ タローン 41
登場する	выступа́ть 囡 / вы́ступить 囡	ヴィストゥパーチ / ヴィーストゥピチ 246
灯台	мая́к 圐	マヤーク
到着	прибы́тие 匣	プリブィーチエ 15
到着する	приходи́ть 囡 / прийти́ 囡	プリハヂーチ / プリイチー 313
到着時刻	вре́мя прие́зда 匣	ヴリェーミャ プリイェーズダ
盗難	кра́жа 囡	クラージャ
糖尿病	са́харный диабе́т 圐	サーハルヌイ ヂアビェート
投票する	голосова́ть 囡 / про-	ガラサヴァーチ / プラ- 181
動物	живо́тное 匣	ジヴォートナエ 178
動物園	зоопа́рк 圐	ザアパールク
トウモロコシ	кукуру́за 囡	ククルーザ 106
遠い	далёкий / далеко́	ダリョーキイ / ダリコー 58
通り	у́лица 囡	ウーリツァ 67
通りすぎる、通る	приходи́ть 囡 / пройти́ 囡	プリハヂーチ / プライチー 21, 90
同僚	колле́га 男/女	カリェーガ 25
道路	доро́га 囡	ダローガ 57
道路標識	доро́жная ве́ха 囡	ダローシナヤ ヴィェーハ 61
登録する	регистри́ровать 囡 / за- 囡	リギストリーラヴァチ / ザ- 43
時	вре́мя 匣	ヴリェーミャ 205
溶ける	та́ять 囡 / рас-	ターヤチ / ラス- 252
毒	яд 圐	ヤート
読書	чте́ние 匣	チチェーニエ
独身の	холосто́й	ハラストーイ 29
特徴	осо́бенность 囡	アソービンナスチ
独特な	оригина́льный	アリギナーリヌイ
特別な	осо́бый アソーブィ, специа́льный

時計　　　　　　　　　　　　　　　　　　　343

スピツィアーリヌイ　57
時計　часы́　囡　チスィー　115
ところで　кста́ти クスターチ, ме́жду про́чим ミェージドゥ プローチム
都市　го́род　團　ゴーラト　302
図書館　библиоте́ка　囡　ビブリアチェーカ
閉じる　закрыва́ться　囡　закры́ться 囡　ザクルィヴァーッツァ / ザクルィーッツァ　45
戸棚　шкаф 團　シカーフ
土地　земля́　囡　ジムリャー
特急　курье́рский по́езд　團　クリィエールスキィ　ポーイスト
特許　пате́нт　團　パチェーント
突然　вдруг　ブドルーク
取っておく　оставля́ть 囡 / оста́вить 囡 アスタヴリャーチ / アスターヴィチ　55
届け出る　заявля́ть 囡 / заяви́ть 囡 ザィヴリャーチ / ザィヴィーチ　214
(...の)隣に　ря́дом　リャーダム　67
隣の　сосе́дний　サシェードニィ
飛ぶ　лета́ть 囡/лете́ть 囡リターチ/リチェーチ 39
徒歩で　пешко́м　ピシコーム
トマト　помидо́р　團　パミドール　96
止まる　остана́вливаться / останови́ться 囡 アスタナーヴリヴァッツァ / アスタナヴィーッツァ　52
泊まる　остана́вливаться / останови́ться 囡 アスタナーヴリヴァッツア / アスタナヴィーッツァ　42
ドメイン名　су́ффикс доме́на　團　スーフィクス ダメーナ
友　друг 團　ドルーク　13
トラ　тигр　團　チーグル
ドライクリーニング　химчи́стка 囡 ヒムチーストカ 75
ドライヤー　фен 團　フィエーン　127
トラック　грузови́к　團　グルザヴィーク
トラブル　неприя́тность 囡ニプリヤートナシチ 229
トラベラーズチェック　туристи́ческий чек 團　トゥリスチーチェスキィ チェック　73, доро́жный чек 團　ダローシヌイ チェーク　45
トランク　чемода́н　團　チマダーン　44
トランジット　транзи́т　團　トランジート
トランジットで　прое́здом プラィエーズダム　42
トランプ　ка́рты 囡　カールトゥイ
鳥　пти́ца 囡　プチーッツァ　239
鳥インフルエンザ　пти́чий грипп 團　プチーチィ グリープ
とり消す　отменя́ть 囡 / отмени́ть 囡 アトミニャーチ アトミニーチ　46
取り出す　вынима́ть 囡 / вы́нуть 囡 ヴィニマーチ / ヴィーヌチ　41
鶏肉　ку́рица 囡　クーリツァ, куря́тина 囡 クリャーチナ　105
取り戻す　вороти́ть　團　ヴァラチーチ　318
努力する　труди́ться　團　トルヂーッツァ
取る　взять 囡 / брать 囡 ヴジャーチ / ブラー

チ　278
取れる　выпада́ть 囡 / вы́пасть 囡 ヴィパダーチ / ヴィーパスチ　198
ドル　до́ллар 團　ドーラル　113
トルコ　Ту́рция 囡　トゥールツィヤ
ドレス　пла́тье 田　プラーチェ
トレーナー　толсто́вка 囡　タルストーフカ
トレーラー　прице́п грузовика́ 團　プリツェープ グルザヴィカー
泥棒　вор 團　ヴォール
飛んで来る　прилета́ть 囡 / прилете́ть 囡 プリリターチ / プリリチェーチ　40
トンネル　тунне́ль 團　トゥニェーリ

な　行

ない　нет ニェット　188
内科　терапи́я 囡　チラピーヤ　187
内閣　кабине́т мини́стров團カピニェート ミニーストラフ
内線(番号)　доба́вочный но́мер　團　ダバーヴァチヌイ ノーミル　136
ナイフ　нож 團　ノーシ　100
内容　содержа́ние　田　サヂルジャーニェ
直す　исправля́ть 囡 / испра́вить 囡 イスプラヴリャーチ / イスプラーヴィチ
治る　выздора́вливать 囡 / вы́здороветь 囡 ヴィズダラーヴリヴァチ / ヴィーズダラヴィチ　235
長くする　удлиня́ть 囡 / удлини́ть 囡 ウドリニャーチ / ウドリニーチ　120
仲間に加わる, いっしょになる присоединя́ться 囡 / присоедини́ться 囡 プリサエヂニャーッツァ / プリサエヂニーッツァ　152
流れる　течь 囡　チェーチ　273
流れ星　метео́р 團　ミチオール
泣く　пла́кать 囡　プラーカチ　283
なぐる　ударя́ть 囡 / уда́рить 囡 ウダリャーチ / ウダーリチ　317
投げる　броса́ть 囡 / бро́сить 囡 ブラサーチ / ブローシチ　276
梨　гру́ша 囡　グルーシャ
ナス　баклажа́н 團　バクラジャーン　106
菜種　рапс 團　ラープス
夏　ле́то 田　リェータ　180
夏休み　ле́тние кани́кулы 囡 リェートニエ カニークルィ
ナデシコ　гвозди́ка 囡　グヴァヂーカ
ナナカマド　ряби́на 囡　リビーナ
ナプキン　салфе́тка 囡　サルフェートカ
鍋　кастрю́ля 囡　カストリューリャ
生クリーム　сли́вки 囡　スリーフキ
生の　сыро́й スィローイ　93
波　волна́ 囡　ヴァルナー
涙　слеза́ 囡　スリザー
悩む　му́читься 囡 / из- 囡　ムーチッツァ / イズ-

習う учи́ться 困 / на- 困 ウチーッツァ / ナ- 293
鳴り響く звене́ть 困 / про- 困 ズヴィニェーチ / プラ-
慣れる привыка́ть 困 / привы́кнуть 困 プリヴィカーチ / プリヴィークヌチ 38
軟膏 мазь 困 マーシ 14
難民 бе́жен:ец 困 / -нка 困 ビェージニツ / -ンカ

に 行

似合う идти́ 困 / ходи́ть 困 イッチー / ハヂーチ 120
にがい го́рький ゴーリキィ 318
にぎやかな оживлённый アジヴリョーンヌイ
肉 мя́со 困 ミャーサ 105
逃げる убежа́ть 困 / убега́ть 困 ウビジャーチ / ウビガーチ
ニシン сельдь 困 シェーリチ 96
にせの фальши́вый ファリシーヴイ
日曜日 воскресе́нье 困 ヴァスクリシェーニエ 207
日記 дневни́к 困 ドニヴニーク
にぶい тупо́й トゥポーイ
日本 Япо́ния 困 イポーニヤ 24
日本円 япо́нская ие́на 困 イポーンスカヤ イェーナ
日本語 япо́нский язы́к 困 イポーンスキィ イズィーク
日本酒 япо́нское саке 困 イポーンスカヤ サケェ
日本食 япо́нская ку́хня 困 イポーンスカヤ クーフニャ
荷物 бага́ж 困 バガーシ 41, кла́дь 困 クラーチ 41
入院 госпитализа́ция 困 ガスピタリザーツィヤ
入学 поступле́ние 困 パストゥプリェーニエ 32
入国 въезд 困 ヴイェースト
入国審査 иммиграцио́нный контро́ль 困 イミグラツィオーンヌイ カントローリ
入場券 входно́й биле́т 困 フハドノーイ ビリェート 84
入場料 пла́та за вход 困 プラータ ザ フホート
ニュース но́вость 困 ノーヴァスチ
乳製品 моло́чные проду́кты 困 マローチヌイエ プラドゥークトイ
乳製品店 моло́чный магази́н 困 マローチヌイ マガジーン
入浴させる купа́ть 困 / вы́- 困 クパーチ / ヴィー- 295
煮る вари́ть 困 / с- 困 ヴァリーチ / ス-
似た быть похо́жим フィーチ パホージム
庭 сад サート 13
鶏 пету́х (雌) 困 ピトゥーフ, ку́рица (雌) 困 クーリッツァ
人気のある популя́рный パプリャールヌイ 166
人形 ку́кла 困 クークラ
人間 челове́к 困 チラヴィェーク 183
妊娠 бере́менность 困 ビリェーミンナスチ

人参 морко́вь 困 マルコーフィ, морко́вка マルコーフカ 困 14
ニンニク чесно́к 困 チスノーク 93
妊婦 бере́менная же́нщина 困 ビリェーミンナヤ ジェーンシナ

ぬ 行

縫いつける пришива́ть 困 / приши́ть 困 プリシヴァーチ / プリシーチ 314
縫う шить 困 / с- 困 シーチ / ス- 248
抜く удаля́ть 困 / удали́ть 困 ウダリャーチ / ウダリーチ 198
脱ぐ снима́ть 困 / снять 困 スニマーチ / スニャーチ 41
盗む красть 困 / у- 困 クラースチ / ウ- 214, ворова́ть 困 / с- 困 ヴァラヴァーチ / ス- 44
布 ткань 困 トカーニ 119
塗る ма́зать 困 / на- 困 マーザチ / ナー

ね 行

根 ко́рень 困 コーリニ
値切る поторгова́ться 困 パタルガヴァーッツァ 111
ネギ лук-бату́н 困 ルークバトゥーン
ネクタイ га́лстук 困 ガールストゥク
ネクタイピン була́вка для га́лстука 困 ブラーフカ ドリャ ガールストゥカ
ネコ ко́шка 困 コーシカ
ネズミ кры́са 困 クルイーサ
値段 цена́ 困 ツィナー 12
値段がする сто́ить 困 ストーイチ 39
ネックレス цепо́чка 困 ツィポーチカ
値引く уступа́ть 困 / уступи́ть 困 ウストゥパーチ / ウストゥピーチ 112
寝袋 спа́льный мешо́к 困 スパーリヌイ ミショーク 79
ねむい хоте́ть спать 困 ハチェーチ スパーチ
眠る спать 困 スパーチ 238
寝る ложи́ться 困 / лечь 困 ラジーッツァ / リェーチ 294
年金 пе́нсия 困 ピェーンシヤ 28
年金生活者 пенсионе́р 困 / -ка 困 ピンシアニェール / -カ 48
ねんざ поврежде́ние сухожи́лия 困 パヴリジヂェーニエ スハジーリヤ
年長 ста́рший スタールシィ 30
燃料 то́пливо 困 トープリヴァ 59
年齢 во́зраст 困 ヴォーズラスト 209

の 行

脳 мозг 困 モースク
農業 се́льское хозя́йство 困 シェーリスカェ ハジャーイストヴァ
脳卒中 уда́р 困 ウダール, инсу́льт 困 インスーリト
農村 дере́вня 困 チリェーヴニャ
農民 крестья́н:ин 困 / -нка 困 クリスチャー

能力　способность　因　スパソーブ'ナスチ
ノート　тетрадь　因　チトラーチ　254
ノートパソコン　ноутбук　因　ノーウトブク　142
残り　остаток　因　アスタータク
残る　оставаться　因／остаться　因　アスタヴァーッツァ／アスターッツァ
のぞきこむ　заглядывать　因／заглянуть　因　ザグリャードゥイヴァチ／ザグリャヌーチ
除く　исключать　因／исключить　因　イスクリュチャーチ／イスクリュチーチ
望む　желать　因／по-　因　ジラーチ／パ-、хотеть　因／за-　因　ハチーチ／ザ-　38
ノックする　стучать　因／про-　因　ストゥチャーチ／プラ-　76
乗って行く　доезжать　因／доехать　因　ダイェズジャーチ／ダイェーハチ　54
ののしる　ругать　因／от-　因　ルガーチ／アト-
延ばす　откладывать　因／отложить　因　アトクラードゥイヴァチ／アトラジーチ　318
登る　подниматься　因／подняться　因　パドニマーッツァ／パドニャッツァ　176
飲む、飲みほす　пить　因／выпивать　因／выпить　因　ピーチ、ヴィピヴァーチ／ヴィーピチ　148
飲み物　напиток　因　ナピータク
乗り換え、乗り継ぎ　пересадка　因　ピリサートカ
乗り換える　пересаживаться　因／пересесть　因　ピリサージヴァッツァ／ピリシェースチ　51
乗物で行って来る　съездить　因　スイェーズヂチ　300
乗物で下る　съезжать　因／съехать　因　スイェズジャーチ／スイェーハチ　300
乗物で去る　уезжать　因／уехать　因　ウイェズジャーチ／ウイェーハチ
飲んだくれ　пьяница　男/女　ピヤーニツァ　219

は行

歯　зуб　因　ズープ　198
葉　лист　因　リースト(листья　因　リースチヤ)　248
バー　бар　因　バール　107
バーゲンセール　распродажа　因　ラスプラダージャ
パーティー　вечеринка　因　ヴィチリーンカ
パートタイマー　работник／-ца с неполным рабочим днём　ラボートニク／-ツァ スニポールヌイム ラボーチム ドニョーム
ハードディスク　жёсткий диск　因　ジョーストキィ ヂースク　142
パーマ　перманент　因　ピルマニェーント　127
肺　лёгкие　中複　リョーフキエ　202
灰　пепел　因　ピェーピル
はい(肯定)　да　ダー　21
~倍　раз　ラース
肺炎　воспаление лёгких　因　ヴァスパリェーニエ リョーフキフ　196

ハイキング　пешеходный туризм　因　ピシホードヌイ トゥリーズム　155, поход　因　パホート　174
灰皿　пепельница　因　ピェーピリニツァ
歯医者　стоматолог　因　スタマトーラク、зубной врач　ズブノーイ ヴラーチ　198
売春　проституция　因　プラスチトゥーツィヤ
売春婦　проститутка　因　プラスチトゥートカ
敗走　бегство　因　ビェークストヴァ　13
配達する　доставлять　因／доставить　因　ダスタヴリャーチ／ダスターヴィチ
バイパス　объездная дорога　因　アブイズドナーヤ ダローガ
入る　входить　因／войти　因　フハヂーチ／ヴァイチー　289
ハエ　муха　因　ムーハ
墓　могила　因　マギーラ
ばかな　дурацкий　ドゥラーツキィ
はがき　открытка　因　アトクルィートカ　145
測る　мерить　因／из-　因　ミェーリチ／イズ-　190
歯茎　десна　因　ヂスナー　198
吐き気　тошнота　因　タシナター
吐き気を催させる　мутить　因　ムチーチ　108
掃き寄せる　сметать　因／смести　因　スミターチ／スミスチー　284
吐く　харкать　因／харкнуть　因　ハールカチ／ハールクヌチ、рвать　因／вы-　因　ルヴァーチ／ヴィ-　187
白状する　признаваться　因／признаться　因　プリズナヴァーッツァ／プリズナーッツァ　243
爆弾　бомба　因　ボームバ
博物館　музей　因　ムゼーエイ　300
バケツ　ведро　因　ヴィドロー
箱　ящик　因　ヤーシク、пачка　因　パーチカ　126
運び出す　выносить　因／вынести　因　(+対)　ヴィナシーチ／ヴィーニスチ　79
運び届ける　отвозить　因／отвезти　因　アトヴァジーチ／アトヴィスチー　54
はさみ　ножницы　因　ノージニツィ　220
破産する　погибать　因／погибнуть　因　パギバーチ／パギーブヌチ　318
端　край　因　クラーイ、конец　因　カニェーツ
箸　палочки　因　パーラチキ
橋　мост　因　モースト　177
始まる　начинаться　因／начаться　因　ナチナーッツァ／ナチャーッツァ　40
はじめまして　Рад(а) познакомиться.　ラート(ラーダ) パズナコーミッツァ　24
始める　начинать　因／начать　因　ナチナーチ／ナチャーチ　264
パジャマ　пижама　因　ピジャーマ
派出所　пост полиции　因　ポースト ポリーツィー
場所　место　因　ミェースタ
破傷風　столбняк　因　スタルブニャーク
走り出す　побегать　因／побежать　因　パ

ビガーチ / パビジャーチ 300
走る бегать 不完・不定 / бежать 不完・定
ビガーチ / ビジャーチ 233
恥じる стыдиться 不完/по- 完 ストィチーッツァ/パ-
バス автобус 男 アフトーブス 52
バス ванна ヴァーンナ 男 70
バスターミナル автовокзал 男 アフタヴァグザール 52
バスタブ ванна 女 ヴァーンナ
パセリ петрушка 女 ピトルーシカ
パソコン компьютер 男 カンピューテル 214
旗 флаг 男 フラーク
バター сливочное масло 中 スリーヴァチナエ マースラ
はだかの голый ゴールイ
畑 поле 中 ポーリエ
働く работать 不完 ラボータチ 27
ハチミツ мёд 男 ミョート
罰 наказание 中 ナカザーニエ 118
発音 произношение 中 プロイズナシェーニエ
発音される произноситься 不完/произнестись 完 プライズノーシッツァ / プライズニスチーシ 35
パック пакет 男 パキェート 104
バッグ сумка 女 スームカ 43
発行 издание 中 イズダーニエ 218
発行する издавать 不完 / издать 完 イズダヴァーチ / イズダーチ
バッタ кузнечик 男 クズニェーチク
バッテリー батарея 女 バタリェーヤ 131
発展途上国 развивающаяся страна 女 ラズヴィヴァーユシャヤシャ ストラナー
パトカー патрульная полицейская машина 女 パトルーリナヤ パリツェーイスカヤ マシーナ
波止場 пирс 男 ピールス
バドミントン бадминтон 男 バドミントーン
花 цветок 男 ツヴィトーク
鼻 нос 男 ノース 288
鼻水 сопли 複 ソープリ
話す говорить 不完 / сказать 完 ガヴァリーチ / スカザーチ 34
離れる отходить 不完 / отойти 完 アトハヂーチ / アタイチー 230
はねる сбивать 不完 / сбить 完 ズビヴァーチ / ズビーチ 212
母 мать 女 マーチ 30
幅 ширина 女 シリナー 238
パブ трактир 男 トラークチル 107
歯ブラシ зубная щётка 女 ズブナーヤ ショートカ
パーマ завивка 女 ザヴィーフカ
葉巻 сигара 女 シガーラ 267
ハマグリ хамагури 女 ハマグーリ
浜辺 пляж 男 プリャーシ 64
ハミガキ粉 зубная паста 女 ズブナーヤ パースタ
ハム ветчина 女 ヴィチナー 96
速く быстро フィーストラ 55

払う платить 不完 / за- 完 プラチーチ / ザ- 95, оплачивать 不完 / оплатить 完 (+対) アプラーチヴァチ / アプラチーチ 43
針 игла 女 イグラー
春 весна 女 ヴィスナー 205
貼る наклеивать 不完 / наклеить 完 ナクリェーイヴァチ / ナクリェーイチ
バルコニー балкон 男 バルコーン 160
バレエ балет 男 バリェート 159
バレーボール волейбол 男 ヴァレイボール
晩 вечер 男 ヴィーチル 22
パン хлеб 男 フリェープ 228
ハンカチ платочек 男 プラトーチク
反感 антипатия 女 アンチパーチヤ
パンクする лопаться 不完 / лопнуть 完 ローパッツァ / ロープヌチ 60
番組 программа 女 プラグラーマ
番号 номер 男 ノーミル 40, код 男 コート 135
犯罪 преступление 中 プリストゥプリェーニエ
判事 судья 男/女 スチヤー 219
帆船 парусное судно 中 パールスナエ スードナ
番線 путь 男 プーチ
反対する протестовать против (+生) 不完 プラチスタヴァーチ プロチフ
パンツ трусы 複 トルスィー 220
半島 полуостров 男 パルオーストラフ
半年 полгода 男 パルゴータ
ハンドバッグ дамская сумочка 女 ダームスカヤ スーマチカ
ハンドル руль 男 ルーリ 61
半日 полдень 男 ポールヂニ
犯人 виновник 男 ヴィノーヴニク
反応する реагировать 不完 / от- 完 リアギーラヴァチ / アト- 249
バンパー бампер 男 バームピル
ハンバーガー гамбургер 男 ガームブルケル 102
パンフレット буклет 男 ブクリェート
半分 половина 女 パラヴィーナ
パン屋 булочная 女 ブーラシナヤ 109

ひ 行

火 огонь 男 アゴーニ
ビーチ пляж 男 プリャーシ 171
ピーナツ арахис 男 アラーヒス
ピーマン сладкий перец 男 スラートキィ ピェーリツ
ビール пиво 中 ピーヴァ 99
ひいきする болеть 不完 バリェーチ 169
光 свет 男 スヴェート 17
引き受ける принимать 不完 / принять 完 プリニマーチ / プリニャーチ 113
引き裂く разрывать 不完 / разорвать 完 ラズルイヴァーチ / ラザルヴァーチ 314
ひきつける привлекать 不完 / привлечь 完 プリヴリカーチ / プリヴリェーチ 248

日

日本語	ロシア語	カナ	頁
日	день 男	チェーニ	22
引く	тянуть 不完 / по- 完	チヌーチ / パ-	
低い	низкий	ニースキイ	124
ピクニック	пикник 男	ピクニーク	
ヒゲそり	бритва 女	ブリートヴァ	
ひげを剃る	бриться / по- 完	ブリーッツア/ パ-	308
飛行機	самолёт 男	サマリョート	39
ピザ	пицца 女	ピーッツア	102
ビジネス	бизнес 男	ビーズネス	28
ビジネスクラス	бизнес-класс 男	ビーズネスクラス	
美術	искусство 中	イスクーストヴァ	164
美術館	художественный музей 男, галерея 女	フトージストヴィンヌイ ムゼーイ, ガリェーリヤ	163
秘書	секретарь 男, секретарша 女	シクリターリ / シクリタールシャ	
非常口	запасной выход 男	ザパスノーイ ヴィーハト	
美人	красавица 女	クラサーヴィツァ	
ピストン	поршень 男	ポールシニ	
ビタミン	витамин 男	ヴィタミーン	
日付	дата 女	ダータ	208
引っ越す	переезжать 不完 / переехать 完	ピリイジャーチ / ピリイェーハチ	
羊	овца (牝) 女 / баран (牡) 男	アヴツァー/ バラーン	
ヒッチハイク	автостоп 男	アフタストープ	
ひっぱりだす	вытаскивать 不完 / вытащить 完	ヴィタースキバチ / ヴィータシチ	
必要な	нужный	ヌージヌイ	43
ビデオカメラ	видеокамера 女	ヴィヂオカーミラ	
ビデオデッキ	видеомагнитофон 男	ヴィヂオマグニタフォーン	
ビデオテープ	видеоплёнка 女	ヴィヂオプリョーンカ	
人	человек 男	チラヴィェーク	23
人々	люди 複	リューヂ	118
ひどい	ужасный	ウジャースヌイ	
等しい	равный	ラーヴヌイ	
一人っ子	один ребёнок 男	アヂーン リビョーナク	30
一人前	порция 女	ポールツィヤ	92
非難	осуждение 中	アスジヂェーニエ	
ビニール	винил 男	ヴィニール	
ビニール袋	пакет 男	パキェート	
避妊する	предупреждать беременность 不完	プリドゥプリジダーチ ビリェーミンナスチ	
避妊薬	противозачаточное средство 中	プラチヴァザチャータチナエ スリェーツトヴァ	
日の出	восход солнца 男	ヴァスホート ソーンツァ	
ヒバリ	жаворонок 男	ジャーヴァラナク	
ひびく	раздаваться 不完 / раздаться 完	ラズダヴァーッツァ / ラズダーッツァ	290
ビフテキ	бифштекс 男	ビフシテークス	92
皮膚科	дерматолог 男	ヂルマトーラク	

日本語	ロシア語	カナ	頁
暇	свободное время 中	スヴァボードナエ ヴリェーミャ	
暇な	свободный	スヴァボードヌイ	150
ヒマワリ	подсолнух 男	パトソールヌフ	
秘密	секрет 男, тайна 女	シクリェート, ターイナ	
日焼け	загар 男	ザガール	
日焼けする	загорать 不完 / загореть 完	ザガラーチ / ザガリェーチ	
ビヤホール	пивная 女	ピヴナーヤ	107
ビュッフェ	буфет 男	ブフェート	
費用	расход 男	ラスホート	
雹	град 男	グラート	
ヒョウ	леопард 男	リオパールト	
美容院	салон красоты 男, парикмахерская 女	サローン クラサティー, パリクマーヒルスカヤ	127
病院	больница 女	バリニーツァ	186
病気	болезнь 女	バリェーズニ	188
病気になる	заболевать 不完 / заболеть 完	ザバリヴァーチ / ザバリェーチ	254
表現する	выражать 不完 / выразить 完	ヴィラジャーチ / ヴィーラズィチ	
標識	веха 女	ヴィェーハ	61
表示板	табло 中	タブロー	
標準	стандарт 男	スタンダールト	
比率	пропорция 女, процент 男	プラポールツィヤ, プラツェーント	46
昼休み	обеденный перерыв 男	アビェーヂンヌイ ピリルィーフ	
広い	широкий, просторный	シローキイ, プラストールヌイ	260
広げる	расширять 不完 / расширить 完	ラスシリャーチ / ラスシーリチ	
ピロシキ	пирожки 複	ピラシキー	102
広場	площадь 女	プローシチ	68
便	рейс 男	リェーイス	39
びん	бутылка 女	ブティールカ	104
貧血	малокровие 中	マラクローヴィエ	
品質	качество 中	カーチストヴァ	
便箋	почтовая бумага 女	パチトーヴァヤ ブマーガ	
貧乏な	бедный	ビェートヌイ	

ふ 行

日本語	ロシア語	カナ	頁
ファーストクラス	первый класс 男	ピェールヴィ クラース	
ファーストフード	фастфуд	ファストフト	102
ファスナー	молния 女	モールニヤ	
ファックス	факс 男	ファークス	
ファッション	мода 女	モーダ	
フィギュアスケート	фигурное катание 中	フィグールナヤ カターニエ	
フィルム	фотография 女, плёнка 女	ファタグラーフィヤ, プリョーンカ	131
風刺	сатира 女	サチーラ	
ブーツ	сапоги 男複	サパギー	125

封筒	конве́рт 男	カンヴィェールト 145
夫婦	супру́ги 複	スプルーギ 30
プール	бассе́йн 男	バシェーイン 74
風力発電	вы́работка ветрово́й электроэне́ргии 女	ヴィーラヴァトカ ヴィトラヴォーイ エリクトラエネーリギイ
笛	фле́йта 女	フリェータ
フェリー	паро́м 男	パローム 64
ふえる	расти́ 不完 / вы- 完	ラスチー / ヴィー- 248, увели́чиваться 不完 / увели́читься 完 ウヴィーリーチヴァッツァ / ウヴィーリーチッツァ 295
フォーク	ви́лка 女	ヴィールカ 100
部下	подчинённый 男	パチニョーンヌイ
深い	глубо́кий	グルボーキイ
不可能な	невозмо́жный	ニヴァズモージヌイ 94
吹込み、アルバム	за́пись 女	ザーピシ 130
吹き散らす	разноси́ть 不完 / разнести́ 完	ラズナシーチ / ラズニスチー 300
フグ	соба́ка-ры́ба 女	サバーカ ルィーバ, фугу́ 中 フーグ
複雑な	сло́жный	スローシヌイ
復習する	повторя́ть 不完 / повтори́ть 完	パフタリャーチ / パフタリーチ 313
腹痛	боль в животе́ 女	ボーリ ヴ ジヴァチェー
含まれる	входи́ть 不完 / войти́ 完	フハヂーチ / ヴァイチー 57
含む	включа́ть 不完 / включи́ть 完	フクリュチャーチ / フクリュチーチ 113
ふくらはぎ	икра́ 女	イクラー
不景気	депре́ссия 女	ヂプリェーシヤ
不幸な	несча́стный	ニシャースヌイ
ブザー	звоно́к 男	ズヴァノーク
藤	глици́ния 女	グリツィーニヤ
父称	о́тчество 中	オートチストヴァ 23
侮辱する	оскорбля́ть 不完 / оскорби́ть 完	アスカルブリャーチ / アスカルビーチ 294
不親切な	нелюбе́зный	ニリュビェーズヌイ
夫人	госпожа́ 女	ガスパジャー 23
婦人科	гинеколо́гия 女	ギニカローギヤ 197
ふた	кры́ша 女	クルィーシャ
豚	свинья́ 女	スヴィニヤー
豚肉	свини́на 女	スヴィニーナ 91
普通の	обы́чный	アヴィーチヌイ 145
物価	це́ны на това́ры 複	ツェーヌィ ナ タヴァールィ
二日酔い	похме́лье 中	パフミェーリエ
ぶつかる	налета́ть 不完 / налете́ть 完	ナリターチ / ナリチェーチ 300
仏教	будди́зм 男	ブッヂーズム
仏教徒	будди́ст 男	ブッヂースト 36
ブティック	бути́к 男	ブチーク
ブドウ	виногра́д 男	ヴィナグラート 106
不動産	недви́жимость 女	ニドヴィージマスチ
不動産屋	аге́нтство недви́жимости 中	アギェーンツトヴァ ニドヴィージマスチ
布団	одея́ло 中	アヂヤーラ
ブナ	бук 男	ブーク
船	су́дно 中	スードナ 65
船便で	морски́м путём	マルスキーム プチョーム
吹雪	мете́ль 女	ミチェーリ
部分	часть 女	チャースチ
不平を言う	жа́ловаться 不完 / по- 完	ジャーラヴァッツァ / パ- 314
不法な	нелега́льный, незако́нный	ニリガーリヌイ, ニザコーンヌイ
不法入国	нелега́льный въезд 男	ニリガーリヌイ ヴイェースト
踏切	перее́зд 男	ピリイェースト
不眠症	бессо́нница 女	ビソーンニツァ
冬	зима́ 女	ジマー
ブーム	бум 男	ブーム
フライパン	сковорода́ 女	スカヴァラダー
フライドポテト	карто́фель-фри 男	カルトーフィリ フリー 102
ブラウス	блу́зка 女	ブルースカ 121
プラグ	ште́псель 男	シテープセリ
ブラシ	щётка 女	ショートカ
ブラジャー	бюстга́льтер 男	ビュストガーリチェリ 122
プラスチック	пластма́сса 女	プラスマーサ
プラタナス	плата́н 男	プラターン
フラッシュ	вспы́шка 女	フスプィーシカ
フラッシュ禁止	не испо́льзовать вспы́шку	ニ イスポーリザヴァチ フスプィシクー
プラットホーム	платфо́рма 女	プラトフォールマ 49
プラム	сли́ва 女	スリーヴァ
ブランデー	конья́к 男	カニヤーク
ブランド	ма́рка 女	マールカ 115
ブリ	лаке́дра-желтохво́ст 男	ラキェードラ ジュルタフヴォースト
プリペード式の	предопла́ченный	プリダプラーチンヌイ 139
プリンター	при́нтер 男	プリーンテル 15
プリントする	печа́тать 不完 / на- 完	ピチャーターチ / ナ- 132
ブルドーザー	бульдо́зер 男	ブリドーゼル
ブレスレット	брасле́т 男	ブラスリェート
プレゼント	пода́рок 男	パダーラク
プロ	профессиона́л 男	プラフィシアナール
プロバイダー	прова́йдер 男	プラヴァーイデル
フロント	администра́ция 女	アドミニストラーツィヤ
フロントガラス	ветрово́е стекло́ 中	ヴィトラヴォーエ スチクロー 62
文化	культу́ра 女	クリトゥーラ
文学	литерату́ра 女	リチラトゥーラ
文化的な	культу́рный	クリトゥーリヌイ 39
文語	кни́жный язы́к 男	クニージヌイ イズィーク
紛失する	пропада́ть 不完 / пропа́сть 完	プラパダーチ / プラパースチ 44

文書	документ	圏	ダクミェーント	
文章	предложение	田	プリドラジェーニェ	
文通	переписка	圂	ピリピースカ	
文法	грамматика	圂	グラマーチカ	15
文房具	канцтовары	圏	カンツタヴァールイ	
文房具屋	магазин канцтоваров		圏 マガジーン カンツタヴァーラフ	

へ 行				
ヘアスタイル	причёска	圂	プリチョースカ	
平均的な	средний スリェードニィ, стандартный スタンダールトヌイ			
兵士	солдат	圏	サルダート	
平日	будний день 圏 ブードニィ チェーニ, будни 閻 ブードニ			220
平和	мир	圏	ミール	118
ベーコン	грудинка	圂	グルチーンカ	
ページ	страница	圂	ストラニーツァ	141
ペット	домашнее животное		田 ダマーシニェ ジヴォートナェ	
ベッド	кровать	圂	クラヴァーチ	70
別の	другой		ドルゴーイ	39
ヘビ	змея	圂	ズミェー	
部屋	комната	圂	コームナタ	82
ベラルーシ	Беларусь	圂	ビラルーシ	42
ベランダ	веранда	圂	ヴィランダ	
減る	уменьшаться 圂 / уменьшиться 圂 ウミニシャーッツァ / ウミェーニシッツァ			
ベルト	ремень	圏	リミェーニ	41
ヘルメット	шлем	圏	シリェーム	63
ペン	ручка	圂	ルーチカ	217
変圧器	трансформатор		圏 トランスファルマータル	
勉強する	изучать 圂 / изучить 圂 イズチャーチ / イズチーチ 280, заниматься 圂 ザニマーッツァ 293			
偏見	предрассудок	圏	プリドラスーダク	
変更する	менять 圂 / по- 圂 ミニャーチ/パ-			48
弁護士	адвокат	圏	アドヴァカート	216
返事	ответ	圏	アトヴィェート	
編集	редакция	圂	リダークツィヤ	
弁償する	возмещать 圂 / возместить 圂 ヴァズミシャーチ / ヴァズミスチーチ			
ペンダント	кулон	圏	クローン	
弁当	упакованный завтрак		圏 ウパコーヴァンヌイ ザーフトラク	
扁桃腺	миндалина	圂	ミンダーリナ	
変な	странный ストランヌイ, ненормальный ニナルマーリヌイ			
便秘	запор	圏	ザポール	
便利な	удобный		ウドーブヌイ	
返礼する	благодарить 圂/ отблагодарить 圂 ブラガダリーチ / アトブラガダリーチ 283			

ほ 行				
保育園	ясли	閻	ヤースリ	
貿易	внешняя торговля		圂 ヴニェーシニャヤ タルゴーヴリャ	
貿易収支	торговый баланс		圏 タルゴーヴイ バランス	
ほうき	метла	圂	ミトラー	81
方言	диалект	圏	チアリェークト	
冒険	приключения	閻	プリクリュチェーニヤ	
方向	сторона スタラナー 圂, направление 田 ナプラヴリェーニェ			50
膀胱	мочевой пузырь		圏 マチヴォーイ プズィーリ	
暴行する	бить 圂 / по- 圏 ビーチ /パ-			214
帽子	шапка	圂	シャープカ	121
防止	предотвращение 田 プリダトヴラシェーニェ			
放射能	радиоактивность		圂 ラチオアクチーヴナスチ	
放射性廃棄物	радиоактивные отходы 男複 ラチオアクチーヴヌィエ アトホードィ			
報酬	вознаграждение	田	ヴァズナグラジチェーニェ	
宝石	драгоценность	圂	ドラガツェーンナスチ	214
放送	передача	圂	ピリダーチャ	
包帯	бинт	圏	ビーント	
放逐する	исключать 圂 / исключить 圂 イスクリュチャーチ / イスクリュチーチ 253			
包丁	нож	圏	ノーシ	
放っておく	оставлять 圂 / оставить 圂 アスタヴリャーチ / アスターヴィチ 153			
防波堤	волнолом	圏	ヴァルナローム	
方法	способ 圏 スポーサプ 93, метод 圏 ミェータト			
方々へ派遣される	рассылаться 圂 / разослаться圂ラッスィラーッツァ/ラザスラーッツァ309			
ホウレンソウ	шпинат	圏	シピナート	
ボーイ	коридорный		カリドールヌイ	
ポーター	портье	圏	パルチイェー	
ボート	лодка	圂	ロートカ	65
ボーナス	премия	圂	プリェーミヤ	
ホームステイ	проживание в (местной) семье プラジヴァーニエ ヴ ミェースナイ シミイェー 田			
訪問	визит	圏	ヴィジート	42
法律	закон	圏	ザコーン	284
ホール	зал	圏	ザール	221
ほかの	другой		ドルゴーイ	72
牧師 (司祭)	священник	圏	スヴィシェーニク	27
ポケット	карман	圏	カルマーン	41
保険	страхование 田 ストラハヴァーニェ, страховка 圂 ストラホーフカ			57
保健	здравоохранение		田 ズドラヴァアフラニェーニェ	28
保険証	страховка	圂	ストラホーフカ	200
保護	охрана	圂	アフラーナ	
歩行者	пешеход	圏	ピシホート	
ほこり	пыль	圂	プィリ	
誇り	гордость	圂	ゴールダスチ	
星	звезда	圂	ズヴィズダー	
補償	компенсация	圂	カンピンサーツィヤ	
保証	гарантия	圂	ガランチーヤ	111
保証金	залог	圏	ザローク	57
保証する	гарантировать 不・完 ガランチーラヴァチ			
保証書	гарантия	圂	ガラーンチヤ	

保証人	гарант 男 ガラーント			
ポスト	почтовый ящик 男 パチトーヴイ ヤーシク			
ボダイジュ	липа 女 リーパ			
ホタテ	морской гребешок 男 マルスコーイ グリビショーク			
ホッケー	хоккей 男 ハッケーイ			
勃発する	вспыхивать 不完 / вспыхнуть 完 フスプィーヒヴァチ / フスプィーフヌチ 290			
ホテル	гостиница 女 ガスチーニツァ 52			
歩道	тротуар 男 トロトゥアール 300			
歩道橋	пешеходный мост 男 ピシホードヌイ モースト			
ほとんど	почти パチチー			
ポプラ	тополь 男 トーパリ 178			
ほほえみ	улыбка 女 ウルィープカ			
ほほえむ	улыбаться 不完 / улыбнуться 完 ウルィバーッツァ / ウルィブヌーッツァ			
ほめる	хвалить / по- 完 フヴァリーチ / パ- ヴリュブリャーッツァ / ヴリュビーッツァ 152			
ボランティア	доброволец 男 ダブラヴォーリッ, волонтёр 男 ヴァランチョール			
ほれる	влюбляться 不完 / влюбиться 完			
掘る	копать 不完, копнуть 完 カパーチ/カプヌーチ			
ボールペン	шариковая ручка シャーリカヴァヤ ルーチカ 女			
本	книга クニーガ, книжка クニーシカ 女 116			
本社	главный офис 男 グラーヴヌイ オーフィス			
ポンド	фунт 男 フーント			
本物の	настоящий ナスタヤーシィ 133			
翻訳する	переводить 不完 / перевести 完 ピリヴァヂーチ / ピリヴィスチー 35			

ま 行

マーガリン	маргарин 男 マールガリーン 96			
マーケティング	маркетинг 男 マールキチンク 28			
毎...	каждый カージドィ 235			
前金	аванс 男 アヴァーンス 73			
前へ、前に	вперёд フピリョート, назад ナザート 26			
曲がる	поворачивать 不完 / повернуть 完 パヴァラーチヴァチ / パヴィルヌーチ 55			
マカロニ	макароны 複 マカローヌィ			
巻く	свёртывать 不完 / свернуть 完 スヴョールトゥィヴァチ / スヴィルヌーチ			
枕	подушка 女 パドゥーシカ 80			
マグロ	тунец 男 トゥニェーツ 106			
負ける	проигрывать 不完 / проиграть 完 プライーグルィヴァチ / プライグラーチ			
孫	внук (男の) ヴヌーク, внучка (女の) ヴヌーチカ 29			
マス	горбуша 女 ガルブーシャ			
麻酔	анестезия 女 アネステズィーヤ			
麻酔をする	обезболивать 不完 / обезболить 完 アビズボーリヴァチ / アビズボーリチ 198			
貧しい	бедный ビェードヌイ 118			
まだ	ещё イショー 94			
またね!	пока! パカー 22			
待合室	зал ожидания 男 ザール アジダーニャ 50			
待ち合わせる	встречаться 不完 / встретиться 完 フストリチャーッツァ / フストリェーチッツァ			
まちがい	ошибка 女 アシープカ 95			
まちがう	ошибаться 不完 / ошибиться 完 アシバーッツァ / アシビーッツァ 137			
松	сосна 女 サスナー 154			
待つ	ждать 不完 ジダーチ			
まつげ	ресница 女 リスニーッツァ			
マッサージ	массаж 男 マッサーシ			
マッシュルーム	шампиньоны 男複 シャムピニオーヌィ			
まったく	совсем サフシェーム 290			
マッチ	спичка 女 スピーチカ 126			
~まで	до ド 22			
窓	окно 中 アクノー 40			
窓口	окно 中 アクノー 144			
マトリョーシカ	матрёшка 女 マトリョーシカ 134			
まどろむ	дремать 不完 ドリマーチ 17			
マトン	баранина 女 バラーニナ 105			
まな板	кухонная доска 女 クーハンナヤ ダスカー			
学ぶ	учиться 不完/вы- 完 ウチーッツァ/ヴィー- 26			
まにあう	успевать 不完 / успеть 完 ウスピヴァーチ / ウスピェーチ			
マニキュア	маникюр 男 マニキュール 129			
まねる	подражать 不完 パドラジャーチ			
マフィア	мафия 女 マーフィヤ			
マフラー	шарф 男 シャールフ			
まもなく	скоро スコーラ			
守る	соблюдать 不完 / соблюсти 完 サブリュダーチ / サブリュスチー 291			
豆	боб 男 ボープ			
麻薬	наркотик 男 ナルコーチク			
まゆげ	бровь 女 ブローフィ			
マヨネーズ	майонез 男 マヨネース			
迷う	потеряться 完 パチリャーッツァ 174			
まるい	круглый クルーグルイ			
まるで	будто (бы) ブードゥタ ブィ 312			
回る	обходить 不完 / обойти 完 アプハヂーチ / アバイチー 300			
満員の	полный ポールヌイ			
漫画	манга マーンガ 女, комикс 男 コーミクス, карикатура 女 カリカトゥーラ			
マンション	квартира (部屋) 女 クヴァルチーラ, многоквартирный дом (建物) 男 ムナガクヴァルチールヌイ ドーム 67			
...の真ん中に	среди スリヂー 231			
万年筆	авторучка 女 アフタルーチカ 14			
満腹する	наедаться 不完 / наесться 完 ナイダーッツァ / ナイェースッツァ 92			

み 行

実	плод 男 プロート			
見送る	провожать 不完 / проводить 完 プラヴァジャーチ / プラヴァヂーチ			
ミカン	мандарин 男 マンダリーン			
ミキサー	миксер 男 ミークセル			
見事な	успешный ウスピェーシヌイ 32			
短くする	укорачивать 不完 / укоротить 完 ウカラーチヴァチ / ウカラチーチ 120			

水 вода ⽥ ヴァダー 59
湖 озеро ⽥ オージラ 231
水着 купальник ⽥ クパーリニク
店 магазин ⽥ マガジーン 109
見せる показывать ⽥ / показать ⽥ パカーズィヴァチ / パカザーチ 110
味噌 мисо ⽥ ミソー
道 дорога ⽥ ダローガ 68, путь ⽥ プーチ 39
道に迷う заблудиться ⽥ ザブルチーッツァ 58, теряться ⽥ / по- チリャーッツァ / パ- 176
みつける находить ⽥ / найти ⽥ ナハヂーチ / ナイチー 274
蜜蜂 пчела ⽥ プチラー
見積り смета ⽥ スミェータ
密輸 контрабанда ⽥ カントラバーンダ
認める признавать ⽥ / признать ⽥ プリズナヴァーチ / プリズナーチ
緑の зелёный ジリョーヌイ 123
みとれる любоваться ⽥ / по- リュバヴァーッツァ / パ- 240
港 порт ⽥ ポールト 64
ミネラルオーター минеральная вода ⽥ ミニラーリナヤ ヴァダー
身分証明書 документ ⽥, удостоверение личности ⽥ ダクミェーント, ウダスタヴィリェーニエ リーチナスチ
見本 образец ⽥ アブラジェーツ, пример ⽥ プリミェール
見本市 ярмарка ⽥ ヤールマルカ
脈拍 пульс ⽥ プーリス
みやげ сувенир ⽥ スヴィニール 85
みやげもの店 сувенирная лавка ⽥ スヴィニールナヤ ラーフカ 133
未来 будущее ⽥ ブードゥシェエ 209
魅力的 привлекательный プリヴリカーチリヌイ
見る смотреть ⽥ / по- ⽥ スマトリーチ / パ- 110
ミルク молоко ⽥ マラコー 99
民家 частный дом ⽥ チャースヌイ ドーム 79
民間の частный チャースヌイ 70
民宿 проживание в частном доме プラジヴァーニエ フチャースナム ドーミ
民主主義 демократия ⽥ チマクラーチヤ
民族 нация ⽥ ナーツィヤ, народность ⽥ ナロードナスチ
民族音楽 народная музыка ⽥ ナロードナヤ ムーズィカ
民族的な народный ナロードヌイ 38
民族舞踊 народный танец ⽥ ナロードヌイ ターニッ
(...の)向かいに против プローチフ 230
民謡 народная песня ⽥ ナロードナヤ ピェースニャ 158

む 行

むかえる встречать ⽥ / встретить ⽥ フストリチャーチ / フストリェーチチ 313
昔 раньше ラーニシェ

向く, 適する подходить ⽥ / подойти ⽥ パトハヂーチ / パダイチー 173
婿 зять ⽥ ジャーチ 30
無効 недействительность ⽥ ニヂィーストヴィーチリナスチ
無罪の невиновный ニヴィノーヴヌイ 216
虫 насекомое ⽥ ナシコーマエ
虫歯 кариозный зуб ⽥ カリオーズヌイ ズープ
無職 безработица ⽥ ビズラボーチツァ
むずかしい трудный トルードヌイ
息子 сын ⽥ スィン 29
結ぶ связывать ⽥ / связать ⽥ スヴャーズィヴァチ / スヴィザーチ 306
娘 дочка ⽥ ドーチカ 29
夢中になる увлекаться ⽥ / увлечься ⽥ ウヴリカーッツァ / ウヴリェーチシャ 240
村 деревня ⽥チリェーヴニャ, село ⽥ シロー 68
無料の бесплатный ビスプラートヌイ 91

め 行

名刺 визитка ⽥ ヴィジートカ, визитная карточка ⽥ ヴィジートナヤ カールタチカ 148
名所 достопримечательность ⽥ ダスタプリミチャーチリナスチ 83
迷惑 беспокойство ⽥ ビスパコーイストヴァ, помеха ⽥ パミェーハ
メガネ очки ⽥ アチキー 220
目薬 глазные капли ⽥ グラーズヌィエ カープリ
目ざまし時計 будильник ⽥ ブヂーリニク
めずらしい редкий リェートキィ
目玉焼き яичница-глазунья ⽥ イーシニッァ-グラズーニャ
メッセージ сообщение ⽥ サアプシェーニエ 75
メートル метр ⽥ ミェートル 227
メニュー меню ⽥ ミニュー 96
めまいがする (голова) кружиться ⽥ (ガラヴァー) クルージッツァ 188
メモリー память ⽥ パーミチ 131
メールアドレス е-мэйл адрес ⽥ イーメイル アードリス 148
メロン дыня ⽥ ドィーニャ 106
綿 хлопчатобумажная ткань ⽥ フラプチャタブマージナヤ トカーニ
麺 лапша ⽥ ラプシャー
免税品 беспошлинный товар ⽥ ビスポーシリンヌイ タヴァール
免税店 магазин беспошлинной торговли ⽥ マガジーン ビスポーシリンナイ タルゴーヴリ
面積 площадь ⽥ プローシチ

も 行

儲ける зарабатывать ⽥ / заработать ⽥ ザラバートィヴァチ / ザラボータチ
申し込み заказ ⽥ ザカース 90
申し込む заказывать ⽥ / заказать ⽥ ザカーズィヴァチ / ザカザーチ 64
申し出る предлагать ⽥ / предложить ⽥ プリドラガーチ / プリドラジーチ 152
盲腸炎 аппендицит ⽥ アペンヂツィート 196
毛布 (шерстяное) одеяло ⽥ (シェルスチノー

エ) アチｬーラ 75
燃える　гореть 图 /с- 图 ガリェーチ / ズｰ
モーニングコール　побудка по телефону
　图 パブートカ パチリフォーヌ
目的, 目標　цель 图 ツェーリ　42
もぐりこむ, はいりこむ　забираться 图 /
　забраться 图 ザビラーッツァ/ ザブラーッツァ 240
もぐる　нырять 图 / нырнуть 图 ヌイリャー
　チ / ヌルヌーチ　171
もし～ならば　если イェースリ, если бы イェース
　リ ブｲ　34
文字　буква 图 ブークヴァ
もしもし　алло (かける方) アリョー, слушаю
　(受ける方) スルーシャユ　136
もたれる　прислоняться 图 / прислониться
　图 プリスラニャーッツァ / プリスラニーッツァ 232
持ち帰る　брать 图 / взять 图 ブラーチ /
　ヴジャーチ 101
持ち物　вещь 图 ヴィェーシ　44
もちろん　конечно カニェーシナ 16
持っていく, 持ち去る　уносить 图 /
　унести ウナシーチ / ウニスチー　287
もっている　держать 图 チルジャーチ 243
持ってくる　приносить 图 / принести
　图 プリナシーチ / プリニスチー　92
物　вещь 图 44 ヴィェーシ
ものごと　дело 图 チェーラ　22
モモ　персик 图 ピェールシク 106
模様　узор 图 ウゾール
もらう　получать 图 / получить 图 パルチ
　ャーチ / パルチーチ　236
森　лес 图 リェース　184
門　ворота 图 ヴァロータ 220
文句を言う　жаловаться 图 / по- 图 ジャ
　ーラヴァッツァ / パｰ　290
問題　проблема 图 プラブリェーマ 133,
　вопрос 图 ヴァプロース

や 行

やかん　чайник 图 チャーイニク
焼きあげる　прожаривать 图 / прожарить
　图 プラジャーリヴァチ / プラジャーリチ　93
焼肉店　шашлычная 图 シャシルィーチナヤ 87
焼き増し　перепечатка 图 ピリピチャートカ
約　около オーカラ
焼く　жарить 图 / 图 из- ジャーリチ /イズ-283
訳す　переводить 图 / перевести 图 ピリ
　ヴァヂーチ / ピリヴィスチー
約束　обещание 图 アビシャーニエ 309
役に立つ　пригодиться 图 プリガヂーッツァ 31
やけど　ожог 图 アジョーク
野菜　овощи 图 オーヴァシ 106
やさしい　добросердечный ダブラシルヂェー
　チヌイ
安い　дешёвый チショーヴィ　17
休む　отдыхать 图 / отдохнуть 图 アッ
　ドゥハーチ / アッダフヌーチ　244
やせる　худеть 图 / по- 图 フヂェーチ / パｰ
　290

屋台　ларёк 图 ラリョーク 101
家賃　квартплата 图 クヴァルトプラータ
薬局　аптека 图 アプチェーカ 199
やってみる　пробовать 图 / по- 图 プロー
　バヴァチ / パｰ　38
宿　жильё 图 ジリョー　69
雇う　нанимать 图 / нанять 图 на
　работу ナニマーチ / ナニャーチ ナ ラボートゥ
破る　рвать 图 / разо- 图 ルヴァーチ / ラザ-
山　гора 图 ガラー　236
やめる　переставать 图 / перестать 图
　ピリスタヴァーチ / ピリスターチ 154, прекращать
　图 / прекратить 图 プリクラシャーチ / プリクラ
　チーチ　213
やわらかい　мягкий　ミャーフキィ　94

ゆ 行

湯　кипяток 图 キピトーク, горячая вода
　图 ガリャーチャヤ ヴァダー　74
遊園地　парк с аттракционами 图 パー
　ルク サトラクツィオーナミ
有効期限　срок годности 图 スローク ゴードナ
　スチ
融資　кредит 图 クリヂート
優勝　победа 图 パビェータ
友情　дружба 图 ドルージバ
ユースホステル　хостел 图 ホーステル 69
郵送する　отправлять 图 / отправить 图
　почтой アトプラヴリャーチ / アトプラーヴィチ ポーチタイ
郵便局　почта 图 ポーチタ 145
郵便為替　почтовый перевод 图 パチトーヴ
　イ ピリヴォート
郵便番号　почтовый код 图 パチトーウイ コート
　146
有名な　известный イズヴィェースヌイ 115
ユーモア　юмор 图 ユーマル 229
有料の　платный プラートヌイ
ユーロ　евро 图 イェーヴラ 45
床　пол 图 ポール 281
輸血する　переливать 图 / перелить 图
　кровь ピリリヴァーチ / ピリリーチ クローフィ 194
輸出　экспорт 图 エークスパルト
譲る　уступать 图 / уступить 图 ウストゥ
　パーチ / ウストゥピーチ　62
豊かな　богатый バガートゥイ
ゆっくりした　медленный ミェードリンヌイ 34
ゆで卵　варёное яйцо 图 ヴァリョーナエ イイツォー
油田　нефтеносное поле 图 ニフチノースナエ ポ
　ーリェ
輸入　импорт 图 イーンパルト
指輪　кольцо 图 カリツォー　254
夢　сон 图 ソーン
揺り動かす　трясти 图 / тряхнуть 图 トリャ
　スチー / トリャフヌーチ　17
許す　извинять 图 / извинить 图 イズヴィ
　ニャーチ / イズヴィーニチ 33, разрешать 图 /
　разрешить 图 ラズリシャーチ / ラズリシーチ　21,
　позволять 图 / позволить 图 パズヴァリャ

よい　　　　　　　　　　　　　　　　　　　　　　　　　　　　353

ーチ / パスヴォーリチ　152
よ　行
よい　добрый　ドーブルイ　22
酔う　пьянеть 不 / о-　ピヤネーチ / ア-
用意する　подготавливать不/ приготовить
　完　パトガターヴリヴァチ / プリガトーヴィチ　77
用紙　бланк 男　ブラーンク　72
用事　дело 中　ヂェーラ
様子　вид 男　ヴィート
曜日　день недели 男　ヂェーニ ニヂェーリ 207
ヨーグルト　йогурт 男　ヨーグルト　96
預金　вклад 男　フクラート
よくある　бывать 不　ブィヴァーチ　33
よごれる　пачкаться 不 / на-　パーチカッツァ/ナ-
予算　бюджет 男　ビュジェート
予想　ожидание 中　アジダーニエ
予想する　ожидать 不　アジダーチ　252
汚す　пачкать 不 / ис- 完　パーチカチ/イス- 114
ヨット　яхта 女　ヤーフタ　65
酔っぱらう　напиваться 不 / напиться
　完　ナピヴァーッツァ / ナピーッツァ 108
予定　план 男　プラーン　233
…の予定で　на (+対) ナ　26
呼ばれる　называться 不　ナズィヴァーッツァ　64
呼びかけ　обращение 中　アブラシェーニエ　23
呼びだす　вызывать 不 / вызвать 完 (+対)
　ヴィズィヴァーチ / ヴィーズヴァチ　60
呼ぶ　звать / по-　ズヴァーチ / パ-　24,
　приглашать 不 / пригласить 完　プリグラ
　シャーチ / プリグラシーチ　65
予防接種(注射)　прививка 女　プリヴィーフカ
　191
嫁　невеста 女　ニヴィスター, жена 女　ジナー
予約　броня 女　ブローニャ 50, заказ 男　ザカー
　ス 89
予約済みの　занятый　ザーニャトゥイ　50
予約する　бронировать 不 / за- 完　ブラニ
　ーラヴァチ/ ザ-　50, заказывать 不 / за-
　заказать 完　ザカーズィヴァチ / ザカザーチ 88,
　записываться 不 / записаться 完　ザピ
　ースィヴァッツア / ザピサッツァ 127
夜　ночь 女　ノーチ　22
よろこぶ　радоваться 不 / об- 完　ラーダ
　ヴァッツァ / アブ-
ヨーロッパ　Европа 女　イヴローパ　298
よろしい　хорошо　ハラショー　13

ら　行
ライオン　лев 男　リェーフ　13
ライター　зажигалка 女　ザジガールカ　126
ライトバン　пикап 男　ピカープ
ライ麦　рожь 女　ローシ
楽な　лёгкий　リョーフキィ　174
ラジオ　радио 中　ラーヂオ　233

ラディッシュ　редис 男　リヂース　96
り　行
リードする　вести 不 / по- 完　ヴィスチー/ パ-
　167
理解できる　понятный　パニャートヌイ　34
理解する　понимать 不 / понять 完
　パニマーチ / パニャーチ　21
離婚　развод 男　ラズヴォート　29
リコンファームする(確認する) подтверждать
　不 / подтвердить 完　パットヴィルジダーチ /
　パットヴィルヂーチ　48
理想　идеал 男　イヂアール
リゾート地　курорт 男　クロールト
立派な　великолепный　ヴィリカリェーブヌイ
リトアニア　Литва 女　リトヴァー　42
理髪店　парикмахерская 女　パリクマーヒル
　スカヤ 126
理由　причина 女　プリチーナ
留学　обучение за границей 中　アブチェーニ
　エ ザ グラニーツェイ
留学生　иностранный студент 男 /
　иностранная студентка 女　イナストラーンヌ
　イ ストゥヂェーント / イナストラーンナヤ ストゥヂェーントカ
流行の　модный　モードヌイ　120
リュックサック　рюкзак 男　リュグザーク　13
量　количество 中　カリーチストヴァ
寮　общежитие 中　アブシジーチエ
両替　обмен 男　アブミェーン　45
両替所　обменный пункт 男　アブミェーンヌイ
　プーンクト　44
両替する　менять 不 / об-　ミニャーチ / アブ-
　75, разменивать 不 / разменять 完　ラ
　ズミェーニヴァチ / ラズミニャーチ　45
料金　плата 女　プラータ, цена 女　ツィナー　84
料金表　тариф 男　タリーフ　139
領収書　квитанция 女　クヴィターンツィヤ 195,
　чек 男　チェーク　55
両親　родители 複　ラヂーチリ　30
利用する　употреблять 不 / употребить
　完　ウパトリブリャーチ / ウパトリビーチ　195
領土　территория 女　チリトーリヤ
両方　оба 男/中/ обе 女　オーバ / オーベ　270
料理　кухня 女　クーフニャ　92
料理する　готовить 不 / при- 完　ガトーヴ
　イチ / プリ-　155
旅客列車　пассажирский поезд 男　パ
　サジールスキィ ポーイスト　49
旅客機　пассажирский самолёт 男　パサ
　ジールスキィ サマリョート
緑茶　зелёный чай 男　ジリョーヌイ チャイ　100
旅券審査　ПАСПОРТНЫЙ КОНТРОЛЬ 男
　パースパルトヌイ カントローリ　44
旅券番号　номер паспорта 男　ノーミル パース
　パルタ

旅行 путешéствие 田 プチシェーストヴィエ 194,
тури́зм 圏 トゥリーズム 155
旅行ガイド гид 圏 ギート 83
旅行者 тури́ст 圏 トゥリースト 231
旅行代理店 бюро́ путеше́ствий 田 ビューロー プチシェーストヴィ
離陸する вылета́ть 圏 / вы́лететь 圏 ヴィリターチ / ヴィーリチチ 300
リンゴ я́блоко 田 ヤーブラカ 98

る 行

ルームサービス обслу́живание но́мера 田 アプスルージヴァニェ ノーミラ
留守番電話 автоотве́тчик 圏 アフタアトヴィェーチク

れ 行

例 приме́р 圏 プリミエール
冷蔵庫 холоди́льник 圏 ハラヂーリニク 81
冷凍庫 морози́льник 圏 マラジーリニク
礼拝する моли́ться 圏 / по- 圏 マリーッツァ / パ- 37
歴史 исто́рия 囡 イストーリヤ 248
レシート чек 圏 チェーク 46, квита́нция 囡 クヴィターンツィヤ 75
レジ ка́сса 囡 カーッサ 113
レジ係 касси́р 圏 /-ша 囡 カシール /-シャ
レジ袋 паке́тик 圏 パキェーチク
レストラン рестора́н 圏 リスタラーン 87
レタス лату́к 圏 ラトゥーク 106
レッカー車 авари́йный тяга́ч 圏 アヴァーリーヌイ チガーチ, эвакуа́тор 圏 エヴァクアータル
列車 по́езд 圏 ポーイスト 49
レッスン уро́ки 圈 ウローキ 172
レート курс 圏 クールス 46
レバー печёнка 囡 ピチョーンカ
レモネード лимона́д 圏 リマナート 99
レモン лимо́н 圏 リモーン
レンジ плита́ 囡 プリター
レンタカー маши́на на прока́т 囡 マシーナ ナプラカート, прока́тная маши́на 囡 プラカートナヤ マシーナ 56
レントゲン рентге́н 圏 リントゲーン
連絡する сообща́ть 圏 / сообщи́ть 圏 サアプシャーチ / サアプシーチ
連絡をとる свя́зываться 圏 / связа́ться 圏 スヴャーズィヴァッツァ / スヴャザーッツァ 137

ろ 行

労働者 рабо́чий 圏 / рабо́чая 囡 ラボーチー / ラボーチャヤ
ログオフする выходи́ть 圏 / вы́йти 圏 ヴィハヂーチ / ヴィーイチ 140

ログインする входи́ть 圏 / войти́ 圏 フハヂーチ / ヴァイチー 140
録画 видеоза́пись 囡 ヴィヂアザーピシ
ロシア Росси́я 囡 ラシーヤ 67
路線 ли́ния 囡 リーニヤ 51
路地 переу́лок (пер.) 圏 ピリウーラク 68
露店, 屋台 ларёк 圏 ラリョーク 101
ロビー вестибю́ль 圏 ヴィスチビューリ, фойе́ 田 フォイエー 160
ロマンス рома́н 圏 ラマーン 152
ロマンチックな романти́чный ラマンチーチヌイ 69

わ 行

ワイシャツ соро́чка 囡 サローチカ, руба́шка 囡 ルバーシカ 122
ワイパー дво́рник 圏 ドヴォールニク
わいろ взя́тка 囡 ヴジャートカ
ワイン вино́ 田 ヴィノー 99
若い молодо́й マラドーイ 23
沸かす кипяти́ть 圏 / вс- 圏 キピチーチ/フス-
若者たち ребя́та 圈 リビャータ 23
分かる понима́ть 圏 / поня́ть 圏 パニマーチ / パニャーチ 34
わける разделя́ть 圏 / раздели́ть 圏 ラズヂリャーチ / ラズヂリーチ
ワゴン車 автофурго́н 圏 アフタフルゴーン
わざと наро́чно ナローチナ, наме́ренно ナミェーリンナ
わさび хрен 圏 フリェーン
ワシ орёл 圏 アリョール
煩わす, じゃまする надоеда́ть 圏 / надое́сть 圏 ナダイダーチ / ナダイェースチ 154
忘れ物 забы́тые ве́щи ザヴィートィエ ヴィエーシ 圈
私 я ヤー 248
私の мой 圏 / моя́ 囡 / моё 田 / мои́ 圈 モーイ / マヤー / マヨー / マイー 248
私たち мы ムイ 247
私たちの наш 圏 / на́ша 囡 / на́ше 田 / на́ши 圈 ナーシ / ナーシャ / ナーシェ / ナーシ 248
渡す сдава́ть 圏 / сдать 圏 ズダヴァーチ / ズダーチ 75, дава́ть 圏 / дать 圏 ダヴァーチ / ダーチ 113
わらう смея́ться 圏 スミヤーッツァ 296
割引 ски́дка 囡 スキートカ 48
割る разбива́ть 圏 / разби́ть 圏 ラズビヴァーチ / ラズビーチ
湾 зали́в 圏 ザリーフ
ワンピース пла́тье 田 プラーチエ 227

ロシア語文法索引

【А】

- а 「...だが, しかし, 一方, でも」 312
- -а <女性名詞単数主格> 218
- -а <中性名詞複数主格> 219
- -а <形容詞・短語尾・女性> 259
- -а <多回体接尾辞> 285
- -а (ж, ч, ш, щ の後)「...しながら」<不了体副動詞> 307
- -айш- (-ший, -шая, -шее, -шие)「最も」 262
- áрмия 「軍隊」 224
- -ат <現在・3人称複数・人称語尾> 275
- -ая <形容詞・長語尾・女性・主格> 256

【Б】

- бáнка 「つぼ」 224
- без 「...なしに」(+生) 229
- бéлый 「白い」 257
- близ 「...の近くに」(+生) 230
- блю́до 「皿」 221
- бóлее 「より多く」<長語尾の比較級> 260
- большóй 「大きな」 258
- бýдем <未来・1人称複数> 278
- бýдет <未来・3人称単数> 278
- бýдете <未来・2人称複数> 278
- бýдешь <未来・2人称単数> 278
- бýду <未来・1人称単数> 278
- бýдут <未来・3人称複数> 278
- бýря 「嵐」 224
- бы <仮定法小詞> 297

【В】

- -в 「...してから」<完了体副動詞> 308
- в 「...の中へ, の方へ」(+対) 235
- в 「...(の中)」で, に」(+前) 243
- в(ы)- <完了体形成接頭辞> 284
- -ва <多回体接尾辞> 285
- вдóль 「...に沿って」(+生) 230
- весь 「すべての, ...全体」 251
- вз(с)- 「...し始める」<完了体形成接頭辞> 284
- вмéсто 「...の代わりに」(+生) 230
- вóзле 「...のそばに」(+生) 230
- -вший (-вшая, -вшее, -вшие) 302
- -вшись 「...してから」<完了体副動詞> 308
- вы 「君達, あなた」 247

【Г】

- горя́чий 「熱い」 258
- густóй 「濃い」 257

【Д】

- давáй(те) 「...しよう」 280
- два / две 2 266
- до 「...まで」(+生) 230
- до- 「...まで, 終える」<完了体形成接頭辞> 283
- дóлжен / должнá / должнó / должны́ 「...せねばならない」 294
- дом 「家」 222
- достáточно 「十分な」 228

【Е】

- -е(中性名詞) 218
- -е <形容詞短語尾の比較級> 262
- -его <形容詞・長語尾・男・中性・生格> 256
- -его <形容詞・長語尾・複数・主格> 256
- -ее <形容詞短語尾の比較級> 262
- -ее 「より...」<副詞比較級形成接尾辞> 311
- -ей <形容詞・長語尾・女性・生格> 256
- -ейш- (-ший, -шая, -шее, -шие)「最も」 262
- -ем <形容詞・長語尾・男・中性・前置格> 256
- -ем 「...しよう」<命令> 280
- -ему <形容詞・長語尾・男・中性・与格> 256
- éсли 「もし...ならば」 314
- -ем <現在・1人称複数・人称語尾> 273
- -енный (-енная, -енное, -енные) <受動形動詞過去長語尾> 304
- -ет <現在・3人称単数・人称語尾> 273
- -ете <現在・2人称複数・人称語尾> 273
- -ешь <現在・2人称単数・人称語尾> 273

【Ё】

- -ём <現在・1人称複数・人称語尾> 273
- -ём 「...しよう」<命令> 280
- -ён, -á, -ó, -ы́ <受動形動詞過去短語尾> 304
- -ённый (-енная, -енное, -енные) <受動形動詞過去長語尾> 304
- -ёт <現在・3人称単数・人称語尾> 273
- -ёте <現在・2人称複数・人称語尾> 273
- -ёшь <現在・2人称単数・人称語尾> 273

【Ж】

жéнщина 「女性」 224

【З】

за 「…を越えて, 向こうに, 対して, ために」(+対) 236
за 「…の(すぐ)後ろに, …の裏に, …を求めて, …のために」(+造) 241
за-「背後に, 始める」<完了体形成接頭辞> 283
зал 「ホール」 221

【И】

и 「…と, そして」(添加) 311
-и <複数語尾> 219
-и <形容詞・短語尾・複数> 259
-и 「君は…せよ」<命令> 279
-ива <多回体接尾辞> 285
и …(,) и … 「…も…も」(列挙) 311
-ите 「君たちは…せよ」<命令> 279
идéя 「考え」 224
-ие <形容詞・長語尾・複数・主格> 256
из 「…から」(+生) 230
из- 「…し出す, 仕上げる」<完了体形成接頭辞> 283
из-за 「…から」(+生) 231
-ий <形容詞・長語尾・男性・主格> 256
и́ли 「又は, あるいは, さもないと」 312
и́ли … и́ли … 「…か(あるいは)…」 312
-им <形容詞・長語尾・複数・与格> 256
-им <現在・1人称複数・人称語尾> 275
-ими <形容詞・長語尾・複数・造格> 256
-имо 「…しよう」<命令> 279
и́мя 「名」 223
-ит <現在・3人称単数・人称語尾> 275
-ите <現在・2人称複数・人称語尾> 275
-их <形容詞・長語尾・複数・生格> 256
-ишь <現在・2人称単数・人称語尾> 275
-й 「君は…せよ」<命令> 279
-ймо 「…しよう」<命令> 279
-йте 「君たちは…せよ」<命令> 279

【К】

к 「…の方へ, に向かって」(+与) 232
как 「…のように, …として, 同じように」 315
как бу́дто (бы) 「まるで…のように」 315
како́й 「どんな」 252
капита́н 「船長」 222

-ки <副詞形成接尾辞> 310
кни́га 「本」 224
кое- <不定代名詞接頭辞> 254
кое- (不定副詞形成接尾辞) 310
конéц 「端」 222
котóрый 「いずれの」 253
кто 「誰」 251

【Л】

-л <過去・男性単数> 277
-ла <過去・女性単数> 277
-ли <過去・複数> 277
-ло <過去・中性単数> 277
лáмпа 「電球」 224
-либо <不定代名詞接尾辞> 254
-либо <不定副詞形成接尾辞> 310

【М】

мéжду 「…の間に」(+造) 241
мéнее「より少なく」<長語尾の劣等比較級> 260
ми́мо 「…の傍らを, …のそばを」(+生) 230
мнóго 「たくさんの」 228
мой 「私の」 248
мóре 「海」 223
мочь не 「…しないかもしれない(+完了体); …する必要がない(+不完了体)」 294
музéй 「博物館」 223
мы 「私たち」 247
-мый <受動形動詞現在> 273
-мя <中性名詞単数主格> 218

【Н】

-н, -а, -о, -ы <受動形動詞過去短語尾> 304
на 「…の上へ, の方へ」(+対) 236,
на 「…の上で, の上に」(+前) 244
на-「よく, し尽くす」<完了体形成接頭辞>283
над 「…の(すぐ)上に」(+造) 241
наибóлее 「最も」 261
наш 「私たちの」 248
нé- <否定代名詞の接頭辞> 255
не дóлжен + 完了体 「…ありそうもない」 294
не дóлжен + 不完了体 「…する必要がない」 294
нельзя́ + 不完了不定形 「…してはならない」 294
нельзя́ + 完了不定形 「…できない」 294

немно́го 「少数の」 228
не мочь 「...できない」 294
не́сколько 「いくつかの」 230
несмотря́ на то 「...であっても, ...だが」 314
неуже́ли 「本当に, 果たして, まさか」 315
не хоте́ть + 不完了不定形「...したくない」 294
не хоте́ть + 完了不定形 「...するつもりではない」 294
ни- <否定代名詞の接頭辞> 255
-нибудь <不定代名詞接尾辞> 254
-нибудь <不定副詞形成接尾辞> 310
ни ...(,) ни ... 「...も...もない」 311
ни́же 「...の下手に」(+生) 230
-нный (-нная, -нное, -нные) <受動形動詞過去長語尾> 303
но 「...だが, しかし, 一方, でも」 312
нож 「ナイフ」 222
ноль, нуль 0 265
ночь 「夜」 221
-ну- <完了体形成接辞> 284

【О】

о 「...に関して, ついて; ...を求める」 245
-о <中性名詞> 218
-о <形容詞・短語尾・中性> 259
о(б)- 「回る, し尽くす」<完了体形成接頭辞> 283
о́ба <双数> 270
-ого <形容詞・長語尾・男・中性・生格> 256
оди́н, одна́, одно́, одни́ 1 265
-ое <形容詞・長語尾・中性・主格> 256
-ой <形容詞・長語尾・女性・生格> 256
о́коло 「...のそばに, ...の近くに」(+生) 230
-ом <形容詞・長語尾・男・中性・前置格> 256
-ому <形容詞・長語尾・男・中性・与格> 256
он / оно́ 「彼 / それ」 247
она́ 「彼女」 247
они́ 「彼ら」 247
от 「...から」(+生) 230
от- 「離れて, 返す, 終える」<完了体形成接頭辞> 283

【П】

парк 「公園」 222
пе́ред 「...の(すぐ)前に」(+造) 241

плохо́й 「悪い」 257
по 「...に沿って, ...づたいに」(+与) 233
по 「...まで, ...側に, ...ずつ」(+対) 236
по 「...のすぐ後に」(+前) 245
по- 「...じゅうを, し尽くす, 始める」<完了体形成接頭辞> 283
под 「...の(すぐ)下に, 近くに」(+造) 241
позади́ 「...の後ろに, 向こうに」(+生) 230
по́сле 「...の後で」(+生) 230
пре- 「越えて, とても」<完了体形成接頭辞> 284
пре́жний 「前の」 257
при 「...に付属して, ...について; ...の側に」 244
при- 「...着く, 終える」<完了体形成接頭辞> 283
про- 「...し抜く, 過ぎる」<完了体形成接頭辞> 284
про́тив 「...に対して, ...の向かいに」(+生) 230
пусть (пуска́й) 「...させろ, ...させよ」 280
пять 5 267

【Р】

ра́ди 「...のために」(+生) 230
раз(с)- 「...散らす, ひどく...する」<完了体形成接頭辞> 284
ра́зве 「本当に, 果たして, まさか」 315
ру́сск-ий 「ロシアの」 257
ры́нок 「市場」 222

【С】

с 「...から」(+生) 230
с(а)- 「一緒, し終える, 離れる」<完了体形成接頭辞> 283
с(о) 「ともに」(+造) 241
сам 「自身」 250
са́мый 「まさにその」 250
са́мый / са́мая / са́мое / са́мые 「最も」 261
себя́ 再帰代名詞 247
сквозь 「...を貫いて, 貫通して」(+対) 237
сло́во 「言葉」 223
собы́тие 「事件」 223
спекта́кль 「芝居」 223
среди́ 「...の中央に, 真ん中に」(+生) 231
статья́ 「記事」 224

【Т】

-т, -а, -о, -ы <受動形動詞過去短語尾> 305
так, тако́й ＋ что「…ほど, あまり…でだ」 312
та́нец 「ダンス」 222
-ти <不定形語尾> 272
-то (不定代名詞接尾辞) 254
-то (不定副詞形成接尾辞) 310
тот 「あの, その」 249
три 3 266
ты 「君」 247
-тый, -ая, -ое, -ые <受動形動詞過去長語尾> 305
-ть <不定形語尾> 272

【У】

у 「…のところで; 持っている; …から」(＋生) 231
у- 「中へ, から, し込む, 終える」<完了体形成接頭辞> 283
-у <現在・1人称単数・人称語尾> 273
-у / -ю <生格の古形> 228
-ут <現在・3人称複数・人称語尾> 273
-ую <形容詞・長語尾・女性・対格> 256

【Х】

хотя́ 「…であっても, …だが」 314

【Ч】

чей 「誰の」 253
чем 「…よりも」 263
че́рез 「…を横切って, 貫いて, 経由して, 通して」 237
четы́ре 4 266
что 「何」<疑問詞> 251
что 「…すること」<接続詞> 312
что 「…であっても, …だが」 314
что́бы ＋ 過去形「…するように」 312
-чь <不定形語尾> 272

【Ш】

-ши 「…してから」<完了体副動詞> 308
-ший <比較級接尾辞> 260
-ший (-шая, -шее, -шие) <能動形動詞過去> 302
-шись 「…してから」<完了体副動詞> 308

【Щ】

-щий (-щая, -щее, -щие) <能動形動詞現在> 301

【Ы】

-ы <複数語尾> 219
-ы <形容詞・短語尾・複数> 259
-ыва <多回体接尾辞> 285
-ые <形容詞・長語尾・複数・主格> 256
-ый <形容詞・長語尾・男性・主格> 256
-ым <形容詞・長語尾・複数・与格> 256
-ым <形容詞・長語尾・男性・造格> 256
-ыми <形容詞・長語尾・複数・造格> 256
-ых <形容詞・長語尾・複数・生格> 256

【Ь】

-ь <男性名詞単数主格> 218
-ь <女性名詞単数主格> 218
-ь 「君は…せよ」<命令> 279
-ьмо 「…しよう」<命令> 279
-ьте 「君たちは…せよ」<命令> 279

【Э】

э́тот 「この, その」 249

【Ю】

-ю <現在・1人称単数・人称語尾> 273
-ют <現在・3人称複数・人称語尾> 273
-юю <形容詞・長語尾・女性・対格> 256

【Я】

я 「私」 247
-я <女性名詞単数主格> 218
-я <多回体接尾辞> 285
-я 「…しながら」<不完了体副動詞> 307
-ят <現在・3人称複数・人称語尾> 275
-яя <形容詞・長語尾・女性・主格> 256

日本語文法索引

【あ】
愛称　　　23, 218
アクセント　　　13
アスペクト(体)　　　281
移動の動詞　　　298
イントネーション　　　315
受身　　　296

【か】
概数　　　270
格　　　220
格語尾　　　220
格変化　　　221
格の意味と用法　　　224
過去(形)　　　277
過去形の体　　　288
活動体　　　221
仮定法　　　297
関係代名詞　какой　　　253
関係代名詞　который　　　253
関係代名詞　кто　　　252
関係代名詞　чей　　　254
関係代名詞　что　　　253
感嘆文　　　253
願望　　　297
勧誘　　　151, 292
完了体　　　282, 285
完了体の過去　　　290
完了体副動詞　　　308
完了体の未来形　　　278, 291

【き】
基数詞(個数詞)　　　263
基数詞(個数詞)の変化と用法　　　264
基数と名詞・形容詞の結合　　　267
疑問代名詞　　　251
疑問文　　　315

【け】
形動詞　　　301
形容詞　　　256
形容詞の変化　　　256
形容詞の短語尾　　　259
形容詞の長語尾　　　256
形容詞の最上級　　　261
形容詞の比較級　　　260
現在形　　　272
現在形の体　　　288
現在語幹　　　271
現在変化形　　　271
限定代名詞　　　250

【こ】
硬音　　　11
硬音符　　　9
口蓋　　　12
口蓋化　　　9, 15
硬子音　　　11
合成未来　　　278
硬変化　　　219, 223
硬母音　　　11
語順　　　218

【さ】
再帰代名詞　　　247
再帰動詞　　　294
最上級　　　260, 311

【し】
歯音　　　16
指示代名詞　　　249
集合数詞　　　270
集合名詞　　　218
従属節　　　311
従属接続詞　　　312
週　　　207
主格　　　223
主語　　　223
主体を示す与格　　　231
述語　　　223
述語副詞　　　231
出没母音　　　259
受動形　　　302
受動形動詞過去　　　303
受動形動詞現在　　　303
受動相(受身)　　　296
受身文(受動文)の用法　　　306
主文　　　305, 307
条件節　　　296
譲歩　　　297
小数　　　269
序数詞　　　268
助数詞　　　278
女性名詞　　　217
所有形容詞　　　255
所有代名詞　　　248
唇音　　　10, 275
唇音化　　　256

【す】
数詞　　　263

【せ】
生格　　　223
性質形容詞　　　255
接続詞　　　311
接頭辞　　　281
ゼロ　　　263
先行詞　　　249
前置格　　　242
前置格を要求する前置詞　　　242

【そ】
造格　　　237

造格を要求する前置詞	241	不完了体未来	290
双数	269	不完了体命令形	290
		複合(合成)数詞	265, 266
【た】		副詞	309
体(アスペクト)	281	副詞の最上級	311
第1変化	273	副詞の比較級	311
対格	234	複数のみの名詞	218
対格を要求する前置詞	234	副動詞	306
第2変化	275	父称	23
代名詞	247	付帯状況	306, 308
他回体	285	物質名詞	217, 219
他動詞	294	不定形	271
男性名詞	217	不定形の体	292
単文	316	不定形文	317
抽象名詞	218	不定代名詞	254
中性名詞	217	不定動詞	298
長語尾(形容詞の)	256	不定副詞	310
長語尾比較級	260	不定人称文	318
定動詞	298	部分生格	225
		普遍人称文	318
【と】		不変化名詞	51, 162
等位接続詞	311	分数	269
動詞	271		
		【へ】	
【な】		平叙文	315
軟音	11		
軟音符	9, 12	【ほ】	
軟子音	11	母音	11
軟変化	220, 223	法	271
軟変化形容詞	255, 256		
軟母音	11	【み】	
		未来(形)	278
【に】		未来形の体	291
人称語尾	271		
人称代名詞	247	【む】	
		無主語文	316
【ね】		無声化	13
年・月・日の表現	205-207	無声子音	13
年齢の表現	208	無人称述語	77, 316
		無人称動詞	316
【の】		無人称文	316
能動形動詞過去	302		
能動形動詞現在	301	【め】	
能動形動詞現在	301	名詞	217
		名詞の格	220
【は】		名詞の性	217
破擦音	9, 10	名詞の複数形	218
反復	232, 234	命令形	278
		命令形の体	291
【ひ】			
比較級	259, 310	【ゆ】	
比較の対象	259	有声子音	13
日づけの表現	207	有声子音の無声化	13
否定生格	226		
否定代名詞	255	【よ】	
否定副詞	311	与格	231
		呼びかけ	225
【ふ】			
不活動体	221	【ら】	
不完了体	283	両性名詞	219
不完了体過去	287	歴史的現在	288
不完了体副動詞	307		